Rieger · Menschhorn

Office für Senioren

Wir hoffen, dass Sie Freude an diesem Buch haben und sich Ihre Erwartungen erfüllen. Ihre Anregungen und Kommentare sind uns jederzeit willkommen. Bitte bewerten Sie doch das Buch auf unserer Website unter **www.rheinwerk-verlag.de/feedback**.

An diesem Buch haben viele mitgewirkt, insbesondere:

Lektorat Isabella Bleissem
Korrektorat Angelika Glock, Ennepetal
Herstellung Janina Brönner
Typografie und Layout Christine Netzker
Einbandgestaltung Mai Loan Nguyen Duy
Coverbild iStockphoto: 688969564 © shapecharge
Illustrationen Sarah Tribula
Satz weiss.design / zienke.design
Druck mediaprint solutions GmbH, Paderborn

Dieses Buch wurde gesetzt aus der ITC Charter (11,5 pt/17 pt) in Adobe InDesign CC.
Gedruckt wurde es auf chlorfrei gebleichtem Offsetpapier (90 g/m²).
Hergestellt in Deutschland.

Bibliografische Information der Deutschen Nationalbibliothek:
Die Deutsche Nationalbibliothek verzeichnet diese Publikation in der Deutschen Nationalbibliografie; detaillierte bibliografische Daten sind im Internet über *http://dnb.d-nb.de* abrufbar.

ISBN 978-3-8421-0616-1

1. Auflage 2019

Vierfarben ist eine Marke des Rheinwerk Verlags. Der Name Vierfarben spielt an auf den Vierfarbdruck, eine Technik zur Erstellung farbiger Bücher. Der Name steht für die Kunst, die Dinge einfach zu machen, um aus dem Einfachen das Ganze lebendig zur Anschauung zu bringen.

Informationen zu unserem Verlag und Kontaktmöglichkeiten finden Sie auf unserer Verlagswebsite **www.rheinwerk-verlag.de**. Dort können Sie sich auch umfassend über unser aktuelles Programm informieren und unsere Bücher und E-Books bestellen.

Liebe Leserin, lieber Leser,

»grau ist alle Theorie« – die Redensart dürfte Ihnen sicher auch geläufig sein. Diese farbenfrohe und lebensnahe Einführung in die Office-Programme ist jedenfalls weit davon entfernt, Sie mit allen nur erdenklichen Details, die Sie im Alltag nie benötigen werden, aufzuhalten. Denn was nützt die ganze Theorie, wenn Sie am Ende doch selbst schauen müssen, wie Sie zurechtkommen?

Unser erfahrenes Autorenduo Jörg Rieger und Markus Menschhorn nimmt Sie daher gleich in die Praxis mit. Wissen wird nicht vorausgesetzt. Sie erfahren in den Workshops alles von A bis Z und verfügen im Anschluss über ein vorzeigbares Ergebnis. So schreiben Sie mit Word einen Musterbrief, fügen bei Bedarf Listen und Tabellen ein und erfahren Schritt für Schritt etwa auch, wie man Adressetiketten ausdruckt. Sie lernen am Beispiel, wie man umfangreiche Texte mit einem ordentlichen Inhaltsverzeichnis versieht und mit einem hübschen Deckblatt gestaltet. Und mit den Übungen in Excel nehmen Sie bald auch alle Berechnungen ganz leicht selbst vor – ob nun für die eigene Ausgabenbilanz und Haushaltsführung oder die Kalkulation der Finanzen für die Vereinsarbeit. Nicht zuletzt erfahren Sie, wie Sie mit PowerPoint tolle Diashows und Präsentationen – mit Videos und Diagrammen – erstellen und wie Sie mit Outlook nicht nur Ihren E-Mail-Verkehr im Griff haben, sondern sich etwa auch rechtzeitig an die Geburtstage Ihrer Lieben erinnern lassen können.

Dieses Buch wurde mit größter Sorgfalt geschrieben und hergestellt. Sollten Sie dennoch einmal einen Fehler finden oder inhaltliche Anregungen haben, freue ich mich, wenn Sie mit mir in Kontakt treten. Für Kritik bin ich dabei ebenso offen wie für lobende Worte. Doch nun wünsche ich Ihnen viel Freude beim Lesen und bei der Umsetzung Ihrer Projekte!

Ihre Isabella Bleissem
Lektorat Vierfarben

isabella.bleissem@rheinwerk-verlag.de

Inhalt

KAPITEL 1

Bevor wir starten – Grundlagen zu Windows 10 und Office 11

Wo finden Sie was in Windows? 12

Klicken, Drücken und Blättern mit Maus, Touchpad und Touchscreen 16

Markieren und auswählen 22

Ein Programm starten und beenden 25

Fenstertechnik – verkleinern, vergrößern und verschieben 28

Ein Microsoft-Konto anlegen 32

Microsoft OneDrive – die bessere Festplatte für Ihre Daten 39

KAPITEL 2

Erste Schritte für die Arbeit mit Microsoft Office 43

Office 365 – dank Abonnement immer auf dem aktuellen Stand 44

So erwerben und installieren Sie das Abonnement Microsoft Office 365 45

So installieren Sie Microsoft Office Home & Student 2019 52

Alte Office-Versionen ab Version 2010 54

Die Office-Apps von Microsoft für mobiles Arbeiten am Smartphone und Tablet 55
So installieren Sie die Office-Apps am iPhone 56
So installieren Sie die Office-Apps am Android-Smartphone 61
Wo findet man die Programme, und wie öffnet man sie? 65

KAPITEL 3

Einen offiziellen Brief schreiben mit Word 69

Word aus dem Startmenü starten 70
Erste Schritte mit Word – wichtige Einstellungen und Grundlagen 73
Ein neues Dokument speichern 79
Einen Brieftext schreiben 84
Erste Formatierungsschritte 91
Tabulatoren und erweiterte Formatierungsmöglichkeiten 95
Die automatische Rechtschreibprüfung verwenden 98
Aufzählungen und Listen einfügen 100
Eine Tabelle in Word anlegen 107
Eine Tabelle verändern, ergänzen und sortieren 112
Den Brief ausdrucken 116
Den Brief als PDF-Dokument sichern 120
Ein Adressetikett erstellen und ausdrucken 122

KAPITEL 4

Eine Einladungskarte in Word erstellen 127

Das Layout der Karte festlegen 128

Ein Bild in der Einladungskarte platzieren 131

Karteninnenseite mit Textspalten gestalten 145

PDF der Einladungskarte zum Mailversand erzeugen 155

Einladungskarte ausdrucken 158

KAPITEL 5

Rezeptbuch in Word – schnell und schick mit Formatvorlagen 163

Buch und Formatvorlagen für den Inhalt anlegen 164

Rezepte eingeben und formatieren 172

Foto ins Rezept einfügen 176

Ein Rezept aus einem Dokument einfügen 181

Seitennummerierung und Inhaltsverzeichnis anlegen 185

Titelblatt gestalten 194

Fertige Gestaltungsvorlagen nutzen 199

KAPITEL 6

Mit Excel eine Kontaktliste führen und erste Berechnungen vornehmen 203

Erste Eingaben in einer leeren Arbeitsmappe vornehmen 204

Datum, Währung und Nachkommastellen – Zahlenformate in Excel definieren 209

Daten in Spalten eingeben 213
Eine Liste alphabetisch sortieren 219
Die erste Berechnung mit Excel 221
Eine Liste in Excel ergänzen 224
Eine Excel-Tabelle ausdrucken und als PDF speichern 226

KAPITEL 7

Ein Haushaltsbuch mit Excel führen 229

Das Haushaltsbuch als Arbeitsmappe anlegen 229
Formate und Formeln anwenden 235
Das Haushaltsbuch für ein Jahr anlegen 260

KAPITEL 8

Ein perfekter Dia-Abend mit PowerPoint 269

Eine einfache Fotoshow erstellen 270
Elemente in PowerPoint animieren – mit Schwung präsentieren 281
Richtig präsentieren mit PowerPoint – Beamer, Smart TV und Co. 288

KAPITEL 9

Mit PowerPoint eine Präsentation zum Vereinsjubiläum erstellen 295

Eine Präsentation auf Basis einer Vorlage gestalten 296
Diagramme und Multimediadateien einfügen 302

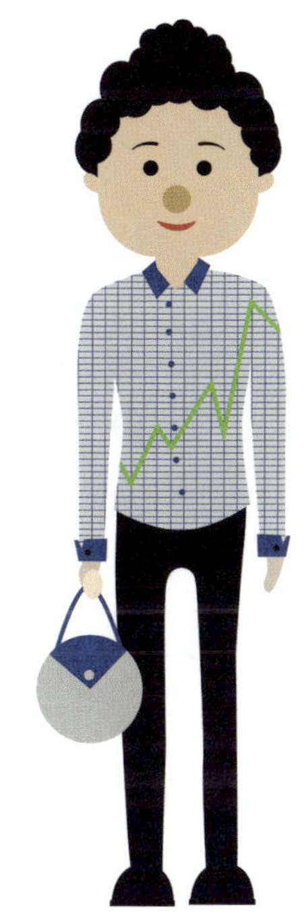

Videos einfügen 307

Selbst kreativ werden – PowerPoint-Vorlagen bearbeiten 312

KAPITEL 10

E-Mails schreiben mit Microsoft Outlook 317

Das E-Mail-Konto unter Windows einrichten 318

Kleiner Überblick über die Oberfläche 322

E-Mails versenden und eine erste Nachricht schreiben 325

Was tun bei einer falschen E-Mail-Adresse? 330

E-Mails empfangen, lesen und beantworten 334

Anhänge versenden, empfangen und speichern 339

E-Mails sortieren und finden 345

Werbemails und Spam effektiv verhindern 349

KAPITEL 11

Outlook als Adressbuch 353

Einen Kontakt in Outlook anlegen 353

Geburtstage beim Kontakt ergänzen 363

KAPITEL 12

Outlook und der Kalender – nichts mehr vergessen 367

Der Kalenderbereich im Überblick 367

Einen Kalendereintrag vornehmen 370

Den Geburtstagskalender verwenden 374

KAPITEL 13
Die Office-Programme im Teamwork 377

Office für die Familie 377
Dokumente gemeinsam nutzen 383
Dokumente am Smartphone nutzen 388
Serienbriefumschläge mit Excel-Arbeitsmappe 390

Stichwortverzeichnis 397

KAPITEL 1

Bevor wir starten – Grundlagen zu Windows 10 und Office

Erst einmal herzlich willkommen in unserem Buch zu Microsoft Office! Sicherlich sind Sie mit Ihrem Computer und Windows schon ein wenig vertraut. Trotzdem möchten wir Ihnen auf den folgenden Seiten noch ein paar Grundlagen in Sachen Computerbedienung und Windows 10 vermitteln. Zum Durcharbeiten oder Nachschlagen, zur Wiederholung oder zum Dazulernen. Hier geht es um grundsätzliche Vorgehensweisen, die Sie für die Arbeit im Buch benötigen.

Egal, ob Dreifachklick, das richtige Arbeiten mit Programmfenstern oder die Anmeldung zum Microsoft-Konto und dem Dokumentenspeicher in der Cloud – ein wenig Theorie ist notwendig. Danach werden Ihnen Ihre Projekte in der Praxis aber umso leichter von der Hand gehen. Wir machen Sie im Folgenden mit zahlreichen fleißigen Mitarbeitern und Helferlein für Ihr Homeoffice bekannt. Nicht zuletzt funktionieren Ihr Computer und Windows 10 nicht viel anders als ein gut durchorganisiertes Unternehmen. Und wir helfen Ihnen dabei, dass Sie der »Chef« bleiben und den Laden souverän im Griff haben.

ACHTUNG!

Bitte haben Sie Verständnis dafür, dass wir uns in Sachen Windows auf die aktuelle Version 10 beziehen. Viel Wissen kann aber auch auf ältere Versionen übertragen werden.

Wo finden Sie was in Windows?

Es gibt unter Windows 10 eine ganze Menge zumeist englischer Fachbegriffe. Um einige dieser Begrifflichkeiten kommt man bei der täglichen Arbeit nicht herum. Zudem greifen wir im Buch auch logischerweise immer mal wieder darauf zurück. Hier zeigen wir Ihnen, wo Sie was in Windows 10 finden.

Schauen wir uns zunächst die Arbeitsoberfläche von Windows 10 in jener Ansicht an, die Sie bei einem Notebook oder einem sog. *Desktop-PC* mit großem Bildschirm haben.

1 *Startmenü* – hier finden Sie zum einen eine Liste aller installierten Apps 2 sowie rechts den großen Kachelbereich mit von Windows vorgegebenen oder

von Ihnen selbst angelegten Schaltflächen zum Öffnen bevorzugter Programme bzw. Apps 3.

4 In der Schnellstartleiste links können Sie zudem direkt zu Ihrem *Benutzerkonto* 5, den *Einstellungen* Ihres Windows-Systems 6 oder zu Ihren Dokumenten 7 bzw. Fotos 8 zu springen. Der Computer wird hier außerdem ausgeschaltet oder neu gestartet 9.

10 Der *Desktop* (auf Deutsch »Schreibtisch«) ist der Hintergrund von Windows 10 und eine Ablagemöglichkeit für Dateien, auch der *Papierkorb* 11 ist hier untergebracht. Zudem können hier auch Programmverknüpfungen zum Schnellstart abgelegt werden 12.

13 Die *Taskleiste* unterteilt sich in zwei Teile. Links finden Sie die Schaltfläche zum Aufruf des Startmenüs 1, das Eingabefeld für die intelligente Suchfunktion *Cortana* 14, die Schaltfläche zur Anzeige aller aktiven Anwendungen sowie des Dateiverlaufs, die sog. *Taskansicht* 15, Icons zum Schnellstart von Apps (wie hier *Mail*) 16 sowie die Symbole ggf. gerade geöffneter und daher aktiver Apps und Programme 17.

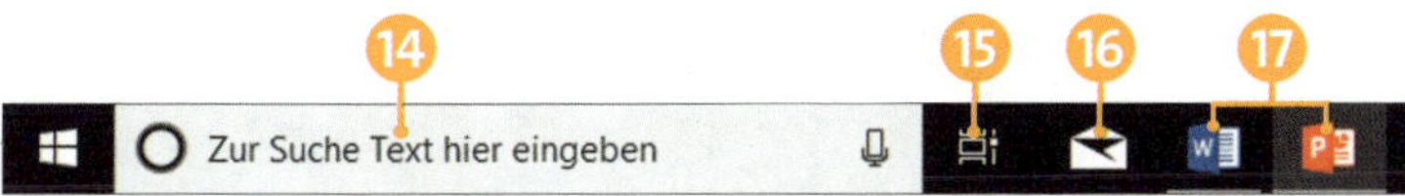

18 Auf der rechten Seite der Taskleiste finden Sie den sog. *Infobereich*. Hier greifen Sie auf Ihre wichtigsten Kontakte 19 zu, öffnen die ausgeblendeten Symbole 20 (u. a. extern angeschlossene Festplatten), haben Zugriff auf die Cloud *OneDrive* 21, sehen, ob Sie mit dem Internet verbunden sind 22, können die Lautstärke regulieren 23, öffnen über *Datum und Uhrzeit* 24 einen kleinen Kalender sowie – über das Symbol für *Benachrichtigungen* 25 – das sog. *Info-Center* von Windows 10.

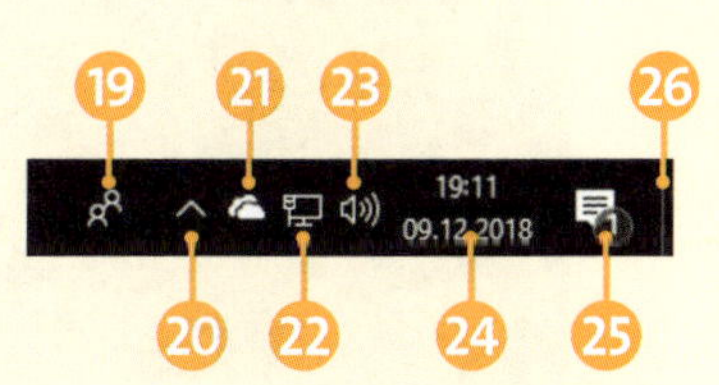

(26) Mit der kaum sichtbaren Schaltfläche ganz rechts außen räumen Sie den Blick auf den Desktop frei, alle Programmfenster werden auf einen Schlag minimiert.

Auf einem Tablet und im sog. *Tabletmodus* sind die Bedienelemente etwas reduziert, um am Touchscreen eine vereinfachte Bedienung zu ermöglichen. Daher nimmt standardmäßig das Startmenü zunächst fast den ganzen Bildschirm ein.

(1) Startmenü-Schaltfläche
(2) Neu starten, Herunterfahren, Energie sparen
(3) Windows-Einstellungen
(4) in den Ordner **Bilder** des Explorers wechseln
(5) den Ordner **Dokumente** im Explorer aufrufen
(6) Benutzerkonto
(7) die alphabetische Sortierung aller Apps (statt der Ansicht einiger Apps als Kacheln) aufrufen

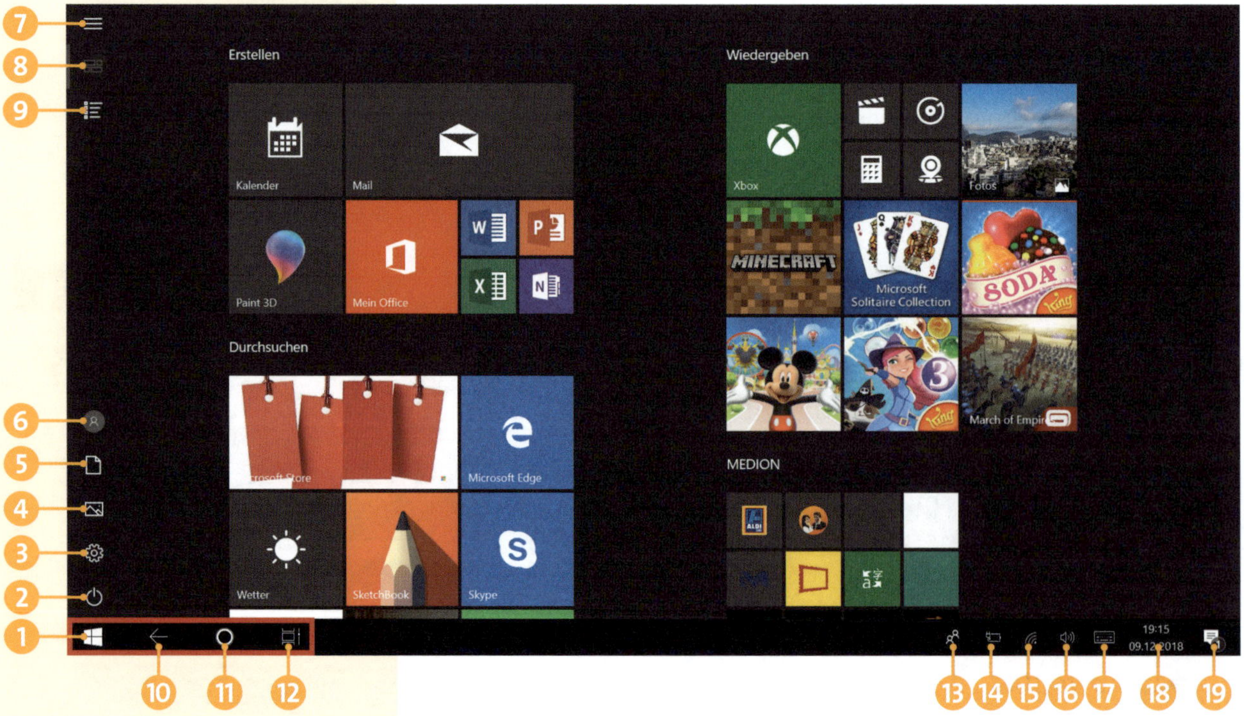

8 zur Kachelansicht zurückkehren
9 die Beschriftung der Symbole in der Schnellstartleiste einblenden
10 Zurück-Pfeil (zum zuvor angezeigten Bildschirm wechseln)
11 Cortana
12 Anzeige aller aktiven Anwendungen und des Dateiverlaufs (zum bequemen Wechsel zwischen geöffneten Apps)

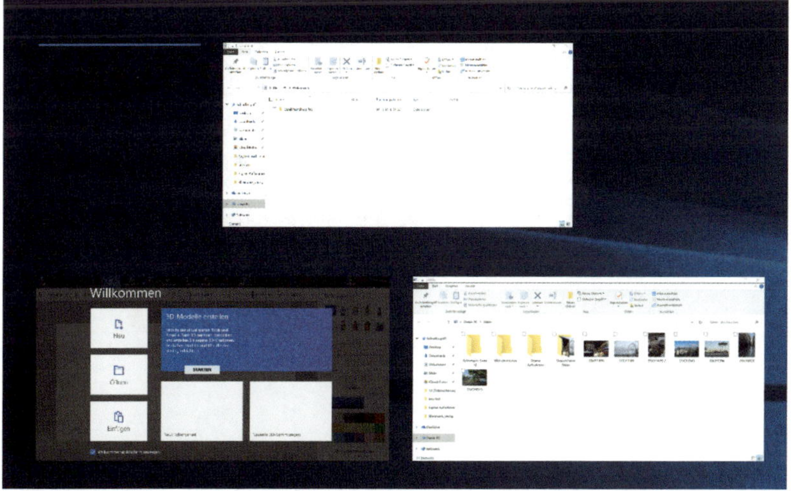

13 bevorzugte Kontakte
14 Ladezustand des Akkus
15 Signalstärke der mobilen Internetverbindung
16 Lautstärke regulieren
17 Bildschirmtastatur einblenden
18 Datum und Uhrzeit
19 Benachrichtigungen und Info-Center aufrufen

Auf das Symbol für *Benachrichtigungen* in der Taskleiste klicken

Schaltfläche **Tabletmodus** im Info-Center auf **Aus** stellen

Desktop-Funktionalität am Tablet

Ihnen ist der Tabletmodus zu umständlich und ungewohnt? Sie können bei fast jedem Tablet-Computer einfach die normale Desktop-Ansicht einschalten, dann sieht Windows 10 auf Ihrem tragbaren Touchscreen-Computer ganz wie auf dem Desktop-PC aus. Klicken Sie dazu auf das Symbol für die Benachrichtigungen im Infobereich der Taskleiste (1) und anschließend auf die Schaltfläche **Tabletmodus** (2), um diesen abzuschalten. Genau so schalten Sie die spezielle Ansicht für das Tablet übrigens auch wieder ein.

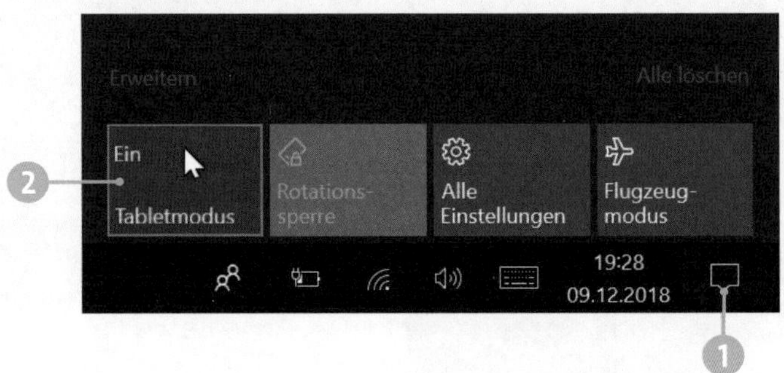

Klicken, Drücken und Blättern mit Maus, Touchpad und Touchscreen

Hier kommt die Maus – oder der Touchscreen bzw. das Touchpad. Neben der Tastatur ist es natürlich notwendig, mit weiteren Eingabemöglichkeiten zu arbeiten. Und gerade in den Office-Programmen werden Sie auswählen, markieren und verschieben wie die Weltmeister. Damit das einwandfrei klappt, zeigen wir hier nochmals kurz, wie es funktioniert. In diesem Abschnitt dreht sich alles um das Klicken und Drücken, im folgenden Abschnitt geht es dann darum, wie man am besten markiert und Elemente auf dem Bildschirm auswählt.

Starten wir mit der Computermaus. Diese ist Ihr verlängerter Arm in den Computer. Hiermit steuern Sie beispielsweise den Mauszeiger, in Word die Einfügemarke, den sog. *Cursor*, verschieben und markieren Objekte.

Eine normale Maus hat in der Regel mindestens zwei Tasten, eine rechte 1 und eine linke 2, sowie ein Scrollrad 3. Das Scrollrad ist zum komfortablen Blättern in langen Dokumenten oder auf Internetseiten gedacht und funktioniert, indem Sie das Rädchen nach vorne oder hinten bewegen.

Der linke Mausklick mit dem Zeigefinger ist für alles zuständig, was man anklickt, auswählt oder startet. Egal, ob Startmenü, eine Textmarkierung oder eine Schaltfläche, mit dem linken Mausklick fordert man immer eine Aktion. Diese wird je nach Situation mit einem einfachen oder doppelten Mausklick ausgeführt. Der doppelte Mausklick wird durch zweimaliges kurz aufeinanderfolgendes Drücken der linken Maustaste erzeugt.

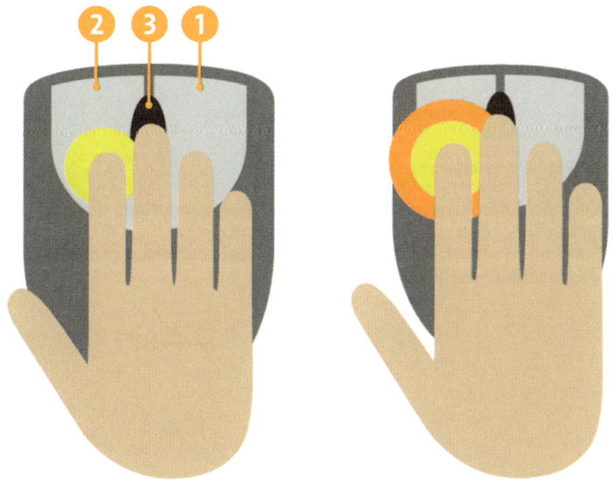

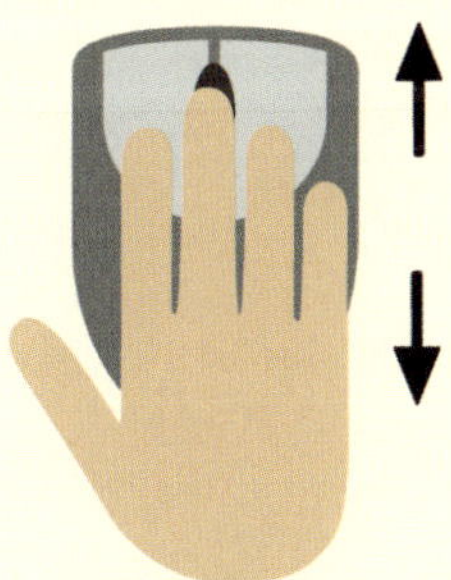

Durch Drehen des Scrollrades blättern Sie auf Seiten nach oben und unten.

MERKE

Sie können eine Maus mit der rechten oder linken Hand bedienen, ganz wie es Ihnen angenehm ist. Aufgepasst aber bei ergonomischen Mäusen, hier müssen Sie beim Kauf tatsächlich darauf achten, eine spezielle Maus entweder für Rechtshänder oder aber für Linkshänder zu kaufen.

MERKE

Es gibt leider keine feste Regel, wann ein einfacher oder doppelter Mausklick erforderlich ist. Daher weisen wir im Buch immer darauf hin.

Doppelklickgeschwindigkeit einstellen

Ihr Computer erkennt Ihren Doppelklick nicht? Es kann sein, dass Windows 10 hier eine andere Geschwindigkeit voraussetzt. Sollten Sie hier Schwierigkeiten haben, rufen Sie über das Startmenü die Einstellungen auf und dann **Personalisierung ▶ Designs ▶ Mauszeiger**.

Im daraufhin geöffneten Dialogfenster **Eigenschaften von Maus** können Sie unter dem Register **Tasten** die Doppelklickgeschwindigkeit per Schieberegler (1) nach Wunsch einstellen und am gelben Ordner (2) rechts daneben direkt ausprobieren. Bestätigen Sie dann mit **OK** (3), und schließen Sie das geöffnete Fenster der Einstellungen mit einem Klick auf das Schließkreuz oben rechts.

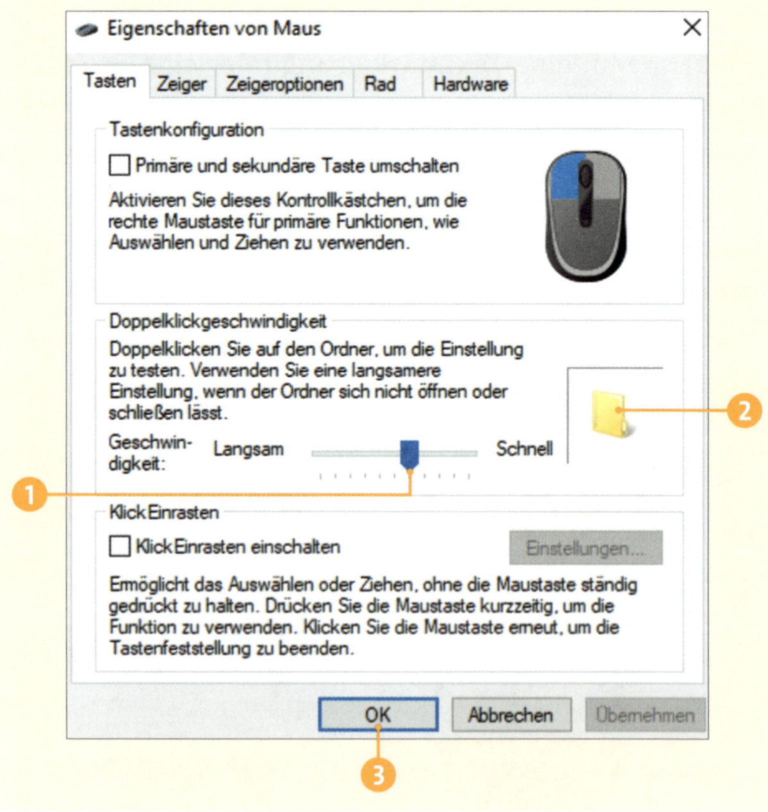

Der rechte Mausklick kommt nicht ganz so häufig zum Einsatz, ist aber dennoch wichtig. Meist öffnet man damit Funktionen, die auf den ersten Blick nicht eingeblendet werden, beispielsweise ein zusätzliches Menüfenster, auch *Kontextmenü* genannt. Einen doppelten rechten Mausklick gibt es übrigens nicht.

MERKE

Der rechte Mausklick (auch *Rechtsklick* genannt) eröffnet zusätzliche Funktionen in Programmen.

Jedes Notebook hat unter der Tastatur eine kleine Fläche, die auf Berührung reagiert. Das sog. *Touchpad* ersetzt die Computermaus und bietet deren Komfort auf kleiner Fläche. Den Mauszeiger bewegen Sie hier, indem Sie auf dieser Fläche mit dem Zeigefinger mit leichtem Druck hin- und herfahren.

Tipp: Volle Fläche nutzen

Sollte das Touchpad »zu Ende« sein, Sie aber mit dem Mauszeiger noch lange nicht am Ziel, dann nehmen Sie den Finger hoch und setzen einfach an anderer Stelle am Touchpad neu an.

MERKE

Durch Bewegen des Zeigefingers auf dem Touchpad steuern Sie den Mauszeiger auf dem Bildschirm.

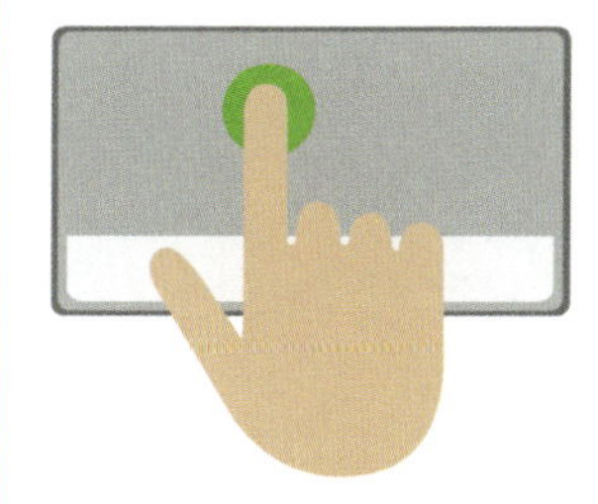

Zu Recht fragen Sie sich nun, wo hier die Maustasten versteckt sind. Nun, diese sind tatsächlich »versteckt« und befinden sich im unteren Viertel des Touchpads.

Dieses ist in der Mitte unterteilt, und mit dem Daumen führen Sie auf der linken Seite (1) den Linksklick (entspricht dem linken Mausklick) und auf der rechten Seite (2) entsprechend den Rechtsklick (den rechten Mausklick) durch. Natürlich gibt es auch hier die Möglichkeit, auf der linken Seite einen Doppelklick auszuführen (3).

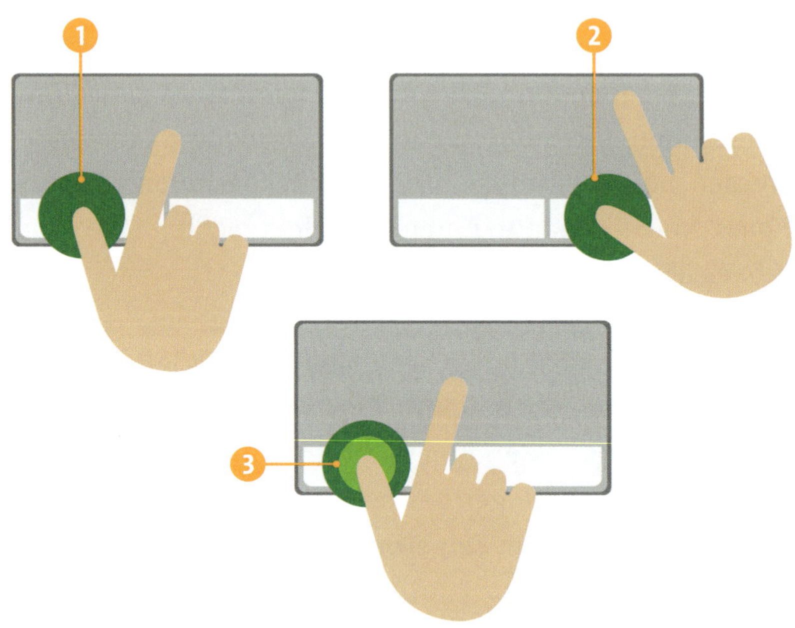

Ein Tablet-PC hat erst einmal keine Tastatur oder Maus, hier passiert alles auf dem Bildschirm selbst. Haben Sie vielleicht ein Smartphone, dann dürfte Ihnen die Bedienung bereits geläufig sein. Ansonsten ist die grundlegende Steuerung am Tablet eigentlich deutlich logischer als mit der Maus. Sie tippen Elemente direkt mit dem Finger an, um sie auszuwählen. Doppelt angetippt, wird eine Aktion ausgeführt (das entspricht dem doppelten Mausklick) 1. Länger angetippt, erhält man für ein Objekt erweiterte Möglichkeiten (das entspricht dem rechten Mausklick) 2.

MERKE

Beim Tablet-PC wird auf den Touchscreen selbst getippt.

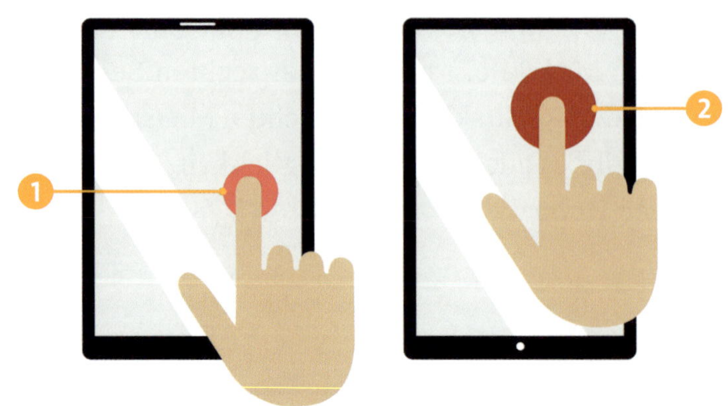

Bitte haben Sie Verständnis, dass wir in den Anleitungen vom *Mausklick* (als der gängigen Bedienungsweise) sprechen. Aber so wissen Sie, was am Tablet alternativ zu tun ist.

Bild: Logitech

Für Smartphone und Tablet gibt es spezielle Bluetooth-Tastaturen.

Wir empfehlen übrigens, dass Sie sich als Tablet-Besitzer für zu Hause noch eine externe Tastatur und Maus zulegen. Ein Brief in Word schreibt sich auf der Bildschirmtastatur nicht sonderlich komfortabel. Die entsprechenden Tastaturen werden per sog. *Bluetooth* drahtlos verbunden; es gibt hier unzählige Anbieter am Markt.

Wenn Sie am Computer mit Maus, Touchpad oder Tablet etwa eine Liste durchblättern möchten, sollten Sie auf Folgendes achten: Positionieren Sie den Mauszeiger auf dem Bildschirm. Drehen Sie das Scrollrad Ihrer Maus in Ihre Richtung, blättern Sie damit nach unten. Drehen Sie das Scrollrad zurück, weg von Ihnen, blättern Sie wieder nach oben. Am Touchpad des Notebooks geht das Scrollen in beide Richtungen elegant mit Zeige- und Mittelfinger gleichzeitig. Streichen Sie mit diesen Fingern zu sich, um nach unten zu blättern, und von sich weg, um nach oben zu blättern. Am Touchscreen setzen Sie den Zeigefinger in die Liste und fahren auf dem Bildschirm nach oben oder unten.

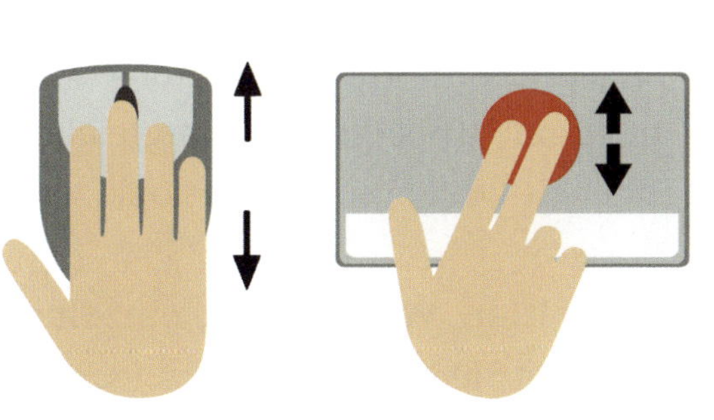

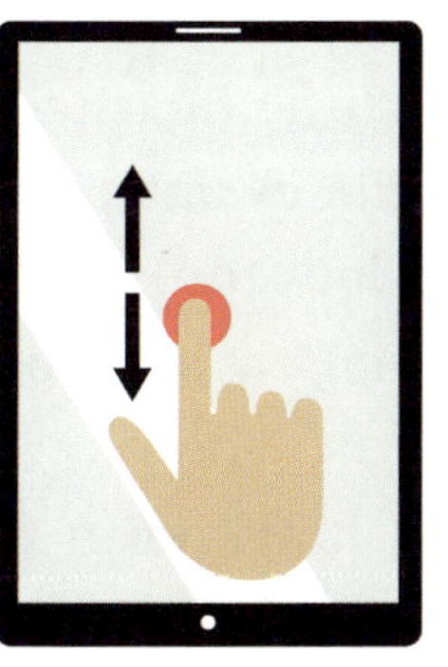

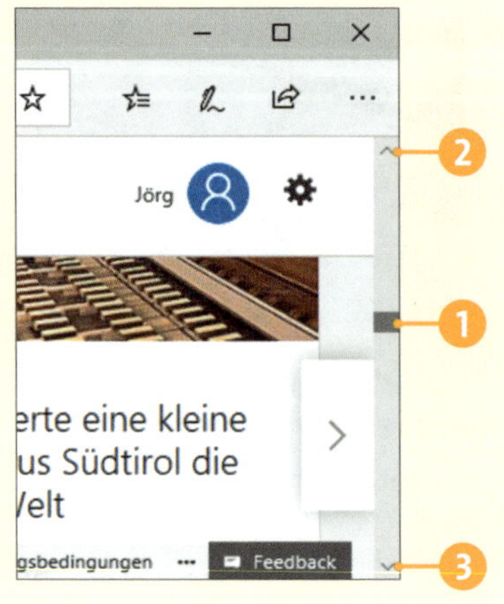

Scrollen mit der Bildlaufleiste

Viele Auswahlfelder (auch *Dialog* genannt) und Programmfenster verfügen über einen sog. *Scrollbalken* – zu Deutsch: eine Bildlaufleiste, die beim Zeigen mit der Maus am Bildschirm- bzw. Fensterrand (seitlich oder auch unten) eingeblendet wird. Entweder klicken Sie mit der Maus auf die schraffierte Fläche 1 und fahren bei gedrückter Maustaste mit der Maus nach oben oder unten, oder Sie klicken auf die Pfeile ganz oben 2 bzw. unten 3. Hier ist alles ganz logisch – ein linker Mausklick auf den nach oben zeigenden Pfeil führt auch nach oben, derjenige auf den unteren Pfeil entsprechend nach unten.

Markieren und auswählen

Nicht nur für die Handhabung der Office-Programme, auch für die Bedienung des Computers ist es wichtig, zu wissen, wie man Elemente markiert und auswählt. Wie wählt man im Explorer von Windows mehrere Dateien aus? Wie gelingt das Markieren eines Satzes in Word? Wie bekommt man nur ein Wort ausgewählt? Wir zeigen Ihnen hier die gängigsten und wichtigsten Möglichkeiten, sowohl für Tastatur und Maus bzw. Touchpad als auch für die Bedienung eines Tablet-PCs mit Touchscreen.

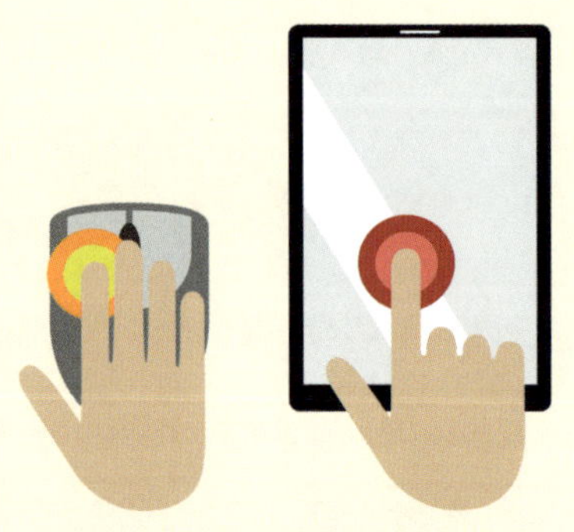

In einem Schreibprogramm wie Microsoft Word gilt es häufig, Textstellen auszuwählen, also zu markieren. Dafür gibt es unterschiedliche Vorgehensweisen. Die folgenden Tipps funktionieren in jedem Office-Programm gleichermaßen, also auch in Excel, PowerPoint und Outlook.

- **Markieren eines einzelnen Wortes:** Ein einzelnes Word markieren Sie, indem Sie mit dem Mauszeiger auf das Wort fahren und doppelklicken. Am Touchpad tippen Sie zweimal hintereinander auf die linke Taste (siehe Seite 20). Auf dem Touchscreen eines Tablet-PCs tippen Sie einfach zweimal schnell hintereinander auf das Wort, und schon ist es markiert (1) und kann beispielsweise in der Schriftart oder -größe geändert werden.

(1)

In· einem· **Schreibprogramm**· wie· Microsoft·
auszuwählen,· also· zu· markieren.· Dafür·

- **Markieren eines Absatzes:** Einen vollständigen Absatz markieren Sie mit einem linken Dreifachklick in eine beliebige Stelle jenes Textabsatzes, den Sie auswählen möchten. Auch hier erkennen Sie anhand der farblichen Unterlegung, dass der Vorgang erfolgreich war. Beim Touchpad setzen Sie den Cursor durch Betätigen der linken Taste mit dem Daumen an den Absatzbeginn, halten den Daumen gedrückt und fahren dann mit dem Zeigefinger auf dem Touchpad bis zum Ende des Absatzes. Auch am Tablet funktioniert das Markieren eines Absatzes – einfach dreimal auf eine beliebige Stelle im Absatz tippen, und schon ist er markiert.

In· einem· **Schreibprogramm**· wie· Microsoft· Word· gilt· es· häufig,· Text· auszuwählen,· also· zu· markieren.· Dafür· gibt· es· unterschiedliche· Vorgehensweisen.· Diese· zeigen· wir· Ihnen· hier· auf· –· sehen· Sie· diese· Liste· als· Nachschlagewerk· und· greifen· Sie· darauf· zurück,· wenn· Sie· Hilfe· benötigen.· Diese· Tipps· funktionieren· in· jedem· Office-Programm· identisch.· Also· auch· in· Excel,· Powerpoint· oder· Outlook.¶
¶

- **Markieren einer Zeile:** Unabhängig davon, wo sich die betreffende Zeile im Text befindet, kann diese auch mit einem kleinen Trick ohne großen Aufwand markiert werden. Klicken Sie hierzu einfach einmal in den

WAS TUN?

Ein Dreifachklick mit der Maus oder am Touchpad funktioniert wie ein Doppelklick mit der linken Taste, nur klicken Sie noch einmal mehr in schneller Folge.

leeren Bereich vor die Zeile 2 – schon ist sie markiert. Beim Touchpad verfahren Sie wie eben für den Absatz beschrieben. Das Markieren einer Zeile auf dem Touchdisplay ist leider etwas umständlicher. Wie dies funktioniert, beschreiben wir gleich noch.

2

In einem Schreibprogramm wie Microsoft Word gilt es häufig, Text auszuwählen, also zu markieren. Dafür gibt es unterschiedliche **Vorgehensweisen. Diese zeigen wir Ihnen hier auf – sehen Sie diese Liste als** Nachschlagewerk und greifen Sie darauf zurück, wenn Sie Hilfe benötigen. Diese Tipps funktionieren in jedem Office-Programm identisch. Also auch in Excel, Powerpoint oder Outlook.¶

¶

WAS TUN?

Die Markierung hat nicht geklappt? Einfach in einen beliebigen weißen Bereich Ihres Dokuments klicken und noch einmal von vorne beginnen.

- **Beliebige Stellen im Text markieren:** Fahren Sie mit dem Mauszeiger an den Beginn der Textstelle 3, die Sie markieren wollen, drücken Sie dann die linke Maustaste, und ziehen Sie bis zum Ende der gewünschten Stelle 4. Lassen Sie dann die Maustaste los. Sie können mit dieser Methode einzelne Buchstaben, Satz- oder Wortteile markieren. Mit dem Touchpad funktioniert es ganz ähnlich – klicken Sie zu Beginn des Textabschnitts, halten Sie mit dem Daumen die linke Taste gedrückt, und fahren Sie mit dem Zeigefinger bis zum Ende.

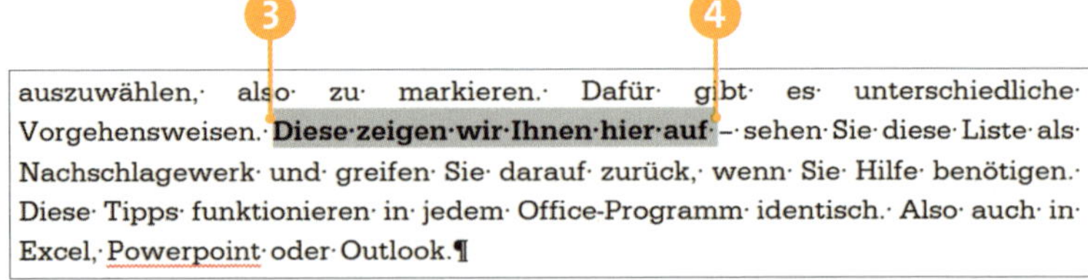

3 4

auszuwählen, also zu markieren. Dafür gibt es unterschiedliche Vorgehensweisen. **Diese zeigen wir Ihnen hier auf** – sehen Sie diese Liste als Nachschlagewerk und greifen Sie darauf zurück, wenn Sie Hilfe benötigen. Diese Tipps funktionieren in jedem Office-Programm identisch. Also auch in Excel, Powerpoint oder Outlook.¶

- Auf einem Touchdisplay tippen Sie das erste Wort einen Tick länger an als üblich – es erscheinen dort zwei Kreise. Ziehen Sie den zweiten Kreis nun mit gedrücktem Finger an die gewünschte Endposition 5. Auf diese Weise markieren Sie auch eine ganze Zeile.

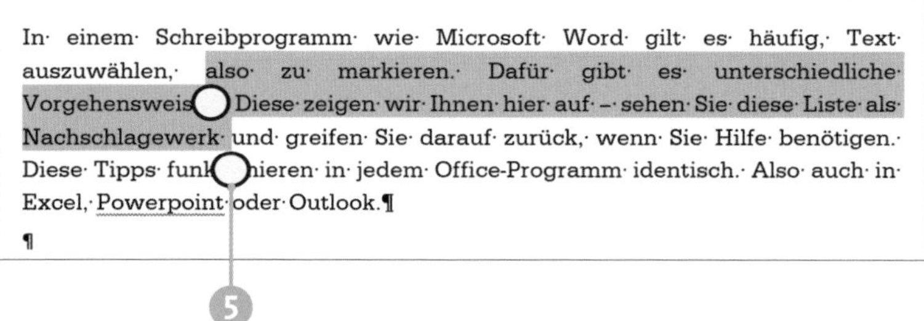

Ein Programm starten und beenden

Öffnen, schließen und beenden – hier erfahren Sie in aller Kürze, wie Sie am Computer mit Programmen generell umgehen und wie Sie diese souverän bedienen. Zum Ausprobieren verwenden wir hier die in Windows bereits integrierte App *WordPad*, bei der weder eine Anmeldung noch eine Installation notwendig sind. Denn wie Sie Office installieren, sollte es noch nicht auf Ihrem Computer vorhanden sein, erfahren Sie im folgenden Kapitel.

App oder Programm – worin besteht eigentlich der Unterschied?

App, *Programm*, aber auch *Anwendung* oder *Software* – diese Begriffe werden meist kreuz und quer verwendet, bezeichnen aber im Grunde ein und dasselbe. Für Sie wichtig zu wissen ist, dass Sie eine klassische Windows-Anwendung, wie etwa *Microsoft Word*, nicht über den sog. *Microsoft Store* beziehen können, sondern auf Ihrem Computer installieren müssen, außer, der Computerhersteller hat diese (in Ausnahmefällen) dort schon selbst installiert und verkauft sie als Komplettangebot zusammen mit dem Windows-PC.

So starten und schließen Sie eine App wie WordPad:

1. Rufen Sie das Startmenü auf, am einfachsten durch Betätigen der Taste [Windows-Taste] auf Ihrer Tastatur oder durch einen Klick auf das Startmenü-Symbol links unten in der Taskleiste.

2. Jetzt positionieren Sie den Mauszeiger über jenem Bereich des Startmenüs, in dem die Apps alphabetisch sortiert sind. Scrollen Sie bis zum Buchstaben **W** (1), indem Sie das Scrollrad an Ihrer Maus betätigen oder indem Sie den nun eingeblendeten Scrollbalken (die Bildlaufleiste) nutzen. Als kleine Gemeinheit ist hier WordPad nicht direkt zu sehen, sondern hat sich im Ordner **Windows-Zubehör** versteckt.

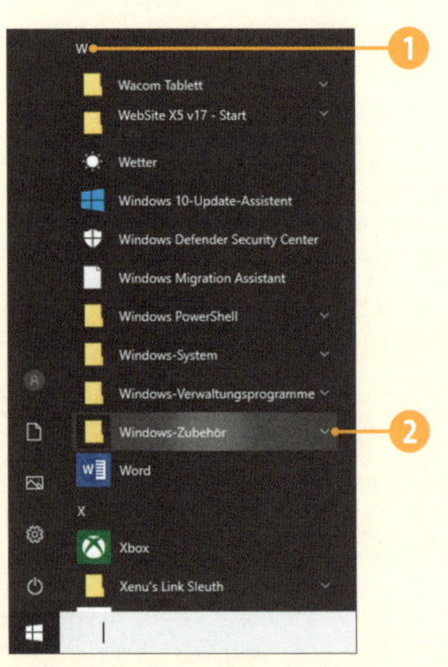

3. Mit einem Klick auf die Ordnerbezeichnung oder den Pfeil daneben (2) wird der Ordner geöffnet, und es werden weitere Programme angezeigt, ganz zum Schluss auch die App **WordPad**, die Sie wie immer durch Scrollen erreichen.

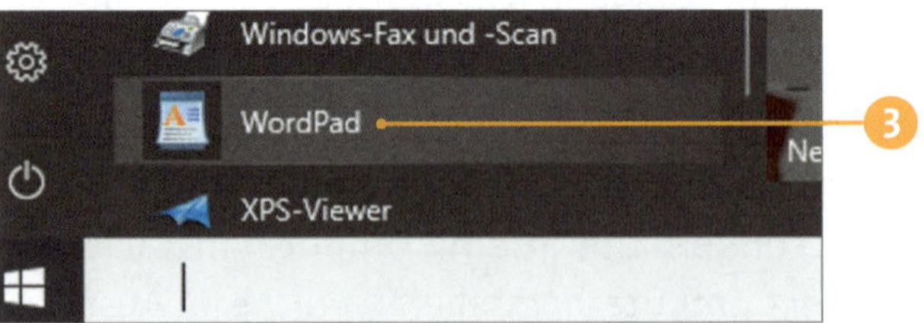

4. Klicken Sie **WordPad** (3) einmal mit der linken Maustaste an, Tablet-Anwender drücken etwas beherzter mit dem Finger darauf, und WordPad wird geöffnet.

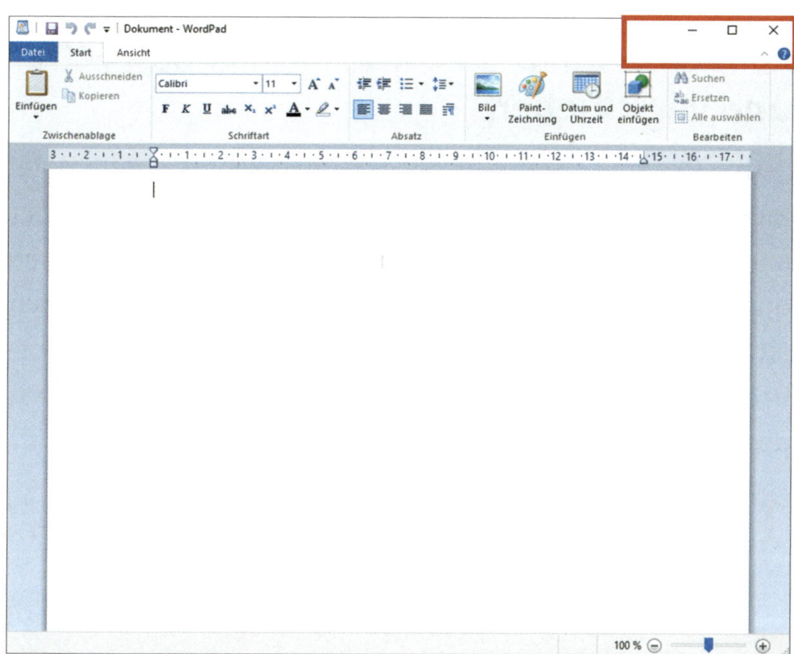

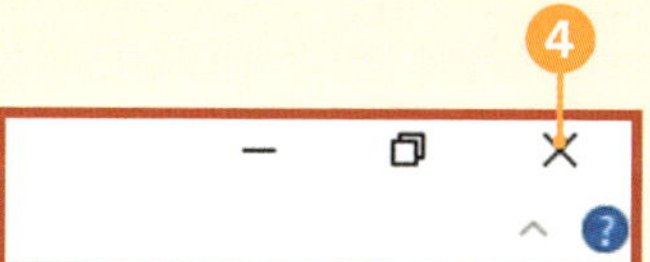

An dieser Stelle wollen wir das Programm einfach nur schnell wieder schließen bzw. beenden (wir hatten es ja zunächst einmal nur übungshalber geöffnet), denn zum Schreiben sind Sie später in Microsoft Word viel besser aufgehoben. Die Vorgehensweise ist überall gleich. Und es gibt sogar gleich zwei Wege, die zum Ziel führen:

Rechts oben in WordPad sehen Sie drei Symbole. Mit einem Klick auf das **X** 4 rechts außen wird WordPad sofort geschlossen, und der blaue Windows-Desktop erscheint.

So, jetzt bitte nochmals WordPad aus dem Startmenü starten, damit wir Methode 2 anwenden können. Dieses Mal klicken Sie links einmal in das **Datei**-Menü 5 und wählen mit einem weiteren Klick **Beenden** 6. Auch damit beenden Sie WordPad und nach dem gleichen Prinzip alle anderen Programme am Computer.

MERKE

Ganz korrekt ausgedrückt: Ein Programm wird *beendet*, ein Programmfenster wird *geschlossen*. Wenn nur ein Programmfenster mit einem Dokument geöffnet ist, führt das Schließen dieses Fensters automatisch auch zum Beenden des Programms.

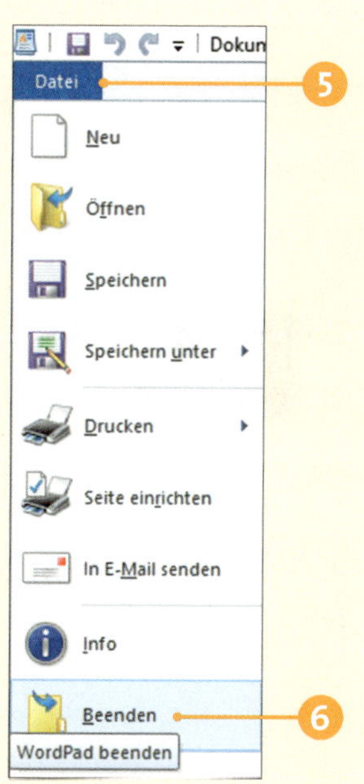

Fenstertechnik – verkleinern, vergrößern und verschieben

Jedes Programmfenster besitzt die gleichen Bedienelemente, um es, wie eben, zu öffnen und zu schließen, aber auch, um es zu vergrößern, zu verkleinern, zu *minimieren* oder individuell in der Größe anzupassen. Dieses Wissen ist im täglichen Arbeiten mit Windows und den Office-Programmen einfach erforderlich. Daher trainieren wir das kurz.

1. Starten Sie die WordPad-App über das Startmenü – wie das funktioniert, wissen Sie ja bereits.

2. Rechts oben im Programmfenster sehen Sie drei Symbole. Klicken Sie mit der linken Maustaste auf das Symbol mit dem Strich 1 – und schon verschwindet WordPad vom Bildschirm (bzw., genauer gesagt, vom Desktop). Das Symbol steht für die Funktion **Minimieren**. Das Programm ist allerdings nicht komplett verschwunden bzw. beendet worden, sondern wird nur vorübergehend in der Taskleiste »geparkt« 2. Der blaue Strich unter dem Symbol zeigt an, dass das Programm im Hintergrund geöffnet ist.

3. Klicken Sie jetzt auf das WordPad-Symbol in der Taskleiste, wird das Programm wieder vergrößert am Bildschirm dargestellt.

4. Das nächste Symbol in der kleinen Leiste rechts oben erfüllt gleich zwei Aufgaben auf einmal. Nimmt Ihr Pro-

grammfenster den gesamten Bildschirm ein, dann sehen Sie das Symbol für die sog. **Verkleinern**-Funktion. Sollte das Symbol anders aussehen, lesen Sie bitte in Schritt 6 nach.

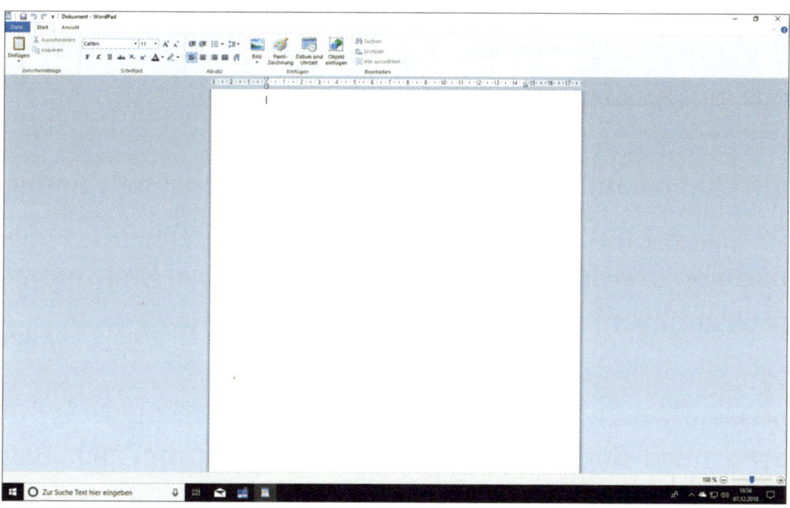

5. Fahren Sie mit dem Mauszeiger auf dieses Symbol, und klicken Sie mit der linken Maustaste darauf. WordPad ist nun auf Ihrem Bildschirm kleiner dargestellt und gibt den Blick auf den Windows-Desktop dahinter frei. Diesen Vorgang nennt man *Verkleinern des Programmfensters*.

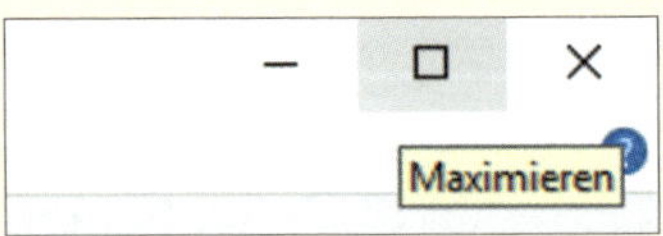

MERKE

Den kleinen gelben Hinweis zu Programmfunktionen, den sog. *Tooltip*, gibt es überall in Windows. Fahren Sie einfach mit dem Mauszeiger auf eine Schaltfläche, und warten Sie einen kurzen Moment (ohne zu klicken) – dann wird der Tooltip eingeblendet.

6. Werfen Sie einen erneuten Blick auf die rechte obere Ecke Ihres Programmfensters. Das Symbol in der Mitte hat seine Form geändert und ist nun als Quadrat ☐ zu erkennen. Damit hat sich auch die Funktionalität geändert, denn nun bedeutet es **Maximieren**. Klicken Sie darauf, füllt das Programmfenster (wieder) die komplette Bildschirmfläche aus, mit Ausnahme der Taskleiste.

Sie können ein Fenster unter Windows 10 zusätzlich noch passgenau auf eine gewünschte Größe bringen. Das ist dann praktisch, wenn Sie beispielsweise zwei Programmfenster nebeneinander arrangieren möchten.

1. Starten Sie erneut das Programm WordPad aus dem Startmenü. Sorgen Sie dafür, dass das Programm nicht den gesamten Bildschirm einnimmt, indem Sie ggf. auf das **Verkleinern**-Symbol ⧉ rechts oben klicken. Steht hier dieses Symbol ☐, sind Sie bereits startklar.

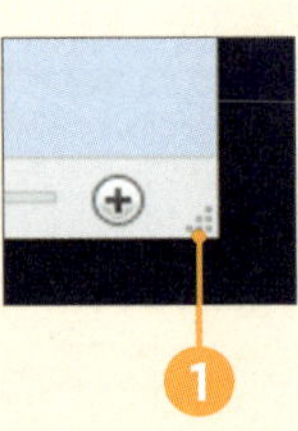

2. Bewegen Sie den Mauszeiger auf die kleine geriffelte Fläche (1) am unteren rechten Rand des Programmfensters von WordPad. Sie sehen, dass sich zusätzlich der Mauszeiger verändert (2). Er nimmt nun die Gestalt eines Doppelpfeils an.

Hier müssen wir für Computermaus, Touchpad und Touchscreen unterschiedlich fortfahren:

3. **Mit der Maus:** Halten Sie die linke Maustaste gedrückt, und fahren Sie nach oben – das Fenster wird verkleinert. Lassen Sie dann die Maus los. Halten Sie die linke Maustaste erneut gedrückt, ziehen sie nun aber nach unten, wird das Fenster wieder vergrößert.

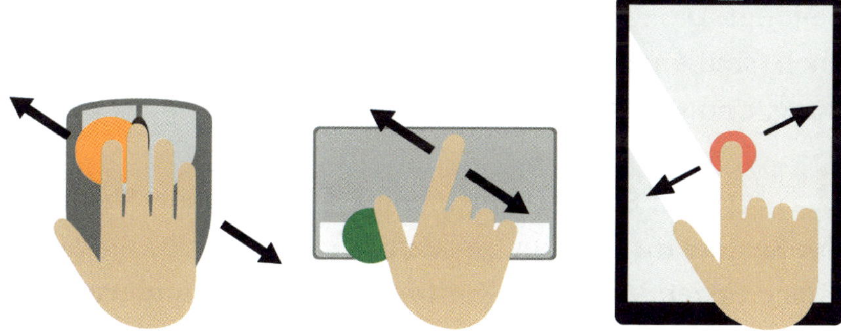

4. **Mit dem Touchpad:** Mit dem Zeigefinger den Mauszeiger auf die Riffelfläche (1 auf Seite 30) platzieren. Nun den Daumen auf der linken Touchpad-Taste gedrückt halten und dann mit dem Zeigefinger den Doppelpfeil (2 auf Seite 30) bewegen.

5. **Am Touchscreen:** Drücken Sie auf die Stelle mit der Riffelfläche (1 auf Seite 30) am WordPad-Fenster, und bewegen Sie den weiterhin gedrückten Zeigefinger hin und her, um die Fenstergröße zu ändern.

Ein Microsoft-Konto anlegen

Egal, welche aktuelle Office-Version Sie später installieren – zur Nutzung ist immer ein kostenloses Microsoft-Konto notwendig. Darin verwalten Sie Ihre Zugangsdaten, Programmlizenzen, Ihren virtuellen Datenspeicher OneDrive und vieles mehr. Wenn Sie noch kein Microsoft-Konto besitzen, zeigen wir Ihnen hier, wie Sie sich ganz fix eines anlegen. Denn spätestens im folgenden Kapitel wird es benötigt. Das Einzige, was Sie für diese Anmeldung brauchen, sind eine E-Mail-Adresse und eine Internetverbindung. Und so geht es:

ACHTUNG!

Ohne eine Internetverbindung und E-Mail-Adresse können Sie kein Microsoft-Konto erstellen.

1. Öffnen Sie das Startmenü ⊞ (1), klicken Sie auf das Symbol für Ihr Benutzerkonto (2), und wählen Sie mit einem linken Mausklick **Kontoeinstellungen ändern** (3) aus.

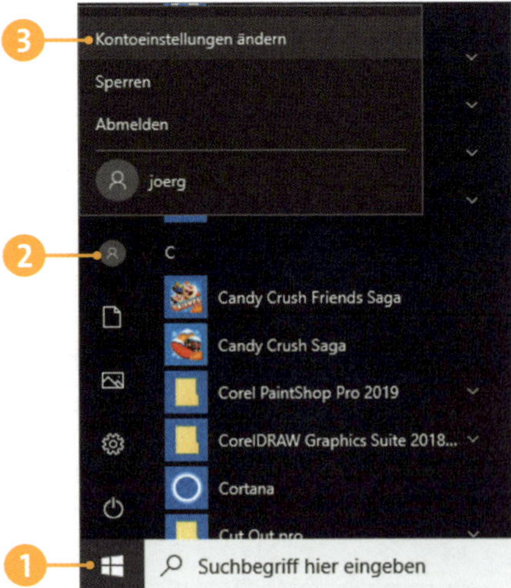

2. Es werden nun die Einstellungen geladen und in einem neuen Dialogfenster dargestellt. Da Sie noch kein Microsoft-Konto besitzen, ist die Schaltfläche **Stattdessen**

ACHTUNG!

Lassen Sie sich nicht irritieren – stehen hier noch weitere Namen, dann sind auf Ihrem Computer einfach mehrere Benutzer angelegt.

mit einem Microsoft-Konto anmelden 4 verfügbar. Klicken Sie diese einmal an.

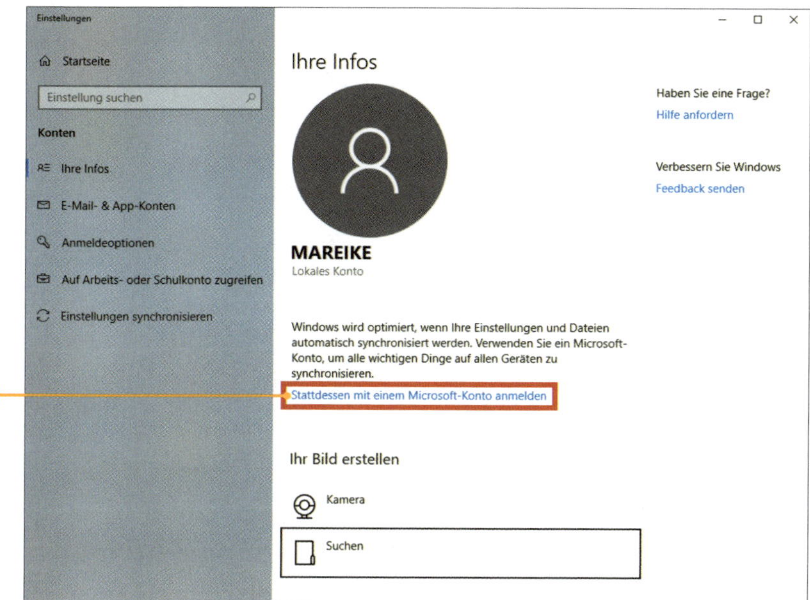

Stattdessen mit einem Microsoft-Konto anmelden

3. Es öffnet sich ein weiteres Fenster, die Anmeldung beginnt. Hier klicken Sie auf **Erstellen Sie ein Konto!** 5.

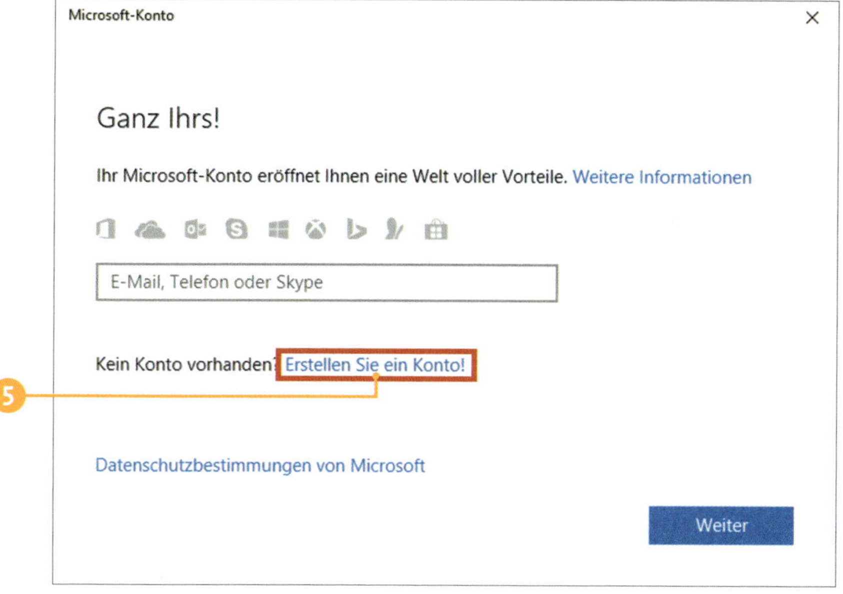

Erstellen Sie ein Konto!

4. Der folgende Bildschirm wird automatisch geladen. Hier tragen Sie Ihre E-Mail-Adresse 6, ein neues Kennwort für Ihr Microsoft-Konto 7, Ihren aktuellen Standort 8 und das Geburtsdatum 9 ein. Bestätigen Sie mit einem Klick auf die Schaltfläche **Weiter** 10.

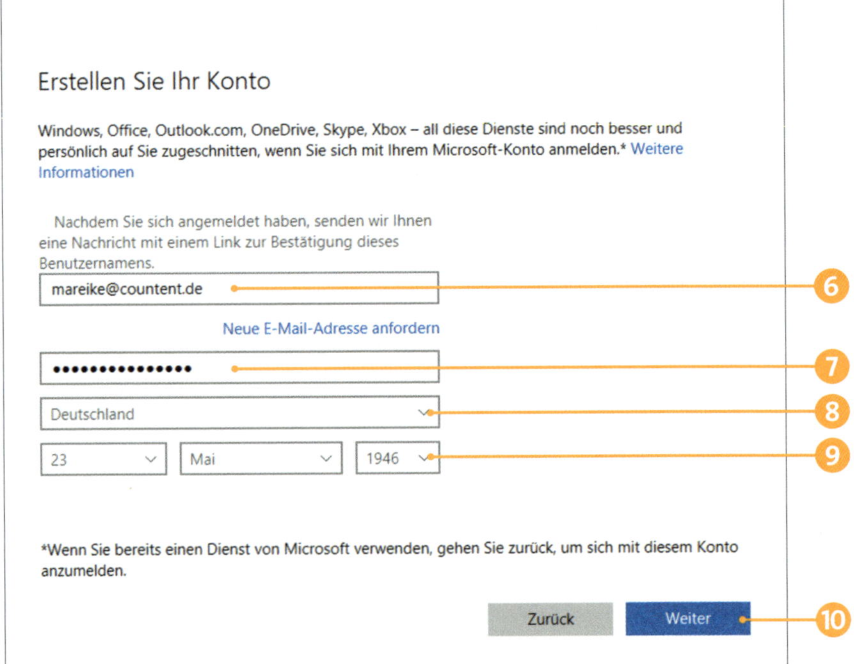

5. Nun geht es noch um Werbung – ein Häkchen 11 ist bereits gesetzt. Dieses können Sie auch ruhig gesetzt lassen. Letztlich nutzt Microsoft hier Ihr Anwenderverhalten, um Ihnen beispielsweise im Microsoft Store oder an anderer Stelle, wo sich Werbung ohnedies nicht vermeiden lässt, »Passendes« anzuzeigen (z. B. in den sog. *Live-Kacheln* im Startmenü). Beim Kästchen für die Werbeangebote 12 lassen Sie das Häkchen aber besser weg. Klicken Sie wieder auf **Weiter**.

Typische Apps für Live-Kacheln in Windows 10 sind etwa auch die Apps *Fotos und Wetter*. Hier können Sie anstelle des statischen App-Icons gewissermaßen »live« wechselnde Inhalte anzeigen lassen. Klicken Sie dazu nach einem Rechtsklick auf die gewünschte Kachel auf **Mehr ▸ Live-Kachel aktivieren** bzw. **Live-Kachel deaktivieren**, sofern der Befehl für diese Kachel zur Verfügung steht.

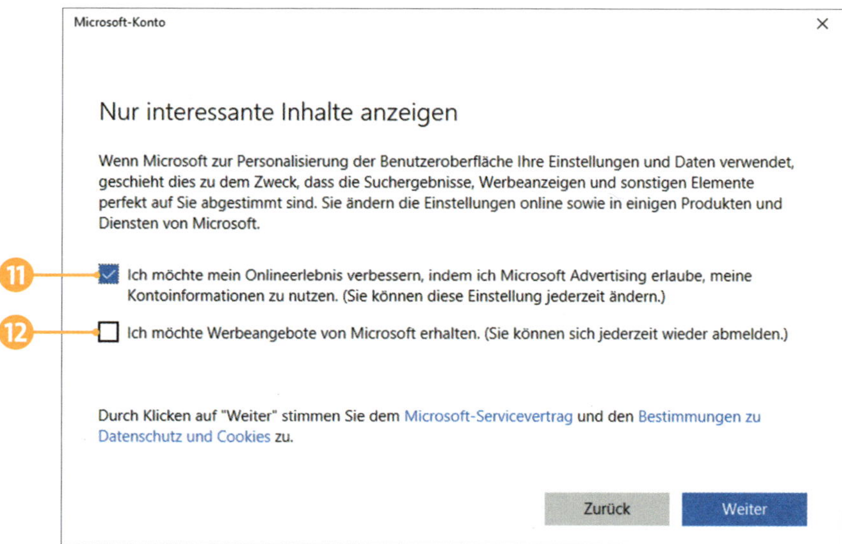

6. Jetzt ist Ihr aktuelles Computerkennwort gefordert, also jenes, mit dem Sie sich bisher bei Windows angemeldet haben. Das dient nur zur Sicherheit – denn künftig melden Sie sich bei Windows mit Ihrem in Schritt 4 angelegten Microsoft-Kontokennwort oder einer separaten PIN an. Diese wird im nächsten Schritt eingerichtet. Tippen Sie Ihr Windows-Kennwort ein 13, und klicken Sie auf **Weiter**.

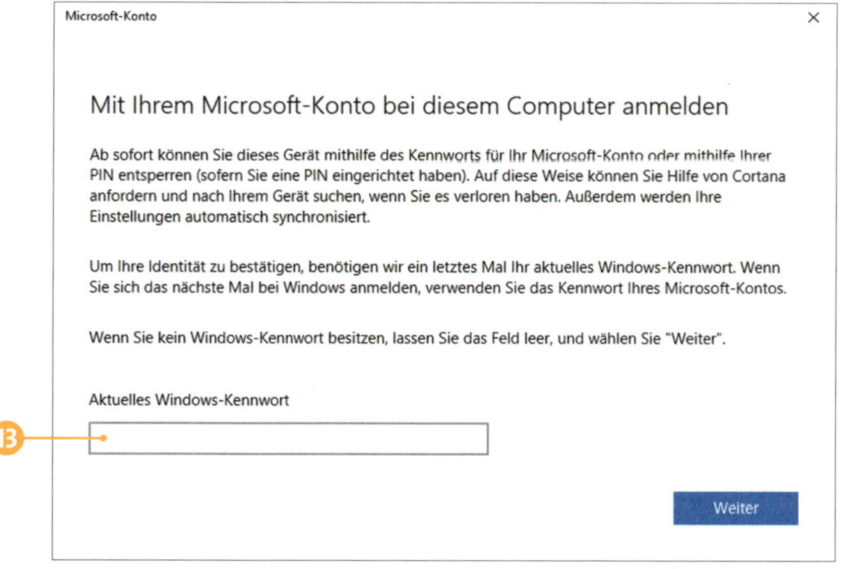

ACHTUNG!

Ab sofort melden Sie sich unter Windows nicht mehr mit dem gewohnten Kennwort, sondern mit dem Kennwort Ihres Microsoft-Kontos, einer PIN oder sogar per Gesichtserkennung an, wenn Ihr Computer das unterstützt.

7. Nach einem Klick auf **Weiter** können Sie nun noch eine PIN aus einem Zahlencode erstellen, um sich künftig ganz fix bei Windows anzumelden.

8. Geben Sie einen selbst gewählten, mindestens vierstelligen Zahlencode als PIN ein (14). Und bitte, 1234 ist hier wirklich keine gute Idee, da Sie damit ja künftig den Zugriff auf Ihren gesamten Computer kontrollieren. Wiederholen Sie denselben Code noch einmal im Feld darunter. Sollten Sie den Code auch mit Buchstaben versehen wollen, müssen Sie separat ein Häkchen in das Kästchen (15) setzen. Bestätigen Sie mit **OK** (16).

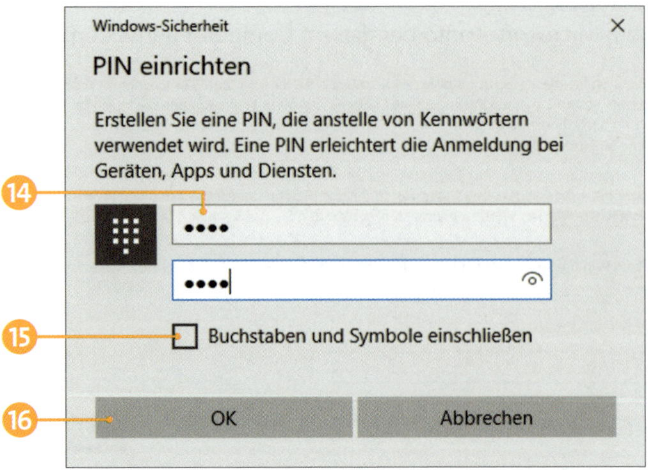

Danach ist die Anmeldung fast erledigt. Sie müssen nun Ihr E-Mail-Programm aufrufen und nach dem Eingang von neuen E-Mails schauen. Denn hier hat Microsoft Ihnen eine Bestätigungs-E-Mail mit einem Link zugesandt.

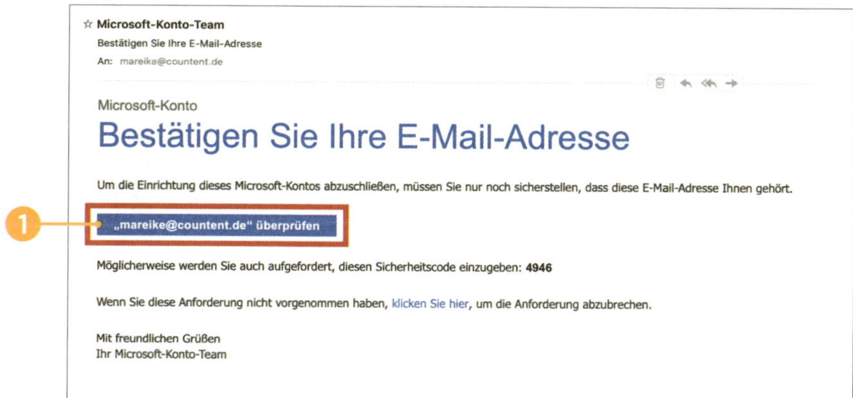

1. Klicken Sie auf diesen Link (1).

2. Jetzt geht es automatisch ab ins Internet. Hier benötigt Microsoft nun erneut die Eingabe Ihrer E-Mail-Adresse (2), die Sie mit einem Klick auf **Weiter** bestätigen.

WAS TUN?

Sollte hier innerhalb von ein paar Minuten keine Mail angekommen sein, schauen Sie unbedingt im Spam-Ordner Ihres Mail-Accounts nach. In manchen Fällen landet diese Mail dort.

„mareike@countent.de" überprüfen

3. Natürlich müssen Sie auch noch das Kennwort Ihres Microsoft-Kontos eingeben. Achtung, hier bitte NICHT den PIN-Code eingeben, sondern das in Schritt 4 (7 auf Seite 34) festgelegte Kennwort. Bitte klicken Sie nun auf **Anmelden** 3.

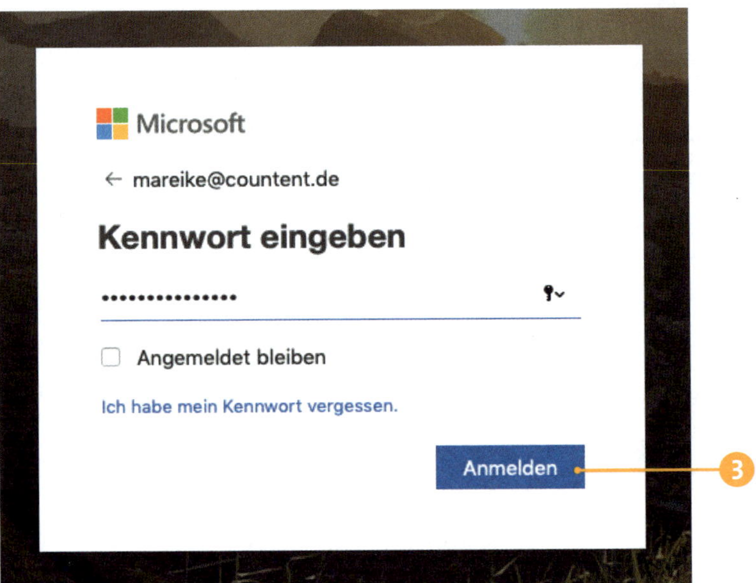

4. So, geschafft! Sie können das Internetprogramm nun über einen Klick auf das **X** rechts oben schließen, auch das **Einstellungen**-Fenster mit Ihren Kontoinformationen schließen Sie damit.

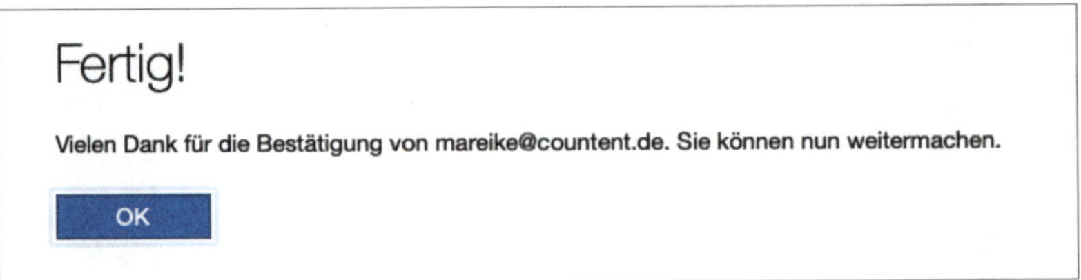

Die nächste Anmeldung am Computer erfolgt dann auch schon mit Ihrem neuen PIN-Code 4.

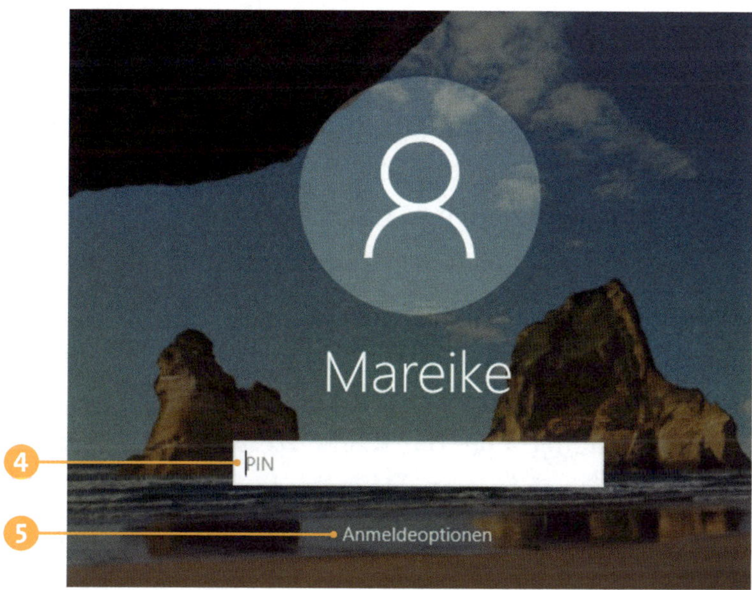

Wenn Sie die Anmeldung per PIN nicht wünschen, genügt ein Klick auf **Anmeldeoptionen** 5. Per Klick auf das darunter erscheinende Schlüsselsymbol 6 können Sie künftig auch wieder Ihr Microsoft-Kontokennwort statt der PIN (symbolisiert durch das Tastenfeld rechts daneben 7) zur Anmeldung wählen.

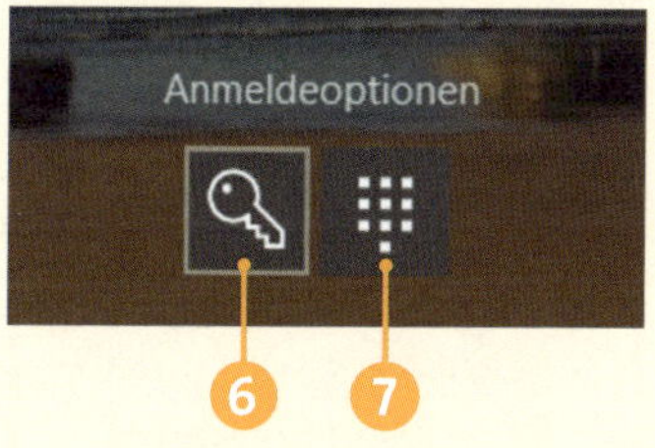

Microsoft OneDrive – die bessere Festplatte für Ihre Daten

Wenn Sie Microsoft Office abonniert haben, dann erhalten Sie kostenlosen Online-Speicherplatz mit aktuell 1 Terabyte Speicherplatz. Das ist so viel Platz, wie auf Ihrer im Computer fest verbauten Festplatte in aller Regel zur Verfügung steht. Allerdings ist dieser Speicher in einem großen Rechenzentrum bei Microsoft untergebracht. OneDrive funktioniert in der Praxis wie ein normales Laufwerk oder ein Ordner. Nur mit dem Unterschied, dass die Daten

MERKE

Wie Sie OneDrive im Zusammenspiel mit Ihrem Smartphone, weiteren Computern und sogar anderen Anwendern nutzen, zeigen wir Ihnen in Kapitel 13, »Die Office-Programme im Teamwork«, ab Seite 388.

eben nicht lokal bei Ihnen auf dem PC, sondern auf einem sog. *Server*, also einem anderen Rechner, abgelegt werden.

MERKE

Im Arbeitsalltag verhält sich OneDrive wie ein ganz normales Laufwerk an Ihrem Computer. Sie werden nicht bemerken, dass die Daten auf einem Server liegen.

Die Vorteile:

- Zugriff auf Dokumente und Daten von sämtlichen Geräten, bei denen Sie mit Ihrem Microsoft-Konto angemeldet sind
- Zugriff von jedem Ort der Welt auf Ihre Daten, Sie benötigen nur eine Internetverbindung
- Hohe Datensicherheit – das Rechenzentrum von Microsoft ist deutlich sicherer als Ihre Computerfestplatte. Ist Ihr Computer defekt, sind Ihre Daten in OneDrive trotzdem alle noch vorhanden.

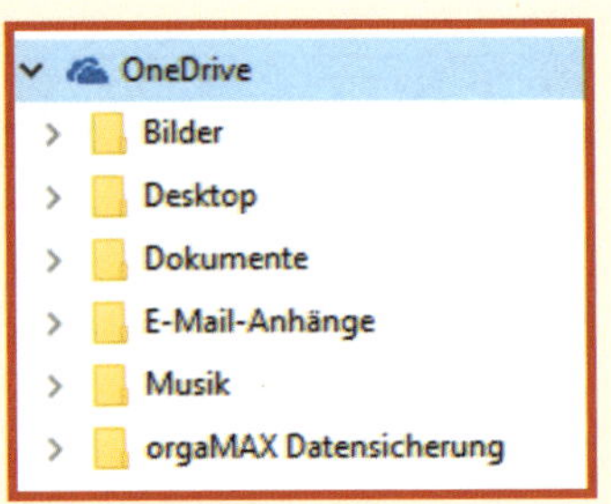

Es spricht daher nichts dagegen, diesen Service zu nutzen.

Sind Sie mit Ihrem Microsoft-Konto angemeldet, dann ist unter Windows 10 auch direkt OneDrive im Explorer sichtbar (1). Hier finden Sie auch schon einige von Hause aus angelegte Ordner (2).

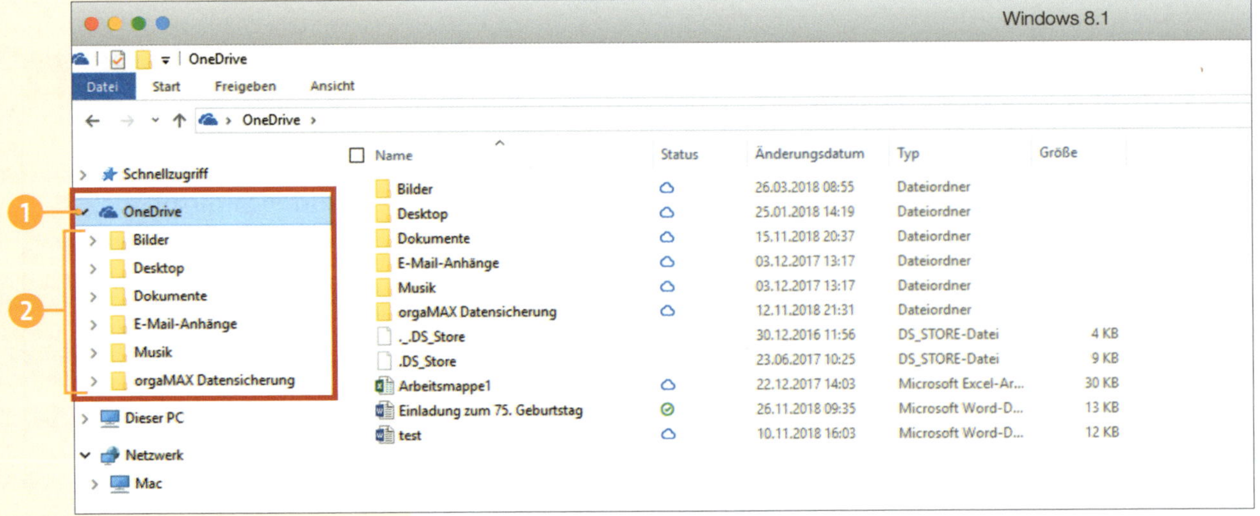

Im Explorer-Fenster sehen Sie anders als bei einem »normalen«, also lokalen Laufwerk noch kleine Symbole hinter den Dateinamen.

Das Wolkensymbol 3 bedeutet, dass die jeweilige Datei auf OneDrive verfügbar ist, aber noch nicht auf Ihren Computer geladen wurde. Wenn Sie die Datei wie gewohnt per Doppelklick öffnen, wird diese direkt geladen.

Der grüne Haken 4 bedeutet, dass die Datei bereits auf Ihrem PC zwischengespeichert ist und auch ohne Internetverbindung parat steht.

OneDrive ist wie ein Tresor für Ihre Daten, gerade weil sie nicht lokal auf Ihrem Computer, sondern in einem professionellen Rechenzentrum mit mehrfacher Datensicherung abgelegt sind.

Was tun ohne Internet?

Sollten Sie beispielsweise unterwegs keine Internetverbindung haben, können Sie trotzdem in OneDrive auf lokal gesicherte Dateien zugreifen und auch direkt in OneDrive sichern. Die Synchronisierung mit dem Server, also der Datenabgleich und das Hochladen von Daten, erfolgt dann automatisch, wenn Sie wieder eine Internetverbindung haben.

In den Office-Programmen ist OneDrive sogar noch deutlicher integriert. Im Dialog zum Öffnen oder Speichern von Dateien führen prominente Schaltflächen 5 direkt dorthin:

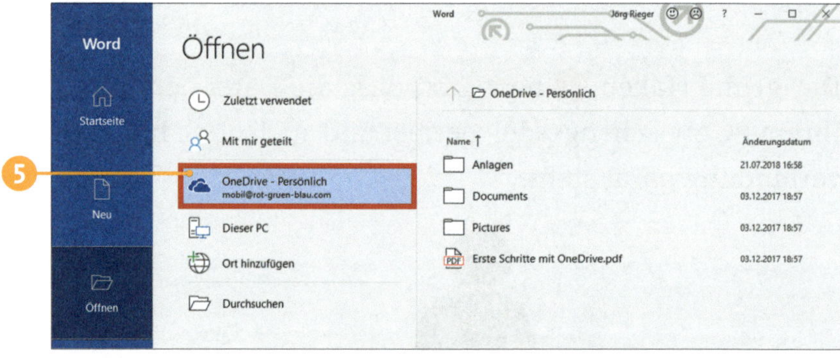

So, und jetzt sind Sie mit allem Basiswissen gerüstet und bereit für die Office-Installation und die nachfolgenden Praxis-Workshops. Viel Freude damit!

KAPITEL 2

Erste Schritte für die Arbeit mit Microsoft Office

Microsoft Office ist auf vielen Computern bereits beim Kauf vorinstalliert. Falls nicht, haben Sie hier gleich mehrere Möglichkeiten, das Paket zu kaufen bzw. zu abonnieren. Zudem gibt es verschiedene Editionen von Office. Wir helfen Ihnen, den Überblick zu bewahren und die passende Software zu finden.

Grundsätzlich sind für Sie als Privatanwender drei verschiedene Versionen erhältlich. Die Unterschiede erläutern wir hier kurz vorab, auf den folgenden Seiten dann ganz ausführlich.

- *Office 365 Home*: Abo-Version mit jährlicher (99 €) oder monatlicher (10 €) Abrechnung, kann von bis zu sechs Personen verwendet werden. Die Personen müssen dabei gar nicht im eigenen Haushalt wohnen oder miteinander verwandt sein. Sie können auch Bekannten und Freunden damit eine Freude machen.
- *Office 365 Personal*: etwas günstigere Abo-Version (69 € jährlich bzw. 7 € monatlich) als die Home-Edition, kann aber nur von einer Person verwendet werden.

ACHTUNG!

Die hier gemachten Preisangaben beruhen auf dem Stand der Angaben auf der Website von Microsoft zum Zeitpunkt der Drucklegung des Buchs. Sie können daher auch abweichen.

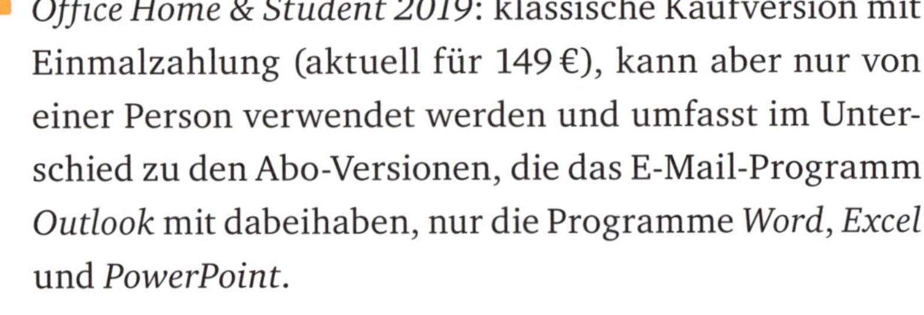

- *Office Home & Student 2019*: klassische Kaufversion mit Einmalzahlung (aktuell für 149 €), kann aber nur von einer Person verwendet werden und umfasst im Unterschied zu den Abo-Versionen, die das E-Mail-Programm *Outlook* mit dabeihaben, nur die Programme *Word*, *Excel* und *PowerPoint*.

Office 365 – dank Abonnement immer auf dem aktuellen Stand

Mit Office 365 bietet Microsoft seine Office-Programme im praktischen Abonnement an. Man könnte es auch als *Miete* bezeichnen, denn letztlich zahlen Sie eine Nutzungsgebühr für die Programme. Diese werden nach Abschluss des Abonnements ganz normal auf Ihrem Computer installiert, und Sie können sie wie gewohnt nutzen. Allerdings nur so lange, wie Sie auch Office 365 abonniert haben. Sollten Sie darauf keine Lust mehr haben und das Abonnement kündigen, können Sie auch die Software nicht mehr anwenden. Mit 99 € im Jahr sind die Kosten – zumal für bis zu sechs private Benutzer – überschaubar. Die »Single-Version« für einen Benutzer gibt es für 69 € jährlich noch einen Tick günstiger.

Ziemlich praktisch: Microsofts Online-Speicherplatz *OneDrive* ist beim 365er-Abonnement gleich mit dabei. Jeder Anwender erhält satte 1 Terabyte Datenspeicher. Das ist so viel Platz, wie Ihre gesamte Computerfestplatte in aller Regel umfasst. Hier können Sie Bilder, Dokumente und Daten ablegen und von überall per Webbrowser oder direkt mit Ihrem Notebook bzw. Tablet darauf zugreifen.

Dies ist quasi wie eine externe Festplatte zu verstehen, nur eben im Internet und mit automatischer Datensicherung.

Vorteile von Microsoft Office 365:

- günstiger Jahrespreis
- immer die aktuellsten Office-Versionen
- mobiler Datenspeicherplatz inklusive
- je nach Version von bis zu sechs Personen nutzbar
- sowohl auf einem Windows-PC als auch auf einem Mac-Computer nutzbar

Nachteil von Microsoft Office 365:

- nur nutzbar, solange auch ein Abonnement aktiv ist

So erwerben und installieren Sie das Abonnement Microsoft Office 365

Office 365 kann nur im Internet direkt bei Microsoft erworben werden. Wir zeigen Ihnen Schritt für Schritt, wie Sie hier schnell zu »Ihrem« Office gelangen und wie Sie die Programme ganz einfach auf verschiedenen Computern installieren.

Office 365 können Sie nur im Microsoft Store erwerben bzw. abonnieren.

1. Starten Sie Ihren Internetbrowser wie gewohnt über das Windows-Startmenü, und tippen Sie in die Adressleiste »www.office365.com« ein. Bestätigen Sie mit der Taste [↵], die Seite von Microsoft Office wird geladen.

MERKE

Grundvoraussetzung, um Office 365 nutzen zu können, ist ein kostenloses Microsoft-Konto.

WAS TUN?

Wie Sie ein Microsoft-Konto erstellen, lesen Sie ab Seite 32.

2. Klicken Sie nun rechts oben auf der Internetseite auf den Bereich **Anmelden**. Im folgenden Dialogfenster geben Sie die E-Mail-Adresse Ihres Microsoft-Kontos (1) ein und bestätigen mit einem Klick auf **Weiter** (2).

Geben Sie nun im Anschluss noch Ihr Kennwort ein, und schon landen Sie im Online-Bereich von Microsoft Office.

3. Lassen Sie sich nicht irritieren – in diesem Bereich sehen Sie unter **Anwendungen** (3) schon sämtliche Office-Programme versammelt. Das sind aber jene Versionen, die über den Internetbrowser geladen werden, und nicht die fest installierten Programme für den Desktop. Mit diesen Online-Apps können Sie aber tatsächlich bereits viele Bearbeitungen durchführen, ohne dass Ihnen Kosten entstehen. Wie das geht, zeigen wir ab Seite 377. Um Office 365 für Ihren Computer zu erwerben, klicken Sie auf die Schaltfläche **Office 365 kaufen** (4).

MERKE

Noch vor einem Kauf, bereits direkt nach der Anmeldung mit dem Microsoft-Konto unter *www.office365.com*, können Sie auf die Online-Apps von Microsoft Office zugreifen, und das völlig kostenlos.

4
Anwendungen
Office installieren
Office 365 kaufen
3
Outlook
OneDrive
Word
Excel
PowerPoint
OneNote
Skype
Kalender
Kontakte
Sway
Dokumente
Neu
Zuletzt verwendet

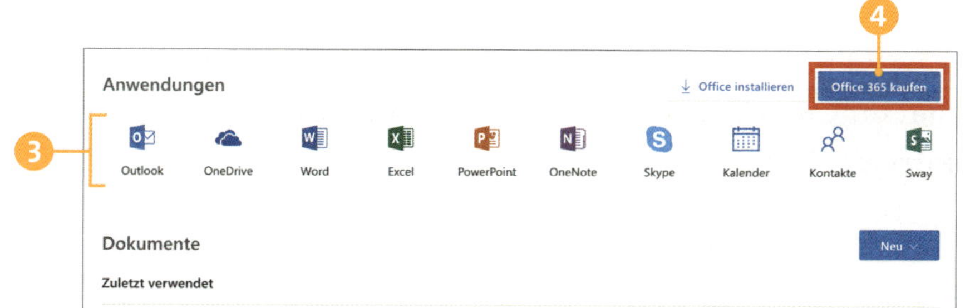

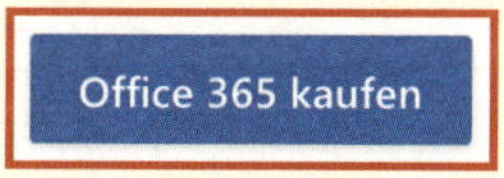

Office 365 kaufen

4. Es wird eine neue Seite im Internetbrowser geladen, die eine Auswahl an verschiedenen Office-Editionen anbietet, ab Seite 43 sind wir hierauf bereits eingegangen. Wenn Sie alle Programme, inklusive Outlook, nutzen wollen und sich mit mehreren Personen das Abonnement teilen möchten, ist die Home-Edition für aktuell 99 € im Jahr (5) in der Regel perfekt. Per Klick auf **Jetzt kaufen** (6) wählen Sie die passende Edition aus und gelangen automatisch zum Warenkorb.

WAS TUN?

Wie eingangs erläutert, können Sie unter drei verschiedenen Office-Versionen wählen. Doch welche ist die richtige? Hier erläutern wir die Versionen noch etwas ausführlicher.

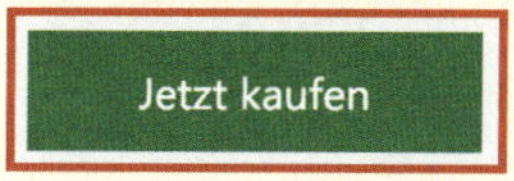

Jetzt kaufen

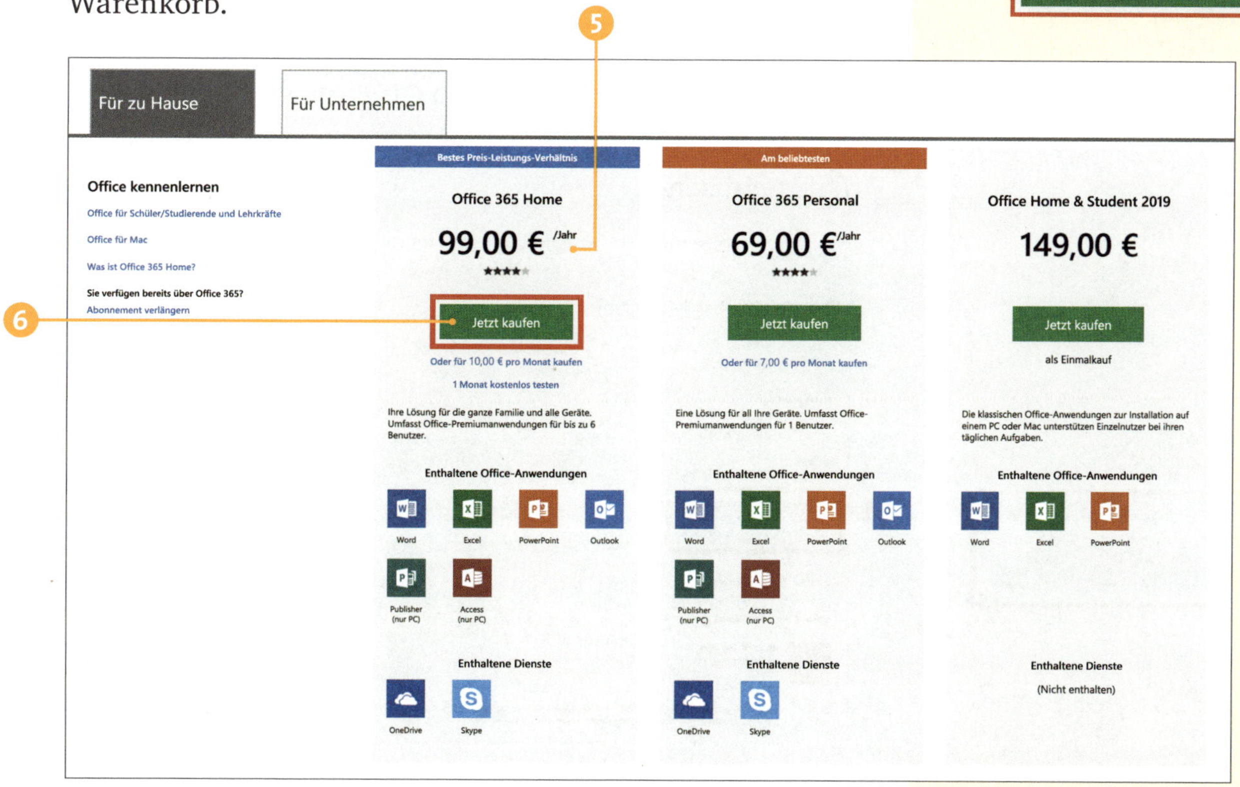

5
Für zu Hause
Für Unternehmen
Office kennenlernen
Office für Schüler/Studierende und Lehrkräfte
Office für Mac
Was ist Office 365 Home?
Sie verfügen bereits über Office 365?
Abonnement verlängern
6
Bestes Preis-Leistungs-Verhältnis
Office 365 Home
99,00 € /Jahr
Jetzt kaufen
Oder für 10,00 € pro Monat kaufen
1 Monat kostenlos testen
Ihre Lösung für die ganze Familie und alle Geräte. Umfasst Office-Premiumanwendungen für bis zu 6 Benutzer.
Enthaltene Office-Anwendungen
Word
Excel
PowerPoint
Outlook
Publisher (nur PC)
Access (nur PC)
Enthaltene Dienste
OneDrive
Skype
Am beliebtesten
Office 365 Personal
69,00 € /Jahr
Jetzt kaufen
Oder für 7,00 € pro Monat kaufen
Eine Lösung für all Ihre Geräte. Umfasst Office-Premiumanwendungen für 1 Benutzer.
Enthaltene Office-Anwendungen
Word
Excel
PowerPoint
Outlook
Publisher (nur PC)
Access (nur PC)
Enthaltene Dienste
OneDrive
Skype
Office Home & Student 2019
149,00 €
Jetzt kaufen
als Einmalkauf
Die klassischen Office-Anwendungen zur Installation auf einem PC oder Mac unterstützen Einzelnutzer bei ihren täglichen Aufgaben.
Enthaltene Office-Anwendungen
Word
Excel
PowerPoint
Enthaltene Dienste
(Nicht enthalten)

5. Im Warenkorb können Sie Ihre Bestellung noch einmal eingehend prüfen, anschließend klicken Sie auf **Zur Kasse gehen** 7.

Zur Kasse gehen

MERKE

Sie können Office 365 mittels Lastschriftverfahren, Kreditkarte oder PayPal bezahlen.

6. Nun geht es um die Zahlungsmöglichkeiten. Bei dem 365er-Abonnement von Office können Sie leider nicht mit einer normalen Online-Überweisung bezahlen. Sie müssen über einen Klick auf **Neue Zahlungsmethode hinzufügen** 8 eine Zahlungsart auswählen, die eine wiederholte Zahlung zulässt. Denn Office wird ja »abonniert«, und Microsoft will automatisch das entsprechende Entgelt dafür einziehen.

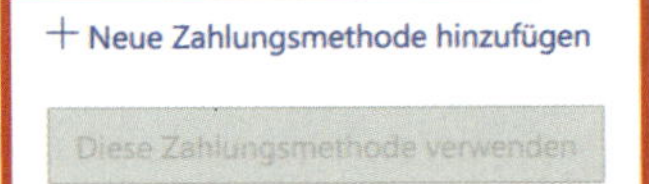

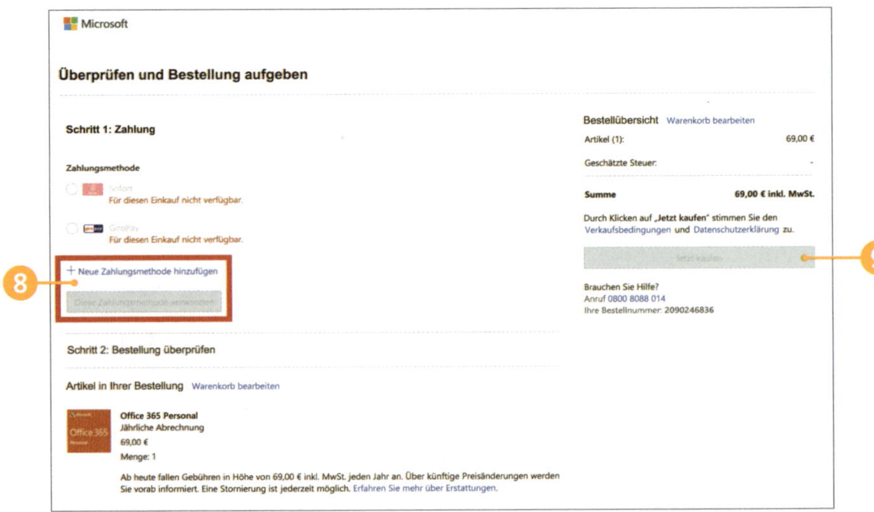

7. Ist die Zahlungsmethode gewählt, kann der Einkauf vollzogen werden. Dazu genügt ein Klick auf die Schaltfläche **Jetzt kaufen** 9.

Jetzt kaufen

8. Office 365 steht nun zur Installation bereit. Klicken Sie rechts oben im Internetbrowser auf das Symbol für **Office**, um zurück zur Startseite zu gelangen. Hier sehen Sie, dass Office nun nicht mehr gekauft, dafür aber installiert werden kann. Klicken Sie auf **Office installieren** 10.

Office

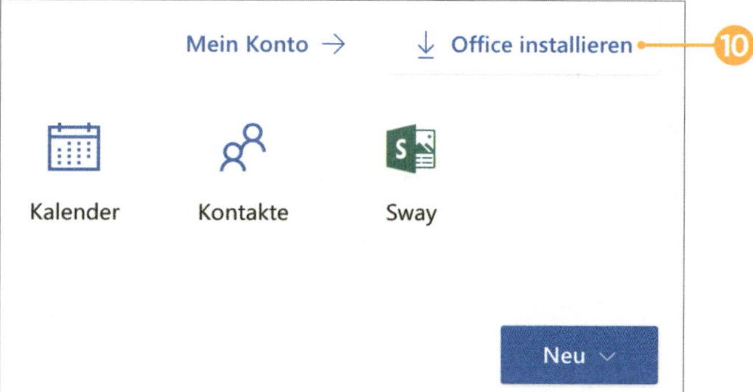

9. Es wird im Webbrowser eine neue Seite geladen. Hier müssen Sie im Bereich **Office auf allen Computern installieren** erneut auf **Office installieren** 11 klicken.

10. Nun wird ein Dialogfenster eingeblendet – hier wird nochmals zusammengefasst, was denn genau installiert wird, in unserem Fall logischerweise Office. Letztmalig ist ein Klick auf eine wieder leicht anders gestaltete **Installieren**-Schaltfläche ⑫ notwendig.

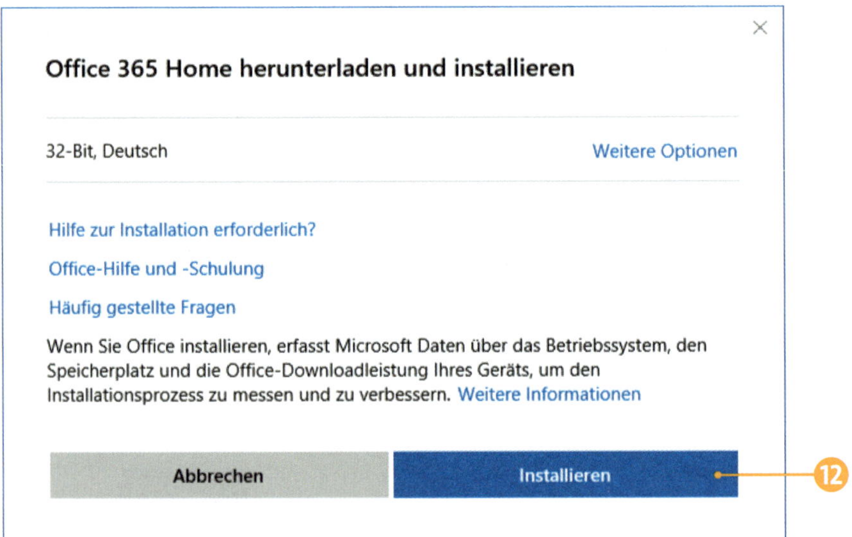

11. In der kleinen Leiste, die nun am unteren Bildschirmrand eingeblendet wird, dürfen Sie direkt auf **Ausführen** ⑬ klicken.

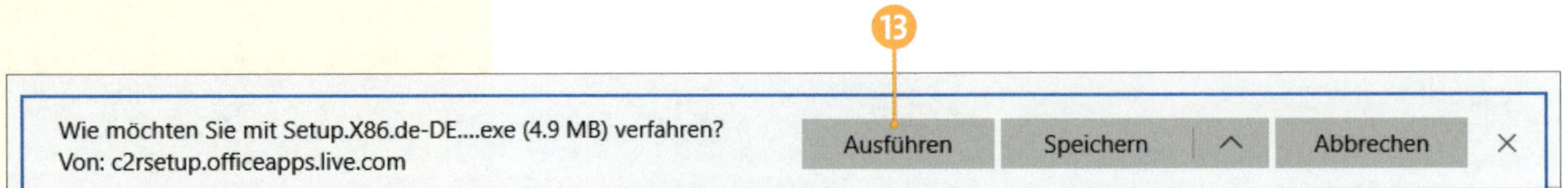

12. Die anschließende Sicherheitsabfrage der Benutzerkontensteuerung von Windows 10 beantworten Sie bitte mit **Ja** ⑭, auch wenn hier standardmäßig **Nein** aktiviert ist.

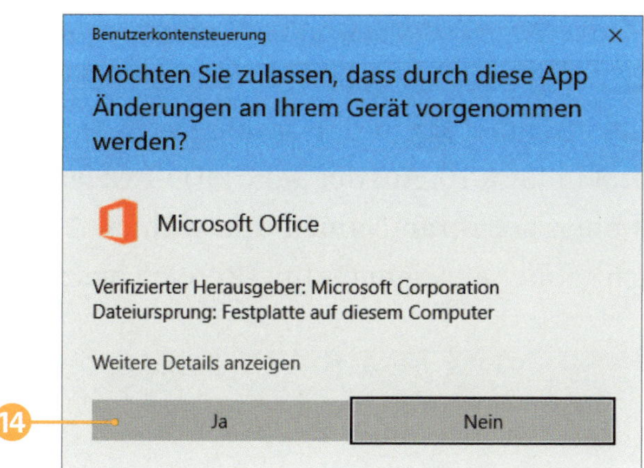

13. Jetzt haben Sie es fast geschafft! Microsoft Office installiert sich im Hintergrund vollautomatisch auf Ihrem Computer, ohne jegliche weitere Abfragen. Das kann, je nach Internetverbindung, einige Zeit in Anspruch nehmen – Zeit also für eine Tasse Kaffee. Anschließend ist alles für Sie bereit!

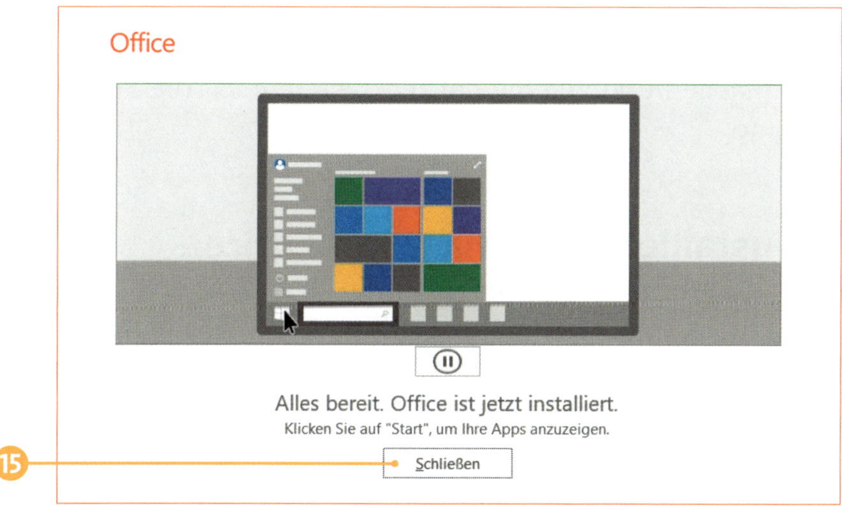

14. Sie können jetzt den Installationsdialog über einen Klick auf **Schließen** 15 beenden. Im Hintergrund ist sicher noch Edge (oder auch ein anderer Browser) mit Ihrem Office-365-Account geöffnet. Wechseln Sie per Klick auf das Edge-Symbol in der Taskleiste zu Ihrem Webbrowser in Windows 10. Auf der Seite zu Office 365 klicken Sie rechts oben auf Ihren Namen und wählen **Abmelden** 16, um sich sauber aus dem Online-Bereich auszuloggen.

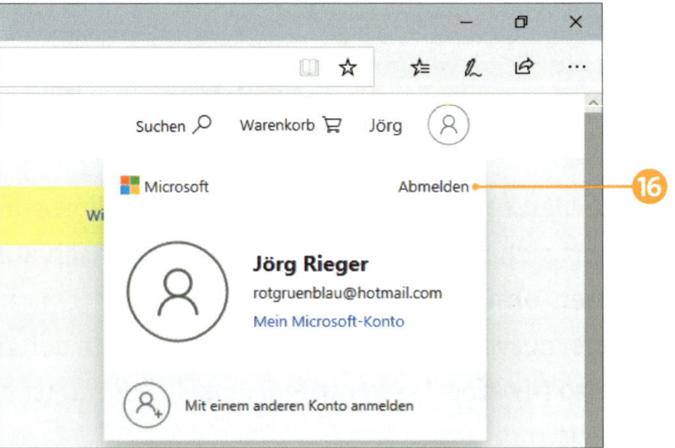

Wie Sie Ihre ersten Schritte mit den einzelnen Programmen machen und wie Sie darin arbeiten, erfahren Sie ab Seite 69.

So installieren Sie Microsoft Office Home & Student 2019

Die klassische »Kaufversion« hat Microsoft für Privatanwender weiterhin im Angebot. Anders als der Name es vermuten lässt, darf hier wirklich jeder Anwender zugreifen. Für 149 € erhält man die aktuelle Office-Version zum Dauergebrauch und ohne »Mietvertrag«, es fallen keine weiteren Kosten an. Nur, wenn man später auf eine neuere Office-Version umsteigen möchte, könnte ein erneuter

Kauf erforderlich werden. Microsoft hat bisher alle drei Jahre eine komplett neue Version veröffentlicht.

Der Software-Hersteller ist an dieser Art Programmverkauf allerdings nicht mehr sonderlich interessiert, folglich sind hier weder der Cloud-Speicherplatz OneDrive noch Microsoft Outlook, Microsoft Publisher noch Microsoft Access enthalten. Während man auf die letzten beiden Programme als Privatanwender gut verzichten kann, ist das fehlende E-Mail-Programm Outlook doch ein wenig ärgerlich. Das aus Word, Excel und PowerPoint bestehende Programmpaket ist zudem nur für die Benutzung an einem Computer gedacht.

Vorteile:

- Kaufversion ohne weitere Folgekosten
- für Windows und macOS nutzbar

Nachteile:

- nur für einen Computer
- kein Mail-Programm (Outlook) dabei
- kein Cloud-Speicherplatz verfügbar
- Bei größeren Aktualisierungen (sog. *Versionsupdates*) müssen die Programme unter Umständen erneut erworben werden.

Die Installation der Kaufversion von Microsoft Office erfolgt nach dem gleichen Prinzip, wie es vorangehend für Office 365 ab Seite 45 beschrieben wurde. Es werden lediglich weniger Programme installiert, da in diesem Paket ja nur Word, Excel und PowerPoint mit am Start sind.

Alte Office-Versionen ab Version 2010

ACHTUNG!

Im Internet gibt es bei eBay und Co. alte Office-Versionen zum Schnäppchenpreis. Achten Sie hier unbedingt auf Seriosität, teilweise wird nur der sog. *Lizenzcode* ohne Installationsdaten verkauft – und dann müssen Sie leider selbst zusehen, ob und wo Sie eine Installations-CD oder Installationsdatei separat auftreiben können.

Grundsätzlich hat sich bei Microsoft Office in den vergangenen Jahren nicht allzu viel verändert. Auch mit Versionen ab 2010 können Sie nahezu alles hier im Buch vorgestellte Wissen und die einzelnen Arbeitsschritte problemlos nachvollziehen. Wenn Sie die Möglichkeit haben, eine ältere Office-Version von Bekannten oder bei eBay und Co. günstig zu ergattern, schlagen Sie ruhig zu.

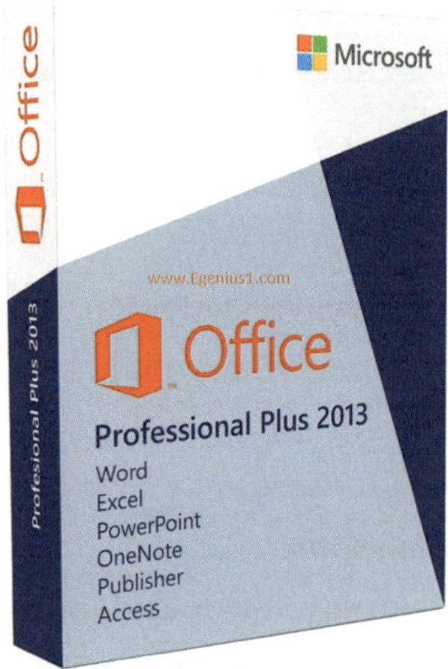

Vorteile einer älteren Office-Version:

- günstiger Preis
- ab Version 2010 fast identischer Funktionsumfang wie Office 365 (zum Zeitpunkt der Drucklegung dieses Buchs)

Nachteile einer älteren Office-Version:

- läuft unter Umständen nicht mehr auf künftigen Betriebssystemen

- Bei sehr alten Versionen gibt es keine Updates mehr, die für die Sicherheit der Version auf dem Computer sorgen.

Die Installation älterer Office-Programme funktioniert teils sehr unterschiedlich, daher können wir an dieser Stelle nicht detailliert darauf eingehen. Allerdings ist es in der Regel so, dass Sie eine CD oder DVD mit einer Installationsdatei oder auch nur die Installationsdatei als Download erhalten und per Doppelklick darauf das Aufspielen der Programme vornehmen.

Die Office-Apps von Microsoft für mobiles Arbeiten am Smartphone und Tablet

Wenn Sie ein Tablet mit Android, beispielsweise ein Samsung Galaxy, oder ein iPad von Apple besitzen, können Sie direkt die kostenlosen Office-Apps von Microsoft nutzen. Erfreulicherweise sind die mobilen Office-Apps im Funktionsumfang nur minimal eingeschränkt, viele Basisfunktionen der normalen Computerversion sind auch hier verfügbar. Sollten Sie wirklich nur ein Tablet oder auch ein Android-Smartphone bzw. ein iPhone besitzen, dann sind diese Office-Varianten in jedem Fall einen Versuch wert. Und wenn Sie Office 365 für Ihren Desktop-Computer gekauft haben, stehen Ihnen auch am Smartphone oder iPad diese Apps komplett kostenlos zur Verfügung.

MERKE

Mit einer externen Tastatur für Mobilgeräte ist das Schreiben längerer Texte am Smartphone oder Tablet viel komfortabler.

Bild: Logitech

Per Bluetooth-Funkverbindung können Sie auch am Smartphone oder Tablet mit einer komfortablen Tastatur schreiben.

Aber auch für alle anderen Anwender, die Office auch unterwegs gerne nutzen möchten, stehen die mobilen Apps bereit – etwa um mit dem Smartphone bzw. Tablet mal kurz ein Dokument zu bearbeiten. Wie Sie als Besitzer eines Smartphones oder Tablets wissen – lange Texte schreiben sich an diesen Geräten nicht sonderlich komfortabel. Sollte das Tablet wirklich als Computerersatz dienen, lohnt der Kauf einer externen Tastatur mit Bluetooth-Anschluss. Diese lässt sich mit Ihrem Mobilgerät verbinden und bietet dann denselben Schreibkomfort wie gewohnt.

Die Vorteile der mobilen Apps:

- funktionieren auf iPhone, iPad und Android-Geräten
- kein PC oder Mac-Computer erforderlich
- kostenlos
- mobiler Zugriff auf Office-Dokumente möglich, die auf OneDrive gesichert sind

MERKE

Mit *App* werden sowohl die Programme auf dem Smartphone als auch auf dem Computer bezeichnet.

Die Nachteile der mobilen Apps:

- eingeschränkter Funktionsumfang im Vergleich zur Desktop-Version
- nur mit zusätzlicher Tastatur komfortabel zu bedienen

So installieren Sie die Office-Apps am iPhone

Word, PowerPoint, Excel und OneNote sind auch am iPhone oder iPad mit iOS verfügbar. Die Installation erfolgt über den bekannten App Store von Apple. Auf den folgenden Seiten zeigen wir Ihnen anhand von Microsoft Word, wie Sie die Apps installieren und nutzen können.

1. Starten Sie auf Ihrem iPhone oder iPad den **App Store** per Doppeltipp auf das entsprechende Symbol in der App-Übersicht 1. Je nachdem, wie Sie Ihre Apps organisiert haben, kann der App Store auch an einer ganz anderen Stelle zu finden sein als hier abgebildet. Orientieren Sie sich einfach an dem Symbol.

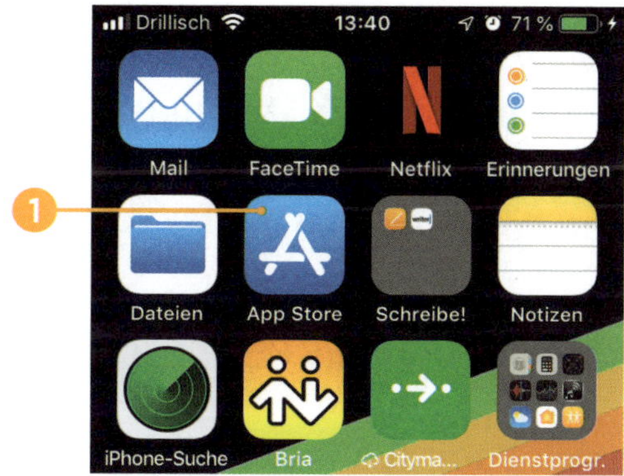

2. Tippen Sie auf das Suchfeld 2, und geben Sie über die eingeblendete Tastatur »Microsoft Word« ein (Groß- oder Kleinschreibung spielen dabei keine Rolle). Sofort wird Ihnen der App Store einen passenden Vorschlag 3 anzeigen.

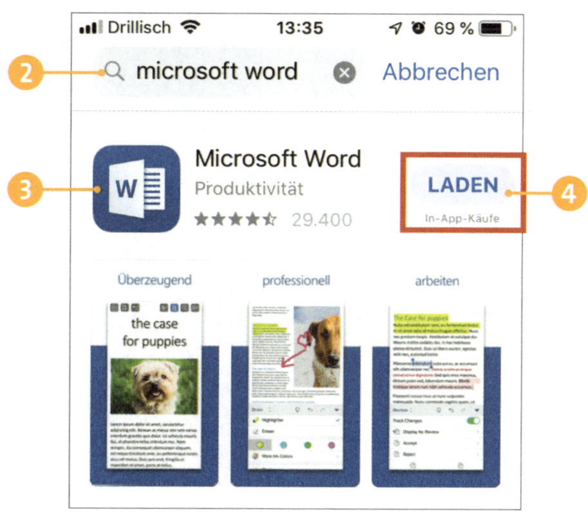

App Store auf dem iPhone starten

App laden

App starten

mit Microsoft-Konto anmelden

ACHTUNG!

Sie benötigen eine Apple-ID, um Word im App Store zu laden. Diese sollte eigentlich bereits bei der Installation Ihres Mobiltelefons eingerichtet worden sein.

Um die mobilen Apps nutzen zu können, ist ein Microsoft-Konto erforderlich (siehe hierzu ab Seite 32).

WAS TUN?

Wie Sie die Office-Apps auf allen anderen Smartphones mit Android-Betriebssystem installieren, erfahren Sie ab Seite 61.

3. Klicken Sie nun auf die **Laden**-Schaltfläche (4) – je nach Sicherheitseinstellung verlangt der App Store nun Ihren Fingerabdruck oder Ihr Apple-ID-Kennwort; ggf. erfolgt gar keine Abfrage, da die App kostenlos ist. Je nach Geschwindigkeit Ihrer Internetverbindung ist die App nach kurzer Zeit installiert.

4. Kehren Sie durch doppeltes Betätigen des Home-Buttons oder – beim iPhone X, XS und XR – über eine Wischgeste vom unteren Bildschirmrand nach oben zur Ansicht mit allen App-Symbolen zurück.

5. Starten Sie die Word-App per Doppeltipp.

6. Beim ersten Start der Word-App wird eine Anmeldung mit einem Microsoft-Konto verlangt. Diese können Sie zwar überspringen (5), dann ist Word aber nur dazu geeignet, vorhandene Dokumente aufzurufen, d. h. Änderungen am Text sind nicht durchführbar. Tippen Sie daher in das Feld **E-Mail-Adresse oder Telefonnummer** (6), und geben Sie mithilfe der sich öffnenden Bildschirmtastatur die entsprechenden Daten ein. Tippen Sie dann auf **Weiter** (7).

7. Jetzt müssen Sie noch das Passwort Ihres Microsoft-Kontos im Feld unterhalb von **Kennwort eingeben** (8) mit der virtuellen Tastatur eintippen und mit einem weiteren Tipp auf **Anmelden** (9) bestätigen.

8. Im folgenden Bildschirm möchte Microsoft Ihr Nutzungsverhalten analysieren. Ob Sie das möchten, bleibt Ihnen überlassen, tippen Sie daher entweder auf **Ja** oder **Nein** (10) – egal, wie Sie sich entscheiden, das hat keinen Einfluss auf die Funktionalität der Word-App.

9. Und weiter geht es mit den Abfragen – der Punkt **Benachrichtigungen aktivieren** (11) ist dazu gedacht, dass auf dem Sperrbildschirm Ihres Smartphones angezeigt wird, wenn sich etwas in Word tut, also beispielsweise ein Bekannter ein Dokument mit Ihnen teilen möchte. Sie können dies mit einem Tipp bestätigen, ansonsten wählen Sie **Jetzt nicht** (12).

10. Wenn Sie Word die Erlaubnis erteilen, wird Sie das iPhone nochmals um Erlaubnis bitten. Tippen Sie hier auf **Erlauben** (13).

11. Dies können Sie übrigens später in den Einstellungen der Word-App jederzeit ändern. Dazu tippen Sie bei geöffneter Word-App einfach auf das Symbol für die **Einstellungen** (14) und anschließend auf **Pushmitteilungen** (15), um diese von **Ein** auf **Aus** zu stellen.

12. Nun haben Sie es geschafft, ein abschließender Tipp auf **Dokumente erstellen und bearbeiten** (16) bringt Sie direkt auf den Startbildschirm der Word-App.

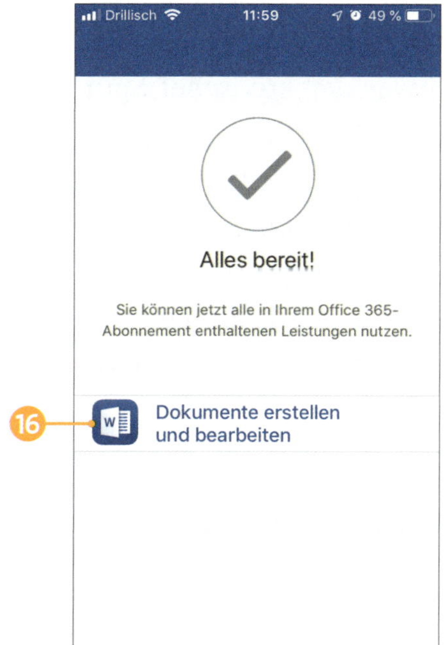

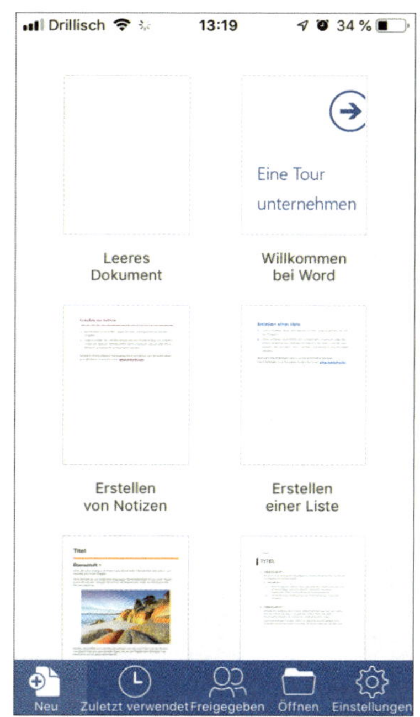

Nach demselben Prinzip installieren Sie dann bei Bedarf noch die beiden Apps Excel und PowerPoint, indem Sie die gerade gezeigten Schritte wiederholen.

So installieren Sie die Office-Apps am Android-Smartphone

Auf nahezu allen Smartphones, die nicht von Apple sind, läuft Android als Betriebssystem. Auch hier gibt es sämtliche Office-Apps gratis, aber wie auch beim iPhone nicht als komplettes Paket, sondern einzeln. Wir zeigen Ihnen anhand der Word-App, wie Sie diese an einem beliebigen Android-Smartphone im Play Store herunterladen und in Betrieb nehmen.

ACHTUNG!

Sie benötigen ein kostenloses Google-Konto, um die Word-App aus dem Google Play Store laden zu können. Dies kann im Internet unter *www.google.de* angelegt werden. Um die mobilen Apps nutzen zu können, ist zudem ein Microsoft-Konto erforderlich (siehe hierzu ab Seite 32).

INSTALLIEREN

1. Suchen Sie auf Ihrem Smartphone die App **Play Store** 1, und starten Sie diese mit einem Doppeltipp. Die App kann je nach Smartphone an den unterschiedlichsten Positionen versteckt sein, auch die Benutzeroberfläche kann ganz anders aussehen als in unseren beispielhaften Abbildungen. Hier ist notfalls etwas detektivischer Spürsinn oder der Enkel gefragt.

2. Im Play Store tippen Sie in das Suchfeld 2 den Begriff »Microsoft Word« (wie gesagt, ob groß oder klein geschrieben, spielt dabei keine Rolle) – sofort erscheint die passende App 3. Tippen Sie auf **Installieren** 4, um die App herunterzuladen und auf Ihrem Smartphone startklar zu machen.

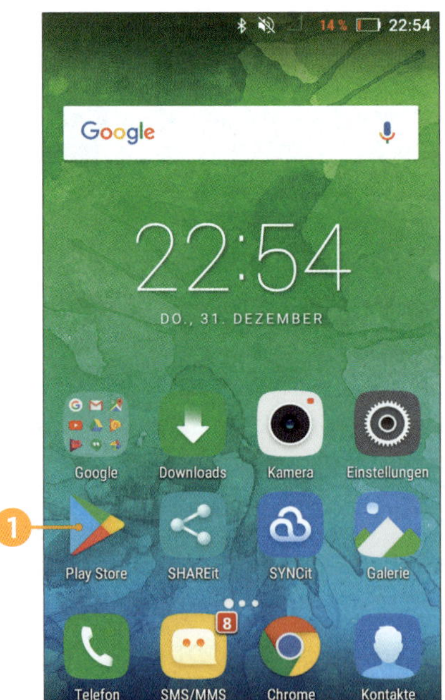

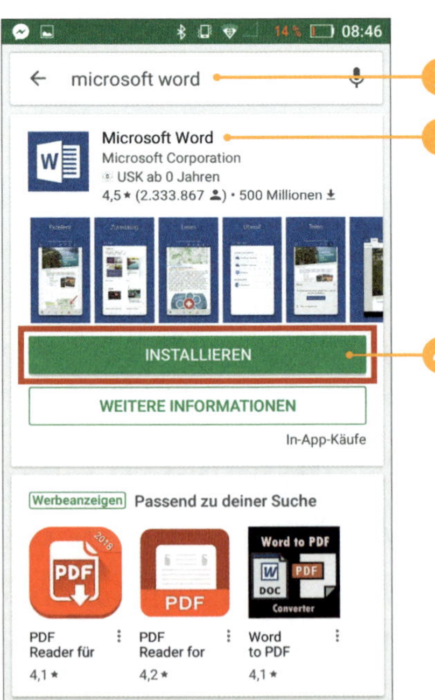

3. Hat die Installation geklappt, drücken oder tippen Sie, je nach Smartphone, auf den echten oder virtuellen Home-Button, oder wischen nach oben, um alle Ihre

Apps einzublenden. Hier finden Sie nun auch die Word-App. Starten Sie Word mit einem Doppeltipp auf das Programmsymbol 5.

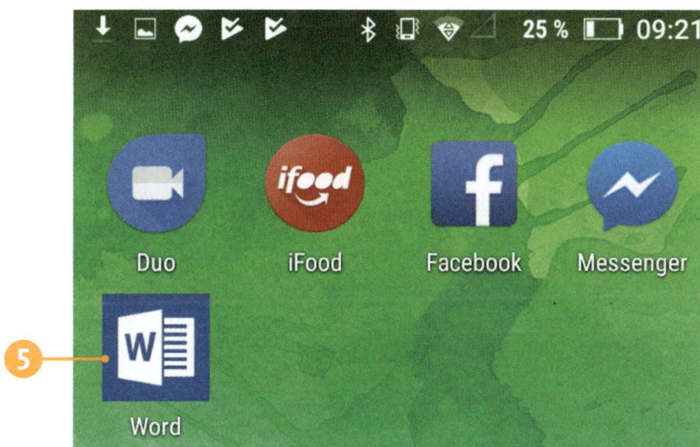

4. Beim ersten Start der Word-App sollen Sie zunächst die Freigabe für Ihre Bilder und Dateien auf Ihrem Smartphone erteilen. Das ist durchaus sinnvoll, denn letztlich wollen Sie in Ihr Word-Dokument später vielleicht Bilder einfügen, und natürlich müssen Sie auch Ihre Dateien sichern können. Daher tippen Sie hier auf **Zulassen** 6.

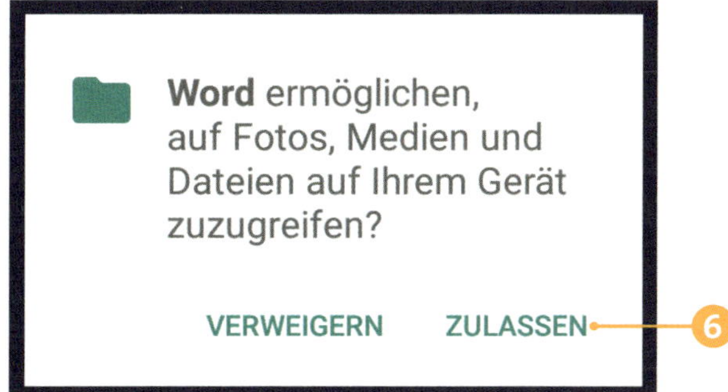

5. Nach einem kleinen Wartebildschirm 7 folgt die nächste Freigabeaufforderung, dieses Mal geht es um den Zugriff auf Ihre Kontakte. Auch hier können Sie mit der gleichnamigen Schaltfläche den Zugriff zulassen 8, da

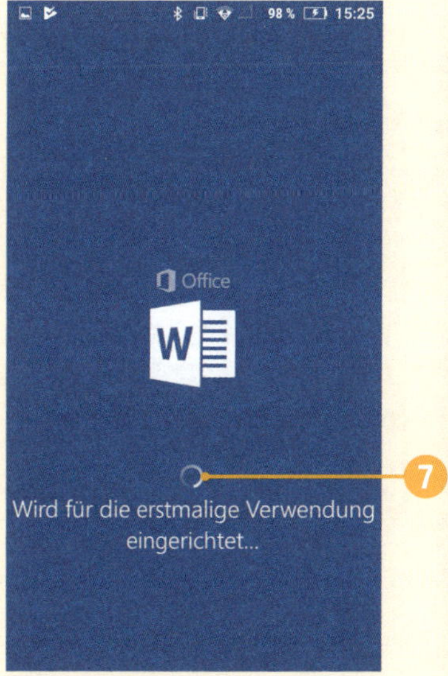

MERKE

Ohne Microsoft-Konto können Dokumente in den Office-Apps nur aufgerufen, nicht aber bearbeitet werden.

Word diese benötigt, wenn Sie beispielsweise Serienbriefe oder Ähnliches erstellen wollen.

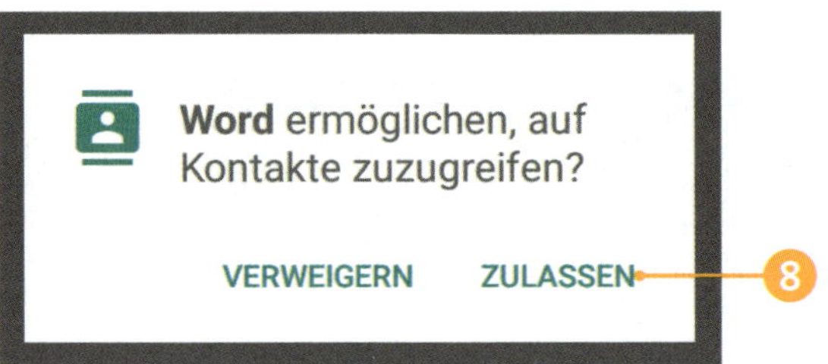

6. Beim ersten Start der Word-App wird eine Anmeldung mit einem Microsoft-Konto verlangt. Diese können Sie zwar überspringen 9, dann ist Word aber nur dazu geeignet, vorhandene Dokumente aufzurufen, d. h. Änderungen am Text sind nicht durchführbar. Tippen Sie daher in das Feld **E-Mail-Adresse, Telefonnummer** 10, und geben Sie die entsprechenden Daten ein. Tippen Sie dann auf den Weiter-Pfeil 11.

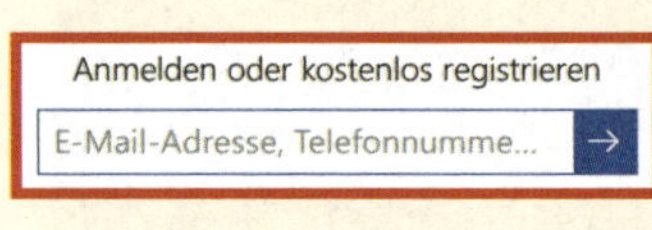

7. Nun tippen Sie einmal auf **Kennwort** (12) und geben über die Bildschirmtastatur noch das Kennwort Ihres Microsoft-Kontos ein. Tippen Sie im Anschluss auf **Anmelden** (13), um Word erstmalig zu starten.

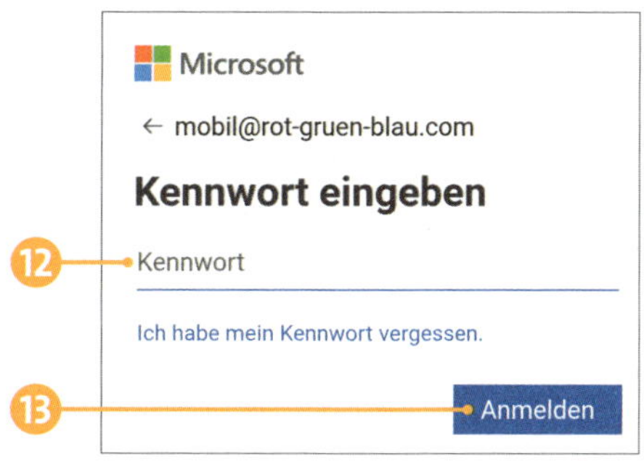

Damit ist die App Microsoft Word auf Ihrem Android-Smartphone startklar. Nach demselben Prinzip installieren Sie dann bei Bedarf noch die beiden Apps Excel und PowerPoint, indem Sie die gerade gezeigten Schritte wiederholen.

Wo findet man die Programme, und wie öffnet man sie?

Nach erfolgter Installation wollen Sie sicherlich Ihre neuen Office-Programme auch gleich starten oder zumindest schon einmal wissen, wo sie überhaupt zu finden sind. Wir zeigen Ihnen daher im Folgenden, am Beispiel von Word,

In den folgenden Kapiteln geht es nun um die Arbeit mit den Office-Programmen für Windows 10. Die mobilen Apps besprechen wir noch kurz im letzten Kapitel dieses Buchs ab Seite 388.

wie Sie prinzipiell ein Office-Programm starten und wieder schließen und wie Sie sich dort beim allerersten Start mit Ihrem Microsoft-Konto anmelden.

1. Öffnen Sie das Startmenü von Windows mit einem Klick auf das Windows-Symbol 1. In der alphabetisch sortierten Liste aller auf Ihrem Computer installierten Apps links finden Sie die Office-Programme nun unter ihrem entsprechenden Namen. Für **Word** 2 müssen Sie mit der Maus ganz nach unten bis zum Buchstaben **W** scrollen. Klicken oder – auf einem Tablet mit Touchscreen – tippen Sie auf das Programmsymbol für Word, und schon wird die App gestartet. Das funktioniert natürlich genauso mit Excel, PowerPoint oder auch Outlook.

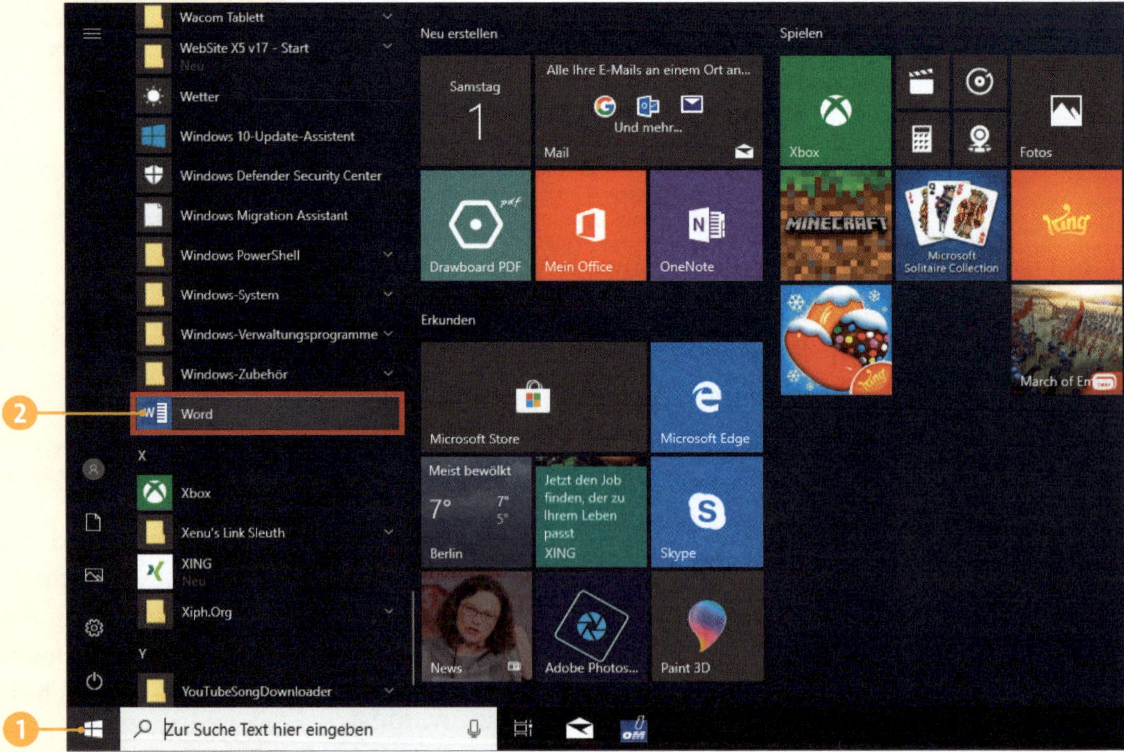

2. Haben Sie sich an Ihrem Computer noch nicht mit einem Microsoft-Konto angemeldet, dann erscheint der folgende Bildschirm. Grundsätzlich kann man mit Office ohne Anmeldung arbeiten, mit Anmeldung ist es aber viel praktischer, und zudem kann man dann u. a. auch auf dem Smartphone auf Dokumente zugreifen. Sie sehen rechts oben, dass Sie aktuell nicht angemeldet sind (3). Ist hier stattdessen Ihr Name sichtbar, können Sie den nächsten Schritt überspringen.

MERKE

Die Anmeldung mit Ihrem Microsoft-Konto muss nur einmal in einem beliebigen Office-Programm erfolgen. Die anderen Programme erkennen beim nächsten Start automatisch Ihre Daten.

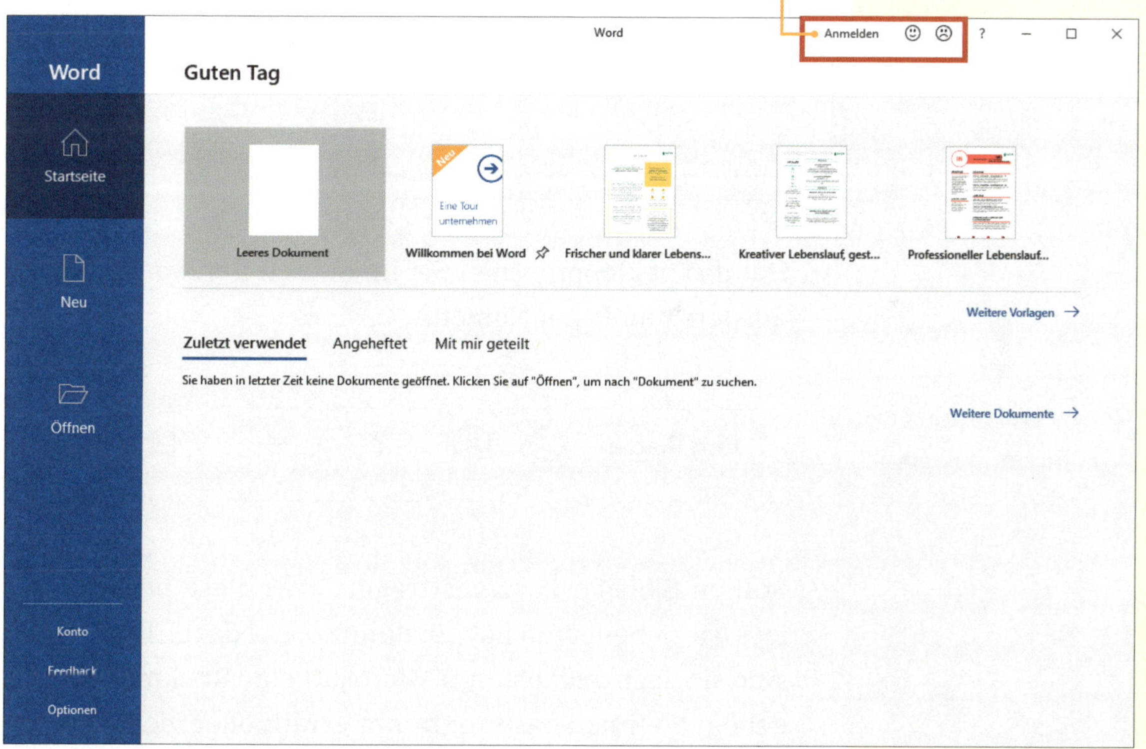

3. Klicken Sie nun auf **Anmelden** – es öffnet sich ein neues Dialogfenster, in dem Sie die E-Mail-Adresse Ihres Microsoft-Kontos und nach einem Klick auf **Weiter** (4) Ihr Passwort eintragen.

Anmelden

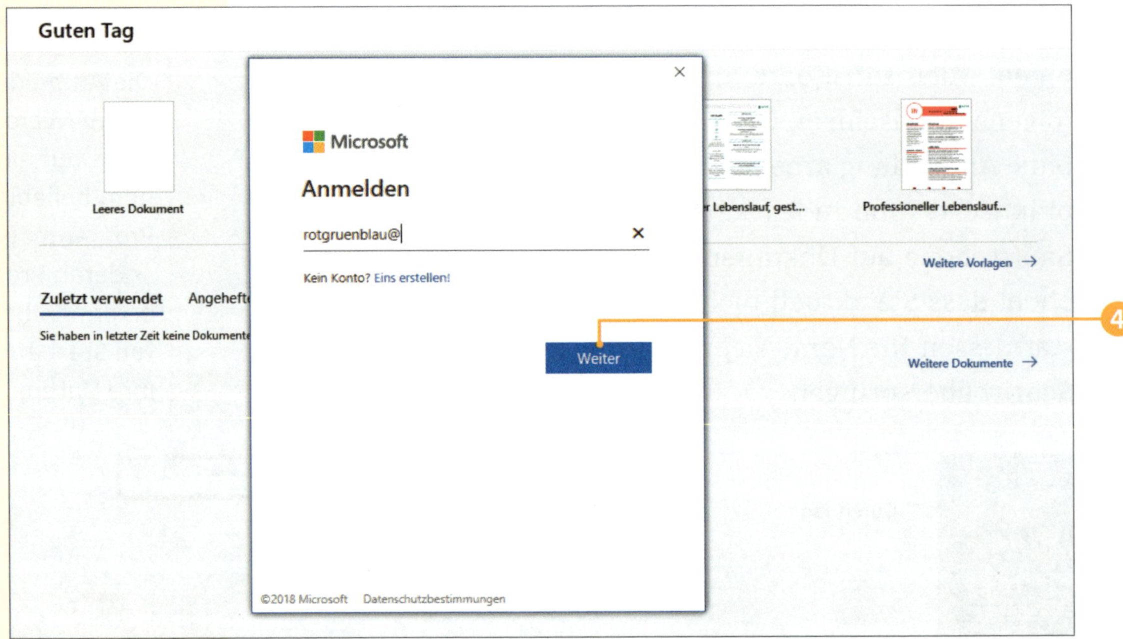

Hat das geklappt, sehen Sie im oberen Bereich des Startfensters nun Ihren Namen:

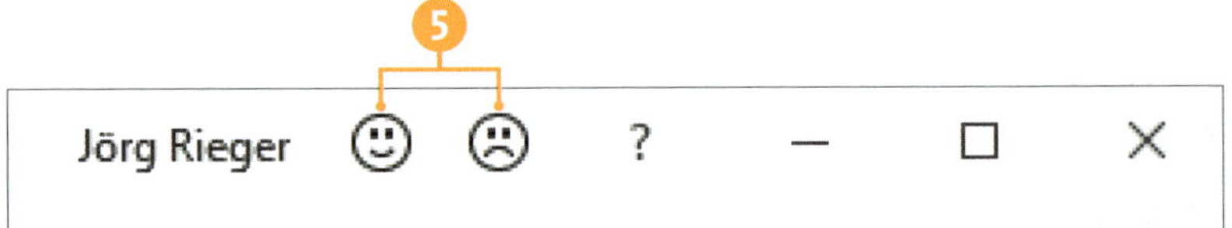

Sollten Sie sich übrigens fragen, was diese beiden Smileys 5 zu bedeuten haben, dann so viel dazu: Tatsächlich sind sie dazu gedacht, um Microsoft eine Rückmeldung zu geben, ob Ihnen das Programm gefällt oder nicht.

Nun ist Word startklar, und Sie können loslegen – auf den folgenden Seiten gibt es aber zuvor noch einige Hinweise zu immer wieder benötigten Grundlagen bei der Arbeit mit Programmen am PC.

KAPITEL 3

Einen offiziellen Brief schreiben mit Word

Microsoft Word ist ein echter Klassiker in der Office-Familie und aus keinem Büro, keiner Studentenbude und keinem Haushalt mehr wegzudenken. Das Programm selbst geht auf die frühen 80er-Jahre zurück, wo es unter MS-DOS lief und Schritt für Schritt die gute alte Schreibmaschine ersetzte. Mit diesem ursprünglichen Schreibprogramm, das nur wenige Formatierungsmöglichkeiten bot, hat das aktuelle Word nichts mehr zu tun.

MERKE

Wir beziehen uns in diesem und den folgenden Kapiteln immer auf das aktuelle *Word 365* – Sie können aber fast alle unsere Tipps und Tricks auch mit älteren Versionen von Word nachvollziehen. Wir empfehlen eine Version mindestens ab 2010.

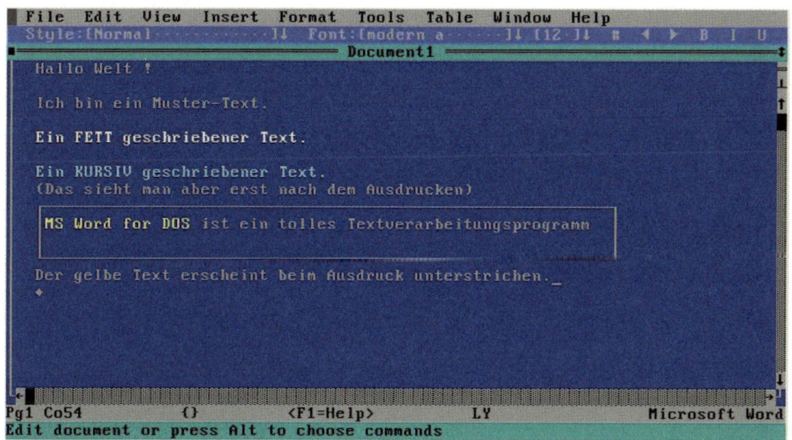

Hier sehen Sie übrigens Word in einer Version aus den frühen 90er-Jahren.

Im Laufe der Jahrzehnte haben die Office-Entwickler ein Programm geschaffen, in dem Sie nicht nur Texte tippen und ausdrucken, sondern auch grafische Gestaltungen vornehmen können. Word ermöglicht es Ihnen, Ihre ganz

persönliche grafische Note in Ihre Briefe zu legen und sogar Einladungskarten ganz nach Ihren Vorstellungen zu gestalten.

Mit den sog. *Formatvorlagen* bringen Sie Einheitlichkeit und Ordnung in Ihre Korrespondenz und sind damit in der Lage, auch umfangreichere Textprojekte wie eine Familienchronik oder ein Kochbuch in Angriff zu nehmen. Auch das Anlegen und Ausdrucken von Etiketten ist mit Word ganz einfach möglich – die Beschriftung von Ordnern, Mappen oder auch Einmachgläsern wird so zum Kinderspiel. In den folgenden Abschnitten zeigen wir Ihnen den Umgang mit Word und geben Ihnen Schritt für Schritt Anleitung zu Formatierungs- und Gestaltungsmöglichkeiten.

Word aus dem Startmenü starten

Um Word zu starten, klicken Sie zunächst auf das Symbol für das Startmenü am linken unteren Bildschirmrand. Damit öffnen Sie die alphabetisch sortierte Liste mit allen verfügbaren Apps. Schieben Sie nun mit gedrückter linker Maustaste die Bildlaufleiste bzw. den Scrollbalken auf der rechten Seite bis zum Buchstaben **W** und zum Programmsymbol von **Word** (1).

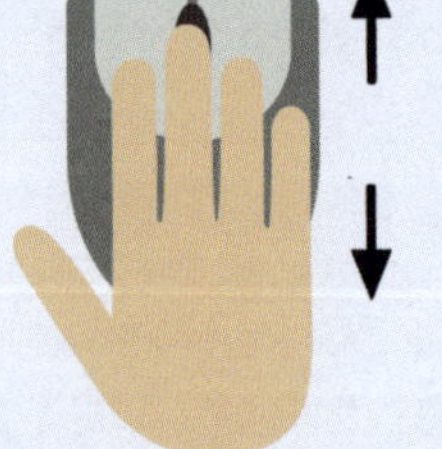

Mit einem linken Mausklick auf das Word-Symbol öffnen Sie das Programm.

Wenn Sie Word jedes Mal so wie eben beschrieben aufrufen würden, wäre das doch sehr mühselig. Das geht nämlich auch deutlich schneller. Wir zeigen Ihnen im folgenden Exkurs, wie Sie die App in der Taskleiste fixieren oder als Kachel im Startmenü ablegen. Und so funktioniert es:

Kleiner Exkurs – Word künftig ganz schnell starten

1. Um Word im Kachelbereich des Startmenüs zu verankern, scrollen Sie, wie eben beschrieben, in der App-Liste links bis zur App **Word** und klicken mit der rechten Maustaste auf den Eintrag.

2. Es erscheint ein kleines Fenster, das *Kontextmenü*. Klicken Sie hier auf **An "Start" anheften** ❶.

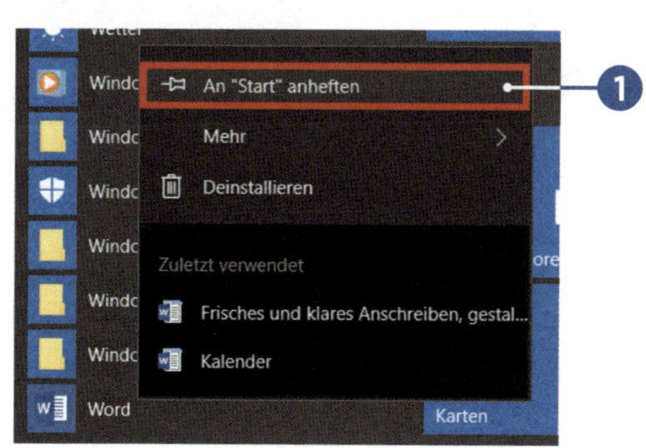

MERKE

Die hier beschriebene Vorgehensweise klappt natürlich mit jeder beliebigen App von Windows. Wir empfehlen, Ihre meistbenutzten Programme so für den schnellen Zugriff abzulegen.

3. Ab sofort steht Word rechts bei den Kacheln bereit ❷ und kann per Mausklick ganz ohne Umwege gestartet werden.

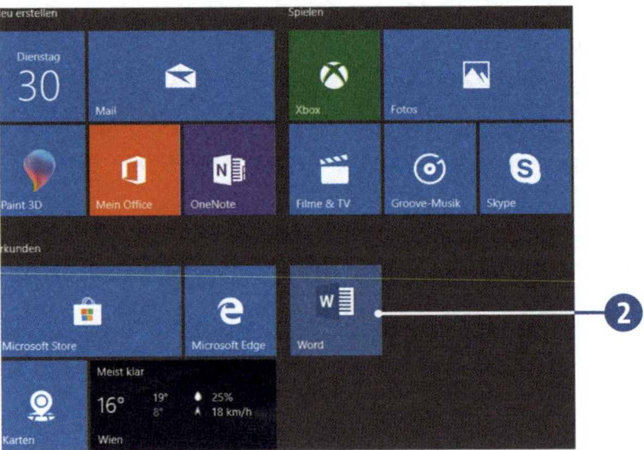

Und so fixieren Sie Word in der Taskleiste:

Word öffnen

Rechtsklick auf App-Symbol in Taskleiste

An Taskleiste anheften wählen

1. Öffnen Sie Word, wie vorhin beschrieben, fahren Sie mit der Maus auf das Programmsymbol in der Taskleiste, und klicken Sie mit der rechten Maustaste darauf. Es erscheint auch hier ein Kontextmenü ❸.

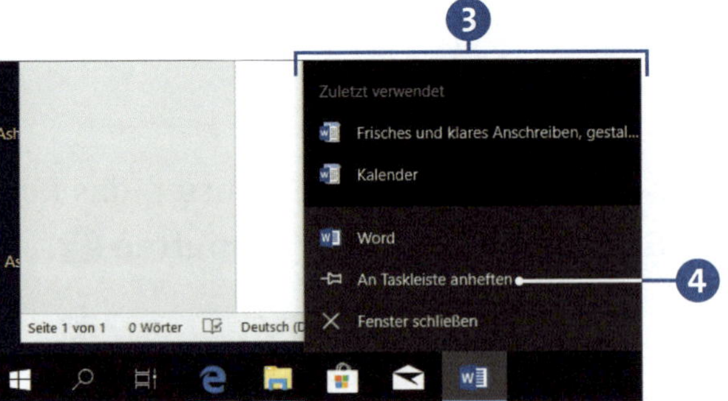

2. Dort klicken Sie mit der linken Maustaste auf die Schaltfläche **An Taskleiste anheften** ❹. Somit bleibt das Symbol auch nach dem Schließen der Anwendung künftig an diesem Platz, und Sie können Word ganz ohne Umwege per Klick starten.

Erste Schritte mit Word – wichtige Einstellungen und Grundlagen

In diesem Abschnitt lernen Sie die Word-Oberfläche mit den wichtigsten Elementen kennen, und wir führen ein paar notwendige Grundeinstellungen durch. Auch klären wir ein paar Begrifflichkeiten, die immer wieder bei der Arbeit mit Word vorkommen. Das ist zugegebenermaßen ein wenig Fleißarbeit, aber es lohnt sich, die folgenden Seiten durchzuarbeiten.

Nach dem Start von Word gelangen Sie zum Willkommensbildschirm. Bevor Sie loslegen können, schlägt Ihnen die geöffnete App zunächst verschiedene bereits gestaltete Vorlagen vor, aus denen Sie wählen können.

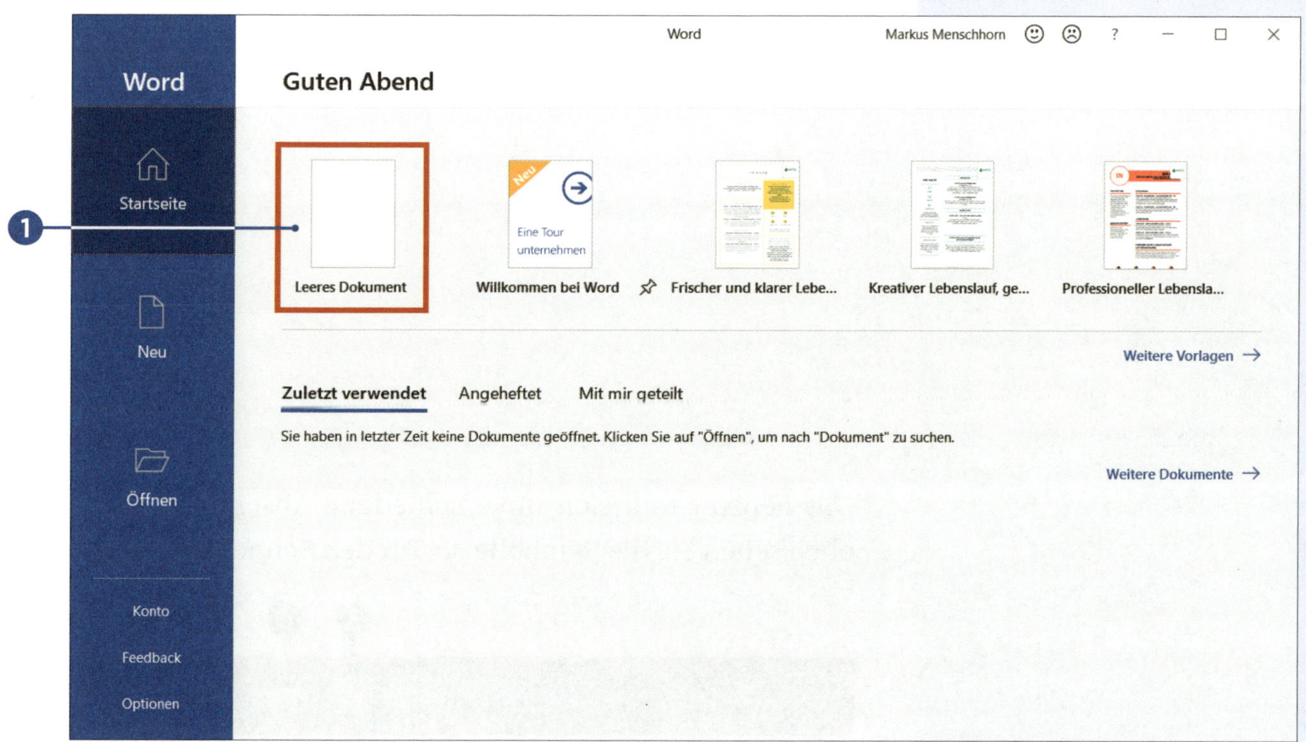

Da wir unseren Brief aber selbstständig formatieren möchten, entscheiden wir uns für **Leeres Dokument** ❶ und klicken mit der linken Maustaste darauf, um es zu öffnen.

Nun sehen Sie die geöffnete Word-App mit einem komplett leeren Dokument vor sich.

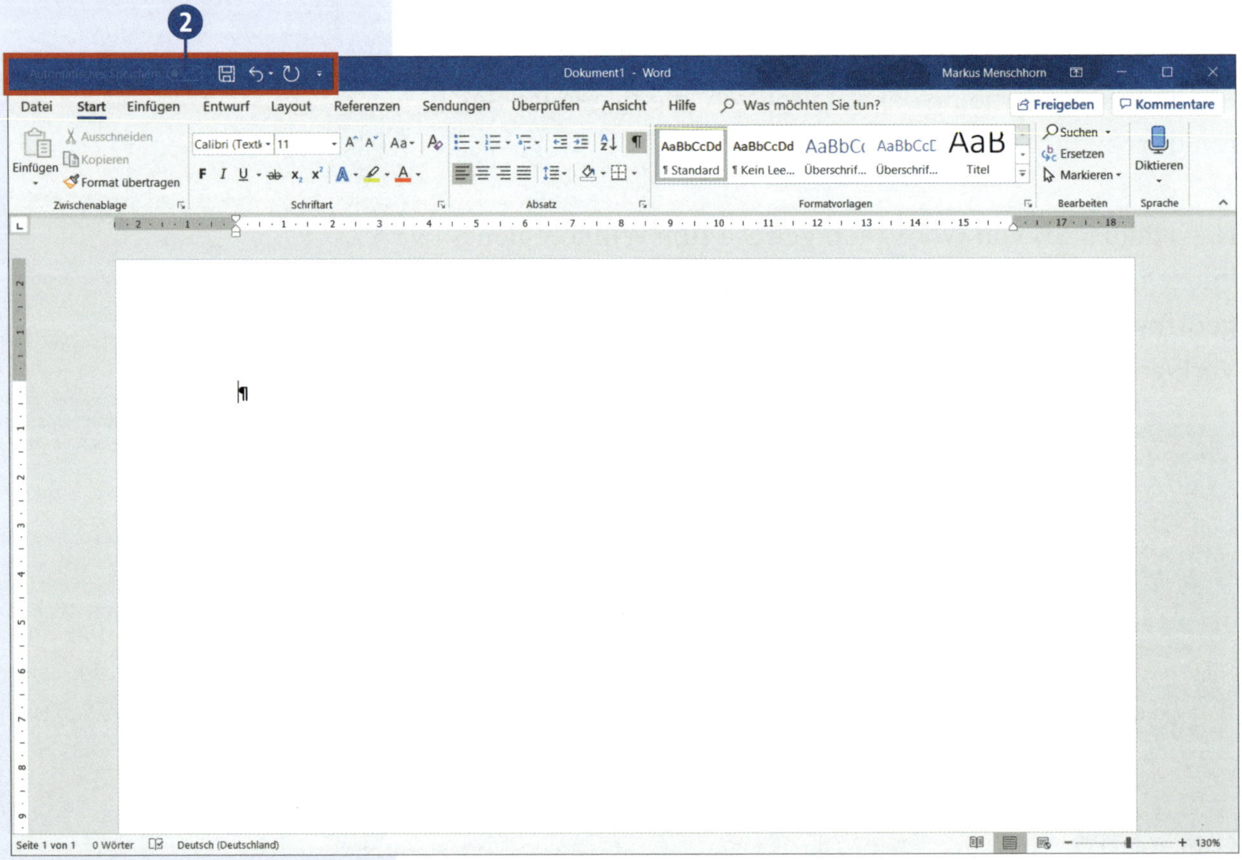

Das Fenster teilt sich in verschiedene Abschnitte. Ganz oben sehen Sie die Symbolleiste für den Schnellzugriff ❷.

Folgende Funktionen sind hier untergebracht:

3 **Speichern** für eine Schnellspeicherung zwischendurch

4 **Rückgängig** – damit Sie einzelne Schritte zurücksetzen können

5 **Wiederholen**, womit Sie Ihre Eingaben und Formatierungen wiederholen können

6 Mit dem Pfeil nach unten können Sie noch weitere Schnellzugriffsymbole wie **Neu** (für ein neues Dokument) oder z. B. **Schnelldruck** einrichten, indem Sie die entsprechende Zeile per Mausklick wählen und ein Häkchen setzen.

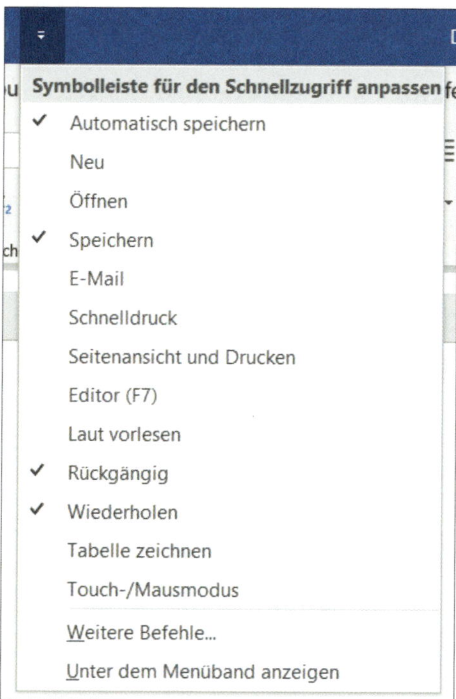

Unter der Schnellzugriff-Symbolleiste sehen Sie unterschiedliche Registerkarten, beispielsweise **Start** 1, **Einfügen** 2 und **Entwurf** 3, mit denen Sie das gewünschte

Menüband für Formatierungen und Einstellungen öffnen können.

Die jeweils geöffnete Registerkarte ist mit einem blauen Balken unterlegt. Direkt darunter befindet sich das jeweils zugehörige Menüband, das in verschiedene Gruppen wie **Schriftart** ❹ oder **Absatz** ❺ unterteilt ist und mit dessen Hilfe Sie beispielsweise Ihren Text formatieren und mit Bildern oder Grafiken erweitern können.

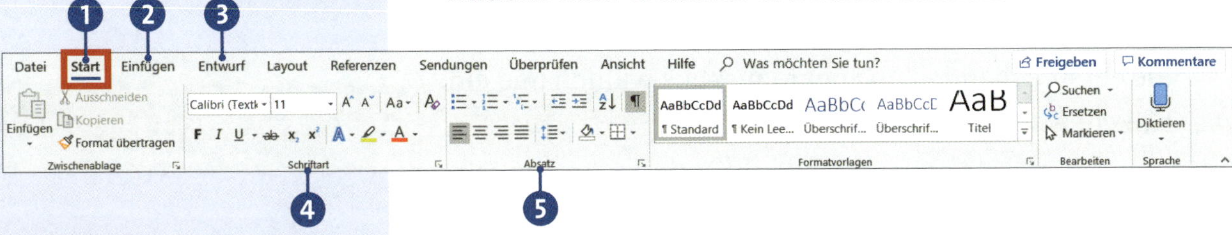

Darunter befindet sich das eigentliche Textfeld, in dem Sie Ihre Eingaben vornehmen.

Start

Am blauen Balken erkennen Sie, welches Register gerade geöffnet ist. Je nach aktivem Register sieht das Menüband darunter anders aus.

Bevor Sie mit der Arbeit beginnen, sind zwei Einstellungen von enormer Wichtigkeit:

- Aktivierung des *Zeilenlineals*
- Aktivierung der *Formatierungszeichen*

Mithilfe des Zeilenlineals können Sie ganz unkompliziert die Größe Ihres Blattes ändern, Einrückungen vornehmen oder Tabulatoren setzen. Mehr dazu erfahren Sie später.

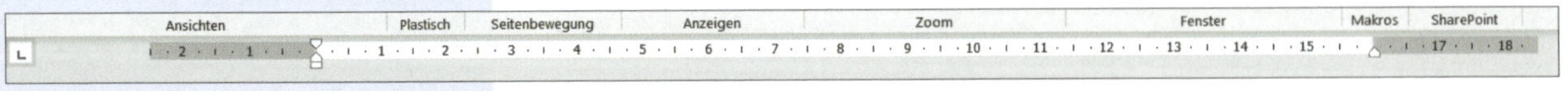

Ansicht

Sollte das Zeilenlineal nicht zu sehen sein, aktivieren Sie es, indem Sie mit der linken Maustaste auf den Reiter **Ansicht** klicken und, ebenfalls mit einem Linksklick, ein Häkchen in das Kästchen vor **Lineal** ❻ in der Gruppe **Anzeigen** setzen.

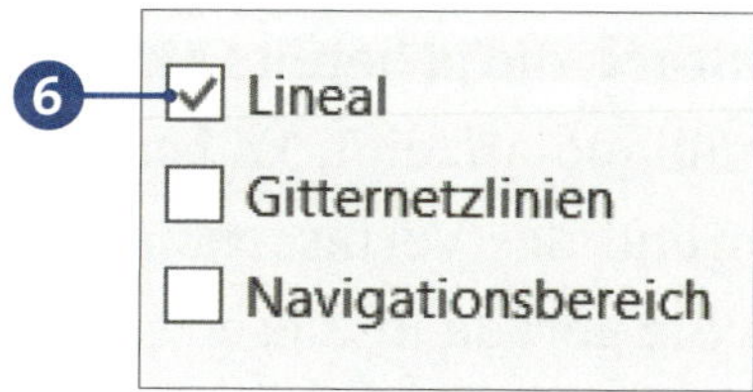

Auch die *Formatierungszeichen*, die im Ausdruck auf Papier später nicht zu sehen sind, sollten auf »aktiv« gestellt sein. Diese Zeichen zeigen Ihnen im Word-Dokument beispielsweise Abstände oder Absätze grafisch an – im Ausdruck jedoch sind sie natürlich nicht zu sehen, daher werden sie auch als *nicht druckende Zeichen* bezeichnet. Beim Arbeiten sind diese Zeichen eine enorme Hilfe. Sie finden die Schaltfläche unter dem Reiter **Start** in der Gruppe **Absatz**, sie ähnelt ein wenig einem griechischen Buchstaben ¶ bzw. sieht wie ein spiegelverkehrtes kleines p (für *paragraph*) aus. Aktivieren Sie diese Schaltfläche mit einem linken Mausklick.

Mit diesem Zeichen für Absatz (engl. *paragraph*) im Menüband aktivieren und deaktivieren Sie die nicht druckenden Zeichen im Texteingabefeld Ihres Word-Dokuments.

Nun stellen wir noch die Ansichtsgröße des Textfeldes ein: In der *Statusleiste* am unteren Fensterrand sehen Sie rechts einen Schieberegler und daneben die Zahl 100 %.

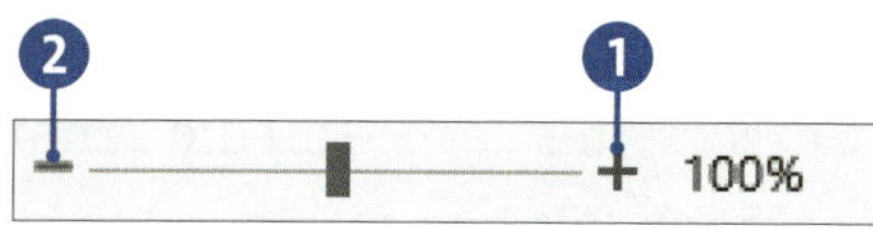

Klicken Sie mit der linken Maustaste auf das Plussymbol 1, bis jene Größe des Textfeldes erreicht ist, die Ihnen zusagt. Je nach Bildschirmauflösung und Bildschirmgröße können 100 % nämlich ganz schön klein sein. Per Klick auf das Minussymbol 2 können Sie auch jederzeit wieder verkleinern.

ACHTUNG!

Mit dem Zoomregler verändern Sie nur die Darstellungsgröße. Die eigentliche Schriftgröße Ihres Dokuments wird damit aber nicht geändert.

Jetzt schauen wir uns noch ein paar grundlegende Formatierungsmöglichkeiten von Word an. Diese finden Sie unter der Registerkarte **Start**, die ja bereits aktiviert ist und das dazugehörige Menüband anzeigt. Es ist empfehlenswert, diesen Reiter während des Verfassens eines Textes aktiviert zu lassen, da Sie gerade in dieser Phase die Zeichen- und Absatzformatierung ständig benötigen.

Zum Bereich **Schriftart** gehören u. a. folgende Möglichkeiten zur Schrift- und Zeichenformatierung:

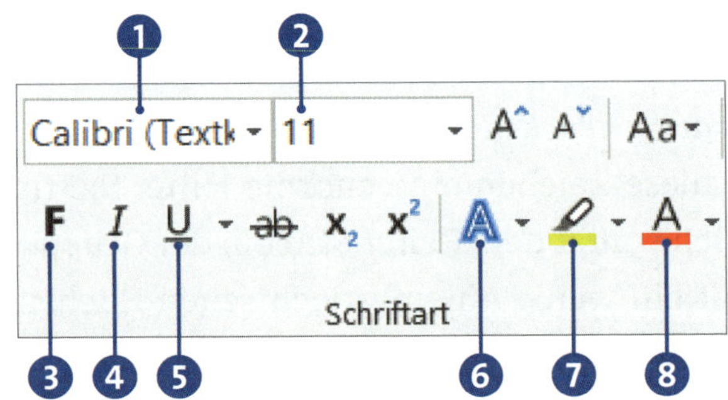

Die Gruppe **Schriftart** im Menüband unter dem Reiter **Start**

Schriftart (1), Schriftgrad (2), die Formatierungsmöglichkeiten Fett (3), Kursiv (4) und Unterstreichen (5), Texteffekte (6), Hintergrundfarbe (7) sowie Schriftfarbe (8). Praktischerweise öffnet sich, sobald Sie Text markiert haben, auch immer automatisch ein kleines Dialogfenster, die sog. *Minisymbolleiste,* direkt innerhalb des Dokuments in Höhe Ihres Cursors, mit der Sie all die genannten Formatierungen vornehmen können, ohne jedes Mal ganz oben im Menüband danach suchen zu müssen. Wie Sie diese nutzen, erfahren Sie im weiteren Verlauf dieses Kapitels.

Der Bereich **Absatz** betrifft alle Formatierungsmöglichkeiten hinsichtlich der Textausrichtung, der Zeilenabstände, Nummerierungen und Einzüge von Absätzen und einiges mehr. Die wichtigsten Formatierungsmöglichkeiten sind dabei:

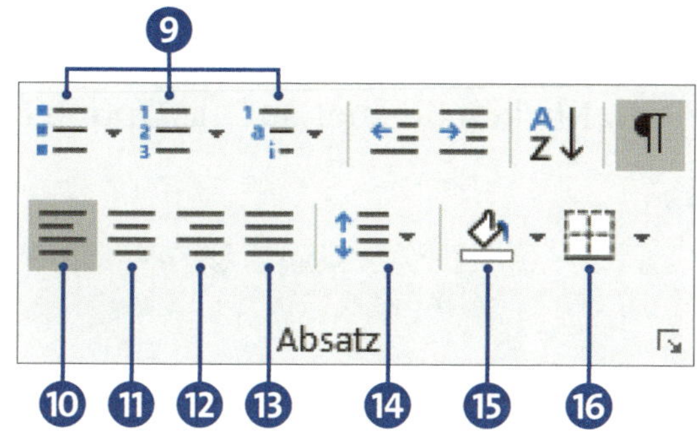

Nummerierungs- und Aufzählungszeichen einsetzen ❾, linksbündige Ausrichtung ❿, zentrierte Ausrichtung ⓫, rechtsbündige Ausrichtung ⓬ und Blocksatz ⓭, Zeilenabstand ändern ⓮, Hintergrund schattieren ⓯ sowie Rahmenlinien ziehen ⓰.

Daneben finden Sie die **Formatvorlagen**, mit deren Hilfe Sie die Schriftart für verschiedene Überschriften sowie die Standardschrift festlegen können.

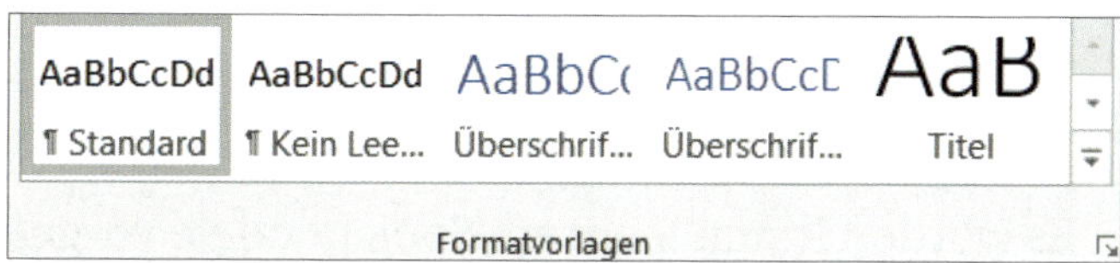

Ein neues Dokument speichern

Und nun schreiten wir endlich zur Tat: Sie haben Word bereits gestartet, wie eingangs beschrieben, und es ist ein leeres neues Dokument geöffnet. Bevor wir mit dem Eintippen eines Briefes beginnen, speichern wir das Dokument zunächst unter einem eindeutigen Namen ab.

1. Klicken Sie dazu mit der linken Maustaste auf den Reiter **Datei** – dadurch gelangen Sie in den sog. *Back-*

Speichern unter

stage-Bereich von Word mit verschiedenen Einstellungsmöglichkeiten. Klicken Sie hier auf die Option **Speichern unter** ❶.

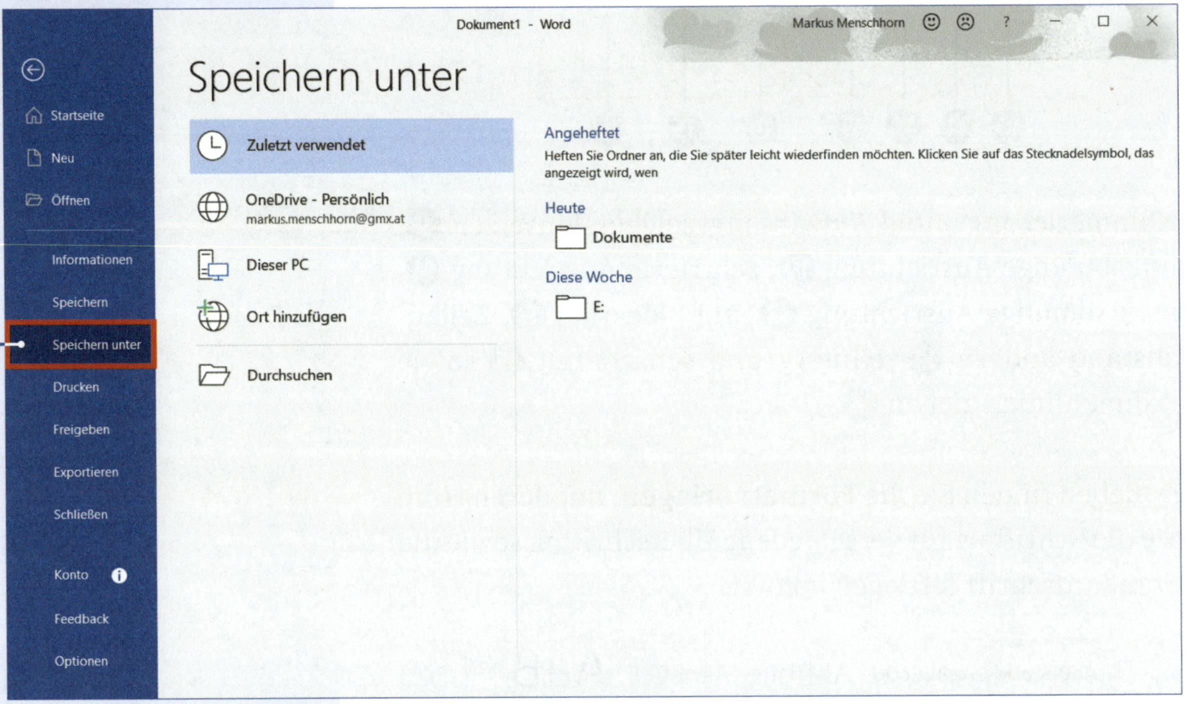

2. Es werden Ihnen mehrere Speicherziele vorgeschlagen. Klicken Sie auf die Schaltfläche mit dem Ordnersymbol **Durchsuchen** ❷.

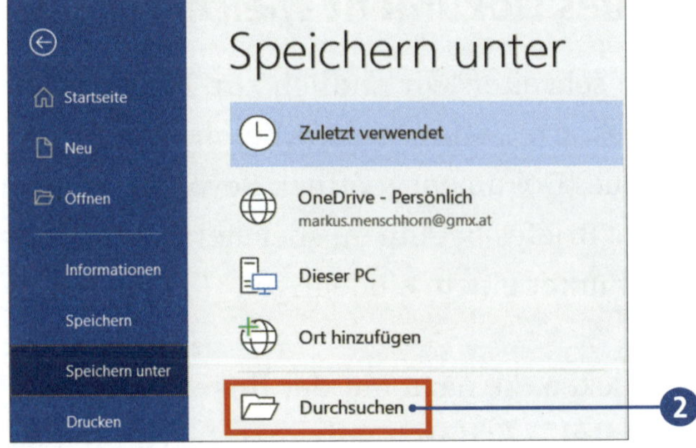

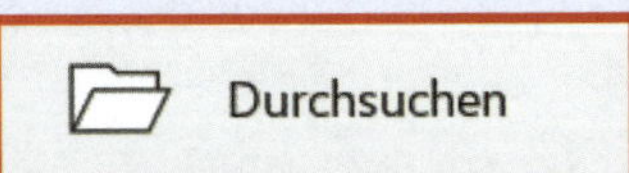

3. Sie gelangen dadurch in den Dateimanager *Explorer* mit der Ordnerstruktur von Windows. Hier wählen Sie nun den Ort aus, an dem Sie Ihr Dokument speichern möchten.

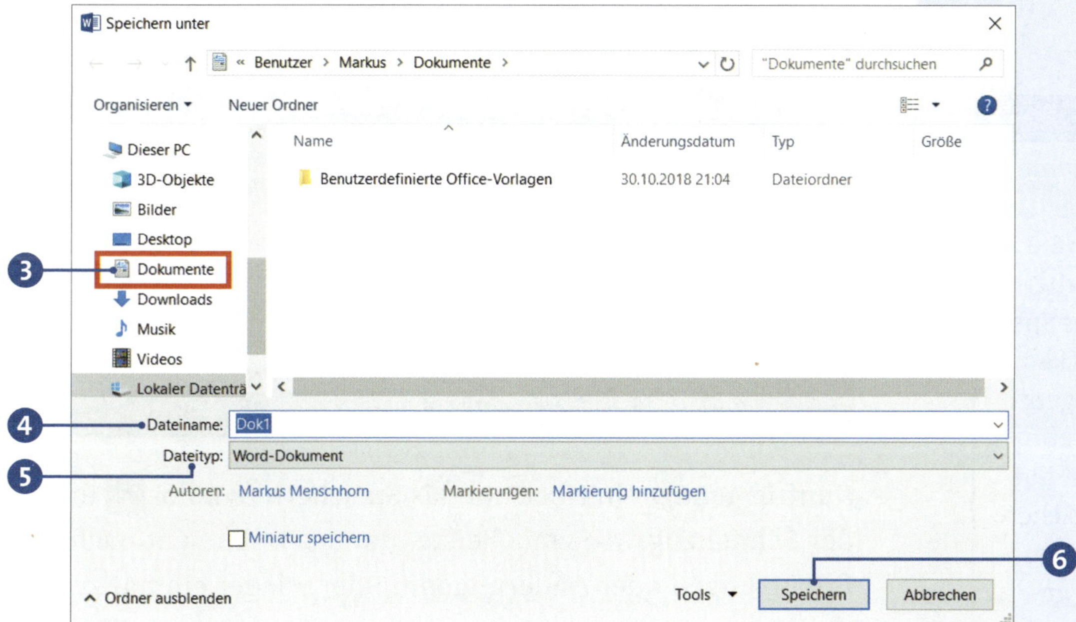

4. Wir entscheiden uns für den Ordner **Dokumente** ❸ und klicken ihn ein Mal an. Dass Ihr Dokument auch tatsächlich in diesem Ordner gespeichert wird, erkennen Sie daran, dass er nun farblich unterlegt ist.

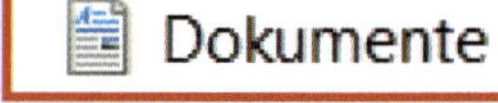

Ordner für Word-Dokumente anlegen

Wenn Sie nach und nach viele Dokumente anlegen, empfiehlt es sich, unter *Dokumente* weitere Verzeichnisse anzulegen. Diese Unterordner erzeugen Sie durch einen rechten Mausklick auf das Verzeichnis und einen anschließenden einfachen Klick auf **Neu ▶ Ordner**. Die bereits gesetzte und markierte Bezeichnung **Neuer Ordner** überschreiben Sie ganz einfach mit Ihrer eigenen Bezeichnung, z. B. »Briefe« oder »Versicherungen«.

Speichern

5. Danach geben wir im Feld **Dateiname** ❹ unserem Dokument einen Namen. In unserem Fall: »Schachclub Einladung 07.03.2019«. Bei **Dateityp** ❺ lassen wir **Word-Dokument** stehen und klicken abschließend auf **Speichern** ❻.

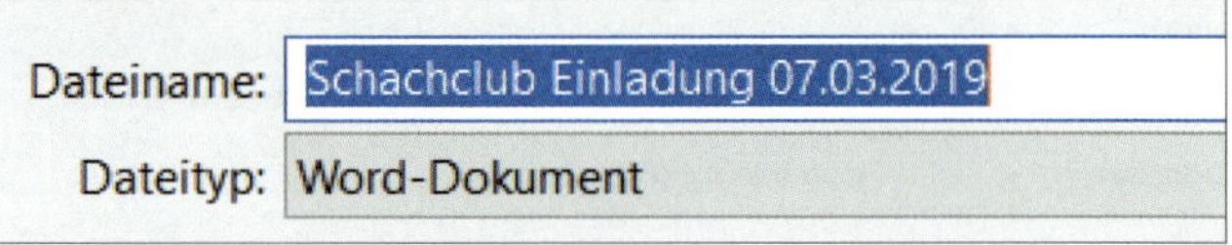

ACHTUNG!

Wenn Sie Ihr Dokument auf dem Computer speichern, sollten Sie während der Bearbeitung öfter auf das Speichern-Symbol klicken, um Ihre Änderungen zu sichern. Nur wenn Sie das Dokument auf Ihrem Online-Speicherplatz *OneDrive* (siehe dazu ab Seite 39) gesichert haben, erstellt Word automatisch Sicherungskopien.

Somit ist unser Dokument gespeichert. Sie sehen nun den Dateinamen in der Titelleiste.

Schachclub Einladung 07.03.2019 - Auf "diesem PC" gespeichert

Künftig genügt ein Klick auf das Speichern-Symbol in der Schnellzugriff-Symbolleiste, um das Dokument nach Ergänzungen oder Änderungen immer wieder einmal zu sichern. Im Falle eines Stromausfalls, einer über die Tastatur strolchenden Katze oder anderer »Katastrophen« ist es ein gutes Gefühl, immer den letzten Bearbeitungsstand gesichert zu haben.

Seitenränder einstellen

So, gleich haben wir die Basiseinstellungen hinter uns gebracht. Abschließend wollen wir das Format sowie die Seitenränder einrichten. Klicken Sie dazu auf den Reiter **Layout** ❶ sowie auf die Schaltfläche **Seitenränder** ❷ ganz links im Menüband.

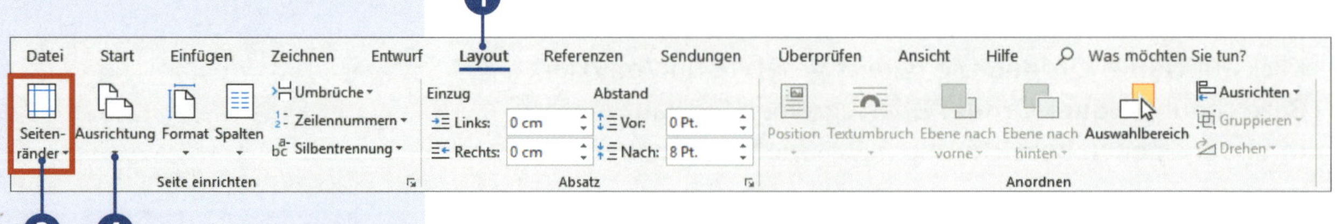

Sie können hier zwischen verschiedenen Einstellungsgrößen wählen. Die jeweilige Größe der Seitenränder ist angegeben. Für einen Brief empfiehlt sich die Einstellung **Normal** ③ mit diesen Abständen zum Blattrand: oben, links und rechts jeweils 2,5 cm und unten 2 cm.

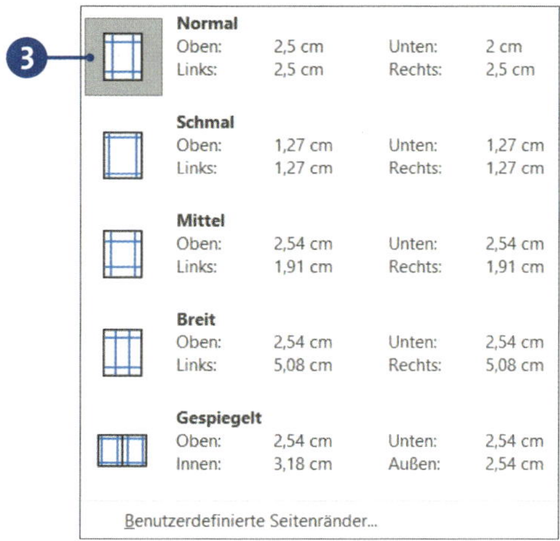

Hochformat oder Querformat?

Natürlich legen Sie Ihren Standardbrief im Hochformat an. Sollten Sie aber ein eigenes Projekt haben, bei dem Sie ein anderes Format wünschen, ist es gut, zu wissen, wie das geht. Gleich neben der Schaltfläche Seitenränder finden Sie nämlich unter dem Reiter **Layout** die Schaltfläche für die **Ausrichtung** Ihres Dokuments – also entweder **Hochformat** oder **Querformat**.

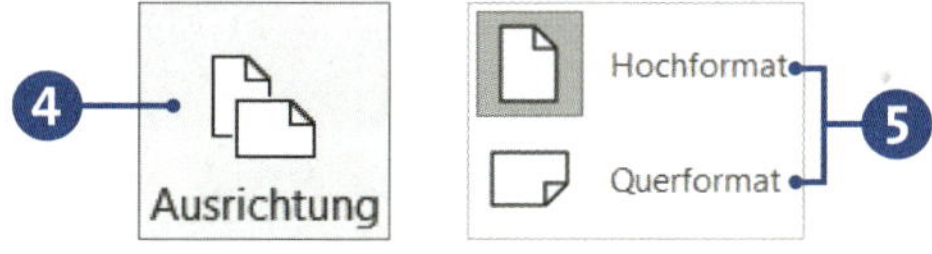

Klicken Sie bei Bedarf mit der linken Maustaste auf **Ausrichtung** ④, und somit sehen Sie auch gleich die beiden Auswahlmöglichkeiten ⑤. Per Klick wird das Dokument direkt gedreht. Für unseren Brief belassen wir aber wie gesagt das Hochformat.

WAS TUN?

Die Schaltflächen im Menüband sind hellgrau und lassen sich nicht auswählen? Dann klicken Sie mit der Maus in Ihr Dokument, und schon sind die Optionen wieder aktiv.

Einen Brieftext schreiben

Damit Sie wissen, wie unser zweiseitiger Brief später aussieht, hier schon einmal eine Vorschau. Wir gehen auf den folgenden Seiten alle Bestandteile im Einzelnen durch, um die Formatierungen exakt so umzusetzen. Das Thema soll eine Einladung an Vereinsmitglieder sein, inklusive Datum, Uhrzeit, Tagesordnung und einer Mitgliederliste in Form einer Tabelle.

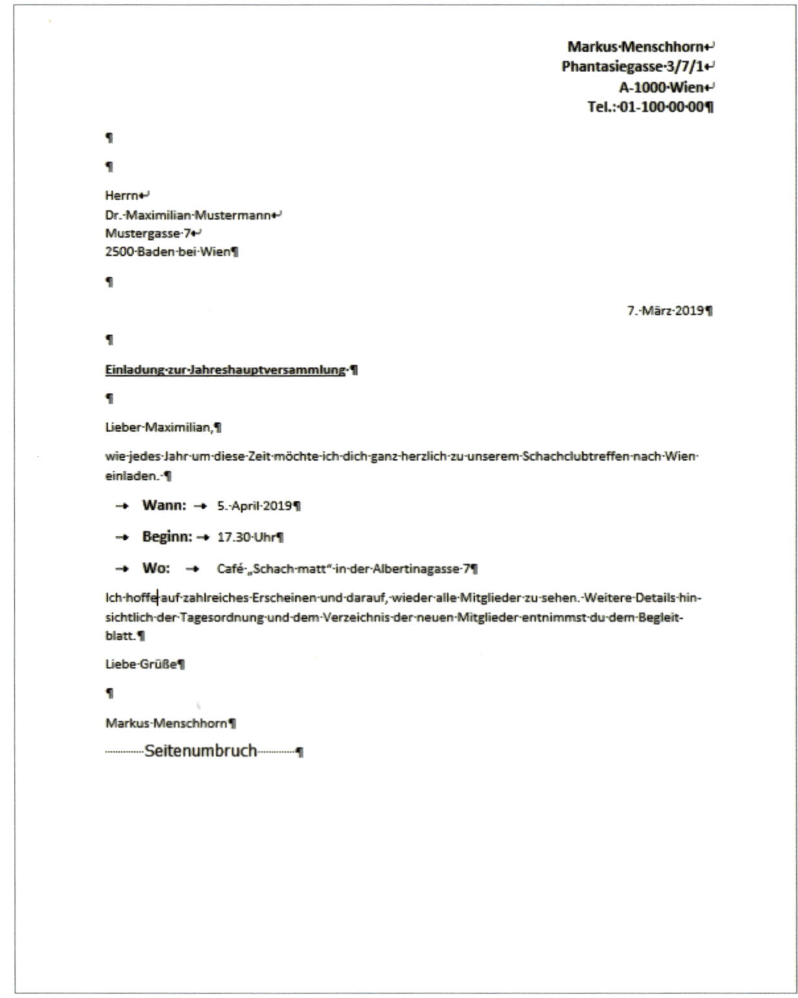

Markus Menschhorn
Phantasiegasse 3/7/1
A-1000 Wien
Tel.: 01-100-00-00

Herrn
Dr. Maximilian Mustermann
Mustergasse 7
2500 Baden bei Wien

7. März 2019

<u>**Einladung zur Jahreshauptversammlung**</u>

Lieber Maximilian,

wie jedes Jahr um diese Zeit möchte ich dich ganz herzlich zu unserem Schachclubtreffen nach Wien einladen.

- **Wann:** 5. April 2019
- **Beginn:** 17.30 Uhr
- **Wo:** Café „Schach matt" in der Albertinagasse 7

Ich hoffe auf zahlreiches Erscheinen und darauf, wieder alle Mitglieder zu sehen. Weitere Details hinsichtlich der Tagesordnung und dem Verzeichnis der neuen Mitglieder entnimmst du dem Begleitblatt.

Liebe Grüße

Markus Menschhorn

Seitenumbruch

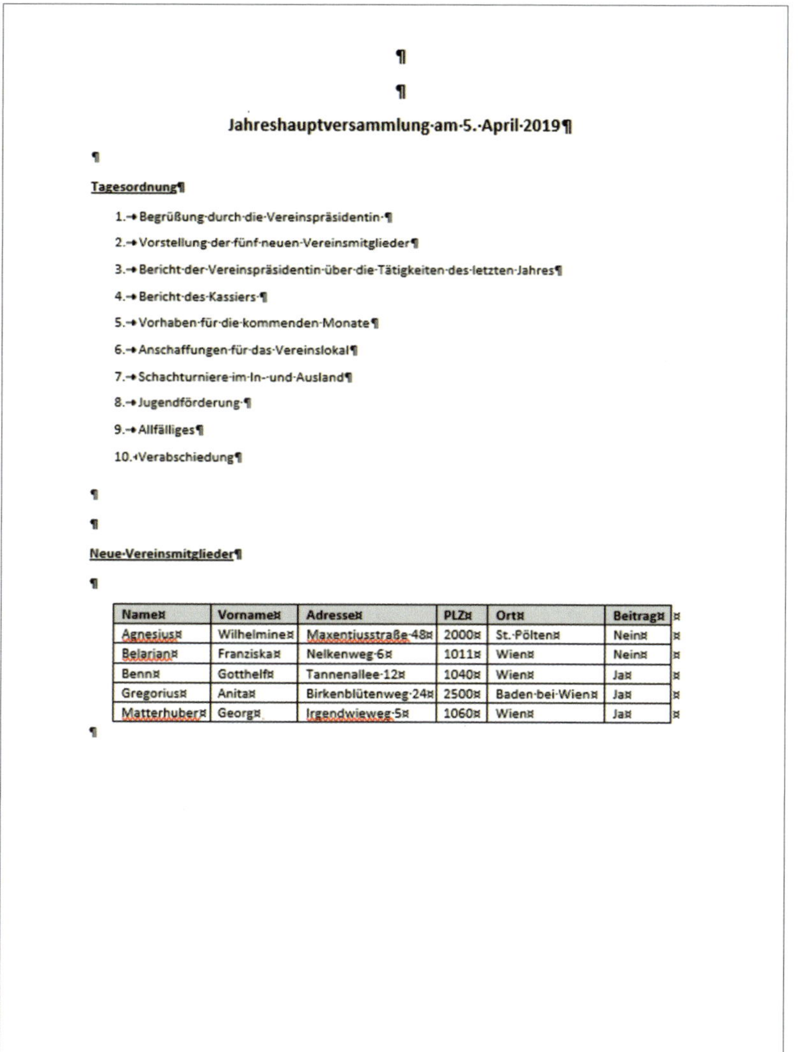

Jahreshauptversammlung am 5. April 2019

Tagesordnung

1. Begrüßung durch die Vereinspräsidentin
2. Vorstellung der fünf neuen Vereinsmitglieder
3. Bericht der Vereinspräsidentin über die Tätigkeiten des letzten Jahres
4. Bericht des Kassiers
5. Vorhaben für die kommenden Monate
6. Anschaffungen für das Vereinslokal
7. Schachturniere im In- und Ausland
8. Jugendförderung
9. Allfälliges
10. Verabschiedung

Neue Vereinsmitglieder

Name	Vorname	Adresse	PLZ	Ort	Beitrag
Agnesius	Wilhelmine	Maxentiusstraße 48	2000	St. Pölten	Nein
Belarian	Franziska	Nelkenweg 6	1011	Wien	Nein
Benn	Gotthelf	Tannenallee 12	1040	Wien	Ja
Gregorius	Anita	Birkenblütenweg 24	2500	Baden bei Wien	Ja
Matterhuber	Georg	Irgendwieweg 5	1060	Wien	Ja

Absenderadresse eingeben

1. Wir starten mit der Absenderadresse. Klicken Sie in Ihrem leeren Dokument auf die weiße Fläche, und geben Sie Ihren Namen ein. Um einen Buchstaben großzuschreiben, drücken Sie auf die Umschalt-Taste ⇧ (auch *Shift-Taste* genannt) und betätigen gleichzeitig die Taste des gewünschten Buchstabens, der dann groß erscheinen sollte.

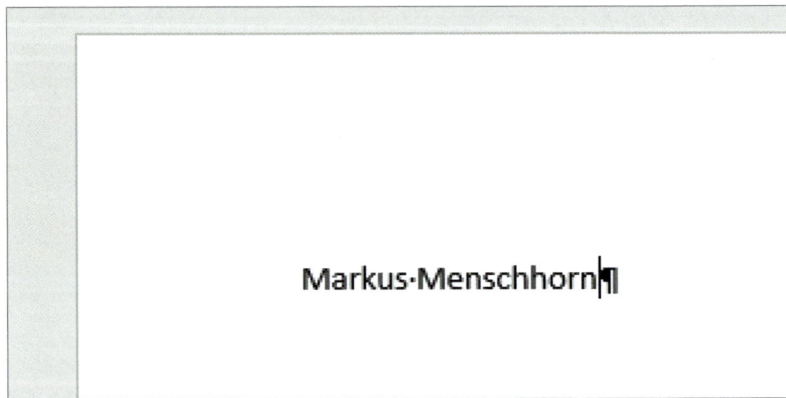

Markus·MENSCHHORN¶

Dauerhaft groß schreiben

Wenn Sie mehrere Buchstaben hintereinander großschreiben wollen, drücken Sie zuvor die Feststelltaste [⇩]. Alles, was Sie dann tippen, wird GROSS geschrieben. Ein erneuter Tastendruck auf [⇩] schaltet wieder zur Kleinschreibung zurück.

MERKE

Einen sog. *weichen Zeilenumbruch* erkennen Sie am nach unten links weisenden Pfeil. Sie erzeugen ihn mit der Tastenkombination [⇧] + [↵].

2. Wenn Sie Ihren Namen geschrieben haben, drücken Sie bei gedrückter [⇧]-Taste die Taste [↵], um in die nächste Zeile zu gelangen. Mit dieser Tastenkombination vermeiden wir einen harten Zeilenumbruch und bleiben innerhalb eines Absatzes. Word symbolisiert das am Ende des Namens mit einem nach unten links weisenden Pfeil.

Markus·Menschhorn↵
¶

3. Geben Sie nun die Straße ein, und betätigen Sie danach wieder [⇧] + [↵]. Verfahren Sie bei der Postleitzahl genau so. In die letzte Zeile schreiben Sie noch die Telefonnummer.

Markus·Menschhorn↵
Phantasiegasse·3/7/1↵
A-1100·Wien↵
Tel.:·01-100·00·00↵
¶

4. Danach betätigen Sie zwei- bis dreimal die Taste ↵, diesmal allerdings ohne ⇧.

Sie erkennen sofort, dass nun anstelle des nach unten links weisenden Pfeils das Symbol für die Absatzmarke ¶ erscheint.

WAS TUN?

Sie sind von dem Pfeil und ggf. auch dem Punkt zwischen Vor- und Nachname irritiert, weil Sie diese gar nicht eingegeben haben? Keine Sorge, das sind Formatierungszeichen, die später im Ausdruck nicht zu sehen sein werden. Lesen Sie einfach noch einmal auf Seite 77 nach.

Als Nächstes geben wir die Empfängeradresse ein.

Empfängeradresse, Datum, Betreff und Anrede eingeben

1. Verfahren Sie bei der Eingabe der Empfängeradresse ganz genau so wie bei der Absenderadresse. Anschließend betätigen Sie zweimal die Taste ↵ und geben das Datum ein. Danach drücken Sie wiederum zweimal die Taste ↵ und formulieren den Betreff, in unserem Fall »Einladung zur Jahreshauptversammlung«.

¶
¶
Herrn↵
Dr.·Maximilian·Mustermann↵
Mustergasse·7↵
2500·Baden·bei·Wien¶
¶
7.·März·2019¶
¶
Einladung·zur·Jahreshauptversammlung·¶
¶
Lieber·Maximilian,¶

2. Betätigen Sie erneut zweimal die [↵]-Taste, und schreiben Sie nun die Anrede, in unserem Fall »Lieber Maximilian«.

Nach nochmaligem Drücken der [↵]-Taste verfassen Sie den eigentlichen Brieftext. Im Unterschied zu einer Schreibmaschine können Sie Ihren Text schreiben, ohne einen Zeilenumbruch zu beachten. Das Programm springt automatisch in die nächste Zeile, in der Sie dann einfach weiterschreiben. Erst wenn Sie einen Absatz erzeugen möchten, betätigen Sie die Taste [↵].

Innerhalb des Brieftextes eine Einrückung vornehmen

Und so machen Sie in unserem Beispiel Angaben zum Zeitpunkt und Ort der Veranstaltung innerhalb des Brieftextes:

MERKE
An dieser Stelle möchten wir Sie auch mit dem Tabulator bekanntmachen, den Sie auf Ihrer Tastatur mit der Taste [⇆] betätigen.

1. Drücken Sie im Brieftext die [↵]-Taste, um einen neuen Absatz zu definieren. Betätigen Sie gleich am Zeilenbeginn die Tabulatortaste [⇆]. Sie erkennen sofort einen Pfeil (1) und dass die Zeile nun eingerückt ist.

2. Schreiben Sie »Wann«, gefolgt von einem Doppelpunkt, und betätigen Sie erneut die Taste [⇆]. Dann tippen Sie das Datum ein, in unserem Fall »5. April 2019«.

3. Genau so verfahren Sie bei den Absätzen zu **Beginn** und **Wo**. Sie sehen, dass die Pfeile und die Abstände zwischen den Einträgen unterschiedlich groß sind. Darüber müssen Sie sich vorerst keine Gedanken machen – das passen wir später im Rahmen der Textformatierung noch an.

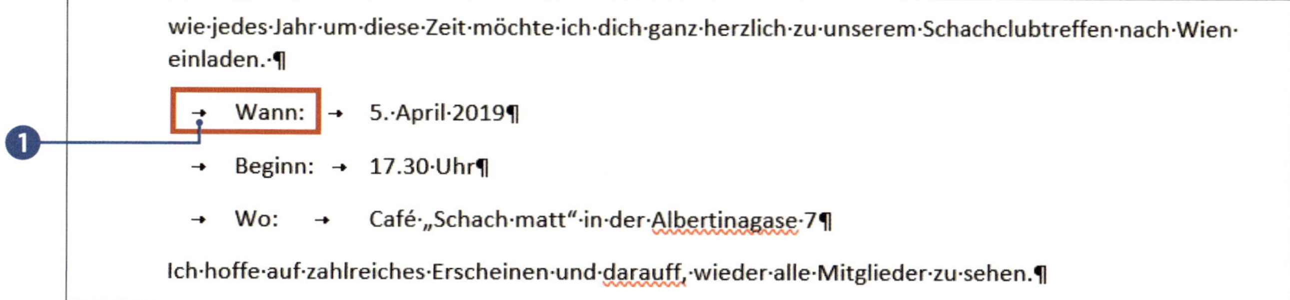

wie·jedes·Jahr·um·diese·Zeit·möchte·ich·dich·ganz·herzlich·zu·unserem·Schachclubtreffen·nach·Wien·einladen.·¶

→ Wann: → 5.·April·2019¶

→ Beginn: → 17.30·Uhr¶

→ Wo: → Café·„Schach·matt“·in·der·Albertinagase·7¶

Ich·hoffe·auf·zahlreiches·Erscheinen·und·darauff,·wieder·alle·Mitglieder·zu·sehen.¶

4. Drücken Sie nach dieser Auflistung nun wieder die Taste [↵], und schließen Sie Ihren Brief mit einem weiteren Textabsatz ab. Danach betätigen Sie nochmals die [↵]-Taste und geben die Grußformel ein. Zum Abschluss schreiben Sie nach zweimaliger Betätigung der Taste [↵] Ihren Namen. Der Abstand sollte so groß sein, dass Sie hier später Ihre Unterschrift von Hand eingeben können.

Grußformel und Name eingeben

Ich·hoffe·auf·zahlreiches·Erscheinen·und·darauff,·wieder·alle·Mitglieder·zu·sehen.¶

Liebe·Grüße¶

¶

Markus·Menschhorn¶

Bisher haben wir alles der Reihe nach eingegeben. Was aber, wenn einem am Ende noch etwas einfällt, das man dringend ergänzen möchte? In unserem Beispiel jedenfalls ist uns zum Schluss aufgefallen, dass wir einen wichtigen Satz vergessen haben. Klicken Sie in einem solchen Fall mit der linken Maustaste einfach in jenen Bereich im Brief, an dem Sie die Ergänzung vornehmen wollen, und schreiben Sie den fehlenden Satz hinein. Der nachfolgende Text verschiebt sich dementsprechend.

WAS TUN?

Sie haben unseren kleinen Tippfehler »darauff« schon entdeckt? Den haben wir absichtlich gemacht, um die Rechtschreibprüfung von Word zu aktivieren. Mehr dazu ab Seite 98.

Lieber·Maximilian,¶

wie·jedes·Jahr·um·diese·Zeit·möchte·ich·dich·ganz·herzlich·zu·unserem·Schachclubtreffen·nach·Wien· einladen.·¶

→ Wann: → 5.·April·2019¶

→ Beginn: → 17.30·Uhr¶

→ Wo: → Café·„Schach·matt“·in·der·Albertinagase·7¶

Ich·hoffe·auf·zahlreiches·Erscheinen·und·darauff,·wieder·alle·Mitglieder·zu·sehen.·Weitere·Details· hinsichtlich·der·Tagesordnung·und·dem·Verzeichnis·der·neuen·Mitglieder·entnimmst·du·dem·Begleitblatt.¶

Liebe·Grüße¶

¶

Markus·Menschhorn¶

ACHTUNG!

Damit Ihr Brief und damit alle im angelegten Dokument vorgenommenen Änderungen nicht verloren gehen, klicken Sie spätestens jetzt auf das Symbol für die Schnellspeicherung.

Damit haben Sie nun Ihren Brief in Word verfasst. Wie Sie sehen können, sieht er allerdings alles andere als einladend aus. Daher gehen wir nun dazu über, mithilfe der Formatierungsmöglichkeiten Ihren Brief ansprechend zu gestalten.

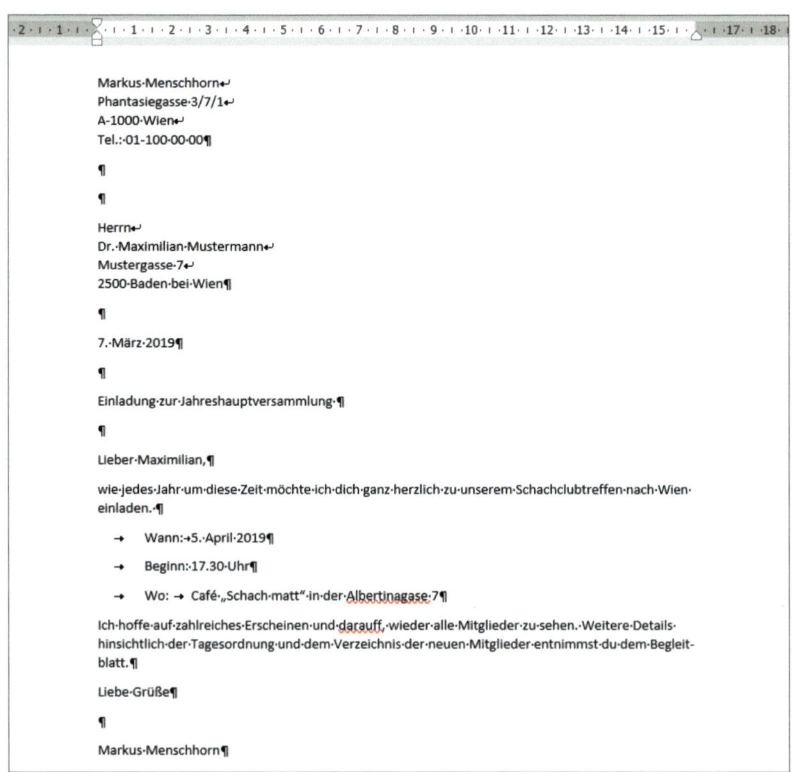

Markus·Menschhorn↵
Phantasiegasse·3/7/1↵
A-1000·Wien↵
Tel.:·01-100-00-00¶

¶

¶

Herrn↵
Dr.·Maximilian·Mustermann↵
Mustergasse·7↵
2500·Baden·bei·Wien¶

¶

7.·März·2019¶

¶

Einladung·zur·Jahreshauptversammlung·¶

¶

Lieber·Maximilian,¶

wie·jedes·Jahr·um·diese·Zeit·möchte·ich·dich·ganz·herzlich·zu·unserem·Schachclubtreffen·nach·Wien· einladen.·¶

→ Wann:→5.·April·2019¶

→ Beginn:·17.30·Uhr¶

→ Wo: → Café·„Schach·matt“·in·der·Albertinagase·7¶

Ich·hoffe·auf·zahlreiches·Erscheinen·und·darauff,·wieder·alle·Mitglieder·zu·sehen.·Weitere·Details· hinsichtlich·der·Tagesordnung·und·dem·Verzeichnis·der·neuen·Mitglieder·entnimmst·du·dem·Begleitblatt.¶

Liebe·Grüße¶

¶

Markus·Menschhorn¶

Erste Formatierungsschritte

Nun wollen wir den Brief optisch in eine ordentliche Form bringen. In der Textformatierung ist es wichtig, jene Bereiche und Zeichen zu markieren, die Sie verändern möchten.

Text markieren mit der Maus

Schriftgröße und Formatierung ändern

1. Wir markieren nun den Absender, indem wir mit gedrückter linker Maustaste vom Absatzbeginn ❶ bis zum Ende der Absenderadresse fahren ❷, bis alles grau unterlegt ist. Sofort erscheint auch die bereits auf Seite 78 erwähnte Minisymbolleiste ❸.

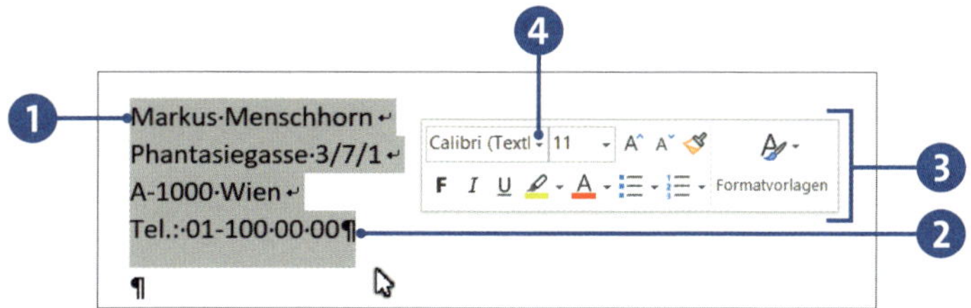

2. Zur Änderung der Schriftart klicken Sie auf den Pfeil rechts neben **Calibri** ❹. Es öffnet sich sofort ein Fenster mit diversen Schriftarten, aus denen Sie wählen können ❺.

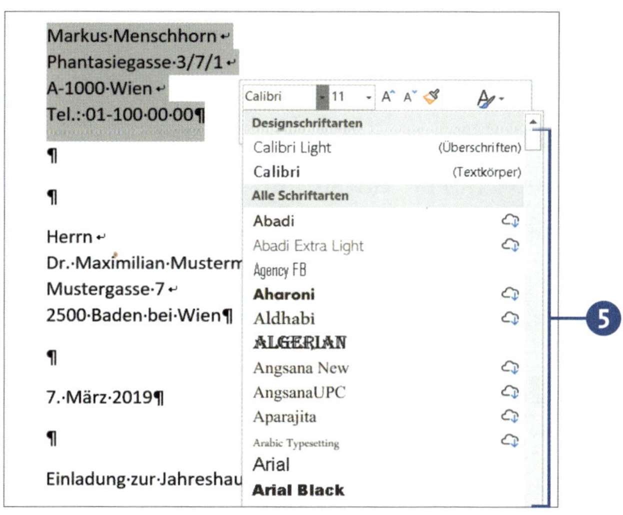

MERKE

Alternativ zu *Calibri* sind etwa auch die Schriftarten *Times New Roman* und *Arial* gängige Schriftarten, die in der alltäglichen Korrespondenz häufig verwendet werden.

3. Wir behalten zunächst die Schriftart bei und klicken nun auf den Pfeil neben dem Schriftgrad, also der Schriftgröße ❻, die standardmäßig auf 11 Punkt ❼ eingestellt ist. Wie bei der Schriftart klappt auch hier eine Liste aus, aus der Sie die gewünschte Schriftgröße wählen können.

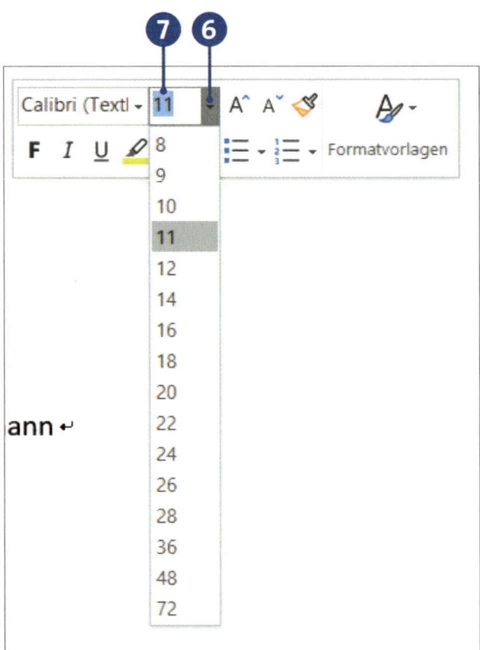

MERKE

Hinter den Pfeilen bei **Schriftart** und **Schriftgrad** verbergen sich sog. *Ausklappmenüs*, aus denen Sie jeweils andere Optionen wählen können.

4. Da es sich hier um einen Absender handelt, wollen wir ihn herausheben und wählen die Schriftgröße **12**.

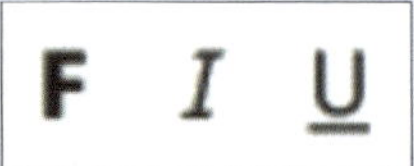

5. Abschließend wollen wir den gesamten markierten Bereich noch in *Fett* darstellen und klicken daher auf die Schaltfläche **F** in der Minisymbolleiste.

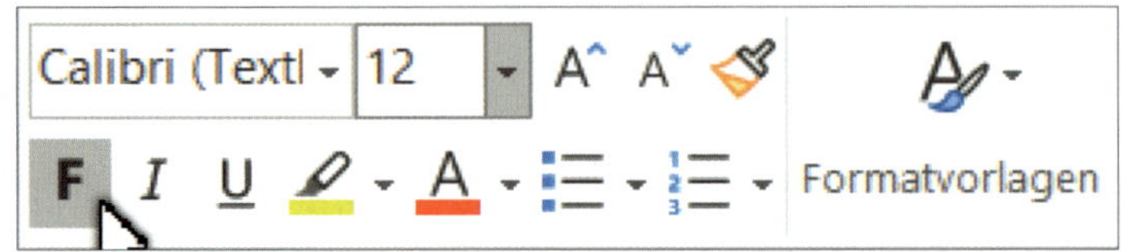

Sie sehen, der gesamte Absenderblock erscheint nun fett.

Markus·Menschhorn↵
Phantasiegasse·3/7/1↵
A-1000·Wien↵
Tel.:·01-100·00·00¶

¶

¶

Herrn↵
Dr.·Maximilian·Mustermann↵
Mustergasse·7↵
2500·Baden·bei·Wien¶

6. Nun wollen wir den Absender rechtsbündig setzen. Klicken Sie dazu mit der linken Maustaste einfach in den Absatz hinein. Klicken Sie nun auf die Schaltfläche **Rechtsbündig ausrichten** 8 in der Gruppe **Absatz** des Menübandes, und schon springt der gesamte Absenderblock auf die rechte Seite.

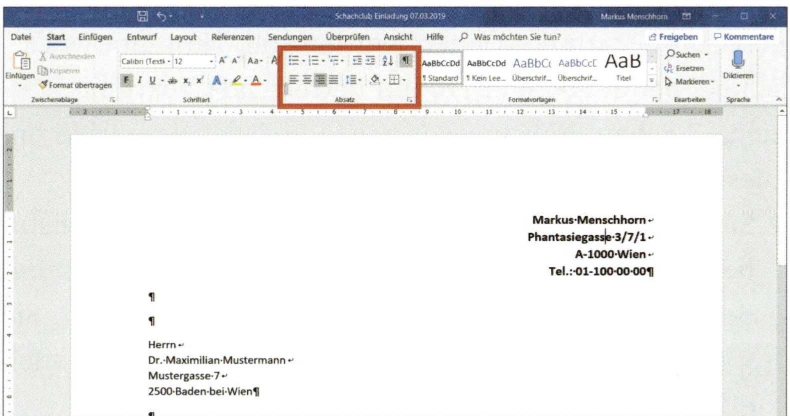

7. Als Nächstes wollen wir die Datumszeile ebenfalls rechtsbündig setzen. Gehen Sie dazu genau so vor wie bei der Absenderadresse in Schritt 6.

WAS TUN?

Die Minisymbolleiste verschwindet so schnell, dass Sie noch gar keine Auswahl treffen konnten? Markieren Sie den Text einfach erneut, oder nehmen Sie die Formatierung in aller Ruhe im Menüband des Reiters **Start** vor.

MERKE

Da wir beim Eingeben des Absenders mit der Tastenkombination ⇧ + ↵ jeweils in die nächste Zeile gesprungen sind, brauchen wir beim Einstellen der Absatzformatierung nichts zu markieren. Word erkennt, dass es sich um einen einzigen Absatz handelt.

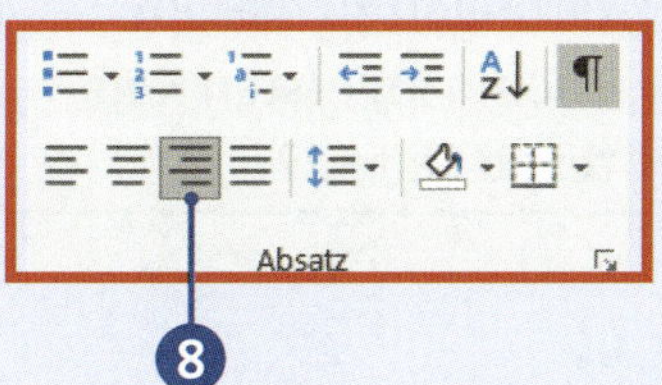

Mauszeiger vor Zeile setzen und klicken, um zu markieren

Formatierung vornehmen

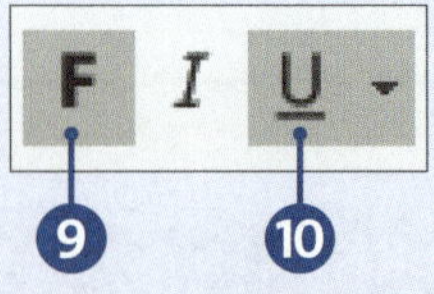

8. Die Betreffzeile wollen wir grafisch herausheben. Da wir die gesamte Zeile mit der Maus markieren möchten, genügt es, den Mauszeiger an den linken Rand der Zeile zu führen und dann die linke Maustaste einmal zu drücken. Es muss also nicht mit der Maus über den gesamten Text hinweg »gezogen« werden. Sie sehen, die gesamte Zeile ist markiert, und die Minisymbolleiste öffnet sich. Die Betreffzeile möchten wir *fett* setzen und *unterstreichen*. Klicken Sie dazu mit der linken Maustaste auf die Schaltflächen **F** (9) und **U** (10), und schon erscheint die Betreffzeile in der gewünschten Form.

¶

Einladung·zur·Jahreshauptversammlung·¶

¶

Für die Zeichenformatierung ist es notwendig, dass Sie genau jenen Bereich markieren, der schlussendlich formatiert werden soll – logisch. Word muss ja wissen, was fett gesetzt oder unterstrichen werden soll. Nun gibt es verschiedene Möglichkeiten, um betreffende Textteile, einzelne Zeichen, Wörter oder ganze Absätze zu markieren. Diese wollen wir Ihnen hier kurz aufzeigen:

- Sie klicken mit der linken Maustaste vor jenen Buchstaben oder jenes Wort, das Sie markieren möchten, und betätigen bei gedrückter Taste [⇧] die Taste [→]. Sie werden sehen, dass Sie auf diese Weise problemlos auch einzelne Zeichen markieren können.
- Sie fahren mit gedrückter linker Maustaste über jenen Bereich, den Sie markieren möchten.

WAS TUN?

Wenn Sie wissen möchten, wie Sie Markierungen auch am Notebook mithilfe des Touchpads oder auf einem Tablet vornehmen, dann lesen Sie doch noch einmal die ausführlichen Erläuterungen zu diesem Thema im ersten Kapitel ab Seite 22.

- Wenn Sie ein ganzes Wort markieren möchten, doppelklicken Sie mit der linken Maustaste einfach auf das gewünschte Wort.
- Eine ganze Zeile markieren Sie, indem Sie die Maus links neben die Zeile führen und dann einmal mit der linken Maustaste klicken.
- Einen gesamten Absatz markieren Sie mit einem Dreifachklick in den gewünschten Absatz.
- Mehrere Zeilen oder Absätze hintereinander markieren Sie, indem Sie mit gedrückter linker Maustaste über den gesamten Bereich nach unten entlangfahren, ohne abzusetzen.
- Wenn Sie den gesamten Text innerhalb eines Dokuments markieren möchten, um z. B. die Schriftart zu vereinheitlichen, drücken Sie bei gedrückter Taste [Strg] die Buchstabentaste [A].

MERKE

Alles markieren mit der Tastenkombination [Strg] + [A]

Tabulatoren und erweiterte Formatierungsmöglichkeiten

Wir sind mit unserem Einladungsbrief noch nicht ganz fertig. Denn nun gehen wir ans »Eingemachte«, wie es so schön heißt, und zeigen Ihnen, dass Word für die Formatierung von Text noch eine Reihe von Möglichkeiten bietet.

MERKE

Tabulatoren sind perfekt geeignet, um Abstände ganz exakt zu definieren und um Listen zu erstellen. Bitte versuchen Sie nicht, per Leertaste Wörter in verschiedenen Zeilen untereinander auszurichten – das wird nie ein solides Ergebnis liefern.

Nun wollen wir die ab Seite 88 eingegebenen Ort- und Zeitangaben formatieren und die mit der Taste [⇆] erzeugten Abstände mittels Tabulatoren richtig setzen. Mit Tabulatoren können Sie Auflistungen wie in unserem kleinen Brief exakt untereinander platzieren.

1. Markieren Sie zunächst jenen Bereich, bei dem die Tabulatoren gesetzt werden sollen. In unserem Fall sind das die Zeilen von *Wann* bis *Wo*. Danach bewegen Sie den Mauszeiger im Zeilenlineal auf die Position 1 cm **1**, betätigen die linke Maustaste und halten diese gedrückt. Sie sehen nun eine vertikale Linie, die durch Ihren Text verläuft, und ein »L« im Zeilenlineal.

> **ACHTUNG!**
>
> Achten Sie bitte immer darauf, dass der betreffende Textabschnitt auch markiert ist, sonst geraten Ihre Tabulatoren durcheinander.

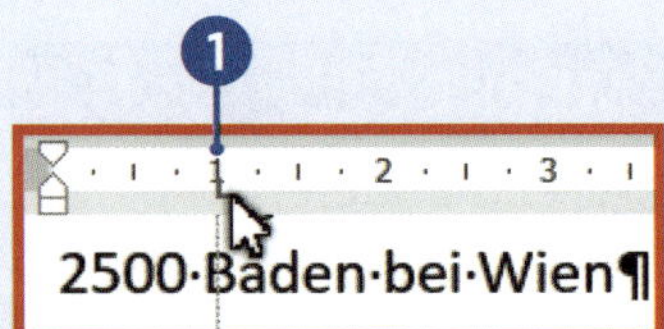

2. Wenn Sie nun die Maus mit gedrückter linker Maustaste nach rechts oder links bewegen, sehen Sie, wie sich der markierte Schriftblock verschiebt. Haben Sie die optimale Position gefunden, lassen Sie die linke Maustaste wieder los, und der erste Tabulator ist gesetzt.

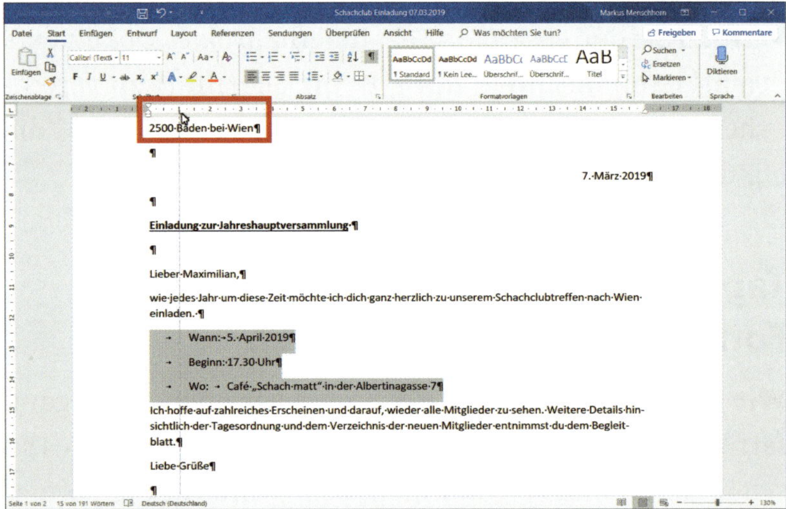

> **WAS TUN?**
>
> Die bereits gesetzten Tabulatoren gefallen Ihnen doch nicht? Wenn Sie einen Tabulator verschieben möchten, gehen Sie mit Ihrer Maus auf das »L« im Zeilenlineal und ziehen es mit gedrückter linker Maustaste nach links oder rechts – der Text verschiebt sich entsprechend. Löschen können Sie den Tabulator, wenn Sie das L-förmige Zeichen mit gedrückter linker Maustaste nach unten ziehen.

3. Gehen Sie wie gerade beschrieben vor, und setzen Sie bei markiertem Text nun den zweiten Tabulator, etwa bei 3 cm. Die entsprechenden Textteile werden automatisch an dieser Position eingerückt.

4. Nun markieren Sie mit gedrückter linker Maustaste das Wort *Wann:* (also inklusive Doppelpunkt), formatieren es fett **2** und setzen es auf den Schriftgrad **12** **3**, so wie oben beschrieben. Diese zwei Formatierungen können wir nun komfortabel auch auf die Wörter *Beginn:* und *Wo:* übertragen: Lassen Sie dazu *Wann:* markiert, und klicken Sie doppelt auf die Symbolschaltfläche für **Format übertragen** ❹.

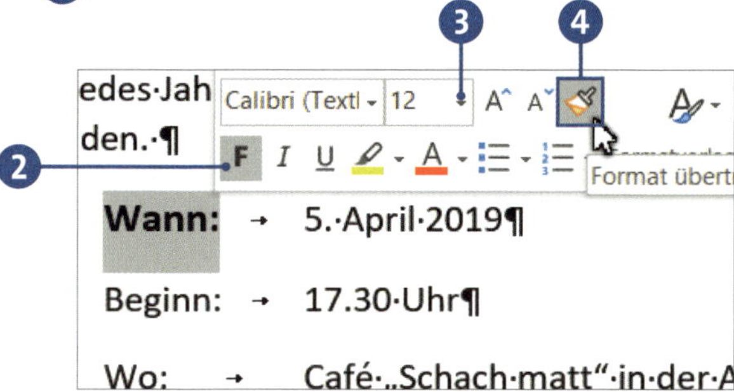

5. Danach gehen Sie mit gedrückter linker Maustaste über jene Wörter, die ebenfalls in dieser Formatierung erscheinen sollen. Sie erkennen, dass die Maus nun die Form eines Pinsels ❺ angenommen hat – das kopierte Format wird gewissermaßen über das ursprüngliche Format »darübergemalt«.

→ **Wann:** → 5.·April·2019¶

→ **Beginn:** → 17.30·Uhr¶

→ Wo: → Café·„Schach·matt“·in·der·Albertinagase·7¶

6. Nach dem Übertragen des Formats klicken Sie erneut auf **Format übertragen**, um die Funktion wieder abzuschalten.

MERKE

Wenn man die Schaltfläche **Format übertragen** nur einmal mit der linken Maustaste anklickt, funktioniert die Übertragung nur für eine einzelne Markierung. Mit einem Doppelklick darauf stellt man die Funktion auf permanent.

Als Nächstes nehmen wir uns die Silbentrennung im Fließtext vor. Damit erreichen Sie eine schöne Optik, wenn die Wörter am Zeilenende harmonisch getrennt werden. Word bietet Ihnen eine automatische Silbentrennung an, die Sie folgendermaßen aktivieren:

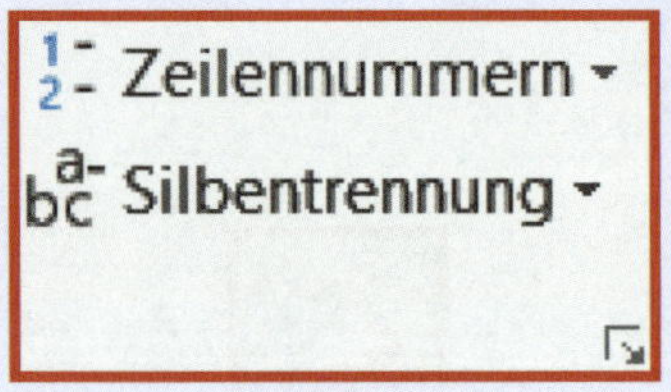

1. Klicken Sie auf den Reiter **Layout** ❶. Im Menüband darunter finden Sie die Schaltfläche **Silbentrennung** ❷.

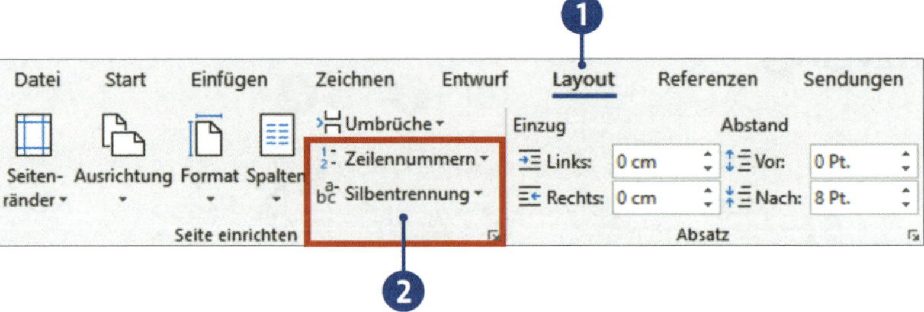

2. Klicken Sie darauf, und wählen Sie mit einem erneuten Klick **Automatisch** ❸ aus.

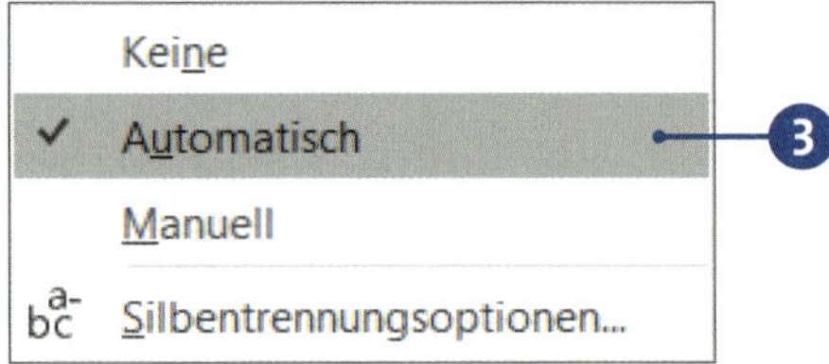

Nun werden alle möglichen Wörter in diesem Dokument automatisch getrennt, um einen harmonischen rechten Textrand zu erzeugen.

Ich·hoffe,·auf·zahlreiches·Erscheinen·und·darauff,·wieder·alle·Mitglieder·zu·sehen.·Weitere·Details·
hinsichtlich·der·Tagesordnung·und·dem·Verzeichnis·der·neuen·Mitglieder·entnimmst·du·dem·Begleit-
blatt.¶

Die automatische Rechtschreibprüfung verwenden

Unerlässlich für einen korrekten Schriftverkehr ist die automatische Rechtschreibkorrektur von Word. Sie haben sicher schon erkannt, dass wir zwei Rechtschreibfehler in unseren Beispielbrief eingebaut haben. Das Programm zeigt Ihnen alle Wörter, die es nicht kennt oder die falsch geschrieben sind, mit einer roten Schlängellinie ❶ an.

Klicken Sie nun mit der rechten Maustaste auf das falsch geschriebene Wort »darauff«. Es öffnet sich ein Fenster mit einem oder manchmal auch mehreren Vorschlägen **2**. Klicken Sie auf das korrekt geschriebene Wort, so wird es in Ihren Text übernommen.

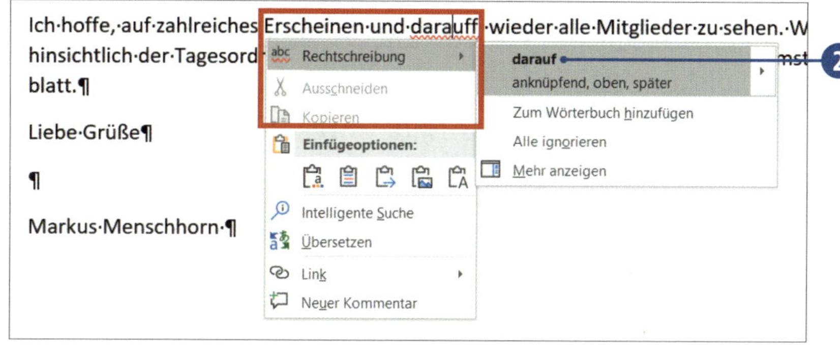

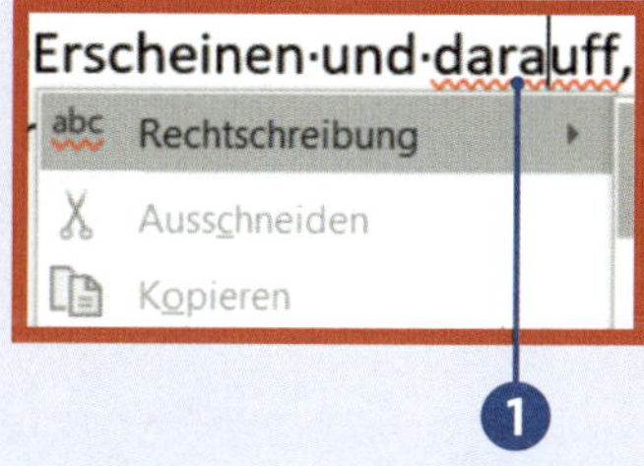

Das zweite falsch geschriebene Wort, »Albertinagase« statt »Albertinagasse«, kennt Word natürlich nicht und macht eigenartige Vorschläge.

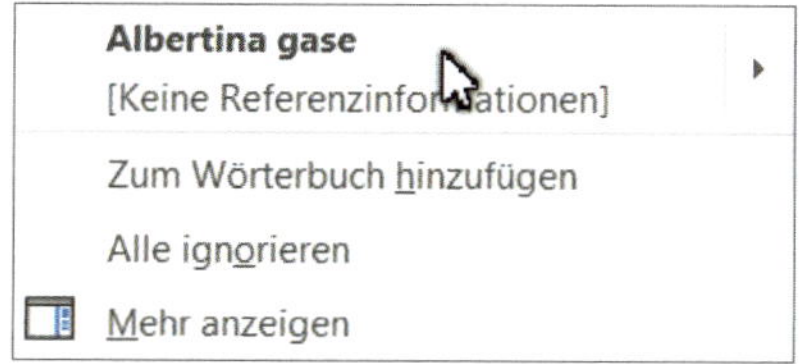

Hier müssen Sie sich damit zufriedengeben, dass der Fehler erkannt wurde, aber Sie selbst tätig werden müssen. Das klappt, indem Sie mit einem linken Mausklick in die Fehlerstelle klicken und den Fehler ausbessern. In unserem Fall bleibt das Wort trotzdem rot unterschlängelt, weil Word es nicht kennt. Sie können es aber dem Programm »beibringen«, indem Sie wiederum mit der rechten Maustaste darauf klicken und mit der linken Maustaste auf **Zum Wörterbuch hinzufügen** klicken.

Zum Wörterbuch hinzufügen

Aufzählungen und Listen einfügen

Nun ist unser Brief fertig geschrieben und gestaltet. Wir wollen ihm allerdings noch das im Brief angekündigte Begleitschreiben beifügen.

Zunächst wechseln wir elegant auf eine zweite Seite:

1. Klicken Sie an das Ende Ihres Briefes (nach Ihrem Namen). Anschließend klicken Sie auf den Reiter **Einfügen** 1 und im zugehörigen Menüband auf die Schaltfläche **Seitenumbruch** 2.

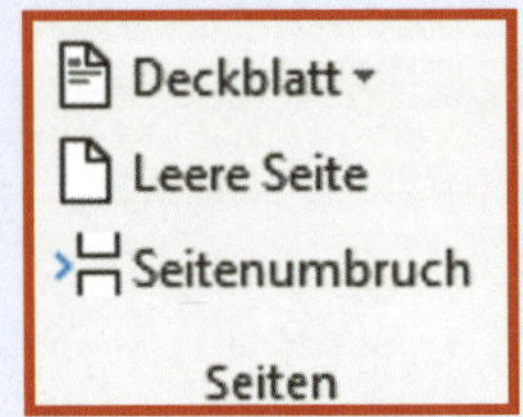

2. Damit springt das Programm auf die nächste Seite, und Sie können dort weiterarbeiten. Word macht auch den Seitenumbruch mit einem im späteren Ausdruck nicht sichtbaren Zeichen am Ende der ersten Seite kenntlich 3.

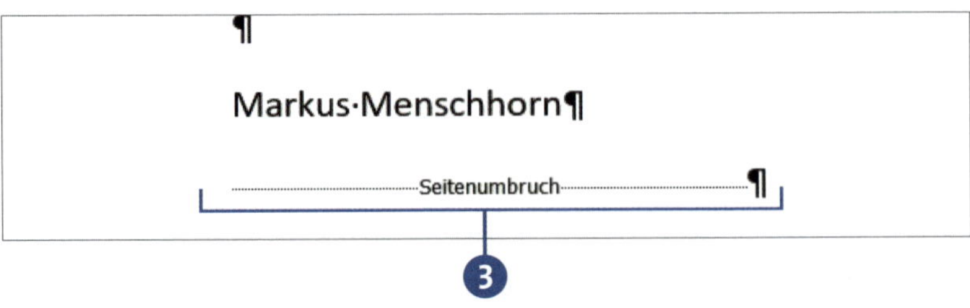

Nun verfassen wir das Begleitschreiben, in dem wir die Tagesordnungspunkte sowie eine Tabelle mit den Namen und Adressen der neuen Mitglieder bekanntgeben wollen. So wird es später aussehen:

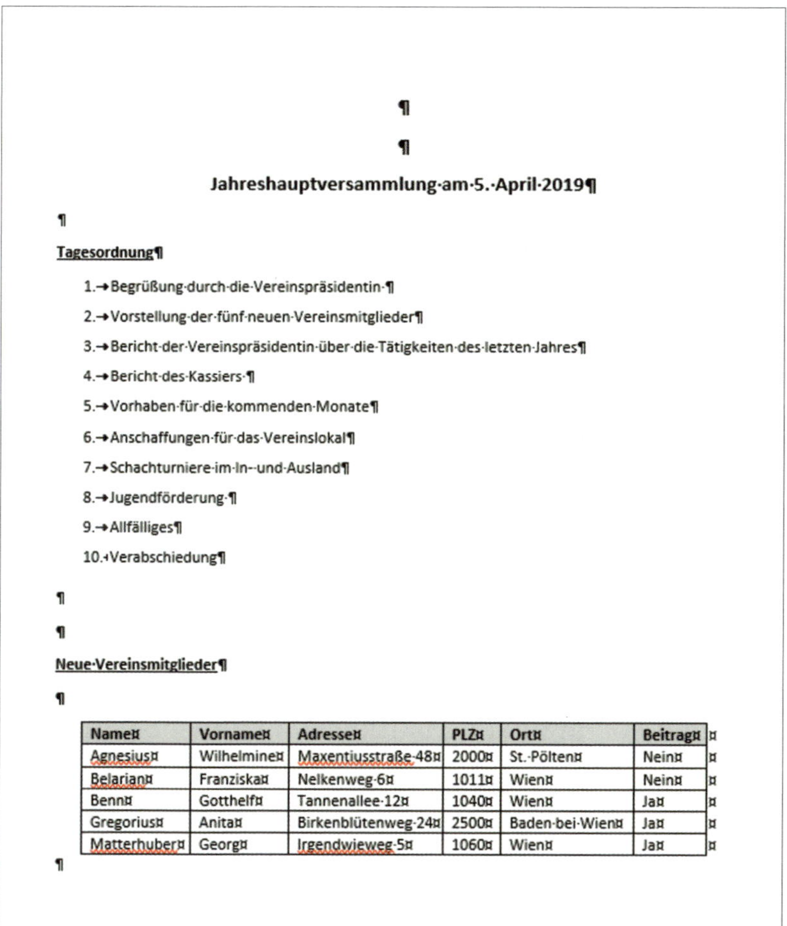

Jahreshauptversammlung am 5. April 2019

Tagesordnung

1. Begrüßung durch die Vereinspräsidentin
2. Vorstellung der fünf neuen Vereinsmitglieder
3. Bericht der Vereinspräsidentin über die Tätigkeiten des letzten Jahres
4. Bericht des Kassiers
5. Vorhaben für die kommenden Monate
6. Anschaffungen für das Vereinslokal
7. Schachturniere im In- und Ausland
8. Jugendförderung
9. Allfälliges
10. Verabschiedung

Neue Vereinsmitglieder

Name	Vorname	Adresse	PLZ	Ort	Beitrag
Agnesius	Wilhelmine	Maxentiusstraße 48	2000	St. Pölten	Nein
Belarian	Franziska	Nelkenweg 6	1011	Wien	Nein
Benn	Gotthelf	Tannenallee 12	1040	Wien	Ja
Gregorius	Anita	Birkenblütenweg 24	2500	Baden bei Wien	Ja
Matterhuber	Georg	Irgendwieweg 5	1060	Wien	Ja

MERKE

Wenn Sie einen langen Text schreiben, erzeugt Word automatisch eine neue Seite, sobald das Ende der Seite erreicht ist. Mit dem hier gezeigten Seitenumbruch besteht die Möglichkeit, jederzeit eine neue Seite zu erstellen, auch wenn die vorangehende Seite noch gar nicht komplett beschrieben ist. Sie können den Seitenumbruch übrigens auch mit der Tastenkombination [Strg] + [↵] erzeugen.

1. Schreiben Sie zunächst den Titel. In unserem Fall »Jahreshauptversammlung am 5. April 2019«. Drücken Sie danach zweimal die [↵]-Taste, und schreiben Sie »Tagesordnung«.

2. In der Folge geben Sie dann die einzelnen Tagesordnungspunkte an und drücken am Ende ein jedes Mal die Taste [↵].

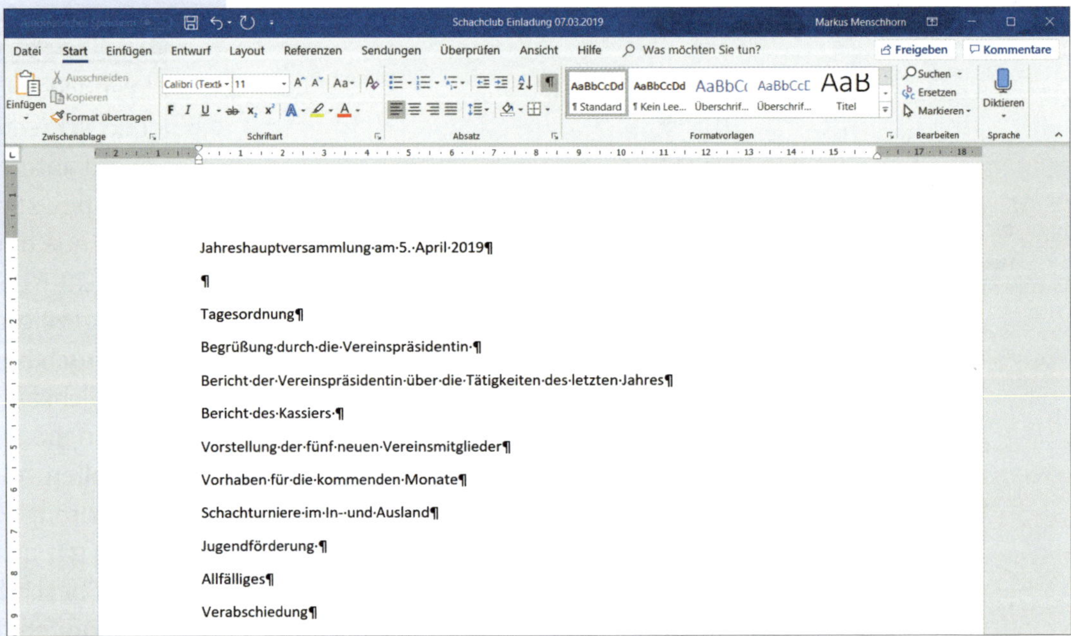

3. Zum Formatieren der Überschrift markieren Sie diese mit einem linken Mausklick am Zeilenbeginn. Die gesamte Zeile ist somit markiert, und die Minisymbolleiste öffnet sich. Wählen Sie nun den Schriftgrad **14** ① sowie die Einstellung **F** ② für *Fett*. Sie sollten dann folgendes Ergebnis sehen:

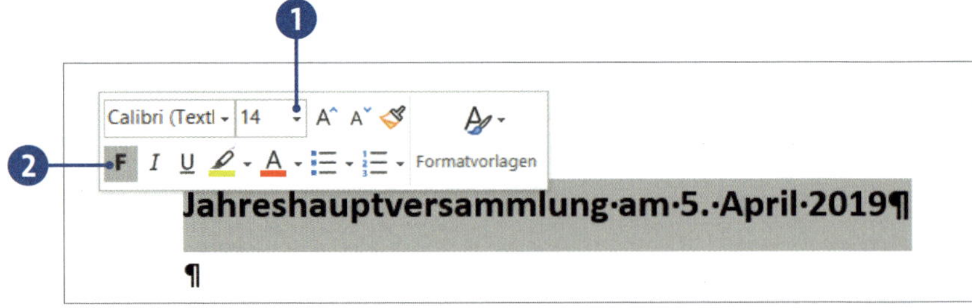

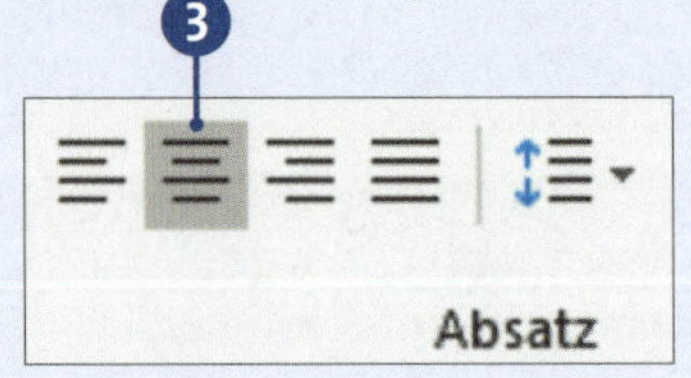

4. Klicken Sie jetzt einfach in die Überschrift hinein und anschließend im Reiter **Start** im Bereich **Absatz** auf die Schaltfläche **Zentriert** ③.

5. Danach markieren Sie das Wort *Tagesordnung* und formatieren es mit den Schaltflächen **F** und **U** für *Fett* und *Unterstreichen*.

6. Nun markieren Sie alle Tagesordnungspunkte, indem Sie mit gedrückter linker Maustaste vom ersten bis zum letzten Eintrag herunterfahren. Klicken Sie anschließend entweder in der erscheinenden Minisymbolleiste oder im Menüband auf die Schaltfläche **Nummerierung** ④. Somit sind alle Punkte automatisch nummeriert und zugleich eingerückt.

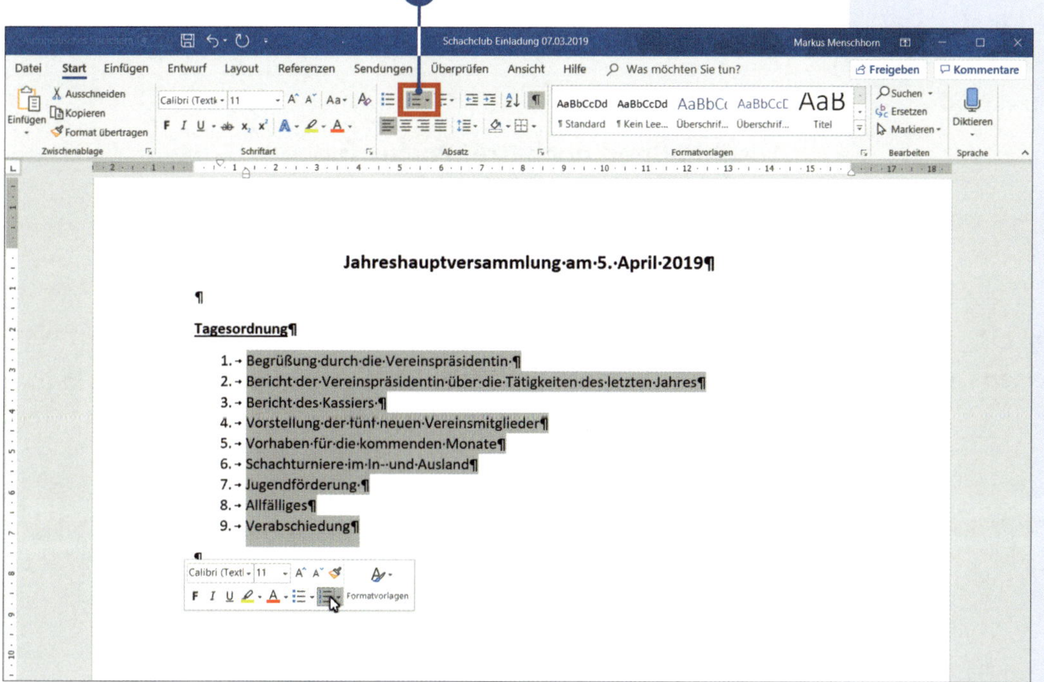

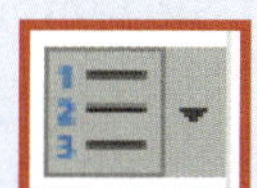

Word nimmt bei der automatischen Nummerierung eine doch sehr große Einrückung vor. Sie ändern das, indem

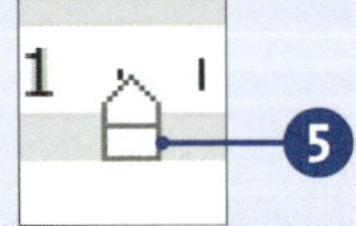

Das Rechteck steht für *Linker Einzug*.

Sie die Maus ins Zeilenlineal auf das kleine Rechteck **5** führen, die linke Maustaste drücken und mit gedrückter Maustaste so weit nach links ziehen, bis Ihnen die Position zusagt; die Hilfslinie erleichtert dabei die Arbeit.

ACHTUNG!

Wenn Sie den Mauszeiger nur ein klein wenig oberhalb auf das Dreieck platzieren, das für den sog. *Hängenden Einzug* (also den Abstand zwischen Nummerierung und Text) steht, würden Sie lediglich den Text näher an die Ziffer bringen bzw. weiter davon abrücken.

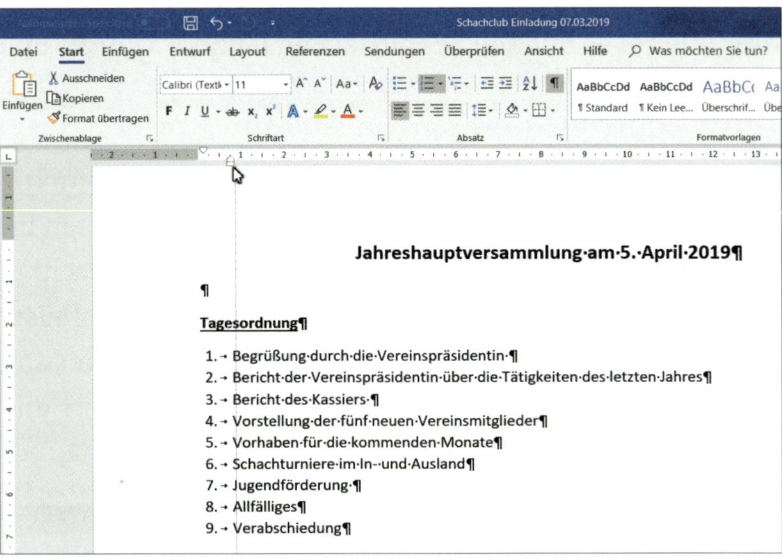

Abschließend noch drei Powertipps:

Sie haben einen Aufzählungspunkt vergessen?

Aufzählungspunkt in einer nummerierten Liste ergänzen

1. In unserem Fall wollen wir nach Punkt 5 einen weiteren Punkt einfügen. Wir klicken nach dem Wort *Monate* in den Text und betätigen die Taste [↵].

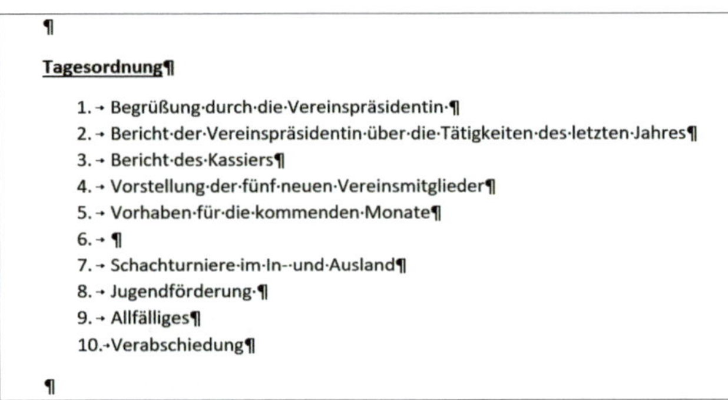

2. Sie sehen – die neue Zeile wird gleich entsprechend nummeriert, und die folgenden Punkte werden automatisch angepasst. Wir fügen nun den fehlenden sechsten Punkt »Anschaffungen für das Vereinslokal« ein.

MERKE

Die automatische Nummerierung versteht auch, wenn Sie eine Einfügung vornehmen oder einen weiteren Auflistungspunkt hinzufügen. Word passt dann einfach die Nummerierung an.

Auch die Reihenfolge Ihrer nummerierten Aufzählung können Sie ändern. In unserem Beispiel soll Position 4 bereits an Position 2 stehen.

Aufzählungspunkt in einer nummerierten Liste verschieben

1. Markieren Sie dazu den Punkt *Vorstellung der fünf neuen Vereinsmitglieder* mit einem linken Mausklick links neben der Zeile. Sie sehen, dass nur der Text markiert ist, nicht aber die Ordnungszahl davor:

Tagesordnung¶

1.→ Begrüßung·durch·die·Vereinspräsidentin·¶
2.→ Bericht·der·Vereinspräsidentin·über·die·Tätigkeiten·des·letzten·Jahres¶
3.→ Bericht·des·Kassiers¶
4.→ Vorstellung·der·fünf·neuen·Vereinsmitglieder¶
5.→ Vorhaben·für·die·kommenden·Monate¶
6.→ Anschaffungen·für·das·Vereinslokal¶

2. Ziehen Sie nun mit gedrückter linker Maustaste die markierte Zeile vor das Wort *Bericht* bei Punkt 2. Sobald Sie die Maus loslassen, befindet sich die Zeile dort, wo Sie sie haben möchten, alle übrigen Punkte rücken nach.

Tagesordnung¶

1.→ Begrüßung·durch·die·Vereinspräsidentin·¶
2.→ Bericht·der·Vereinspräsidentin·über·die·Tätigkeiten·des·letzten·Jahres¶
3.→ Bericht·des·Kassiers·¶
4.→ Vorstellung·der·fünf·neuen·Vereinsmitglieder¶
5.→ Vorhaben·für·die·kommenden·Monate¶
6.→ Anschaffungen·für·das·Vereinslokal¶
7.→ Schachturniere·im·In-·und·Ausland¶
8.→ Jugendförderung·¶
9.→ Allfälliges¶
10.→Verabschiedung¶

MERKE

Das Verschieben von markierten Textteilen funktioniert natürlich auch außerhalb von nummerierten Listen!

Zeilenabstand in Text/ Listen ändern

Abschließend noch unser dritter Tipp: Wir haben auf unserer zweiten Seite Platz, und mit ein wenig mehr Zeilenabstand wird die Aufstellung der Tagesordnungspunkte viel übersichtlicher. In Word ist es möglich, den Abstand zwischen den Zeilen zu vergrößern. Das geht so:

WAS TUN?

Wenn Sie am Ende der Liste die Taste ↵ betätigen, setzt Word leider auch die Nummerierung fort. Um in einem normalen Absatz weiterzuschreiben bzw. einen Absatz als Leerzeile ohne Nummerierung einzufügen, betätigen Sie einfach erneut ↵.

1. Markieren Sie die Aufstellung mit gedrückter linker Maustaste. Wiederum sehen Sie, dass nur die Textzeilen markiert sind, nicht aber die Ordnungszahlen.

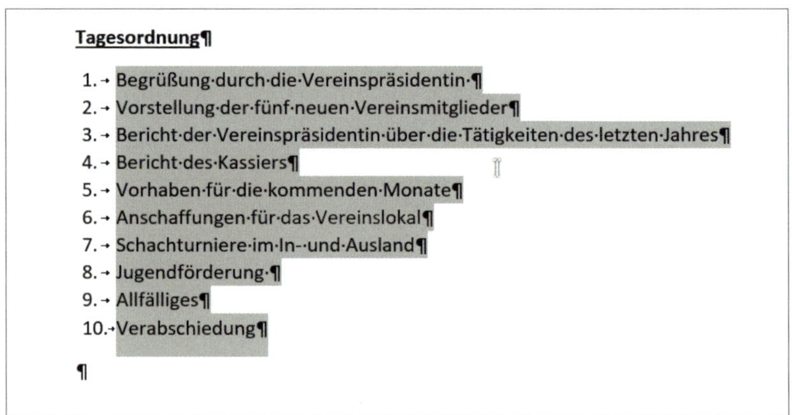

Tagesordnung¶

1. Begrüßung·durch·die·Vereinspräsidentin·¶
2. Vorstellung·der·fünf·neuen·Vereinsmitglieder¶
3. Bericht·der·Vereinspräsidentin·über·die·Tätigkeiten·des·letzten·Jahres¶
4. Bericht·des·Kassiers¶
5. Vorhaben·für·die·kommenden·Monate¶
6. Anschaffungen·für·das·Vereinslokal¶
7. Schachturniere·im·In-·und·Ausland¶
8. Jugendförderung·¶
9. Allfälliges¶
10. Verabschiedung¶

¶

2. Klicken Sie nun unter dem Reiter **Start** ❶ in der Gruppe **Absatz** auf die Schaltfläche **Zeilenabstand** ❷.

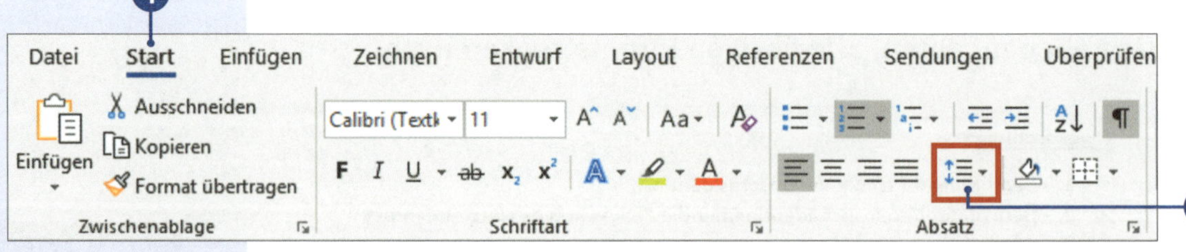

3. Aus dem Ausklappmenü wählen Sie **1,5** ❸ mit einem linken Mausklick aus. Dadurch wird der einfache auf den anderthalbfachen Zeilenabstand vergrößert.

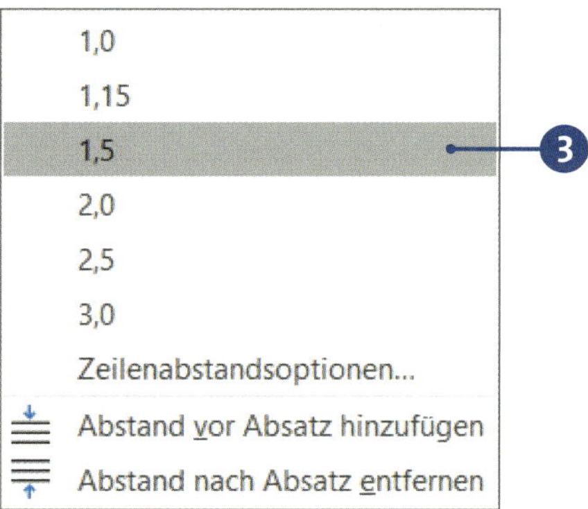

Sie sehen, dass die Aufstellung der Tagesordnungspunkte anschließend deutlich großzügiger gestaltet ist.

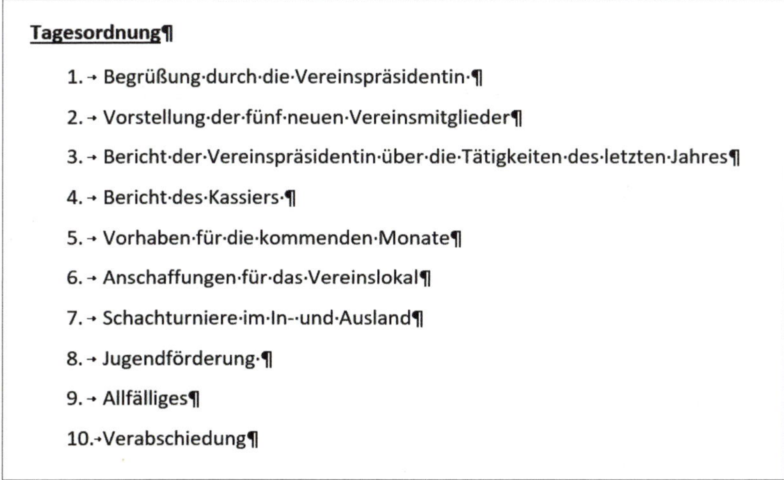

Tagesordnung¶

1. Begrüßung·durch·die·Vereinspräsidentin·¶
2. Vorstellung·der·fünf·neuen·Vereinsmitglieder¶
3. Bericht·der·Vereinspräsidentin·über·die·Tätigkeiten·des·letzten·Jahres¶
4. Bericht·des·Kassiers·¶
5. Vorhaben·für·die·kommenden·Monate¶
6. Anschaffungen·für·das·Vereinslokal¶
7. Schachturniere·im·In-·und·Ausland¶
8. Jugendförderung·¶
9. Allfälliges¶
10. Verabschiedung¶

Und damit ist ein weiterer Schritt geschafft, um zum Briefe- bzw. Textprofi in Word zu werden. Lassen Sie uns nun noch zum Abschluss eine Tabelle einfügen.

Eine Tabelle in Word anlegen

Nun wollen wir in dem Begleitschreiben unseres Beispielbriefes (wir befinden uns übrigens noch immer auf Seite 2 unseres ab Seite 79 angelegten Word-Dokuments) die fünf neuen Vereinsmitglieder in einer übersichtlichen Form

MERKE

Um die dritte Überschrift auf Seite 2 genau so wie die zweite zu formatieren, können Sie auch die komfortable Funktion **Format übertragen** nutzen. Wie das geht, lesen Sie auf Seite 97 nach.

präsentieren. Dafür eignet sich eine Tabelle ganz hervorragend, und so legen Sie diese mit Word an:

1. Klicken Sie mit der Maus an jene Stelle im Dokument, an der die Tabelle erscheinen soll. In unserem Fall nach den Tagesordnungspunkten des vorangehenden Abschnitts und der Tabellenüberschrift *Neue Vereinsmitglieder*. Geben Sie diese, falls noch nicht geschehen, in Ihrem Dokument ein, und formatieren Sie sie wie die Überschrift *Tagesordnung* (siehe dazu Schritt 5 auf Seite 103). Klicken Sie dann auf den Reiter **Einfügen** 1 und schließlich auf die Schaltfläche **Tabelle** 2.

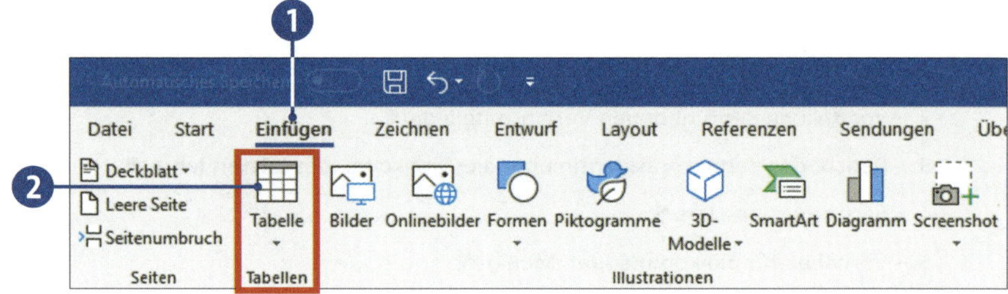

2. Es öffnet sich ein Feld mit unzähligen Quadraten. Hier definieren Sie, wie viele Zeilen und Spalten Ihre Tabelle umfassen soll. Wir entscheiden uns für sechs Zeilen und fünf Spalten. Fahren Sie mit der Maus einfach über die Anzahl der Quadrate, die Sie als Zeilen und Spalten in Ihrer Tabelle anlegen möchten.

3. Oberhalb der Quadrate wird die Anzahl der ausgewählten Zeilen und

Spalten dann entsprechend angegeben – in unserem Fall **5 x 6** ❸. Zugleich sehen Sie auch, wie sich dies in Ihrem Dokument auswirkt ❹.

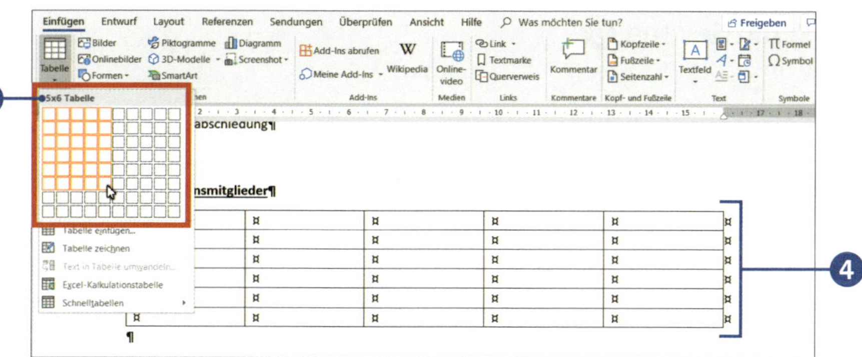

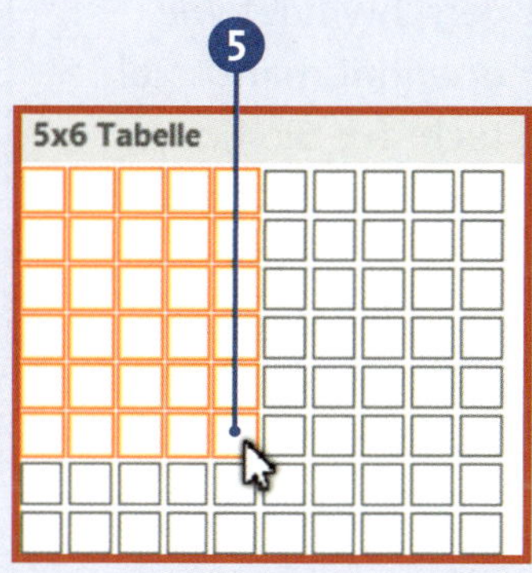

4. Klicken Sie, wenn Sie die gewünschte Anzahl auf diese Weise ausgewählt haben, einfach mit der linken Maustaste auf das letzte gewählte Kästchen ❺, und schon ist Ihre Tabelle tatsächlich im Dokument eingefügt.

5. Um die Spalten und Zeilen auszufüllen, klicken Sie einfach jeweils hinein. Wir beginnen mit den Spaltenüberschriften. Klicken Sie in die erste Tabellenzelle hinein, und schreiben Sie »Name«. Durch Betätigen der Taste [↹] hüpft der Cursor automatisch in die jeweils nächste Zelle. Dort geben wir nacheinander »Vorname«, »Adresse«, »PLZ« sowie »Ort« ein.

MERKE

Mit der Taste [↹] bewegen Sie sich von Tabellenzelle zu Tabellenzelle, ohne immer klicken zu müssen.

Neue·Vereinsmitglieder¶

Name¤	Vorname¤	Adresse¤	PLZ¤	Ort¤
¤	¤	¤	¤	¤
¤	¤	¤	¤	¤
¤	¤	¤	¤	¤
¤	¤	¤	¤	¤
¤	¤	¤	¤	¤

¶

WAS TUN?

Die Minisymbolleiste verschwindet wie erwähnt manchmal recht fix. Sie finden aber alle Formatierungsoptionen auch oben im Menüband.

6. Wenn Sie alle Einträge gemacht haben, markieren Sie die erste Zeile Ihrer Tabelle, indem Sie links daneben einmal klicken. Formatieren Sie diese fett. Anschließend klicken Sie mit der linken Maustaste auf den Pfeil neben **Schattierung** ❻.

Es öffnet sich nun eine breite Farbpalette zur Auswahl. Wenn Sie mit der Maus über die Kästchen fahren, erscheinen kleine Infokästen, sog. *Tooltips*, die Ihnen die Farbe sowie die Dichte der Schattierung anzeigen. In Ihrer Tabelle im Dokument sehen Sie auch schon die entsprechende Wirkung. Wir entscheiden uns für einen Grauton, *Weiß, Hintergrund 1, dunkler 15%* ❼, und klicken darauf.

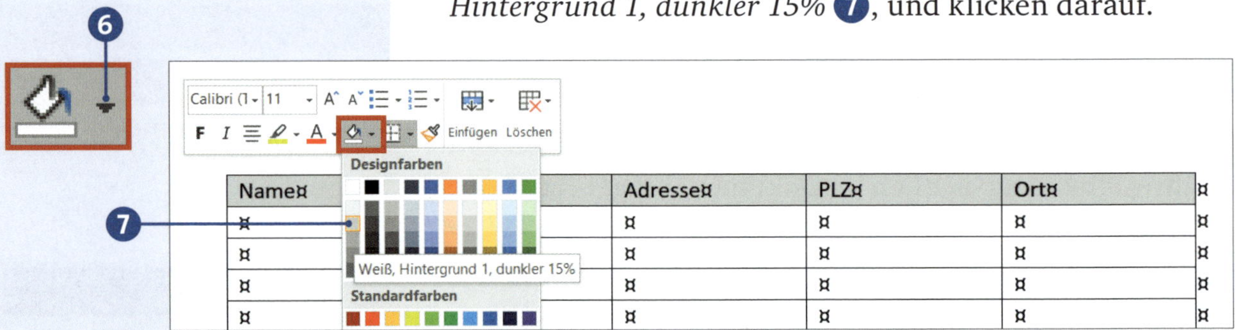

Tabellenzeilen befüllen und Spaltenbreite anpassen

Nachdem wir die Spaltenüberschriften unserer Tabelle ausgefüllt haben, gehen wir daran, auch die anderen Zellen mit Inhalten zu füllen.

1. Geben Sie in den einzelnen Zellen die entsprechenden Daten der fiktiven Vereinsmitglieder (oder natürlich auch Adressdaten von echten Kontakten) ein. Springen Sie auch hier mit der Taste [Tab] in die jeweils nächste Zelle – das funktioniert sogar, wenn Sie am Ende einer Zeile angekommen sind. Alternativ klicken Sie in die gewünschte Zelle und nehmen dort Ihren Eintrag vor.

MERKE

Infokästen zur Bedeutung von Schaltflächen, sog. *Tooltips*, erscheinen, indem Sie mit der Maus darauf verweilen.

Neue·Vereinsmitglieder¶

Name¤	Vorname¤	Adresse¤	PLZ¤	Ort¤	¤
Matterhuber¤	Georg¤	Irgendwieweg·5¤	1060¤	Wien¤	¤
Agnesius¤	Wilhelmine¤	Maxentiusstraße·48¤	2000¤	St.·Pölten¤	¤
Belarian¤	Franziska¤	Nelkenweg·6¤	1011¤	Wien¤	¤
Benn¤	Gotthelf¤	Tannenallee·12¤	1040¤	Wien¤	¤
Gregorius¤	Anita¤	Birkenblütenweg·24¤	2500¤	Baden·bei·Wien¤	¤

¶

2. In unserem Beispiel sind die Spalten mit den eingetippten Informationen nun entweder zu klein oder zu groß. Zum Beispiel ist es sehr unschön, wenn die Hausnummer nicht neben, sondern unter dem Straßennamen steht. Daher passen wir die Spaltengrößen an. Führen Sie die Maus ans Ende der ersten Spalte, und zwar exakt auf die vertikale Linie. Sie sehen, dass sich auch der Mauszeiger ändert **1**.

Neue·Vereinsmitglieder¶

Name¤	Vorname¤
Matterhuber¤	Georg¤
Agnesius¤	Wilhelmine¤
Belarian¤	Franziska¤
Benn¤	Gotthelf¤
Gregorius¤	Anita¤

1

¶

3. Führen Sie nun einen Doppelklick aus, und schon erhält die Spalte die optimale Breite in Bezug auf die jeweiligen Einträge. Führen Sie dies nun für alle weiteren Spalten durch.

Position der Tabelle ändern

Nun wollen wir die Tabelle noch auf unserem Dokument zentrieren:

1. Klicken Sie dazu auf das Quadrat links oberhalb der Tabelle, das sichtbar wird, sobald Sie mit der Maus auf die Tabelle zeigen, und markieren Sie damit die komplette Tabelle.

2. Anschließend klicken Sie im Menü auf die Schaltfläche **Zentriert**, und schon steht die Tabelle auf der Seitenmitte.

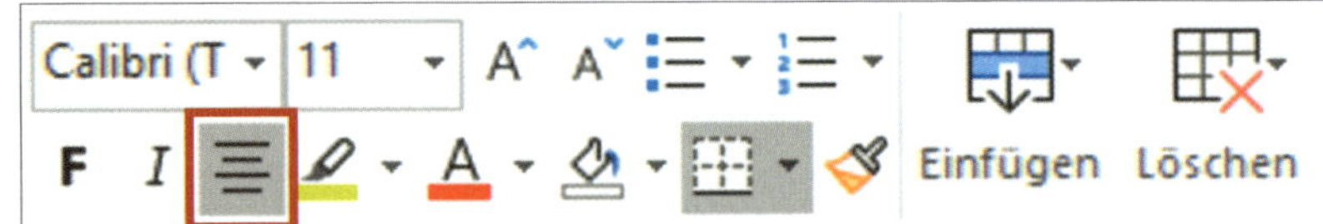

Eine Tabelle verändern, ergänzen und sortieren

So eine Tabelle ist praktisch. Doch was, wenn eine Spalte oder Zeile vergessen wurde? Keine Sorge, beides kann auch im Nachhinein noch ergänzt werden, und wir zeigen Ihnen nun, wie einfach das funktioniert. Die im vorherigen Abschnitt erstellte Tabelle soll noch um eine Spalte ergänzt werden, in der wir festhalten, ob der Mitgliedsbeitrag jeweils bereits entrichtet wurde.

Eine Spalte in einer Tabelle einfügen

1. Führen Sie die Maus etwas oberhalb der Tabelle an diejenige Stelle, nach der Sie die Spalte einfügen möchten. Wenn Sie die Spalte also am Ende ergänzen möchten, dann zeigen Sie auf die rechte obere Ecke der Tabelle. Es erscheint ein Kreis mit einem Plussymbol (1), auf das Sie mit der linken Maustaste klicken – schon ist die Tabelle um eine Spalte erweitert.

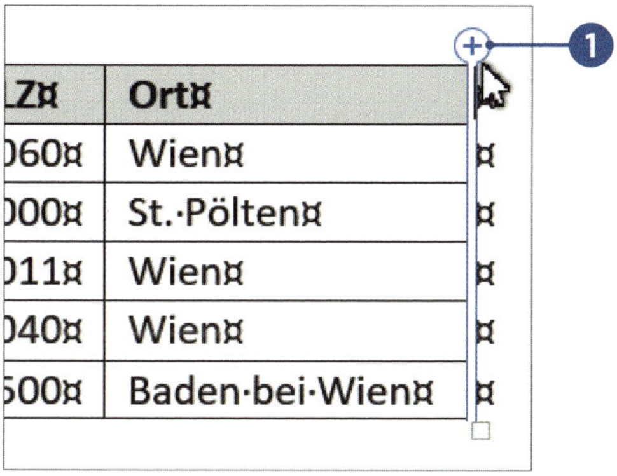

WAS TUN?

Bei Ihnen erscheint kein Plussymbol? Vielleicht haben Sie die Tabelle noch markiert, dann funktioniert das Ganze nicht. Die Markierung heben Sie auf, indem Sie einfach einmal außerhalb der Tabelle ins Dokument klicken.

2. Sie sehen, dass auch die Schattierung in die neue Spalte übernommen wurde. Jetzt müssen Sie nur noch die Beschriftung eintippen (2), die ebenfalls automatisch fett formatiert wird, und können anschließend die fiktiv bezahlten oder nicht bezahlten Beiträge in den Zellen darunter eingeben.

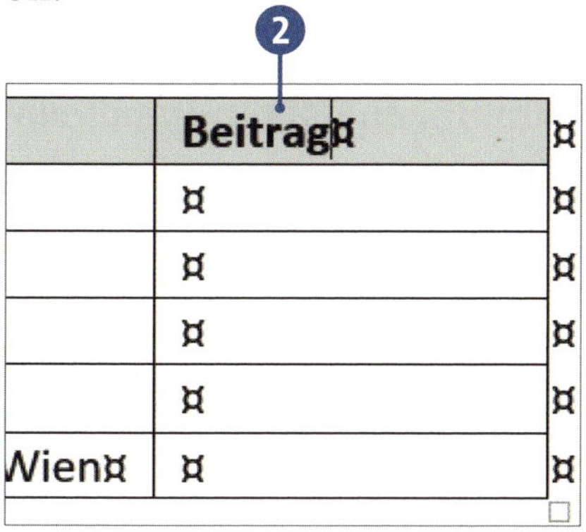

Eine Zeile in einer Tabelle einfügen

Sie haben in der Mitgliederliste ein Mitglied vergessen? Was wir gerade auf Spaltenebene gezeigt haben, geht natürlich auch mit den Tabellenzeilen. So fügen Sie eine Zeile hinzu:

Gehen Sie wie oben beschrieben vor, führen Sie die Maus an jene Stelle, an der Sie eine Zeile ergänzen möchten, und klicken Sie auf das nun erscheinende Plussymbol.

¶

Neue·Vereinsmitglieder¶

Name¤	Vorname¤	Adresse¤	PLZ¤	Ort¤	Beitrag¤
Matterhuber¤	Georg¤	Irgendwieweg·5¤	1060¤	Wien¤	Ja¤
Agnesius¤	Wilhelmine¤	Maxentiusstraße·48¤	2000¤	St.·Pölten¤	Nein¤
Belarian¤	Franziska¤	Nelkenweg·6¤	1011¤	Wien¤	Nein¤
Benn¤	Gotthelf¤	Tannenallee·12¤	1040¤	Wien¤	Ja¤
Gregorius¤	Anita¤	Birkenblütenweg·24¤	2500¤	Baden·bei·Wien¤	Ja¤

¶

Die Zeile wird darunter eingefügt.

Agnesius¤	Wilhelmine¤	Maxentiusstraße·48¤	2000¤	St.·Pölten¤	Nein¤
Belarian¤	Franziska¤	Nelkenweg·6¤	1011¤	Wien¤	Nein¤
¤	¤	¤	¤	¤	¤
Benn¤	Gotthelf¤	Tannenallee·12¤	1040¤	Wien¤	Ja¤

Tabelleneinträge alphabetisch sortieren

Zum Abschluss wollen wir die Tabelle noch alphabetisch nach den Mitgliedernamen ordnen.

1. Markieren Sie zunächst die gesamte Tabelle mithilfe des Quadrates am linken oberen Rand der Tabelle (siehe dazu auch Schritt 1 auf Seite 112).

2. Anschließend klicken Sie im Menüband unter dem Register **Start** auf die Schaltfläche **Sortieren** 1.

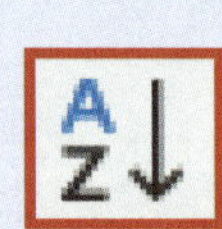

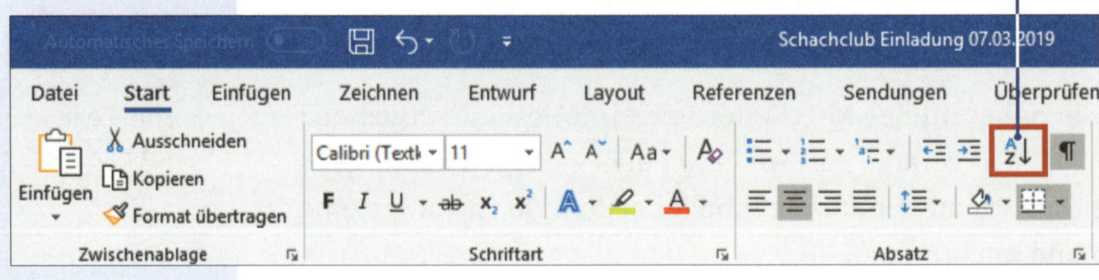

3. Nun müssen wir im erscheinenden Dialogfenster **Sortieren** einige Einstellungen vornehmen. Klicken Sie dazu zunächst in den Kreis neben **Überschrift** im linken unteren Bereich des Dialogs **2**. Damit vermeiden wir, dass die erste Zeile Ihrer Tabelle mitsortiert wird.

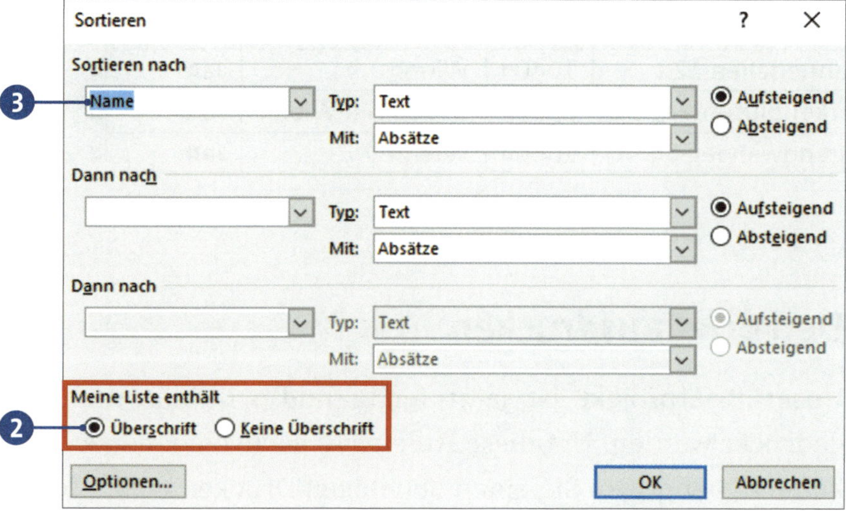

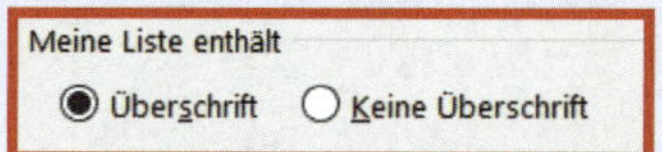

4. Danach geben wir an, wonach wir sortieren wollen – in unserem Fall wollen wir nach Nachnamen (Name) sortieren. Daher lassen wir im Bereich **Sortieren nach** den Begriff **Name** **3** stehen. Ändern könnten Sie dies mit einem Klick auf den Pfeil daneben, dort stehen sämtliche Spaltenüberschriften zur Auswahl **4**.

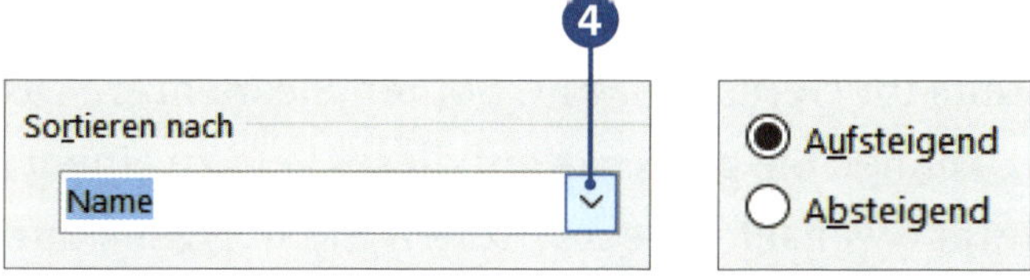

5. Außerdem wollen wir, dass aufsteigend, also von A bis Z, sortiert wird. Somit lassen wir den Punkt bei **Aufsteigend** aktiviert.

6. Nachdem wir alle notwendigen Einstellungen getroffen haben, klicken wir auf **OK**, und Sie sehen, dass Ihre Tabelle nun alphabethisch sortiert ist.

Name¤	Vorname¤	Adresse¤	PLZ¤	Ort¤	Beitrag¤	¤
Agnesius¤	Wilhelmine¤	Maxentiusstraße·48¤	2000¤	St.·Pölten¤	Nein¤	¤
Belarian¤	Franziska¤	Nelkenweg·6¤	1011¤	Wien¤	Nein¤	¤
Benn¤	Gotthelf¤	Tannenallee·12¤	1040¤	Wien¤	Ja¤	¤
Gregorius¤	Anita¤	Birkenblütenweg·24¤	2500¤	Baden·bei·Wien¤	Ja¤	¤
Matterhuber¤	Georg¤	Irgendwieweg·5¤	1060¤	Wien¤	Ja¤	¤

Den Brief ausdrucken

Unser Briefprojekt ist jetzt fertig und will natürlich gedruckt werden. Um diese Anleitung nachvollziehen zu können, benötigen Sie einen beliebigen Drucker, egal, ob Tintenstrahl- oder Laserdrucker. Er muss an Ihrem Computer installiert und eingeschaltet sein.

1. Öffnen Sie, wenn noch nicht geschehen, unser Briefdokument in Word (siehe dazu auch den Abschnitt »Karteninnenseite mit Textspalten gestalten« ab Seite 145). Klicken Sie jetzt auf den Reiter **Datei** und dort auf **Drucken** ①. Normalerweise wird im Feld unterhalb von **Drucker** ② bereits Ihr Gerät genannt. Sollten Sie mehrere Drucker haben, können Sie per Klick auf dieses Feld zu einem anderen Gerät wechseln. Rechts sehen Sie übrigens zur Kontrolle immer eine Vorschau Ihres Dokuments ③.

2. Je nach Druckermodell ist ein Klick auf die sehr klein geschriebenen **Druckereigenschaften** ④ notwendig. Diese sind völlig unabhängig von Word und je nach

Druckermodell unterschiedlich aufgebaut. Daher können wir hier auch nur ganz allgemeine Tipps geben. Bei einem Tintenstrahldrucker stellen Sie hier beispielsweise ein, ob auf Fotopapier oder Normalpapier gedruckt werden soll, bei einem großen Farblaserdrucker legen Sie die Qualität fest oder auch aus welchem Papierfach der Drucker sein Papier ziehen soll. Im Zweifelsfall müssen Sie im Handbuch Ihres Druckers nachschauen.

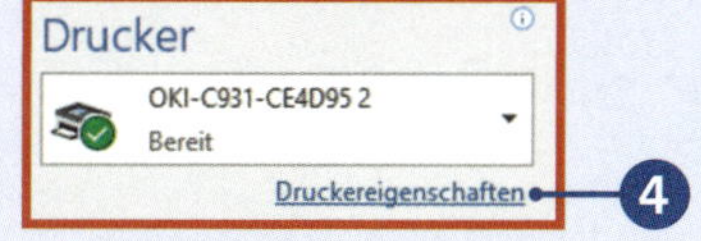

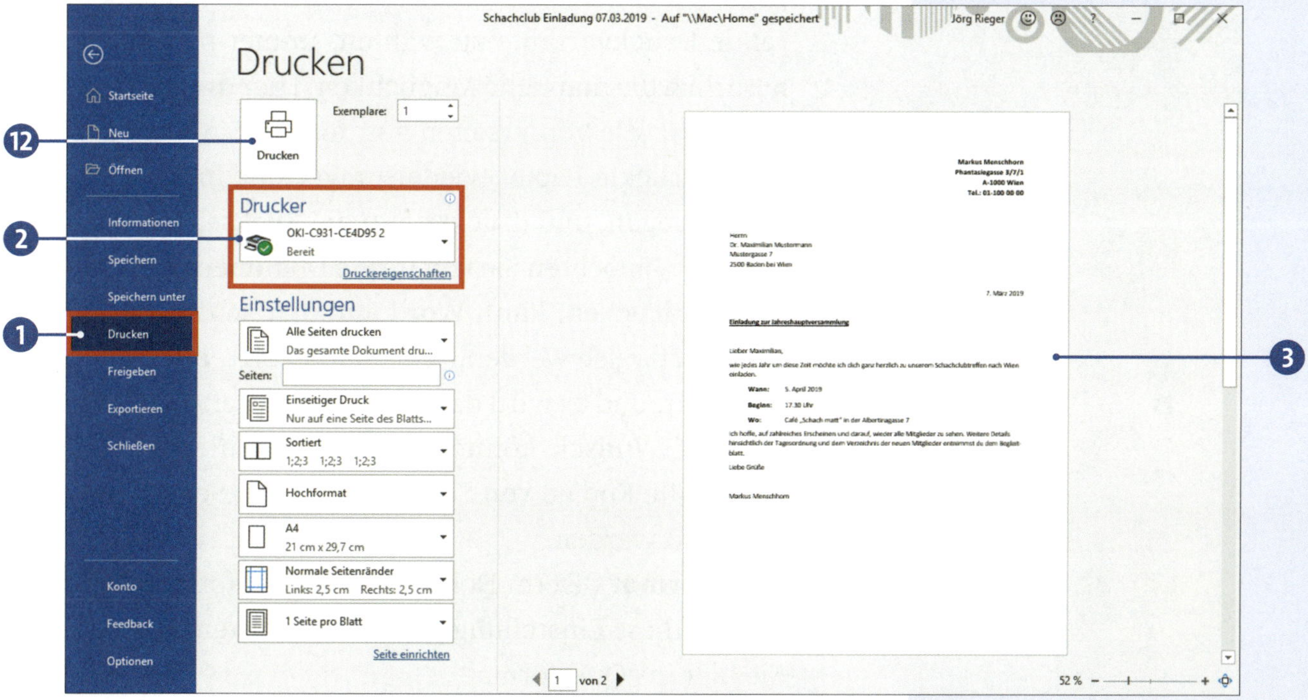

3. Die **Einstellungen** im **Drucken**-Menü von Word sind ebenfalls einen Blick wert. Auch diese können, je nach angeschlossenem Drucker, etwas variieren. Wir zeigen Ihnen diese Optionen hier nur auf, Sie müssen für unseren Brief an dieser Stelle keine Änderungen vornehmen.

5 **Alle Seiten drucken** – mit dieser Einstellung werden einfach sämtliche Seiten Ihres Dokuments aus-

gedruckt. Im Feld **Seiten** darunter können Sie auf Wunsch aber auch einfach die gewünschte Seite eintragen oder auch einen bestimmten Bereich eines umfangreicheren Dokuments (z. B. »2-5«) für den Ausdruck festlegen.

6 **Einseitiger Druck** – hier wird standardmäßig nur die Vorderseite bedruckt. Beherrscht Ihr Drucker den automatischen doppelseitigen Druck, offenbart sich per Klick auf dieses Feld die Option, diese papiersparende Druckvariante zu wählen. Immer parat steht natürlich die manuelle Möglichkeit. Hier druckt Word dann erst alle Vorderseiten aus, fordert Sie dann auf, das gedruckte Papier wieder umgekehrt in den Drucker zu legen, und druckt dann die Rückseiten.

7 **Sortiert** – möchten Sie von Ihrem Dokument mehrere Kopien drucken, kann Word automatisch sortieren. Normalerweise werden, wie hier gezeigt, alle Seiten gedruckt, und es wird dann wieder bei Seite 1 gestartet. Auf Wunsch können Sie hier definieren, dass zuerst alle Kopien von Seite 1, dann von Seite 2 usw. gedruckt werden.

8 **Hochformat** – ist Ihr Dokument im Hochformat angelegt, ist diese Einstellung perfekt, ansonsten wechseln Sie hier ins Querformat.

9 **A4** – das ist jenes Format, auf das gedruckt wird, und normalerweise dürfte das auch genau das Papier sein, das in Ihrem Drucker eingelegt ist. Ein Wechsel ist hier aber möglich.

10 **Normale Seitenränder** – diese Einstellung belassen Sie bitte, Word übernimmt hier die Ränder, die wir ganz zu Beginn dieses Kapitels für Ihr Dokument definiert haben.

⑪ **1 Seite pro Blatt** – das ist eine geschickte Methode, wenn Sie beispielsweise Ihre 400-seitigen Memoiren zum Test oder Korrekturlesen ausdrucken wollen. Word kann auf eine DIN-A4-Seite bis zu 16 Dokumentseiten drucken. Eine gute Lesebrille ist dann natürlich Voraussetzung.

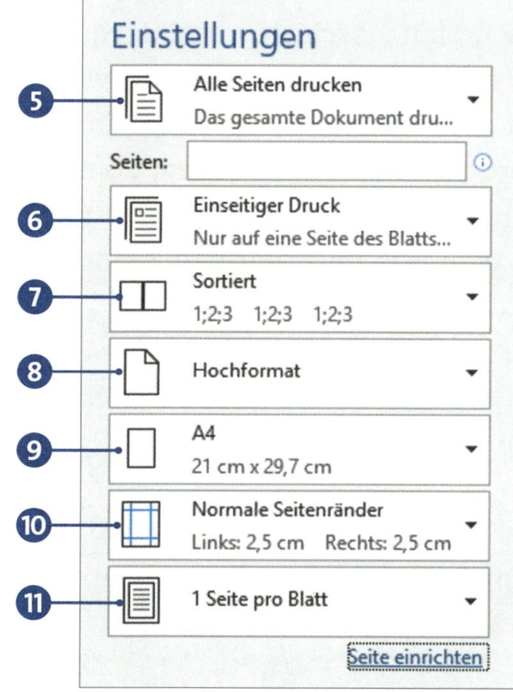

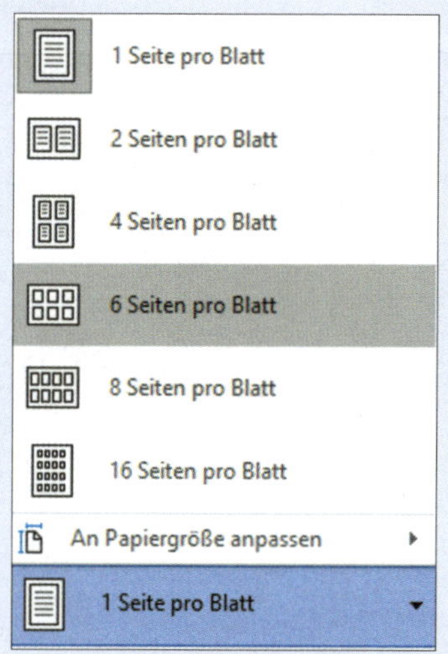

⑫ Nun können Sie Ihren Brief mit einem Klick auf die **Drucken**-Schaltfläche (siehe Seite 117) auf Ihrem Drucker ausgeben. Viel Erfolg!

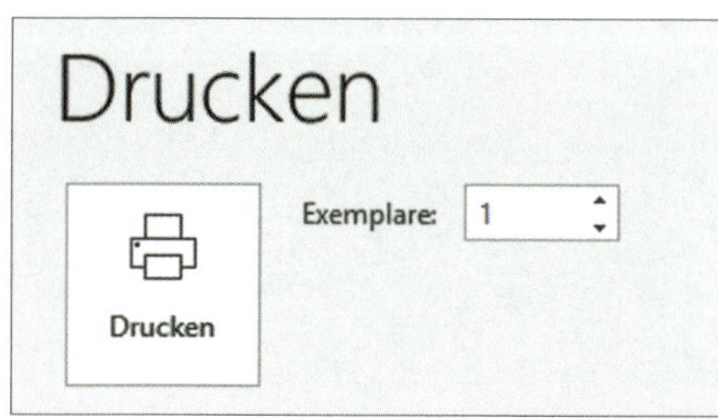

Den Brief als PDF-Dokument sichern

Sie können Ihren Brief alternativ zum Ausdruck auch als PDF-Dokument sichern. Das ist extrem praktisch, nicht nur, weil man in diesem Dateiformat nur mit Spezialsoftware Änderungen vornehmen kann, sondern vor allem auch, weil Sie Ihr Dokument dann – porto- und papiersparend – per E-Mail verschicken und dabei sichergehen können, dass es dann auch so ankommt, wie Sie es verschickt haben. Denn eine PDF-Datei wird – im Unterschied zu einem Word-Dokument – auf jedem Computer unverändert und zusammen mit allen Schriften und Grafiken angezeigt. In eine PDF-Datei wird alles Notwendige wie in einem Koffer zusammengepackt.

Wenn Sie unseren Brief in eine PDF-Datei umwandeln möchten, gehen Sie folgendermaßen vor:

1. Klicken Sie auf den Reiter **Datei** und dann, in der erscheinenden *Backstage*-Ansicht, auf die Schaltfläche **Exportieren** ①.

Exportieren

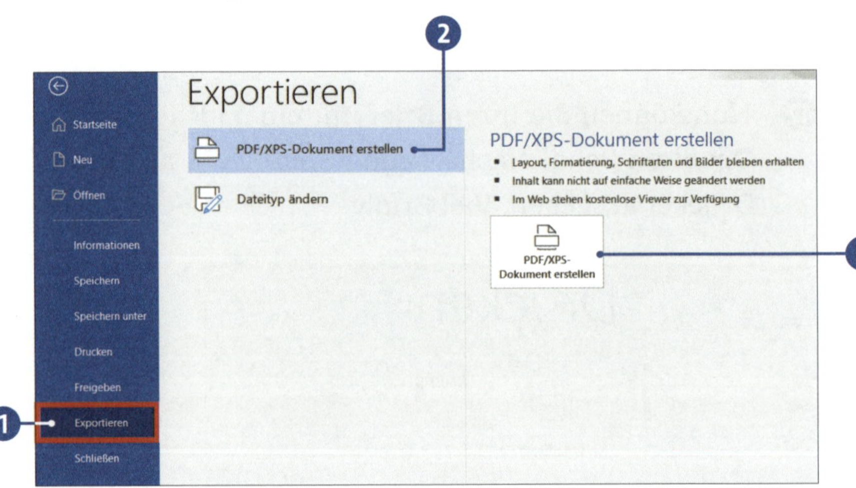

Die Option **PDF/XPS-Dokument erstellen** ② muss blau unterlegt sein. Wenn dies nicht der Fall ist, klicken Sie einfach darauf.

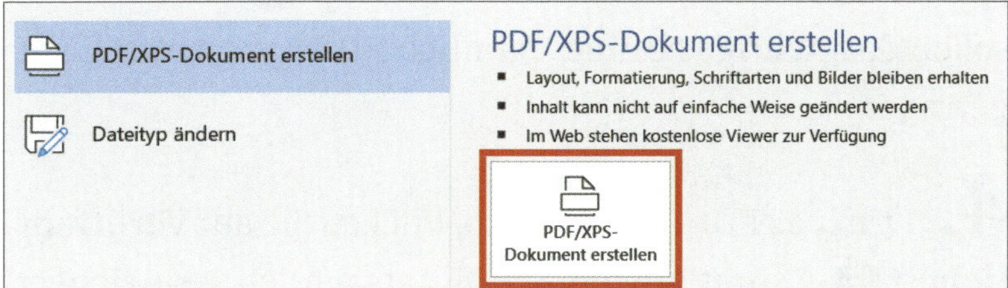

2. Danach klicken Sie auf die Schaltfläche **PDF/XPS-Dokument erstellen** ③.

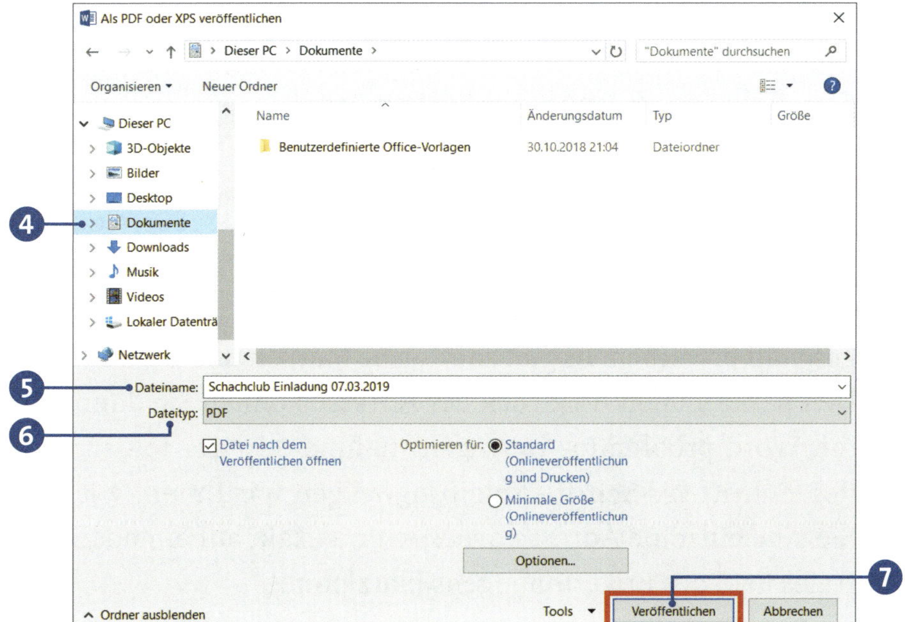

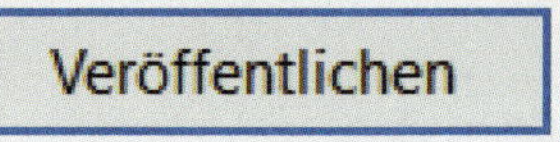

3. Es wird das bekannte Fenster des Dateimanagers *Explorer* geöffnet. Hier teilen Sie Word mit, wo das PDF-Dokument gesichert werden soll. Klicken Sie im Navigationsbereich auf den Ordner (in unserem Fall **Dokumente**) bzw. auf das Unterverzeichnis, in dem sich auch die Word-Datei

Ihres Briefes befindet (4). Den Dateinamen schlägt Word bereits vor – dieser ist identisch mit dem Namen Ihres Word-Dokuments (5), Sie können aber auch einen Namen nach Wunsch eingeben. Bei **Dateityp** (6) ist natürlich schon das richtige Format, nämlich **PDF**, automatisch eingetragen.

4. Um das PDF zu speichern, klicken Sie auf **Veröffentlichen** (7). Damit wird das PDF tatsächlich gespeichert. Wenn Sie es über den Explorer öffnen oder an eine andere Person weitergeben, wird diese PDF-Datei dann nicht in Word, sondern in einem PDF-Anzeigeprogramm angezeigt. Jeder Computer hat ein solches Programm installiert.

Ein Adressetikett erstellen und ausdrucken

Bild: Avery Zweckform

Da wir unseren Brief gerne auf dem guten alten Postweg versenden wollen, benötigen wir noch ein Adressetikett. Derartige Etikettenbögen können Sie in jedem Papierfachgeschäft erwerben. Es gibt zahlreiche Marken und Größen. Den passgenauen Ausdruck der Adresse können Sie dann mit Word problemlos in Angriff nehmen. In der folgenden Schritt-für-Schritt-Anleitung zeigen wir Ihnen, wie Sie eine einzelne Adresse drucken und exakt auf ein noch freies Feld des Etikettenbogens platzieren.

Sendungen

1. Öffnen Sie, falls noch nicht geschehen, unseren Einladungsbrief in Word. Markieren Sie die Empfängeradresse mit der Maus, und klicken Sie im Anschluss daran auf den Reiter **Sendungen**.

2. Im dazugehörigen Menüband klicken Sie auf die Schaltfläche **Etiketten** ❶.

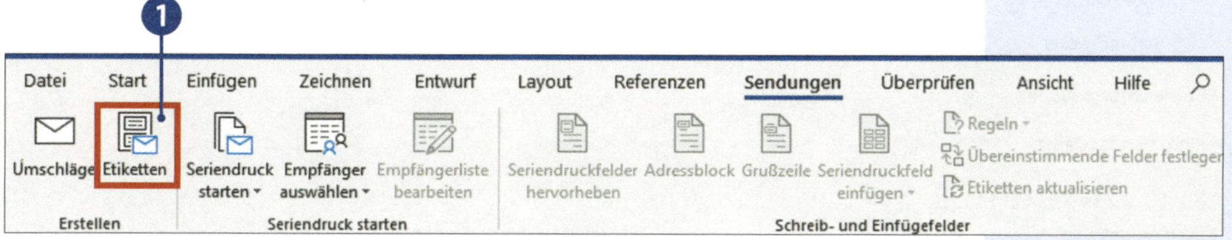

3. Es öffnet sich ein Fenster, in dem bereits die Empfängeradresse eingeblendet ist.

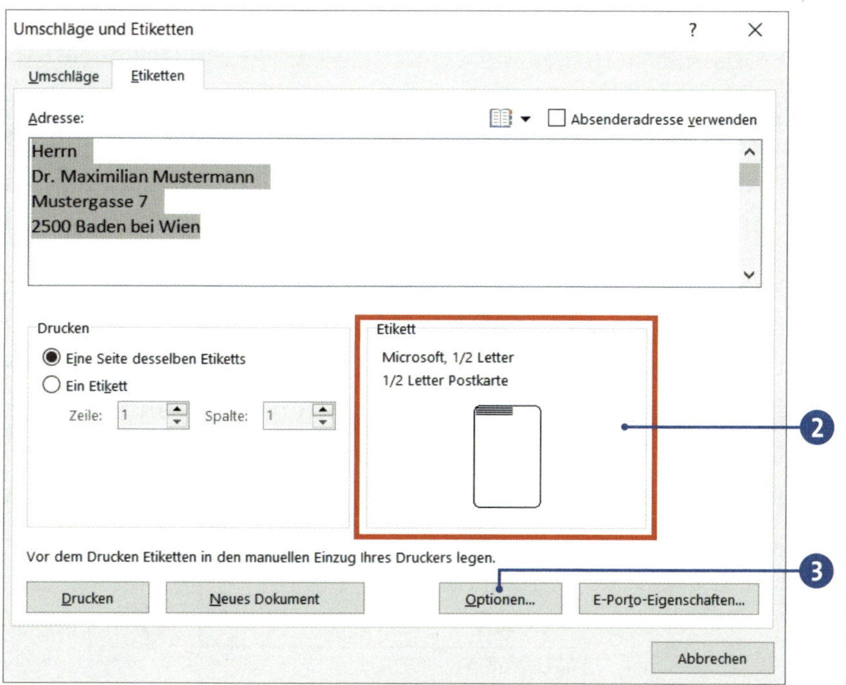

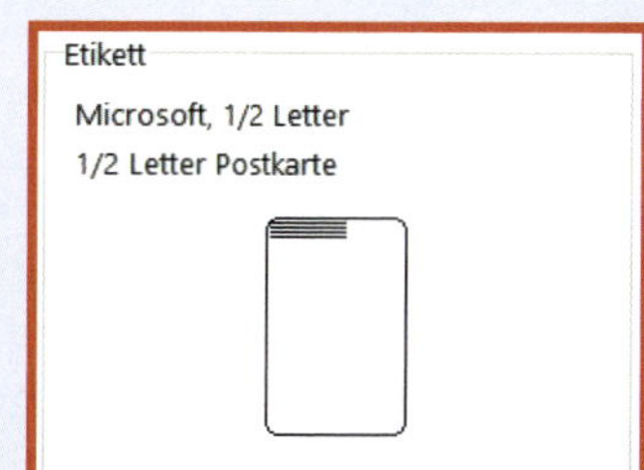

4. Nun müssen wir die Etikettensorte und -größe einrichten. Im Feld **Etikett** ❷ sehen Sie, welche Etikettensorte derzeit aktiviert ist.

5. Um das zu ändern, klicken Sie auf **Optionen** ❸. Es öffnet sich das Fenster **Etiketten einrichten**.

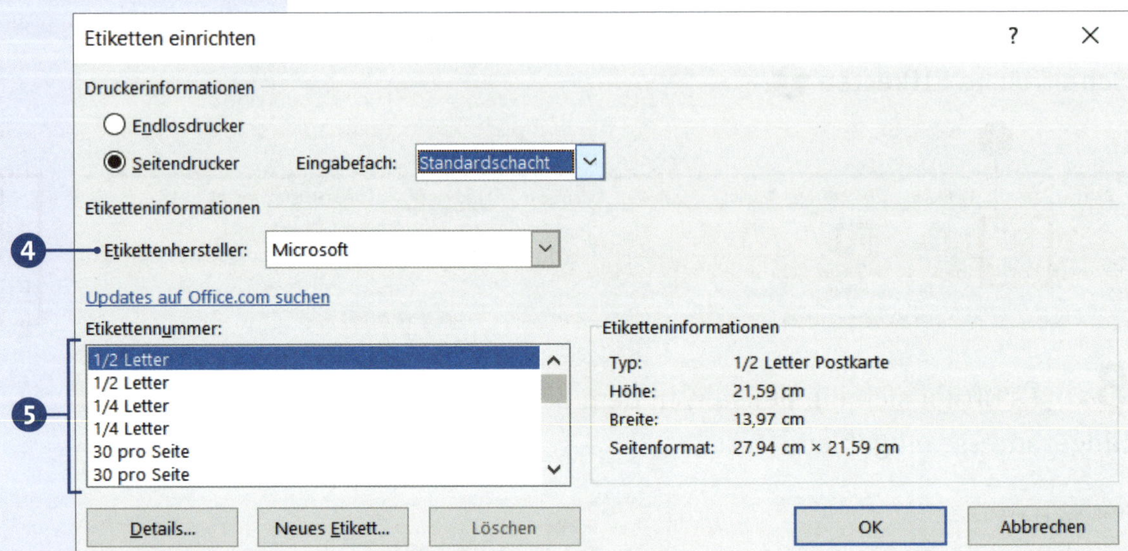

6. Hier müssen Sie den Hersteller Ihrer Etiketten 4 sowie die **Etikettennummer** 5 eingeben. Diese finden Sie auf dem Karton, und in den meisten Fällen ist sie auch auf der Etikettenrückseite aufgedruckt. Wir haben uns für die Marke *Avery Zweckform* entschieden, die im Fachhandel recht gängig ist. Wir klicken nun im Bereich **Etikettenhersteller** auf den Pfeil 6 neben **Microsoft**. Führen Sie die Maus auf den Scrollbalken 7, und fahren Sie mit gedrückter linker Maustaste nach unten, bis der gewünschte Hersteller erscheint.

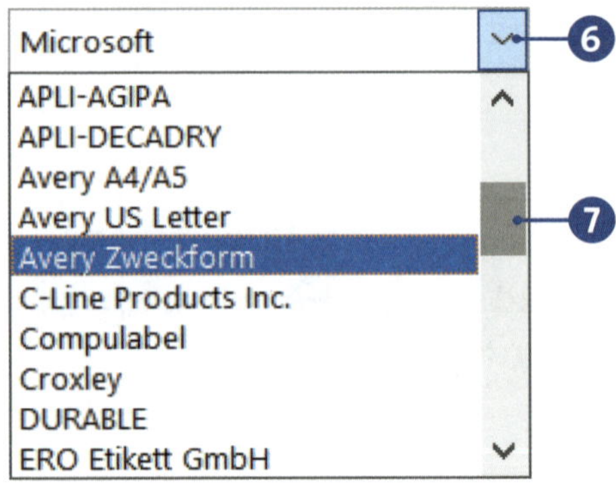

7. Wenn Sie ihn in der Liste entdeckt haben, klicken Sie ihn an. Sofort werden die Artikelnummern im Feld **Etikettennummer** sichtbar. Hier führen Sie ebenfalls mit gedrückter linker Maustaste den Scrollbalken bis zur passenden Nummer. In unserem Fall haben wir die Nummer **3490**, die wir nun auch anklicken.

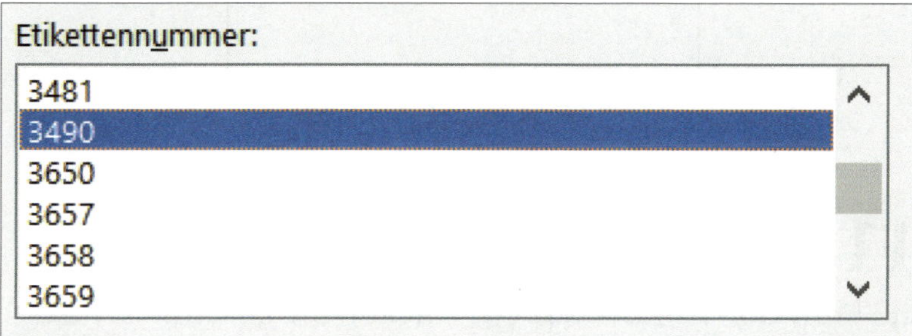

8. Neben dem Feld **Etikettennummer** finden Sie das Feld **Etiketteninformationen**, in dem der Typ sowie die Größe des Etiketts angegeben sind.

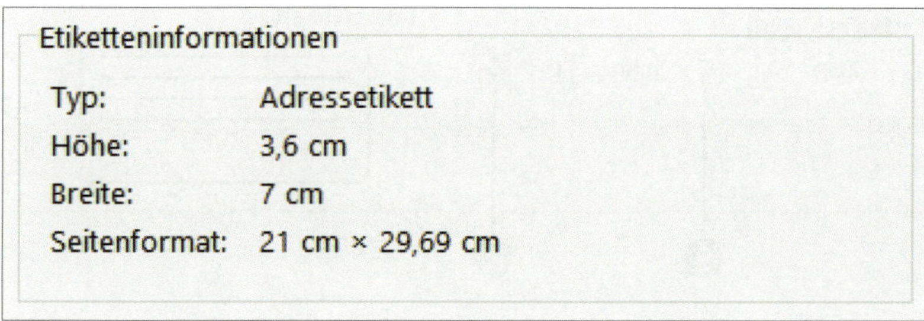

9. Wenn Sie alle nötigen Daten eingestellt haben, klicken Sie auf **OK**.

10. Nun erscheinen im Bereich **Etikett** (siehe ② auf Seite 123) des Dialogs **Umschläge und Etiketten** unsere zuvor gemachten Einstellungen.

11. Aktivieren Sie nun per Mausklick unbedingt noch die Funktion **Ein Etikett** (8). Klicken Sie abschließend auf **Drucken** unten links im Dialogfenster, und das Etikett wird an der ersten Position auf dem Etikettenbogen gedruckt.

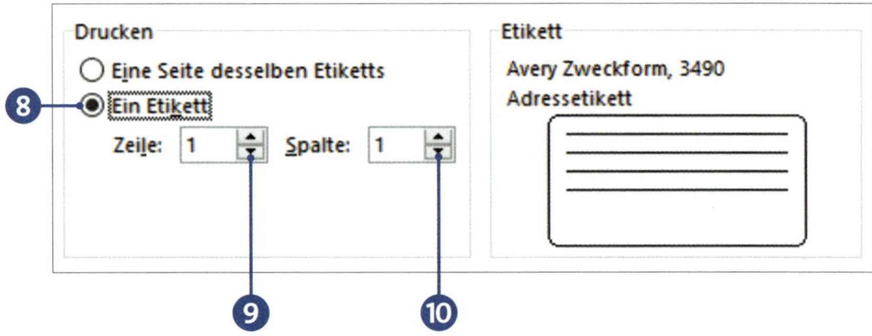

Nun fragen Sie sich sicherlich, ob es nicht Verschwendung ist, ein einzelnes Etikett auf einen Bogen mit 24 Etiketten zu drucken? Nun, Sie können praktischerweise das nächste Etikett und alle weiteren genau an ihrer Position für den jeweiligen Ausdruck festlegen und somit den Bogen beliebig viele Male bedrucken, bis alle Etiketten verbraucht sind. Legen Sie das einfach mithilfe der Felder **Zeile** (9) und **Spalte** (10) fest.

ACHTUNG!

Ab Seite 390 zeigen wir Ihnen, wie Sie mit einer Kontaktliste und der Serienbrieffunktion viele Etiketten auf einmal erstellen und drucken können.

KAPITEL 4

Eine Einladungskarte in Word erstellen

Ob eine Einladungskarte zum Geburtstag, zu Ostern, zu Weihnachten oder zum Hochzeitstag – es gibt immer Anlässe, an denen man seine Liebsten um sich haben und sie stilvoll einladen möchte. Passende geschmackvolle Einladungskarten dazu können Sie mit Word problemlos erstellen. Was Sie dazu benötigen und wie sie es anstellen, die geeignete Schrift mit einem individuellen Foto in Szene zu setzen, erfahren Sie auf den folgenden Seiten.

Wir erstellen unsere Karte auf einer DIN-A4-Seite, sodass sie später zusammengeklappt das praktische DIN-A5-Format (14,8 × 21 Zentimeter, wer es genau wissen will) hat. Und das werden wir gleich gemeinsam gestalten:

ACHTUNG!

In diesem Kapitel erklären wir einige Grundlagen nicht mehr ganz so ausführlich – schlagen Sie diese, sollten Sie noch einmal nachlesen wollen, gerne im vorangehenden Kapitel nach.

Das Layout der Karte festlegen

Im Folgenden legen wir ein Word-Dokument so an, dass es als Klappkarte gestaltet werden kann.

1. Starten Sie Word, sofern Sie es nicht in der Taskleiste verankert haben, über das Startmenü ⊞ und einen linken Mausklick auf das entsprechende Programmsymbol. Auf der Startseite von Word klicken Sie auf **Leeres Dokument** und öffnen damit eine neue Seite in Word.

2. Zunächst müssen wir das Layout drehen, um die Karte gestalten zu können. Wir wollen ja ein DIN-A4-Blatt später ein Mal falten, wie auf Seite 127 abgebildet. Klicken Sie dazu auf den Reiter **Layout** (1) und anschließend auf die Schaltfläche **Ausrichtung** (2) im Menüband.

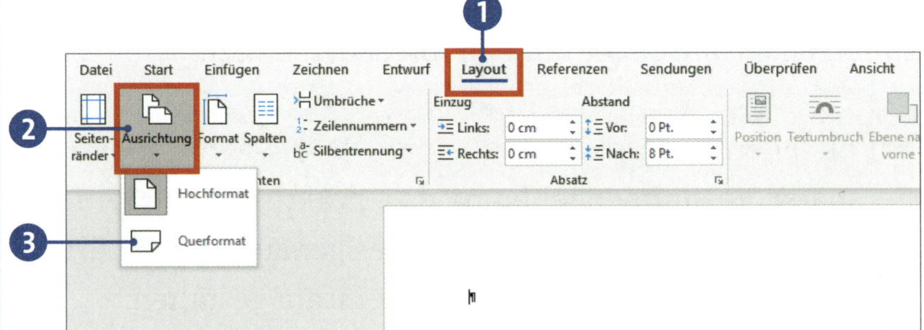

Im Ausklappfeld wählen Sie mit einem Mausklick **Querformat** (3) aus. Sofort erkennen Sie, dass sich die Maße des Zeilenlineals verändern – ein Blatt im Querformat ist schließlich breiter als im Hochformat.

3. Als Nächstes klicken Sie mit der linken Maustaste auf die Schaltfläche **Spalten** (4). Wählen Sie mit einem linken Mausklick im Ausklappfeld **Zwei** (5) aus.

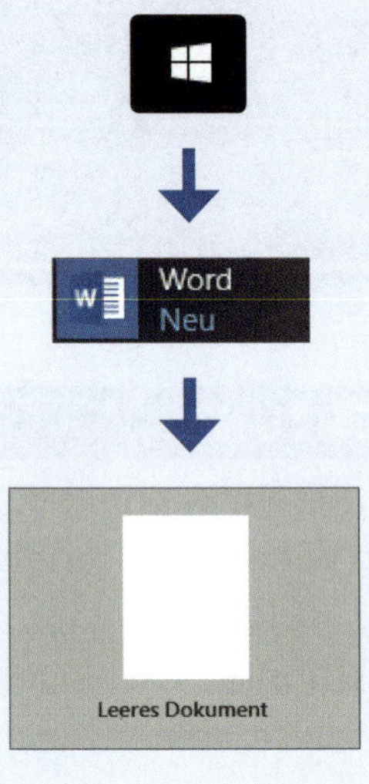

Dokument auf Querformat drehen

zwei Spalten anlegen

zweite Seite über **Seitenumbruch** anlegen

Dokument speichern

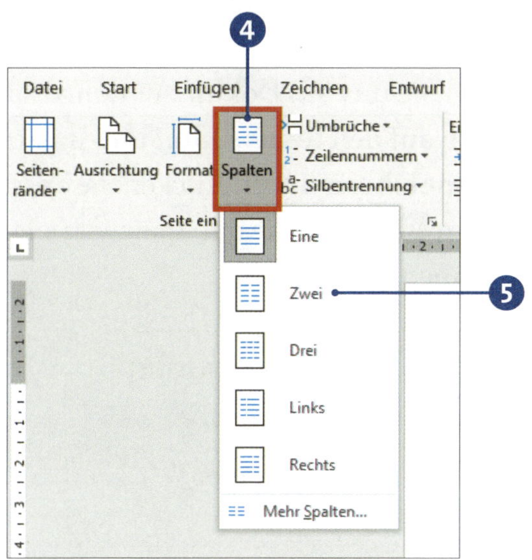

Wiederum im Zeilenlineal erkennen Sie, dass nun die Querformatseite in zwei Spalten geteilt ist:

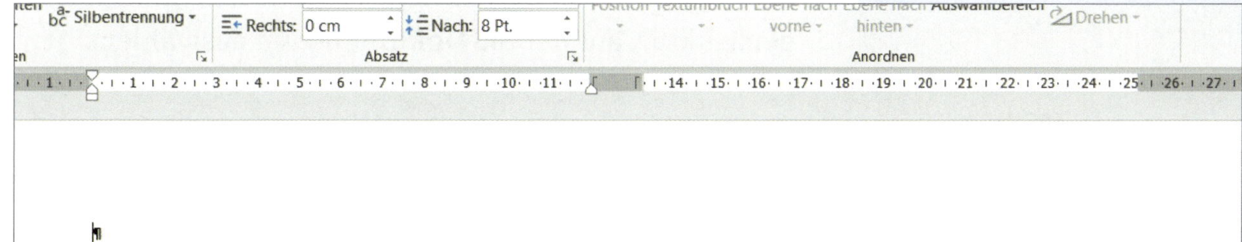

4. Wir möchten jetzt entsprechend auch eine zweite Seite, die Innenseite der Karte, anlegen und klicken dazu mit der linken Maustaste auf den Reiter **Einfügen** und anschließend auf die Schaltfläche **Seitenumbruch**. Wenn Sie die Formatierungszeichen eingeblendet haben (siehe dazu Seite 77), sehen Sie, dass hier ein Seitenumbruch angelegt wurde.

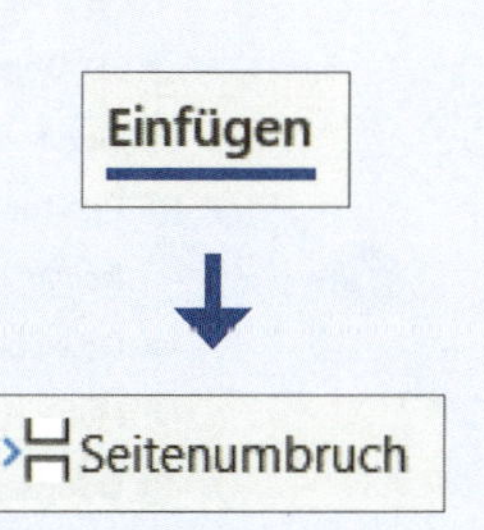

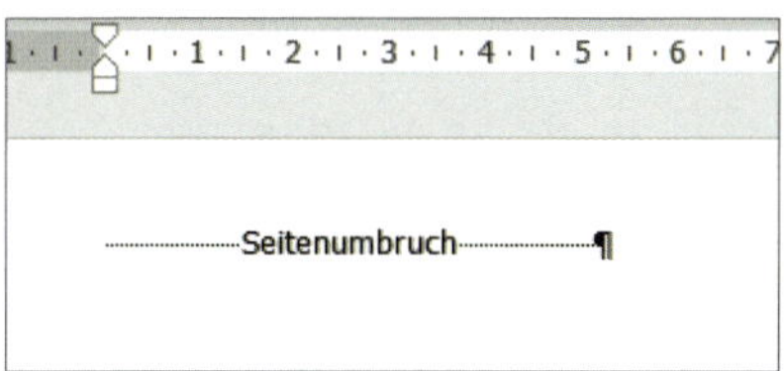

MERKE

Um einen Seitenumbruch anzulegen, können Sie alternativ auch die Tastenkombination Strg + ↵ drücken.

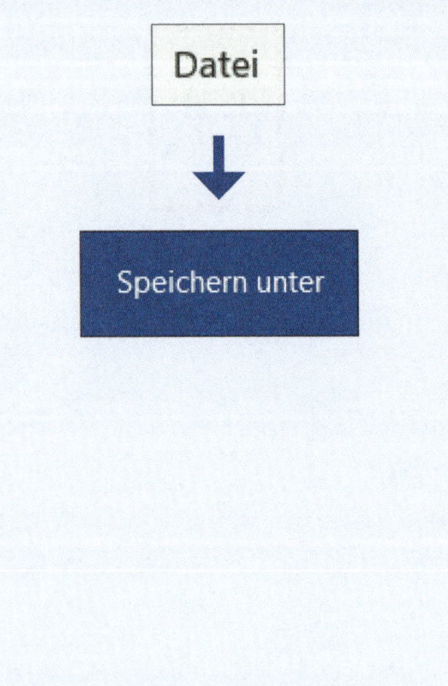

5. Lassen Sie uns das Dokument nun abspeichern. Klicken Sie dazu auf den Reiter **Datei** und im neu geöffneten Fenster auf **Speichern unter**. Klicken Sie anschließend auf **Durchsuchen** ⑥, damit Sie das Speicherziel für Ihre Karte angeben können.

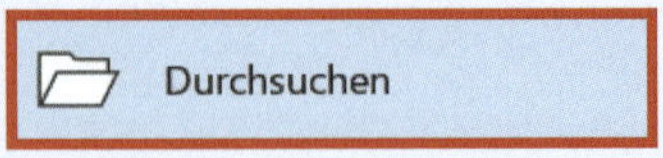

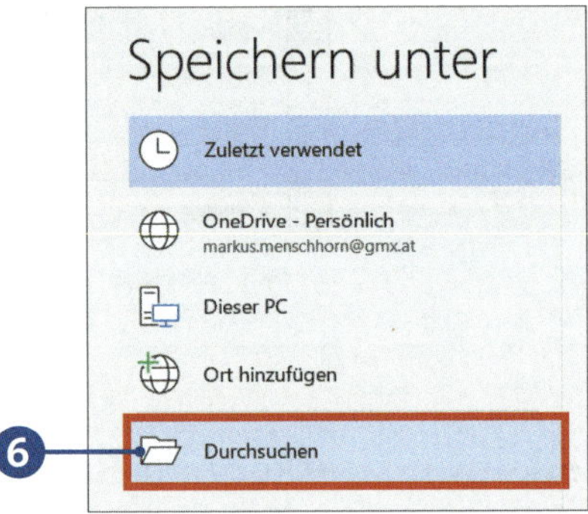

Durchsuchen

6. Es öffnet sich ein Fenster des Explorers mit der Ordnerstruktur, aus der Sie **Dokumente** ⑦ auswählen.

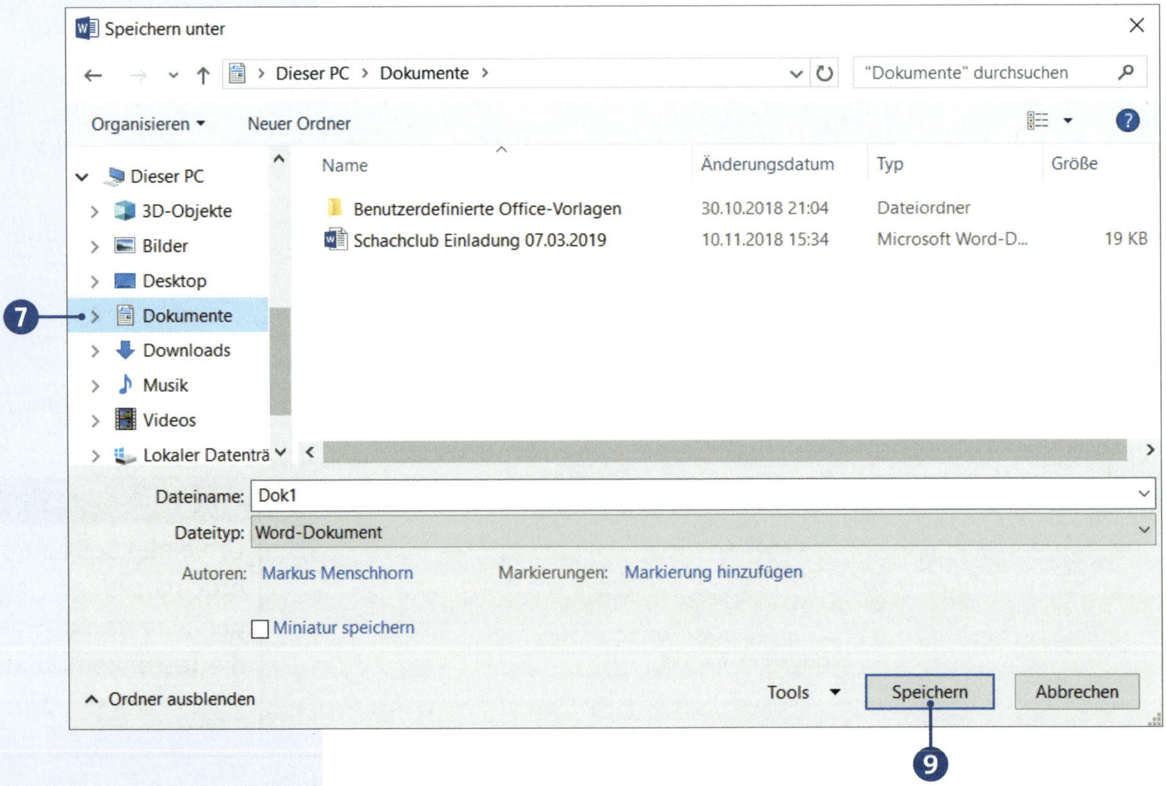

7. Geben Sie nun im Feld neben **Dateiname** ❽ den Namen Ihres Dokuments ein. Wir entscheiden uns für »Einladung zum 75. Geburtstag«.

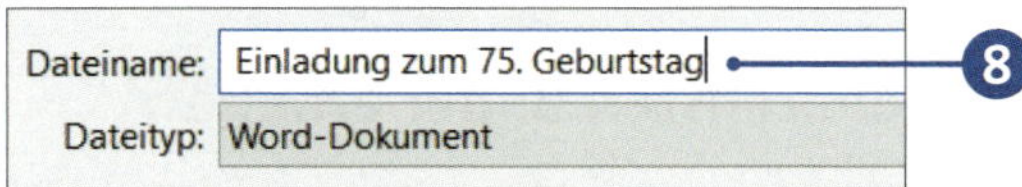

8. Anschließend klicken Sie auf die **Speichern**-Schaltfläche ❾. Dass Word Ihr Dokument gespeichert hat, sehen Sie in der *Titelleiste* ❿.

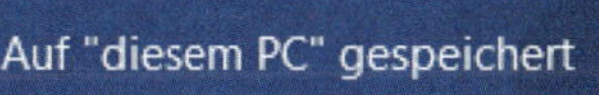

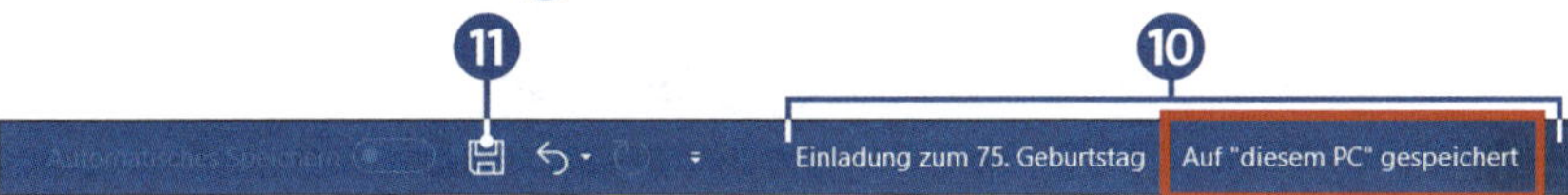

Sollten Sie nun während der Kartengestaltung Änderungen speichern wollen, klicken Sie einfach auf das entsprechende Symbol ⓫ in der Symbolleiste für den Schnellzugriff.

Über das Symbol zum Speichern oben links können Sie Ihre Arbeit regelmäßig sichern.

Zudem empfehlen wir, das automatische Speichern zu aktivieren. Auch das klappt über die Symbolleiste. Ziehen Sie, falls er nicht schon aktiviert ist, den Schieberegler ⓬ bei **Automatisches Speichern** nach rechts. Damit sichert Word in regelmäßigen Abständen Ihr Dokument zusätzlich ab.

ACHTUNG!

Automatisches Speichern ist nur dann aktiv, wenn Sie Ihr Dokument auf *OneDrive*, dem Datenspeicher von Microsoft, abgelegt haben. Mehr dazu erfahren Sie in Kapitel 1 ab Seite 39.

Ein Bild in der Einladungskarte platzieren

Nun geht es mit der Gestaltung der Karte weiter. Das Wichtigste dabei ist sicher ein ansprechendes Bild. Unser Tipp: Verwenden Sie hierfür doch Ihre selbst fotografierten Motive, die Sie mit Ihrer Digitalkamera oder dem Smartphone gemacht haben, das gibt Ihrer Karte eine ganz persönliche Note. Ansonsten können Sie für Ihre privaten Zwecke aber auch im Internet nach Bildern Ausschau halten.

Kostenlos die tollsten Bilder erhalten

Surftipp: Unter *www.pixabay.com* finden Sie jede Menge hochwertiger Bilder zu fast jedem Thema, die Sie kostenlos und in voller Bildauflösung auf Ihren Computer herunterladen können. Das funktioniert ziemlich unkompliziert. Auf der Webseite müssen Sie sich einmalig kostenlos mit Ihrer E-Mail-Adresse oder ganz einfach per Facebook registrieren. Danach stehen für Sie auf dieser Webseite wie in einem Fotoalbum Tausende Bilder zur Auswahl bereit. Wählen Sie eines der Bilder aus, genügt ein Klick auf die Schaltfläche **Kostenlose Downloads**, um das Bild direkt auf Ihre Festplatte zu sichern. In der Regel finden Sie es dann in Ihrem *Downloads*-Ordner wieder, den Sie bequem über den Explorer erreichen.

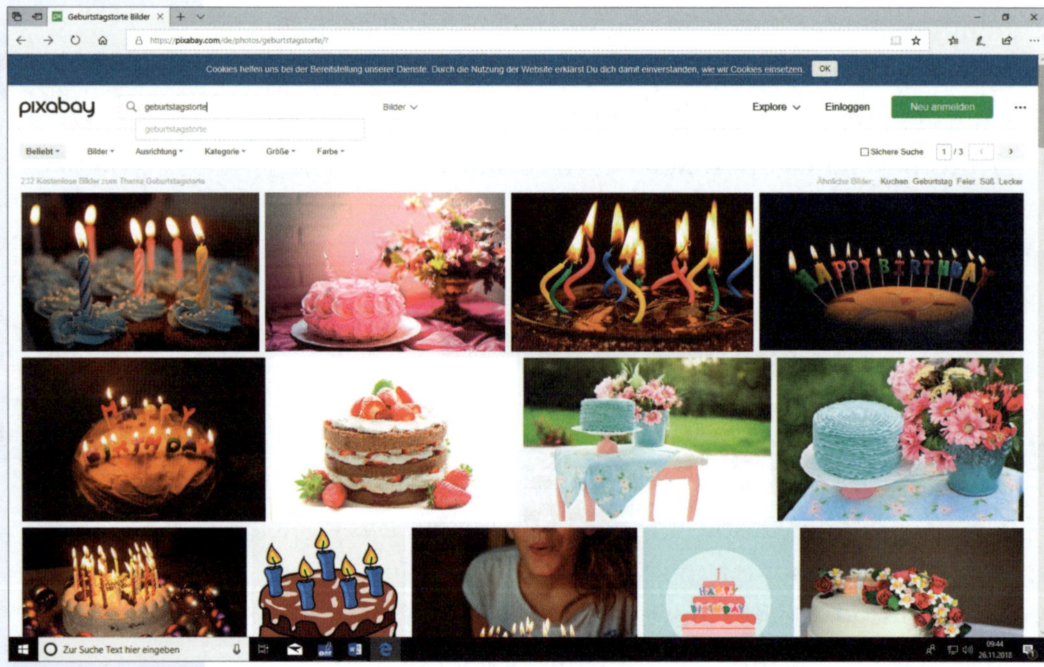

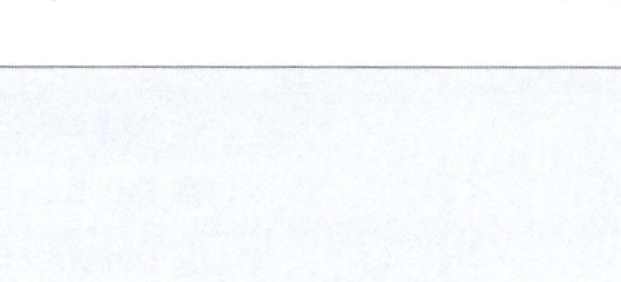

1. Positionieren Sie den Cursor nun mit einem Mausklick auf der ersten Seite Ihres Dokuments vor dem Zeilenumbruch. Um ein Bild in das aktuelle Dokument einzufügen, klicken Sie im Menüband auf den Reiter **Einfügen** und dann auf die Schaltfläche **Bilder**. Damit gelangen Sie in die Ordnerstruktur und sofort zu Ihrem Verzeichnis **Bilder** 1. Dort haben sicherlich die meisten von Ihnen die Fotos von der Digitalkamera und dem Smartphone abgelegt. Sind Ihre Bilder dagegen auf einer externen Festplatte oder in einem anderen Ordner abgelegt, müssen Sie zunächst dorthin navigieren.

Seitenumbruch ¶

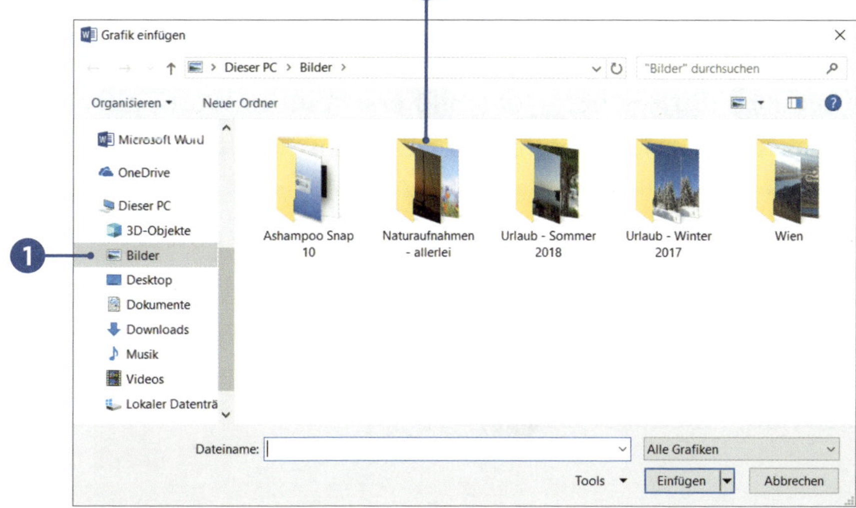

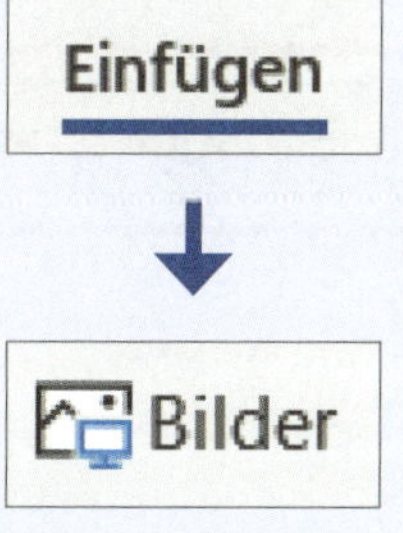

2. In unserem Beispiel klicken wir doppelt auf den Unterordner **Naturaufnahmen** ❷, der sich daraufhin öffnet. Aus den vorhandenen Bildern wählen wir das Bild **Blumenwiese** ❸ mit einem einfachen Klick aus. Damit wird es blau unterlegt.

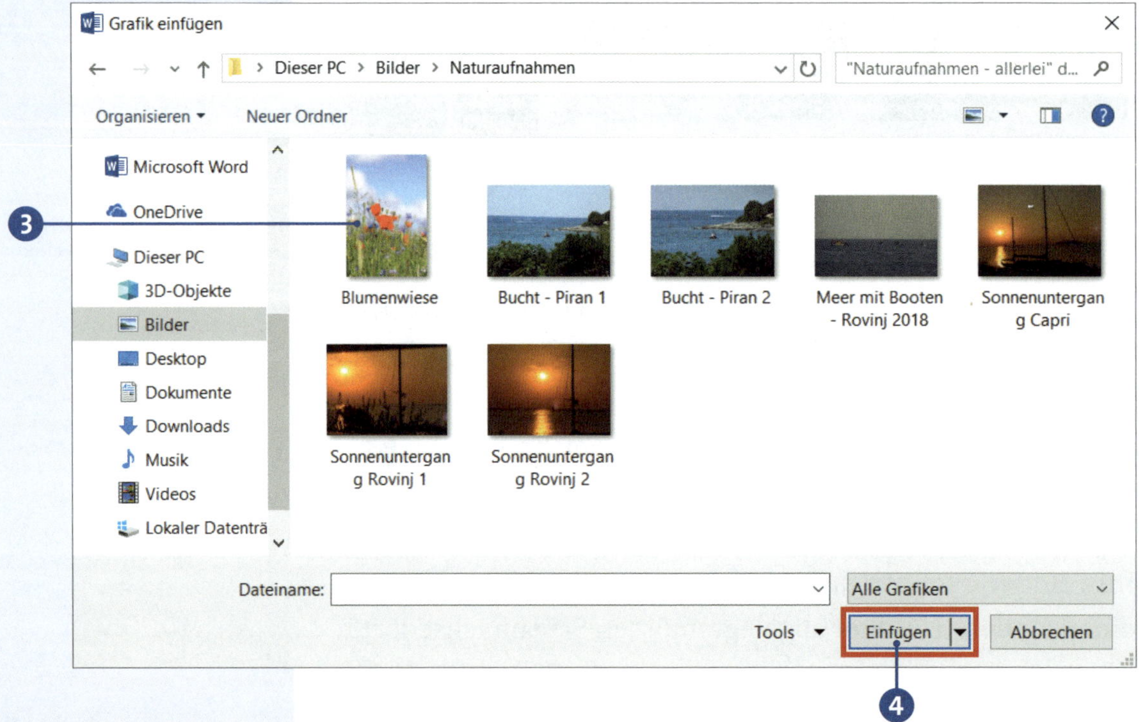

3. Nach der Auswahl Ihres Bildes klicken Sie auf **Einfügen** ❹. Bitte schön – das Bild erscheint in Word, allerdings in der linken Spalte, sofern Sie unserer vorangehenden Anleitung bis hierher genau gefolgt sind. Nach dem Einfügen des Bildes ist der Reiter **Bildtools/Format** ❺ automatisch aktiviert, und das Menüband darunter hat sich geändert. Das Bild ist auch schon »ausgewählt«, was an den acht Anfassern, den sog. *Positionspunkten* rund um das Bild, erkennbar ist ❻.

Einfügen

4. Um das Bild in unserem Dokument frei positionieren und mit Text versehen zu können, gehen Sie wie folgt vor: Klicken Sie auf die Schaltfläche **Textumbruch** 7 im Menüband. Aus dem Ausklappmenü wählen Sie mit einem Klick die Schaltfläche **Hinter den Text** 8 aus.

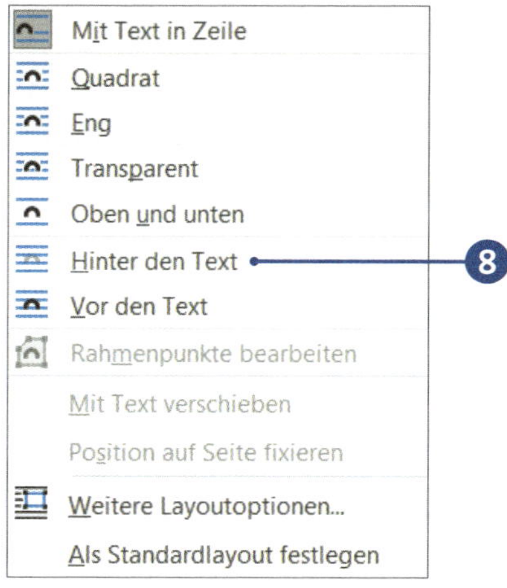

WAS TUN?

War Ihr Cursor vor dem Einfügen an einer anderen Stelle im Dokument platziert, ist das kein Problem. Ziehen Sie das Bild mit gedrückter linker Maustaste von der aktuellen Position einfach an jene Position, die in Schritt 6 beschrieben ist.

5. Jetzt müssen wir das Bild noch auf die rechte Seite verschieben, damit es beim Zusammenklappen der Karte auf der Vorderseite erscheint. Klicken Sie dazu auf das Bild. Es erscheint erneut der Rahmen mit den Positionspunkten (siehe Schritt 3), und der Mauszeiger ist nun als Kreuz mit vier Pfeilen (als sog. *Verschiebekreuz*) dargestellt **9**.

6. Um das Bild zu bewegen, halten Sie nun die linke Maustaste auf dem Bild gedrückt und ziehen es auf die rechte Seite. Wenn Sie hier die passende Position gefunden haben, lassen Sie die Maustaste wieder los.

Bild einfügen

Textumbruch auf **Hinter den Text** einstellen

Bildposition auf rechte Vorderseite ändern

7. Nun wollen wir das Bild noch in der Größe anpassen. Fahren Sie dazu mit der Maus auf den rechten oberen Punkt am Bild. Sie sehen, dass sich der Mauszeiger zu einem Doppelpfeil ⑩ verändert. Drücken Sie auf die linke Maustaste, und ziehen Sie das Bild größer. Lassen Sie die Maustaste wieder los, und bewegen Sie das Bild, wie vorhin beschrieben, an die gewünschte Position. Wiederholen Sie diesen Vorgang so lange, bis das Bild optimal platziert ist. Optimal heißt in unserem Fall, dass oben, unten und rechts jeweils ein kleiner weißer Streifen von ungefähr einem halben Zentimeter zu sehen ist.

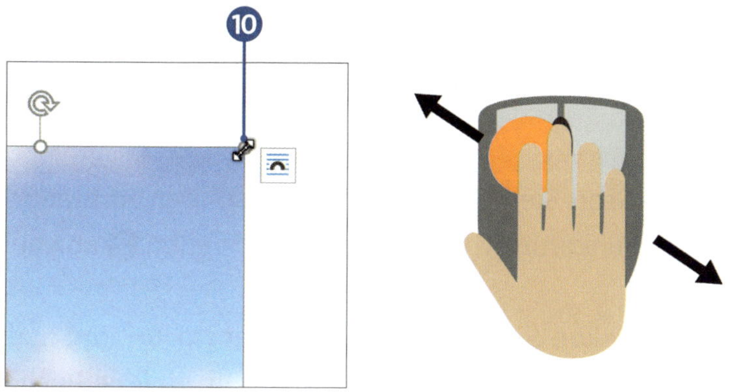

MERKE

Um ein Bild zu verschieben, klicken Sie es mit der linken Maustaste an, halten die Maustaste gedrückt und ziehen es dann mit der Maus an den gewünschten Ort.

Jetzt fügen Sie mit dem Grafiktool *WordArt* einen Schriftzug ein.

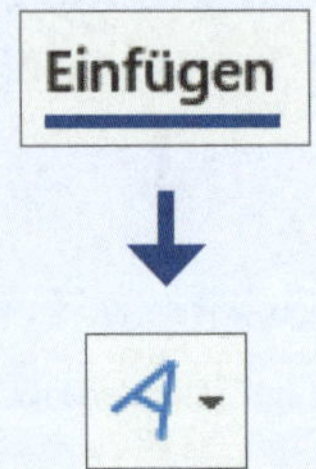

1. Klicken Sie auf den Reiter **Einfügen**, und wählen Sie im Menüband die Schaltfläche für *WordArt* aus. Im Ausklappmenü wählen Sie das für Sie passende Design aus. Wir entscheiden uns für *Füllung: Gold, Akzentfarbe 4; Sanfte Abschrägung* ❶ und klicken es mit der linken Maustaste an.

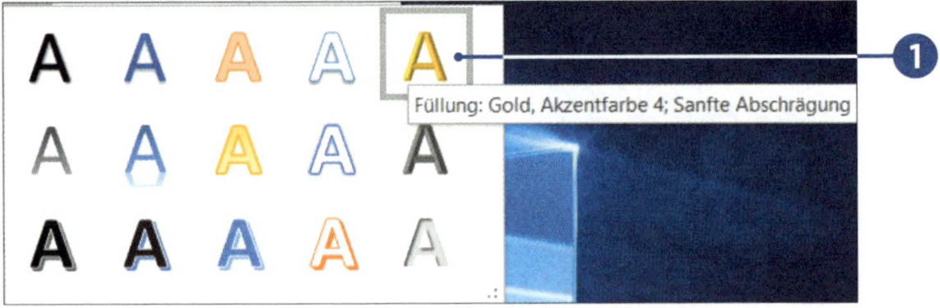

Sofort erscheint ein Textfeld mit einem Positionsrahmen in Ihrem Dokument.

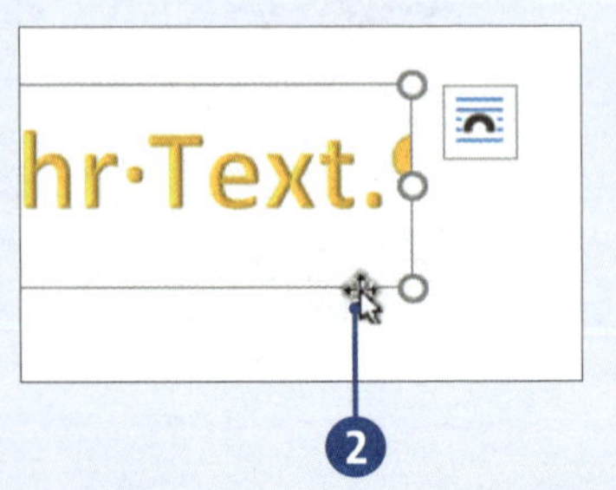

2. Fahren Sie nun mit der Maus auf den Rahmen, bis das Ihnen bekannte Kreuz mit den vier Pfeilen ❷ erscheint.

3. Drücken Sie dann die linke Maustaste, und ziehen Sie das Textfeld über das Bild, ungefähr an jene Position, an der Ihr Text später stehen soll.

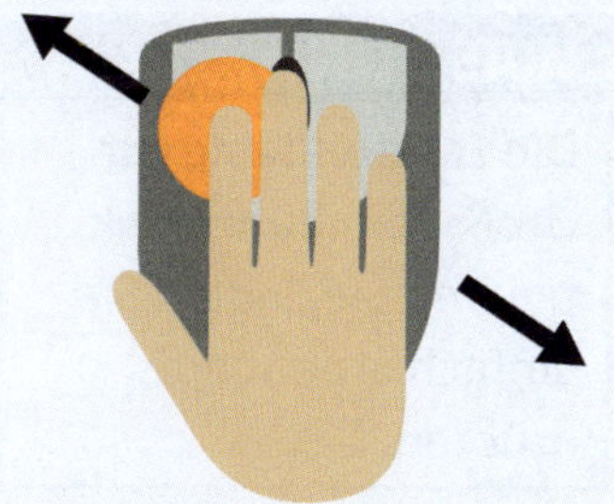

4. Markieren Sie nun mit einem Dreifachklick den gesamten Text im Textfeld.

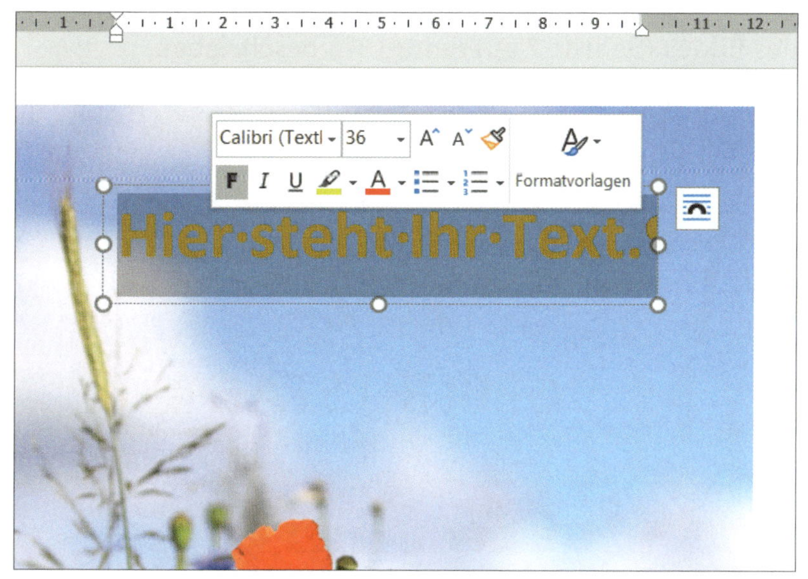

Dreimal schnell hintereinander klicken!

WAS TUN?

Die Feststelltaste zur Großschreibung deaktivieren Sie, indem Sie einfach erneut auf [⇩] drücken.

5. Jetzt schreiben wir den gewünschten Text ins Feld – zunächst betätigen Sie die Taste [⇩], damit alles großgeschrieben wird. Dann schreiben Sie »EINLADUNG«, drücken [⇧] + [↵], tippen danach »ZUM«, drücken noch einmal [⇧] + [↵] und schreiben zuguterletzt »GEBURTSTAG«.

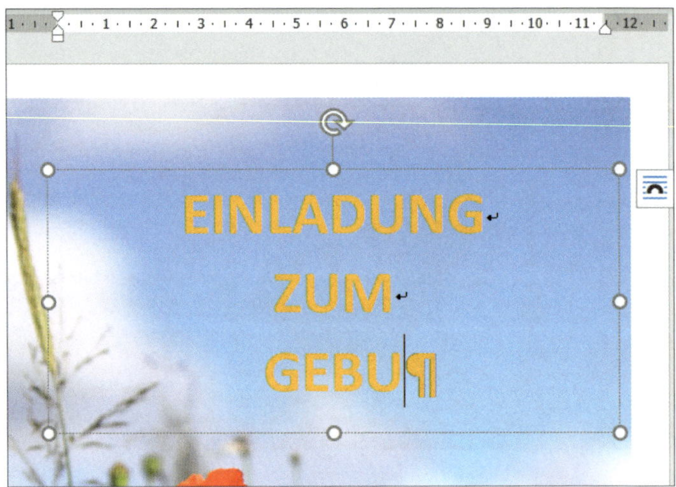

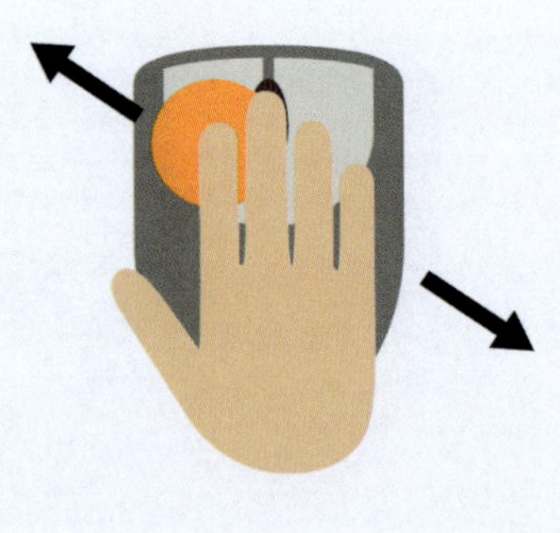

6. Die Größe des gesamten Textes muss jetzt angepasst werden – das bewerkstelligen Sie wiederum mithilfe der Positionspunkte, so wie vorhin bei der Größenveränderung des Bildes (Schritt 7 auf Seite 137) beschrieben.

7. Im Anschluss formatieren wir die Schrift. Führen Sie die Maus dazu auf die linke Seite vor das Wort *EINLADUNG*, und klicken Sie einmal mit links, damit es markiert ist. Nun öffnet sich wieder die Minisymbolleiste mit den Formatierungsmöglichkeiten.

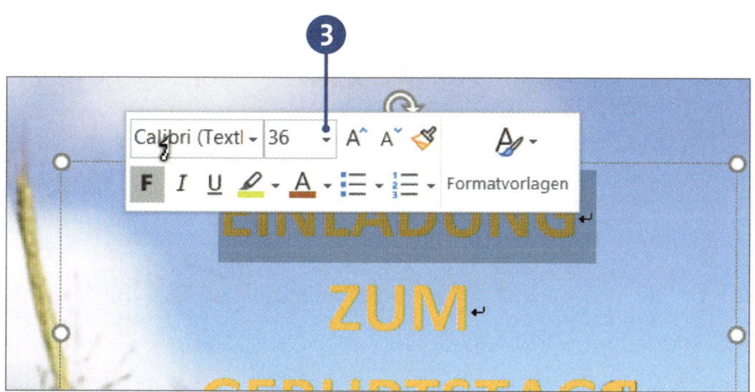

8. Klicken Sie auf den Pfeil neben der voreingestellten Schriftgröße von **36** ❸, und fahren Sie im Ausklappmenü mit der Maus auf die Schriftgröße **48**, um zu sehen, wie das Wort *EINLADUNG* dadurch vergrößert wird. Sind Sie damit zufrieden, klicken Sie nun mit der linken Maustaste auf **48** ❹, um die Auswahl zu bestätigen.

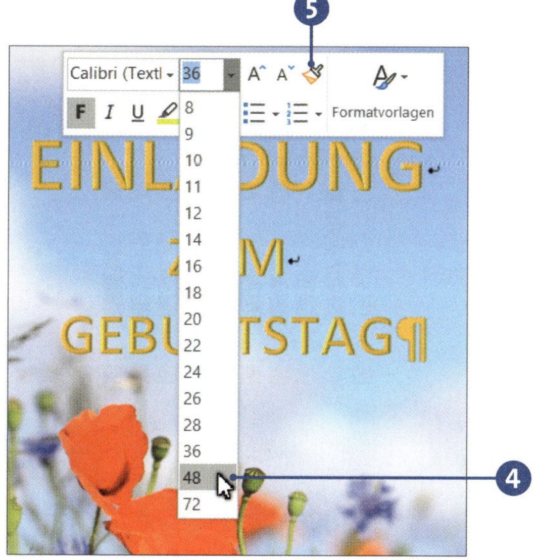

MERKE

Speichern nicht vergessen!

MERKE

Mit dem Pinselsymbol können Sie Textformatierungen eines Wortes einfach auf ein anderes Wort oder sogar einen ganzen Satz oder Abschnitt übertragen. Das funktioniert nicht nur in WordArt, sondern auch im »normalen« Text und in allen anderen Office-Programmen.

9. Danach klicken Sie in der Minisymbolleiste auf das Pinselsymbol ❺, damit wir exakt diese Einstellung kopieren und übertragen können. Führen Sie anschließend die Maus links neben das Wort *GEBURTSTAG* und klicken einmal mit links. Damit sind die wichtigsten Infos in der Überschrift hervorgehoben, das Wort *ZUM* ist, wie gewünscht, nach wie vor in kleinerer Schrift gesetzt.

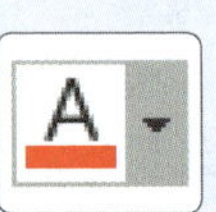

Nach einem Klick auf den Pfeil kann die Schriftfarbe geändert werden.

10. Jetzt passen wir die Schriftfarbe an. Markieren Sie dazu den gesamten WordArt-Text erneut mit einem Dreifachklick. In der Minisymbolleiste klicken Sie auf den Pfeil neben der Schriftfarbe. Es öffnet sich daraufhin eine Farbpalette.

11. Wenn Sie die Maus über die einzelnen Farbquadrate führen, verändert sich sofort die Schriftfarbe Ihres Textes. Wenn Sie Ihre Farbauswahl getroffen haben, bestätigen Sie sie mit einem Klick auf die linke Maustaste. Wir entscheiden uns für *Orange, Akzent 2, dunkler 25%*.

12. Zum Abschluss möchten wir der Schrift noch zusätzlich einen Farbverlauf geben. Klicken Sie dazu wiederum auf den Pfeil neben der Schriftfarbe und dann auf die Schaltfläche **Farbverlauf**.

13. Aus der sich nun öffnenden Farbverlaufspalette können Sie zwischen hellen und dunklen Varianten wählen. Sobald Sie die Maus über die einzelnen Quadrate führen, erkennen Sie das Resultat in Ihrem Dokument. Wir entscheiden uns für eine dunkle Variante und für *Linear diagonal – unten links nach oben rechts* und klicken dazu auf das entsprechende Feld.

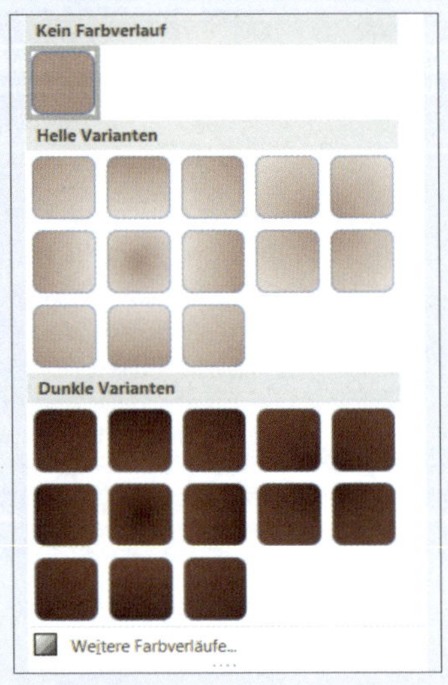

14. Nun verschieben Sie das Textfeld mit der Maus noch an die wunschgemäße Stelle, und fertig ist die Vorderseite der Einladungskarte!

So, genug für heute? Dann speichern Sie Ihr Dokument gerne nochmals über das Speichern-Symbol, wie vorangehend bereits mehrmals beschrieben. Mit einem Klick auf den Reiter **Datei** und einen weiteren Klick auf **Schließen** ❻ beenden Sie Word und schließen Ihr Dokument.

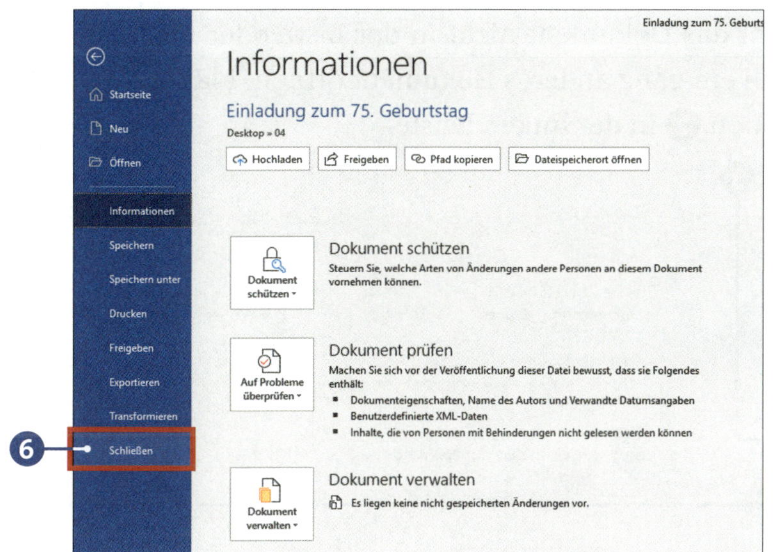

Schließen

Karteninnenseite mit Textspalten gestalten

Sollte Ihr Dokument noch nicht geöffnet sein, dann starten Sie Word über das Startmenü bzw. die Taskleiste. Praktischerweise hat sich Word gemerkt, was Sie zuletzt gearbeitet haben, und bietet Ihnen im Bereich **Zuletzt verwendet** 1 direkt das Dokument zum Öffnen per Doppelklick an.

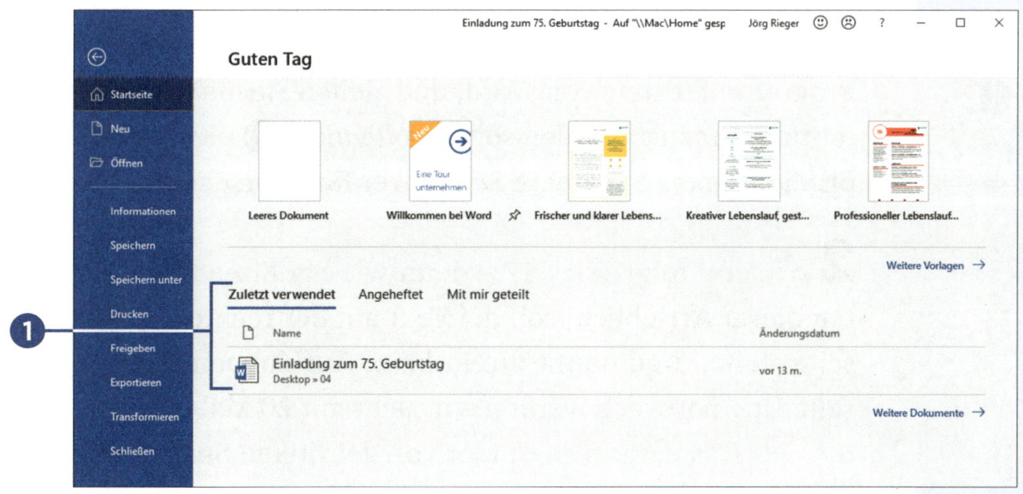

Steht das Dokument nicht in der Liste oder möchten Sie doch ein ganz anderes Dokument öffnen, klappt das über **Öffnen** ❷ in der linken Leiste.

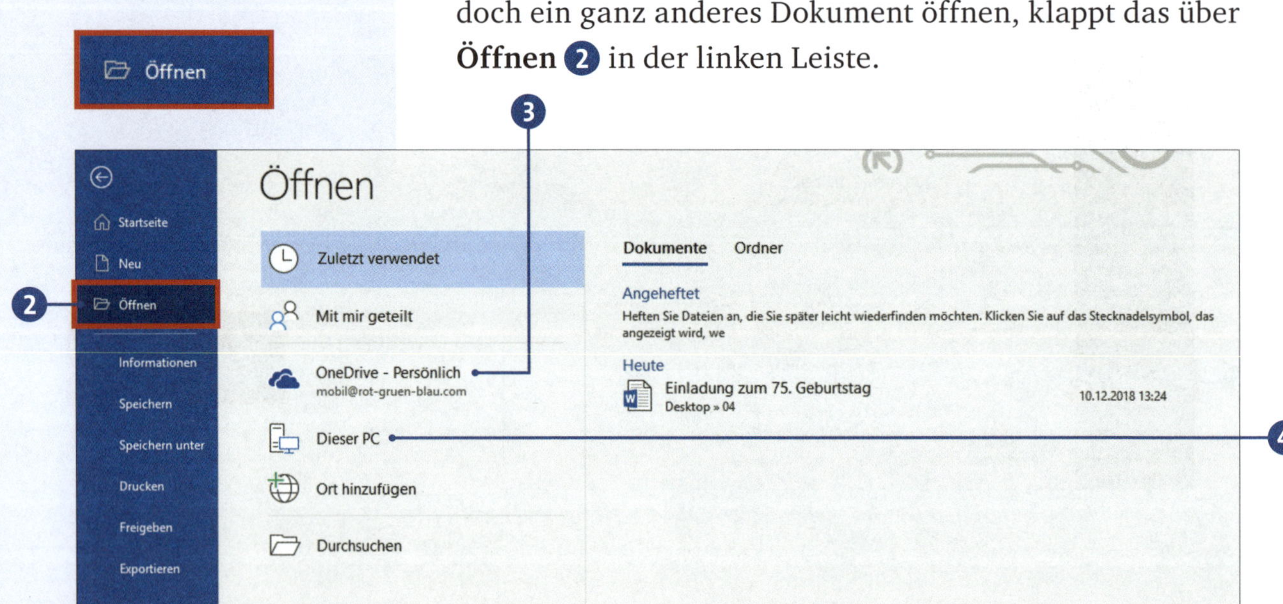

Hier haben Sie vollen Zugriff auf OneDrive ❸ (siehe dazu auch Kapitel 1 ab Seite 39) und über **Dieser PC** ❹ auf alle Speicherorte auf Ihrem Computer, beispielsweise den *Dokumente*-Ordner. Also – Dokument heraussuchen und in Word laden. Denn als Nächstes möchten wir die Beschriftung der Karteninnenseite vornehmen.

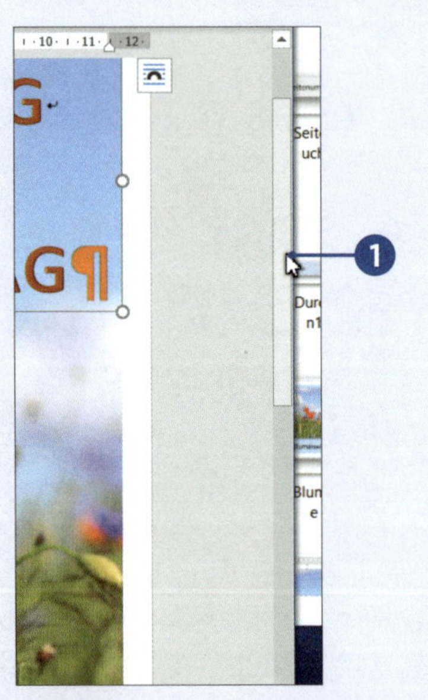

1. Führen Sie dazu die Maus an die rechte Seite des Programmfensters von Word, und ziehen Sie mit gedrückter linker Maustaste den sog. *Scrollbalken* ❶ nach unten, bis die zweite, noch leere Seite Ihrer Karte erscheint.

2. Jetzt folgt Trick 17 – denn wie bei Einladungskarten dieser Art üblich, soll der Text auf der rechten Innenseite stehen und damit direkt beim Aufklappen sichtbar sein. Und natürlich werden wir nicht mit 20 Mal gedrückter ↵-Taste unseren Cursor von der linken Spalte nach

rechts bewegen. Das geht viel eleganter. Klicken Sie mit der linken Maustaste vor das *Absatzzeichen* **2**.

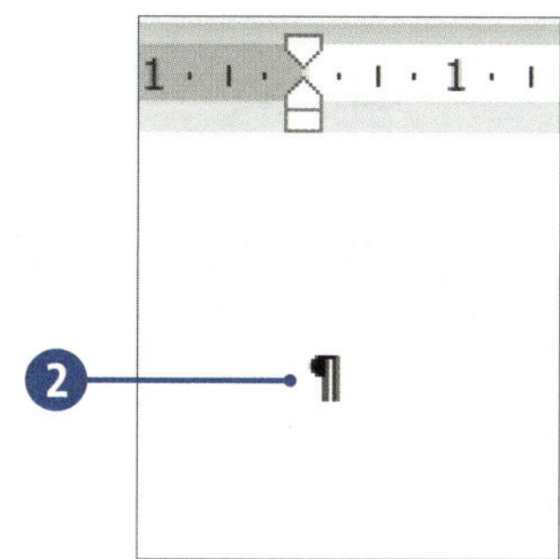

3. Klicken Sie nun auf den Reiter **Layout**. Aus dem Menüband wählen Sie mit einem linken Mausklick **Umbrüche** **3** und aus dem Ausklappmenü die Schaltfläche **Spalte** **4** aus.

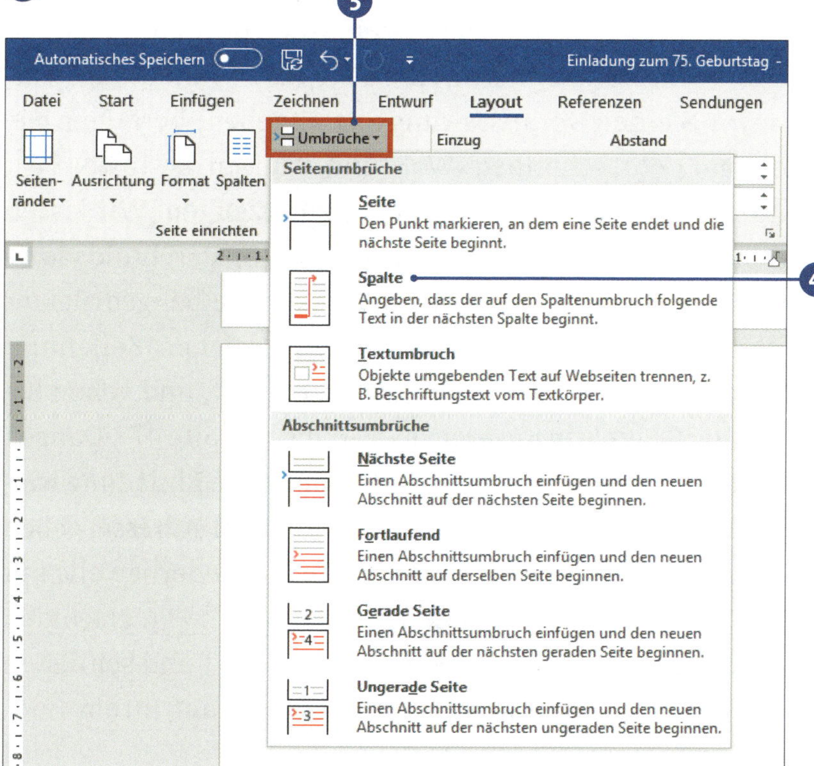

WAS TUN?

Sie sehen das Absatzzeichen nicht? Dann blättern Sie zurück auf Seite 77, dort zeigen wir, wie Sie dieses und weitere Formatierungszeichen einblenden können.

Layout

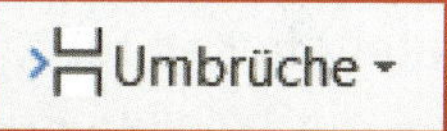

4. Das Absatzzeichen mit blinkendem Cursor springt sofort in die rechte Spalte, und der Umbruch wird mit dem im Ausdruck später nicht sichtbaren Formatierungszeichen für den **Spaltenumbruch** ❺ angezeigt.

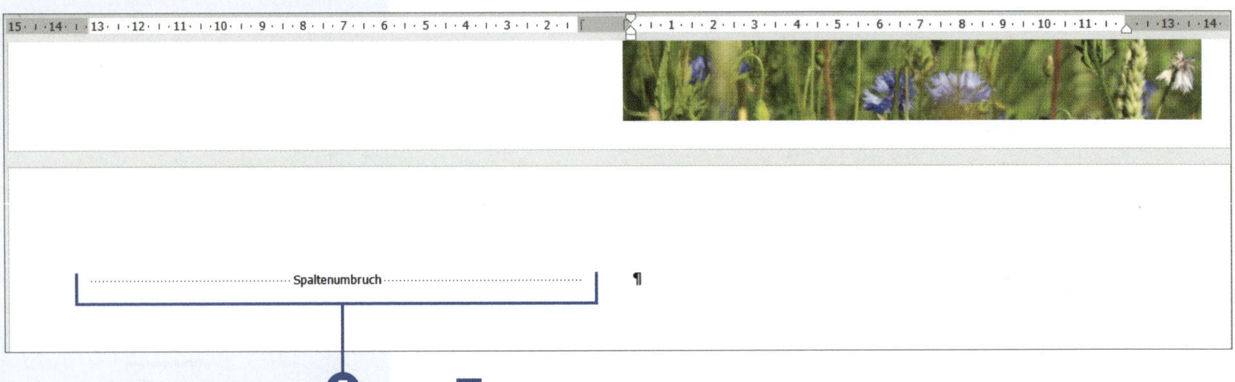

5. Geben Sie nun den Einladungstext ein. Zunächst Ort und Datum, danach betätigen Sie zweimal die Taste [↵]. Anschließend die Anrede – wiederum zweimal [↵] betätigen. Anschließend schreiben Sie Ihren Einladungstext. Bevor Sie den Veranstaltungsort angeben, betätigen Sie einmal [↵], schreiben »Wo?« und drücken die Taste [⇆], um einen Abstand per Tabulator zu erzeugen. Wir lassen den Geburtstag im »Gasthaus Linde in Perchtoldsdorf« bei Wien stattfinden. Danach drücken Sie bei gedrückter [⇧]-Taste die Taste [↵] für einen weichen Zeilenumbruch. Betätigen Sie erneut die Taste [⇆], und geben Sie die Straße ein – in unserem Fall »Winzerstraße 47«. Danach drücken Sie wiederum [↵] und führen die Einladung weiter. Die Kontaktdaten, Telefon sowie E-Mail-Adresse, geben Sie in gleicher Form ein wie den Ort – wieder jeweils mit [⇆] und zwischen den Zeilen mit [⇧] + [↵]. Nach den Kontaktdaten drücken Sie wieder auf [↵] und schließen die Einladung ab. So ungefähr sollte es auf Ihrem Bildschirm nun aussehen:

WAS TUN?

Das geht gerade zu schnell? In Kapitel 3, »Einen offiziellen Brief schreiben mit Word«, zeigen wir ab Seite 84 ganz ausführlich alles rund um die Texteingabe und die Verwendung von Tabulatoren.

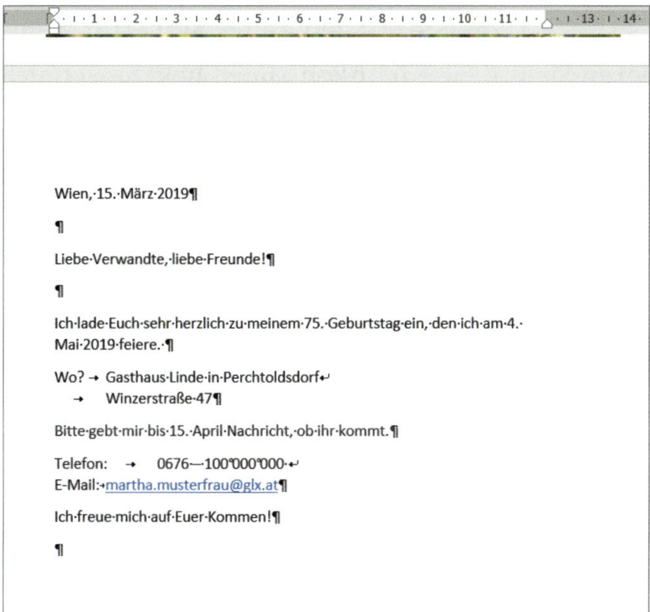

Wien, 15. März 2019

Liebe Verwandte, liebe Freunde!

Ich lade Euch sehr herzlich zu meinem 75. Geburtstag ein, den ich am 4. Mai 2019 feiere.

Wo? Gasthaus Linde in Perchtoldsdorf
Winzerstraße 47

Bitte gebt mir bis 15. April Nachricht, ob ihr kommt.

Telefon: 0676 – 100 000 000
E-Mail: martha.musterfrau@glx.at

Ich freue mich auf Euer Kommen!

6. Markieren Sie nun den gesamten Text, indem Sie die Maus an den Textbeginn führen und dann mit gedrückter linker Maustaste bis zum Ende des Textes fahren, bis alles grau unterlegt ist.

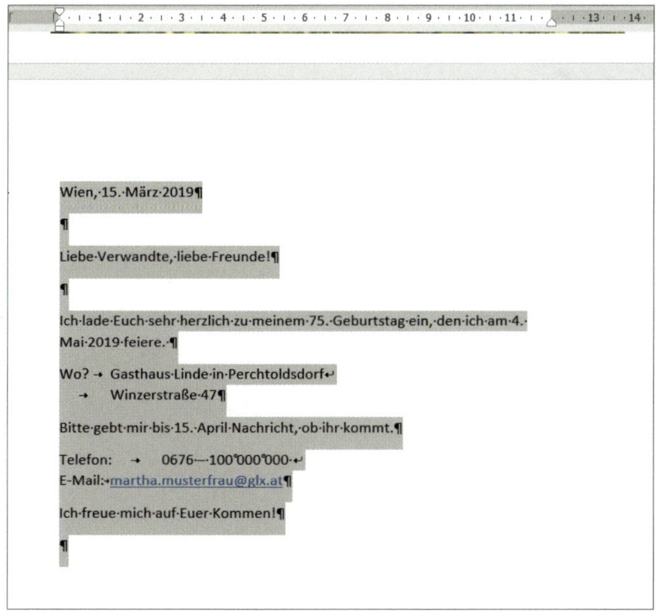

Wien, 15. März 2019

Liebe Verwandte, liebe Freunde!

Ich lade Euch sehr herzlich zu meinem 75. Geburtstag ein, den ich am 4. Mai 2019 feiere.

Wo? Gasthaus Linde in Perchtoldsdorf
Winzerstraße 47

Bitte gebt mir bis 15. April Nachricht, ob ihr kommt.

Telefon: 0676 – 100 000 000
E-Mail: martha.musterfrau@glx.at

Ich freue mich auf Euer Kommen!

WAS TUN?

Sie haben sicher die Unterstreichung und abweichende farbliche Darstellung der E-Mail-Adresse bemerkt. Was es damit auf sich hat und wie Sie das anpassen können, lesen Sie in Schritt 1 auf Seite 153.

7. Dann klicken Sie auf den Reiter **Start**. Im Menüband aktivieren Sie mit einem linken Mausklick die Schaltfläche **Texteffekte und Typografie** 6.

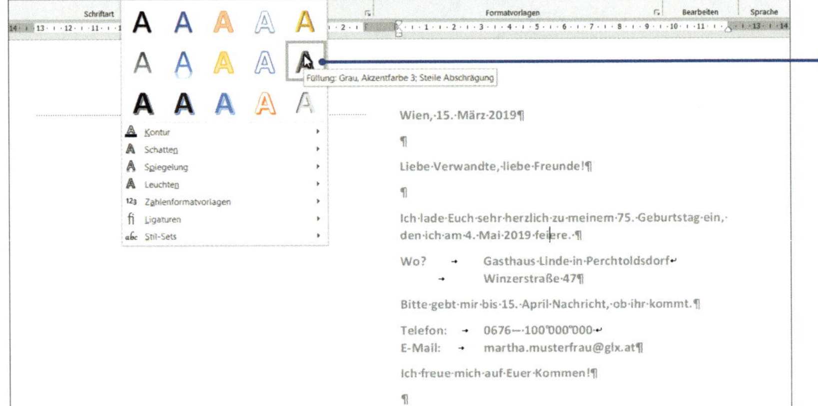

8. Sobald Sie mit der Maus über die Auswahl fahren, sehen Sie das Ergebnis in Ihrem Text. Wählen Sie den gewünschten Effekt per Klick aus. Wir entscheiden uns für *Füllung: Grau, Akzentfarbe 3; Steile Abschrägung* 7.

9. Wir markieren den gesamten Text erneut und wählen einen größeren Schriftgrad aus. Dabei entscheiden wir uns für **14** 8.

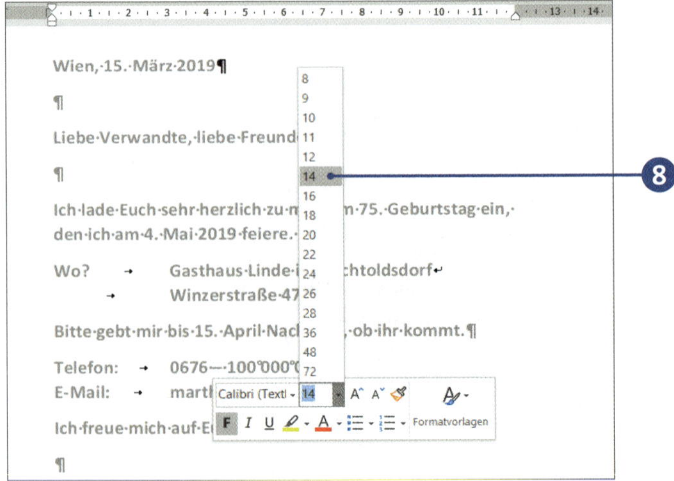

10. Jetzt rücken wir den gesamten Text um einen Zentimeter ein. Achten Sie darauf, dass der Text markiert ist, und führen Sie die Maus ins Zeilenlineal. Dort klicken Sie auf das untere Rechteck ❾ und ziehen es einen Zentimeter nach rechts.

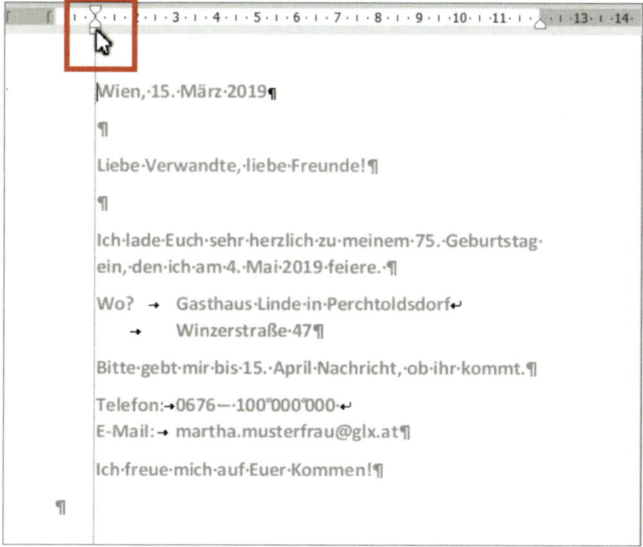

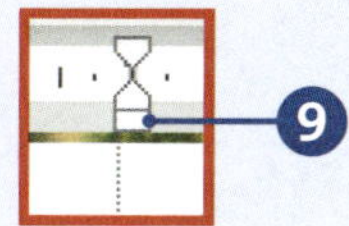

11. Klicken Sie nun in das Datum hinein und anschließend auf die Schaltfläche **Rechtsbündig ausrichten** in der Gruppe **Absatz** des Menübandes.

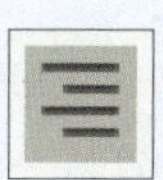

12. Markieren Sie nun den Ort, an dem die Feier stattfindet.

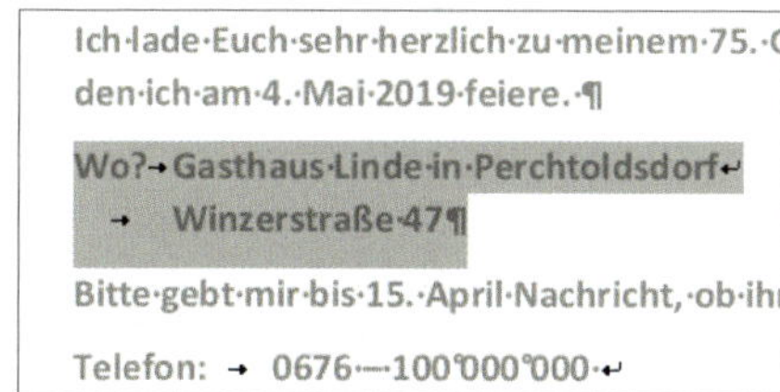

13. Danach setzen Sie mit einem Klick ins Zeilenlineal einen Tabulator bei **3 cm** ❿.

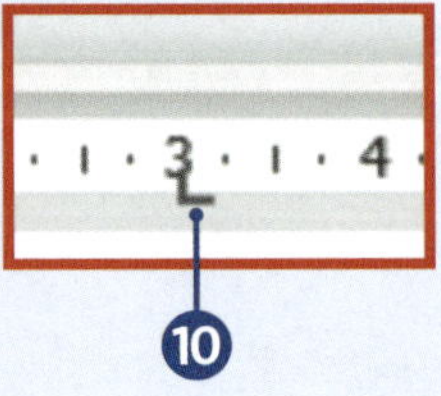

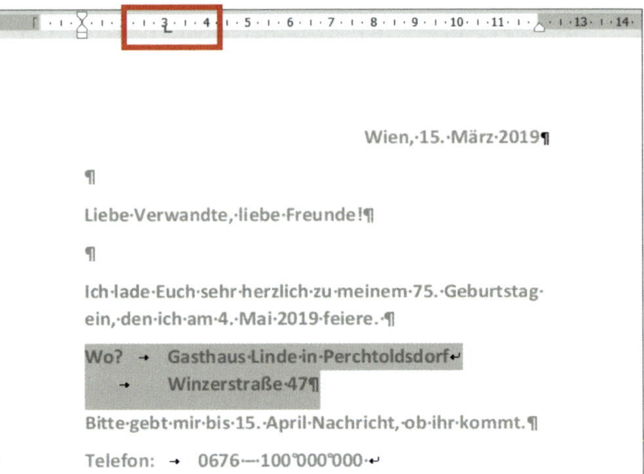

14. Dasselbe wiederholen Sie mit den Kontaktdaten: Markieren Sie die Zeilen **Telefon** und **E-Mail**, und setzen Sie im Zeilenlineal erneut einen Tabulator bei **3 cm**.

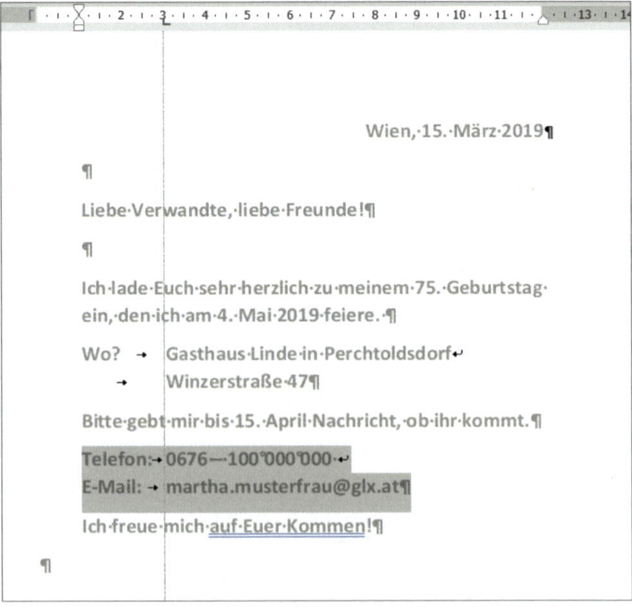

Verknüpfung der E-Mail-Adresse mit dem Mailprogramm löschen

Nun wollen wir noch, wie angekündigt, die von Word automatisch vorgenommene Unterstreichung der E-Mail-Adresse löschen und letzte Schönheitsfehler beheben.

Vorteil und Nachteil von verlinkten E-Mail-Adressen

Alle Office-Programme erkennen Mailadressen bereits bei der Eingabe und stellen sie als *Hyperlink* dar – unterstrichen und farbig. Das ist bei einer grafischen Arbeit, die für einen Ausdruck auf Papier gedacht ist, nicht schön. Bei der Arbeit am Computer hat es den Vorteil, dass Ihr Mailprogramm samt einer E-Mail direkt bei einem Klick darauf (bei gleichzeitig gedrückter `Strg`-Taste!) geöffnet wird, in der die angeklickte Adresse bereits automatisch im Feld **An** eingetragen ist. Ob eine E-Mail-Adresse diese Verknüpfung besitzt, erkennen Sie, wenn Sie mit der Maus darauf zeigen:

mailto:martha.musterfrau@glx.at
STRG+Klicken um Link zu folgen

1. Markieren Sie die E-Mail-Adresse in Ihrer Einladungskarte, und klicken Sie mit der rechten Maustaste, um das Kontextmenü zu öffnen. Hier wählen Sie mit einem linken Mausklick **Link entfernen** ❶ aus, und schon ist die E-Mail-Adresse normal formatiert.

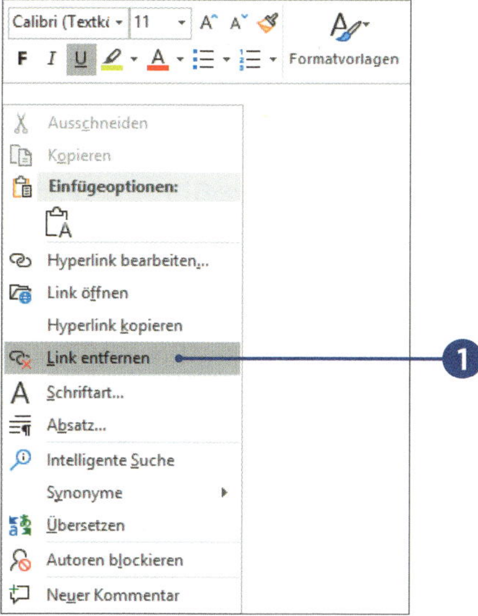

2. Word hat in unserem Beispieltext zudem einen vermeintlichen Grammatikfehler im letzten Satz erkannt und mit blauen Linien gekennzeichnet – *auf Euer Kommen* ❷ scheint dem Programm nicht zu gefallen. Klicken Sie in einem solchen Fall, wenn Sie das stört, mit der rechten Maustaste auf die Wortgruppe und im Kontextmenü auf die Schaltfläche **Einmal ignorieren** ❸ – damit verschwindet auch diese abweichende Darstellung vom Bildschirm (im Ausdruck wären die blauen Linien aber, im Unterschied zur Unterstreichung der E-Mail-Adresse, natürlich nicht zu sehen gewesen).

Einmal ignorieren

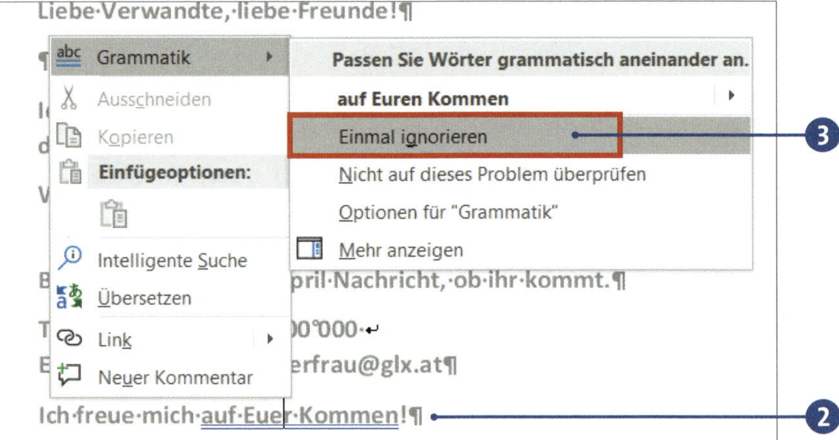

3. Ganz zum Schluss wollen wir den Text noch ein wenig nach unten rücken, damit er sich auch schön proportioniert präsentiert. Klicken Sie dazu mit der linken Maustaste vor den Ort, bei uns *Wien*, und betätigen Sie zweimal die Taste [↵]. Damit ist der Einladungstext fertig gestaltet und die Karte für einen Versand beinahe bereit.

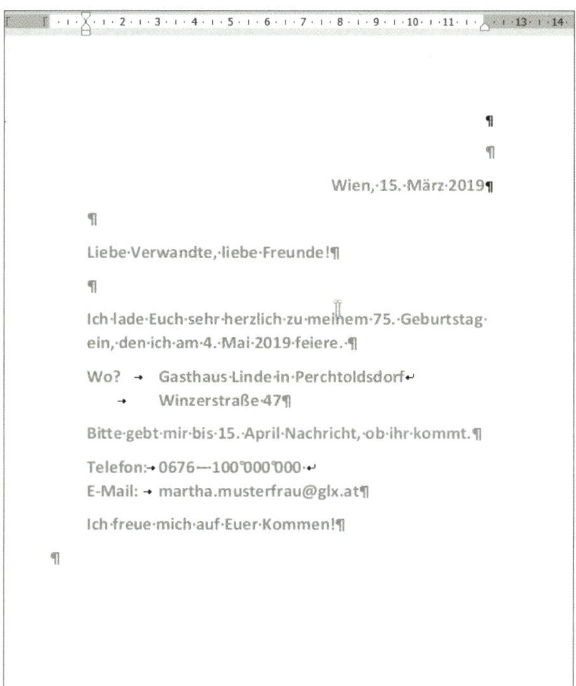

Wien, 15. März 2019

Liebe Verwandte, liebe Freunde!

Ich lade Euch sehr herzlich zu meinem 75. Geburtstag ein, den ich am 4. Mai 2019 feiere.

Wo? Gasthaus Linde in Perchtoldsdorf
Winzerstraße 47

Bitte gebt mir bis 15. April Nachricht, ob ihr kommt.

Telefon: 0676 – 100 000 000
E-Mail: martha.musterfrau@glx.at

Ich freue mich auf Euer Kommen!

PDF der Einladungskarte zum Mailversand erzeugen

Soll Ihre Karte per Mail verschickt werden, dann geht das ganz professionell mit dem PDF-Format. Verschicken Sie nicht das Word-Dokument. Das PDF-Format hat den Vorteil, dass es wirklich an jedem Computer oder sogar Smartphone betrachtet, aber nur mit Spezialprogrammen geändert werden kann. Zudem garantiert ein PDF, dass es auf jedem Computer exakt so aussieht, wie Sie es gestaltet haben. Das liegt daran, dass in einem PDF sämtliche Schriften, Bilder und Formatierungen wie in einem Koffer zusammengepackt sind. Wir zeigen Ihnen nun, wie schon im vorigen Kapitel bei unserem Brief, wie einfach die PDF-Erstellung funktioniert.

Datei

1. Öffnen Sie, falls noch nicht geschehen, Ihre Einladung, und klicken Sie auf den Reiter **Datei**. Im folgenden Fenster wählen Sie **Exportieren** ❶ aus.

Exportieren

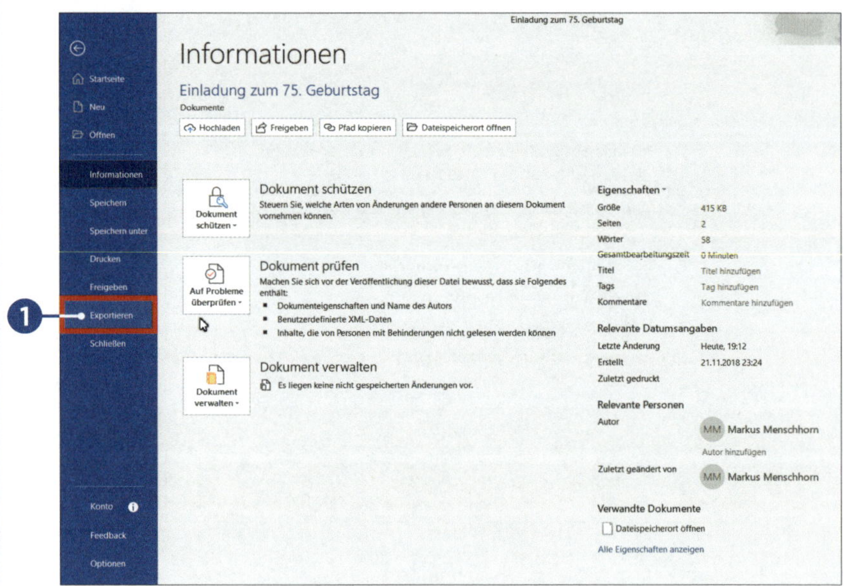

2. Im gleichnamigen Dialog prüfen Sie, ob links **PDF/XPS-Dokument erstellen** ❷ ausgewählt ist, und klicken dann rechts auf die Schaltfläche **PDF/XPS-Dokument erstellen** ❸. Sie gelangen damit in die Ordnerstruktur.

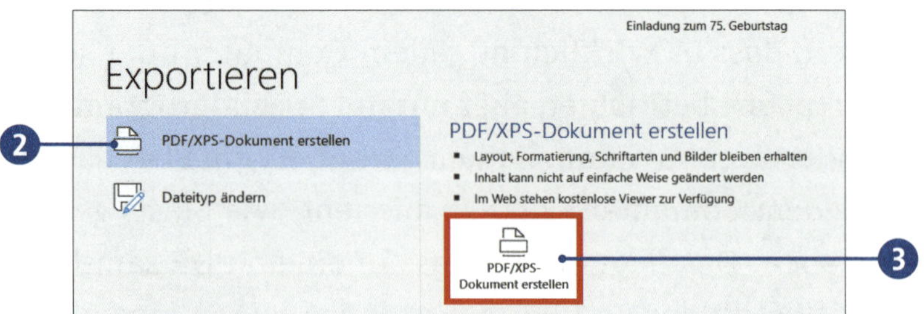

3. Wählen Sie nun den Ort aus, an dem Sie das PDF-Dokument speichern möchten. Wir entscheiden uns für **Dokumente** ❹ und setzen einen Mausklick darauf.

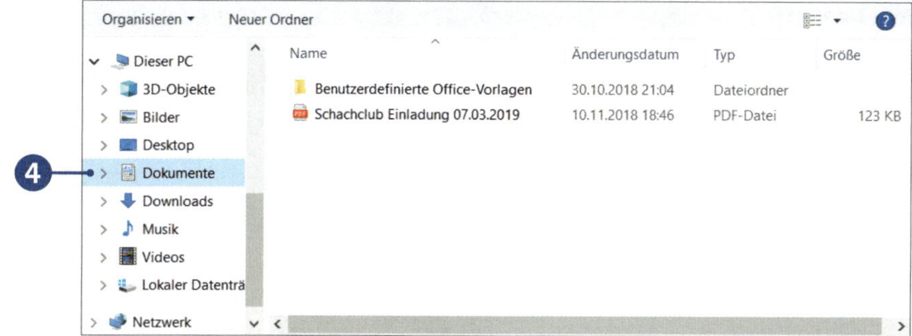

Der Dateiname, den Sie dem Word-Dokument zu Anfang gegeben haben, ist bereits eingetragen und kann so übernommen werden. Auch der Dateityp ist bereits mit **PDF** korrekt ausgewählt.

4. Mit einem letzten Klick auf **Veröffentlichen** rechts unten im Dialog ist diese Arbeit erledigt, und es wird eine PDF-Datei in Ihrem *Dokumente*-Ordner abgelegt.

Veröffentlichen

5. Um das PDF noch einmal zu betrachten, öffnen Sie den Explorer und anschließend die PDF-Datei in Ihrem *Dokumente*-Ordner bzw. im entsprechenden Unterordner. Mit einem Doppelklick auf die Datei lädt Windows 10 Ihr PDF dann standardmäßig im Edge-Internetbrowser, sofern Sie kein anderes PDF-Betrachtungsprogramm installiert haben, und natürlich nicht in Word.

Wie Sie diese PDF-Datei (und andere Dateien auch) mithilfe von *Outlook* per Mail versenden können, lesen Sie in Kapitel 10, »E-Mails schreiben mit Microsoft Outlook«, ab Seite 317.

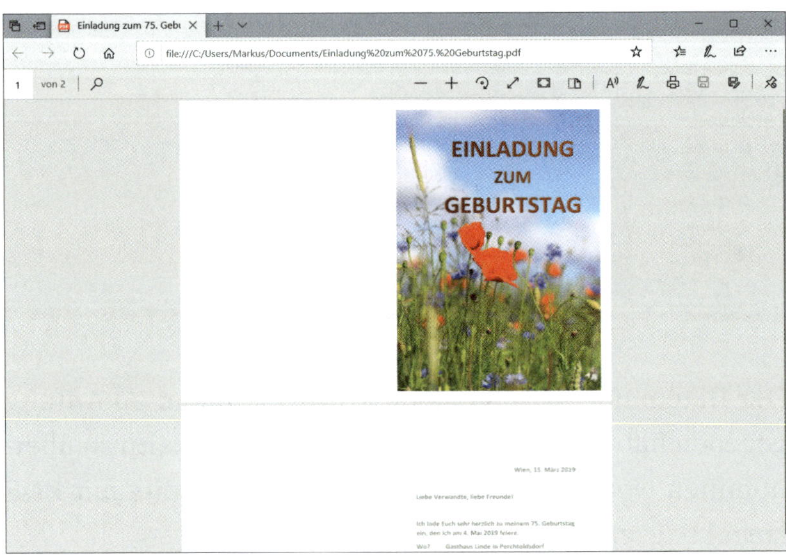

Einladungskarte ausdrucken

Soll die Einladungskarte klassisch per Post verschickt werden, dann muss sie auch ausgedruckt werden. Damit das Ergebnis richtig toll wird, gilt es einige Punkte vorab zu beachten:

- Die richtige Papiersorte – drucken Sie nicht auf normales, dünnes Briefpapier. Zum einen werden hier die Farben nicht schön dargestellt, zum anderen wirkt das Papier einfach nicht hochwertig. Hier sollten Sie für Ihren Drucker geeignetes Fotodruckpapier anschaffen, das mindestens eine sog. *Grammatur* von 160 aufweist. Damit wird Ihre Karte richtig gut. Achten Sie auch darauf, dass sich das Papier auch wirklich für Ihren Drucker eignet. Fragen Sie im Zweifelsfall im Fachhandel nach. Denn ein falsches Papier kann beispielsweise im Farblaserdrucker zu Schäden führen.
- Die richtige Druckereinstellung – standardmäßig ist in Windows 10 die *Normalpapier*-Einstellung Ihres Druckers aktiv. Das ist beim Druck auf hochwertiges Papier

oder auf Karton natürlich nicht korrekt. Hier muss unbedingt umgestellt werden. Wie das klappt, zeigen wir Ihnen gleich.

- Bastelarbeit – im Anschluss muss die Karte richtig gefalzt werden. Mit einem sog. *Falzbein* aus dem Bastelbedarf wird die Kante messerscharf und deutlich exakter als mit dem Fingernagel. Profis schneiden die Karte zudem noch zu, sodass keine weißen Außenkanten erscheinen.

MERKE

In Kapitel 3, »Einen offiziellen Brief schreiben mit Word«, haben wir ab Seite 116 die Druckfunktion mit ihren Basisfunktionen ausführlich vorgestellt. Schlagen Sie hier gerne nach, wenn es Ihnen jetzt zu schnell geht.

Doch nun zum Ausdruck und den entsprechenden Druckereinstellungen.

1. Falls noch nicht geschehen, öffnen Sie Ihre Einladungskarte in Word. Gehen Sie nun auf den Reiter **Datei** und wählen hier **Drucken** (1) aus – es erscheint daraufhin der **Drucken**-Dialog mit einer entsprechenden Dokumentenvorschau.

Drucken

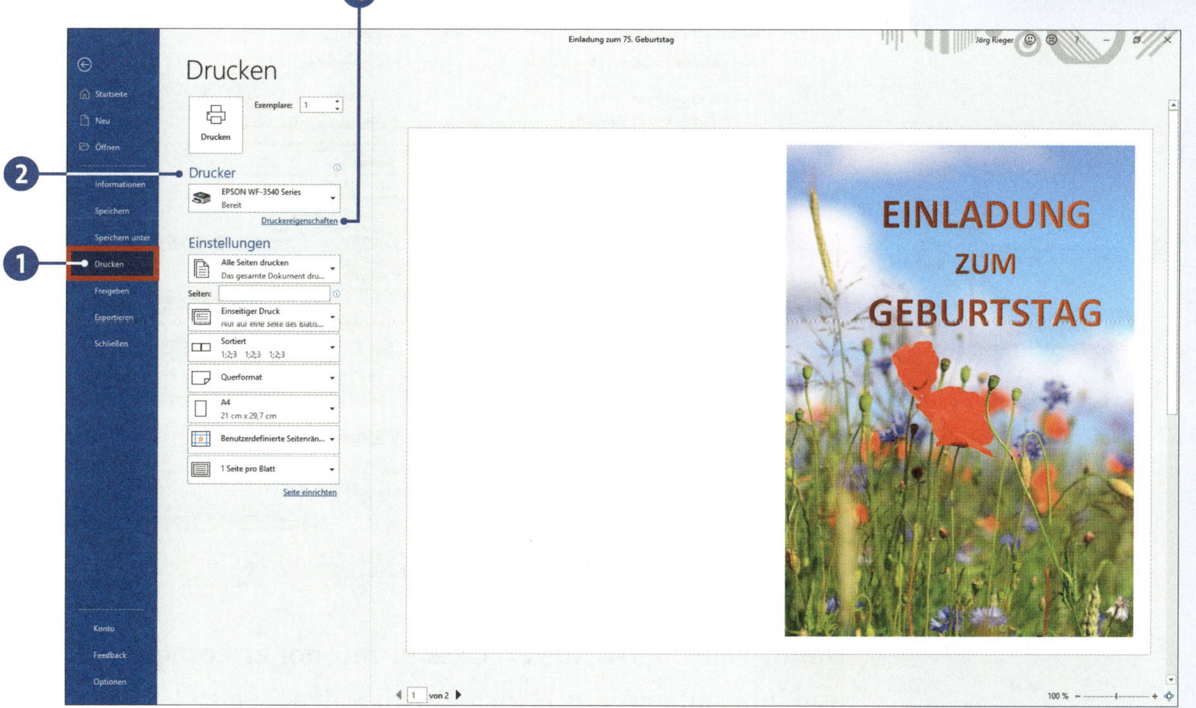

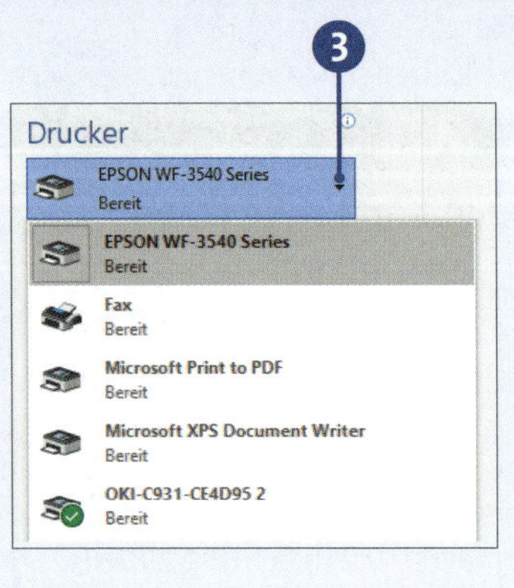

2. Unter **Drucker** ❷ ist idealerweise Ihr angeschlossener Drucker bereits ausgewählt. Haben Sie zu Hause mehrere Geräte am Start, wählen Sie hier nach einem Klick auf den Pfeil ❸ im Ausklappmenü den gewünschten Drucker aus.

3. Direkt darunter befindet sich der Link **Druckereigenschaften** (❹ auf Seite 159). Diesen klicken Sie an, um dem Drucker mitzuteilen, dass Sie auf ein anderes Papier drucken wollen. Das nun folgende Menü sieht von Drucker zu Drucker verschieden aus, wir zeigen die Vorgehensweise exemplarisch an einem Gerät von Epson. Im Feld **Druckmedium** wählen Sie nach einem Klick auf den Pfeil ❺ das passende, in den Drucker eingelegte Papier aus, beispielsweise **Epson Premium Semigloss** ❻.

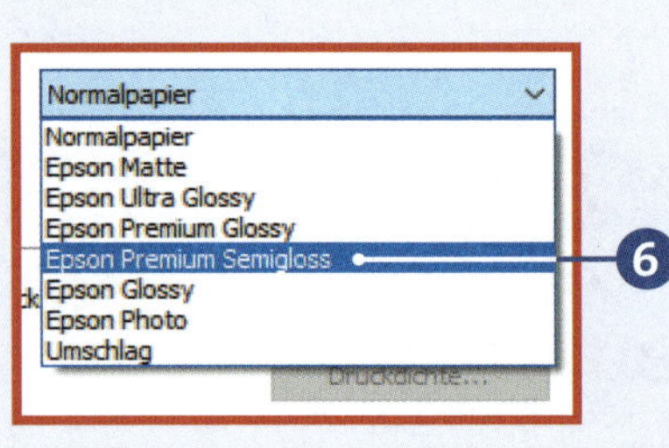

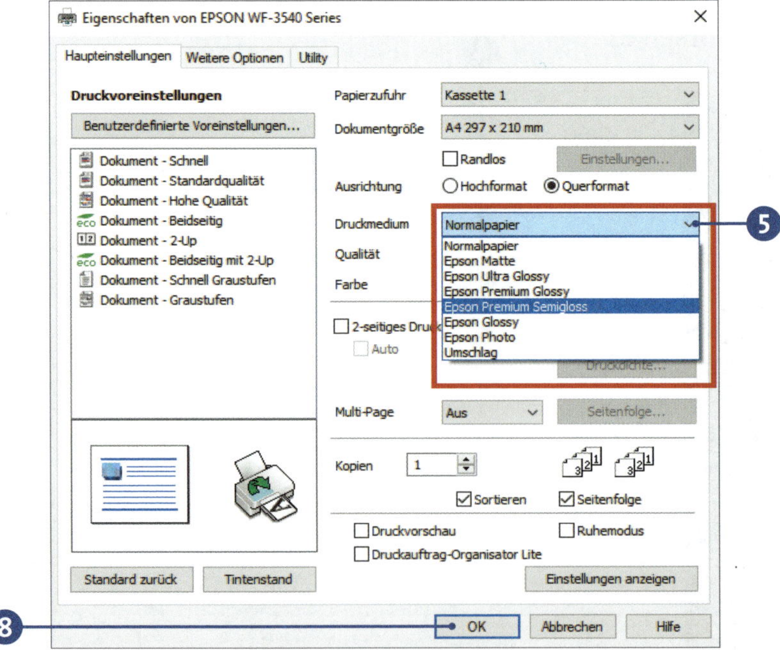

Damit weiß der Drucker, dass er mit hoher Fotoqualität und langsamer als auf Normalpapier drucken soll.

4. Im Feld **Qualität** 7 können Sie noch **Stark** auswählen, damit ist eine gute Fotoqualität gewährleistet. Wie gesagt, können die Begrifflichkeiten von Gerät zu Gerät etwas variieren.

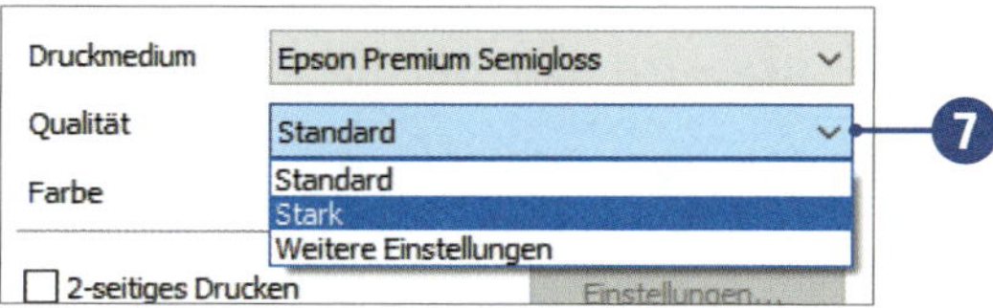

5. Bestätigen Sie nun mit **OK** (8 auf Seite 160), um zum Druckmenü von Word zurückzukehren.

6. Hier sollten Sie nun unter **Einstellungen** bei **Einseitiger Druck** wieder auf den Pfeil 9 klicken und **Beidseitiger manueller Druck** auswählen.

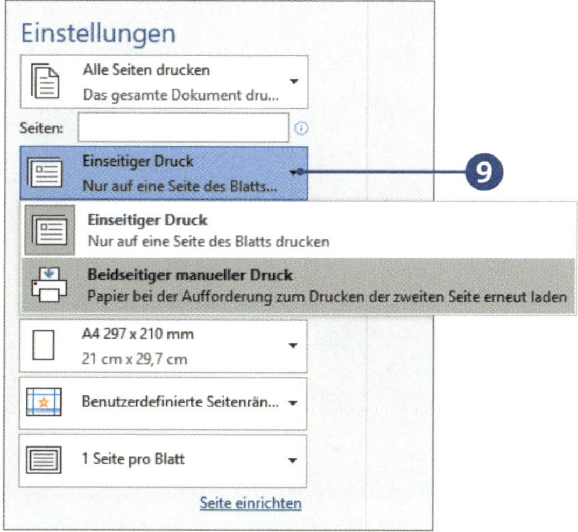

Mit dieser Einstellung druckt der Drucker die erste Seite und wartet, bis Sie das Blatt umgedreht wieder einlegen, um dann – je nach Drucker entweder durch eine Bestätigung am Gerät oder am PC 10 – die zweite Seite, also die Innenseite unserer Karte, zu drucken.

MERKE

Unterstützt Ihr Drucker den beidseitigen Druck automatisch, dann finden Sie in diesem Auswahlfeld natürlich auch diese gegenüber der manuellen Variante deutlich komfortablere Option vor.

ACHTUNG!

Testen Sie am besten zunächst mit einem normalen Papierbogen, wie Sie das Blatt für den Druck der zweiten Seite einlegen müssen, um keine bösen Überraschungen zu erleben.

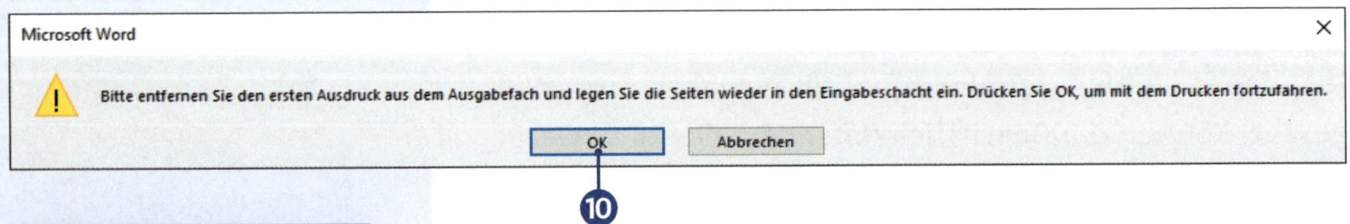

WAS TUN?

Soll die Karte mehrfach gedruckt werden, klappt das auch mit dem manuellen beidseitigen Druck. Geben Sie dazu im Feld bei **Exemplare** ⓬ einfach die benötigte Stückzahl ein. Word wird dann zuerst alle Vorderseiten bedrucken und Sie auffordern, die Papiere erneut einzulegen, um anschließend die Rückseiten zu bedrucken.

7. Klicken Sie nun auf die Schaltfläche **Drucken** ⓫, um den Ausdruck abzuschließen.

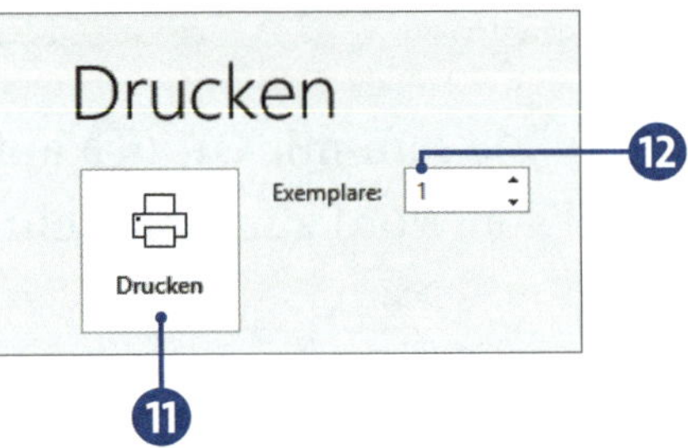

KAPITEL 5

Rezeptbuch in Word – schnell und schick mit Formatvorlagen

Sie kennen es sicher – im Laufe der Zeit sammeln sich unzählige handschriftliche Sammlungen von den allerbesten Rezepten an, die man auf den Computer übertragen möchte. Oder: Es bestehen bereits zahlreiche Dateien dazu im *Dokumente*-Ordner. Vielleicht haben Sie selbst schon mit dem Abtippen begonnen oder von Freunden tolle Rezepte per Mail erhalten. Um Inhalte schön und vor allem einheitlich zu gestalten, gibt es in Word einige praktische Hilfsmittel, die Ihnen die Arbeit erleichtern und für eine harmonische Optik sorgen. Wir haben uns dazu entschlossen, aus einer Sammlung von Rezepten ein umfangreiches Rezeptbuch zu gestalten – zum einen aus bereits bestehenden Dateien, zum anderen durch die Übertragung von handschriftlichen Aufzeichnungen in Word.

MERKE

Formatvorlagen sind Formatierungseinstellungen in Word, mit deren Hilfe Sie ein umfangreicheres Dokument einheitlich formatieren können. Sie unterstützen Sie dabei, Überschriften oder Textblöcke als solche zu kennzeichnen und einfach per Mausklick zu formatieren. Formatvorlagen können Sie selbst einrichten oder aus einem vorgefertigten Angebot auswählen. Wie Letzteres funktioniert, zeigen wir Ihnen am Ende dieses Kapitels.

WAS TUN?

Haben Sie noch gar keine Rezepte auf Ihrem Computer gespeichert? Im Abschnitt »Rezepte eingeben und formatieren« ab Seite 172 zeigen wir Ihnen an einem Beispiel, wie Sie die Rezepttexte von vornherein einheitlich aufbauen können.

Natürlich können Sie unsere Ausführungen auf beliebige Themen übertragen – anhand der folgenden Anleitungen können Sie etwa auch eine bebilderte Familienchronik, ein Reisetagebuch oder sogar einen Roman erstellen, letztlich also alle mehrseitigen Dokumente, die Sie mit Word in »Buchform« gestalten möchten.

Im Zentrum dieses Kapitels stehen allen voran die sog. *Formatvorlagen*, die es Ihnen leicht machen, Ordnung in ein umfangreicheres Dokument zu bringen. Denn einmal angelegt, ändern Sie mit nur einem Mausklick beispielsweise alle Überschriften auf 10, 100 oder mehr Seiten gleichzeitig.

Buch und Formatvorlagen für den Inhalt anlegen

Alles, was Sie zum direkten Nachvollziehen der folgenden Anleitungen brauchen, sind einige Word-Dateien mit Rezepten auf Ihrem Computer, damit Sie deren Inhalte ins Rezeptbuch kopieren können, sowie der Griff in die Küchenschublade nach einigen handgeschriebenen Rezepten. Und los geht es!

1. Klicken Sie zum Start von Word auf das Windows-Symbol und im Startmenü rechts auf die Kachel **Word** 1.

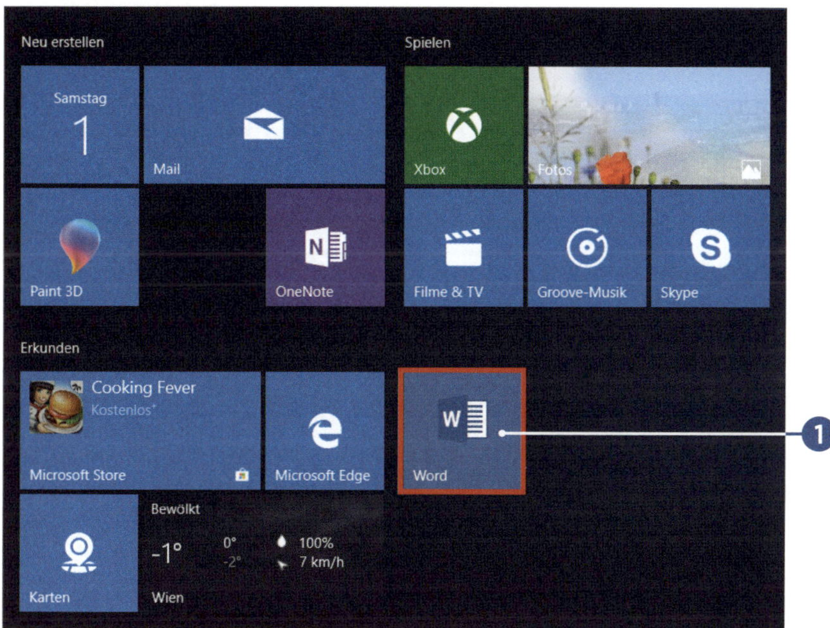

2. Es erscheint die Startseite von Word, auf der Sie mit einem linken Mausklick **Leeres Dokument** 2 wählen.

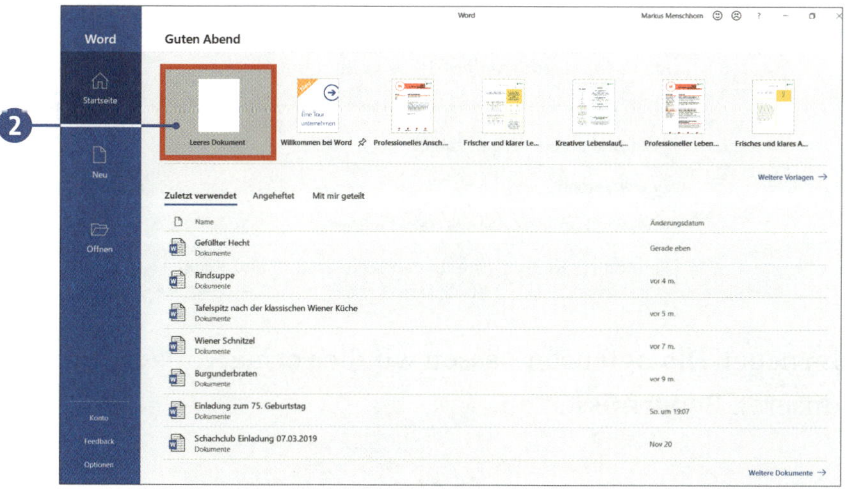

WAS TUN?

Wenn Sie Word, wie in Kapitel 3, »Einen offiziellen Brief schreiben mit Word«, ab Seite 71 beschrieben, bereits im Kachelbereich des Startmenüs abgelegt haben, dann können Sie es nun von dort direkt starten. Ansonsten können Sie jetzt auch zurückblättern und dies hier ggf. nachholen.

MERKE

In dieser Anleitung stellen wir zunächst die Formatvorlage für die Rezepttexte ein.

Nun geben wir uns daran, die einzelnen Formatvorlagen für Text, Überschriften und andere Elemente zu definieren bzw. anzulegen.

1. Wählen Sie dazu im Menüband den Reiter **Start**.

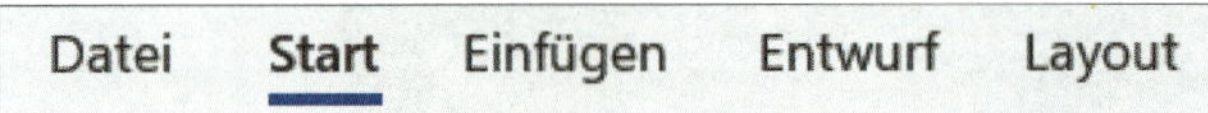

Im rechten Teil des Menübandes sehen Sie bereits die einzelnen **Formatvorlagen**, die mit **Standard** ①, **Überschrift** ② bzw. **Titel** ③ gekennzeichnet sind.

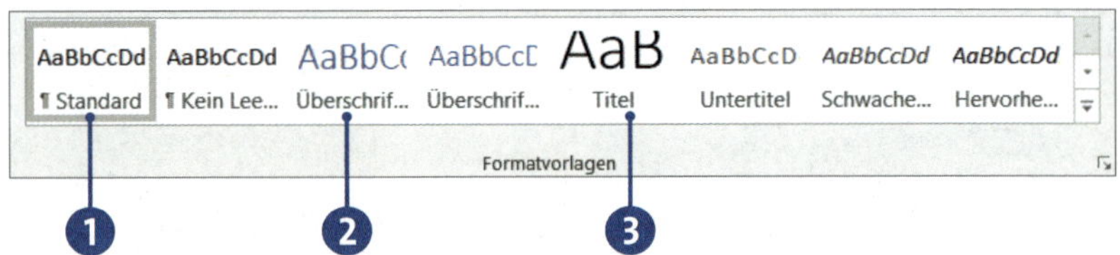

2. Klicken Sie mit der rechten Maustaste auf die erste Formatvorlage **Standard** ① und im sich daraufhin aufklappenden Menü mit der linken Maustaste auf die Schaltfläche **Ändern** ④.

Im neuen Dialogfenster passen wir die Formatvorlage nun unseren Bedürfnissen an.

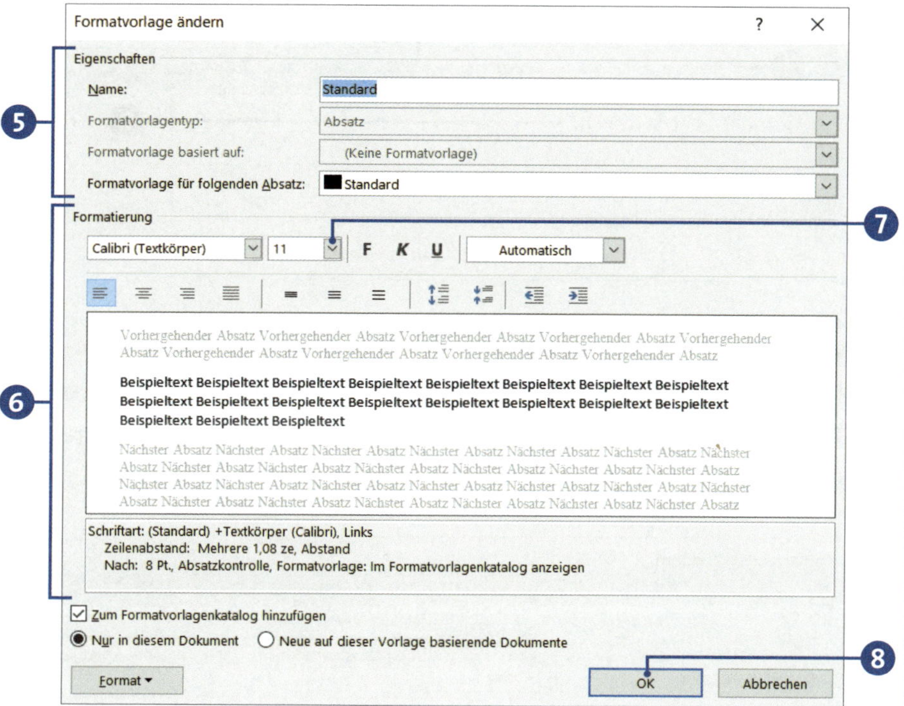

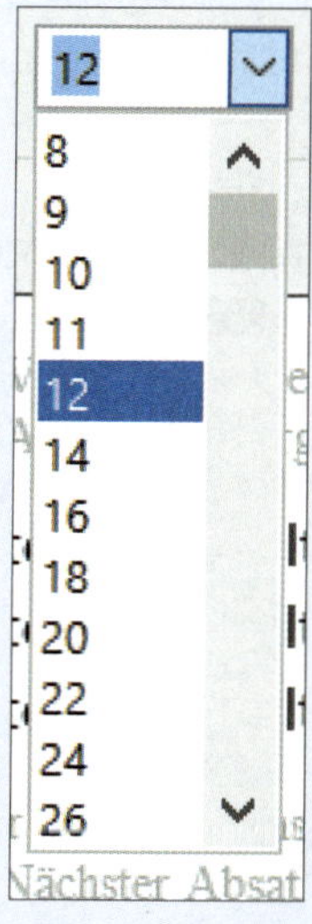

3. Die Einstellungen im Bereich **Eigenschaften** ❺ belassen Sie in der vorgegebenen Form. Bei **Formatierung** ❻ vergrößern wir die voreingestellte Schriftgröße um einen Punkt. Klicken Sie dazu auf den Pfeil neben **11** ❼, und wählen Sie im Ausklappmenü mit einem Klick **12** aus. Alle anderen Einstellungen belassen wir, wie sie sind, und klicken auf **OK** ❽. Damit ist die Formatvorlage für den »normalen« Text im Rezept angelegt.

Formatvorlage Nummer 2: für fett zu druckenden Text

Nun brauchen wir eine weitere Formatvorlage für fett gedruckten Text.

1. Dazu klicken Sie mit der rechten Maustaste auf die Formatvorlage **Kein Leerraum** ❶ gleich neben der soeben veränderten Vorlage und danach erneut auf **Ändern** ❷.

2. Hier ändern wir nun den Namen der Formatvorlage, indem wir bei **Eigenschaften** die Bezeichnung **Kein Leerraum** (3) markieren und stattdessen »Standard fett« darüberschreiben.

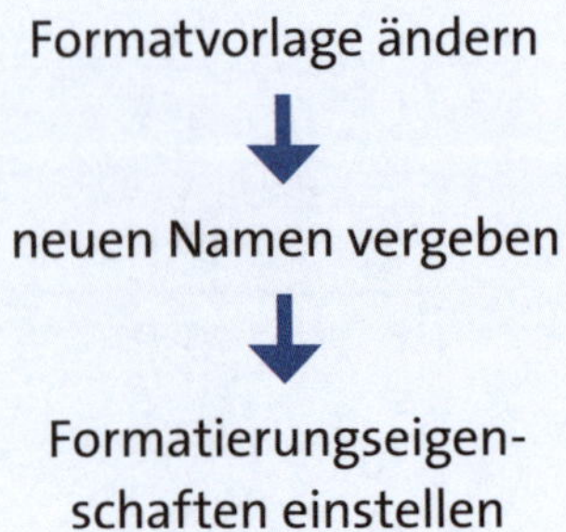

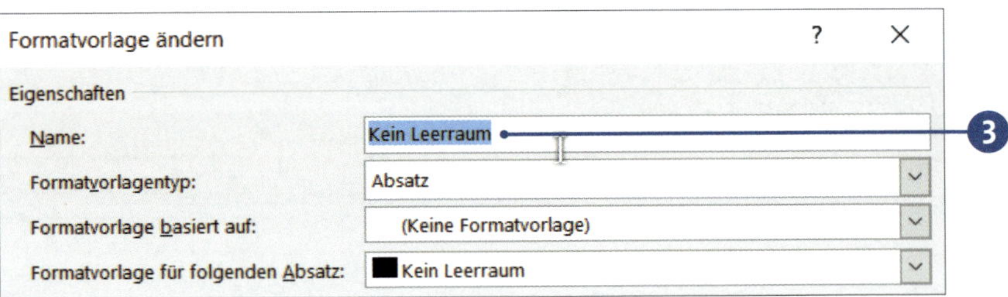

3. Die Schriftart **Calibri** sowie die Schriftgröße **12** im Bereich **Formatierung** belassen wir. Klicken Sie dafür nun aber auf die Schaltfläche **F** (4) für *Fett*. Im darunterliegenden Vorschaufenster (5) sehen Sie sofort, dass der Beispieltext jetzt fett dargestellt ist.

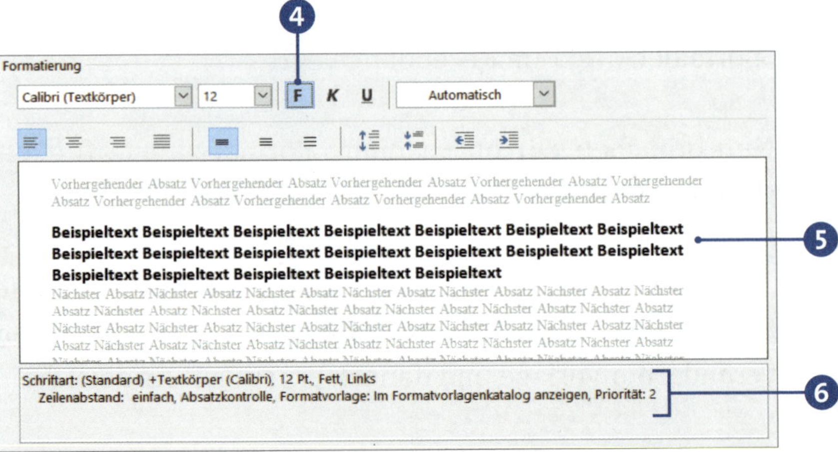

Im Feld unterhalb des Beispieltextes sind zudem alle für diese Formatvorlage gültigen Formatierungen zur Kontrolle als Stichworte aufgeführt 6.

ACHTUNG!

Wenn die eingestellte Formatvorlage nur für dieses Dokument gültig sein soll, belassen Sie den Punkt bei **Nur in diesem Dokument**.

4. Belassen Sie auch die bereits aktivierte Voreinstellung **Nur in diesem Dokument** unten im Dialog, und klicken Sie auf **OK**.

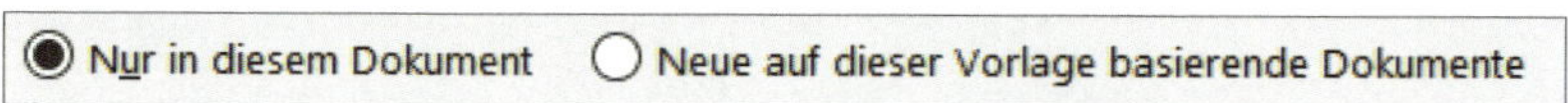

Zum Schluss stellen wir noch die Überschrift ein.

Formatvorlage Nummer 3: Überschriften

1. Klicken Sie, wie vorhin, in den Formatvorlagen mit der rechten Maustaste auf **Überschrift** und dann mit der linken Maustaste auf **Ändern**.

2. Die Einstellungen im Bereich **Eigenschaften** belassen wir. Im Bereich **Formatierung** klicken Sie auf den Pfeil neben der Schriftart **Calibri Light** 1.

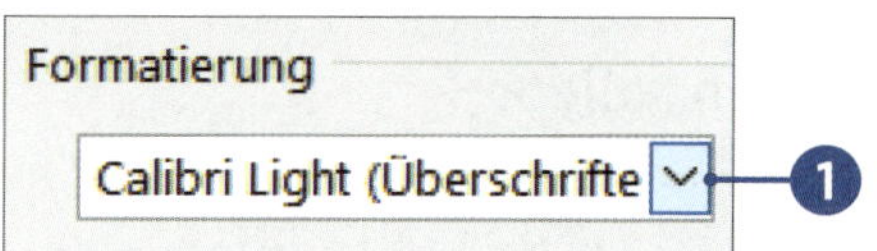

3. Anschließend scrollen Sie im Ausklappmenü bis zur Schriftart **Calibri**, die Sie mit einem linken Mausklick auswählen 2.

WAS TUN?

Zum *Scrollen* (Blättern auf einer Seite bzw. in einem Menü) setzen Sie entweder den Mauszeiger auf den grau gefärbten Scrollbalken rechts neben der Liste und führen ihn mit gedrückter linker Maustaste weiter nach unten, oder Sie drehen das Scrollrad Ihrer Maus.

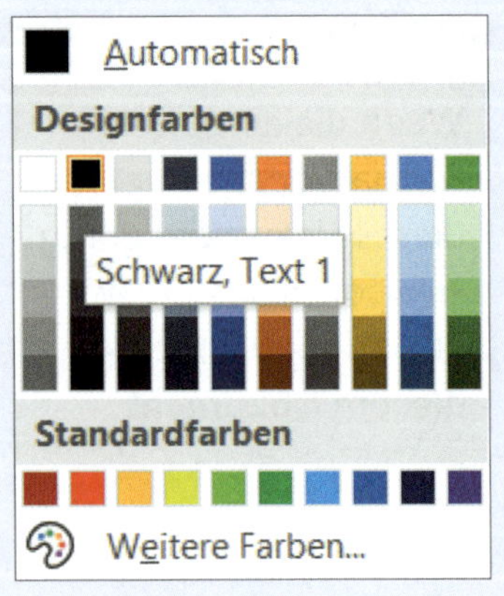

4. Die Schriftgröße ändern wir, wie oben beschrieben, auf **14** und klicken auf **F** für *Fett*. Auch das voreingestellte Blau ist als Farbe eher nicht passend, daher wählen wir hier nach einem Klick auf den Pfeil neben der Farbe ③ einen Schwarzton aus (Sie haben tatsächlich die Wahl zwischen verschiedenen Schwarztönen). Damit ist die Formatvorlage **Überschrift** auch schon für unsere Belange angepasst, und Sie können dies mit **OK** bestätigen.

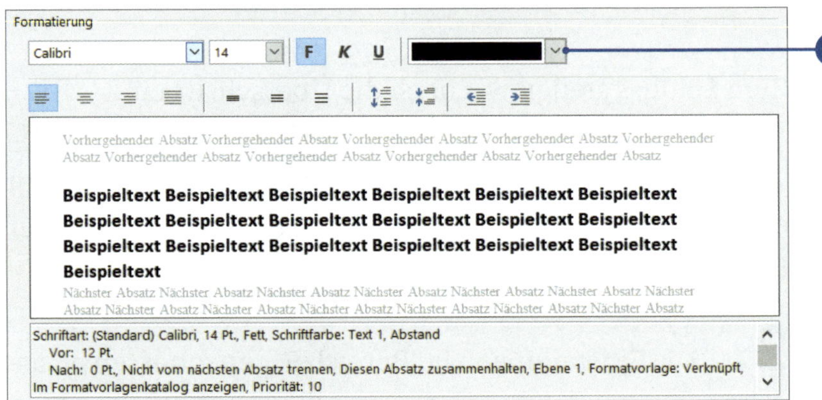

Nummerierte Überschriften festlegen

Zum Abschluss legen wir noch fest, dass die Überschriften nummeriert sein sollen.

1. Klicken Sie dazu unter dem Reiter **Start** auf die Schaltfläche **Liste mit mehreren Ebenen** ①.

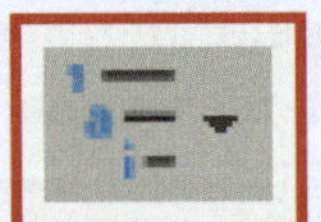

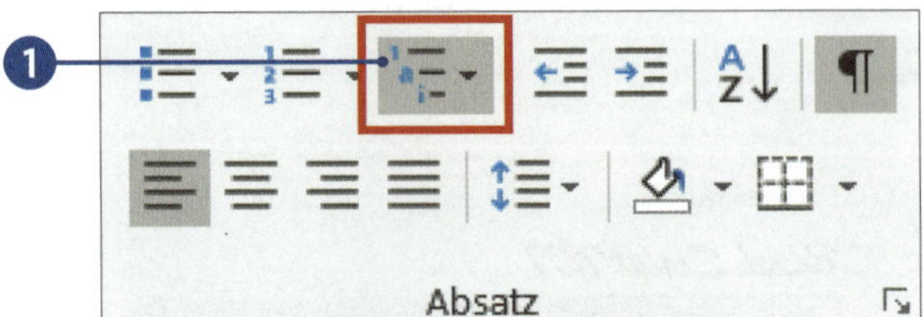

2. Aus der sich daraufhin öffnenden **Listenbibliothek** wählen Sie für diese Übung mit Formatvorlagen die Liste aus, die sich ganz rechts in der mittleren Zeile befindet ②.

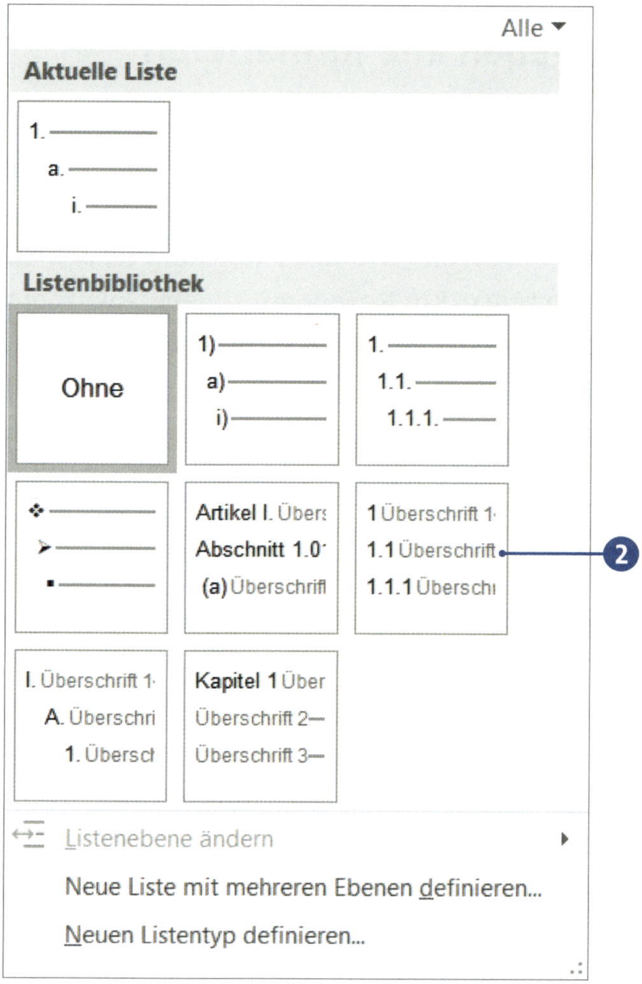

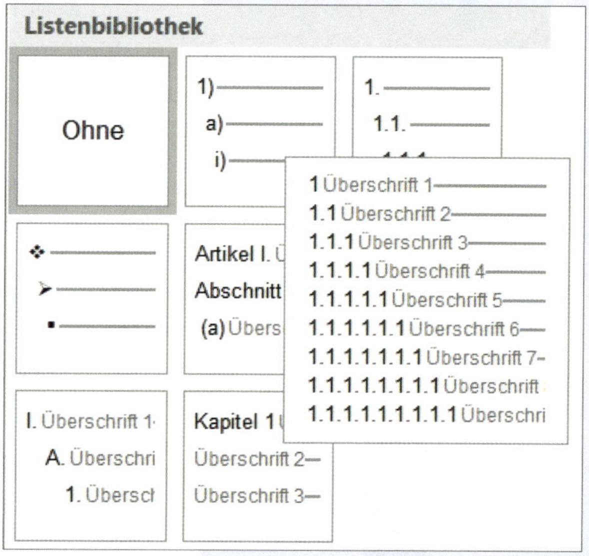

ACHTUNG!

Speichern Sie die Datei auf Ihrem Computer, im Verzeichnis *Dokumente*, ab, damit die Formatvorlagen nicht verloren gehen. Wir wählen dafür den Dateinamen »Rezeptsammlung«.

Alle Listentypen, in denen **Überschrift 1** zu lesen ist, sind auch mit der Formatvorlage verbunden. Mit allen anderen Listen funktioniert die automatische Nummerierung nicht. Die soeben hergestellte Verknüpfung können Sie auch direkt in den Formatvorlagen sehen. Den Überschriften ist nun eine Nummer 3 vorangestellt.

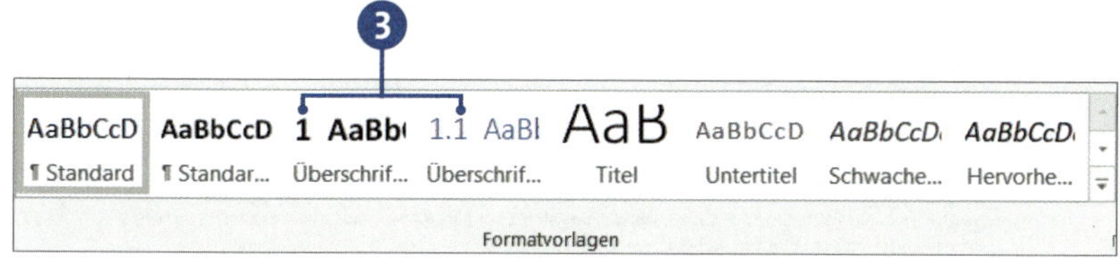

Rezepte eingeben und formatieren

Verfügen Sie schon über eine Reihe von Dateien mit Rezepten auf Ihrem Computer, können Sie diese einfach in Ihr Dokument *Rezeptsammlung.doc* hineinkopieren und anschließend formatieren. Wie das funktioniert, zeigen wir Ihnen im Abschnitt »Ein Rezept aus einem Dokument einfügen« ab Seite 181. Liegen Ihre Rezepte dagegen alle nur handschriftlich vor, dann starten Sie einfach bei null und geben mit uns zusammen die Rezepte nach einem gängigen und im Hinblick auf das spätere Buch einheitlichen Muster ein.

1. Schreiben Sie das erste Rezept nach dem in aller Regel üblichen Muster »Rezepttitel – Zutaten – Zubereitung« einfach auf die erste Seite unseres ggf. noch geöffneten Dokuments, oder öffnen Sie die im letzten Abschnitt gespeicherte Datei *Rezeptsammlung.doc* mithilfe des Explorers. Bei den Rezeptzutaten empfiehlt es sich, einen weichen Zeilenumbruch mithilfe von [⇧] + [↵] einzufügen; bei allen anderen Elementen verwenden Sie nur [↵] bzw. nach dem Rezepttitel zweimal [↵]. Weitere Formatierungen nehmen Sie bitte an dieser Stelle nicht vor – wir wollen uns ja schließlich zu diesem Zweck unserer zuvor mit einiger Mühe angelegten Formatvorlagen bedienen.

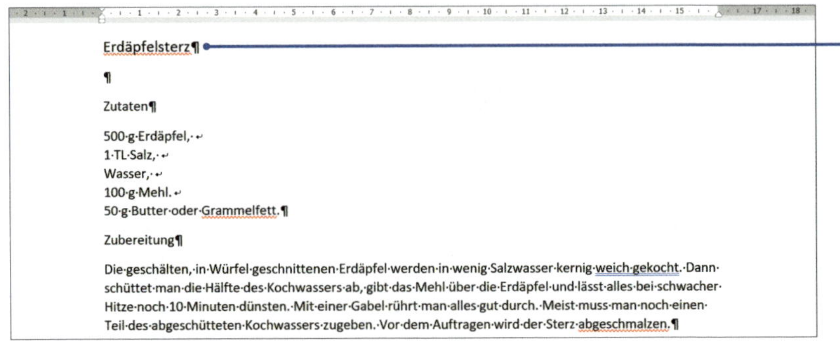
Erdäpfelsterz¶

¶

Zutaten¶

500·g·Erdäpfel,·↵
1·TL·Salz,·↵
Wasser,·↵
100·g·Mehl.·↵
50·g·Butter·oder·Grammelfett.¶

Zubereitung¶

Die·geschälten,·in·Würfel·geschnittenen·Erdäpfel·werden·in·wenig·Salzwasser·kernig·weich·gekocht.·Dann·schüttet·man·die·Hälfte·des·Kochwassers·ab,·gibt·das·Mehl·über·die·Erdäpfel·und·lässt·alles·bei·schwacher·Hitze·noch·10·Minuten·dünsten.·Mit·einer·Gabel·rührt·man·alles·gut·durch.·Meist·muss·man·noch·einen·Teil·des·abgeschütteten·Kochwassers·zugeben.·Vor·dem·Auftragen·wird·der·Sterz·abgeschmalzen.¶

2. Um die Formatvorlagen anzuwenden, markieren Sie zunächst die Überschrift, in unserem Fall *Erdäpfelsterz* ❶.

3. Dann klicken Sie mit der linken Maustaste auf die Formatvorlage **1 Überschrift** ❷.

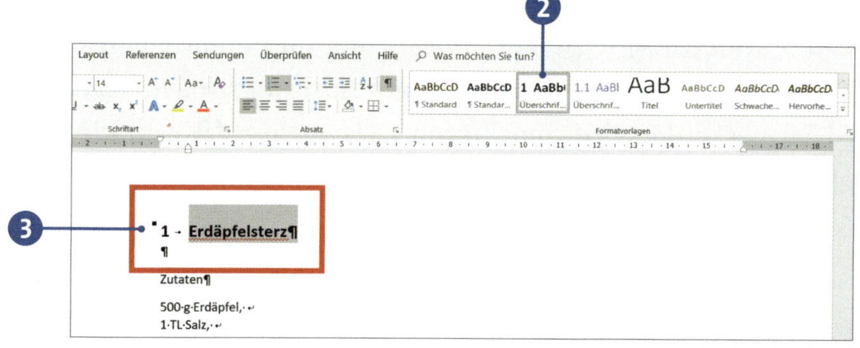

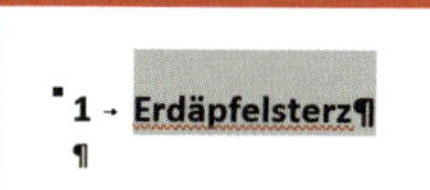

Sie sehen, dass die Überschrift alle von uns zuvor eingestellten Formatierungen aufweist sowie eine Nummer erhalten hat ❸.

4. Markieren Sie als Nächstes die Zutatenliste, und klicken Sie dann auf die von uns angelegte und eigens als **Standard fett** ❹ bezeichnete Formatvorlage im Menüband. Leider ist die komplette Bezeichnung auf den meisten Bildschirmen, so auch hier, etwas abgeschnitten. Wenn Sie länger mit dem Mauszeiger darauf verweilen, wird Ihnen der Name der Formatvorlage aber als sog. *Tooltip* ❺ angezeigt.

WAS TUN?

Sie haben vergessen, wie man den Text geschickt markiert? Schlagen Sie kurz ab Seite 22 nach, dort haben wir es ausführlich erklärt.

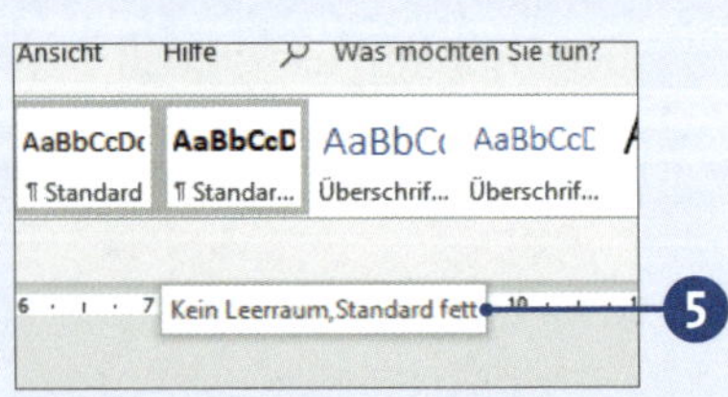

Im Tooltip sehen Sie, um welche Formatvorlage es sich handelt. Lassen Sie sich in diesem Fall nicht irritieren, dass Word hier beharrlich zusätzlich auch die alte Bezeichnung einblendet, das ist ein Programmfehler.

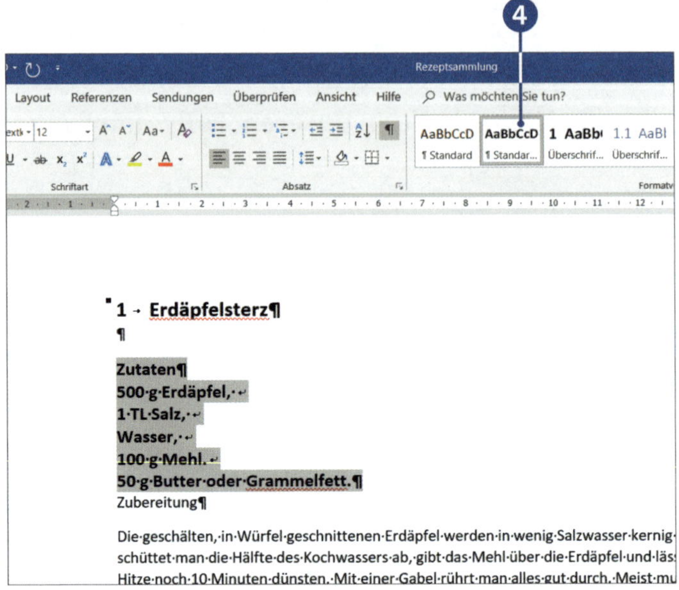

5. Nun klicken Sie vor *Zubereitung* und betätigen die Taste [↵], damit ein angemessener Abstand zum vorigen Absatz erzeugt wird, markieren *Zubereitung* (6) und klicken schließlich erneut auf die Formatvorlage **Standard fett** (7).

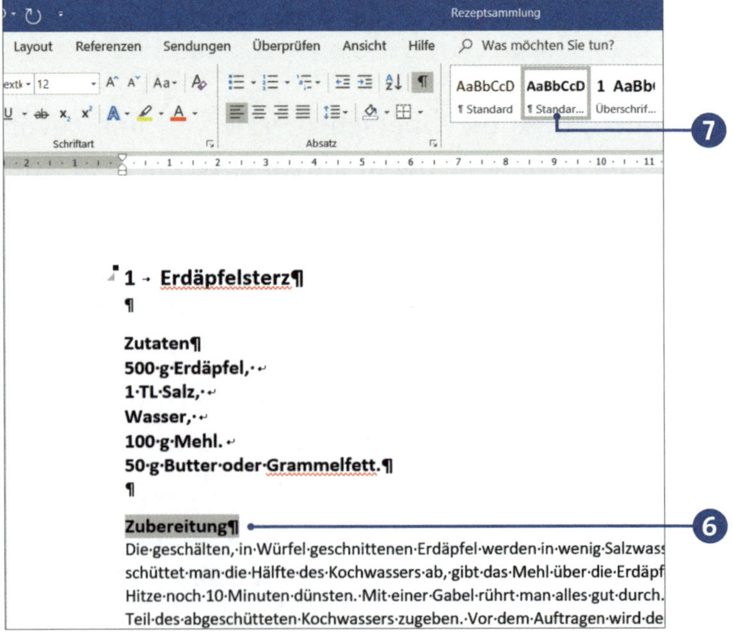

6. Zum Schluss markieren Sie noch den eigentlichen Zubereitungstext und klicken schließlich auf die Formatvorlage **Standard** ❽.

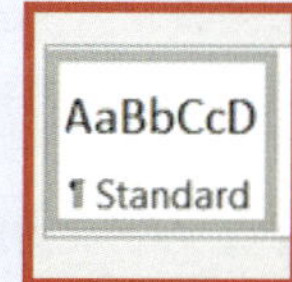

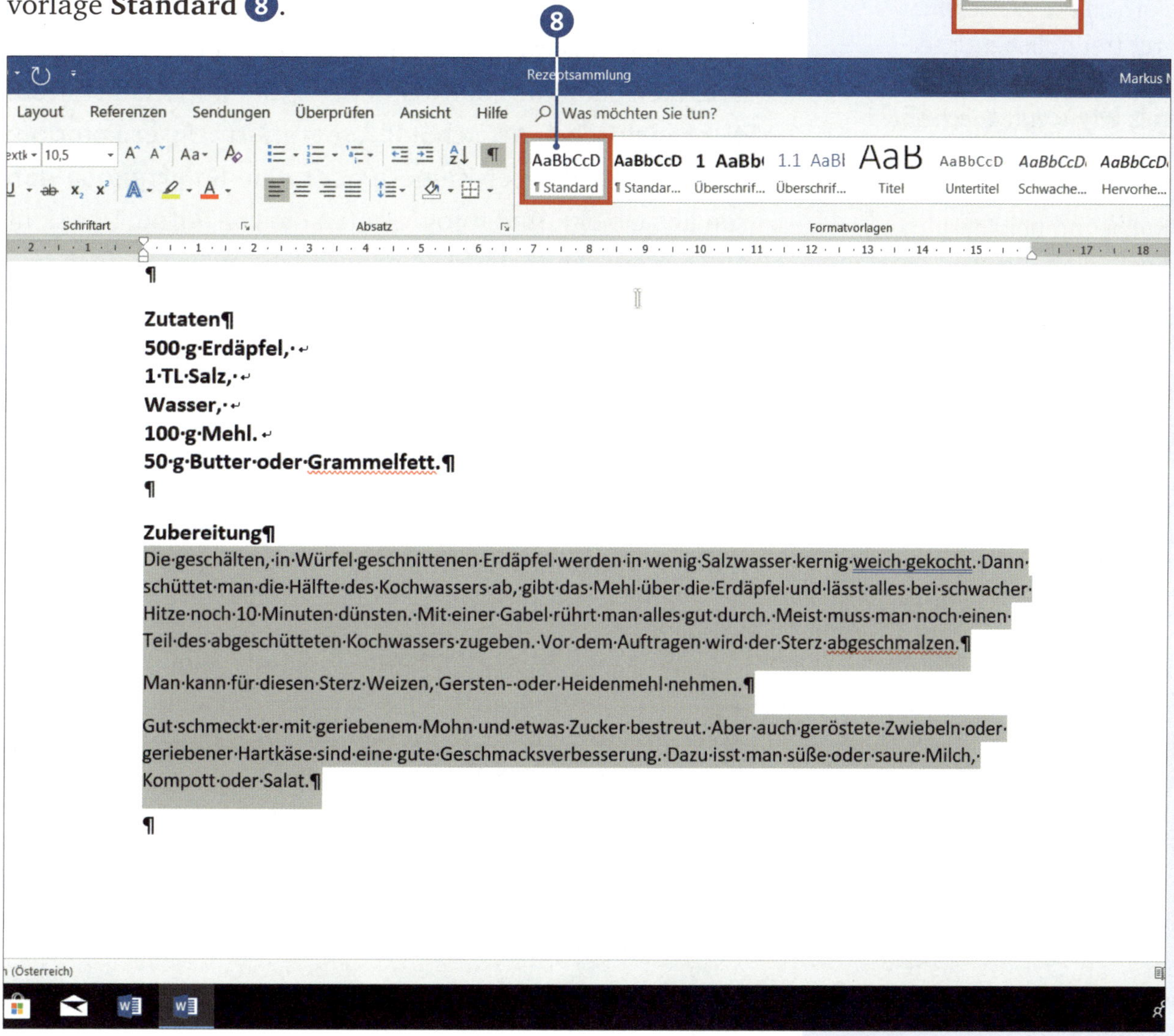

8

Rezeptsammlung

Layout Referenzen Sendungen Überprüfen Ansicht Hilfe Was möchten Sie tun?

Schriftart Absatz Formatvorlagen

AaBbCcD ¶ Standard | AaBbCcD ¶ Standar... | 1 AaBb Überschrif... | 1.1 AaBl Überschrif... | AaB Titel | AaBbCcD Untertitel | AaBbCcD Schwache... | AaBbCcD Hervorhe...

¶

Zutaten¶
500·g·Erdäpfel,·↵
1·TL·Salz,·↵
Wasser,·↵
100·g·Mehl.·↵
50·g·Butter·oder·Grammelfett.¶
¶

Zubereitung¶
Die·geschälten,·in·Würfel·geschnittenen·Erdäpfel·werden·in·wenig·Salzwasser·kernig·weich·gekocht.·Dann·schüttet·man·die·Hälfte·des·Kochwassers·ab,·gibt·das·Mehl·über·die·Erdäpfel·und·lässt·alles·bei·schwacher·Hitze·noch·10·Minuten·dünsten.·Mit·einer·Gabel·rührt·man·alles·gut·durch.·Meist·muss·man·noch·einen·Teil·des·abgeschütteten·Kochwassers·zugeben.·Vor·dem·Auftragen·wird·der·Sterz·abgeschmalzen.¶

Man·kann·für·diesen·Sterz·Weizen,·Gersten-·oder·Heidenmehl·nehmen.¶

Gut·schmeckt·er·mit·geriebenem·Mohn·und·etwas·Zucker·bestreut.·Aber·auch·geröstete·Zwiebeln·oder·geriebener·Hartkäse·sind·eine·gute·Geschmacksverbesserung.·Dazu·isst·man·süße·oder·saure·Milch,·Kompott·oder·Salat.¶

¶

Foto ins Rezept einfügen

Fotos dieses Abschnitts mit freundlicher Unterstützung des Rezeptportals *www.gutekueche.at* – hier finden Sie viele Klassiker der österreichischen Küche mit bebilderten Kochanleitungen.

Zum Schluss wollen wir noch ein ansprechendes Foto hinzufügen. Dank Smartphone sind ja der Gugelhupf im Backofen oder auch die köstlichen gestampften Kartoffeln österreichischer Art schnell fotografiert. Unser Fototipp: Gehen Sie mit Ihrer Kamera oder dem Smartphone nah ran ans Objekt, und fotografieren Sie von vorne. Das sieht viel appetitlicher aus als die klassischerweise einfach von oben abfotografierten Gerichte. Dazu erhält das Motiv eine charmante Unschärfe nach hinten, die das eventuell vorhandene Küchenchaos elegant ausblendet.

1. Fügen Sie am Ende Ihres Rezepttextes mithilfe von ↵ noch ein oder zwei Absätze ein, und klicken Sie dann auf den Reiter **Einfügen**.

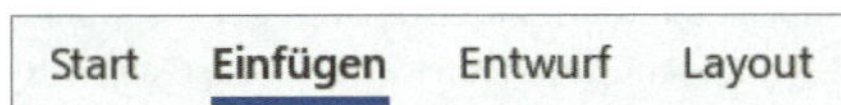

2. Wählen Sie im Menüband mit einem Klick die Schaltfläche **Bilder** ❶.

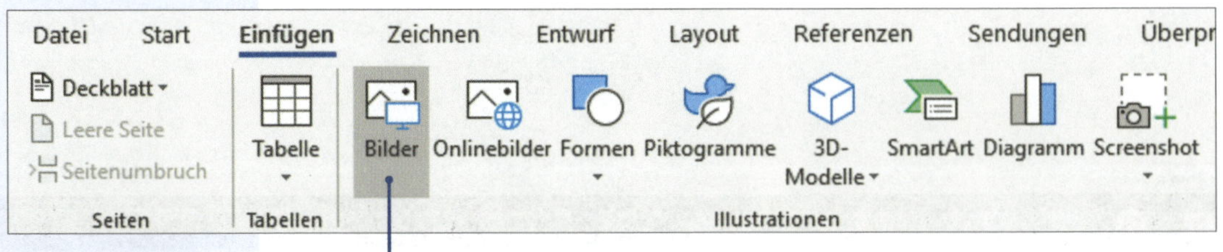

ACHTUNG!

Wenn Ihre Bilder in einem anderen Ordner gespeichert sind, navigieren Sie bitte zu diesem Speicherort.

3. Damit gelangen Sie in die Ordnerstruktur in den Bereich **Bilder**. Hier haben Sie vielleicht auch schon einige Unterordner erzeugt, die Sie mit einem Doppelklick öffnen. Wählen Sie mit der linken Maustaste das gewünschte Bild an, und klicken Sie dann auf **Einfügen** ❷.

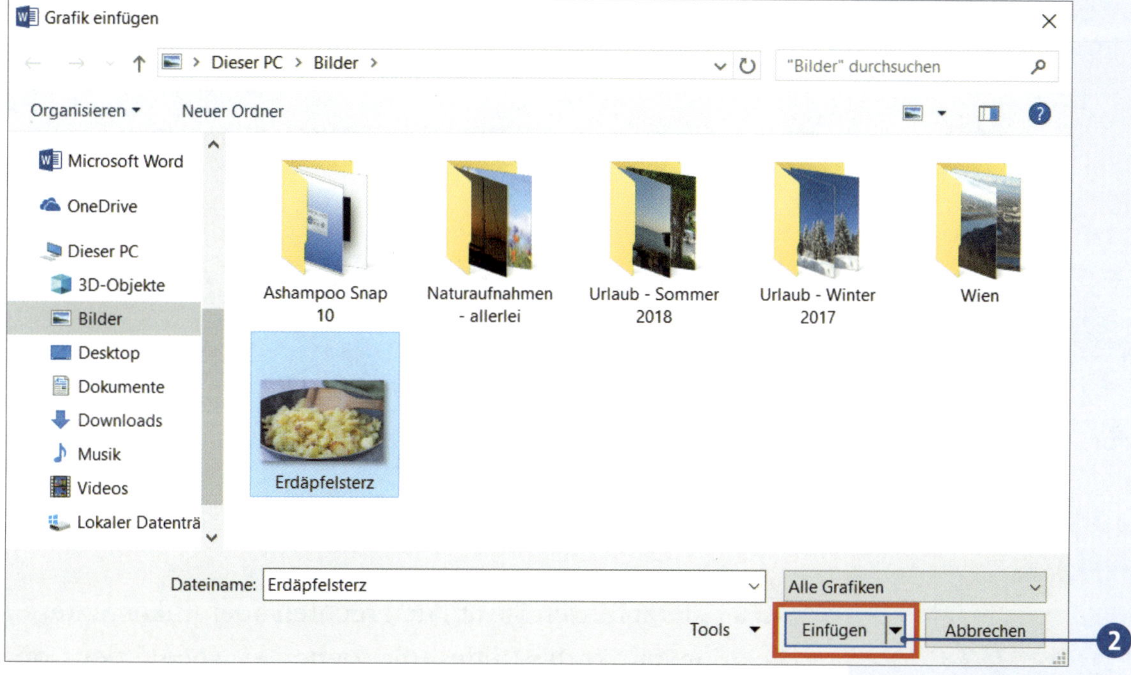

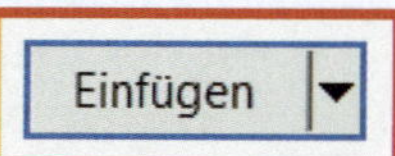

4. Jetzt wollen wir das Bild anpassen und klicken zu diesem Zweck unter dem Reiter **Format** ③ zunächst auf die Schaltfläche **Textumbruch** ④.

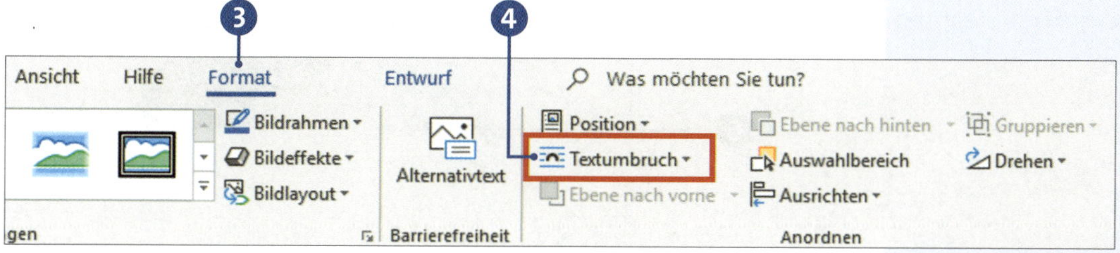

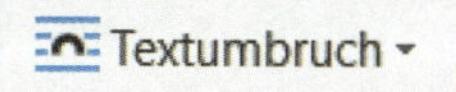

5. Im Ausklappmenü wählen Sie mit der linken Maustaste die Schaltfläche **Transparent** ⑤ aus. Damit lässt sich das Bild frei verschieben.

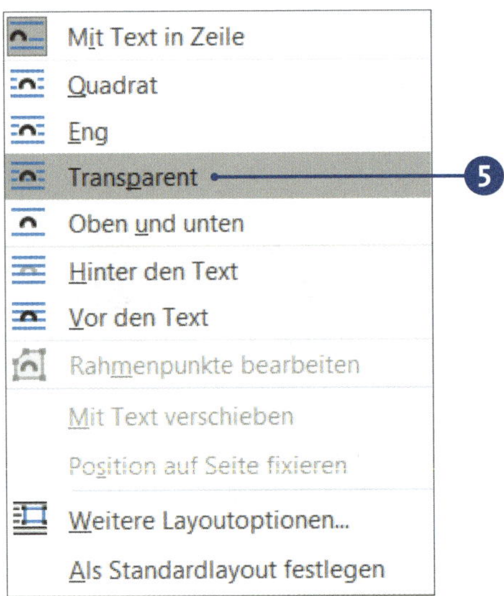

6. Jetzt fahren Sie auf den rechten oder linken unteren Positionspunkt des Bildes und ziehen es, sobald der Doppelpfeil erscheint, mit gedrückter linker Maustaste in eine passende Größe 6.

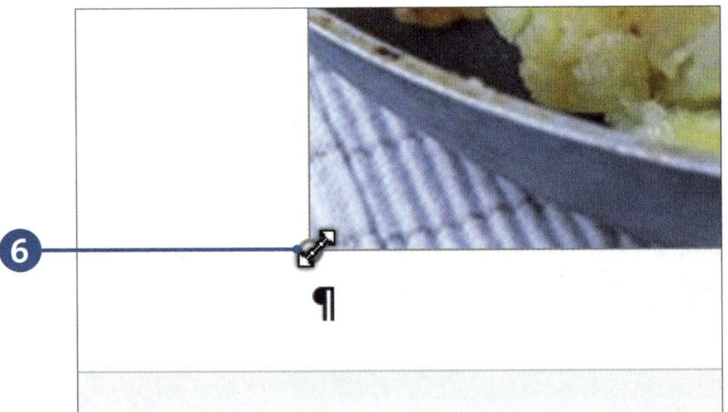

7. Wenn das erledigt ist, fahren Sie mit der Maus auf das Bild (es erscheint das Verschiebekreuz, siehe dazu auch Seite 136) und schieben es mit gedrückter linker Maustaste in die Mitte – eine grüne Linie zeigt an, wenn es perfekt zentriert ist.

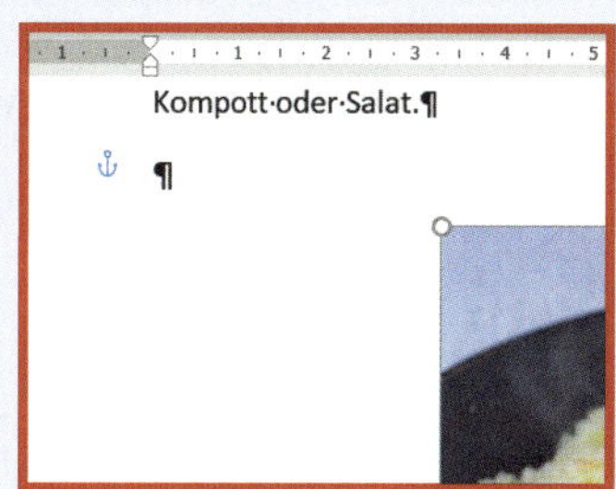

8. Damit das Bild später auch schön beim Text bleibt und nicht bei einem Seitenumbruch, beim Einfügen von Text oder infolge von Formatierungen an einer anderen Stelle landet, verankern wir das Bild beim vorangehenden Text. Fahren Sie dazu mit der Maus auf den blauen Anker **7**, der neben dem Bild erscheint, und ziehen Sie ihn mit gedrückter linker Maustaste nach oben an den letzten Textabsatz **8**.

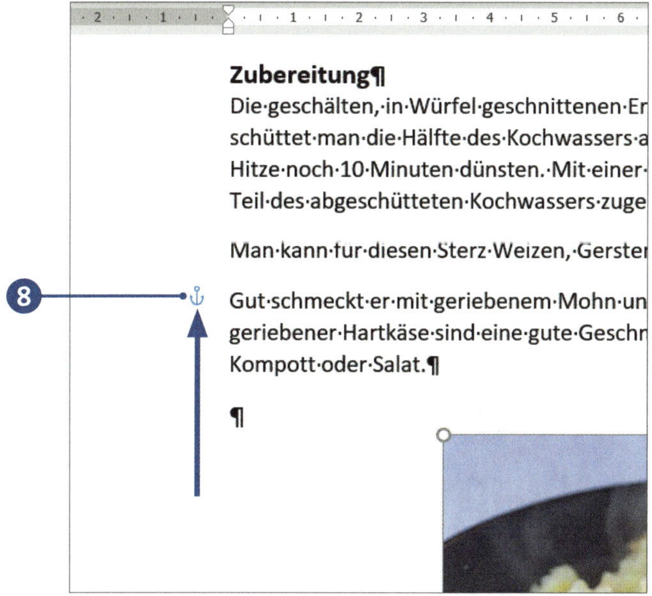

9. Damit ist die erste Rezeptseite fertig! Für die Folgeseite klicken Sie jetzt mit der linken Maustaste vor das Absatzzeichen unter dem Bild und anschließend auf den Reiter **Einfügen**.

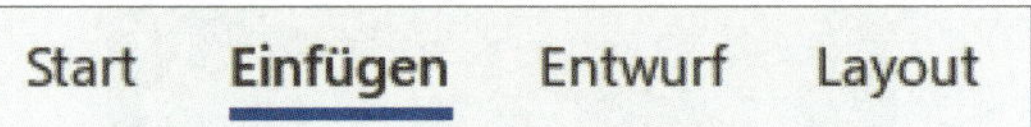

10. Im Menüband wählen Sie die Schaltfläche **Seitenumbruch** 9 mit einem Klick an.

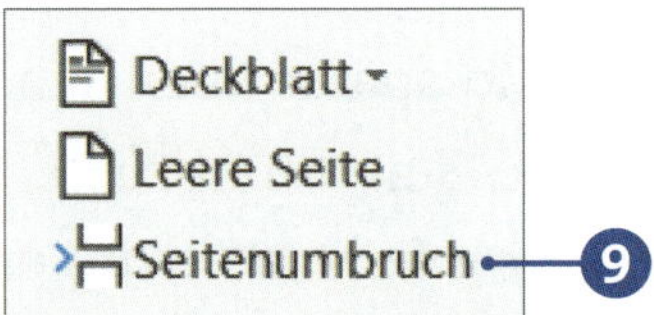

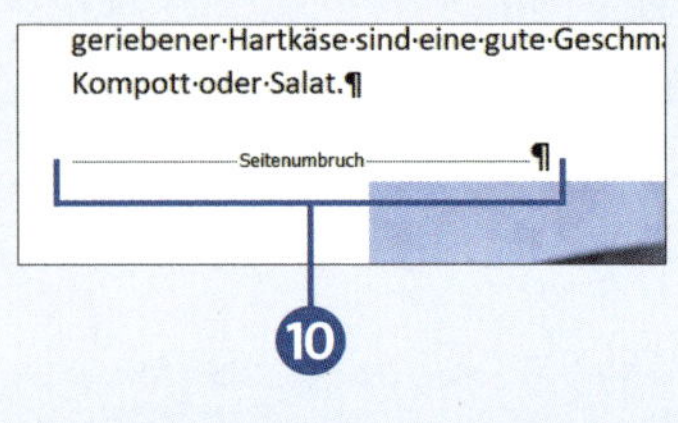

11. Damit springen wir auf die nächste Seite, der Seitenumbruch wird – wie Sie es bereits weiter oben kennengelernt haben – als nicht druckendes Formatierungszeichen angezeigt 10. In dieser Weise füllen Sie Ihr Rezeptbuch mit selbst abgetippten Rezepten, bis alle gewünschten Rezepte enthalten sind.

WAS TUN?

Keine Sorge, wie Sie die hier abgebildeten Seitenzahlen in Ihr Rezeptbuch integrieren, erfahren Sie selbstverständlich noch im weiteren Verlauf dieses Kapitels.

Ein Rezept aus einem Dokument einfügen

Wenn Sie Ihr noch vollständiges leeres Dokument mit bereits vorhandenen Rezepten füllen wollen oder Ihre bis dato erstellte Sammlung durch weitere Rezepte, die bereits als Word-Datei abgespeichert sind, ergänzen möchten, gehen Sie folgendermaßen vor.

ACHTUNG!
Öffnen Sie zuallererst Ihr Dokument *Rezeptsammlung.doc*.

1. Klicken Sie auf den Reiter **Datei**. Danach wählen Sie mit einem weiteren Mausklick **Öffnen** (1) aus.

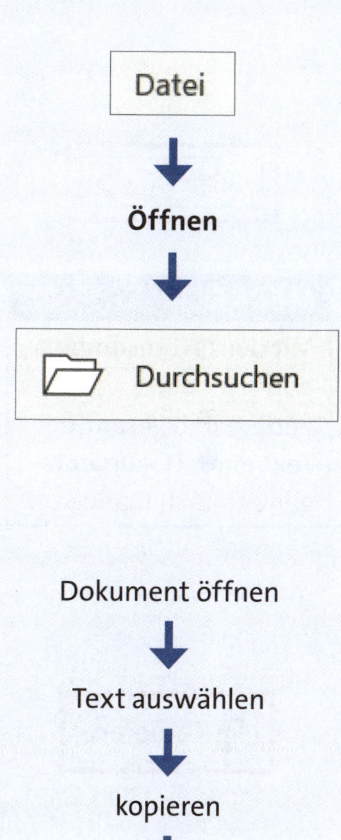

2. Danach klicken Sie auf **Durchsuchen** (2), um in die Ordnerstruktur zu gelangen.

3. Dort wählen Sie mit einem linken Mausklick die gewünschte Datei aus, in unserem Fall *Burgunderbraten*, und klicken dann auf die Schaltfläche **Öffnen** (3).

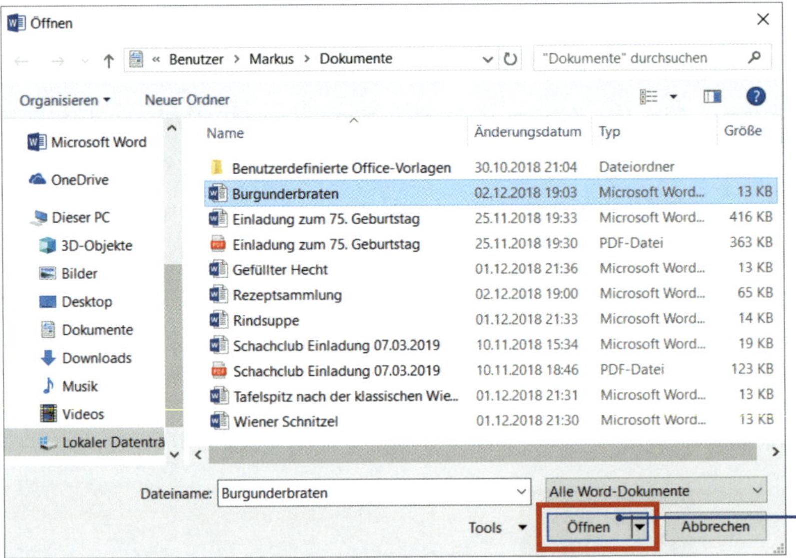

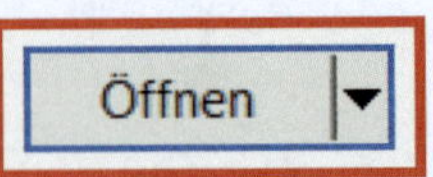

4. Es öffnet sich das entsprechende Word-Dokument. Markieren Sie den gesamten Text per Maus oder indem Sie nacheinander die Tasten Strg + A betätigen und Strg dabei weiter gedrückt halten, und klicken Sie unter dem Reiter **Start** auf die Schaltfläche **Kopieren** auf der linken Seite des Menübandes. Damit haben Sie den gesamten Text in die Zwischenablage gelegt.

MERKE

Mit der Tastenkombination Strg + A können Sie den gesamten Text eines Dokuments ganz einfach markieren.

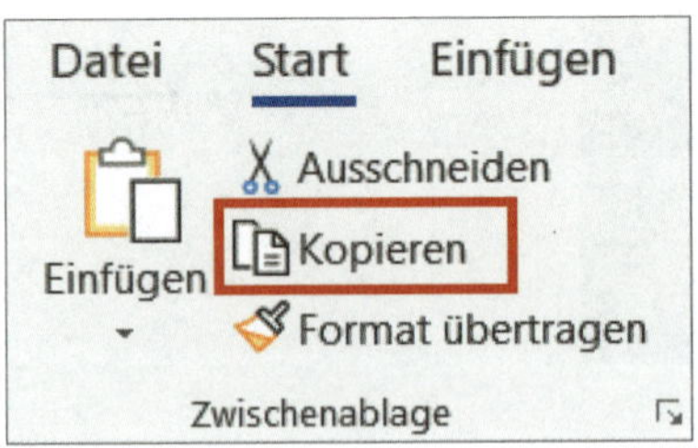

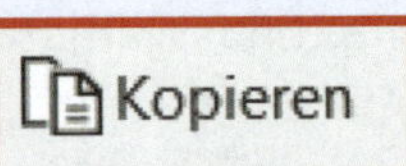

5. Nun führen Sie die Maus auf das blau unterstrichene Word-Symbol **4** in der Taskleiste. Es werden die beiden geöffneten Word-Dateien als kleine Vorschaufenster angezeigt.

MERKE

Die Unterstreichung des Programmsymbols in der Taskleiste bedeutet, dass das Programm geöffnet ist.

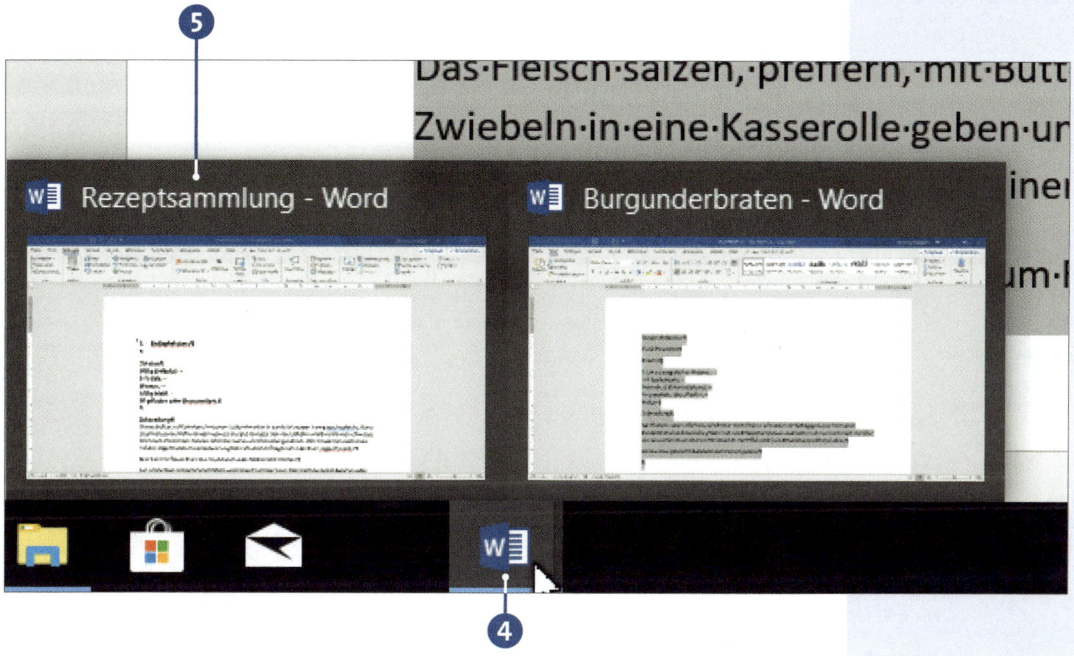

6. Führen Sie die Maus jetzt vorsichtig auf die Vorschau Ihrer Rezeptsammlung **5**, und klicken Sie mit der linken Maustaste darauf. Damit holen Sie diese Datei wieder in ihrer normalen Größe in den Vordergrund.

7. Nun blättern Sie mit dem Scrollbalken rechts auf die zweite bzw. die gewünschte Seite des Dokuments und klicken mit der linken Maustaste vor das Absatzzeichen ganz oben. Dann klicken Sie zunächst auf den Reiter **Start** **6** und anschließend auf die Schaltfläche **Einfügen** **7** ganz links im Menüband. Achten Sie darauf, das Symbol anzuklicken und nicht den kleinen Pfeil.

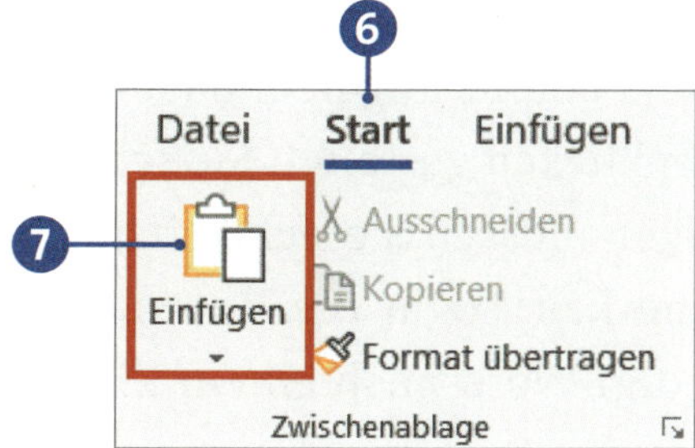

ACHTUNG!

Wenn Sie den Mauszeiger zu schnell nach oben führen, verschwinden die Vorschaufenster wieder, und Sie können sie nicht per Mausklick anwählen.

8. Bitte schön – das Rezept ist nun im Rezeptbuch eingefügt. Klicken Sie nun am besten einmal auf das Symbol zur Schnellspeicherung oben links.

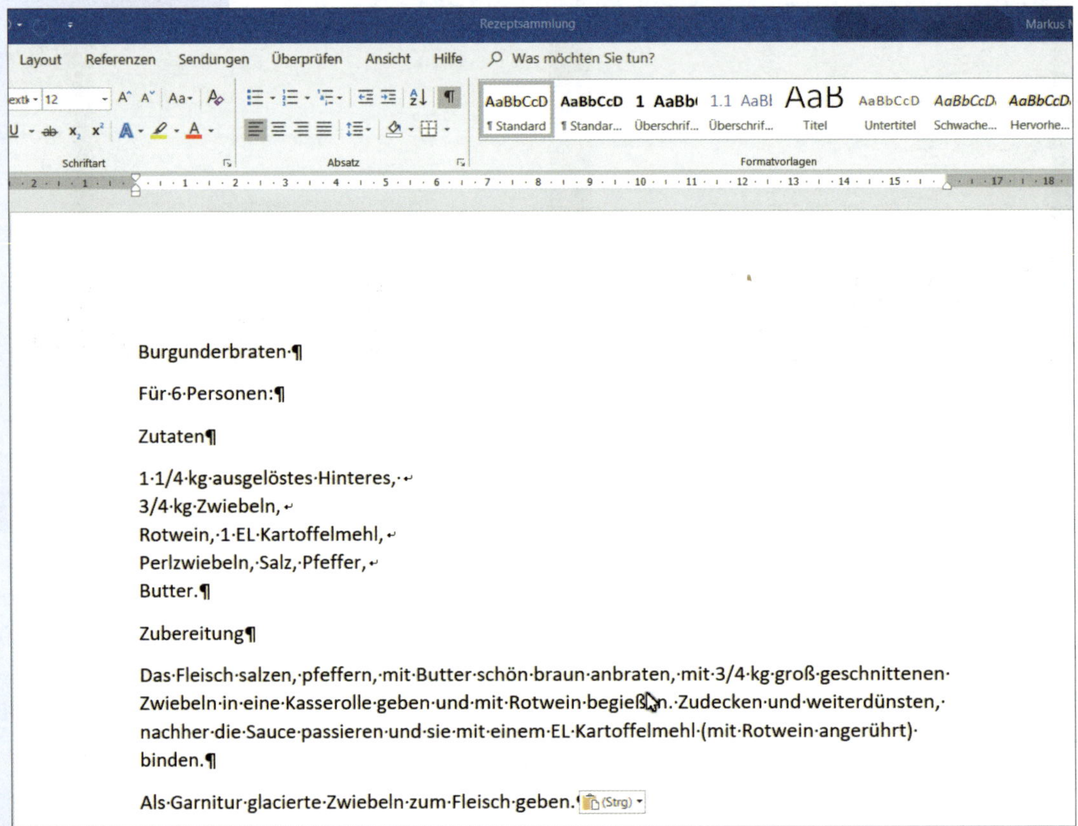

MERKE

Formatvorlagen sparen Zeit – einmal angelegt, können sie immer wieder angewendet werden.

Natürlich stimmt die Gestaltung noch nicht mit der speziell für unser Rezeptbuch vorgesehenen überein – dies erledigen Sie mithilfe der Formatvorlagen, so wie im Abschnitt »Rezepte eingeben und formatieren« ab Seite 172 beschrieben. Da Sie diese ja bereits angelegt haben, ist das Rezept in wenigen Augenblicken gestaltet. Sie sehen sicher, dank der Formatvorlagen müssen Sie sich keine Schriftart oder Schriftgrößen merken, sogar die Nummerierung in der Überschrift erledigt Word nach einem Klick vollautomatisch.

Seitennummerierung und Inhaltsverzeichnis anlegen

Wir haben nun eine Menge Rezepte angelegt und damit bereits 14 Seiten gefüllt. Damit wir den Überblick nicht verlieren, möchten wir alle Seiten nummerieren.

1. Aktivieren Sie dazu zunächst per Mausklick den Reiter **Einfügen**.

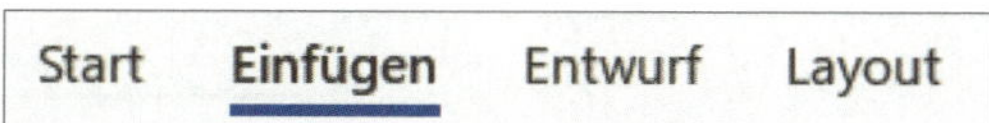

2. Klicken Sie im Menüband rechts auf die Schaltfläche **Seitenzahl** 1.

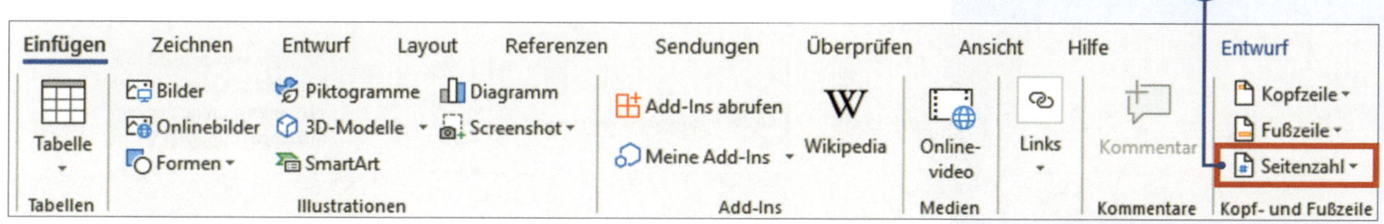

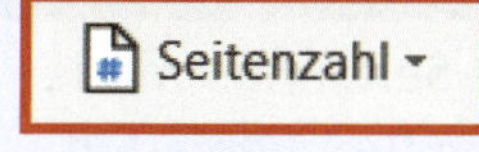

3. Im Ausklappmenü können Sie auswählen, an welcher Position die Seitenzahlen stehen sollen. Wir entscheiden uns für **Seitenanfang** 2.

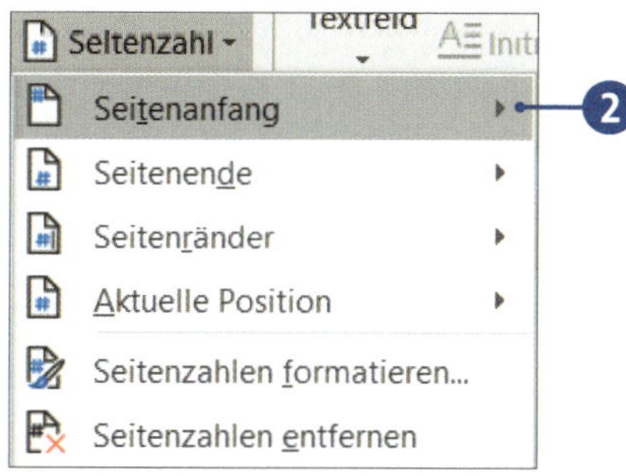

Sobald Sie die Maus an die gewünschte Position führen, erscheint ein Untermenü mit verschiedenen Formatierungsmöglichkeiten 3. Wir entscheiden uns für **Einfache Zahl 3** 4, bei der die Seitenzahl rechtsbündig steht, und klicken darauf.

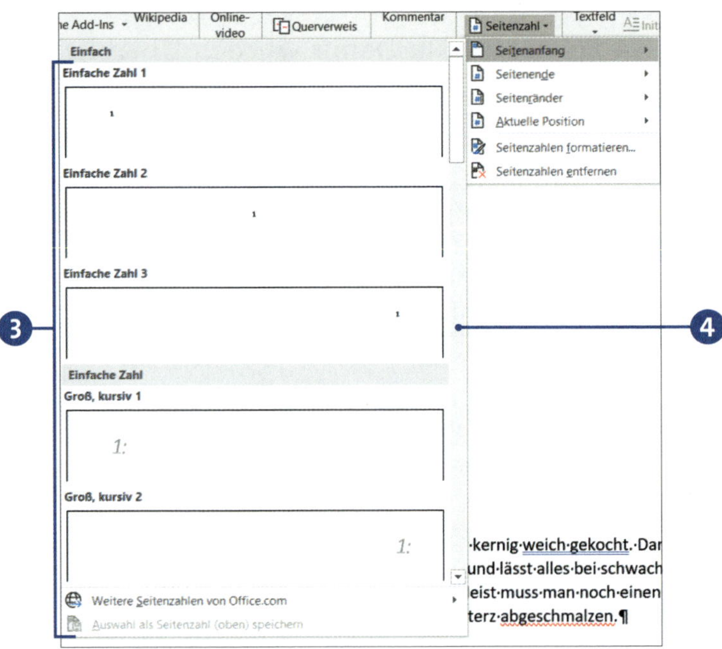

MERKE

Die Seitennummerierung funktioniert in Word ganz automatisch.

4. Sofort wird eine Kopfzeile eingerichtet, und die Seitenzahl erscheint 5. Wenn Sie jetzt in Ihrem Dokument herunterscrollen, werden Sie sehen, dass sämtliche Seiten korrekt durchnummeriert sind.

5. Nun wollen wir, dass das Wort *Seite* vor der Zahl steht. Dazu klicken wir mit der linken Maustaste vor die Zahl, schreiben »Seite« und setzen einen Leerschritt.

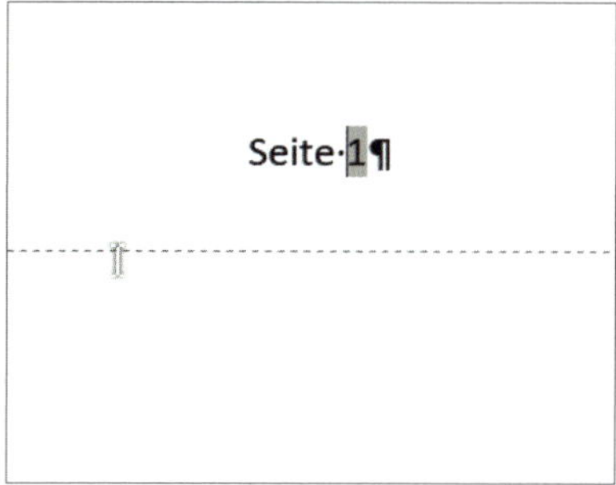

MERKE

Die Seitennummerierung wird in der sog. *Kopfzeile* vorgenommen. Wenn Sie hier etwas ergänzen, so ist das auf jeder weiteren Seite zu sehen.

Sie sehen, wenn Sie erneut in Ihrem Dokument nach unten scrollen, dass nun jede Seite mit dem Begriff *Seite* vor der Zahl versehen ist.

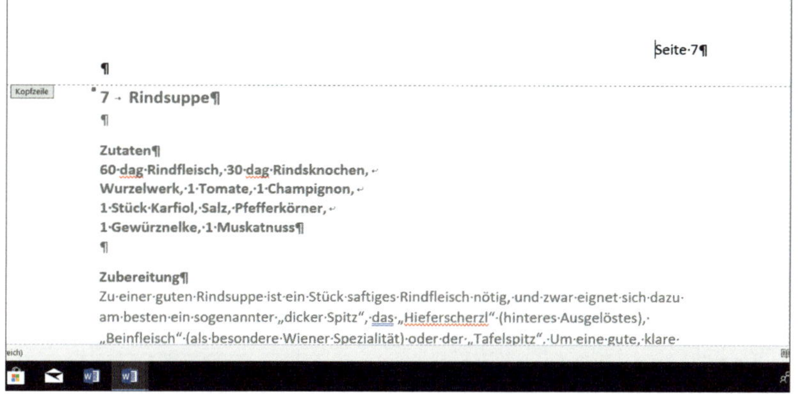

ACHTUNG!

Sie befinden sich aktuell in der Kopfzeile. Das erkennen Sie daran, dass der eigentliche Text grau dargestellt ist. Wenn Sie wieder in den normalen Fließtext wechseln möchten, doppelklicken Sie einfach in den Text. Umgekehrt: Wenn Sie in die Kopfzeile möchten, um dort etwas zu ändern, doppelklicken Sie in die Kopfzeile.

Damit wir uns in unserer Sammlung zurechtfinden, möchten wir die Rezepte jetzt alphabetisch ordnen. Das klappt dank unserer raffiniert angelegten Formatvorlagen ebenfalls automatisch.

1. Markieren Sie dazu das gesamte Dokument, indem Sie an beliebiger Stelle ins Dokument hineinklicken und die Tastenkombination `Strg` + `A` drücken. Dann klicken Sie auf den Reiter **Start** und im Menüband darunter in der Gruppe **Absatz** auf die Schaltfläche **Sortieren** ❶.

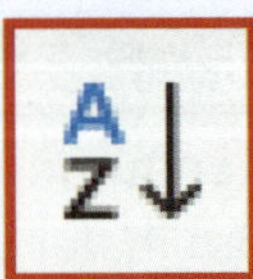

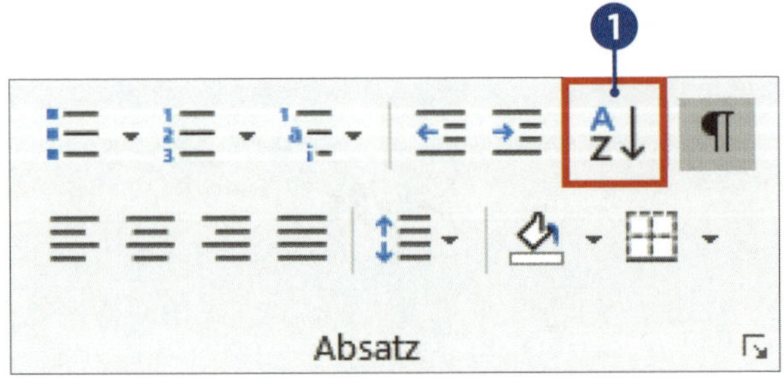

2. Im nun erscheinenden Dialogfenster **Text sortieren** klicken Sie im Bereich **Sortieren nach** auf den Pfeil neben **Absätze** 2 und wählen mit einem linken Mausklick **Überschriften** 3 aus. Alle übrigen Einstellungen belassen Sie – wir wollen nämlich aufsteigend, also von A bis Z, sortieren lassen und belassen daher die Aktivierung bei der Option **Aufsteigend** 4.

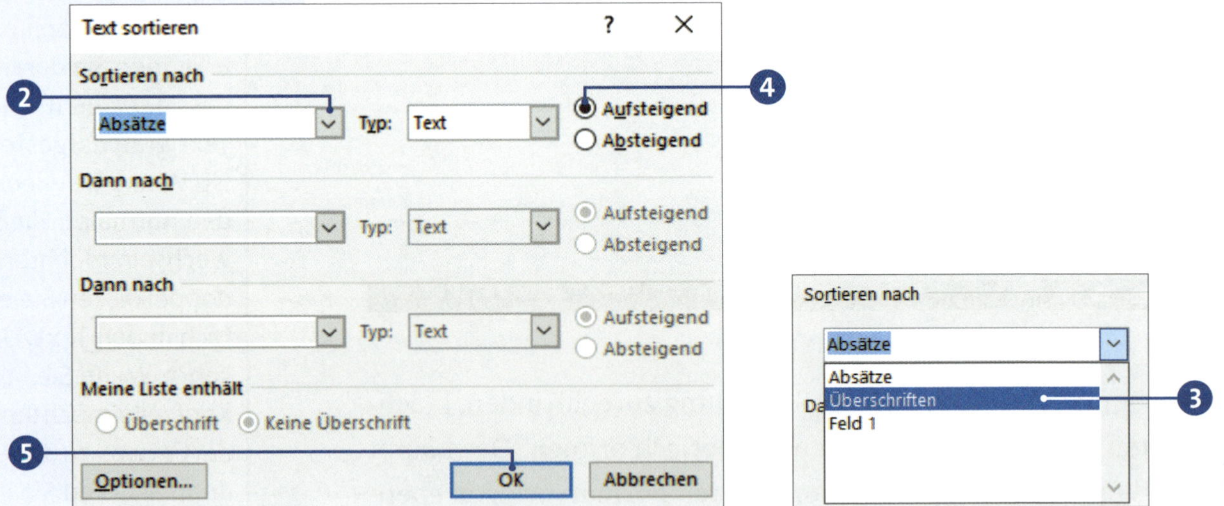

3. Um die Sortierung der Rezepte im Dokument vorzunehmen, klicken Sie auf **OK** 5. Anschließend sind sämtliche Überschriften und natürlich auch die dazugehörigen Inhalte korrekt von A bis Z sortiert.

Wenn Sie mit dem Scrollbalken nach unten fahren, sehen Sie übrigens währenddessen in einem kleinen Seitenkasten auch, auf welcher Seite und bei welchem Rezept Sie sich gerade befinden. Das ist beim schnellen Blättern hilfreich, um an der richtigen Stelle den Scrollvorgang zu beenden bzw. zu verlangsamen. Es gibt aber eine noch schnellere Möglichkeit, um zu einem bestimmten Rezept zu springen, wie Sie im Kasten »Powertipp: Schneller zur gewünschten Seite« auf Seite 192 erfahren werden.

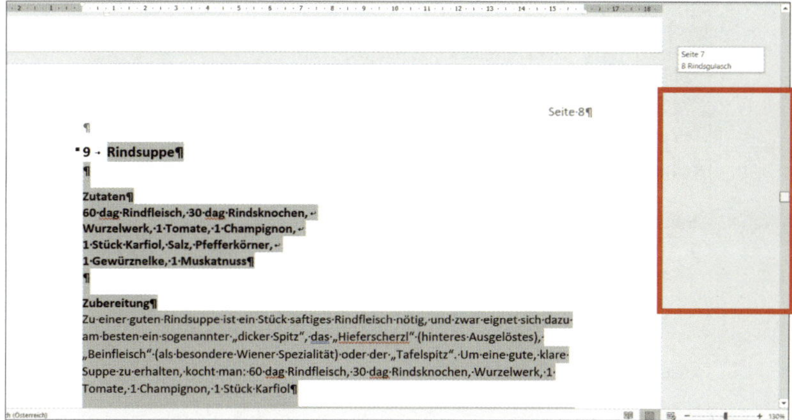

Nach diesen Vorbereitungen kann nun ein Inhaltsverzeichnis erzeugt werden. Das ist sinnvoll, wenn Ihre Rezeptsammlung nach und nach immer größer wird.

1. Klicken Sie mit der linken Maustaste vor die erste Überschrift im Rezeptdokument – in unserem Fall *Burgunderbraten*. Damit Word das Inhaltsverzeichnis mit dem ersten Rezept beginnend erzeugen kann, muss der Cursor auch vor der ersten Überschrift platziert werden.

2. Klicken Sie nun auf den Reiter **Referenzen** ❶ und im Menüband darunter auf die Schaltfläche **Inhaltsverzeichnis** ❷.

WAS TUN?

Vor die Überschriftenziffer können Sie nicht klicken, lediglich dahinter, also dort, wo die eigentliche Überschrift beginnt.

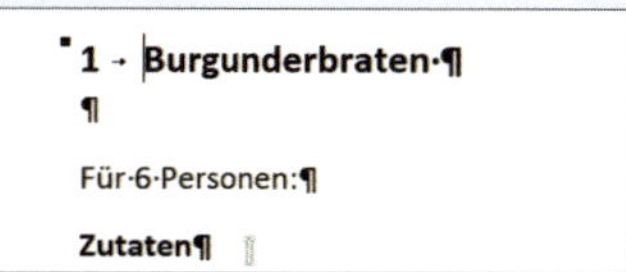

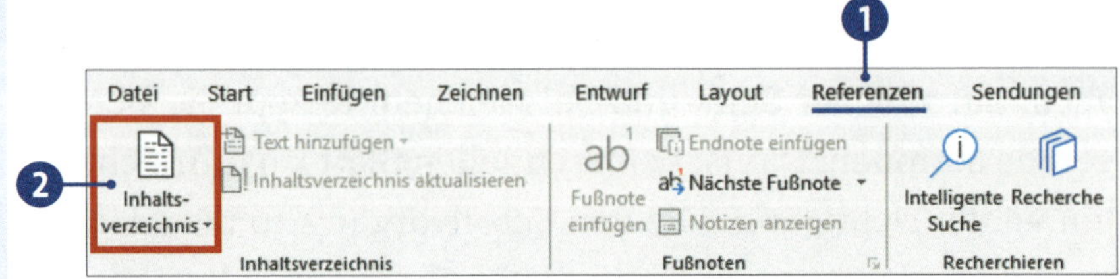

Im Ausklappmenü stehen mehrere Inhaltsverzeichnistypen zur Auswahl.

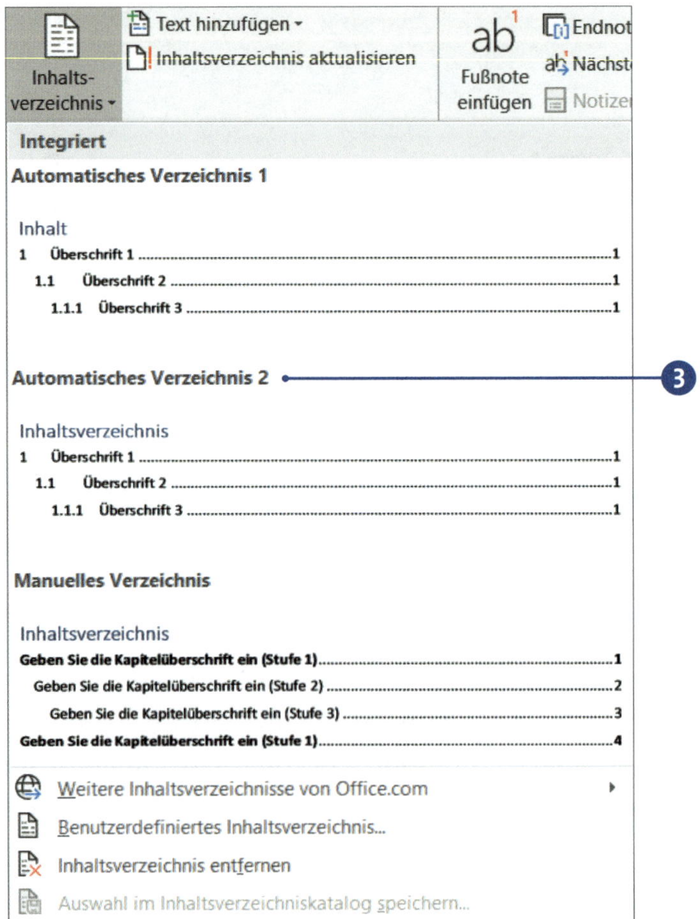

3. Wir entscheiden uns für **Automatisches Verzeichnis 2** (3) und klicken darauf. Das Inhaltsverzeichnis wird gleich auf der Seite erzeugt, auf der sich der Cursor befindet – in unserem Fall also direkt vor dem Bratenrezept.

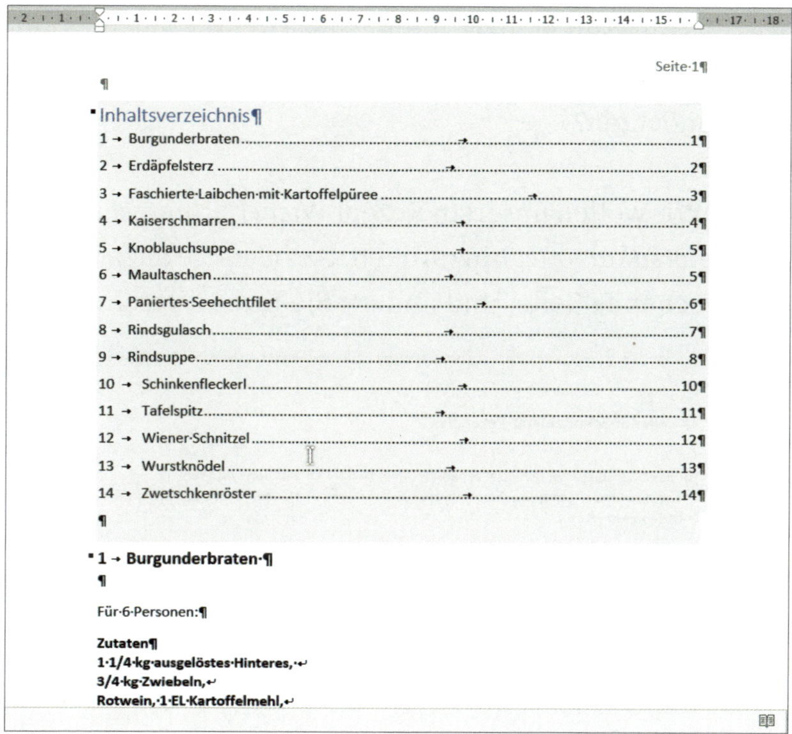

4. Das Rezept soll aber logischerweise wieder auf eine separate Seite. Klicken Sie daher vor Ihren ersten Rezepttitel – also vor das *B* von *Burgunderbraten*. Danach klicken Sie auf den Reiter **Einfügen** und anschließend auf **Seitenumbruch**.

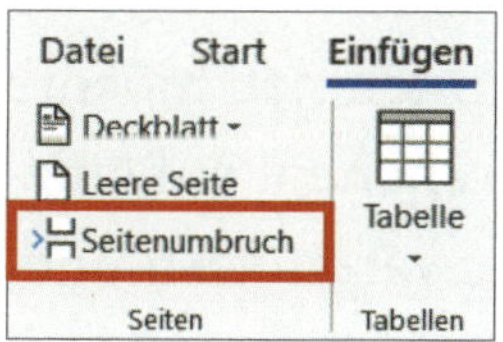

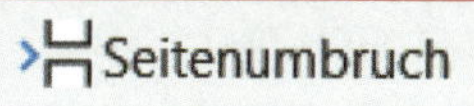

Inhaltsverzeichnis aktualisieren

Das Inhaltsverzeichnis ist nun fix und fertig und steht zu Beginn der Rezeptsammlung auf einer eigenen Seite. Allerdings werden Sie feststellen, dass das erste Rezept durch den Seitenumbruch auf Seite 2 gelandet ist, aber eigentlich auf Seite 1 stehen soll. Da liegt die Frage nahe, was geschieht, wenn Sie im Nachhinein noch eine Rezeptüberschrift anpassen wollen, ein Rezept auf eine zweite Seite ausweiten oder gar ein oder mehrere Rezepte neu hinzufügen möchten?

WAS TUN?

Sie können diese Übung mit jedem beliebigen Rezept Ihres Dokuments durchführen, es muss also keineswegs das erste Rezept der Sammlung sein.

1. Wir wollen unserem Rezept *Wiener Schnitzel* als Beilage *Petersilkartoffel* hinzufügen. Scrollen Sie dazu auf die entsprechende Seite, und ändern Sie Ihre Überschrift ab.

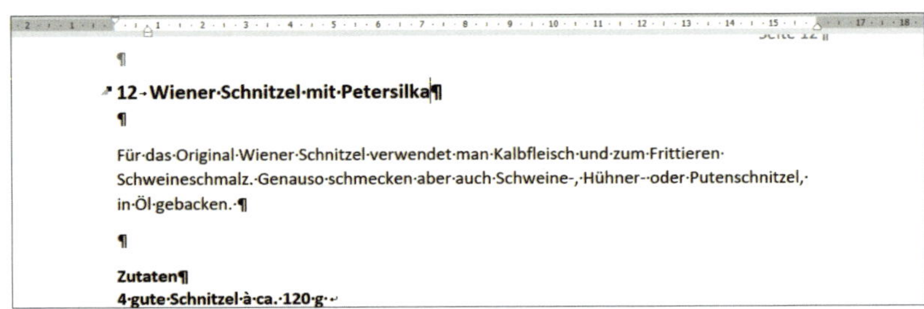

Powertipp: Schneller zur gewünschten Seite

Mit Ihrem digitalen Inhaltsverzeichnis können Sie auch ganz fix zu einer bestimmten Seite springen. Dazu genügt es, eine Überschrift mit Strg und einem linken Mausklick anzuwählen, und schon sind Sie auf der richtigen Seite.

2. Sie werden feststellen, dass auch diese Änderung im Inhaltsverzeichnis nicht automatisch übernommen wird, wie man vielleicht annehmen möchte. Auch wenn Sie ein Rezept, wie eben geschehen, auf eine neue Seite verschieben oder wenn sie es verlängern und dadurch die folgenden Rezepte automatisch auf eine neue Seite rutschen, wird die Seitenzahl im Inhaltsverzeichnis nicht angepasst.

MERKE

Das Inhaltsverzeichnis passt sich nicht automatisch an und muss daher, wenn sich durch Änderungen und Ergänzungen im Dokumenttext neue Seitenzahlen und Überschriften ergeben, immer eigens aktualisiert werden.

3. Gehen Sie daher zur ersten Seite mit dem Inhaltsverzeichnis, und klicken Sie dort hinein. Es wird umrahmt, und im oberen linken Bereich erscheint die Schaltfläche **Inhaltsverzeichnis aktualisieren** (1). Klicken Sie darauf.

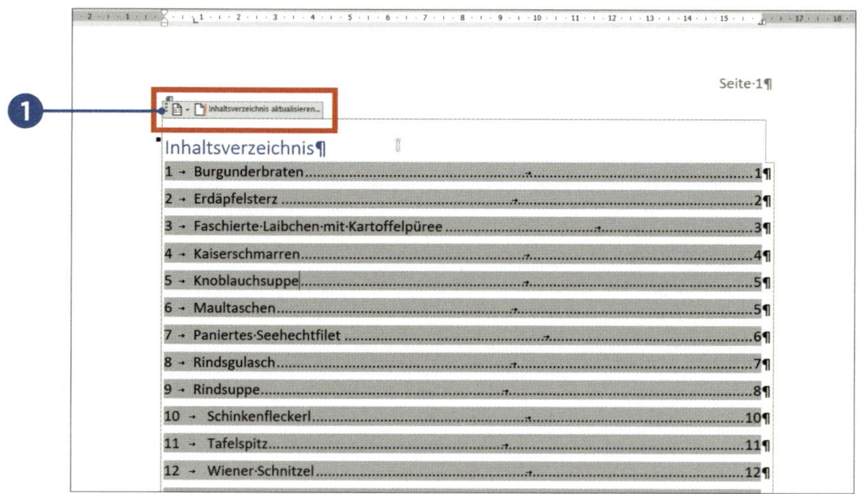

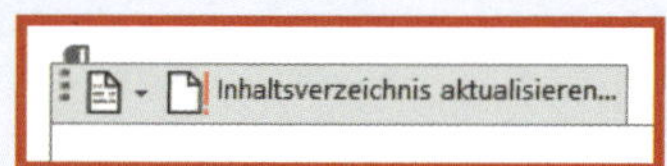

4. Ein Dialogfenster öffnet sich, in dem die Option **Nur Seitenzahlen aktualisieren** 2 voreingestellt ist. Wenn Sie am Text nichts geändert haben und nur wollen, dass Ihr erstes Rezept gemäß der Seitenzahlen des Dokuments die Seitenzahl 2 erhält, wäre diese Option ausreichend. Da wir aber eben an einer Rezeptüberschrift Änderungen vorgenommen haben, aktivieren Sie stattdessen die Option **Gesamtes Verzeichnis aktualisieren** 3 mit einem Mausklick in den weißen Kreis.

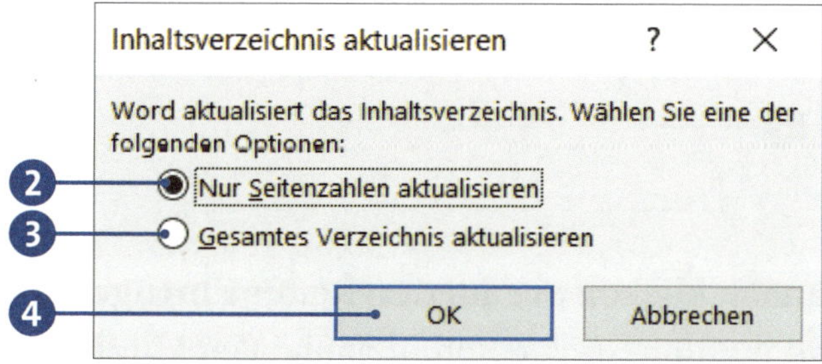

Klicken Sie nun auf **OK** 4. Sie sehen, der Burgunderbraten wird mit Seite 2 angegeben 5, und das Wiener Schnitzel erscheint mit unserem Zusatz *mit Petersilkartoffel* 6.

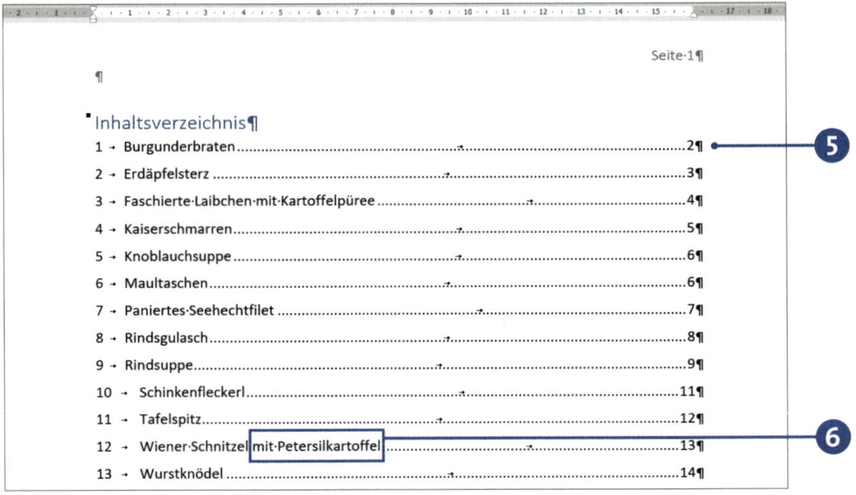

Titelblatt gestalten

Was wäre eine schöne Rezeptsammlung ohne ein ebenso schönes Deckblatt? Im Folgenden zeigen wir Ihnen, wie Sie dieses gestalten können.

1. Klicken Sie mit der linken Maustaste vor den Seitenumbruch unterhalb des Inhaltsverzeichnisses **1**.

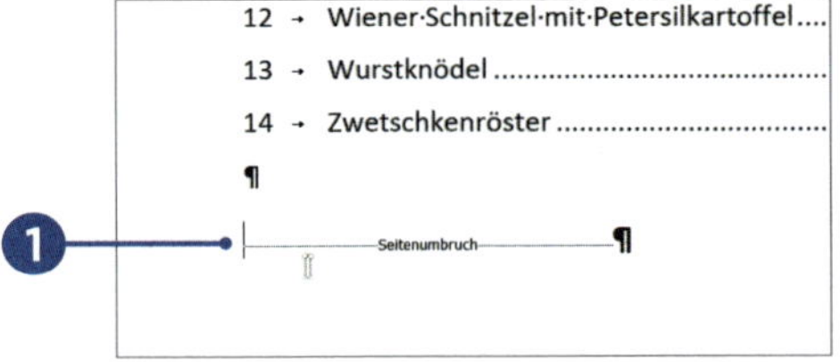

2. Danach klicken Sie auf den Reiter **Einfügen** **2**. Im Menüband wählen Sie die Schaltfläche **Deckblatt** **3** aus.

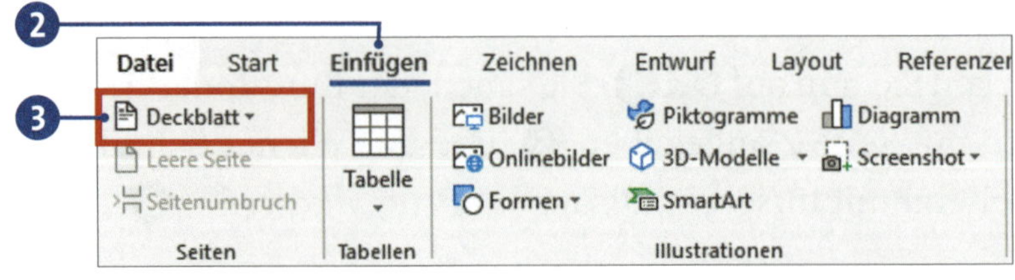

3. Es öffnet sich ein Menü mit diversen Auswahlmöglichkeiten. Mithilfe des Scrollbalkens rechts können Sie die gesamte Auswahl nach und nach betrachten.

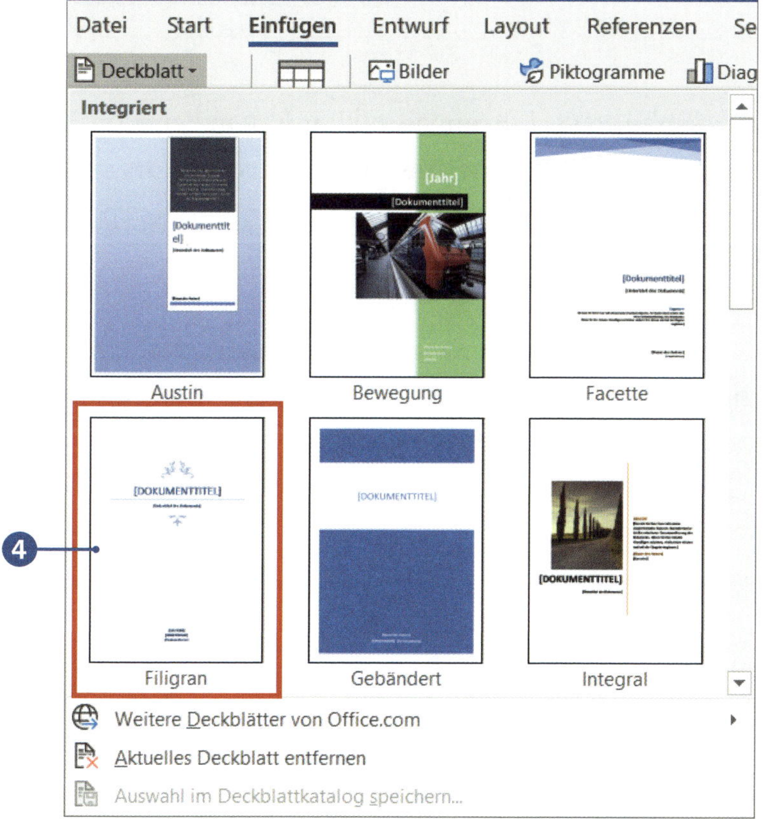

4. Wir entscheiden uns für den Vorschlag **Filigran** ❹ und klicken mit der linken Maustaste darauf. Sofort erscheint das Deckblatt als erste Seite des Dokuments und steht zur Bearbeitung bereit.

5. Klicken Sie nun mit der linken Maustaste einmal auf den Begriff **Dokumenttitel** ❺, damit er markiert ist, und schreiben Sie Ihren Wunschtitel darüber ❻.

6. Genau so verfahren Sie auch mit dem Untertitel **7**. Die Felder **Datum**, **Firmenname** und **Firmenadresse** am unteren Rand des Deckblattes markieren und löschen Sie einfach mithilfe der Taste `Entf`.

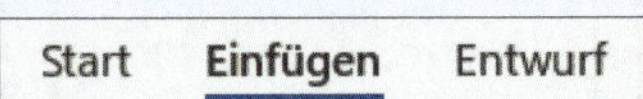

7. Zum Schluss fügen wir dem Deckblatt noch ein Bild hinzu. Setzen Sie den Cursor mit einem Mausklick ins Dokument, und zwar vor die kleine Grafik, die sich unterhalb des Untertitels befindet **8**, und klicken Sie auf den Reiter **Einfügen**.

8. Im Menüband wählen Sie mit einem linken Mausklick die Schaltfläche **Bilder** aus.

9. Wie ab Schritt 3 ab Seite 176 beschrieben, wählen Sie nun ein passendes Bild aus und fügen es ein. Klicken Sie jetzt im Menüband auf die Schaltfläche **Textumbruch** **9**, und wählen Sie mit einem Klick **Oben und Unten** **10** aus.

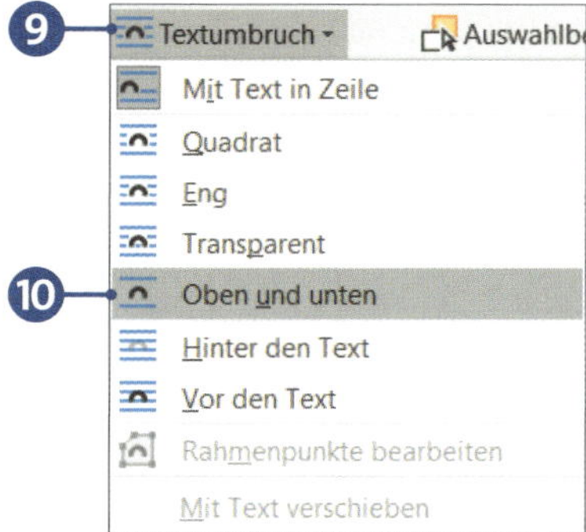

Damit erreichen Sie, dass der Text oberhalb sowie die kleine Grafik unterhalb des Bildes auch dort bleiben, wo sie sind.

10. Verändern Sie nun das Bild mithilfe der Positionspunkte in der Größe, und richten Sie es mit gedrückter linker Maustaste auf der Seite optimal aus.

11. Ob es wirklich mittig ist, erkennen Sie an dem grünen vertikalen Strich.

Damit wäre das Rezeptbuch startklar zum Drucken oder Speichern als PDF. Wie Sie ein PDF erzeugen, können Sie im Abschnitt »PDF der Einladungskarte zum Mailversand erzeugen« ab Seite 155 nachlesen.

Wenn Sie Ihr Rezeptbuch an Freunde verschenken wollen, können Sie es zu Hause selbst ausdrucken. Es lohnt sich aber, das fertige Werk in einem Copyshop professionell binden zu lassen. Zudem können Sie dort auch noch eine Klarsichtfolie über den Titel legen lassen, dann ist das Heft bzw. Buch zusätzlich gegen Butter, Öl und Teig geschützt.

Fertige Gestaltungsvorlagen nutzen

Zum Abschluss zeigen wir Ihnen noch, wie Sie die vorgefertigten Gestaltungsvorlagen in Word, die sog. *Dokumentvorlagen* mit deren jeweiligen Formatvorlagen, öffnen und für Ihre Zwecke verwenden können.

1. Klicken Sie dazu auf den Reiter **Datei** und dann auf die Schaltfläche **Neu** ❶. Sie sehen bereits eine große Zahl an Vorlagen ❷, die Sie als neues Dokument öffnen können.

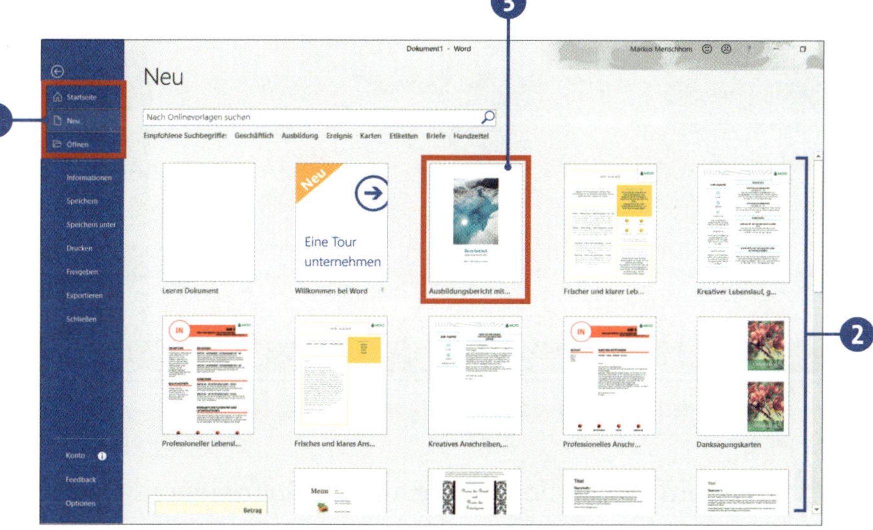

2. Suchen Sie sich nun einfach die gewünschte Vorlage aus, wir entscheiden uns für den **Ausbildungsbericht** ❸, und klicken Sie mit der linken Maustaste darauf.

3. Es öffnet sich ein Fenster mit einer detaillierten Beschreibung der Vorlage und der beinhalteten Elemente. Mit einem Klick auf die beiden Pfeile links und rechts ❹ können Sie auch zunächst zu den jeweils folgenden bzw.

MERKE

Formatvorlagen nutzen Sie, um einzelne Elemente Ihres in einem leeren Dokument eingegebenen Textes (wie Überschriften, Standardabsätze usw.) zu formatieren. *Dokumentvorlagen* sind fertige Vorlagen, in denen all die Gestaltungselemente, die wir bisher (auch im vorigen Kapitel) selbst angelegt haben, schon als formatiertes passendes Muster vorgegeben sind.

vorigen Vorlagen und deren Detailbeschreibung vor- und zurückblättern, um sich einen besseren Überblick zu verschaffen. Wenn Sie die entsprechende Vorlage selbst öffnen möchten, klicken Sie auf **Erstellen** 5.

4. Word öffnet die Vorlage nun als Dokument mit einer Ziffer, die davon abhängt, wie viele (noch nicht von Ihnen umbenannte) Dokumente Sie zuvor bereits geöffnet hatten. In unserem Fall steht in der Titelleiste 6 **Dokument 2**.

Dieses aus der Vorlage erzeugte Dokument können Sie nun genau so wie alle zuvor von Ihnen neu geöffneten Dokumente unter einem eigenen Namen abspeichern. Im Dokument stehen Ihnen alle Formatvorlagen dieser Dokumentvorlage auf Mausklick zur Verfügung.

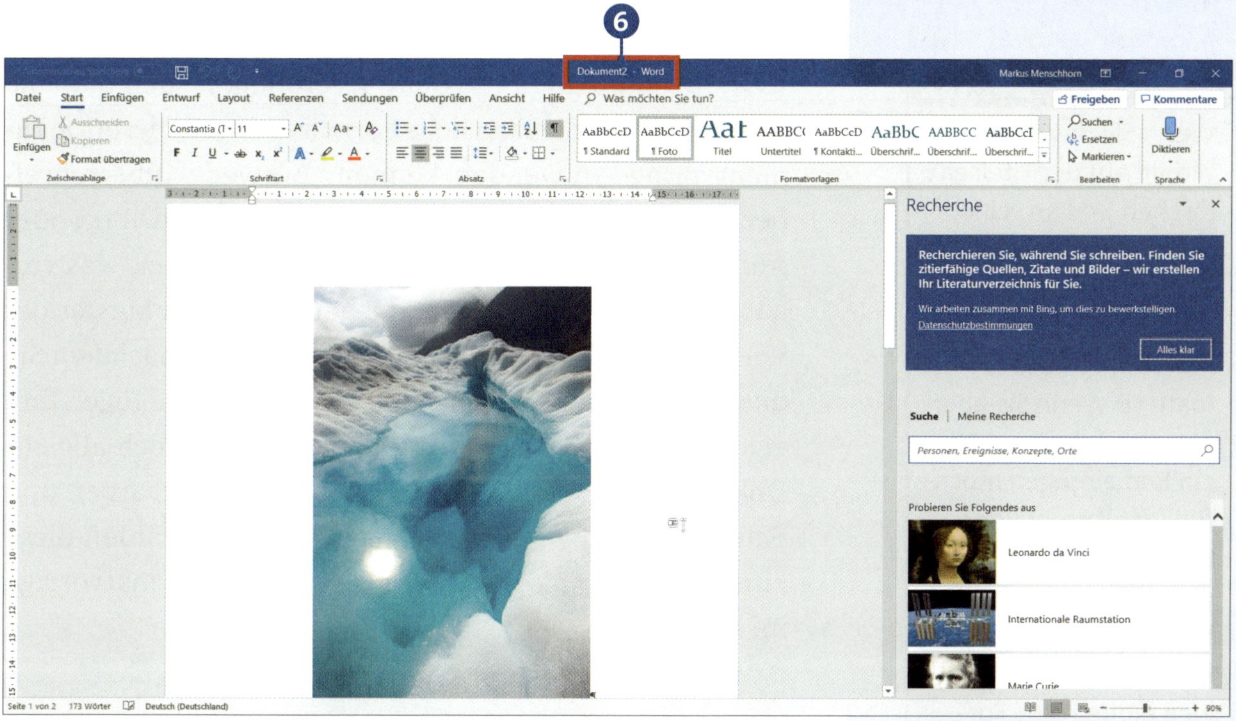

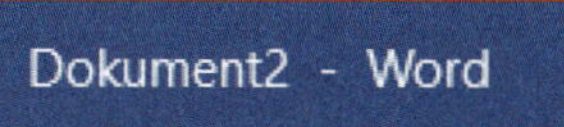

5. Klicken Sie auf eines der Elemente im Dokument, also z. B. auf *Berichttitel* auf der ersten Seite, sehen Sie im Menüband darüber, um welche Formatvorlage (7) es sich handelt (in diesem Fall also **Titel**).

> **WAS TUN?**
>
> Wenn Sie das Platzhalterbild auf der Titelseite löschen und an seiner Stelle ein eigenes Bild einfügen, so ist es automatisch mit der Formatvorlage **Foto** formatiert. Wenn Sie aber ab Seite 2 noch einmal ein Bild einfügen möchten (wie immer über **Einfügen ▶ Bilder**), dann hat es das Format **Standard**. Sie müssen ihm also – wenn Sie eine einheitliche Formatierung für Bilder wünschen – nachträglich noch das Format **Foto** (8) per Klick in den Formatvorlagenkatalog oben im Menüband zuweisen.

6. Wenn Sie auf die Seite 2 scrollen, finden Sie eine Anleitung, wie Sie sämtliche Formatvorlagen dieser Dokumentvorlage anwenden können: Entweder überschreiben Sie die einzelnen Platzhalter (ob nun Bild, Text oder Aufzählung) mit Ihren individuellen Eingaben, was voraussetzt, dass Sie Ihren Text genau nach dem Muster der Vorlage aufbauen würden. Oder Sie löschen, nachdem Sie diese zuvor markiert haben, alle Platzhalter und fügen Ihre eigenen Inhalte ein. Dann stehen Ihnen dennoch alle zur Dokumentvorlage gehörenden Elemente wie Farben und Schriften nach wie vor zur Verfügung. Sie wählen diese einfach durch Anklicken der gewünschten Formatvorlage im Menüband.

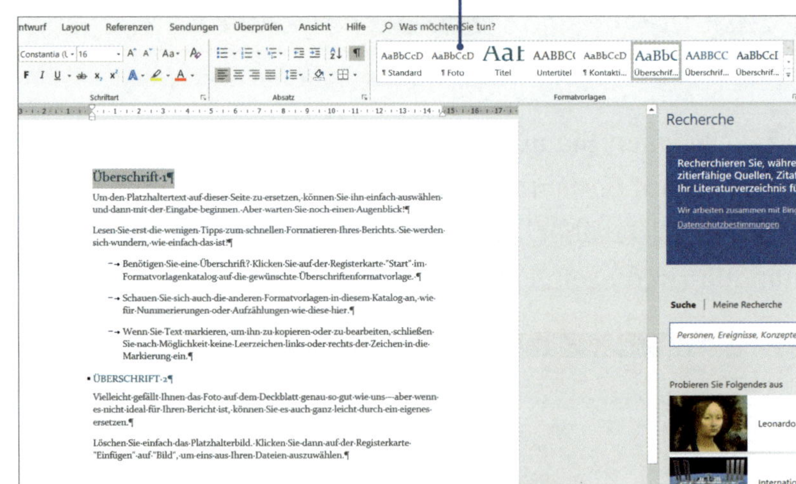

KAPITEL 6

Mit Excel eine Kontaktliste führen und erste Berechnungen vornehmen

Microsoft Excel ist ein sog. *Tabellenkalkulationsprogramm*. Nun, das hört sich sehr theoretisch an, und Sie fragen sich vielleicht, wozu man so etwas im privaten Bereich überhaupt benötigt. Sie werden staunen, welche Anwendungsmöglichkeiten Sie mit Excel haben. Das Programm eignet sich genauso hervorragend dazu, Listen zu führen und kleinere Berechnungen anzustellen, wie dazu, komplexere Einnahmen-Ausgaben-Berechnungen durchzuführen. So können Sie mit diesem Office-Programm auch wunderbar ein Haushaltsbuch führen, das zeigt, wie viel Sie wofür ausgegeben haben. Das zeigen wir Ihnen aber erst im folgenden Kapitel.

	A	B	C	D	E
1	**Vereinsmitglieder**				
2	**Vorname**	**Nachname**	**Ort**	**Eintritt**	**Beitrag**
3	Maria	Allmann	Fieberbrunn	14.05.2015	€ 40,00
4	Bertram	Bradditz	Wien	01.03.2019	€ 36,00
5	Karl	Celion	Franzensbad	01.02.2014	€ 36,00
6	Karin	Knie	Wien	05.05.2013	€ 40,00
7	Martha	Maier	Wiener Neustadt	04.01.2014	€ 36,00
8	Nikolaus	Malteringer-Klein	Schwechat	01.02.2018	€ 36,00
9	Manfred	Müller	Mödling	13.01.2015	€ 36,00
10	Annegret	Musterfrau	Wien	12.01.2015	€ 36,00
11	Carina	Schmitt-Maier	Wien	09.09.2012	€ 36,00
12	Marie-Christine	Schweighardt-Müller	Buchgrabern	05.05.2017	€ 36,00
13	Wilhelmine	Zünderer	Baden b. Wien	01.02.2019	€ 40,00
14					**€ 408,00**

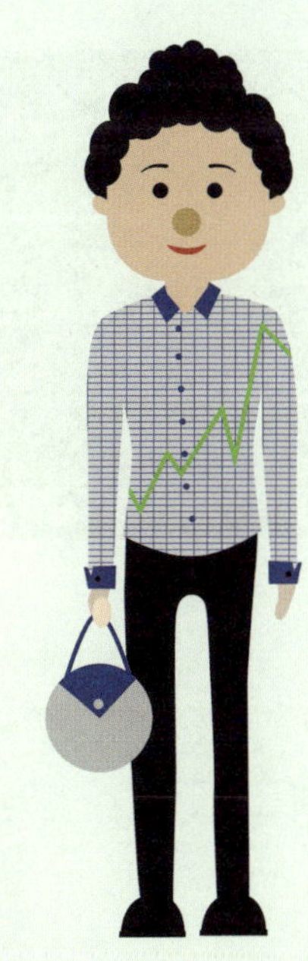

MERKE

Mit einer Tabellenkalkulation kann man nicht nur rechnen, sondern auch Listen jeglicher Art ganz komfortabel erstellen.

Erste Eingaben in einer leeren Arbeitsmappe vornehmen

Hier starten wir mit einer Adressliste in Kombination mit einer ersten automatischen Berechnung. Und wir schauen uns das Endergebnis an, in dem mehr Wissen und Köpfchen stecken, als man auf den ersten Blick vermutet. Zunächst betrachten wir aber die ganz eigene Programmoberfläche von Excel, die von Word oder auch PowerPoint doch deutlich abweicht.

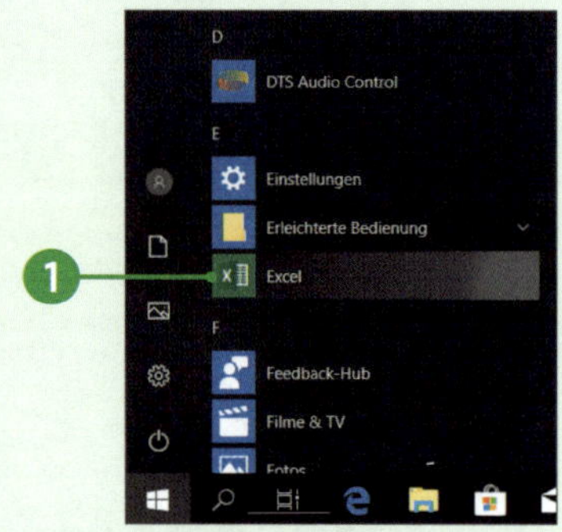

1. Starten Sie zunächst Excel mit einem linken Mausklick auf das Windows-Startmenü. In der sich nun öffnenden Liste aller Apps klicken Sie unter dem Buchstaben **E** auf das Programmsymbol für **Excel** 1.

2. Excel wird mit der Startseite geöffnet. Mit einem linken Mausklick auf das Feld **Leere Arbeitsmappe** 2 gelangen Sie zur eigentlichen Programmoberfläche.

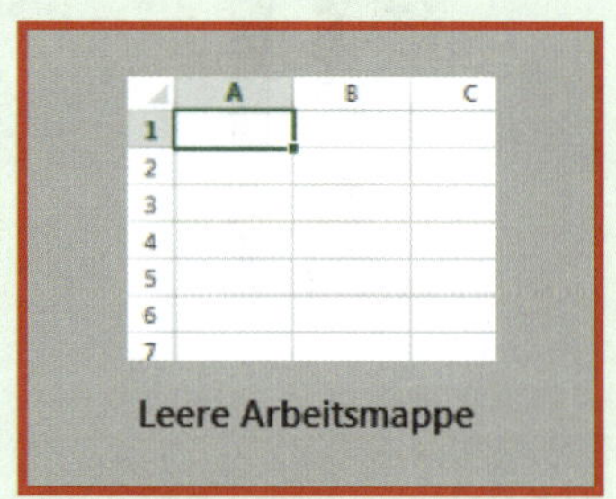

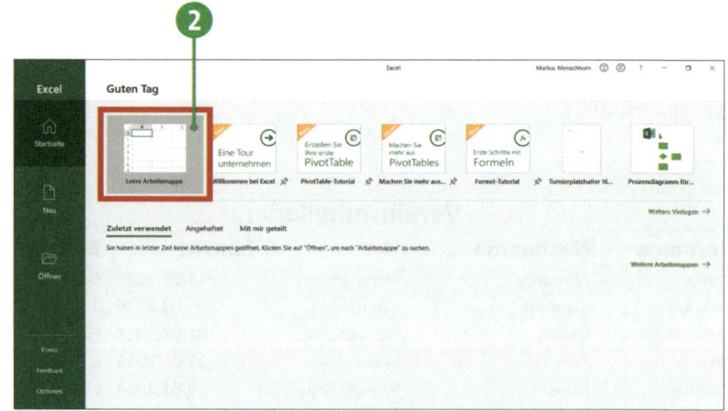

3. Wie bei allen anderen Office-Produkten haben Sie nun ein geöffnetes Dokumentfenster mit den entsprechenden Bedienelementen vor sich. Und diese schauen wir uns nun im Detail an.

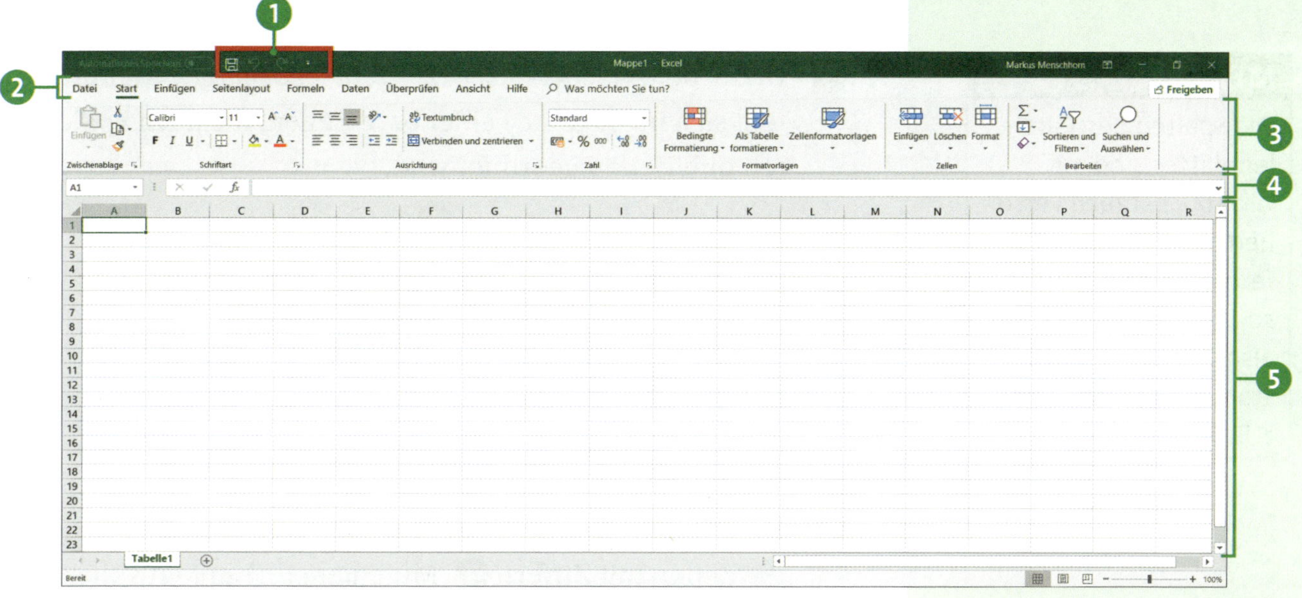

1 Ganz oben finden Sie die Symbolleiste für den Schnellzugriff, u. a. mit dem wichtigen Symbol zum Speichern, mit dem Sie zwischendurch Ihre sog. *Arbeitsmappe* sichern können.

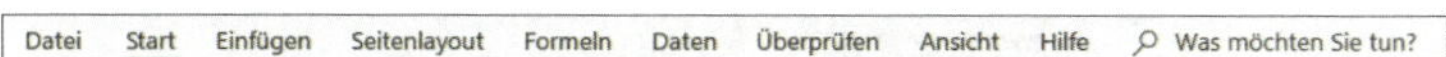

2 Darunter sehen Sie die Registerkarten, mit denen Sie das jeweils benötigte Menüband **3** öffnen können. Welche Registerkarte gerade aktiviert ist, erkennen Sie an der Hervorhebung bzw. Unterstreichung.

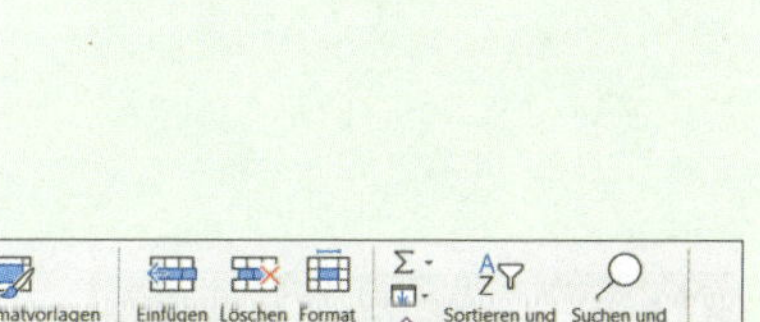

4 Unterhalb des Menübandes finden Sie die *Bearbeitungsleiste*. Und diese ist das zentrale Steuerelement für Ihre Tabellenkalkulation, die so in keinem anderen Office-Programm zu finden ist.

MERKE

In der *Bearbeitungsleiste* werden Formeln angezeigt, erstellt und Rechenoperationen durchgeführt. Mehr dazu ab Seite 222.

MERKE

Die Spalten des Tabellenblattes sind mit Großbuchstaben versehen, die Zeilen mit Ziffern. Eine Zelle bzw. die sog. *Zelladresse* besteht also aus einem Buchstaben und einer Ziffer, z. B. Zelle A1.

❺ Die Arbeitsfläche, *Sheet* (zu Deutsch: Blatt) genannt, teilt sich in einzelne Felder bzw. Zellen, die nach Spalten und Zeilen geordnet sind.

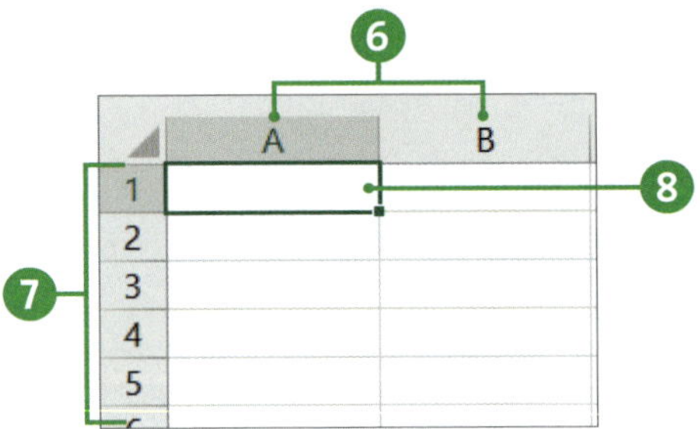

❻ Die Spalten sind mit Großbuchstaben gekennzeichnet, die Zeilen mit Ziffern ❼. Mit einem linken Mausklick können Sie in jede beliebige *Zelle* ❽ springen. Wo Sie sich konkret befinden, zeigt Ihnen das Programm in einem eigenen Feld in der Bearbeitungsleiste, im sog. *Namenfeld* ❾, an.

Natürlich können Sie auch von Zelle zu Zelle springen, indem Sie auf Ihrer Tastatur die Pfeiltasten verwenden. Allerdings gelangen Sie mit dieser Fortbewegungsmethode immer nur in die jeweils (rechts, links, oben oder unten) benachbarte Zelle. Um sich in einer Zeile von links nach rechts von einer Zelle zur nächsten zu bewegen, können Sie auch die Tabulatortaste ⭾ benutzen.

MERKE

Sie aktivieren eine Zelle mit einem Mausklick (dann ist sie direkt beschreibbar) und navigieren mit den Pfeiltasten der Tastatur in die benachbarten Zellen. Mit der Taste ⭾ geht es jeweils nach rechts.

Wir möchten nun eine Mitgliederliste anlegen, die eine kleine Kalkulation beinhalten soll.

1. Wir haben nach wie vor das leere Arbeitsblatt vor uns. Klicken Sie mit der linken Maustaste in die Zelle **A1** ①, und geben Sie den Begriff »Vorname« ein. Der Begriff steht nun sowohl in der Zelle ② als auch in der Bearbeitungsleiste darüber ③.

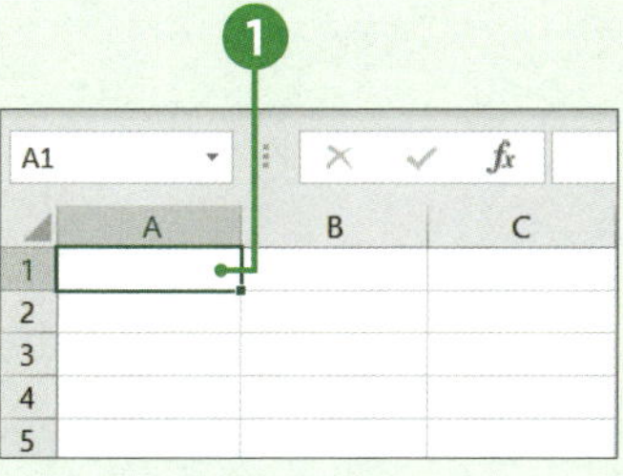

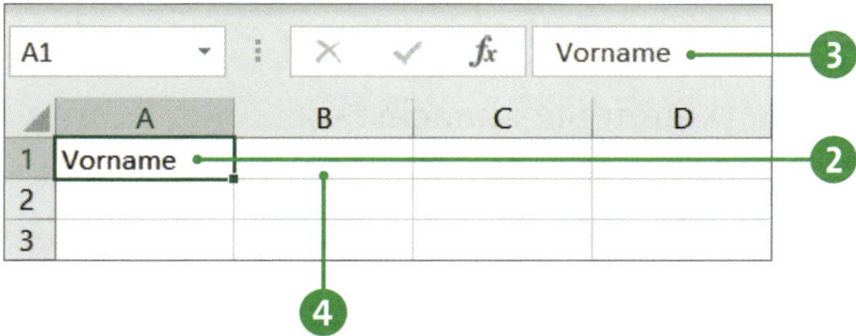

WAS TUN?

Wenn Sie in eine Zelle klicken, sehen Sie anders als in Word keine blinkende Eingabemarke. Sie können aber dennoch einfach losschreiben.

2. Was es mit der Bearbeitungsleiste auf sich hat, erklären wir Ihnen wie gesagt später. Betätigen Sie nun die Taste [Tab], um zur Zelle **B1** ④ zu gelangen, und schreiben Sie dort »Nachname« hinein. Danach betätigen Sie wiederum die [Tab]-Taste und geben das Wort »Ort« ein. Auf dieselbe Weise füllen Sie die Zellen der ersten Zeile noch mit den Begriffen »Eintritt« und »Mitgliedsbeitrag«.

3. Beim letzten Eintrag werden Sie feststellen, dass die Zeile nicht lang genug ist ⑤. Lassen Sie sich davon nicht irritieren, die Formatierungen nehmen wir im Anschluss vor.

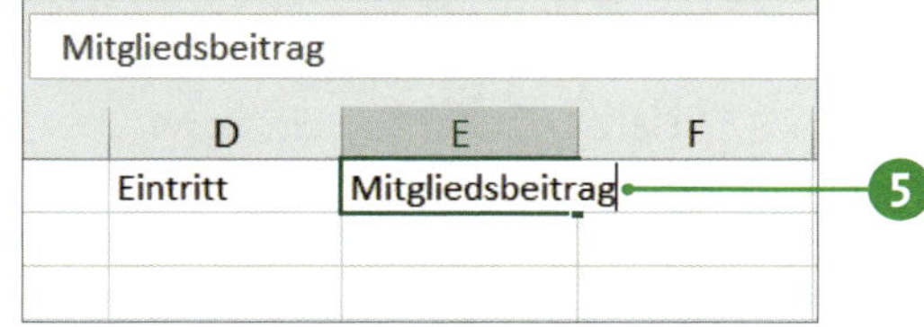

Wenn Sie alles eingegeben haben, müsste die erste Zeile Ihres Tabellenblattes so aussehen:

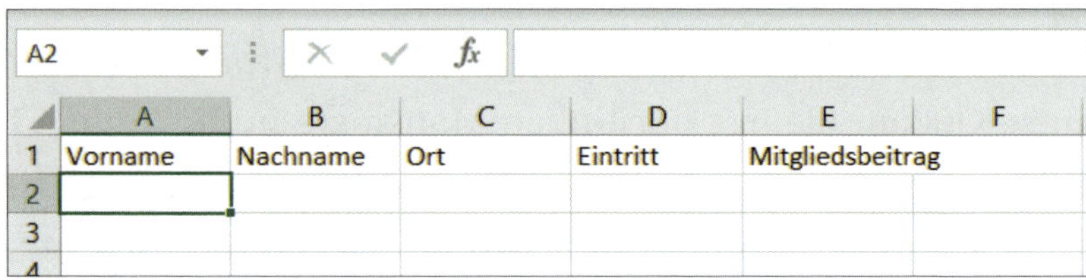

Nun beginnen wir mit der Formatierung.

1. Markieren Sie zunächst die Zeile. Fahren Sie dazu mit dem Mauszeiger auf die **1**, bis sich das Feld grün verfärbt und ein nach rechts zeigender Pfeil erscheint.

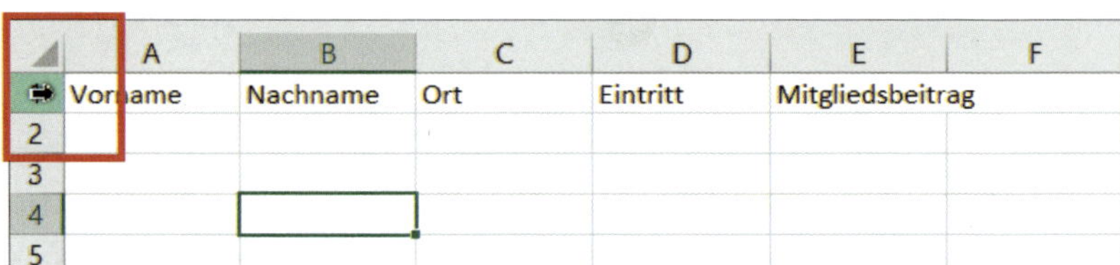

2. Danach betätigen Sie die linke Maustaste, und die Zeile ist markiert.

3. Nun klicken Sie auf den Reiter **Start** und aktivieren damit das gewünschte Menüband.

WAS TUN?

Lassen Sie sich nicht davon irritieren, dass die Zelle A1 nicht grau unterlegt ist – sie ist trotzdem ausgewählt. Denn mit dem hellen umrahmten Feld zu Beginn der Markierung zeigt Excel nur an, ab welcher Zelle Sie markiert haben.

4. Im Bereich **Schriftart** klicken Sie auf den Pfeil neben dem Schriftgrad ① und wählen mit einem weiteren Klick die Schriftgröße **14** aus.

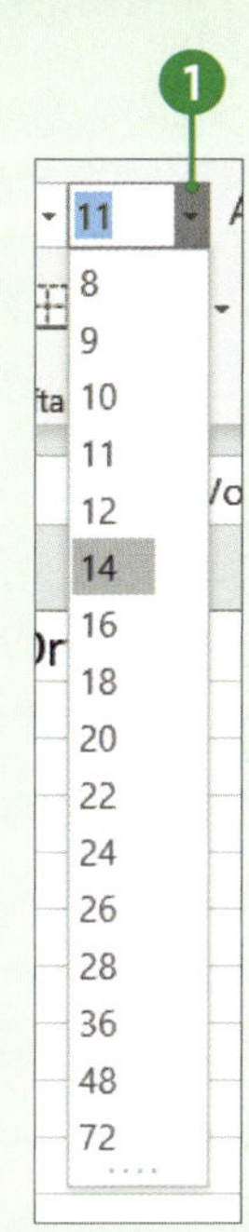

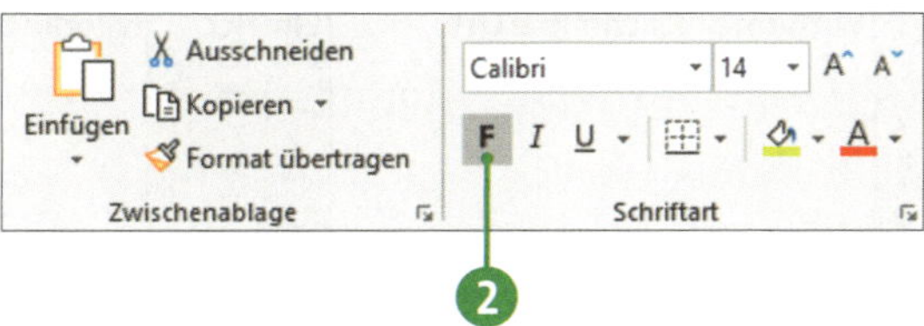

5. Danach klicken Sie im Bereich **Schriftart** auf **F**, um die Überschriften Ihrer Tabelle fett zu gestalten ②.

Das Zwischenergebnis sollte so aussehen:

	A	B	C	D	E	F	G
1	**Vorname**	**Nachname**	**Ort**	**Eintritt**	**Mitgliedsbeitrag**		
2							
3							
4							

Datum, Währung und Nachkommastellen – Zahlenformate in Excel definieren

Nachdem wir eben die Überschriften unserer Tabelle etwas auffälliger formatiert haben, geht es nun um die Formatierung der Spalten hinsichtlich des Inhalts. Denn man muss Excel auch bei der Eingabe von Zahlen eigens mitteilen, um welche Art von Zahl es sich dabei handelt. In unserem Beispiel haben wir einmal eine Spalte mit *Datum* (**Eintritt**) und eine mit *Währung* (**Mitgliedsbeitrag**). Und so teilen wir Excel mit, welches Zahlenformat hier gilt:

ACHTUNG!

Man muss in Excel festlegen, welche Art von Daten (Text, Datum, Beträge usw.) eingegeben werden. Daher ist zusätzlich zur optischen Formatierung eine Festlegung von bestimmten Formaten notwendig.

1. Fahren Sie zunächst mit der Maus auf die Spalte **D**. Das Feld verfärbt sich wie eben grün, und ein Pfeil erscheint, diesmal nach unten zeigend.

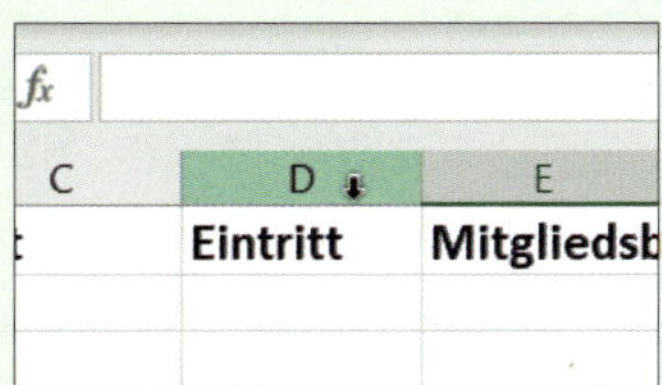

2. Klicken Sie nun mit der linken Maustaste darauf, und die gesamte Spalte ist markiert.

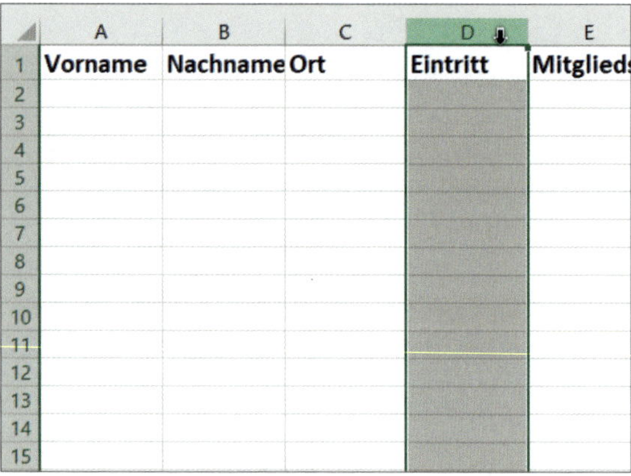

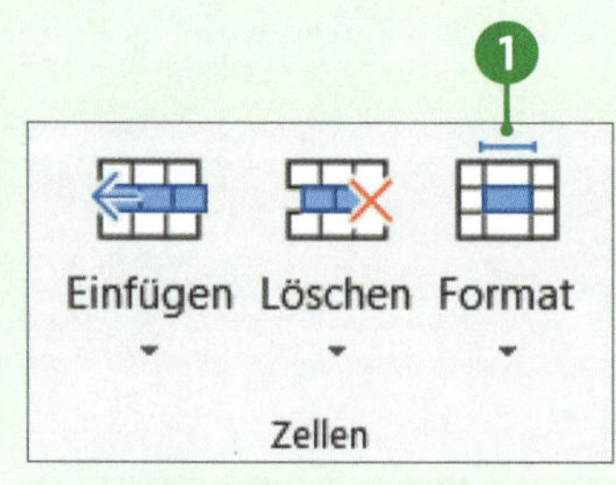

3. Wählen Sie die Registerkarte **Start** aus. Klicken Sie im Bereich **Zellen** des Menübandes rechts auf die Schaltfläche **Format** 1.

4. Im Ausklappmenü klicken Sie auf den letzten Punkt **Zellen formatieren** 2.

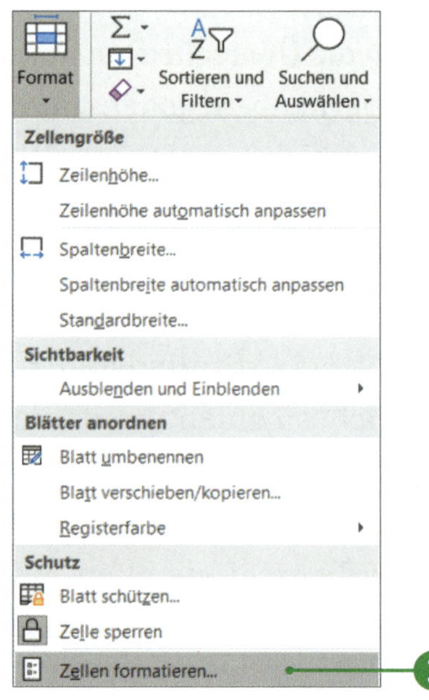

5. Im folgenden Dialogfenster klicken Sie links unter **Kategorie** mit der linken Maustaste auf **Datum** ③ und suchen sich rechts dann einen Datumstyp aus. Wir wählen die dritte Variante von oben ④.

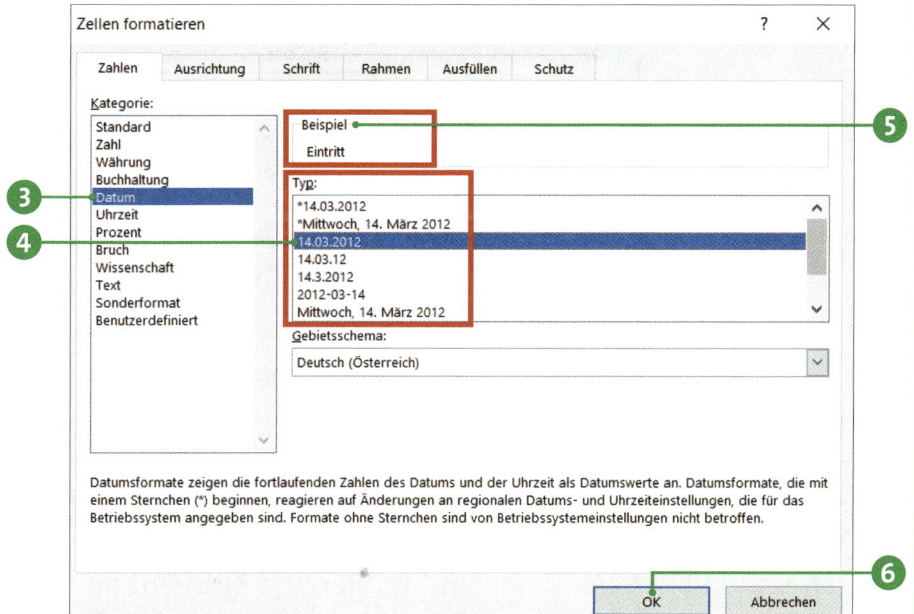

Unter **Beispiel** ⑤ ist Ihre Spaltenüberschrift *Eintritt* angegeben. Das ist noch einmal zur Kontrolle gedacht, damit Sie wissen, welche Spalte Sie gerade formatieren. Bestätigen Sie mit einem linken Mausklick auf **OK** ⑥.

6. Nun markieren Sie in Ihrer Tabelle, wie eben beschrieben, die Spalte **E** und klicken erneut auf **Format ▶ Zellen formatieren**. Diesmal wählen Sie mit einem linken Mausklick **Zahl** ⑦. Im Feld **Dezimalstellen** ⑧ lassen wir die Einstellung bei **2**. Auch die Angaben unter **Negative Zahlen** ⑨ können wir getrost ignorieren. Bestätigen Sie die Formatierung der Spalte mit einem Klick auf **OK**.

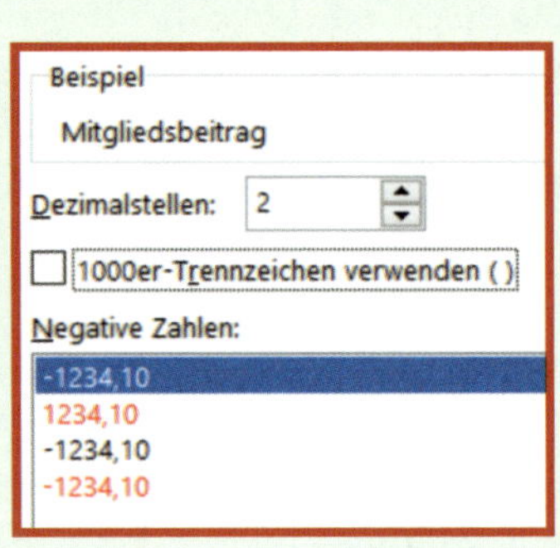

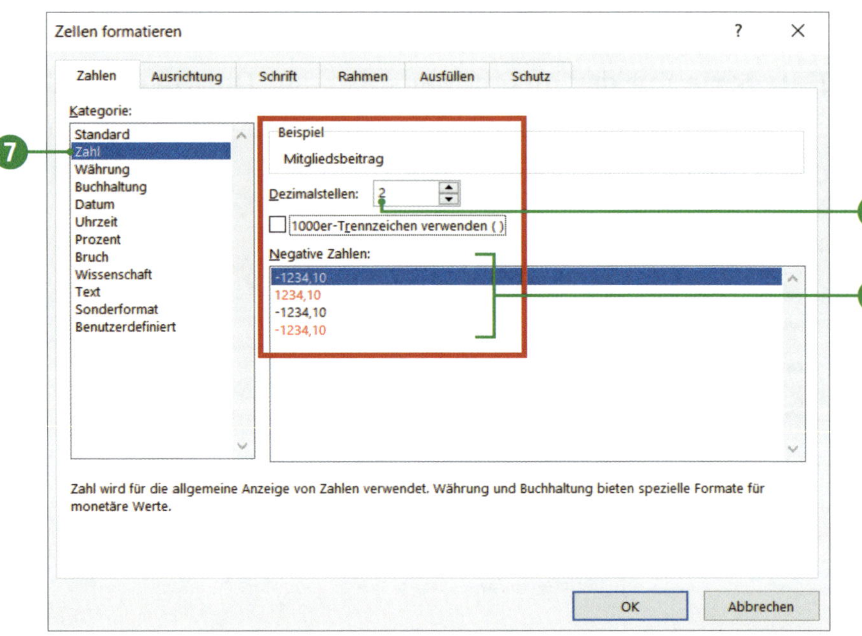

ACHTUNG!

Vergessen Sie nicht, Ihr Dokument immer wieder zwischenzuspeichern. Jetzt wäre ein guter Zeitpunkt.

7. Zum Schluss wollen wir unserer Spalte **E** mit den Mitgliederbeiträgen noch eine Währungsangabe hinzufügen und klicken im Menüband im Bereich **Zahl** auf den Pfeil neben der Schaltfläche *Buchhaltungszahlenformat* ⑩. Im Ausklappmenü wählen wir mit einem linken Mausklick das Euro-Zeichen aus. Ist Ihr Computer bei der Ersteinrichtung auf die Sprache und Region **Deutsch (Deutschland)** eingestellt worden, sehen Sie nur diese Option. Da einer von uns Autoren in Österreich lebt, gibt es hier eine zusätzliche Auswahl. Der einzige Unterschied: Beim deutschen Zahlenformat steht das Euro-Zeichen standardmäßig hinter der Zahl, beim österreichischen wird es vorangestellt. Es spielt also im Grunde keine Rolle, Euro-Zeichen ist schließlich Euro-Zeichen.

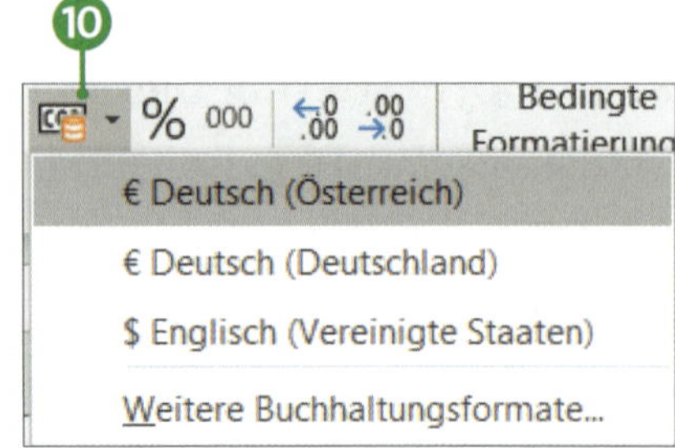

Damit haben wir unsere Tabelle für die folgenden Eingaben entsprechend gerüstet.

Daten in Spalten eingeben

Jetzt wollen wir unsere Mitgliederliste mit Daten füllen.

1. Klicken Sie in die Zelle **A2** (1), und schreiben Sie einen Vornamen hinein. Springen Sie mit [Tab] in die nächste Zelle **B2** (2) und geben hier einen Nachnamen ein. Klicken Sie wiederum auf [Tab], um einen Ort in Zelle **C2** (3) einzutragen. Sollte der Name des Ortes länger sein, als die Zelle breit ist, ignorieren Sie dies einfach. Darum kümmern wir uns im Anschluss.

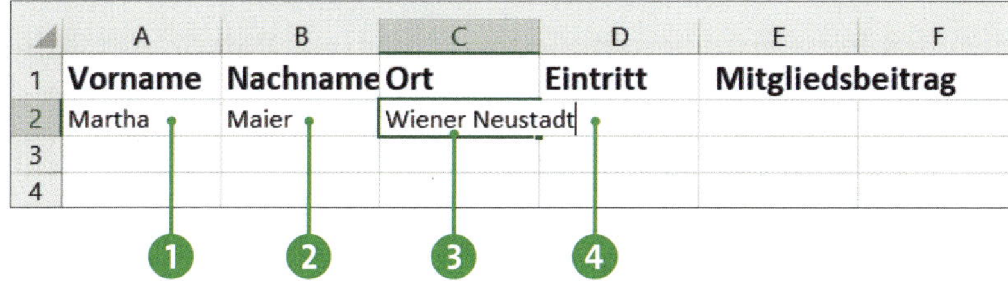

2. Mit einem erneuten Betätigen von [Tab] gelangen Sie zur Zelle **D2** (4). Dort tragen Sie das Datum bitte in folgender Weise ein: »04.1.14« und klicken wiederum auf die [Tab]-Taste.

Sobald Sie wiederum [Tab] betätigt haben, sehen Sie, dass das Programm automatisch Ihre Eingabe gemäß dem zuvor festgelegten Datumstyp in eine korrekte und einheitliche Schreibweise überführt.

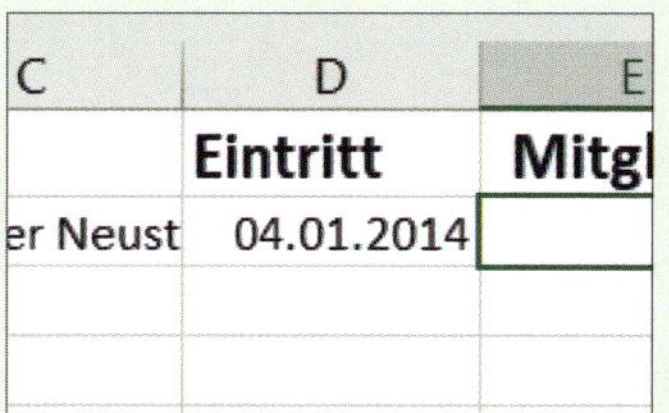

3. Nun geben wir den Mitgliedsbeitrag in der entsprechenden Zelle **E2** ein. Sie tippen lediglich die Zahl »36« ein und klicken anschließend mit der linken Maustaste in das Feld **A3** in der nächsten Zeile. Anschließend sehen Sie, dass der Betrag automatisch mit Nachkommastellen formatiert und um das Euro-Zeichen (nach österreichischem Standard hier im Beispiel vorangestellt) ergänzt wird.

D	E	F
ritt	**Mitgliedsbeitrag**	
)1.2014	€ 36,00	

WAS TUN?

Geben Sie insgesamt zehn verschiedene (reale oder erfundene) Personennamen ein, um eine größere Tabelle zu erhalten.

4. Geben Sie nun in den Zeilen 3 bis 11 noch weitere neun Mitglieder (gerne auch erfundene) ein, so wie gerade beschrieben. Bitte lassen Sie aber bei einer Person den Mitgliedsbeitrag leer, weil wir davon ausgehen, dass sie ihn noch nicht bezahlt hat. Die Tabelle sollte dann ungefähr so aussehen:

A12

	A	B	C	D	E	F	G
1	**Vorname**	**Nachname**	**Ort**	**Eintritt**	**Mitgliedsbeitrag**		
2	Martha	Maier	Wiener Neust	04.01.2014	€ 36,00		
3	Annegret	Musterfrau	Wien	12.01.2015	€ 36,00		
4	Manfred	Müller	Mödling	13.01.2015			
5	Maria	Allmann	Fieberbrunn	14.05.2015	€ 40,00		
6	Karl	Celion	Franzensbad	01.02.2014	€ 36,00		
7	Marie-Christir	Schweighardt-	Buchgrabern	05.05.2017	€ 36,00		
8	Karin	Knie	Wien	05.05.2013	€ 40,00		
9	Carina	Schmitt-Maie	Wien	09.09.2012	€ 36,00		
10	Wilhelmine	Zünderer	Baden b. Wie	01.02.2019	€ 40,00		
11	Nikolaus	Malteringer-K	Schwechat	01.02.2018	€ 36,00		
12							
13							

Manche Namen und Orte sind viel zu groß für die vorgegebenen Zellen geraten. Das werden wir nun ändern.

1. Führen Sie die Maus auf den Trennstrich zwischen den Spaltenköpfen zwischen **A** und **B**. Der Mauszeiger verwandelt sich in einen Doppelpfeil **1**.

2. Klicken Sie doppelt darauf. Nun ist die komplette Spalte **A** genauso breit wie der längste Vorname in unserem Beispiel, der in der Zelle **A7** steht.

3. Passen Sie nun auch die Breite der anderen Spalten durch einen Doppelklick an, in denen die eingegebenen Daten nicht vollständig sichtbar sind. Es wird immer die Spalte links von dem erscheinenden Doppelpfeil angepasst. Beim Mitgliedsbeitrag ist die Überschrift in jedem Fall zu lang, daher führen wir auch hier eine Anpassung durch. Das Ergebnis sollte dann so aussehen:

	A	B	C	D	E
1	**Vorname**	**Nachname**	**Ort**	**Eintritt**	**Mitgliedsbeitrag** (2)
2	Martha	Maier	Wiener Neustadt	04.01.2014	€ 36,00
3	Annegret	Musterfrau	Wien	12.01.2015	€ 36,00
4	Manfred	Müller	Mödling	13.01.2015	
5	Maria	Allmann	Fieberbrunn	14.05.2015	€ 40,00
6	Karl	Celion	Franzensbad	01.02.2014	€ 36,00
7	Marie-Christine	Schweighardt-Müller	Buchgrabern	05.05.2017	€ 36,00
8	Karin	Knie	Wien	05.05.2013	€ 40,00
9	Carina	Schmitt-Maier	Wien	09.09.2012	€ 36,00
10	Wilhelmine	Zünderer	Baden b. Wien	01.02.2019	€ 40,00
11	Nikolaus	Malteringer-Klein	Schwechat	01.02.2018	€ 36,00
12					
13					

4. Da die Überschrift im Verhältnis zu den darunter stehenden Daten jedoch viel zu lang ist und daher nicht sonderlich elegant aussieht, kürzen wir sie einfach. Klicken Sie dazu einmal in die entsprechende Zelle **E1** **2**, und markieren Sie anschließend den Begriff **Mitgliedsbeitrag** oben in der Bearbeitungsleiste **3** mit einem Doppelklick. Überschreiben Sie nun den alten Begriff hier mit dem neuen Begriff »Beitrag«.

MERKE

In der Bearbeitungsleiste können Sie ganz ohne Formatierung eine Änderung am Inhalt der Zelle vornehmen. Das ist wesentlich einfacher, als in der Zelle selbst zu arbeiten, was natürlich auch möglich ist. Gerade wenn es um Rechenformeln geht, ist das Arbeiten in der Bearbeitungsleiste aber viel komfortabler. Zu Rechenoperationen lesen Sie ab Seite 221.

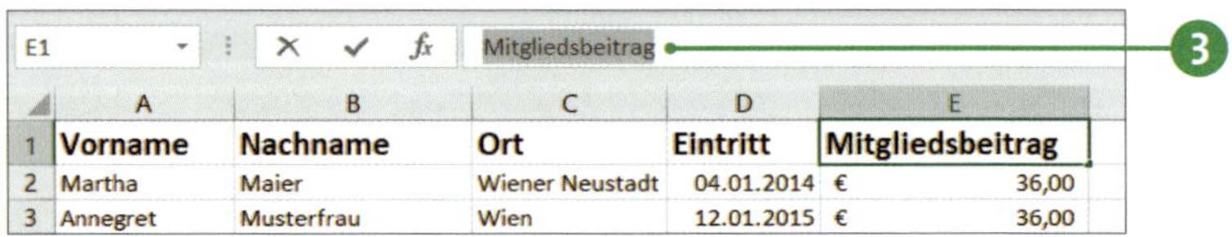

	A	B	C	D	E
1	Vorname	Nachname	Ort	Eintritt	Mitgliedsbeitrag
2	Martha	Maier	Wiener Neustadt	04.01.2014	€ 36,00
3	Annegret	Musterfrau	Wien	12.01.2015	€ 36,00

5. Sobald Sie den neuen Begriff eintragen, wird er auch in der Zelle **E1** ❹ sichtbar.

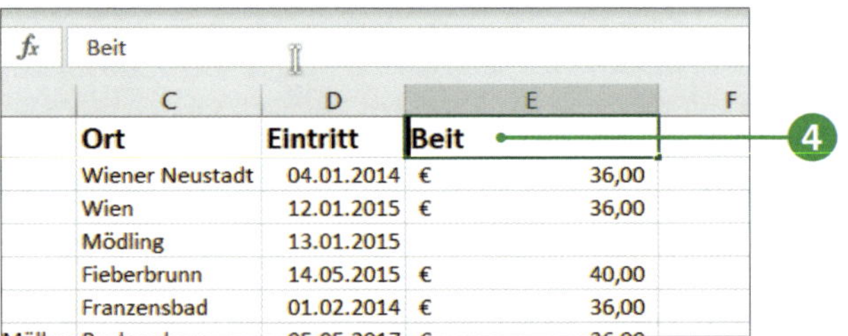

C	D	E	F
Ort	Eintritt	Beit	
Wiener Neustadt	04.01.2014	€ 36,00	
Wien	12.01.2015	€ 36,00	
Mödling	13.01.2015		
Fieberbrunn	14.05.2015	€ 40,00	
Franzensbad	01.02.2014	€ 36,00	

6. Danach verändern Sie die Zellenbreite, indem Sie die Maus wiederum zwischen Spalte **E** und **F** führen und, sobald der Doppelpfeil erscheint, darauf doppelklicken.

Nun wollen wir die gesamte Mitgliederliste noch mit einer Überschrift versehen.

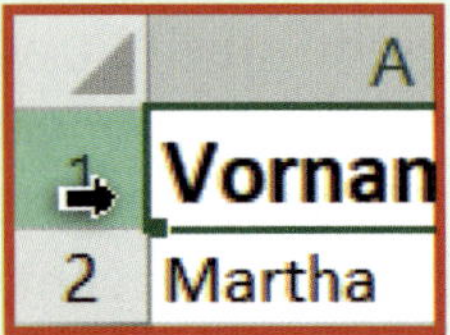

1. Markieren Sie dazu die erste Zeile mit den Spaltenüberschriften, so wie bereits in Schritt 1 auf Seite 208 beschrieben.

	A	B	C	D	E	F
1	Vorname	Nachname	Ort	Eintritt	Beitrag	
2	Martha	Maier	Wiener Neustadt	04.01.2014	€ 36,00	
3	Annegret	Musterfrau	Wien	12.01.2015	€ 36,00	
4	Manfred	Müller	Mödling	13.01.2015		
5	Maria	Allmann	Fieberbrunn	14.05.2015	€ 40,00	
6	Karl	Celion	Franzensbad	01.02.2014	€ 36,00	
7	Marie-Christine	Schweighardt-Müller	Buchgraben	05.05.2017	€ 36,00	
8	Karin	Knie	Wien	05.05.2013	€ 40,00	
9	Carina	Schmitt-Maier	Wien	09.09.2012	€ 36,00	
10	Wilhelmine	Zünderer	Baden b. Wien	01.02.2019	€ 40,00	
11	Nikolaus	Malteringer-Klein	Schwechat	01.02.2018	€ 36,00	
12						
13						

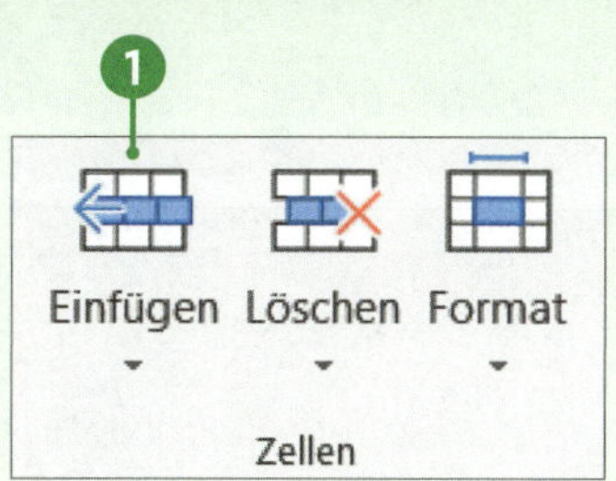

2. Unter dem aktivierten Register **Start** klicken Sie im Bereich **Zellen** auf die Schaltfläche **Einfügen** 1, und schon entsteht oberhalb der ersten Zeile eine neue leere Zeile 2.

2

	A	B	C	D	E	F
1						
2	›rname	**Nachname**	**Ort**	**Eintritt**	**Beitrag**	
3	Martha	Maier	Wiener Neustadt	04.01.2014	€ 36,00	
4	Annegret	Musterfrau	Wien	12.01.2015	€ 36,00	
5	Manfred	Müller	Mödling	13.01.2015		
6	Maria	Allmann	Fieberbrunn	14.05.2015	€ 40,00	
7	Karl	Celion	Franzensbad	01.02.2014	€ 36,00	

3. Nun klicken Sie mit der linken Maustaste in die Zelle **A1** und schreiben den Begriff »Vereinsmitglieder« über das Feld in der Bearbeitungsleiste 3 hinein. Es sei hier nur zur erneuten »Gewöhnung« an die Arbeit mit der Bearbeitungsleiste noch einmal gesagt, dass Sie auch direkt in die Zelle **A1** hineinschreiben können.

> **MERKE**
>
> Excel fügt eine Zeile immer oberhalb der jeweils markierten Zeile ein.

A1 | × ✓ fx | Vereinsmitglieder 3

	A	B	C	D	E	F	G
1	Vereinsmitglieder						
2	**Vorname**	**Nachname**	**Ort**	**Eintritt**	**Beitrag**		
3	Martha	Maier	Wiener Neustadt	04.01.2014	€ 36,00		
4	Annegret	Musterfrau	Wien	12.01.2015	€ 36,00		
5	Manfred	Müller	Mödling	13.01.2015			
6	Maria	Allmann	Fieberbrunn	14.05.2015	€ 40,00		
7	Karl	Celion	Franzensbad	01.02.2014	€ 36,00		
8	Marie-Christine	Schweighardt-Müller	Buchgrabern	05.05.2017	€ 36,00		
9	Karin	Knie	Wien	05.05.2013	€ 40,00		
10	Carina	Schmitt-Maier	Wien	09.09.2012	€ 36,00		
11	Wilhelmine	Zünderer	Baden b. Wien	01.02.2019	€ 40,00		
12	Nikolaus	Malteringer-Klein	Schwechat	01.02.2018	€ 36,00		
13							
14							
15							
16							

4. Jetzt möchten wir den Titel aber zentriert über allen Spalten dargestellt haben. Dazu muss zuerst eine Markierung der Überschriftenzeile erfolgen. Klicken Sie dazu in die Zelle **A1**, lassen die linke Maustaste gedrückt und ziehen die Maus bis einschließlich Spalte **E**. Das Ergebnis sollte nun so aussehen (lassen Sie sich auch hier nicht irri-

> **ACHTUNG!**
>
> Bitte die Zeile unbedingt wie beschrieben nur von Spalte **A** bis **E** markieren. Wenn Sie die Zeile komplett markieren, wie zuvor beschrieben, funktioniert die Zentrierung der Überschrift nicht.

tieren, dass die Spalte **E** nicht grau unterlegt, sondern nur grün umrandet ist):

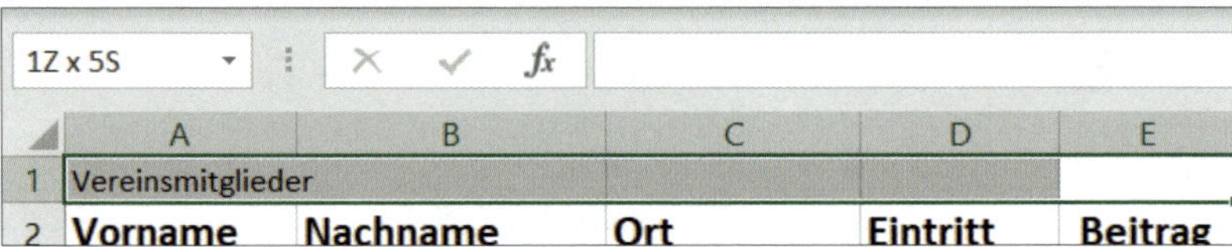

5. Nun klicken Sie unter dem Register **Start** auf den Pfeil neben der Schaltfläche **Verbinden und zentrieren** ❹ im Bereich **Ausrichtung**.

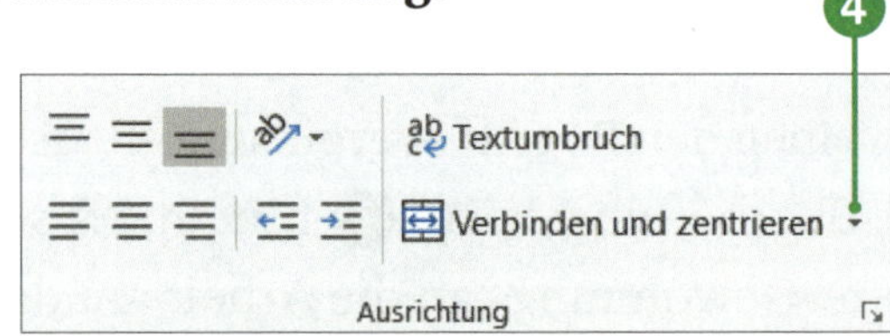

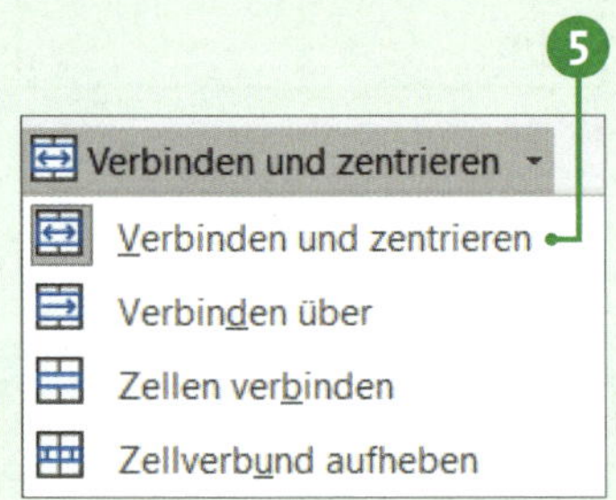

6. Im Ausklappmenü wählen Sie die Schaltfläche **Verbinden und zentrieren** ❺ mit der linken Maustaste aus.

7. Sofort rutscht der Titel in die Mitte über alle Felder hinweg.

A1 | Vereinsmitglieder

	A	B	C	D	E
1	Vereinsmitglieder				
2	Vorname	Nachname	Ort	Eintritt	Beitrag
3	Martha	Maier	Wiener Neustadt	04.01.2014	€ 36,00
4	Annegret	Musterfrau	Wien	12.01.2015	€ 36,00
5	Manfred	Müller	Mödling	13.01.2015	
6	Maria	Allmann	Fieberbrunn	14.05.2015	€ 40,00
7	Karl	Celion	Franzensbad	01.02.2014	€ 36,00
8	Marie-Christine	Schweighardt-Müller	Buchgrabern	05.05.2017	€ 36,00
9	Karin	Knie	Wien	05.05.2013	€ 40,00
10	Carina	Schmitt-Maier	Wien	09.09.2012	€ 36,00
11	Wilhelmine	Zünderer	Baden b. Wien	01.02.2019	€ 40,00
12	Nikolaus	Malteringer-Klein	Schwechat	01.02.2018	€ 36,00
13					
14					

Bitte beachten Sie: Die Zelle, in der **Vereinsmitglieder** steht, ist nach wie vor ausschließlich Zelle **A1** und erstreckt sich lediglich optisch bis zur Spalte **E**. Sie sehen dies auch im Namenfeld der Bearbeitungsleiste links 6.

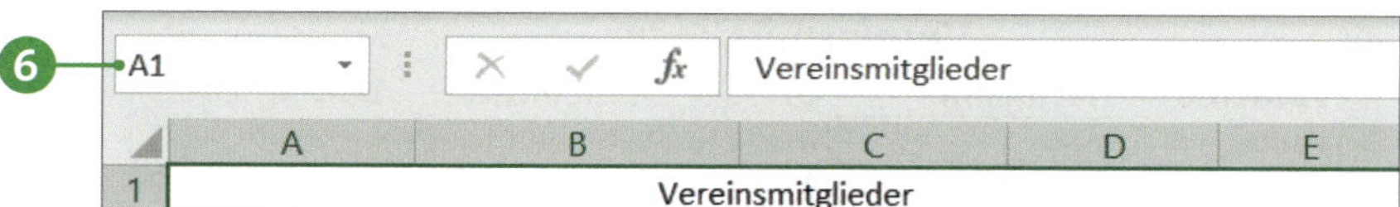

Jetzt formatieren wir noch die neue Überschrift.

Zeile komplett markieren

Schriftgröße und Schriftstil anpassen

1. Markieren Sie, wie zuvor beschrieben, die Zeile 1 nun wieder komplett:

A1 | Vereinsmitglieder

	A	B	C	D	E	F	G
1	Vereinsmitglieder						
2	**Vorname**	**Nachname**	**Ort**	**Eintritt**	**Beitrag**		
3	Martha	Maier	Wiener Neustadt	04.01.2014	€ 36,00		
4	Annegret	Musterfrau	Wien	12.01.2015	€ 36,00		
5	Manfred	Müller	Mödling	13.01.2015			
6	Maria	Allmann	Fieberbrunn	14.05.2015	€ 40,00		

2. Im Bereich **Schriftart** im Menüband unter dem Register **Start** klicken Sie auf **F** für *Fett* und stellen über den Pfeil neben der Schriftgröße die Schrift auf 16 Punkt. Praktischerweise wird die Höhe der Zeile dabei automatisch angepasst.

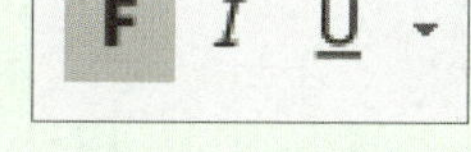

Eine Liste alphabetisch sortieren

Im nächsten Schritt möchten wir die Liste nach Nachnamen sortieren. Das kann Excel nämlich nach einer kleinen Vorbereitung vollautomatisch.

MERKE

Jene Spalte, die Sie beim Sortieren angewählt haben, nimmt Excel als Grundlage für das Sortieren.

1. Klicken Sie dazu mit der linken Maustaste auf den ersten Nachnamen in Zelle **B3**, in unserem Fall *Maier*.

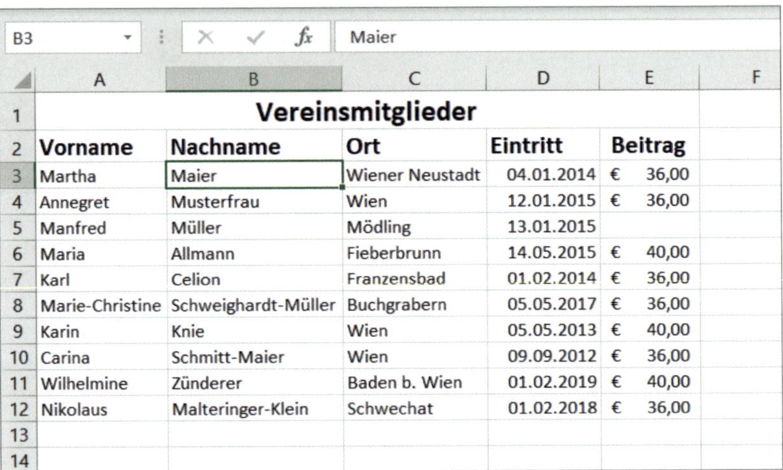

B3 | Maier

	A	B	C	D	E	F
1	Vereinsmitglieder					
2	Vorname	Nachname	Ort	Eintritt	Beitrag	
3	Martha	Maier	Wiener Neustadt	04.01.2014	€ 36,00	
4	Annegret	Musterfrau	Wien	12.01.2015	€ 36,00	
5	Manfred	Müller	Mödling	13.01.2015		
6	Maria	Allmann	Fieberbrunn	14.05.2015	€ 40,00	
7	Karl	Celion	Franzensbad	01.02.2014	€ 36,00	
8	Marie-Christine	Schweighardt-Müller	Buchgrabern	05.05.2017	€ 36,00	
9	Karin	Knie	Wien	05.05.2013	€ 40,00	
10	Carina	Schmitt-Maier	Wien	09.09.2012	€ 36,00	
11	Wilhelmine	Zünderer	Baden b. Wien	01.02.2019	€ 40,00	
12	Nikolaus	Malteringer-Klein	Schwechat	01.02.2018	€ 36,00	
13						
14						

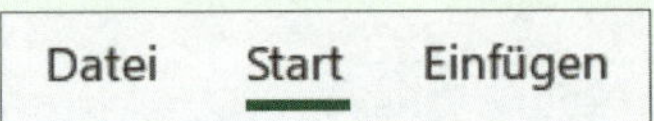

Wir haben nach wie vor die Registerkarte **Start** aktiviert.

2. Klicken Sie nun im Bereich **Bearbeiten**, der sich ganz rechts in der Menüleiste befindet, auf den Pfeil der Schaltfläche **Sortieren und Filtern** ❶.

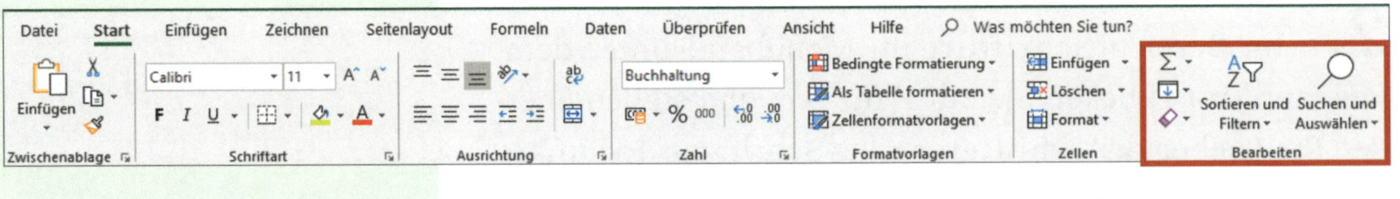

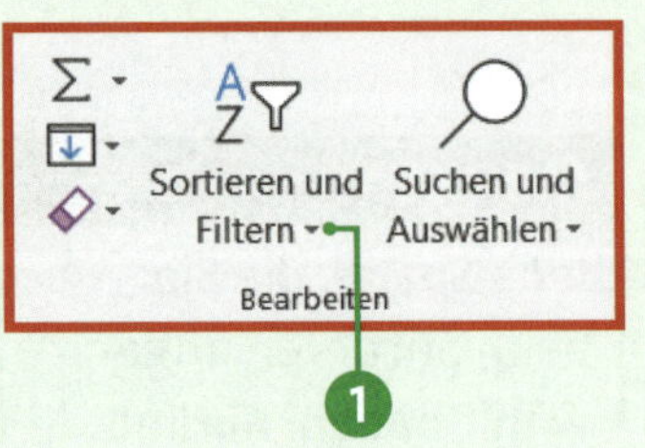

3. Es öffnet sich ein Auswahlmenü, in dem Sie mit der linken Maustaste die Schaltfläche **Von A bis Z sortieren** ❷ anklicken.

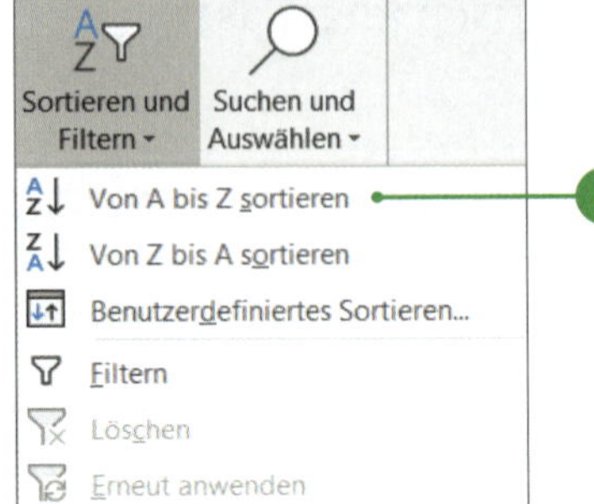

4. Sie sehen – die Liste ist nun alphabetisch fein säuberlich nach Nachnamen sortiert, und das Beste: Die zugehörigen Vornamen, Orte usw. wurden selbstverständlich gleich mit sortiert, es wurden also immer die ganzen Zeilen berücksichtigt.

B3 | Allmann

	A	B	C	D	E	F
1	**Vereinsmitglieder**					
2	**Vorname**	**Nachname**	**Ort**	**Eintritt**	**Beitrag**	
3	Maria	Allmann	Fieberbrunn	14.05.2015	€ 40,00	
4	Karl	Celion	Franzensbad	01.02.2014	€ 36,00	
5	Karin	Knie	Wien	05.05.2013	€ 40,00	
6	Martha	Maier	Wiener Neustadt	04.01.2014	€ 36,00	
7	Nikolaus	Malteringer-Klein	Schwechat	01.02.2018	€ 36,00	
8	Manfred	Müller	Mödling	13.01.2015		
9	Annegret	Musterfrau	Wien	12.01.2015	€ 36,00	
10	Carina	Schmitt-Maier	Wien	09.09.2012	€ 36,00	
11	Marie-Christine	Schweighardt-Müller	Buchgrabern	05.05.2017	€ 36,00	
12	Wilhelmine	Zünderer	Baden b. Wien	01.02.2019	€ 40,00	
13						
14						

Die erste Berechnung mit Excel

Nun führen wir unsere erste Kalkulation mit Excel durch. Wir möchten in unserer Liste gerne die Vereinsbeiträge addieren.

1. Klicken Sie dazu in die Zelle unterhalb der Zahlenkolonne, in unserem Fall **E13**.

6	Martha	Maier	Wiener Neustadt	04.01.2014	€ 36,00
7	Nikolaus	Malteringer-Klein	Schwechat	01.02.2018	€ 36,00
8	Manfred	Müller	Mödling	13.01.2015	
9	Annegret	Musterfrau	Wien	12.01.2015	€ 36,00
10	Carina	Schmitt-Maier	Wien	09.09.2012	€ 36,00
11	Marie-Christine	Schweighardt-Müller	Buchgrabern	05.05.2017	€ 36,00
12	Wilhelmine	Zünderer	Baden b. Wien	01.02.2019	€ 40,00
13					
14					
15					
16					

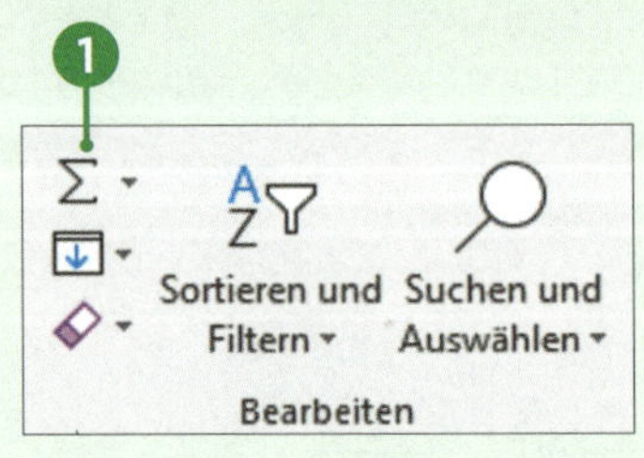

2. Klicken Sie anschließend unter dem Register **Start** im Bereich **Bearbeiten** auf das Summensymbol 1.

Das Programm rahmt nun jenen Bereich ein 2, den es addieren soll, und schreibt die betreffenden Zellen auch in die Bearbeitungsleiste 3, in diesem Fall **E9** bis **E12**.

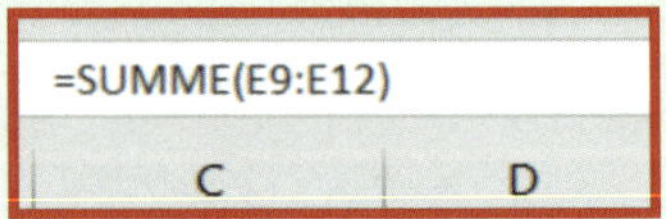

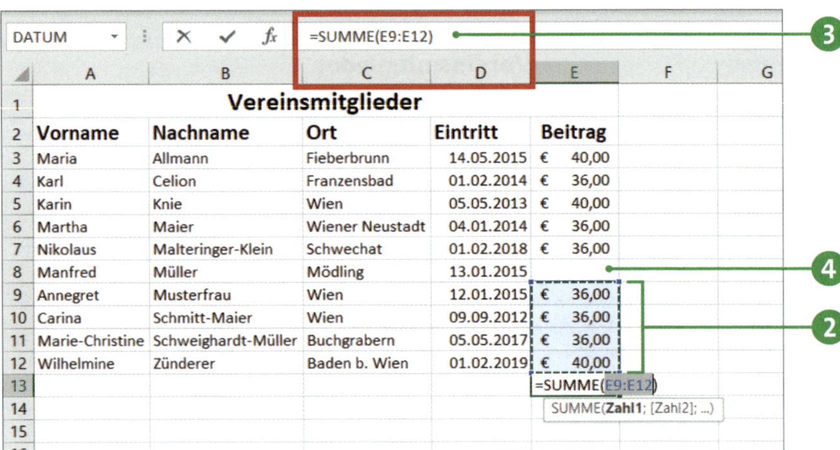

	A	B	C	D	E
1			Vereinsmitglieder		
2	Vorname	Nachname	Ort	Eintritt	Beitrag
3	Maria	Allmann	Fieberbrunn	14.05.2015	€ 40,00
4	Karl	Celion	Franzensbad	01.02.2014	€ 36,00
5	Karin	Knie	Wien	05.05.2013	€ 40,00
6	Martha	Maier	Wiener Neustadt	04.01.2014	€ 36,00
7	Nikolaus	Malteringer-Klein	Schwechat	01.02.2018	€ 36,00
8	Manfred	Müller	Mödling	13.01.2015	
9	Annegret	Musterfrau	Wien	12.01.2015	€ 36,00
10	Carina	Schmitt-Maier	Wien	09.09.2012	€ 36,00
11	Marie-Christine	Schweighardt-Müller	Buchgraben	05.05.2017	€ 36,00
12	Wilhelmine	Zünderer	Baden b. Wien	01.02.2019	€ 40,00
13					=SUMME(E9:E12)
14					SUMME(Zahl1; [Zahl2]; ...)
15					

ACHTUNG!

Excel versucht intelligent zu erkennen, was Sie berechnen wollen. Die bewusst zuvor leer gelassene Zelle 4 lässt diese Erkennung aber scheitern.

3. Wir wollen allerdings alle Beiträge von **E3** bis **E12** addieren und ändern das entsprechend in der Bearbeitungsleiste. Markieren Sie dort mit gedrückter linker Maustaste **E9** 5 und schreiben »E3« darüber.

MERKE

Der Zellbereich, den Excel für die Summenberechnung nutzt, ist in der Formel in Klammern angegeben. Der Doppelpunkt bedeutet »bis«.

4. Sofort wird der umrahmte Bereich in der Arbeitsmappe erweitert 6. Klicken Sie nun mit der linken Maustaste in eine beliebige Zelle, oder betätigen Sie die Taste ↵ auf Ihrer Tastatur – schon ist die Addition durchgeführt. Sie erkennen dies auch an der Gesamtsumme 7.

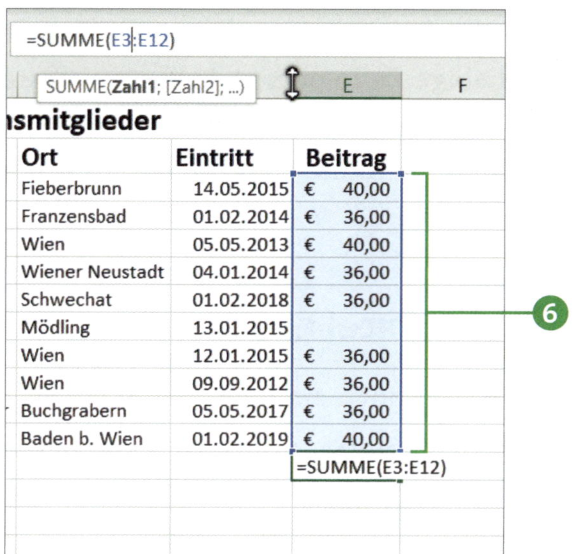

Ort	Eintritt	Beitrag
Fieberbrunn	14.05.2015	€ 40,00
Franzensbad	01.02.2014	€ 36,00
Wien	05.05.2013	€ 40,00
Wiener Neustadt	04.01.2014	€ 36,00
Schwechat	01.02.2018	€ 36,00
Mödling	13.01.2015	
Wien	12.01.2015	€ 36,00
Wien	09.09.2012	€ 36,00
Buchgrabern	05.05.2017	€ 36,00
Baden b. Wien	01.02.2019	€ 40,00
		=SUMME(E3:E12)

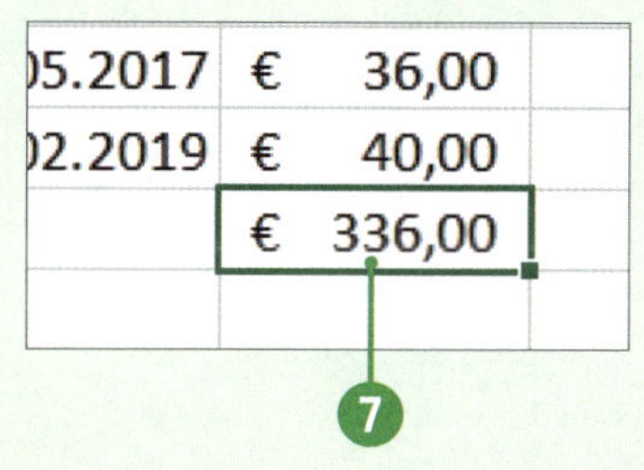

5. Herr Müller, unser ausstehender Mitgliedsbeitragszahler, hat nun aber doch bezahlt. Klicken Sie dazu in die entsprechende Zelle, in diesem Fall **E8**, und geben Sie den Betrag von 36 € ein – Sie müssen dazu nur die Zahl »36« schreiben, die Formatierung mit Nachkommastellen und das Euro-Zeichen ergänzt Excel für Sie, weil Sie das ja eingangs für diese Spalte bereits festgelegt hatten.

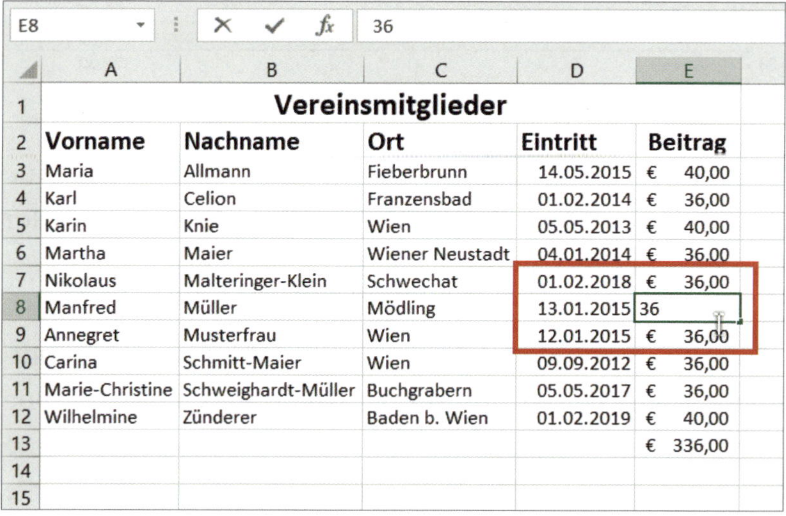

	A	B	C	D	E
1	**Vereinsmitglieder**				
2	**Vorname**	**Nachname**	**Ort**	**Eintritt**	**Beitrag**
3	Maria	Allmann	Fieberbrunn	14.05.2015	€ 40,00
4	Karl	Celion	Franzensbad	01.02.2014	€ 36,00
5	Karin	Knie	Wien	05.05.2013	€ 40,00
6	Martha	Maier	Wiener Neustadt	04.01.2014	€ 36,00
7	Nikolaus	Malteringer-Klein	Schwechat	01.02.2018	€ 36,00
8	Manfred	Müller	Mödling	13.01.2015	36
9	Annegret	Musterfrau	Wien	12.01.2015	€ 36,00
10	Carina	Schmitt-Maier	Wien	09.09.2012	€ 36,00
11	Marie-Christine	Schweighardt-Müller	Buchgrabern	05.05.2017	€ 36,00
12	Wilhelmine	Zünderer	Baden b. Wien	01.02.2019	€ 40,00
13					€ 336,00
14					
15					

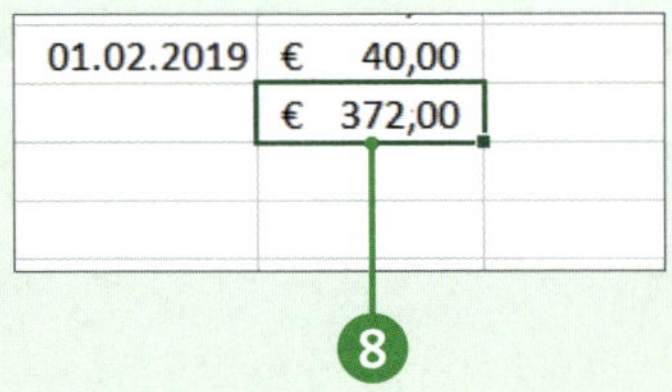

6. Anschließend klicken Sie mit der linken Maustaste in eine beliebige Zelle oder drücken die Taste [↵]. Sie sehen, die Zahl 36 wurde, wie eben erklärt, entsprechend formatiert und die Summe (8) um diesen Betrag erhöht – völlig automatisch.

Eine Liste in Excel ergänzen

Nun nehmen wir noch ein neues Mitglied auf und erweitern die Liste. Allerdings können Sie nicht direkt unter dem letzten Mitglied weiterschreiben, da hier unsere Rechenformel ihren Platz hat. Im Folgenden sehen Sie, wie Sie nun vorgehen sollten.

1. Markieren Sie die komplette Zeile **12** (1), und klicken Sie anschließend unter dem Register **Start** im Bereich **Zellen** auf den oberen Teil der Schaltfläche **Einfügen** (2) (nicht also auf das Wort »Einfügen« bzw. den Pfeil darunter, der das Auswahlmenü öffnet).

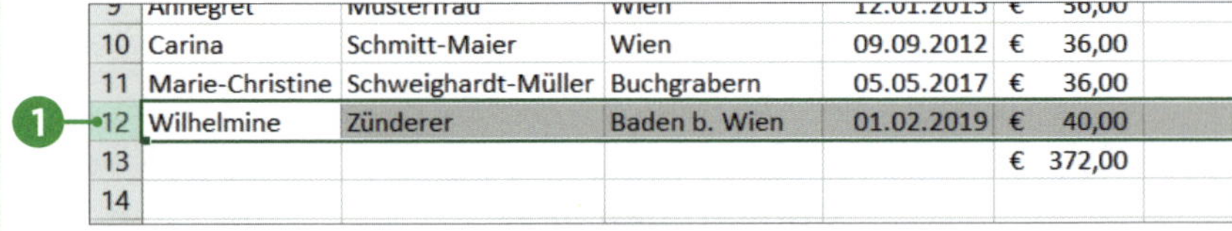

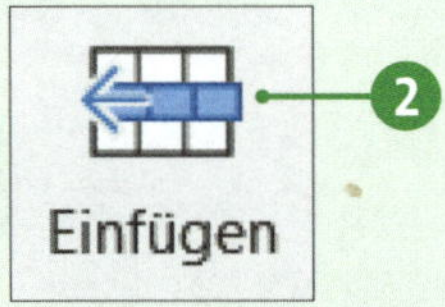

Mit einem Klick auf die grafische Schaltfläche oberhalb von **Einfügen** wird automatisch eine Zeile oberhalb der gerade markierten eingefügt.

Die zuvor markierte Zeile rutscht automatisch um eine Zeile nach unten, und mit ihr die Summe inklusive der Formel von **E13** nach **E14**.

2. Im Folgenden geben Sie alle Daten des neuen Mitglieds ein, inklusive des Mitgliedsbeitrages über 36 €, wie vorhin beschrieben. Sie sehen wiederum, dass sich die Summe erneut erhöht. Das bedeutet, dass sich auch die

Formel automatisch verändert hat. Prüfen Sie das, indem Sie auf die Endsumme klicken **3** und dann einen Blick in die Bearbeitungsleiste werfen **4**. Hier ist nun als letzte Zelle für die Addition nicht mehr **E12**, sondern **E13** aufgeführt.

E14 | =SUMME(E3:E13)

	A	B	C	D	E
1			Vereinsmitglieder		
2	Vorname	Nachname	Ort	Eintritt	Beitrag
3	Maria	Allmann	Fieberbrunn	14.05.2015	€ 40,00
4	Karl	Celion	Franzensbad	01.02.2014	€ 36,00
5	Karin	Knie	Wien	05.05.2013	€ 40,00
6	Martha	Maier	Wiener Neustadt	04.01.2014	€ 36,00
7	Nikolaus	Malteringer-Klein	Schwechat	01.02.2018	€ 36,00
8	Manfred	Müller	Mödling	13.01.2015	€ 36,00
9	Annegret	Musterfrau	Wien	12.01.2015	€ 36,00
10	Carina	Schmitt-Maier	Wien	09.09.2012	€ 36,00
11	Marie-Christine	Schweighardt-Müller	Buchgrabern	05.05.2017	€ 36,00
12	Bertram	Bradditz	Wien	01.03.2019	€ 36,00
13	Wilhelmine	Zünderer	Baden b. Wien	01.02.2019	€ 40,00
14					€ 408,00
15					
16					
17					

4 =SUMME(E3:E13)

3

3. Nun passen Sie auch noch die Sortierung der Nachnamen an, so wie ab Seite 219 beschrieben, damit alles seine Richtigkeit hat.

4. Zum Abschluss wollen wir die Summe optisch noch hervorheben und als solche kennzeichnen. Klicken Sie dazu in die Zelle **E14** und unter dem Register **Start** im Bereich **Schriftart** auf **F** für *Fett*. Die Schriftgröße erhöhen Sie auf **14**.

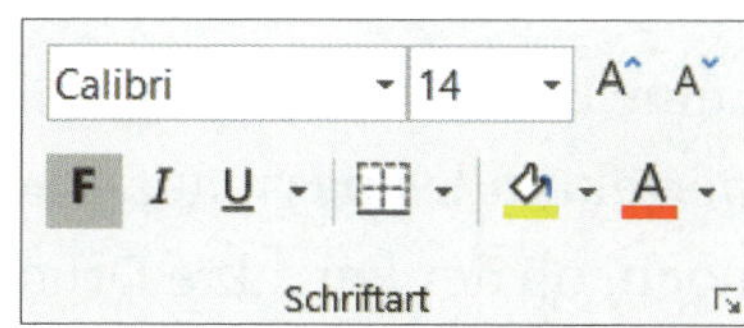

Eine Excel-Tabelle ausdrucken und als PDF speichern

Wie der Ausdruck in einem Office-Programm funktioniert, haben Sie u. a. im Abschnitt »Den Brief ausdrucken« ab Seite 116 bei Word bereits ausführlich kennengelernt. Bei unserer einfachen Tabelle gibt es hier auch keine schwierigen Einstellungen zu tätigen. Komplexer wird es allerdings im nächsten Kapitel, wenn wir mit mehreren Blättern und größeren Tabellen arbeiten. So klappt der Ausdruck mit unserer Mitgliederliste:

1. Klicken Sie auf das Register **Datei**, und wählen Sie dort **Drucken** ❶ aus, um den folgenden Dialog anzuzeigen:

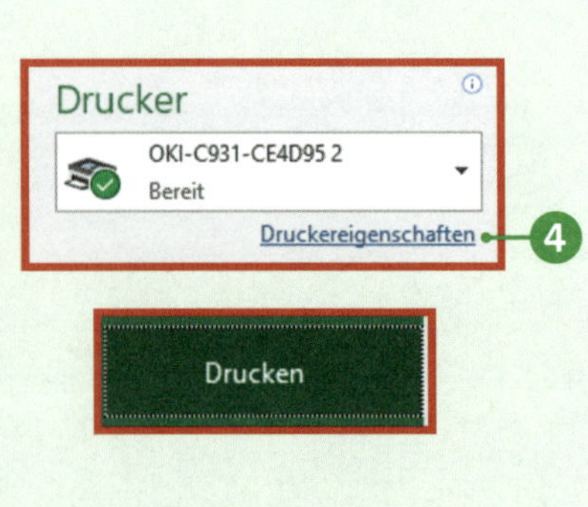

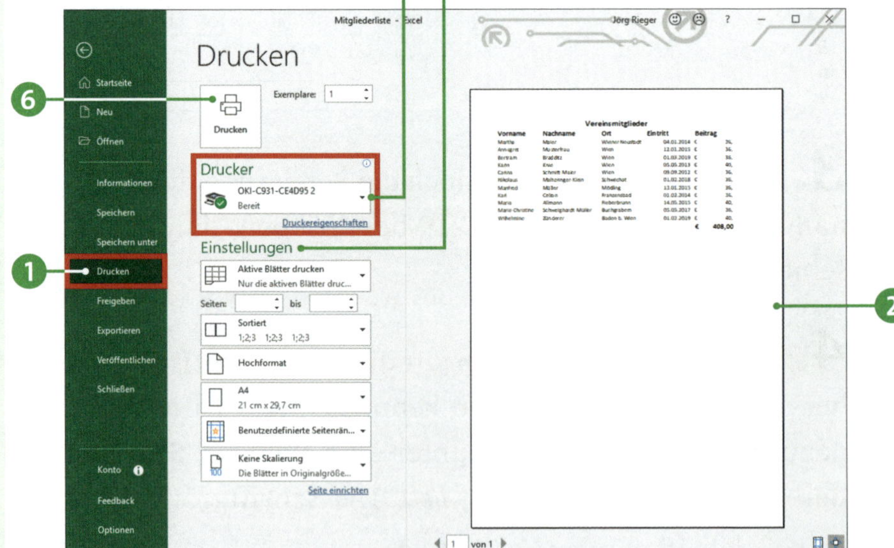

2. Sie sehen eine Druckvorschau ❷ Ihrer Tabelle – die Darstellung ist perfekt, alles passt auf eine DIN-A4-Seite. Prüfen Sie nun noch, ob der korrekte Drucker ausgewählt ist ❸, und unter **Druckereigenschaften** ❹ werfen Sie

ggf. noch einen Blick auf die Druckqualität (siehe dazu die Erklärungen ab Seite 116 und 159).

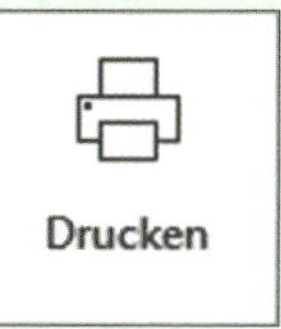

3. Die **Einstellungen** 5 ignorieren wir bei diesem Ausdruck, diese sind wie gesagt im folgenden Kapitel von Bedeutung, wenn die Tabelle nicht mehr auf ein Blatt passt. Daher betätigen Sie jetzt einfach die **Drucken**-Schaltfläche 6 und bringen die Mitgliederliste zu Papier.

WAS TUN?

Wie Sie in Excel große Tabellen ausdrucken, die nicht auf ein Blatt passen, erfahren Sie im Kasten »Die Arbeitsmappe ausdrucken« auf Seite 268.

Statt die Tabelle auszudrucken, können Sie diese auch als PDF sichern. Gehen Sie dazu wie im Folgenden beschrieben vor.

1. Wählen Sie erneut den Reiter **Datei** und im Menü nun aber **Exportieren** 1 aus. Prüfen Sie, ob rechts daneben die Schaltfläche **PDF/XPS-Dokument erstellen** 2 aktiviert ist, und klicken Sie dann ganz rechts wiederum auf die Schaltfläche **PDF/XPS-Dokument erstellen** 3.

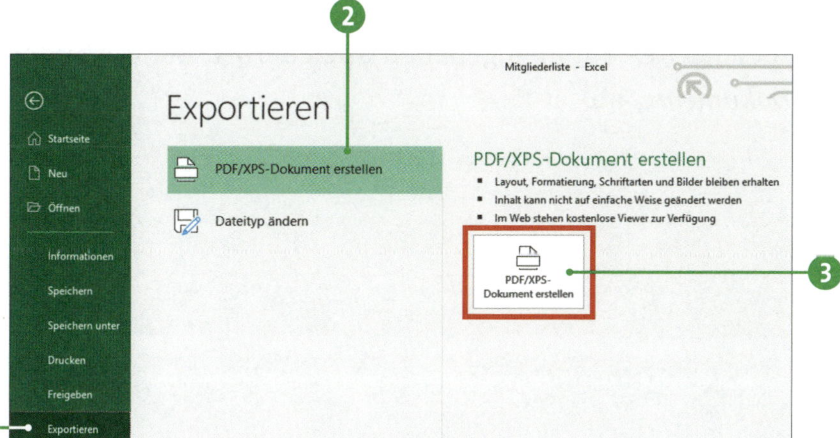

2. Im folgenden Dialogfenster geben Sie noch den Dateinamen 4 und den Speicherort 5 für Ihr PDF-Dokument an.

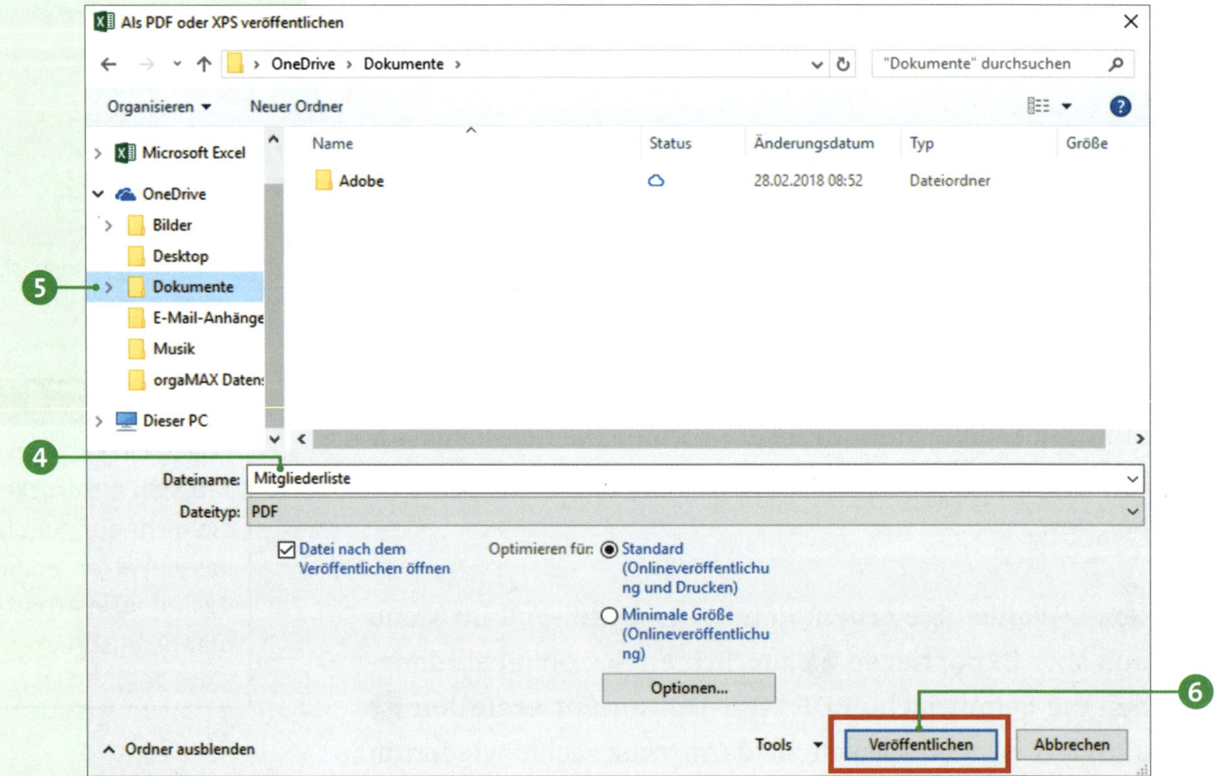

Veröffentlichen

Ein Klick auf **Veröffentlichen** 6 erzeugt das PDF und speichert es am angegebenen Speicherort, bei uns unter *Dokumente*, ab.

KAPITEL 7

Ein Haushaltsbuch mit Excel führen

Einen Überblick über die Finanzen zu behalten ist sehr praktisch und wichtig. Mit Excel haben Sie einen guten Helfer an der Hand, der Sie dabei unterstützt, dass Sie am Ende des Monats noch einige Euro übrig haben. Mit seinen Kalkulationsmöglichkeiten und den vielfältigen Darstellungsmöglichkeiten lassen sich Monatsergebnisse auch wunderbar veranschaulichen. Nun geht es ans Eingemachte – wir wollen jetzt gemeinsam mit Ihnen die Vorlage für ein Haushaltsbuch anlegen und Ihnen zeigen, wie Sie mit Excel kalkulieren und rechnen können.

Das Haushaltsbuch als Arbeitsmappe anlegen

Auch für unser Haushaltsbuch benötigen wir eine leere Arbeitsmappe.

1. Starten Sie Excel, indem Sie das Startmenü öffnen, und klicken Sie in der alphabetischen App-Liste unter dem Buchstaben **E** auf das Programmsymbol **Excel** (Excel) ❶.

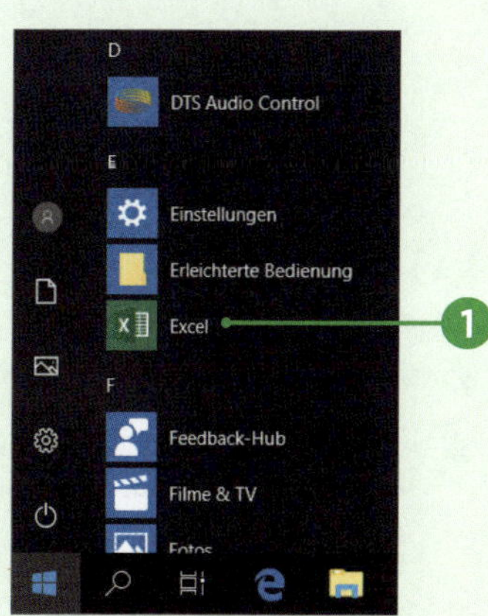

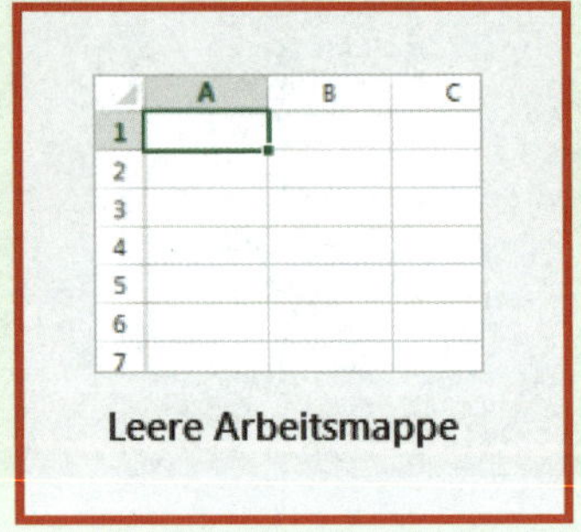

2. Auf der Startseite von Excel wählen Sie, wiederum mit einem linken Mausklick, **Leere Arbeitsmappe** ❷ aus.

3. Klicken Sie in der geöffneten Arbeitsmappe zunächst in die Zelle **A1**, und schreiben Sie »Haushaltsbuch 2019« hinein.

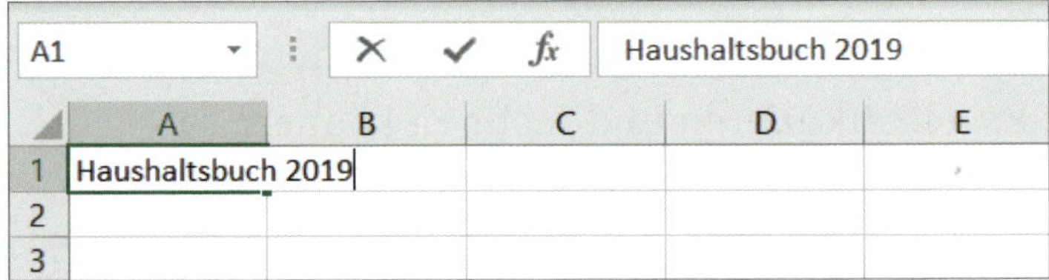

4. Klicken Sie als Nächstes in die Zelle **A5**, die Zeilen 2 bis 4 lassen wir vorerst aus, und tippen Sie dort »Einkommen« hinein.

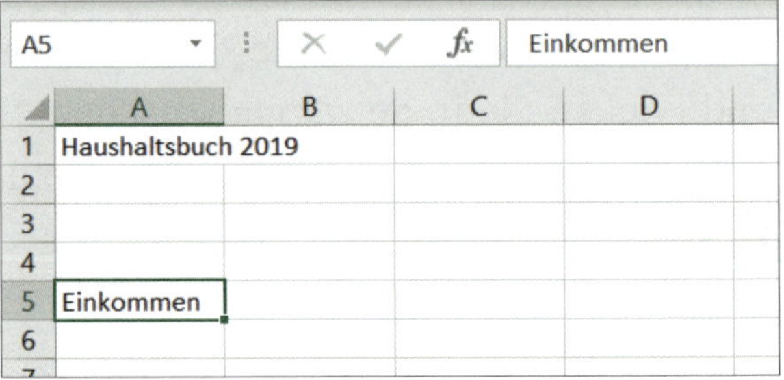

5. Nun geben wir mehrere Einkommensformen an. Dazu klicken Sie in die Zelle **B6** und schreiben hier »Rente« hinein, darunter, in **B7**, schreiben Sie »Zuschüsse«, in die Zelle **B8** »Sonstiges Einkommen« und in **B9** »Einkommen gesamt«.

Nun formatieren wir den Einkommensblock. Zunächst wird die Spalte **B** verbreitert.

B9 | Einkommen gesamt

	A	B	C	D	E
1	Haushaltsbuch 2019				
2					
3					
4					
5	Einkommen				
6		Rente			
7		Zuschüsse			
8		Sonstiges Einkommen			
9		Einkommen gesamt			
10					
11					

1. Dazu führen Sie die Maus auf die Spaltenleiste zwischen die Buchstaben **B** und **C**, sodass der Mauszeiger als Doppelpfeil ❶ erscheint, und führen dann einen Doppelklick aus. Sofort wird die Spalte **B** so weit wie nötig verbreitert.

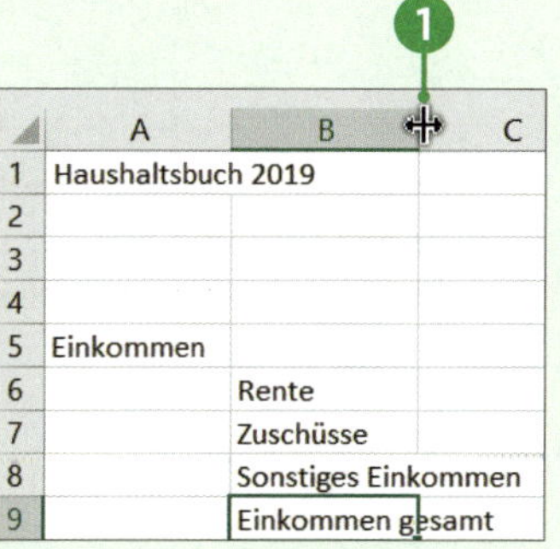

	A	B	C
1	Haushaltsbuch 2019		
2			
3			
4			
5	Einkommen		
6		Rente	
7		Zuschüsse	
8		Sonstiges Einkommen	
9		Einkommen gesamt	
10			

5 Einkommen

MERKE

Auch die Zelle **A5** ist markiert, obwohl sie nicht grau unterlegt ist. **A5** ist lediglich die erste der markierten Zellen, diese wird immer nur eingerahmt dargestellt.

2. Danach führen Sie die Maus in die Zelle **A5**, in die wir den Begriff *Einkommen* hineingeschrieben haben, drücken die linke Maustaste und ziehen die Maus mit gedrückter Maustaste auf die Zelle **B5**. Damit haben wir beide Zellen markiert.

3. Klicken Sie im Menüband unter dem Reiter **Start** auf den Pfeil neben der Schaltfläche **Zellen verbinden und zentrieren** ②. Sie finden sie im Bereich **Ausrichtung**.

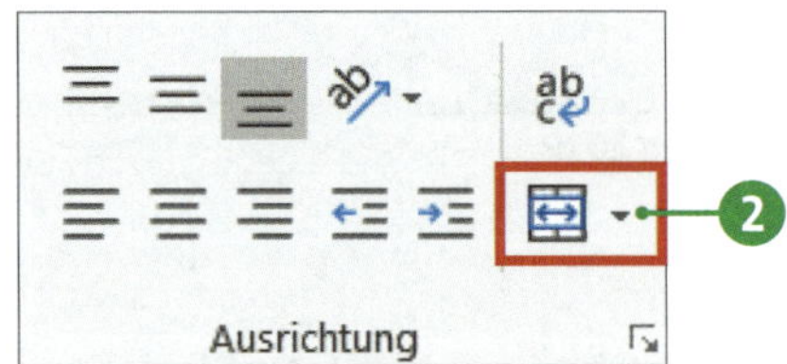

4. Im Auswahlmenü wählen Sie mit einem Klick die Option **Zellen verbinden** ③ aus.

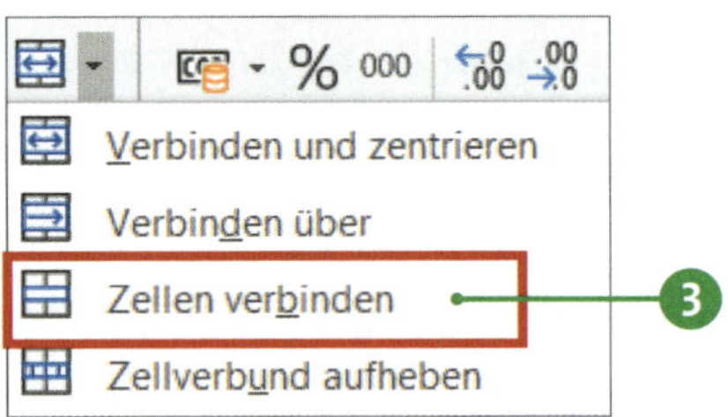

5. Die Zelle **A5** erstreckt sich somit über zwei Spalten. Klicken Sie in die derart erweiterte Zelle **A5**, und wählen Sie unter dem Reiter **Start** im Bereich **Schriftart** mit einem Klick die Formatierung **F** für *Fett* ④ aus.

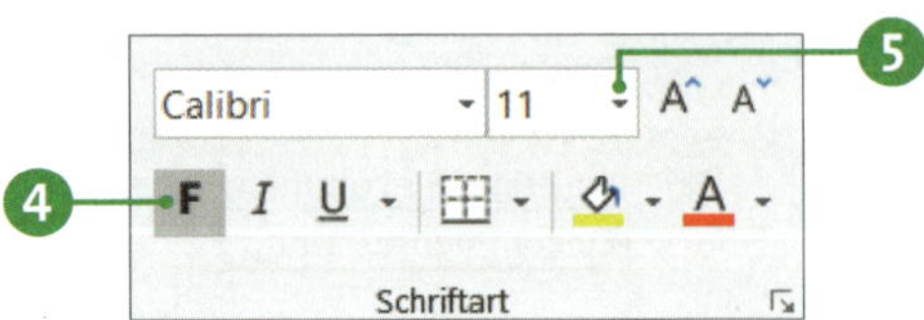

ACHTUNG!

Vergessen Sie bitte nicht, Ihre Arbeitsmappe zwischendurch immer wieder einmal zu speichern!

6. Danach klicken Sie auf den Pfeil neben dem Schriftgrad **5** und wählen die Schriftgröße **16** **6** aus.

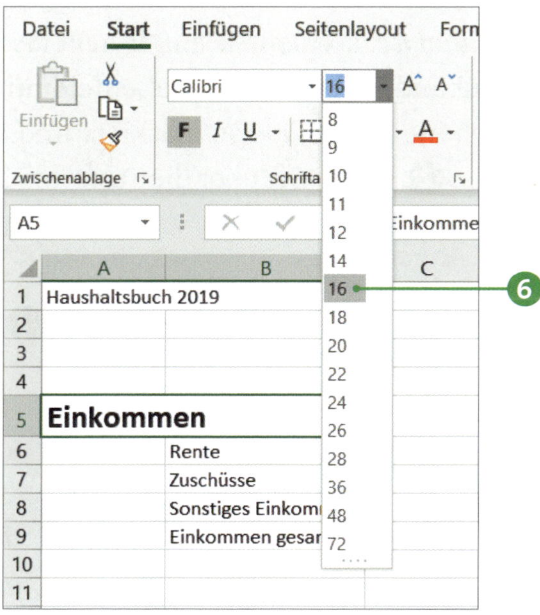

7. Jetzt wird noch die Hintergrundfarbe geändert. Klicken Sie dazu auf den Pfeil neben **Füllfarbe** **7**, und wählen Sie eine Farbe nach Wunsch aus. Wir entscheiden uns für *Grün, Akzent 6, heller 60%* **8**.

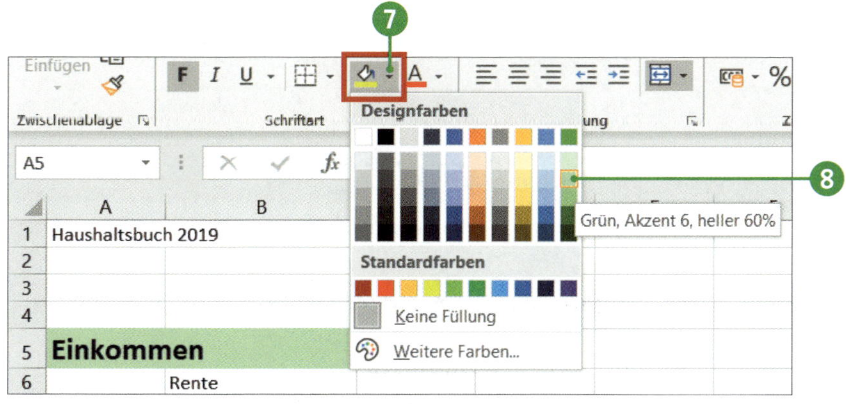

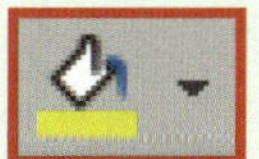

Als Nächstes formatieren wir die Zellen **B6**, **B7** und **B8**.

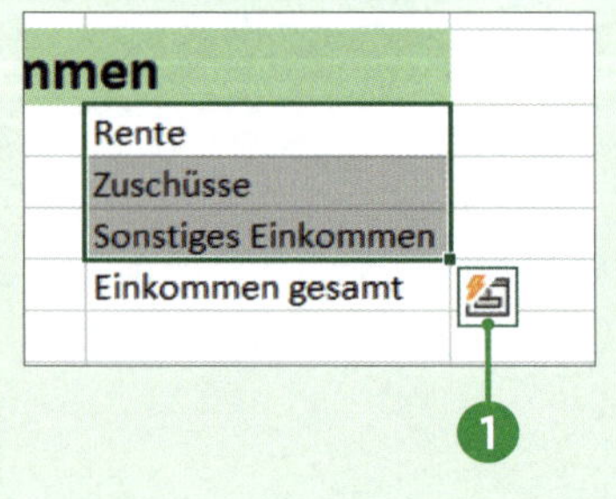

1. Markieren Sie die Zellen, indem Sie in **B6** hineinklicken und dann mit gedrückter Maustaste bis **B8** herunterfahren. Das rechts unten erscheinende Quadrat 1, die sog. *Schnellanalyse*, können Sie außer Acht lassen. Klicken Sie im Menüband in das Schriftgrößenfeld hinein, sodass die vorgegebene Schriftgröße markiert und somit überschreibbar ist 2, geben Sie über die Tastatur »12« ein, und drücken Sie die Taste [↵].

Die gewünschte Schriftgröße können Sie auch direkt – ohne das Auswahlmenü über den Pfeil zu öffnen – eintippen.

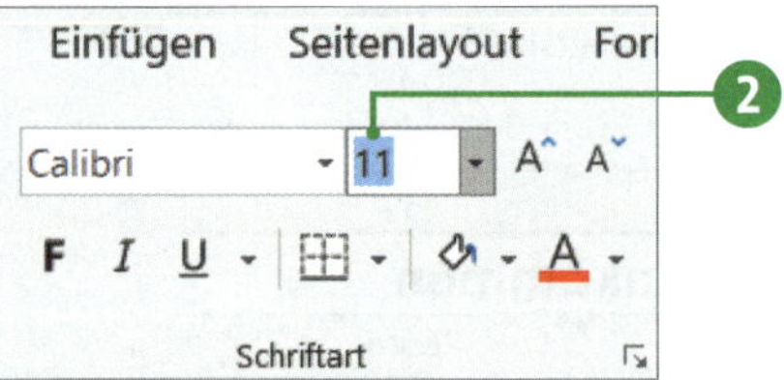

2. Klicken Sie auf die Zelle **B9**, ändern Sie auch hier die Schriftgröße, und formatieren Sie *Einkommen gesamt* mit der Schaltfläche **F** 3 zusätzlich fett. Und so sollte Ihre Arbeitsmappe aktuell aussehen:

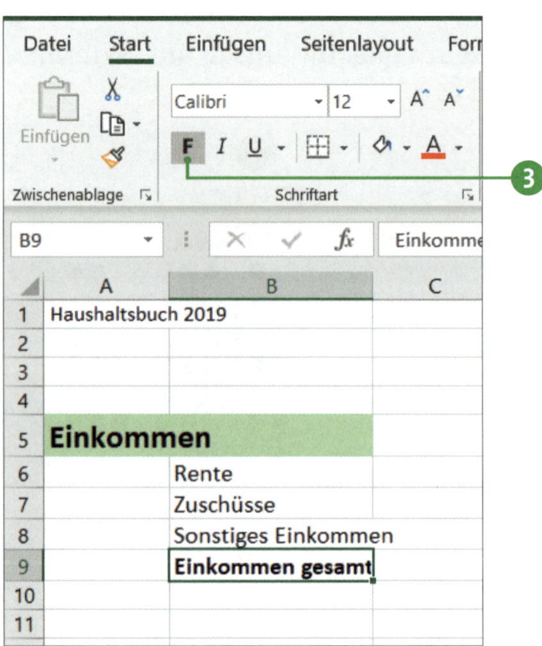

3. Markieren Sie jetzt die Zellen **B6** bis **B9** erneut, klicken Sie auf den Pfeil neben der Schaltfläche **Füllfarbe** ❹, und suchen Sie sich wie zuvor beschrieben eine passende Hintergrundfarbe aus. Wir entscheiden uns für *Weiß, Hintergrund 1, dunkler 5%* ❺.

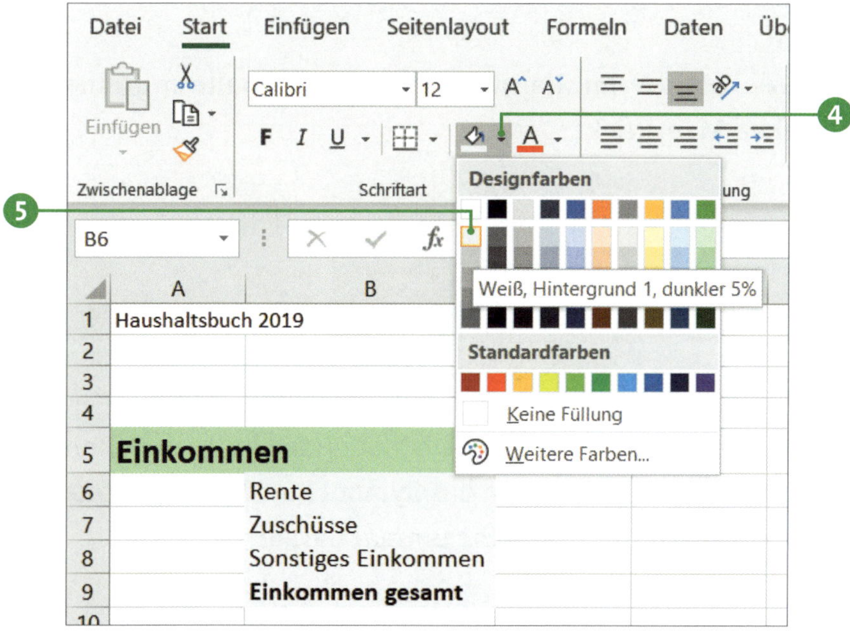

4. Sie werden feststellen, dass durch die Änderung der Schriftgröße die Spalte **B** wieder zu klein geworden ist. Ändern Sie das, indem Sie die Maus zwischen die Spalten **B** und **C** führen und, sobald der Doppelpfeil erscheint, einen Doppelklick ausführen.

Formate und Formeln anwenden

Nun werden wir das Haushaltsbuch für die Rechenoperationen vorbereiten. Dabei bewegen wir uns sozusagen auch »hinter« den Zellen. Sie dürfen gespannt sein.

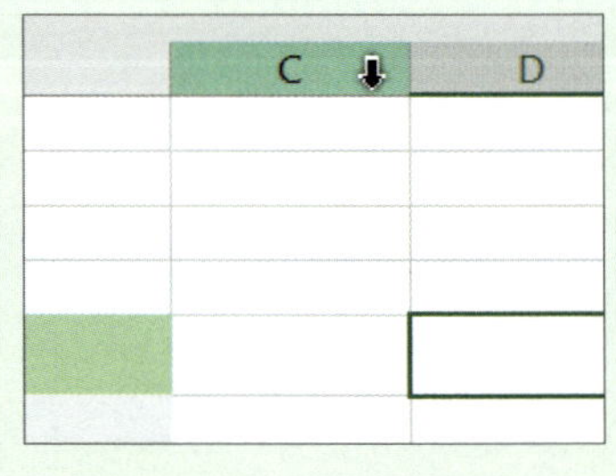

Spalte komplett markieren

Buchhaltungszahlenformat wählen

1. Wir versehen die Spalte **C** mit einem Buchhaltungsformat. Das bedeutet, dass Excel bei Eingabe einer Zahl diese als Buchhaltungswert mit Dezimalstellen definiert. Führen Sie die Maus dazu auf den Spaltenkopf **C**. Das Feld wird grün, und der Mauszeiger ändert sich in einen schwarzen, nach unten zeigenden Pfeil.

2. Markieren Sie nun die gesamte Spalte mit einem linken Mausklick.

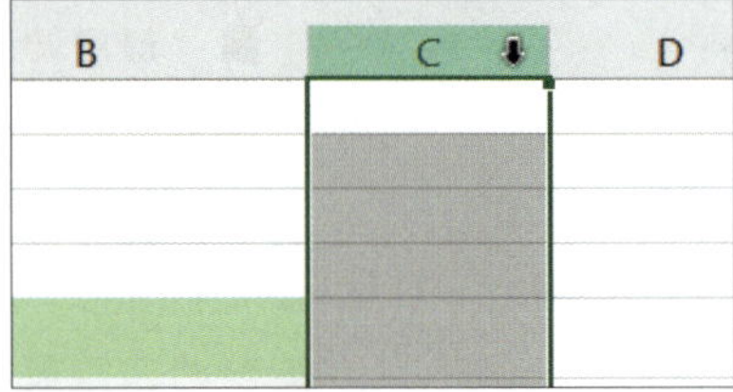

3. Führen Sie die Maus im Menüband unter dem Reiter **Start** auf den Pfeil neben das Symbol *Buchhaltungszahlenformat* ➊, und klicken Sie einmal darauf.

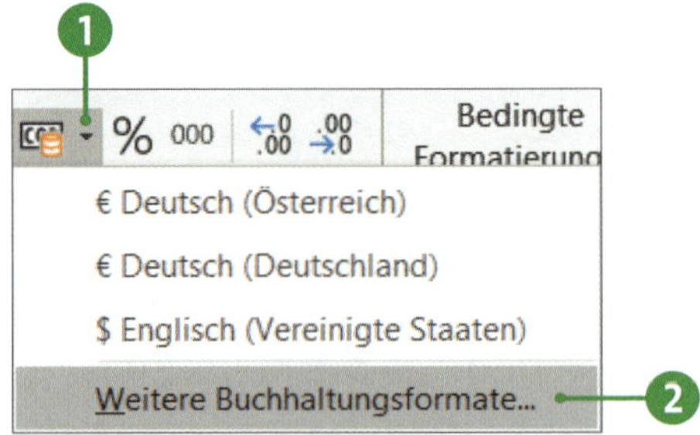

4. Im Ausklappmenü wählen Sie mit einem Klick **Weitere Buchhaltungsformate** ➋ aus.

5. Es öffnet sich der Dialog **Zellen formatieren**. Unter **Kategorie** wählen Sie **Buchhaltung** ➌, im Feld **Dezimalstellen** ➍ belassen Sie es bei **2** und im Feld **Symbol** ➎ bei dem bereits eingestellten Euro-Zeichen. Klicken Sie auf **OK** 6.

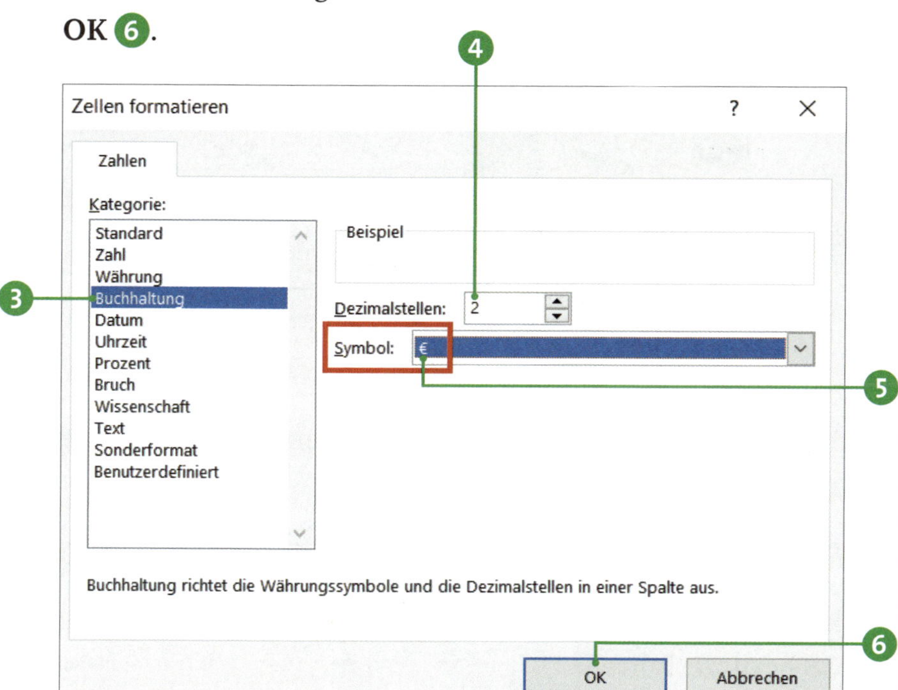

6. Klicken Sie jetzt in die Zelle **C9**, die wir als *Einkommen gesamt* bezeichnet haben, und anschließend auf das Summensymbol 7 Σ im Bereich **Bearbeiten** des Menübandes.

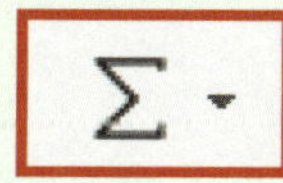

In **C9** steht nun plötzlich die Formel **=Summe()** 8. Anders als im vorigen Kapitel, in dem wir bereits einen Zellbereich markiert hatten, ist hier nun die Klammer noch leer.

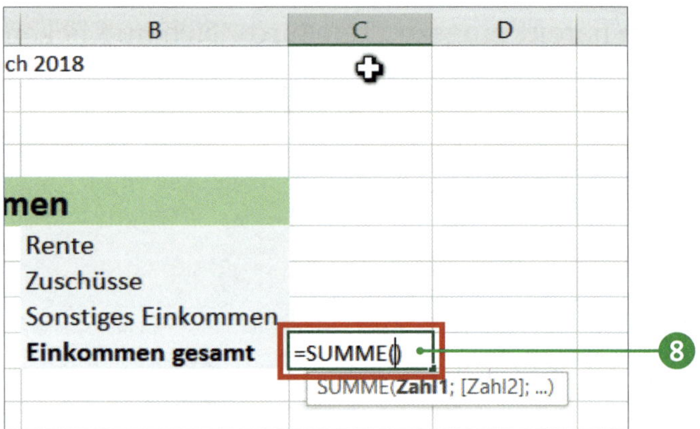

Jetzt definieren wir, aus welchen Zellen sich die Summe zusammensetzen soll.

MERKE

Auch durch das Markieren eines Zellbereichs kann eine Formel erstellt werden.

1. Markieren Sie die Zellen **C6** bis **C8**, indem Sie in **C6** klicken und dann mit gedrückter Maustaste bis zu Zelle **C8** herunterfahren.

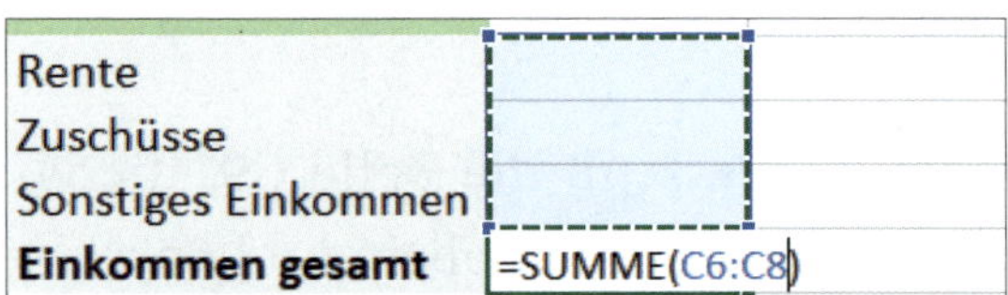

Excel schreibt nun die Formel, die wir durch die Markierung vervollständigt haben, automatisch sowohl in die Klammer als auch in die Bearbeitungsleiste.

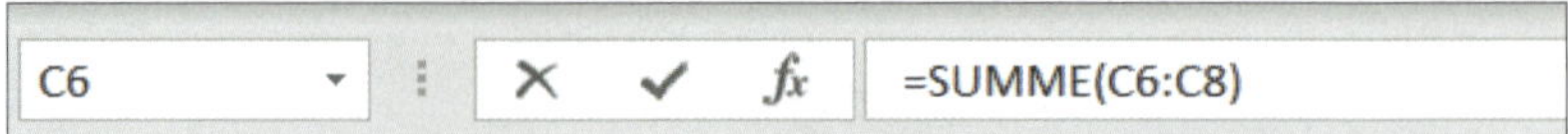

2. Nun betätigen Sie die Taste [↵], um die Formel zu bestätigen. Damit haben wir die Zellen für die Einnahmen entsprechend vorbereitet und können die Rechenfunktion ausprobieren.

3. Klicken Sie in die Zelle **C6**, und geben Sie die Höhe Ihrer monatlichen Rente ein; wir gehen im Beispiel von 1.650 € aus und geben daher »1650« ein. Nach Bestätigung mit [↵] übernimmt Excel die Formatierung mit den Nachkommastellen und dem Euro-Zeichen und springt automatisch in die darunterliegende Zelle **C7**. Geben Sie hier einen Betrag für *Zuschüsse* und nach erneuter Betätigung von [↵] in **C8** einen Betrag bei *Sonstiges Einkommen* ein. Da wir in **C9** bereits die Summenfunktion angewendet haben, berechnet Excel hier auch gleich den Gesamtbetrag.

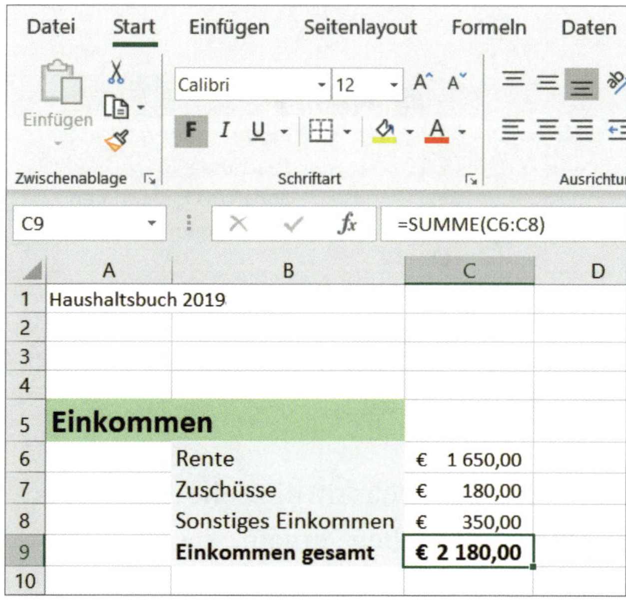

4. Um das Gesamteinkommen schließlich noch einmal hervorzuheben, klicken Sie noch einmal in die Zelle **C9** und formatieren sie fett und mit dem Schriftgrad 12, so wie oben beschrieben.

Nun müssen wir die gerade eingegebenen Zahlenwerte leider auch schon wieder löschen, weil wir später in unserer

Übung die Formeln hier auf alle zwölf Monate des Jahres automatisch übertragen möchten.

5. Klicken Sie dazu in die Zelle **C6**, und betätigen Sie dann die Taste `Entf` auf Ihrer Tastatur. Sie sehen, dass sich dadurch auch die Gesamtsumme reduziert ❶. Dasselbe machen Sie in Zelle **C7** und **C8**. Nun müssten in **C9** nur noch das Euro-Zeichen und ein Strich zu sehen sein ❷.

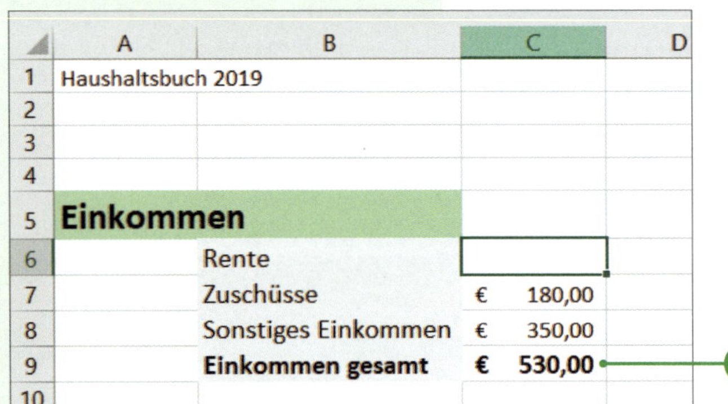

5	**Einkommen**		
6		Rente	
7		Zuschüsse	
8		Sonstiges Einkommen	
9		**Einkommen gesamt**	**€ -** ❷
10			

ACHTUNG!

Die Zelle **C9** lassen Sie bitte unberührt! Wir wollen ja nicht die Formel für die Gesamtsumme löschen!

Nach den Einnahmen legen wir nun eine Liste für die Ausgaben an.

Im Folgenden legen wir eine kleine Aufstellung der Ausgaben im Haushaltsbuch an.

1. Klicken Sie zunächst in die Zelle **A11**, und schreiben Sie den Begriff »Ausgaben« hinein.

5	**Einkommen**		
6		Rente	
7		Zuschüsse	
8		Sonstiges Einkommen	
9		**Einkommen gesamt**	**€ -**
10			
11	Ausgaben		

2. Anschließend klicken Sie mit der linken Maustaste in die Zelle **A5**, in der *Einkommen* steht. Führen Sie jetzt die Maus in das Menüband des Reiters **Start**, und klicken

Sie dort ganz links auf das Pinselsymbol (1) im Bereich **Zwischenablage**.

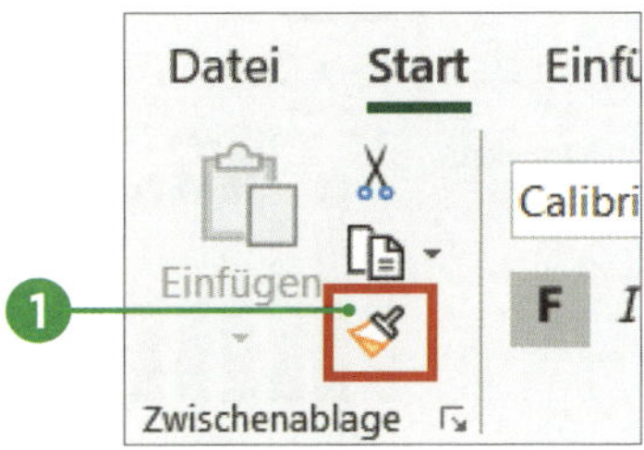

3. Sie sehen, dass sich der Rahmen um *Einkommen* zu bewegen beginnt. Das bedeutet, dass der Pinsel aktiviert ist und die Formatierung sozusagen »aufgesaugt« hat.

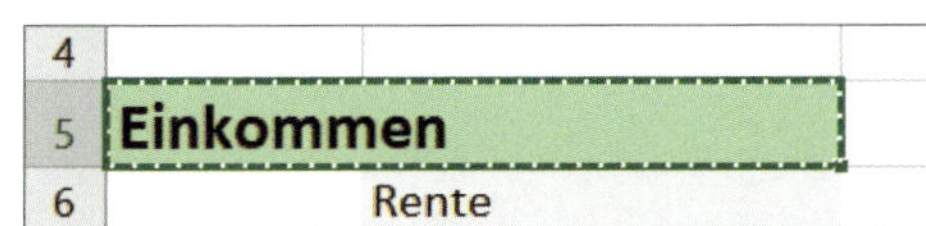

4. Jetzt können Sie die Maus auf die Zelle **A11** führen und mit der linken Maustaste anklicken. Die Formatierung wird 1:1 übernommen.

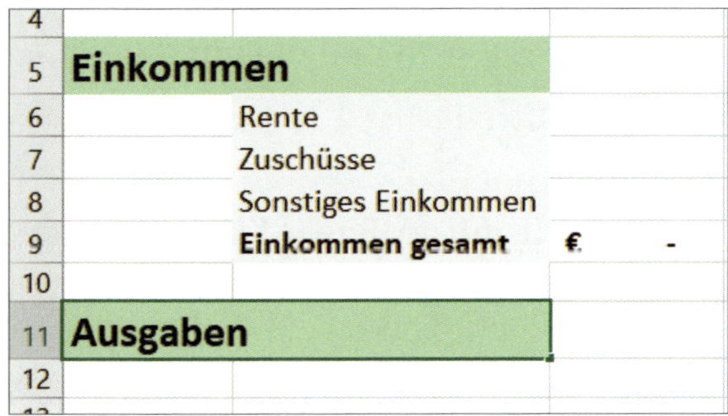

5. Die Farbe Grün ist für die Ausgabenseite allerdings nicht ganz passend – wir wollen eine Signalfarbe! Klicken Sie daher wiederum auf den Pfeil neben der Schaltfläche **Füllfarbe** (2), und wählen Sie aus der sich nun aufklappen-

MERKE

Mit dem Pinselsymbol übertragen Sie die grafische Formatierung von Zellen.

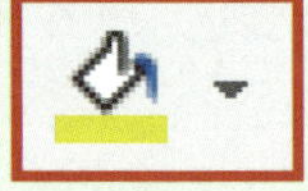

den Farbpalette eine passende Farbe aus. Wir entscheiden uns für *Orange, Akzent 2, heller 60%* 3.

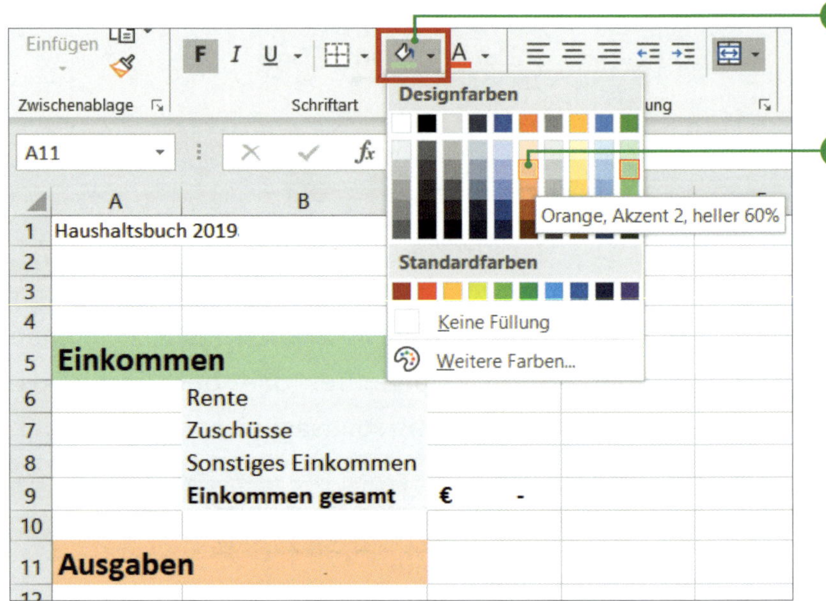

6. Bestätigen Sie die Farbwahl mit einem linken Mausklick, und schon ist die Hintergrundfarbe angepasst.

Im Folgenden geben wir die einzelnen Positionen für die fixen Ausgaben ein.

1. Beginnen wir mit »Miete«. Klicken Sie dazu in die Zelle **B12**, schreiben Sie den Begriff hinein, und betätigen Sie die Taste ↵.

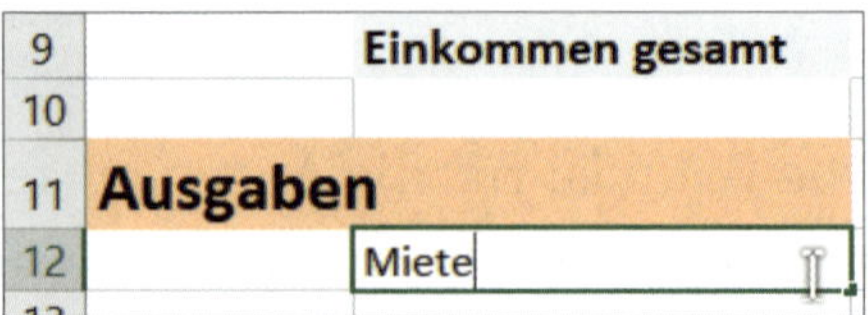

2. Darunter, in die Zelle **B13**, schreiben Sie »Heizkosten«. Setzen Sie die Liste in Spalte **B** entsprechend fort.

MERKE

Wenn Sie nach jeder Eingabe die Taste ↵ betätigen, müssen Sie beim Schreiben einer Liste nicht immer wieder erneut eine Zelle anklicken – Excel springt dann automatisch in die darunterliegende Zelle.

Wir entscheiden uns für folgende fixe Ausgaben: »Strom«, »Betriebskosten«, »Haftpflichtversicherung«, »Autoversicherung«, »Krankenzusatzversicherung«, »Monatskarte - Bus/Bahn«, »Zeitungs-/Zeitschriftenabo«, »Sonstiges«.

B21 | Sonstige

	A	B	C
7		Zuschüsse	
8		Sonstiges Einkommen	
9		**Einkommen gesamt**	€
10			
11	**Ausgaben**		
12		Miete	
13		Heizkosten	
14		Strom	
15		Betriebskosten	
16		Haftpflichtversicherung	
17		Autoversicherung	
18		Krankenzusatzversicherung	
19		Monatskarte - Bus/Bahn	
20		Zeitungs-/Zeitschriftenabo	
21		Sonstiges	
22			
23			
24			
25			
26			
27			

Tabelle1

Eingeben

3. Nun wollen wir auch hier die Schriftformatierung übertragen. Klicken Sie dazu in die Zelle **B6** und anschließend auf das Pinselsymbol im Menüband **1**. Dann führen Sie die Maus auf die Zelle **B12** und ziehen sie mit gedrückter linker Maustaste bis zur Zelle **B21**.

MERKE

Die grafische Formatierung kann mittels Pinsel auf beliebig viele Zellen auf einmal übertragen werden.

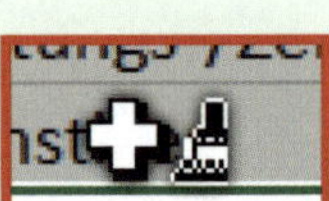

Sie sehen, dass sich der Mauszeiger zu einem weißen Kreuz mit einem Pinselsymbol ändert. Sobald Sie die Maus loslassen, ist die Formatierung übertragen.

4. Auch hier ragen einige Begriffe über die Zellen hinaus. Um die Spaltenbreite zu erweitern, führen Sie die Maus wie gewohnt in die Spaltenleiste zwischen **B** und **C**.

Sobald der Doppelpfeil erscheint, klicken Sie doppelt darauf, sodass alle Einträge auch optisch innerhalb der Spalte stehen.

11	**Ausgaben**	
12		Miete
13		Heizkosten
14		Strom
15		Betriebskosten
16		Haftpflichtversicherung
17		Autoversicherung
18		Krankenzusatzversicherung
19		Monatskarte - Bus/Bahn
20		Zeitungs-/Zeitschriftenabo
21		Sonstiges

5. Klicken Sie als Nächstes in die Zelle **B22**, und schreiben Sie »Fixe Ausgaben gesamt« hinein.

21		Sonstiges
22		Fixe Ausgaben gesamt

6. Auch hier übertragen wir das Format, indem wir zuerst in die Zelle **B9** klicken, anschließend auf die Schaltfläche mit dem Pinselsymbol und schließlich auf **B22**.

Jetzt geben wir die Formel zur Kalkulation für die Summe der Ausgaben ein.

1. Hierzu klicken Sie in die Zelle **C22** und anschließend im Menüband auf das Summensymbol Σ ▾ ❶ im Bereich **Bearbeiten** des Registers **Start**.

21		Sonstiges	
22		**Fixe Ausgaben gesamt**	

2. Der Vorschlag, den uns Excel macht, entspricht nicht unserem Ziel, denn aktuell würde Excel nur die Summe aus **C9** ❷ übernehmen.

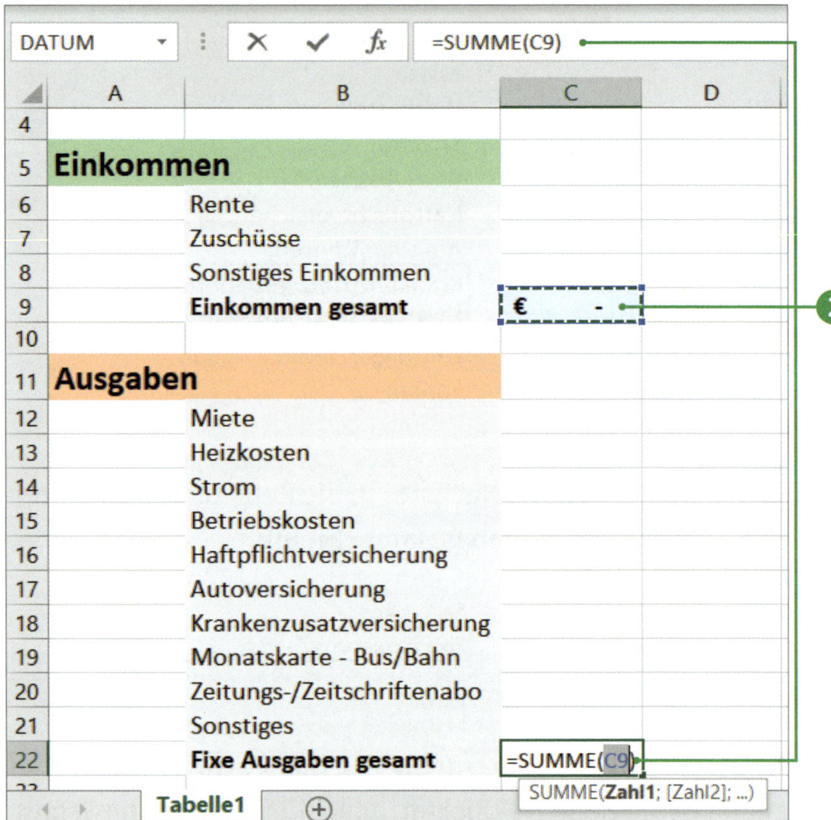

3. Wir möchten aber die Summe aus den Beträgen von **C12** bis **C21** bilden. Dazu führen Sie die Maus auf die Zelle **C12** und ziehen sie mit gedrückter linker Maustaste bis herunter zu **C21**.

€ -

4. Sie sehen nun die Formel **=Summe(C12:C21)** auch in der Bearbeitungsleiste ❸. Bestätigen Sie die Formel mit der Taste [↵] – in Zelle **C23** werden das Euro-Zeichen und der Strich als Zeichen dafür, dass noch keine Beträge eingegeben sind, angezeigt.

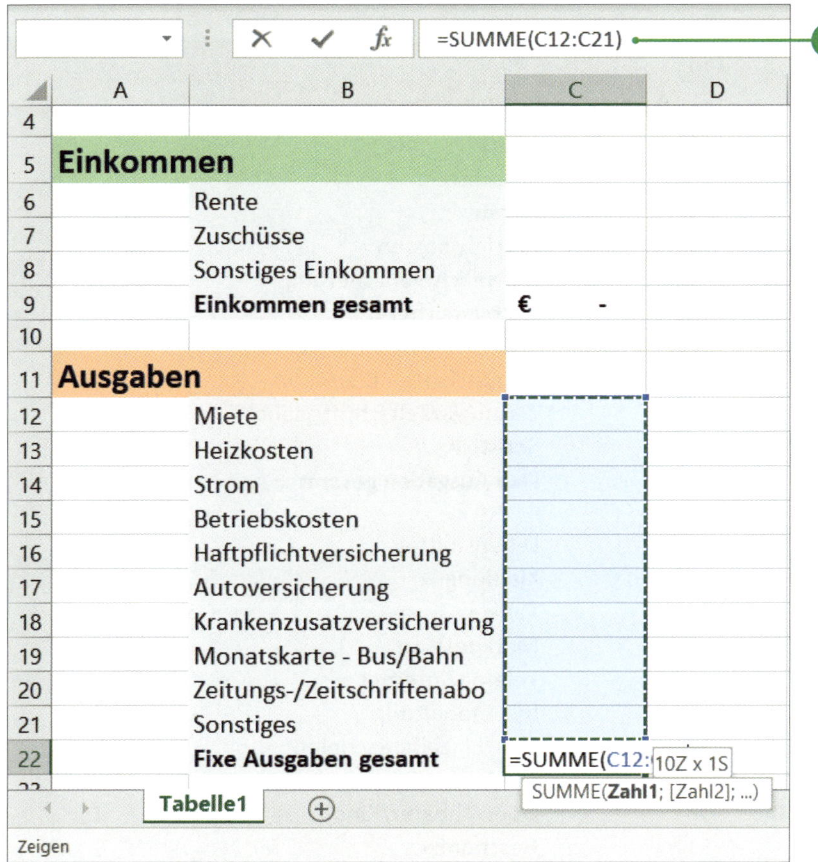

Jetzt geben wir die variablen Ausgaben ein und starten dazu in Zelle **B24**. Wir entscheiden uns für folgende Posten: »Lebensmittel«, »Kleidung«, »Tanken«, »Mobiltelefon«, »Telefon/Internet«, »Instandhaltung«, »Taxi/Einzelfahrscheine«, »Ausgehen (Restaurant)«, »Oper/Theater/Kino«, »Geschenke«, »Spenden«, »Sonstiges«. Sie werden merken, dass Excel die zuvor für die gesamte Spalte vorgenommenen Formatierungen, also Schriftgrad 12 und grau unterlegt, automatisch übernimmt. So sollte nun Ihre Spalte **B** nach der Eingabe der variablen Ausgaben aussehen:

MERKE

Sie kommen übrigens auch mit den Pfeiltasten auf Ihrer Tastatur in die nächstgelegene Zelle. Mit ↓, ↑, ← und → geht es entsprechend jeweils in die Zelle darunter, darüber, nach links bzw. rechts.

	A	B	C
10			
11	**Ausgaben**		
12		Miete	
13		Heizkosten	
14		Strom	
15		Betriebskosten	
16		Haftpflichtversicherung	
17		Autoversicherung	
18		Krankenzusatzversicherung	
19		Monatskarte - Bus/Bahn	
20		Zeitungs-/Zeitschriftenabo	
21		Sonstiges	
22		**Fixe Ausgaben gesamt**	€ -
23			
24		Lebensmittel	
25		Kleidung	
26		Tanken	
27		Mobiltelefon	
28		Telefon/Internet	
29		Instandhaltung	
30		Taxi/Einzelfahrscheine	
31		Ausgehen (Restaurant)	
32		Oper/Theater/Kino	
33		Geschenke	
34		Spenden	
35		Sonstiges	

Tabelle1

Klicken Sie nun in die Zelle **B36**, und schreiben Sie »Variable Ausgaben gesamt« hinein. Hier wird die Formatierung nur zum Teil übernommen. Übertragen Sie nun das Format von **B22** nach **B36** mithilfe des Pinselsymbols . Nun klicken Sie in die Zelle **C36** und anschließend auf das Summensymbol Σ ▾ und markieren mit der linken Maustaste die Zellen **C24** bis **C35**, um sie zu addieren. Bestätigen Sie dann mit der Taste ↵.

WAS TUN?

Geht das gerade zu schnell? Lesen Sie einfach noch einmal die ausführlichen Anleitungen ab Seite 242 nach, und Sie werden feststellen, dass wir hier dieselben Schritte noch einmal anwenden.

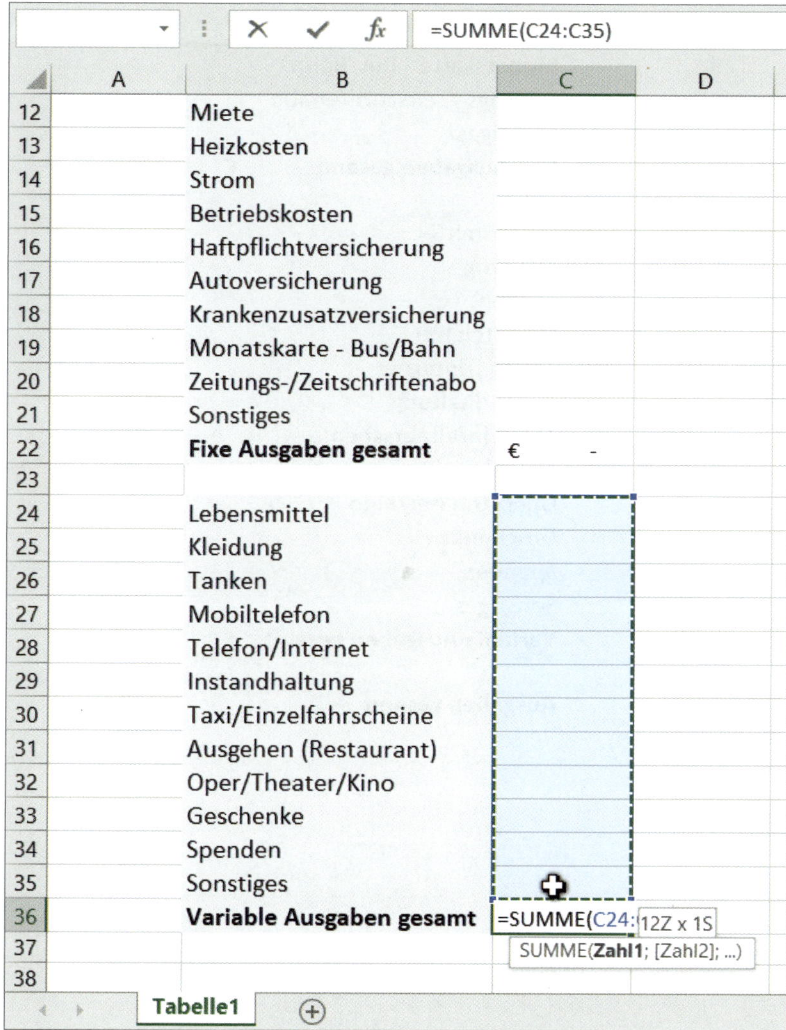

Um schließlich die gesamten Ausgaben zu addieren, gehen Sie wie folgt vor:

1. Klicken Sie in die Zelle **B38**, und geben Sie »Ausgaben gesamt« ein. Übernehmen Sie das Format von **B36** mithilfe des Pinselsymbols im Menüband.

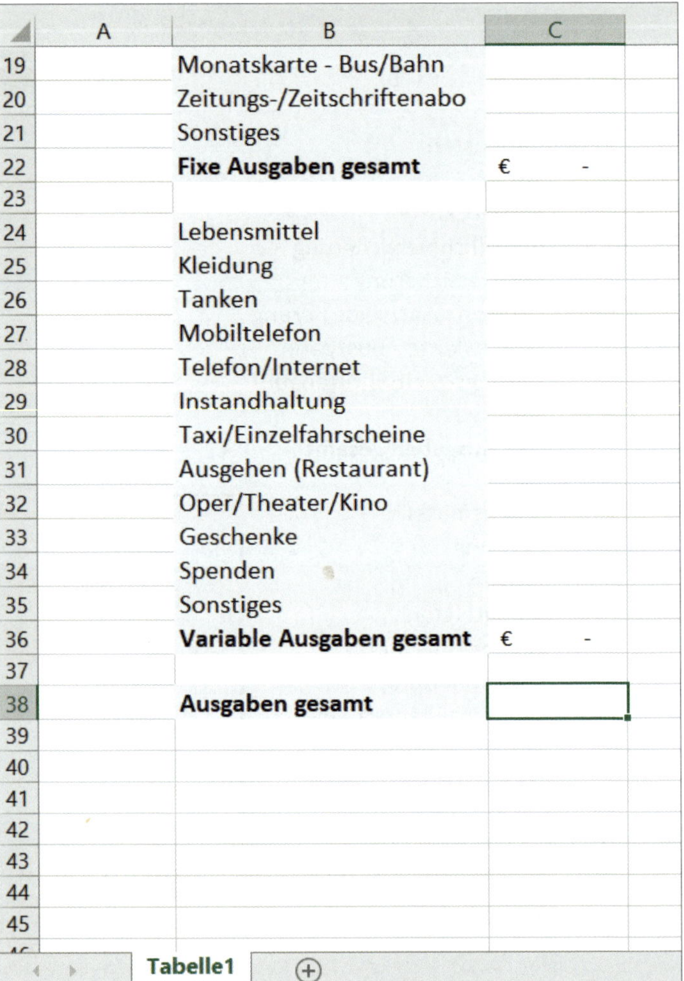

	A	B	C
19		Monatskarte - Bus/Bahn	
20		Zeitungs-/Zeitschriftenabo	
21		Sonstiges	
22		**Fixe Ausgaben gesamt**	€ -
23			
24		Lebensmittel	
25		Kleidung	
26		Tanken	
27		Mobiltelefon	
28		Telefon/Internet	
29		Instandhaltung	
30		Taxi/Einzelfahrscheine	
31		Ausgehen (Restaurant)	
32		Oper/Theater/Kino	
33		Geschenke	
34		Spenden	
35		Sonstiges	
36		**Variable Ausgaben gesamt**	€ -
37			
38		**Ausgaben gesamt**	
39			
40			
41			
42			
43			
44			
45			

Tabelle1

Σ ▾

2. Klicken Sie nun in die Zelle **C38**, in der alle Ausgaben summiert werden sollen, und schließlich auf das Summensymbol im Menüband.

33		Geschenke	
34		Spenden	
35		Sonstiges	
36		**Variable Ausgaben gesamt**	€ -
37			
38		**Ausgaben gesamt**	=SUMME(C36)
39			SUMME(**Zahl1**; [Zahl2]; ...)
40			

3. Das erste Feld, **C36** mit der Summe unserer variablen Ausgaben, schlägt Excel automatisch vor. Nun möchten wir aber **C36** mit **C22**, das die Summe unserer Fixkosten enthält, zusammenzählen. Dazu drücken Sie auf Ihrer Tastatur die Strg-Taste, halten diese gedrückt und klicken in die Zelle **C22**. Sowohl in der Bearbeitungsleiste ① als auch in der Zelle **C38** ② wird die Summenformel angezeigt, diesmal mit einem Semikolon zwischen den beiden zu addierenden Zellen.

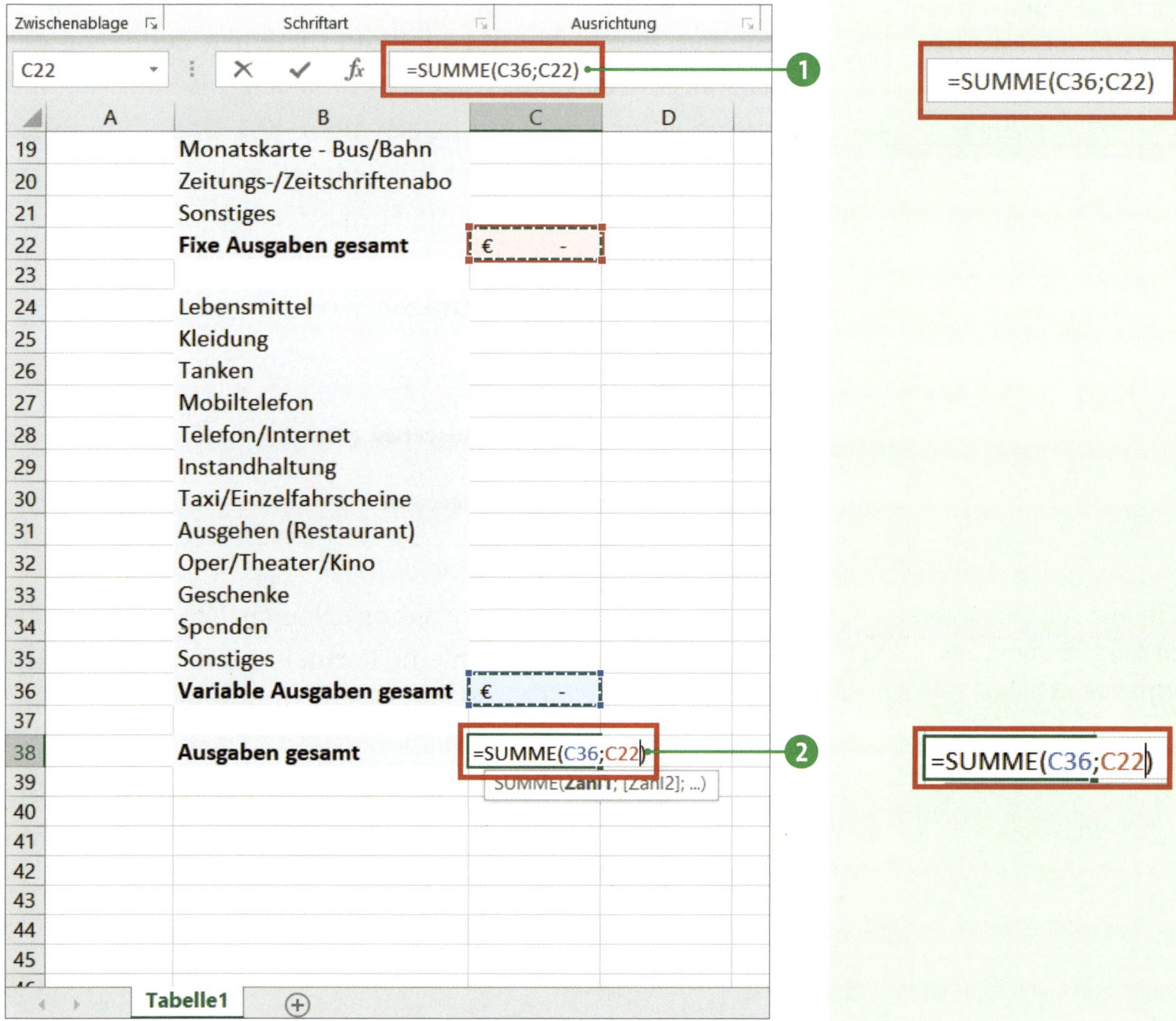

MERKE

Alternativ können Sie die Formel auch direkt in die Bearbeitungsleiste eintippen – dann sparen Sie sich einige Mausklicks. In diesem Fall lautet die Formel:

=Summe(C36;C22)

Weitere Hinweise zur manuellen Eingabe von Formeln in Excel erhalten Sie gleich in der nächsten Anleitung.

4. Nun bestätigen Sie die durch Markieren ergänzte Formel noch mit der Taste [↵].

Da das eine der Hauptsummen in unserem Haushaltsbuch ist, übertragen wir auch noch die entsprechende Formatierung von Zelle **C9**. Wir befinden uns allerdings schon recht weit unten in unserer Arbeitsmappe. Führen Sie daher die Maus an den rechten Fensterrand, und fahren Sie mithilfe des nun sichtbaren Scrollbalkens weiter nach oben, indem Sie die linke Maustaste darauf gedrückt halten. Klicken Sie nun wie gewohnt zuerst auf diejenige Zelle, von der aus das Format übertragen werden soll, also auf **C9**, und anschließend auf das Pinselsymbol. Dann führen Sie den Scrollbalken wieder mit gedrückter linker Maustaste hinunter. Keine Sorge, die Formatierung mit dem Pinsel bleibt dabei erhalten. Klicken Sie schließlich Zelle **C38** an, um das Format zu übertragen.

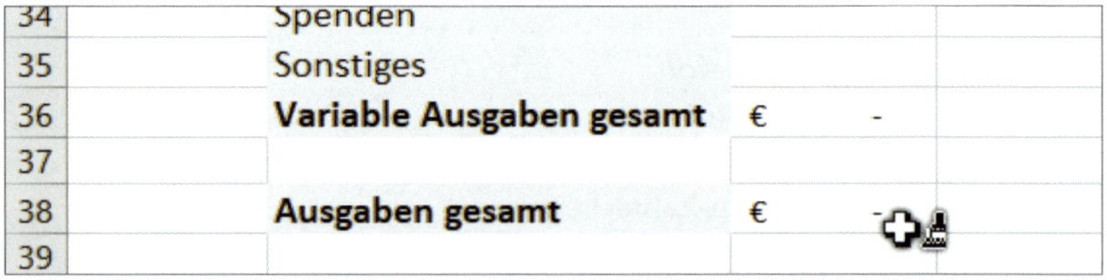

34		Spenden			
35		Sonstiges			
36		**Variable Ausgaben gesamt**	€	-	
37					
38		**Ausgaben gesamt**	€	-	
39					

Differenz von Einnahmen und Ausgaben mittels Formel berechnen

Jetzt kommen wir zu etwas ganz Neuem: Wir wollen keine Summe bilden, sondern eine Formel – zudem von Hand – eingeben, die die Ausgaben von den Einnahmen abzieht.

1. Klicken Sie dafür in die Zelle **A40**, und schreiben Sie »Monatsende« hinein. Dann übertragen Sie das Format von Zelle **A11** mittels Pinselsymbol.

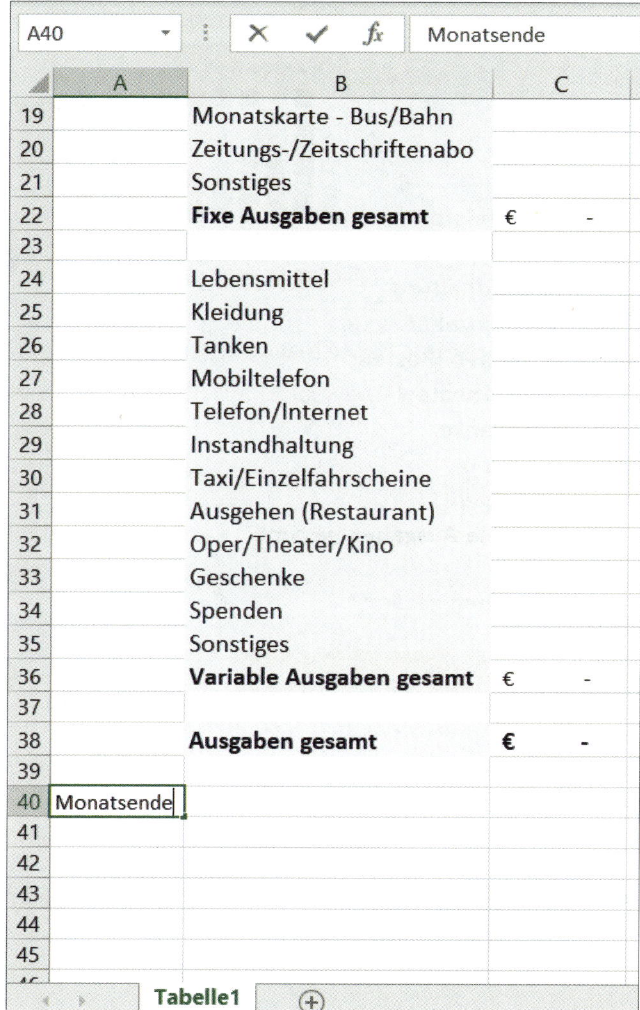

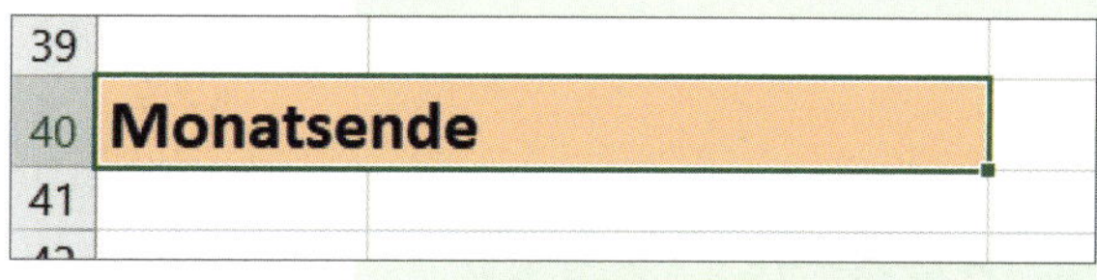

Nach der Formatübertragung sieht die Zelle **A40** genauso aus wie die Zelle **A11**, **Ausgaben**.

2. Klicken Sie nun auf den Pfeil neben der Schaltfläche **Füllfarbe** **1**, und wählen Sie die gewünschte Farbe aus.

MERKE

Wenn Sie die Maus auf die gewünschte Farbe 2 führen, sehen Sie eine Vorschau in Ihrer Arbeitsmappe 3. Aber erst nach einem linken Mausklick darauf ist sie dort auch tatsächlich aktiviert.

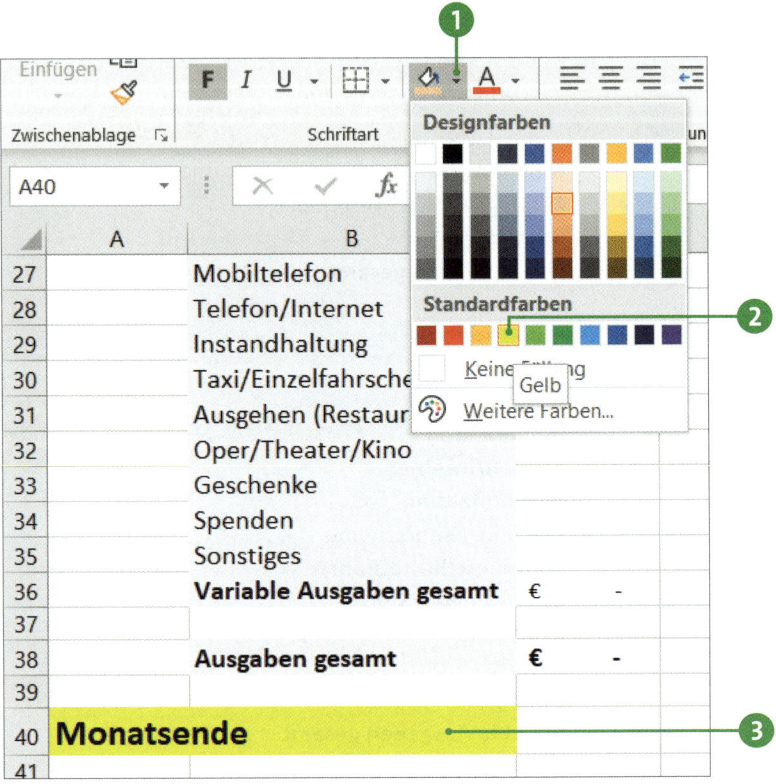

3. Wir wollen die Differenz von *Einkommen gesamt* (**C9**) und *Ausgaben gesamt* (**C38**) berechnen. Das Ergebnis wollen wir in der Zelle **C40** ausrechnen und anzeigen lassen und klicken daher dort hinein.

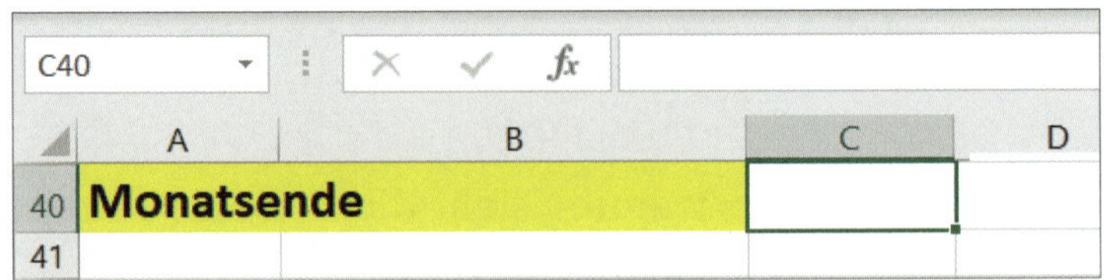

4. Geben Sie in der Zelle die folgende Formel ein: **=C9-C38**

Sie sehen die Formel wie gewohnt sowohl in der Zelle selbst 4 als auch in der Bearbeitungsleiste 5, und auch

WAS TUN?

Das Gleichheitszeichen = finden Sie über der Null auf Ihrer Tastatur (dazu ⇧ betätigen), das Minuszeichen können Sie mit dem Ergänzungsstrich rechts neben dem Satzpunkt auf der normalen Tastatur oder auch mit dem Minus auf dem Nummernblock (sofern vorhanden) eingeben.

die betroffenen Zellen sind im Arbeitsblatt markiert. Um die Formel zu aktivieren, bestätigen Sie mit der Taste [↵].

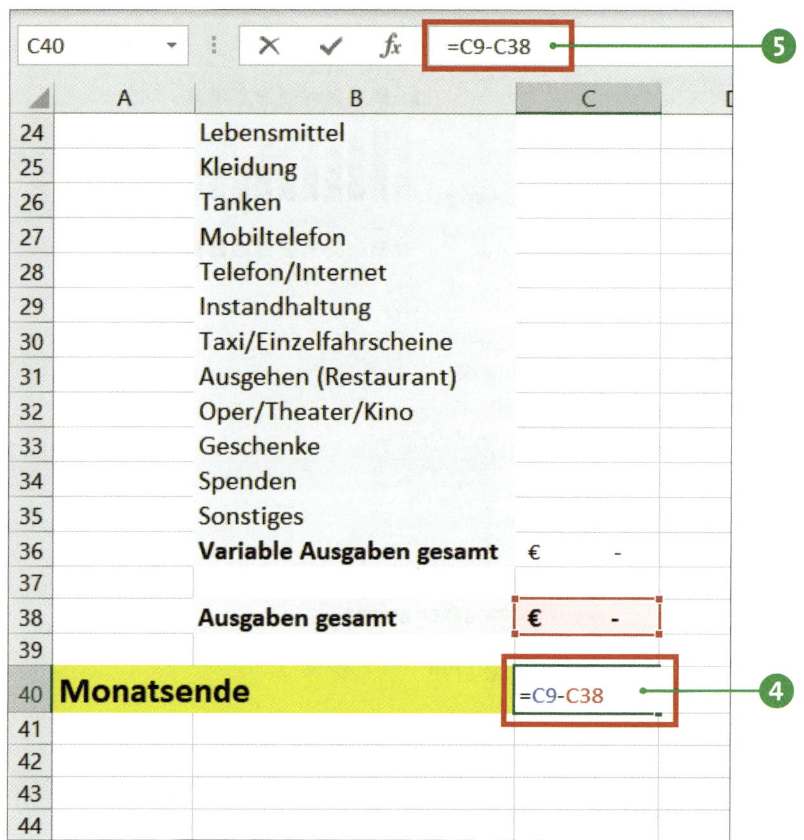

Jetzt möchten wir die Zelle **C40** mit unserem Gesamtergebnis *Monatsende* auch noch formatieren.

1. Wir gehen natürlich davon aus, dass wir immer einen Überschuss am Ende haben, und übernehmen die schöne grüne Formatierung von Zelle **A5** mit der Überschrift unserer Einnahmen. Aber Achtung! Dieses Format dürfen wir nicht mit dem Pinsel kopieren, weil hier auch der Formatierungsschritt *Zellen verbinden* angewendet wurde. Daher gehen wir den klassischen Weg und klicken auf den Pfeil neben **Füllfarbe** und wählen, wie oben, *Grün,*

Akzent 6, heller 60% (1) mit einem Klick auf das entsprechende Kästchen.

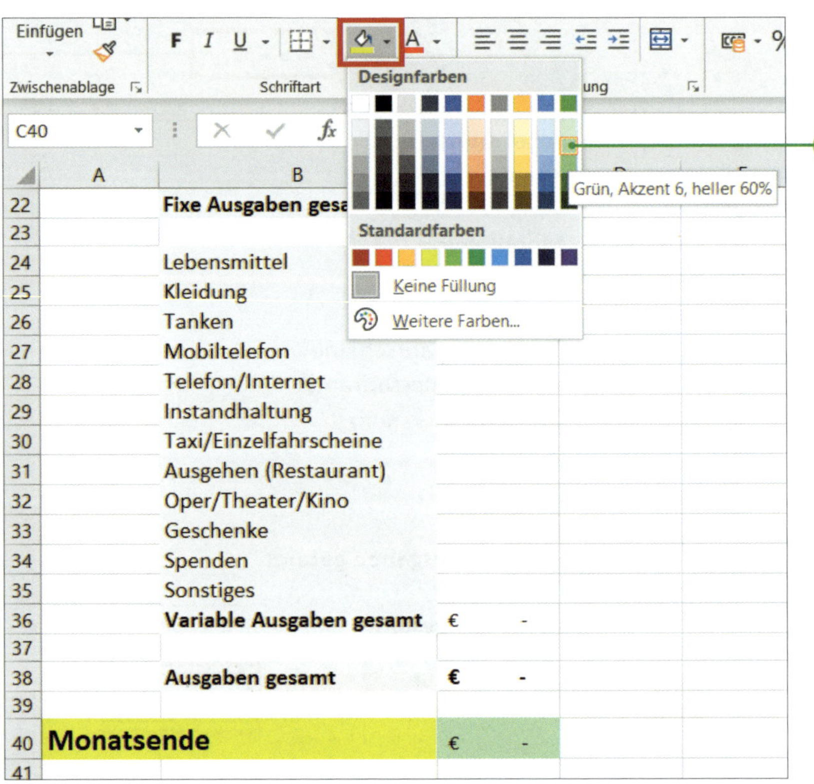

2. Jetzt ändern Sie für diese Zelle noch die Schriftgröße auf **16** und wählen als Formatierung **F** für *Fett*.

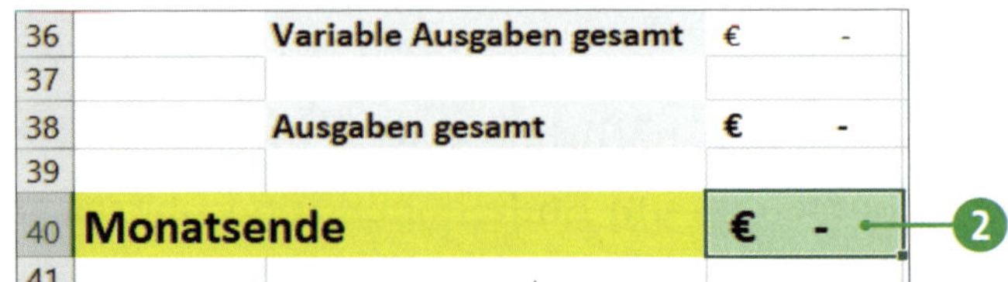

3. Für den Fall, dass es am Monatsende doch knapp wird, gibt es eine nette Einstellung, die Sie darauf aufmerksam macht. Die soeben formatierte Zelle **C40** ist nach wie vor angeklickt (2). Klicken Sie nun auf die Schaltfläche **Bedingte Formatierung** im Bereich **Formatvorlagen** unter dem Reiter **Start**.

4. Aus dem Ausklappmenü wählen Sie die Schaltfläche **Regeln zum Hervorheben von Zellen** ❸ mit einem Klick aus.

Um das Auswahlmenü zu öffnen, müssen Sie hier nicht haargenau auf den kleinen Pfeil zielen – es reicht ein Klick auf die Schaltfläche selbst.

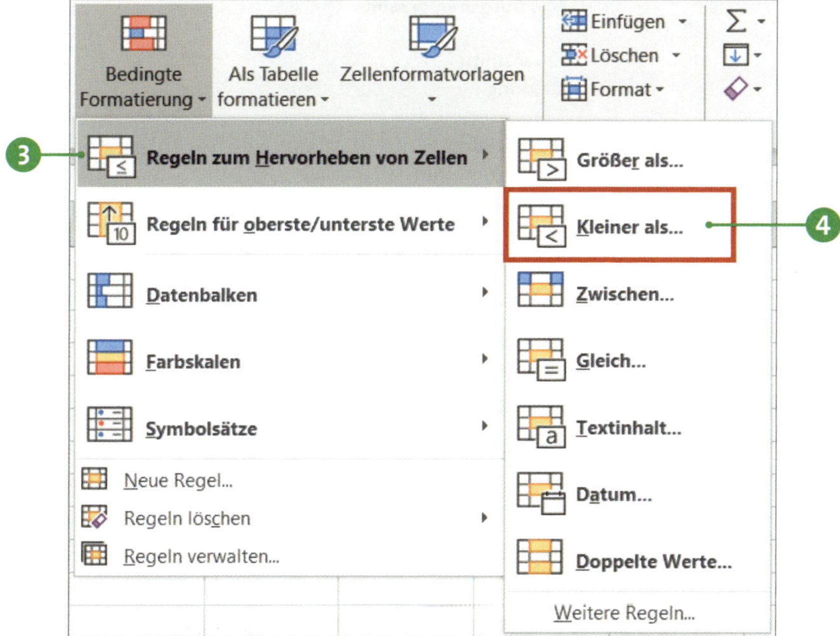

5. Führen Sie die Maus in das nun rechts ausgeklappte Untermenü, und klicken Sie dort auf **Kleiner als** ❹.

6. Im sich nun öffnenden kleinen Dialogfenster klicken Sie in das Feld unter **Zellen formatieren, die KLEINER SIND ALS** ❺ und schreiben eine »0« (Null) über den markierten Eintrag.

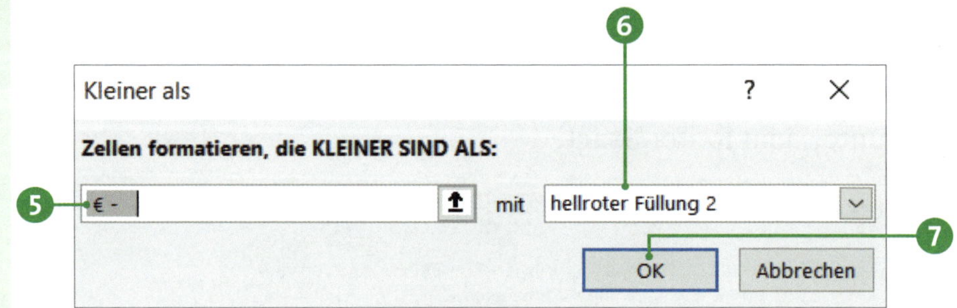

7. Die Einstellung **mit hellroter Füllung 2** (6) belassen wir und klicken auf **OK** (7).

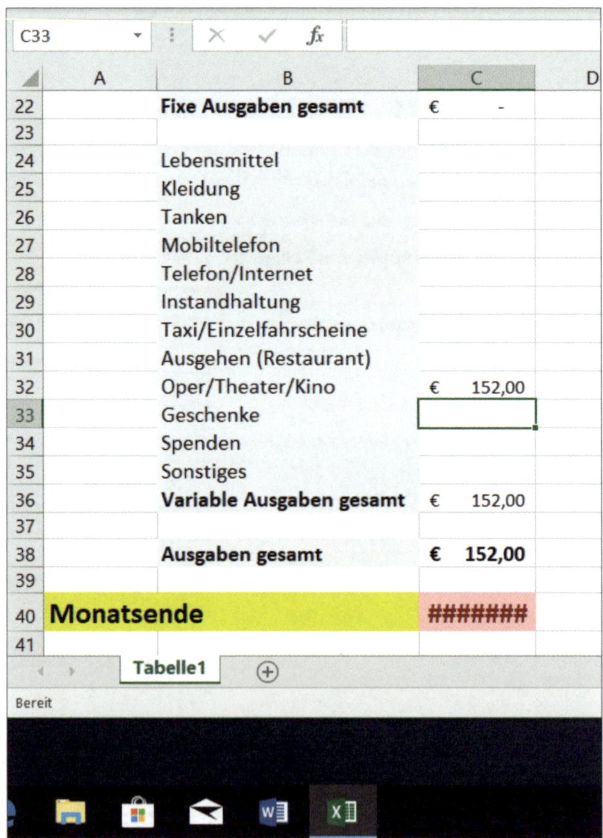

8. Probeweise schreiben wir jetzt in **C32**, neben *Oper/Theater/Kino*, einen dreistelligen Betrag und bestätigen mit [↵]. Sie sehen, dass der variable Wert in **C36** ausgerechnet wird und die Zelle **C40** in Rot erscheint. Allerdings sehen wir keine Zahl, sondern eine Reihe von Rauten, mit denen Excel auf fehlerhafte Formeln oder manchmal auch nur vermeintlich fehlerhafte Eingaben aufmerksam macht.

9. Der Grund liegt hier in der Schriftgröße der Zahl. Führen Sie die Maus in die Spaltenleiste oben zwischen **C** und **D**, bis der Ihnen bereits bekannte Doppelpfeil erscheint, und klicken Sie doppelt darauf. Die Spalte vergrößert sich, und der Wert **-€ 152,00** erscheint in roter Farbe.

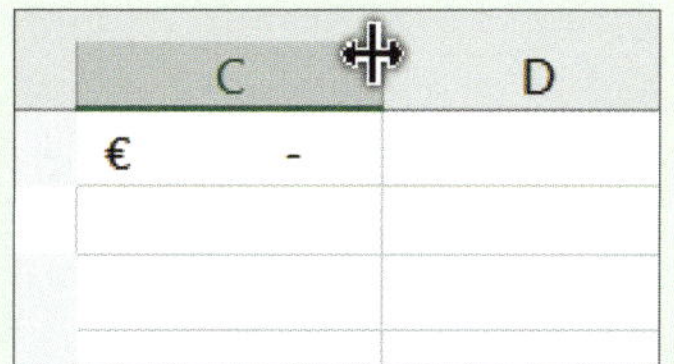

32		Oper/Theater/Kino	€ 152,00
33		Geschenke	
34		Spenden	
35		Sonstiges	
36		**Variable Ausgaben gesamt**	€ 152,00
37			
38		**Ausgaben gesamt**	**€ 152,00**
39			
40	**Monatsende**		**-€ 152,00**
41			

10. Klicken Sie jetzt in die Zelle **C32**, und löschen Sie den Betrag wieder heraus. Nun weist auch die Zelle **C40** keinen Betrag mehr auf und erscheint wieder grün.

30		Taxi/Einzelfahrscheine	
31		Ausgehen (Restaurant)	
32		Oper/Theater/Kino	
33		Geschenke	
34		Spenden	
35		Sonstiges	
36		**Variable Ausgaben gesamt**	€ -
37			
38		**Ausgaben gesamt**	**€ -**
39			
40	**Monatsende**		**€ -**
41			
42			

Bitte sehr – das Haushaltsbuch ist nun für einen Monat fertiggestellt. Doch warten Sie bitte noch mit dem Eintragen, im folgenden Abschnitt legen wir das Haushaltsbuch noch für ein komplettes Jahr an.

Das Haushaltsbuch für ein Jahr anlegen

Im Folgenden geht es darum, Formeln und Formate auf insgesamt zwölf Monate zu übertragen. In Summe müssen daher die Spalten bis **N** mit den Formaten der Spalte **C** gefüllt sein.

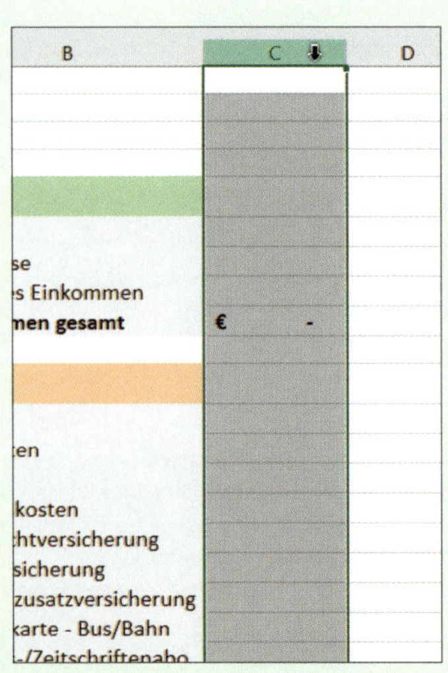

1. Führen Sie dazu die Maus in die Spaltenleiste bei **C**, bis der nach unten zeigende Pfeil zu sehen ist und sich der Spaltenkopf grün verfärbt.

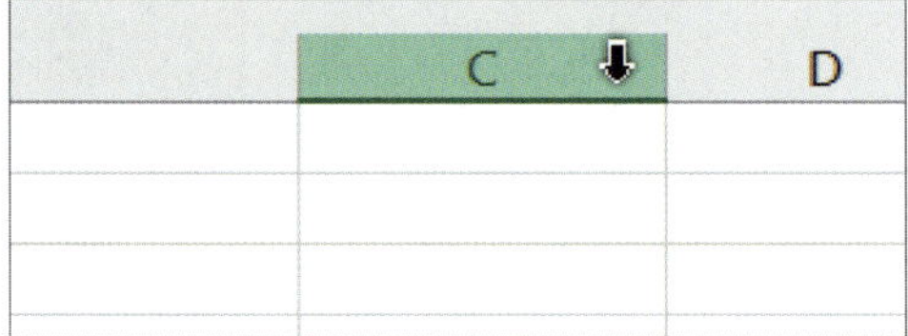

2. Klicken Sie nun mit der linken Maustaste, damit die gesamte Spalte markiert wird.

3. Im nächsten Schritt führen Sie die Maus ins Menüband unter **Start** und klicken ganz links im Bereich **Zwischenablage** auf die Schaltfläche **Kopieren** ❶.

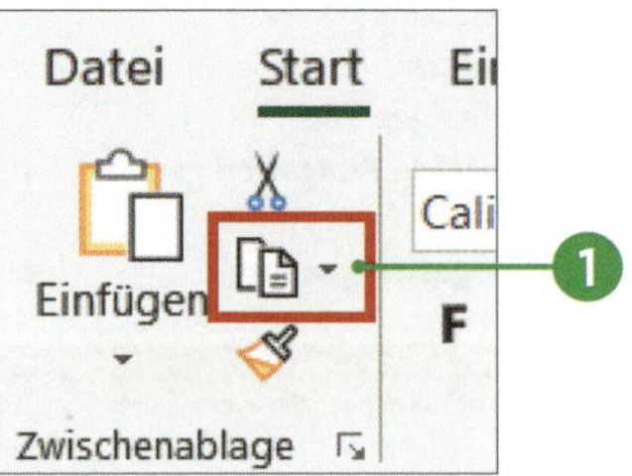

Daraufhin wird die Spalte **C** umrahmt.

4. Nun führen Sie die Maus auf den Spaltenkopf **D** (2), drücken die linke Maustaste und führen die Maus mit gedrückter Taste bis zur Spaltenbezeichnung **N**.

5. Danach klicken Sie im Menüband auf den oberen Teil der Schaltfläche **Einfügen** (3).

Damit sind alle Formeln übernommen, und wir können beginnen, darüber die einzelnen Monate einzutragen.

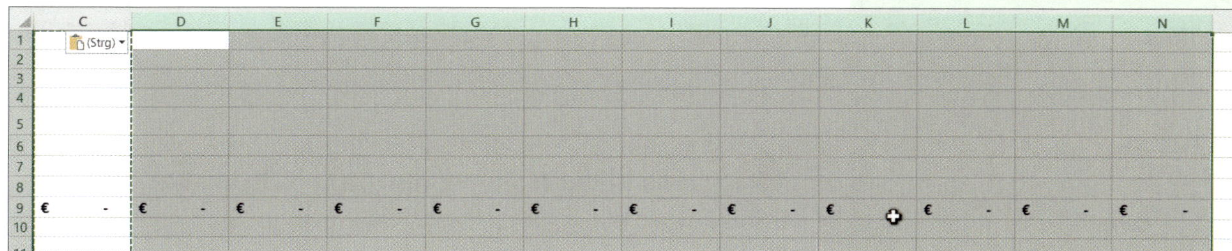

1. Führen Sie die Maus in den unteren Bereich der Arbeitsmappe, und ziehen Sie den horizontalen Scrollbalken **1** nach links, damit Sie die **Spalte A** wieder sehen.

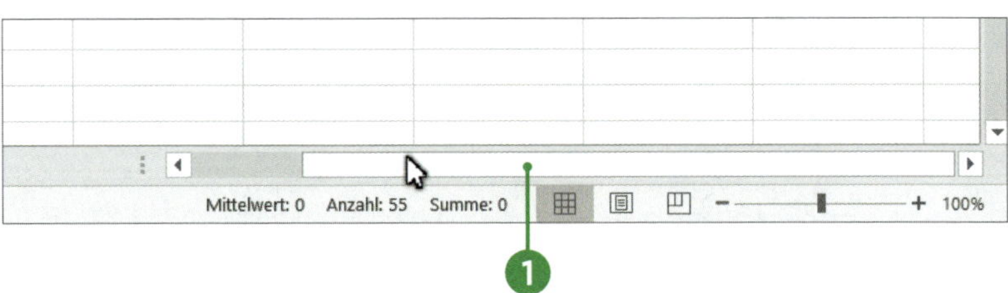

WAS TUN?

In die jeweils nächste Zelle rechts gelangen Sie komfortabel mit der Taste [Tab] oder [→].

2. Klicken Sie in die Zelle **C5**, und schreiben Sie »Januar«, in **D5** tragen Sie auf dieselbe Weise »Februar« ein.

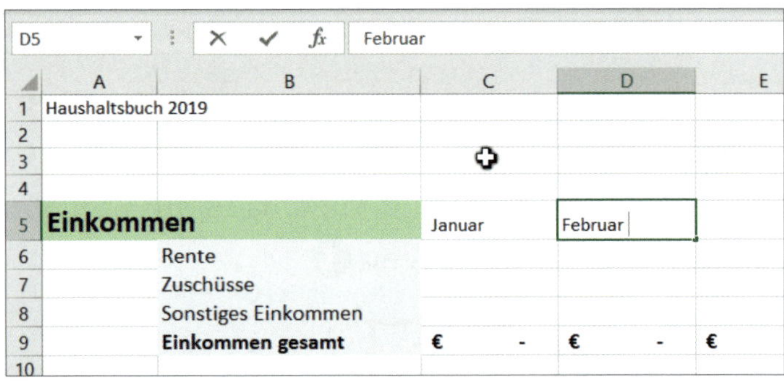

3. Dies führen Sie weiter, bis Sie bei der Zelle **N5** gelandet sind, in die Sie »Dezember« hineinschreiben.

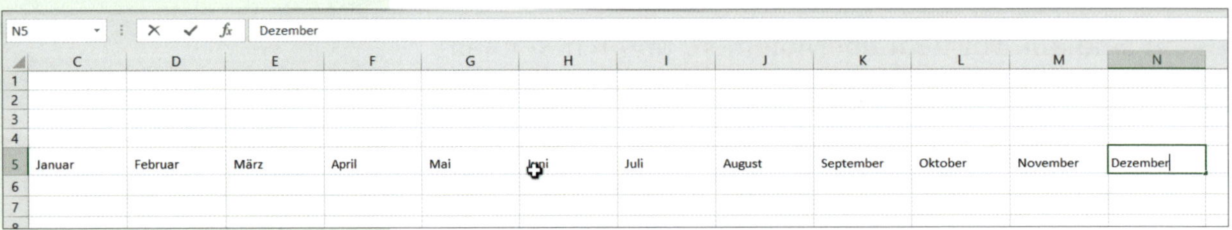

4. Nun klicken Sie wiederum in **C5**, **Januar**, und markieren mit gedrückter linker Maustaste die Zellen mit den Monatsnamen bis **N5**.

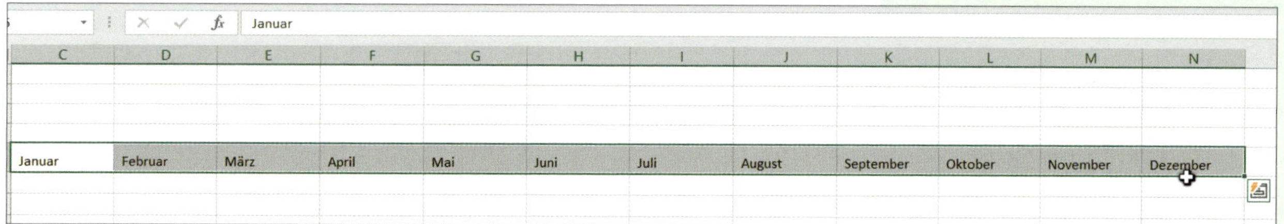

5. Wir formatieren die Monatsnamen mit dem Schriftgrad **14** und fett.

6. Über die Schaltfläche **Füllfarbe** ② ändern wir hier den Hintergrund mit der Standardfarbe **Gelb** ③.

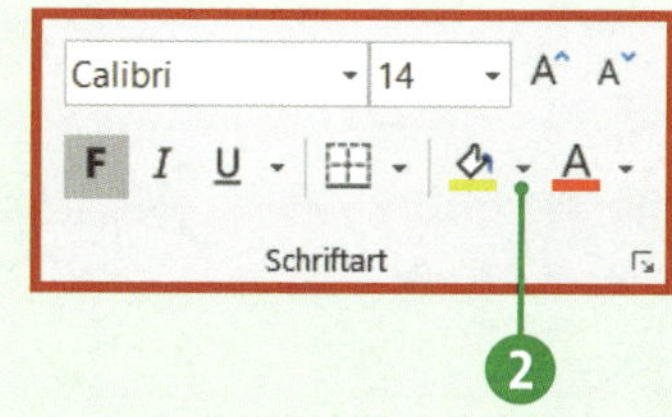

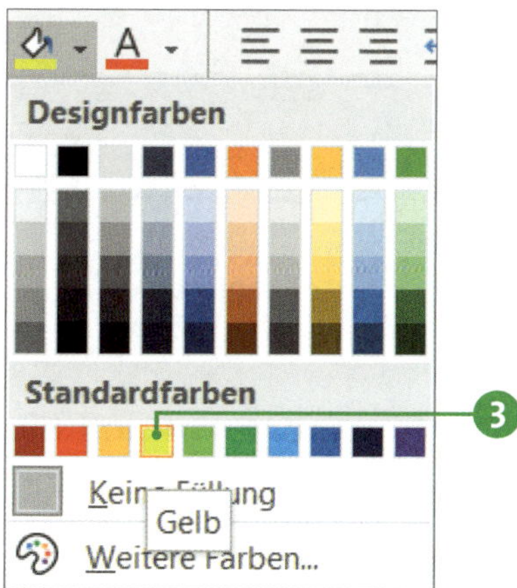

7. Zum Schluss zentrieren wir noch die Monatsnamen. Klicken Sie dazu im Menüband im Bereich **Ausrichtung** auf die Schaltfläche **Zentriert** ④.

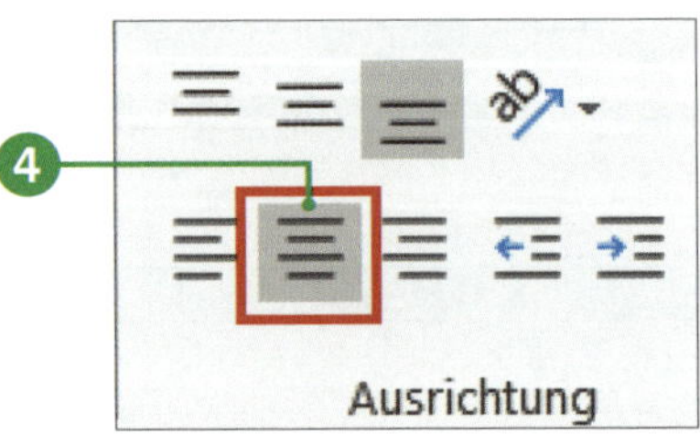

8. Jetzt fehlt noch die Formatierung des Titels. Dazu klicken Sie in die Zelle **A1** und markieren ausgehend von **A1** mit gedrückter linker Maustaste bis zur Zelle **C2**, sodass die Markierung über zwei Zeilen reicht.

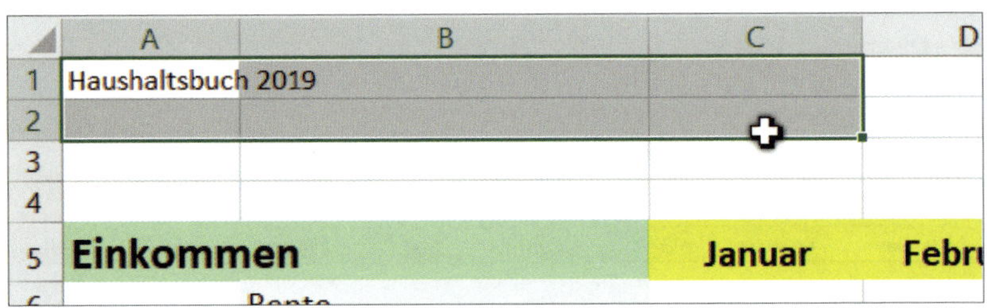

9. Danach klicken Sie auf den Pfeil neben der Schaltfläche **Zellen verbinden** 5 im Bereich **Ausrichtung**.

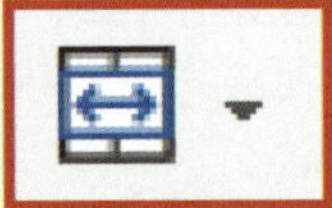

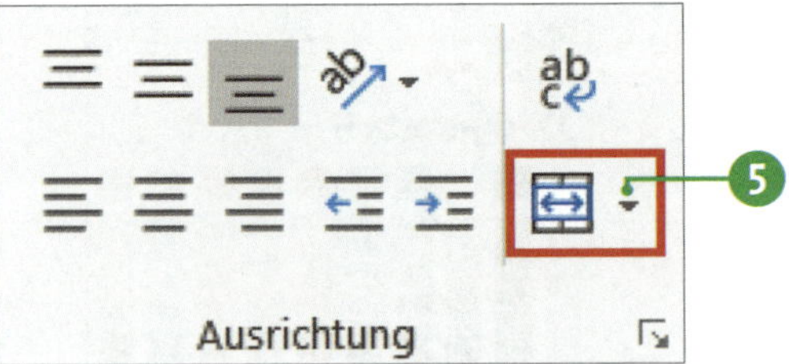

10. Im Ausklappmenü wählen Sie mit einem Klick **Zellen verbinden** aus.

11. Nun formatieren Sie noch die Überschrift *Haushaltsbuch 2019* mit der Schriftgröße **22** und fett.

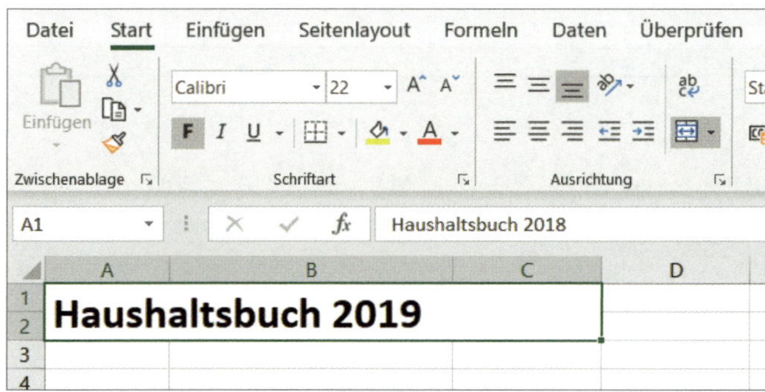

Bevor wir jetzt unser Haushaltsbuch mit Zahlen füllen, wollen wir es noch ins Jahr 2020 übertragen, damit wir nicht noch einmal alles so mühevoll anlegen müssen.

1. Klicken Sie auf das Plussymbol neben **Tabelle 1** am unteren Rand der Seite ❶.

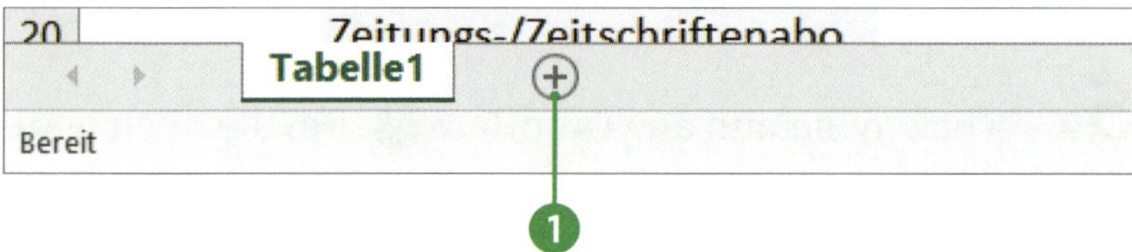

2. Sofort erstellt Excel eine weitere leere Arbeitsmappe mit dem Titel **Tabelle 2** ❷.

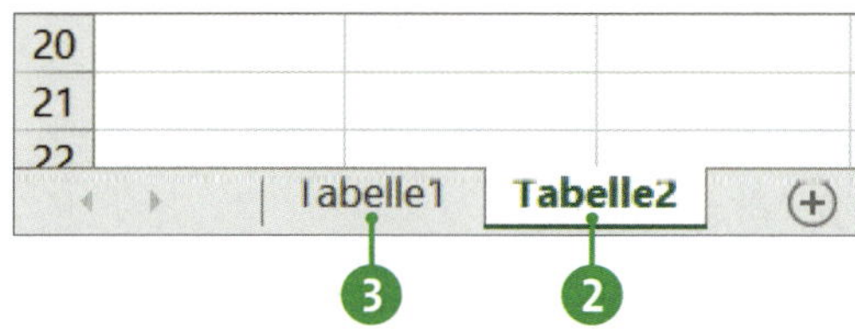

3. Nun wollen wir die komplette Kalkulation aus **Tabelle 1** in **Tabelle 2** übertragen. Klicken Sie mit der linken Maustaste wieder auf **Tabelle 1** ❸ und dort in die Zelle **A1**. Betätigen Sie auf Ihrer Tastatur die Taste Strg, halten Sie diese gedrückt, und betätigen Sie dann die Taste A. Damit ist die komplette Arbeitsmappe markiert.

MERKE

Mit der Tastenkombination Strg + A markieren Sie nicht nur in Excel ganz bequem alle Inhalte einer Seite.

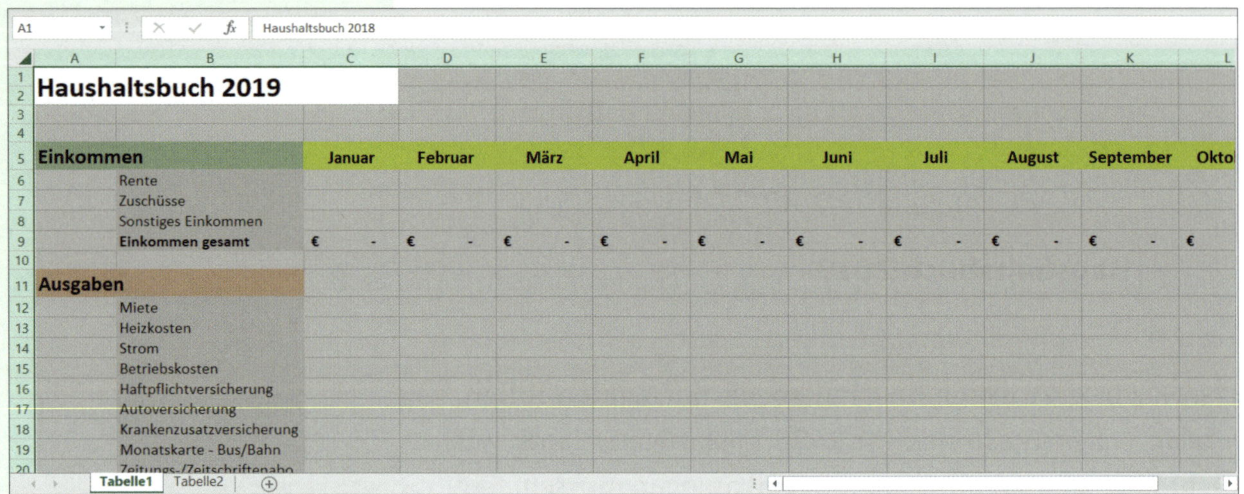

4. Danach klicken Sie auf die Schaltfläche **Kopieren** im Menüband. Damit wird die gesamte Arbeitsmappe umrahmt.

5. Klicken Sie nun auf **Tabelle 2** (4), um die noch leere Tabelle zu öffnen, und klicken Sie dort ebenfalls in die Zelle **A1**.

Einfügen

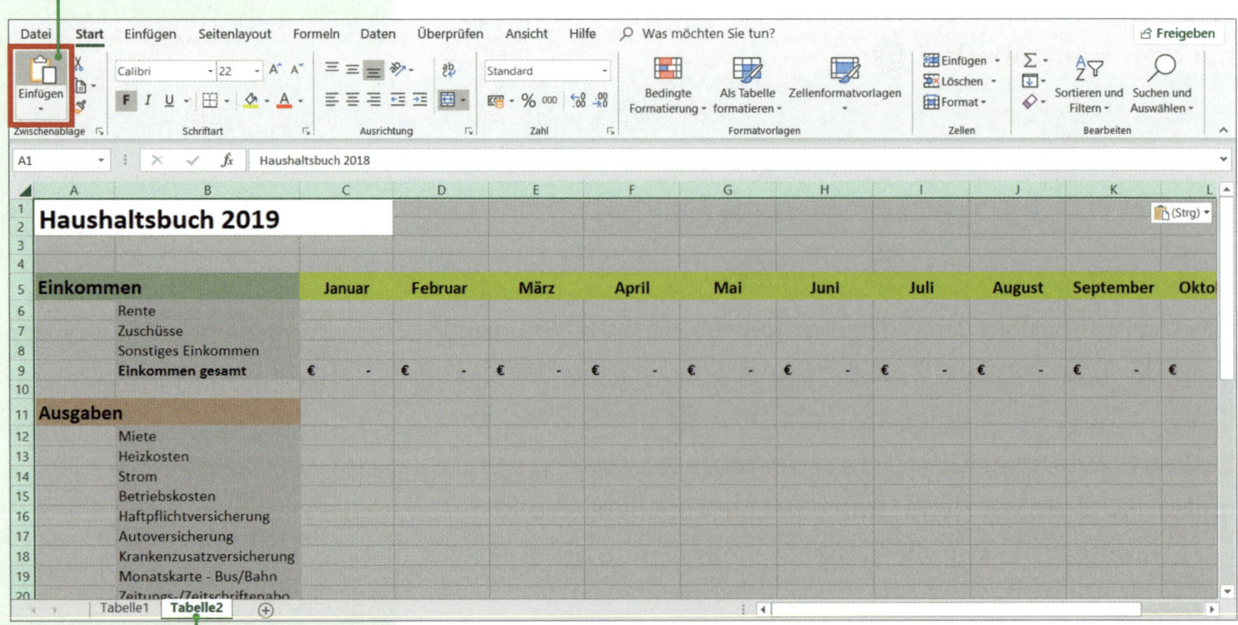

6. Jetzt führen Sie die Maus ins Menüband und klicken auf die Schaltfläche **Einfügen** 5. Dadurch wird die gesamte Kalkulation von **Tabelle 1** hierhin übertragen.

7. Klicken Sie nun wiederum in die Zelle **A1**, und ändern Sie in der Bearbeitungsleiste 6 das Jahr **2019** in **2020**.

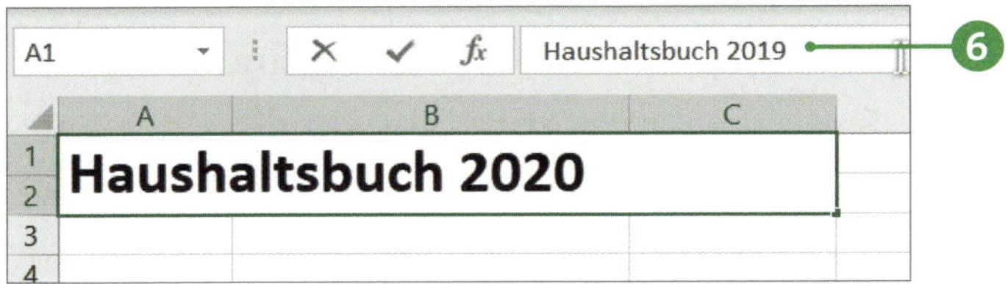

8. Fahren Sie mit der Maus nach unten auf das Register **Tabelle 2** 7, und klicken Sie es mit der rechten Maustaste an.

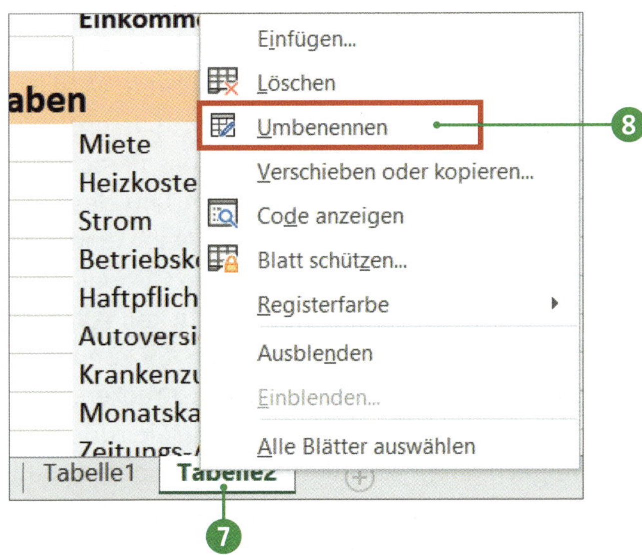

9. Aus dem Kontextmenü wählen Sie mit der linken Maustaste die Schaltfläche **Umbenennen** 8 aus.

MERKE

Mit einem Rechtsklick öffnen Sie das Kontextmenü.

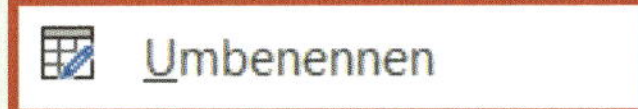

10. **Tabelle 2** ist jetzt grau unterlegt. Schreiben Sie nun »2020« hinein. Verfahren Sie mit **Tabelle 1** genau so, und benennen Sie diese in »2019« um.

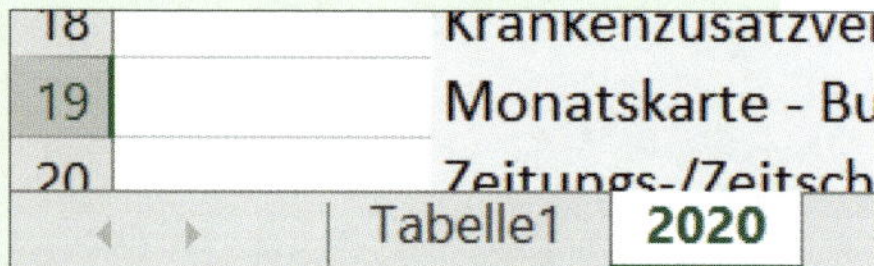

Damit ist das Haushaltsbuch fertig und für den Einsatz bereit. Sie haben nun alles Notwendige gelernt, um es jederzeit an Ihre Bedürfnisse anzupassen. Welche Werte Sie auch immer in die vorgesehenen Zellen einfügen – Excel übernimmt von nun an alle Berechnungen für Sie.

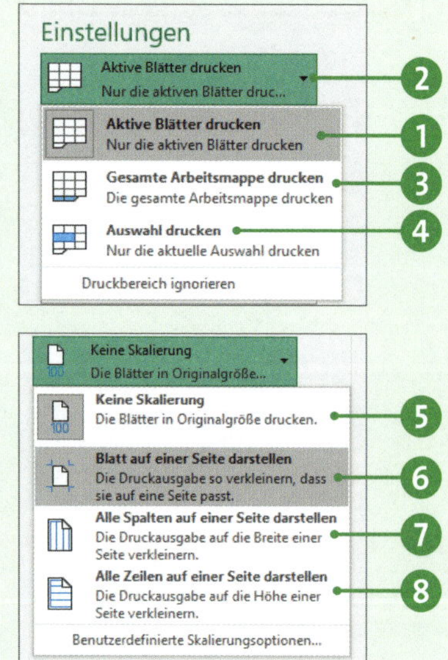

Die Arbeitsmappe ausdrucken

Sie möchten Ihr Haushaltsbuch ausdrucken? Wenn Sie den Dialog über das **Datei**-Menü und **Drucken** starten, sehen Sie in der Druckvorschau, dass die Mappe längst nicht auf eine DIN-A4-Seite passt. Sie haben nun mehrere Möglichkeiten, den Ausdruck in den **Einstellungen** anzupassen:

Mit **Aktive Blätter drucken** (1) wird das gerade per Mausklick markierte Tabellenblatt, also ein Jahr des Haushaltsbuchs, auf den Drucker ausgegeben. Nach einem Klick auf den Pfeil (2) stehen Ihnen zwei weitere Optionen zur Verfügung: Mit **Gesamte Arbeitsmappe drucken** (3) werden alle Jahre gedruckt, mit **Auswahl drucken** (4) können Sie auch nur einen zuvor markierten Bereich ausdrucken.

Ganz unten in den Einstellungen finden Sie zudem verschiedene Möglichkeiten zur **Skalierung**. Standardmäßig wird alles ohne Skalierung in Originalgröße ausgedruckt (5), Ihr Haushaltsbuch wäre dann auf mehrere Seiten verteilt. Im Auswahlmenü können Sie die Darstellung aber auch auf eine Seite (6), auf Seitenbreite (7) oder Seitenhöhe (8) verkleinern. In der Druckvorschau sehen Sie dann vorab das zu erwartende Ergebnis.

KAPITEL 8

Ein perfekter Dia-Abend mit PowerPoint

Der Diaprojektor hat mittlerweile wirklich ausgedient, denn sicherlich fotografieren Sie schon seit Jahren begeistert mit Digitalkamera oder dem Smartphone. Es wäre doch schade, wenn die Bilder einfach auf Ihrem Computer oder nur sporadisch durchgeklickt würden. Microsoft PowerPoint bietet sich hier an, um stimmungsvolle Fotoshows zu erstellen, die Ihre Freunde und Verwandte (und Sie selbst!) begeistern werden.

Fotolia: 24576702 © Danilo Rizzuti

Eigentlich ist PowerPoint ja dazu gedacht, in Unternehmen die Quartalszahlen grafisch darzustellen. Die vielen kreativen Werkzeuge dieser Software lassen sich aber auch privat ganz wunderbar nutzen. Daher zeigen wir Ihnen in diesem Kapitel Schritt für Schritt, wie Sie mit PowerPoint eine ansprechende Diashow mit schicken Übergängen zusammenstellen. In diesem Kapitel widmen wir uns den Grundlagen und gestalten eine einfache Show. Es steht Ihnen frei, mit diesen Kenntnissen »im Gepäck« Weiteres zu entdecken und die erweiterten Techniken im Folgekapitel ebenfalls anzuwenden.

Eine einfache Fotoshow erstellen

ACHTUNG!
Für diese Übung sollten zuvor bereits Bilder auf Ihren PC übertragen worden sein.

Damit Sie die folgenden Schritte nachvollziehen können, benötigen Sie lediglich ein paar Digitalfotos, egal, ob von der Digitalkamera oder vom Smartphone.

1. Um PowerPoint zu starten, klicken Sie wie gewohnt zunächst auf das Windows-Symbol unten links und wählen in der App-Liste des Startmenüs den entsprechenden Eintrag aus.

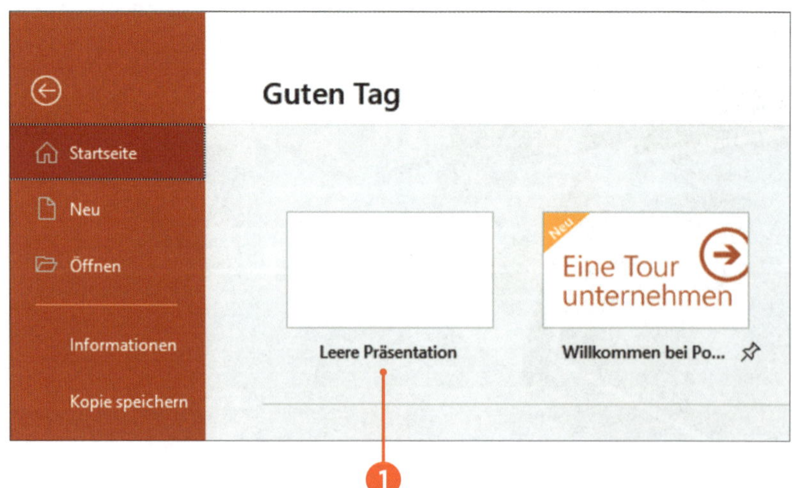

2. Wählen Sie auf der Startseite von PowerPoint mit einem linken Mausklick die **Leere Präsentation** ① aus. Wir starten für die Fotoshow ganz von vorne, gewissermaßen auf einem »unbeschriebenen Blatt«.

3. Doch selbst eine leere Präsentation beinhaltet schon Elemente, zwei Textfelder hat PowerPoint in jedem Fall für Sie auf der ersten *Folie* vorbereitet. Klicken Sie nacheinander auf diese Platzhalter bzw. die Rahmenlinie, um **Titel hinzufügen** ② und **Untertitel hinzufügen** ③ nacheinander zu aktivieren, und drücken Sie jeweils die Entf-Taste auf Ihrer Tastatur, um sie zu löschen.

Das Löschen funktioniert bei Ihnen nicht? Achten Sie darauf, nicht in die Felder mit den Platzhaltertexten zu klicken, sondern auf den Platzhalter selbst. Wenn der Rahmen nicht mehr gestrichelt ist, hat das Markieren geklappt!

MERKE

In PowerPoint spricht man nicht von Seiten, sondern von *Folien*. Das kommt daher, weil man früher tatsächlich, ganz ohne Computer, mit Overhead-Folien präsentiert hat.

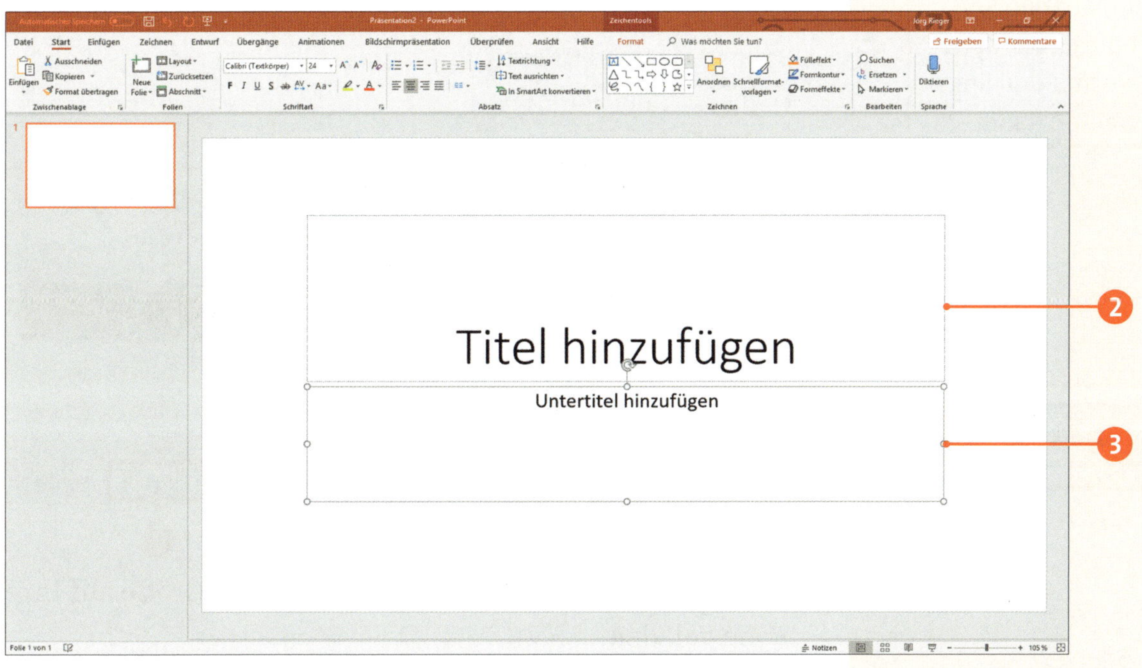

4. Jetzt sind wir aber wirklich startklar. Klicken Sie auf den Reiter **Einfügen** 4 des Menübandes. Hier eröffnen sich nun reichhaltige Möglichkeiten. Wir wollen das erste Bild einfügen und klicken somit auf die Schaltfläche **Bilder** 5.

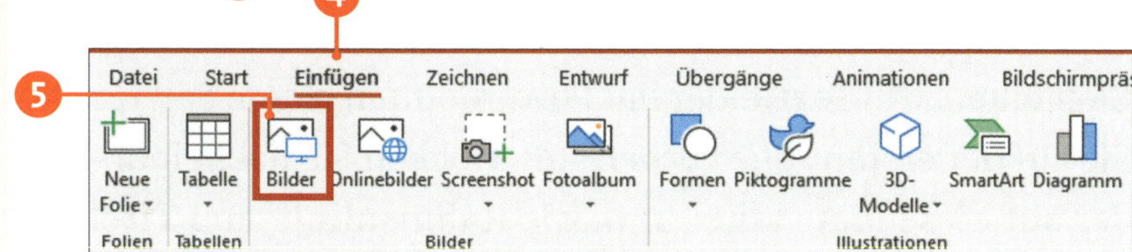

ACHTUNG!

Eine PowerPoint-Präsentation ist immer im Format 16:9 angelegt, um auf Bildschirmen gut dargestellt werden zu können. Viele Digitalkameras fotografieren aber im Seitenverhältnis 4:3, daher gibt es rechts und links einen weißen Rand.

5. Es öffnet sich das bekannte Fenster des Explorers. Navigieren Sie hier zu jenem Ordner, in dem Ihre Bilder abgelegt sind. In aller Regel und am schnellsten gelangen Sie über die Verzeichnisse *Schnellzugriff* und *Bilder* dorthin. Wählen Sie dort das gewünschte Bild 6 mit einem linken Mausklick aus, und klicken Sie auf die Schaltfläche **Einfügen** 7.

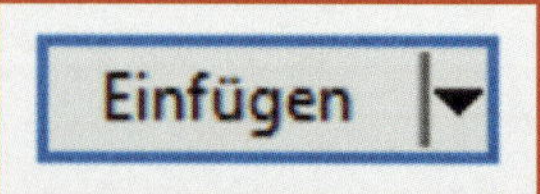

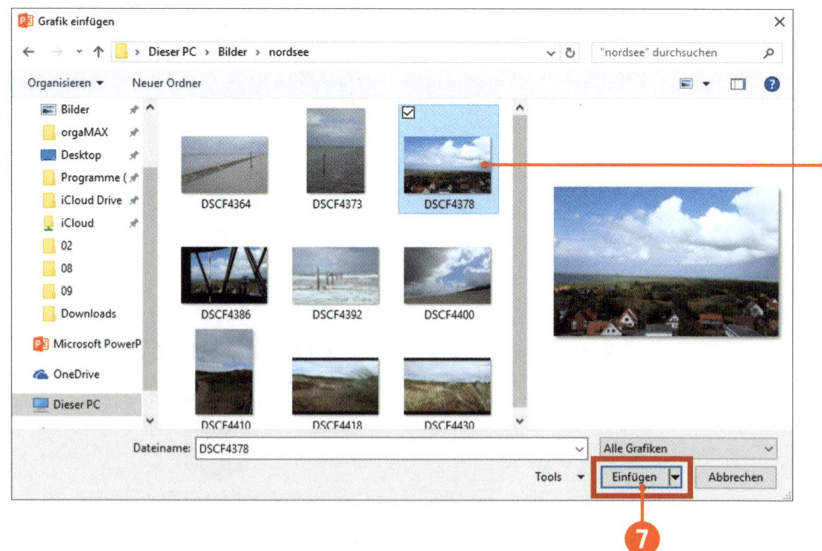

Das Motiv wird in der maximal möglichen Größe auf Ihre Folie geladen.

6. Mit den Positionspunkten in den Ecken **8** passen Sie nun die Größe und Position des Bildes proportional an. Würden Sie stattdessen die Anfasser an den Seiten benutzen, würde das Bild verzerrt. Für die weiteren Schritte in unserem Workshop sollten Sie das Bild auf ungefähr zwei Drittel der Foliengröße verkleinern und schließlich verschieben.

MERKE

Nutzen Sie immer die Positionspunkte in den Ecken! Wenn Sie ein Bild über die Punkte an den Seiten **9** verkleinern bzw. vergrößern, wird es verzerrt.

Ist das Verschieben-Werkzeug sichtbar, können Sie Ihr Bild auf der Folie frei platzieren.

7. Um die Bildposition zu ändern, klicken Sie in das Bild. Das Verschieben-Werkzeug wird angezeigt, und Sie schieben das Bild mit gedrückter linker Maustaste an die gewünschte Position. PowerPoint zeigt Ihnen sogar mit roten Linien (siehe die Abbildung auf Seite 273) an, wenn Sie es exakt horizontal bzw. vertikal zentriert haben.

WAS TUN?

Sieht das Menüband bei Ihnen anders aus? Dann ist das eingesetzte Bild womöglich nicht mehr aktiv. Doppelklicken Sie auf das Bild, dann werden die hier gezeigten Funktionen eingeblendet.

8. Das Menüband hat sich mit dem Einsetzen des Bildes geändert und hält eine Menge Korrekturen, Effekte und Darstellungsmöglichkeiten parat. Im linken Bereich stehen Bildbearbeitungsfunktionen und in der Mitte verschiedene Formatvorlagen für das Bild selbst bereit. Ganz rechts schneiden Sie noch das Format zu oder skalieren das Bild millimetergenau.

9. Da uns das Bild aktuell in Farbe und Darstellung gut gefällt, schauen wir uns die Bildformatvorlagen genauer an. Wählen Sie per Mausklick auf das entsprechende Symbol eine Darstellungsform aus. Wir haben hier den klassischen Fotolook mit einem weißen Rahmen gewählt **10**.

Damit wären die Grundlagen für Ihre Diashow geschaffen. Auf geht es nun zum nächsten Foto.

1. Wechseln Sie per Klick auf **Start** die Ansicht des Menübandes, und klicken Sie auf den unteren Bereich der

Schaltfläche **Neue Folie** 1. Wählen Sie im sich nun ausklappenden Dialog **Leer** 2 aus.

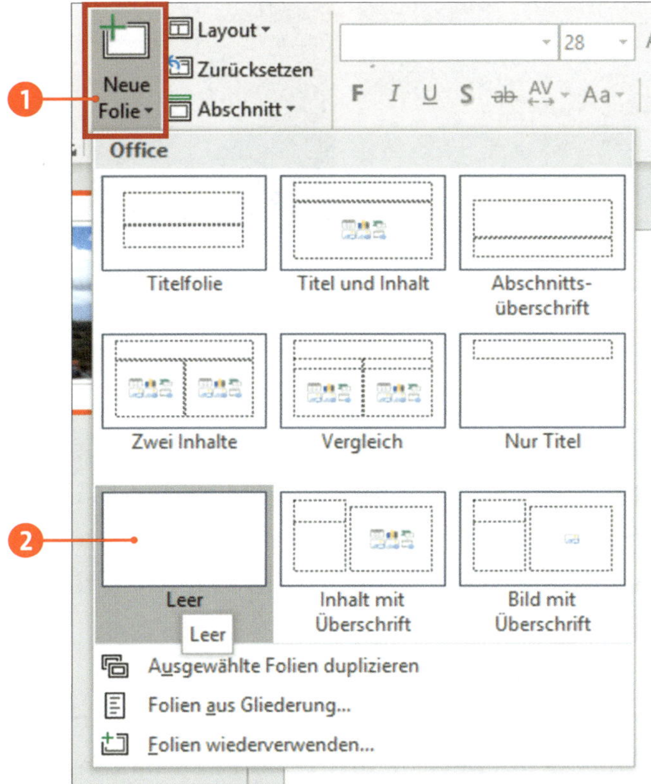

Die sich daraufhin öffnende neue Folie ist nun wirklich von Anfang an leer.

2. Fügen Sie hier, wie soeben in der Anleitung ab Schritt 4 ab Seite 272 beschrieben, ein weiteres Bild ein. Wiederholen Sie diese Vorgehensweise, bis Sie ungefähr sechs verschiedene Folien mit Bildern erstellt haben.

3. Um zwei oder mehr Bilder auf einer Folie zu positionieren, führen Sie das Einfügen einfach auf der bereits bestehenden Folie durch und positionieren und skalieren die Bilder anschließend so, wie vorhin gezeigt.

ACHTUNG!

Klicken Sie bei der Schaltfläche **Neue Folie** unbedingt in den unteren Bereich, damit die Vorlagenauswahl aufklappt.

MERKE

Zwischendurch das Speichern nicht vergessen!

4. PowerPoint bietet viele Möglichkeiten zur kreativen Gestaltung und Komposition der Bilder. Haben Sie ein Bild per Klick ausgewählt, können Sie z. B. auch das Drehen-Werkzeug nutzen, um Ihre Motive interessant anzuordnen **3**.

Um zu den entsprechenden Bildern zu gelangen und eine schnelle Übersicht über alle Ihre Folien zu erhalten, nutzen Sie am besten die Folienübersicht links. Mit einem Klick auf eine Miniatur rufen Sie rechts die Folie in der großen Ansicht auf.

5. Stimmt die Bildreihenfolge noch? Vielleicht fällt Ihnen auf, dass Sie ein Bild vergessen haben, oder Sie möchten ein Motiv doch an einer anderen Stelle platzieren? Das ändern Sie in der Seiten- bzw. Folienübersicht links. Markieren Sie einfach jene Folie, die Sie verschieben wollen, halten Sie die linke Maustaste gedrückt, und ziehen Sie die Folienminiatur an die gewünschte Position. Lassen Sie die Maustaste dann los – und schon haben Sie eine neue Sortierung.

MERKE

In der Folienübersicht links navigieren Sie durch Ihre Präsentation und legen die Reihenfolge der Folien fest.

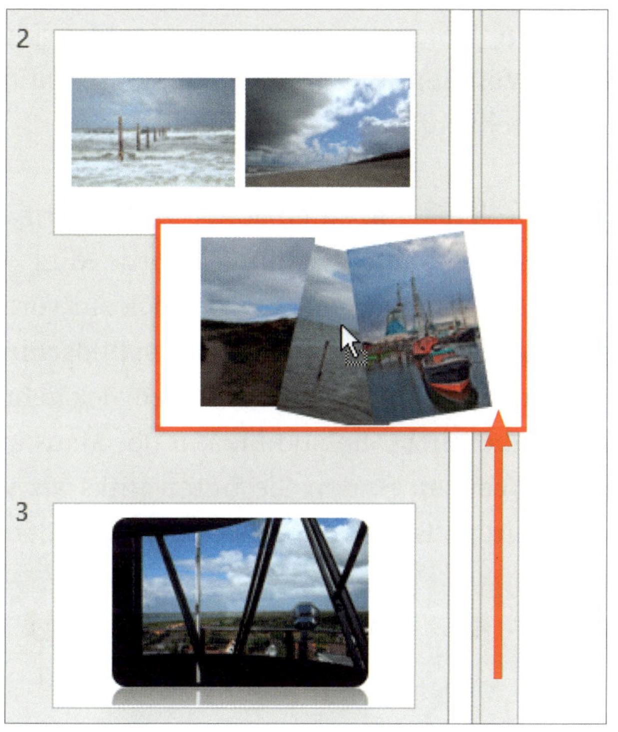

WAS TUN?

Ist etwas schiefgelaufen? Sie können mit der **Rückgängig**-Schaltfläche oben links im Programmfenster jederzeit beliebig viele Änderungen einfach Schritt für Schritt mit einem Klick zurücksetzen.

Bevor wir weitermachen, wollen wir unsere Show, so wie sie jetzt ist, begutachten.

1. Um Ihr Werk als Präsentation und ohne die Bedienelemente von PowerPoint zu betrachten, klicken Sie im Menüband auf den Reiter **Bildschirmpräsentation** 1.

2. Wählen Sie mit einem weiteren Mausklick die Schaltfläche **Von Beginn an** 2 aus. Die Präsentation wird dadurch bildschirmfüllend angezeigt.

3. Um durch die einzelnen Folien zu blättern, nutzen Sie einfach die Pfeiltasten auf Ihrer Tastatur. Mit [→] geht es vorwärts zur nächsten, mit [←] zurück zur vorherigen Folie. Mit einem linken Mausklick auf den Bildschirm können Sie ebenfalls nach vorne blättern, zurück geht es auf diese Weise aber nicht. Sobald Sie mit der Maus auf Ihre Präsentation zeigen, finden Sie unten links als weitere Alternative einige Bedienelemente mit folgenden Funktionen:

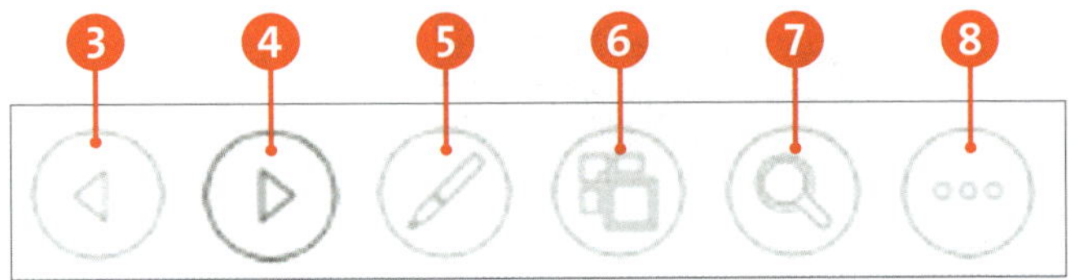

3 eine Folie zurückblättern

4 eine Folie weiterblättern

5 Markierungen setzen und in die Präsentation malen – eher für Geschäftspräsentationen gedacht

6 Übersicht aller Folien einblenden – wenn Sie z. B. mehrere Folien auf einmal überspringen möchten

7 Lupe – per linkem Mausklick einen Ausschnitt der aktuellen Folie vergrößern. Mit linkem Mausklick geht es wieder zurück zur normalen Ansicht.

8 weitere Optionen – u. a. können Sie hier die Präsentation beenden oder diverse Einstellungen zum Mauszeiger und zur Anzeige vornehmen. Das benötigen Sie für eine Diashow im privaten Rahmen aber wohl eher nicht.

4. Um die Präsentation vorzeitig zu beenden, drücken Sie die Esc-Taste auf Ihrer Tastatur. Ansonsten wird nach der letzten Folie der folgende Dialog eingeblendet, mit dem Sie ebenfalls zum Startbildschirm zurückkehren:

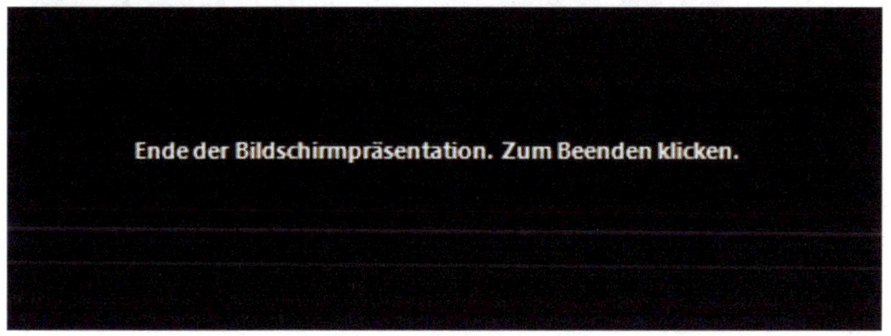

Sie haben sicher gemerkt, dass die Übergänge zwischen den einzelnen Folien noch sehr hart und unelegant sind. Das ändern wir jetzt direkt ab.

1. Klicken Sie in der Folienübersicht links auf die allererste Folie und dann direkt auf den Reiter **Übergänge** (1). Sie ahnen es bereits, das Menüband bietet anschließend wieder völlig neue Möglichkeiten an.

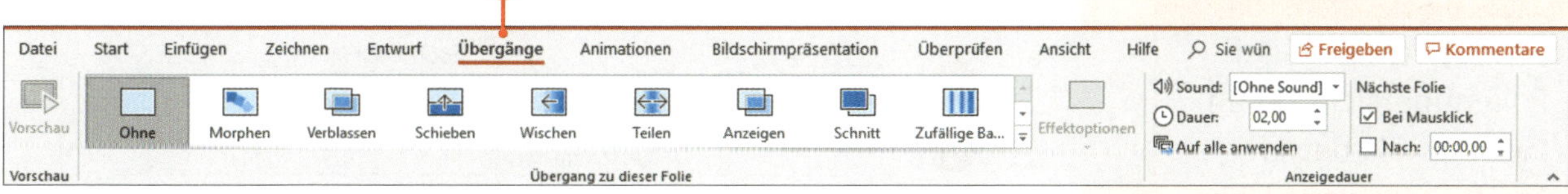

2. PowerPoint bietet Ihnen hier viele verschiedene Übergangsvarianten an. Klicken Sie sich einfach durch die einzelnen Vorschläge durch, die Software zeigt den Effekt sofort als Vorschau auf der aktuellen Folie an – so können Sie einschätzen, ob der Übergang Ihren Vorstellungen entspricht oder nicht.

MERKE

Eine Bildschirmpräsentation beenden Sie mit der Taste Esc oder mit einem linken Mausklick nach der letzten Folie.

ACHTUNG!

Die Vielfalt an Übergängen verführt, für jede Folie eine andere Variante zu wählen. Das lenkt später beim Betrachten jedoch eher ab. Beschränken Sie sich besser auf maximal zwei bis drei verschiedene Übergänge.

3. Rechts oben im Menüband passen Sie auf Wunsch mit einer Eingabe bei **Dauer** 2 noch an, wie schnell der Effekt abgespielt werden soll. Ein echter Powertrick ist die Schaltfläche **Auf alle anwenden** 3 – damit wird der gewählte Übergang auf sämtliche Folien der Präsentation übertragen, das spart richtig Zeit. Klicken Sie also hier, wenn Sie Ihren Wunscheffekt gefunden haben.

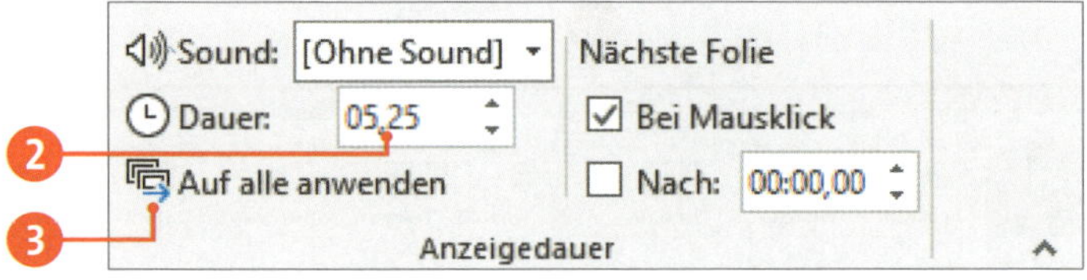

Bevor Sie Ihre Fotoshow dann vorführen, können Sie sich diese vorab noch einmal anschauen. Wie das geht, lesen Sie ab Seite 277 nach. Im Unterschied zum ersten Entwurf unserer Präsentation zu Beginn des Abschnitts werden Sie sicher feststellen, dass die Diashow nun schon viel lebendiger geworden ist.

MERKE

Am Sternchen in der Folienübersicht sehen Sie, dass die betreffende Folie einen Übergangseffekt erhalten hat.

Elemente in PowerPoint animieren – mit Schwung präsentieren

In PowerPoint bringen Animationen so richtig Schwung in jede Präsentation. Jedes Element auf Ihrer Folie kann eine Bewegung erhalten, und Sie werden hier fast zum Regisseur eines kleinen Filmes. Im Gegensatz zu den Übergängen, die Sie bereits ab Seite 279 kennengelernt haben, finden Animationen auf der Folie statt und werden einzelnen Objekten zugewiesen. Wir zeigen Ihnen hier Schritt für Schritt, wie Sie Ihrer PowerPoint-Präsentation das Laufen beibringen. Die Einstellungsmöglichkeiten sind vielfältig und komplex, aber mit unserer Anleitung werden Sie schnell zum Profi der fliegenden Bilder.

Als Grundlage benötigen wir eine PowerPoint-Folie, auf der schon mehrere Bilder platziert sind, vielleicht haben Sie diese ja noch aus dem vorangehenden Abschnitt parat.

MERKE

Sie können in PowerPoint nicht nur Bilder, sondern sämtliche Elemente auf einer Folie animieren.

Und so einfach animieren Sie Ihre Bilder:

1. Klicken Sie auf den Reiter **Animationen** (1), um das passende Menüband aufzurufen. Hier stehen direkt einige Animationen bereit, die Sie in ähnlicher Form schon bei den Übergängen kennengelernt haben.

2. Wählen Sie auf der Folie ein Bild aus, das animiert werden soll, und klicken Sie anschließend auf einen der

mit einem grünen Symbol versehenen Effekte **2**. Diese Effekte sind sog. *Eingangsanimationen*, sie regeln also das Auftauchen eines Objektes. Sie sehen sofort, wie der Effekt dargestellt wird, denn PowerPoint startet die Animation umgehend.

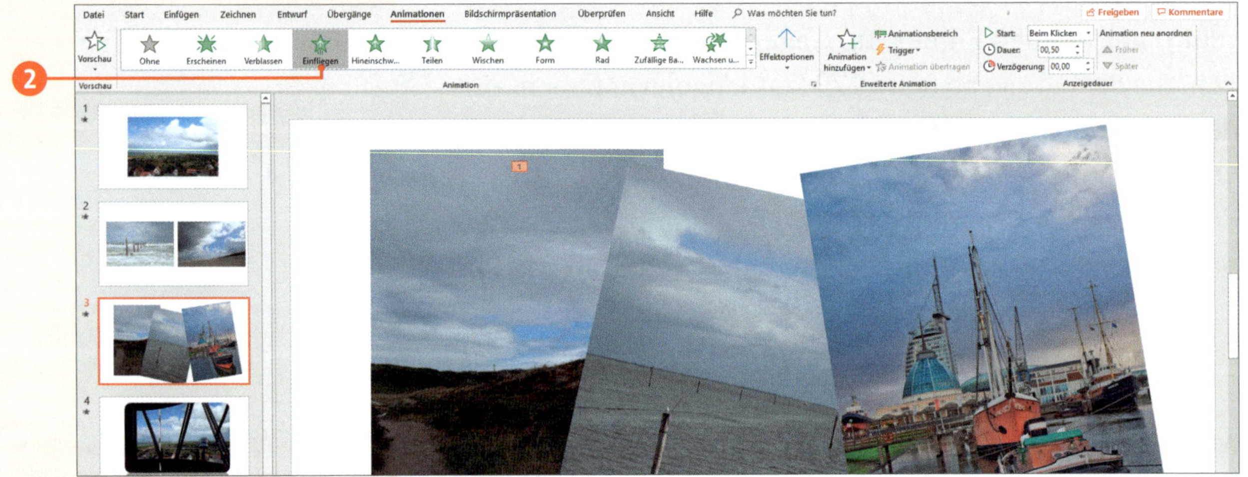

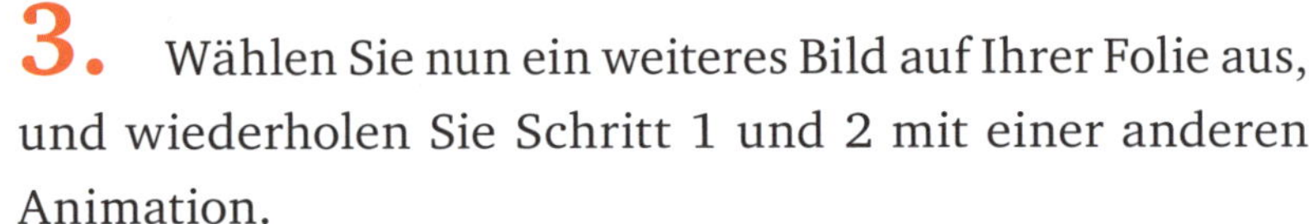
3. Wählen Sie nun ein weiteres Bild auf Ihrer Folie aus, und wiederholen Sie Schritt 1 und 2 mit einer anderen Animation.

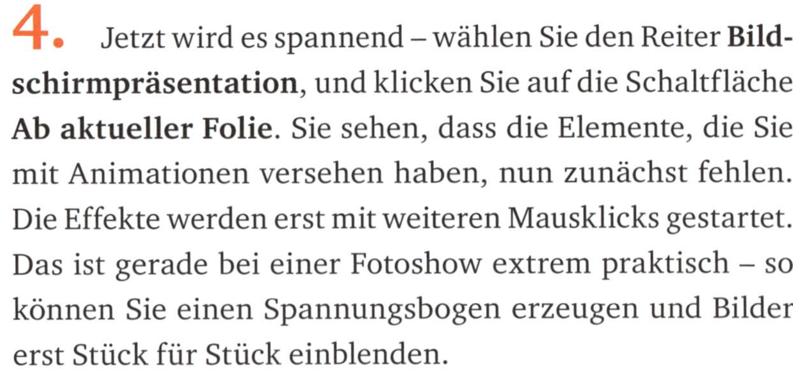
4. Jetzt wird es spannend – wählen Sie den Reiter **Bildschirmpräsentation**, und klicken Sie auf die Schaltfläche **Ab aktueller Folie**. Sie sehen, dass die Elemente, die Sie mit Animationen versehen haben, nun zunächst fehlen. Die Effekte werden erst mit weiteren Mausklicks gestartet. Das ist gerade bei einer Fotoshow extrem praktisch – so können Sie einen Spannungsbogen erzeugen und Bilder erst Stück für Stück einblenden.

MERKE

Animationen werden per Mausklick Stück für Stück eingeblendet.

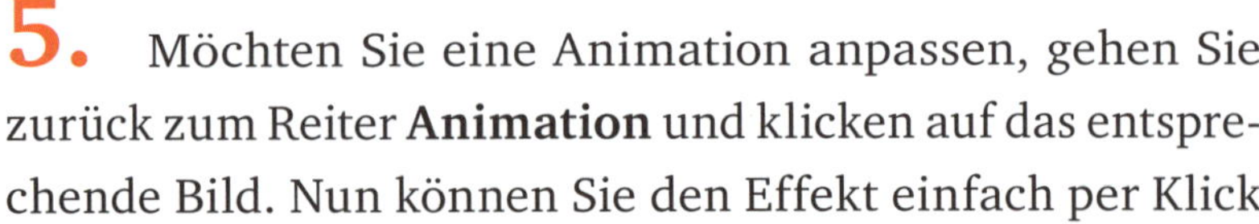
5. Möchten Sie eine Animation anpassen, gehen Sie zurück zum Reiter **Animation** und klicken auf das entsprechende Bild. Nun können Sie den Effekt einfach per Klick

auf eine andere Animation im Menüband ändern. Rechts passen Sie dann ggf. noch die **Dauer** 3 der Animation an, wenn Sie es nicht bei der voreingestellten Dauer belassen möchten. Die Dauer wird in Sekunden angegeben. Sprich, die für unseren Effekt standardmäßig eingestellten 00,50 entsprechen einer halben Sekunde. 1,00 wäre also eine ganze Sekunde.

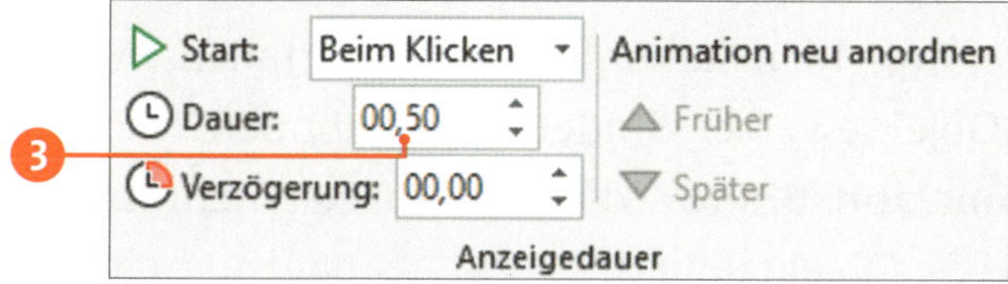

6. Wenn Sie eine Animation komplett entfernen möchten, klicken Sie auf **Ohne** 4.

Nun gehen wir noch einen Schritt weiter. PowerPoint hat in Sachen Animation noch eine ganze Menge Überraschungen parat, die wir jetzt gemeinsam erkunden und für noch spannendere Diashows einsetzen werden.

Grundsätzlich hält PowerPoint rund 50 verschiedene Animationen bereit, die sogar Bewegungsabläufe beinhalten. Die Komplettauswahl, so wie Sie sie in der folgenden Abbildung auf Seite 284 sehen, blenden Sie im Menüband per Klick auf den kleinen Doppelpfeil 1 ein. Die Animationen dort sind in drei Bereiche unterteilt:

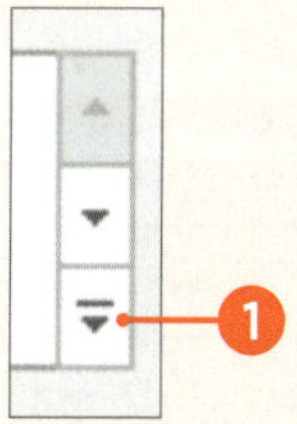

2. **Eingang** – diese Animationen werden dazu verwendet, um ein Objekt auf der Folie wie aus dem Nichts erscheinen zu lassen. Das haben wir in den vorangehenden Schritten auch genau so durchgeführt.
3. **Hervorhebung** – perfekt, um angezeigte Objekte durch eine Bewegung am Platz besonders prominent erscheinen zu lassen. Beispielsweise, indem ein Bild per Klick wackelt oder sich dreht.
4. **Ausgang** – hier sind Animationen zu finden, mit denen Sie Objekte verschwinden lassen können.
5. **Animationspfade** – diese komplexe Technik ermöglicht es, Objekte auf der Folie »wandern« zu lassen.

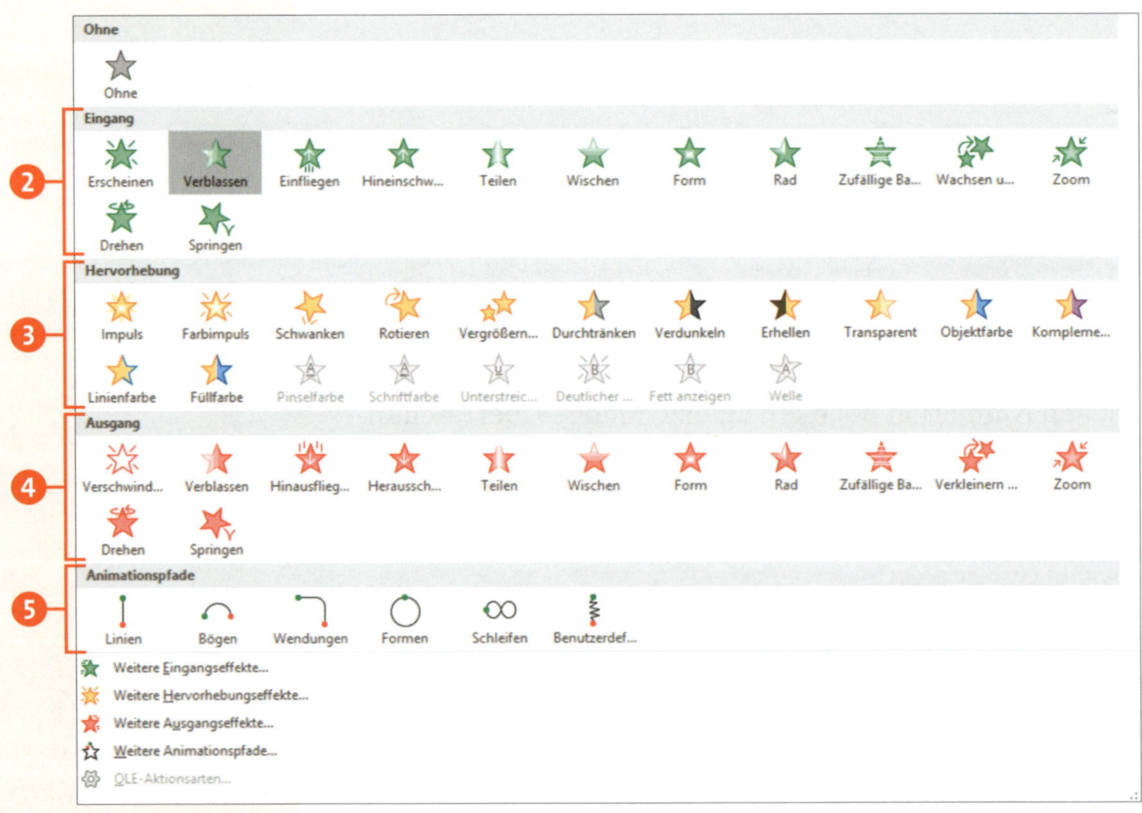

Abgesehen von diesen Animationspfaden funktioniert die Zuweisung sämtlicher Animationen immer so, wie zuvor beschrieben. Daher zeigen wir Ihnen nun noch, wie Sie mittels Animationspfaden Objekte nach Wunsch bewegen können.

Nehmen Sie als Basis eine beliebige Folie Ihrer aktuellen Fotoshow. Die Idee bei unserem Beispiel ist, dass wir hier kein Bild, sondern ein kleines Grafikobjekt animieren. Konkret: Es soll ein kleines Schiff über die Folie schippern, das wir aus einer Grafikbibliothek von PowerPoint herausgesucht haben.

So geht es Schritt für Schritt:

1. Zeigen Sie eine beliebige Folie Ihrer Präsentation an, indem Sie diese links in der Übersicht per Klick auswählen. Klicken Sie auf den Reiter **Einfügen** 1 und anschließend auf **Piktogramme** 2.

Wir suchen aus den zahlreichen Motiven ein Segelschiff aus, markieren es 3 und klicken auf **Einfügen** 4.

MERKE

Die hier gezeigte Vorgehensweise funktioniert auch mit Fotos, 3D-Modellen, Texten oder Formen.

ACHTUNG!

Die **Piktogramme** sind den Anwendern der ganz aktuellen Office-Versionen vorbehalten. Sollten Sie diese Option in Ihrem PowerPoint nicht finden, dann wählen Sie stattdessen einfach ein Bild oder eine Grafik aus, um den Workshop hier weiter durchführen zu können.

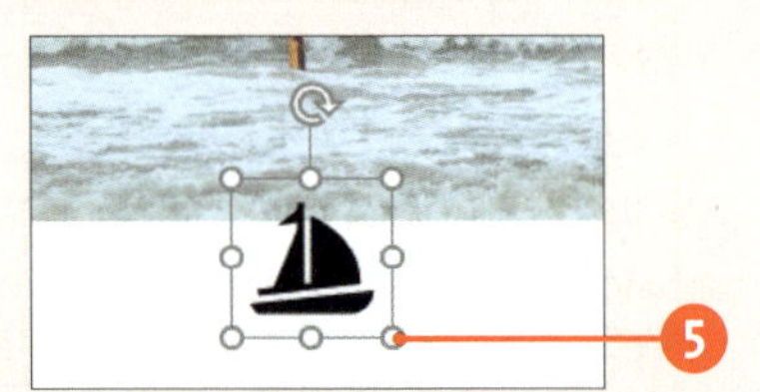

2. Das noch etwas kleine Schiff vergrößern Sie, indem Sie die Positionspunkte in den Ecken **5** mit gedrückter linker Maustaste aufziehen. Doppelklicken Sie auf das Piktogramm, um ihm im Menüband mit einem weiteren Klick eine schönere Farbe zuzuweisen.

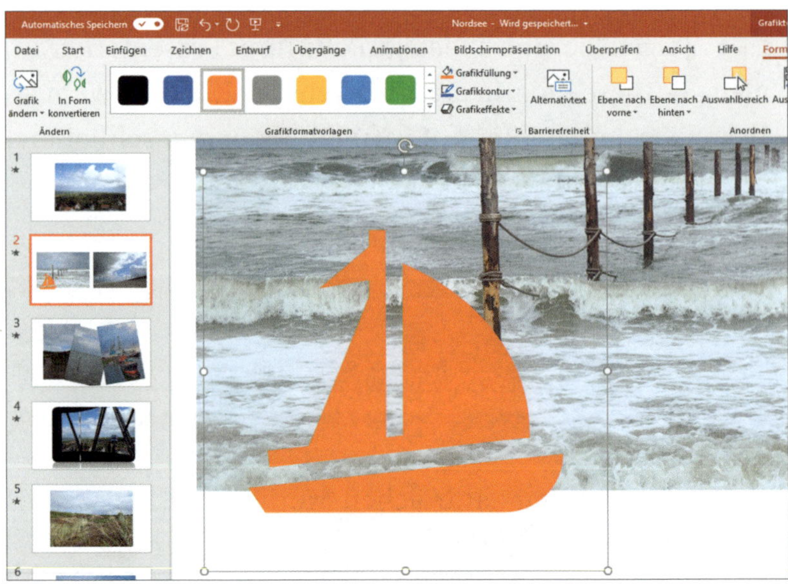

3. Aktivieren Sie nun das Register **Animationen** 6, und wählen Sie aus den Animationspfaden **Benutzerdefiniert** 7 aus.

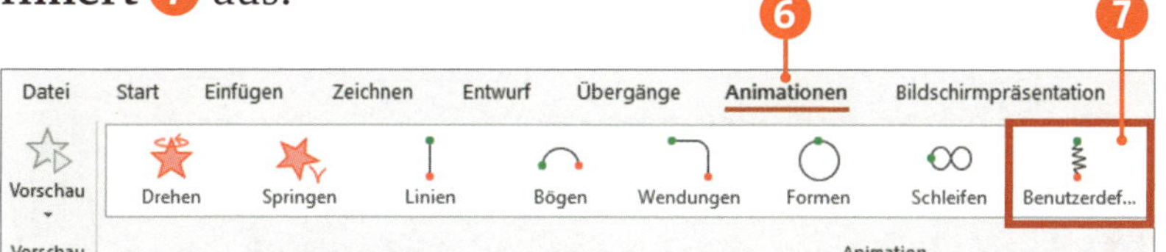

Benutzerdef...

4. Mit gedrückter linker Maustaste malen Sie nun die Bewegung auf die Folie, die unser Schiff später ausführen soll. Wir malen hier eine Wellenbewegung. Sind Sie fertig, beenden Sie den Zeichenvorgang per Doppelklick. Und keine Sorge, das Ganze sieht hakelig aus, aber PowerPoint glättet die Bewegung später automatisch.

ACHTUNG!

Wenn Sie mit dem Zeichnen der Animationsbewegung fertig sind, bewegen Sie die Maus nicht mehr und klicken sofort doppelt. Es besteht sonst die Gefahr, dass Sie »ausrutschen« und die Animation ungewollt weiterzeichnen.

5. Direkt nach dem Beenden des Zeichenvorgangs wird die Animation abgespielt und im Anschluss der gesamte Zeichenpfad als Auswahl dargestellt.

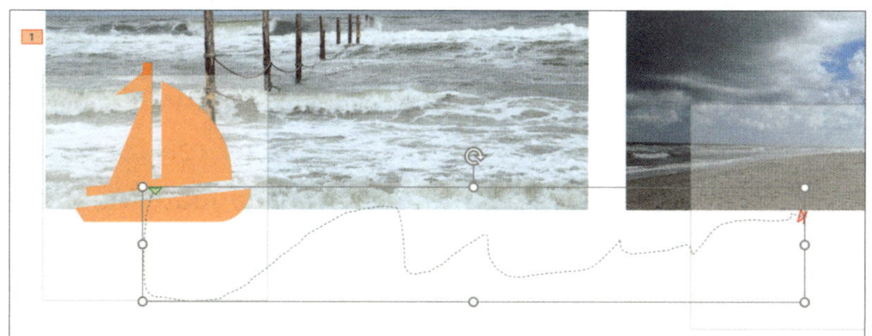

Leider können Sie den Pfad selbst nicht mehr bearbeiten, nur noch proportional vergrößern, verkleinern oder verschieben. Wenn Sie die Bewegung anderweitig verändern möchten, müssen Sie sie mit der Entf-Taste löschen und nochmals von vorne starten.

6. Auch diese selbst erstellte Animation kann noch exakt nach Bedarf eingestellt werden. Ist der Pfad angeklickt, haben Sie oben im Menüband wieder die Möglichkeit, die Dauer der Animation zu wählen.

7. Prüfen Sie die Animation über den Reiter **Bildschirmpräsentation** und einen Klick auf die Schaltfläche **Ab aktueller Folie**.

Richtig präsentieren mit PowerPoint – Beamer, Smart TV und Co.

Ihre erste Fotoshow mit Bildern von Teneriffa, Kuba, Wangerooge oder aus dem Pfälzer Wald ist fertig? Herzlichen Glückwunsch! Nun stellt sich sicherlich die Frage, wie man diese Show dem geneigten Publikum präsentiert. Hier gibt es bei PowerPoint folgende Möglichkeiten:

- *Präsentation direkt am Computer* – wenn Sie ein Notebook oder Tablet besitzen und im kleinen Kreis Ihre Erinnerungen zeigen wollen, ist das eine adäquate Möglichkeit. Wie das funktioniert, erfahren Sie ab Seite 277.

- *Präsentation am LCD-Fernseher* – mithilfe eines passenden Verbindungskabels zwischen PC und TV gelangt die Präsentation in voller Auflösung auch auf den größten Bildschirm.
- *Präsentation mittels Projektor bzw. Beamer* – auch hier klappt das am besten mit dem passenden Verbindungskabel.
- *Präsentation als Film exportieren* – als Filmdatei exportiert, gelangt der Film unkompliziert auf YouTube oder Facebook oder kann auf einem USB-Stick bzw. einer CD weitergegeben werden. Das zeigen wir Ihnen im Detail ab Seite 293.
- *Präsentation als Aufzeichnung* – PowerPoint bietet die Möglichkeit, eine Diashow »live« aufzuzeichnen, inklusive Webcambild und Ton. Auch hier steht am Ende eine Filmdatei, die durch Kommentare aber noch lebendiger und authentischer wird. Diese Möglichkeit ist eher für Experten gedacht, daher klammern wir sie in diesem Buch aus.
- *Weitergabe als PowerPoint-Datei* – diese Methode empfehlen wir nicht, denn Ihre Datei kann damit jeder editieren, zudem ist nicht gewährleistet, dass sie an einem anderen Computer perfekt dargestellt wird. Fehlen von Ihnen verwendete Schriften, sieht das Ganze schnell gruselig aus.

Die Präsentation direkt am Computer haben Sie bereits ab Seite 277 kennengelernt. Öffnen Sie dazu Ihre Präsentation, gehen Sie in das Register **Bildschirmpräsentation**, und legen Sie mit **Von Beginn an** 1 los. Unser Tipp: Starten Sie die Präsentation, und lassen Sie die Titelseite formatfüllend anzeigen, bevor Sie Ihre Gäste dazubitten. Das wirkt professioneller.

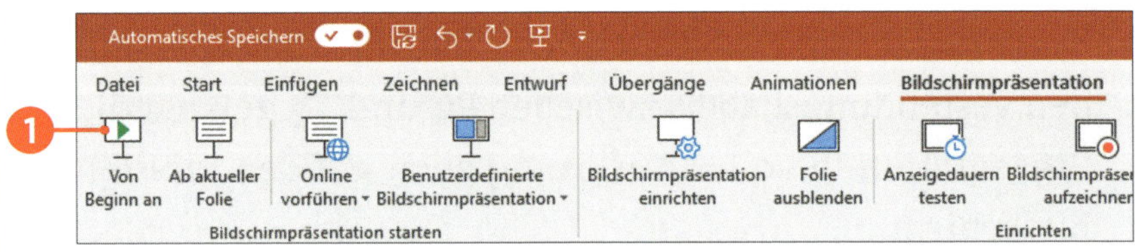

Die Präsentation über Ihren LCD-Fernseher oder einen Projektor (Beamer) funktioniert ganz ähnlich. Folgende Voraussetzungen müssen aber zusätzlich erfüllt sein:

Sie benötigen ein passendes Anschlusskabel zwischen Computer und Fernseher bzw. Beamer. Hier ist man meist mit einem HDMI-Kabel 2 gut bedient.

Fast jeder Computer und Flachbildfernseher hat einen entsprechenden Anschluss dafür zur Verfügung. Achtung – es gibt zwei verschieden große HDMI-Stecker! Viele Notebooks setzen auf den kleinen Stecker, bei TV-Geräten kommt meist der größere zum Einsatz.

Bei Beamern kann es sein, dass Sie einen völlig anderen Adapter benötigen, da gerade ältere Geräte nur einen sog. *VGA- oder DVI-Anschluss* 3 besitzen.

ACHTUNG!

Wenn Sie Ihre Show bei Freunden auf dem TV-Gerät oder Beamer präsentieren wollen, stellen Sie unbedingt vorab sicher, dass alle notwendigen Kabel vorhanden sind, und probieren Sie nach Möglichkeit im Vorhinein aus, ob auch alles funktioniert.

WAS TUN?

Kabelchaos? Sie sind sich nicht sicher, welches Kabel Sie benötigen? Fragen Sie einfach im Fachhandel nach, und machen Sie ggf. zuvor noch ein Foto von den Schnittstellen, um die korrekten Stecker bestimmen zu können. Dann können Sie sicher sein, das passende Kabel zu erhalten.

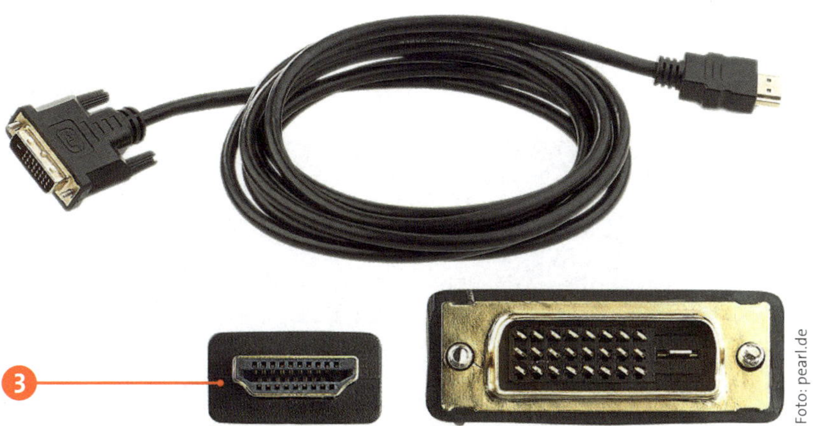

Foto: pearl.de

Verbindung zwischen TV/Beamer und Computer herstellen

↓

Präsentation starten

↓

Präsentation über Systemsteuerung auf TV/Beamer legen

Steht die Verbindung zum TV-Gerät bzw. Beamer, dann schalten Sie Ihren Computer ein und starten PowerPoint. Im Idealfall sehen Sie nun schon auf dem angeschlossenen Gerät den exakt gleichen Inhalt wie auf Ihrem Monitor. Falls nicht, prüfen Sie zunächst Folgendes:

- Kabelverbindung – sitzen die Stecker am Computer und am anderen Gerät fest?
- Eingangssignal am TV-Gerät bzw. Beamer – nicht alle Geräte erkennen automatisch, dass ein Computer angeschlossen wurde. Sie müssen an den Geräten eventuell die sog. *Signalquelle* (häufig auch als *Source* bezeichnet) wechseln. Meist können Sie die verschiedenen Quellen einfach durchklicken und schauen, wo das Bild Ihres Computers erscheint.
- Ist diese Hürde gemeistert, gilt es, am Computer noch ein paar kleine Einstellungen zu tätigen:

1. Starten Sie PowerPoint und Ihre Präsentation ganz wie gewohnt.

2. Klicken Sie in der Taskleiste rechts außen auf das Symbol für Benachrichtigungen – dieser Bereich sieht

ACHTUNG!

Fehlt die Schaltfläche **Projizieren**, dann kann es sein, dass ein Teil der Symbole ausgeblendet ist. Klicken Sie einfach auf Erweitern, um sämtliche Schaltflächen einzublenden.

je nach Computer unterschiedlich aus. Wir benötigen hier die Schaltfläche **Projizieren** 1. Klicken Sie einmal darauf.

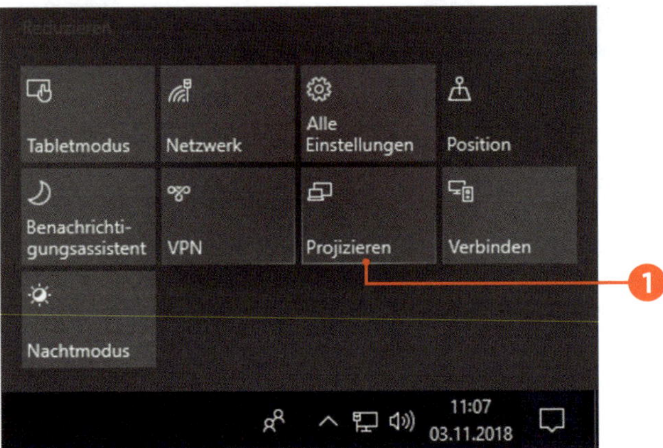

3. Im folgenden Fenster haben Sie nun mehrere Auswahlmöglichkeiten am Start. Für eine gelungene Präsentation wählen Sie **Duplizieren** 2 aus.

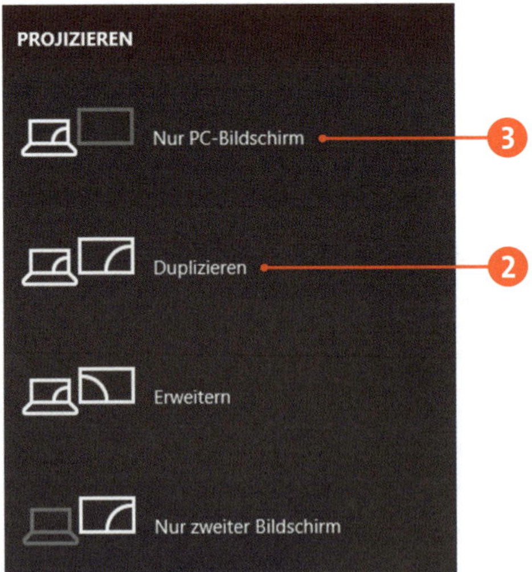

Damit wird Ihr Bildschirm 1:1 auf den Projektor oder Fernseher gespiegelt. Sind Sie mit der Präsentation fertig, gehen Sie erneut in diesen Dialog und wählen dann **Nur PC-Bildschirm** 3.

Und so klappt der Export als Videodatei:

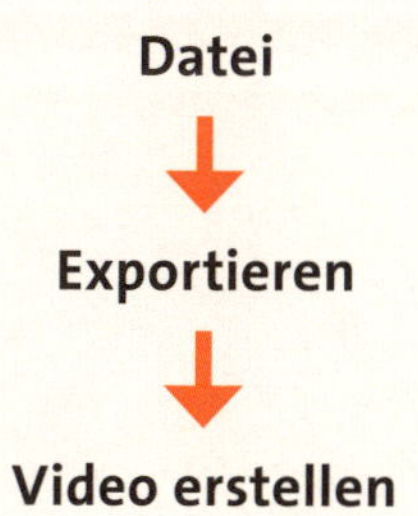

1. Um Ihre Präsentation als Film zu exportieren, öffnen Sie diese zunächst wie gewohnt in PowerPoint. Klicken Sie auf den Menüpunkt **Datei ▸ Exportieren** (1) **▸ Video erstellen** (2).

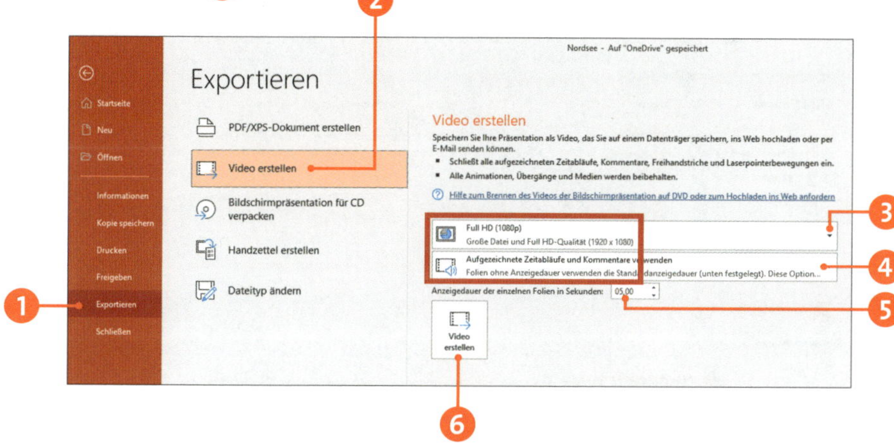

Die Einstellungen für die Qualität mit **Full HD** (3) sind perfekt, um ein hochauflösendes Video zu erhalten.

2. Die Einstellungsoption **Aufgezeichnete Zeitabläufe und Kommentare verwenden** (4) bedeutet Folgendes: Haben Sie Folien mit einer Anzeigedauer versehen, wird diese eingehalten. Alle anderen Folien werden so viele Sekunden angezeigt, wie hier im Feld darunter (5) angegeben sind – sprich, alle Folien, die Sie sonst per Mausklick weiterschalten. Denn das geht in einem Video ja nicht.

3. Mit einem Klick auf die Schaltfläche **Video erstellen** (6) wird die Filmdatei erzeugt. Sie werden zunächst nach einem Speicherort gefragt. Wählen Sie diesen wie

gewohnt aus dem Auswahlfenster aus. Bei **Dateityp** haben Sie die Wahl zwischen einem **MPEG4-Video** und einem **Windows Media Video**. Wir empfehlen die Standardeinstellung mit **MPEG4** 7, da dieser Videodateityp auf fast jedem Gerät problemlos abgespielt werden kann.

Dateityp auswählen und speichern

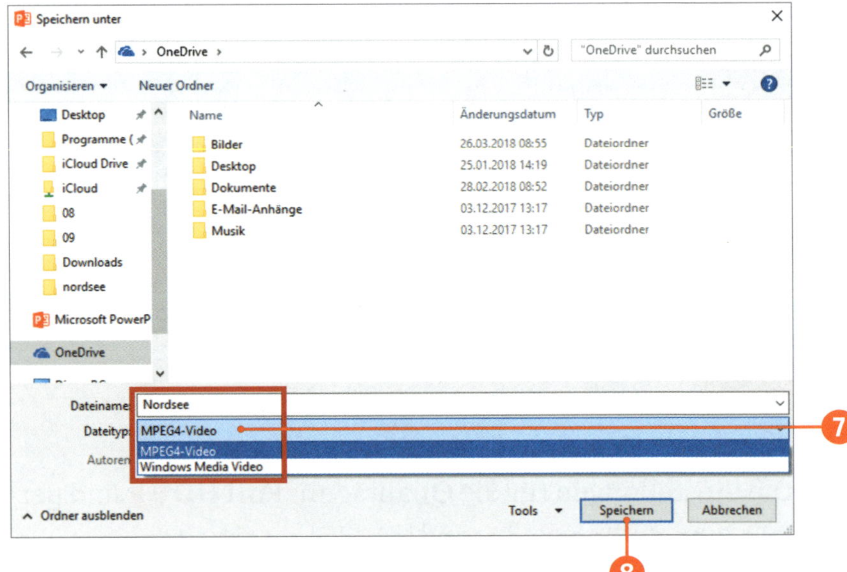

4. Ein Klick auf **Speichern** 8 startet die Erstellung der Videodatei. Das erledigt PowerPoint im Hintergrund, der Vorgang kann je nach Größe Ihrer Präsentation und Geschwindigkeit Ihres Computers mehrere Minuten in Anspruch nehmen. Die fertige Videodatei können Sie dann auf einen USB-Stick kopieren, auf CD brennen oder bei YouTube oder Facebook online stellen.

Sie sehen, mit PowerPoint bringen Sie Ihre Urlaubserinnerungen so richtig in Schwung. Natürlich geht mit dieser Anwendung noch viel mehr, und das zeigen wir Ihnen im folgenden Kapitel.

KAPITEL 9

Mit PowerPoint eine Präsentation zum Vereinsjubiläum erstellen

Microsoft PowerPoint ist ein mächtiges Werkzeug, um eindrucksvolle Präsentationen zu erstellen. Im vorangehenden Kapitel haben Sie bereits ein paar Funktionen kennengelernt. In diesem Kapitel erfahren Sie nun einige fortgeschrittene Techniken und wie Sie die Vorlagen in PowerPoint als perfekte Gestaltungsgrundlage einsetzen.

MERKE

Planen Sie Ihre Präsentation vorab grob durch, schreiben Sie ein kleines Drehbuch: Welche Abschnitte soll die Präsentation haben, welche Botschaft soll vermittelt werden? Sammeln Sie auch vorab alle Texte und Bilder, und legen Sie diese in einen passend betitelten Ordner auf Ihrer Festplatte ab. Damit sparen Sie Zeit, und Sie »verzetteln« sich nicht.

Als Thema haben wir »Vereinsjubiläum« ausgewählt. Anlässlich des großen Festaktes soll eine Präsentation über die Vereinsgeschichte erstellt werden. Im vorigen Kapitel haben Sie schon eine Menge toller Effekte und Übergänge kennengelernt. In diesem Kapitel zeigen wir Ihnen, wie

Sie eine große Präsentation planen, harte Fakten in tolle Diagramme verwandeln und sogar Videos in eine PowerPoint-Datei laden.

Eine Präsentation auf Basis einer Vorlage gestalten

Und los geht es! Wir starten hier mit einer von Microsoft vorgegebenen Vorlage, um uns voll auf die Funktionen konzentrieren zu können. Zudem haben die Gestaltungsvorlagen von PowerPoint den Vorteil, dass hier schon viele passende Layouts für Unterseiten angelegt sind, die Sie einfach nur mit Inhalt befüllen müssen. Praktischer geht es nicht. Selbst viele Profis greifen auf diese Vorlagen zurück – und Sie werden sehen, PowerPoint hält hier für jeden Geschmack etwas bereit.

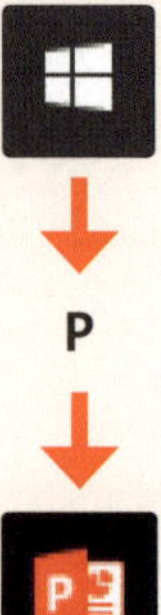

MERKE

Eine PowerPoint-Vorlage ist ein Design, das Ihnen gleich mehrere Beispielunterseiten zur Verfügung stellt. So können Sie auch ohne Grafikerwissen komplexe Projekte umsetzen. Die Vorlagen können Sie in PowerPoint dann noch nach Wunsch ändern.

1. Starten Sie PowerPoint wie gewohnt per Klick auf das Windows-Symbol in der Taskleiste und den entsprechenden Eintrag in der Programmliste des Startmenüs **1**.

2. PowerPoint startet wie alle Programme der Office-Familie mit dem Startbildschirm. Damit Sie sämtliche Vorlagen erkunden können, klicken Sie im linken

Bereich auf **Neu** 2. Um unser Beispiel 1:1 nachvollziehen zu können, scrollen Sie mit Ihrer Maus oder mittels Touchpad, bis die Vorlage **Berlin** 3 erscheint.

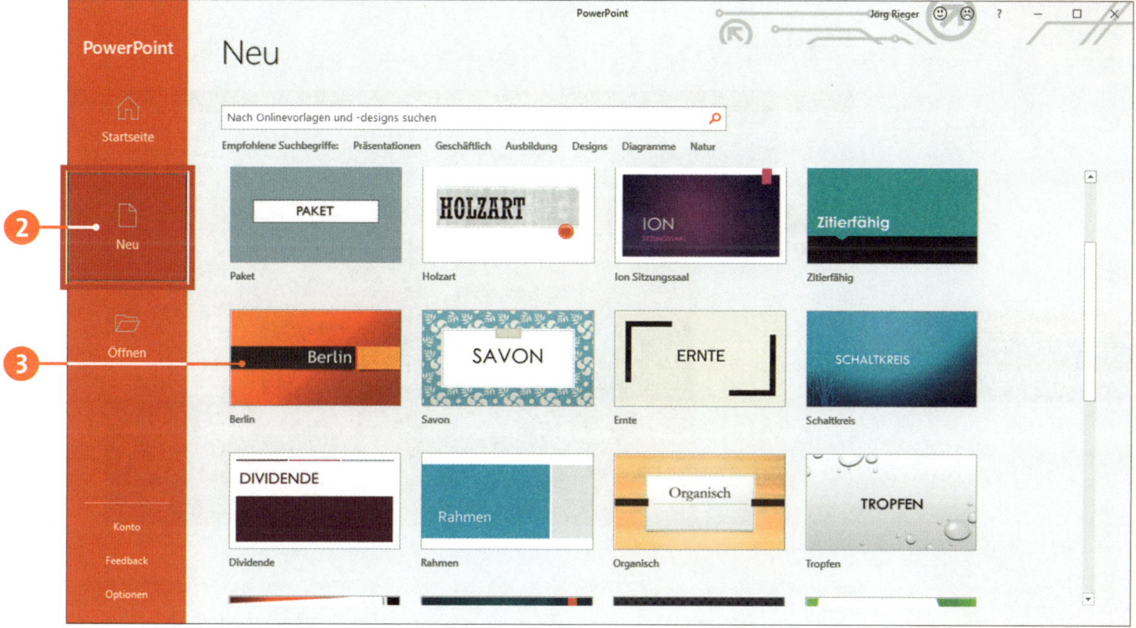

3. Mit einem Mausklick auf das Symbolbild öffnet sich ein sog. *Popup-Fenster* mit der Möglichkeit, das Farbschema nach Wunsch 4 zu wählen. Klicken Sie einfach auf jene Farbgebung, die Ihnen am meisten zusagt. Im Anschluss klicken Sie auf die Schaltfläche **Erstellen** 5, um eine leere PowerPoint-Vorlage mit dem Berlin-Design zu öffnen.

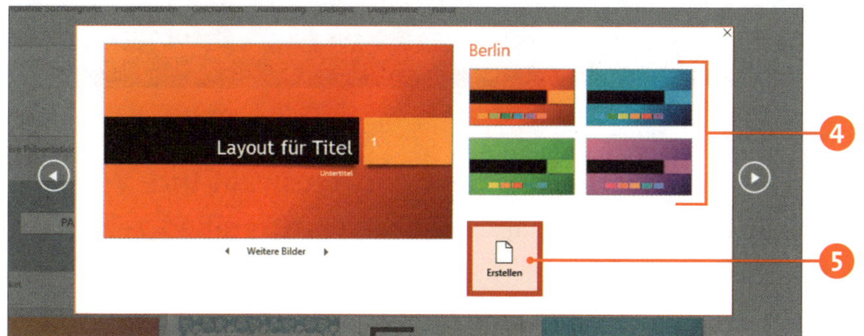

4. Gleich auf der ersten Folie wird die Titelseite angezeigt. Fahren Sie mit dem Mauszeiger in den Bereich **Titel hinzufügen** (6), und klicken Sie dort einmal. Jetzt können Sie Ihren eigenen Text eingeben, wie Sie es von Word kennen.

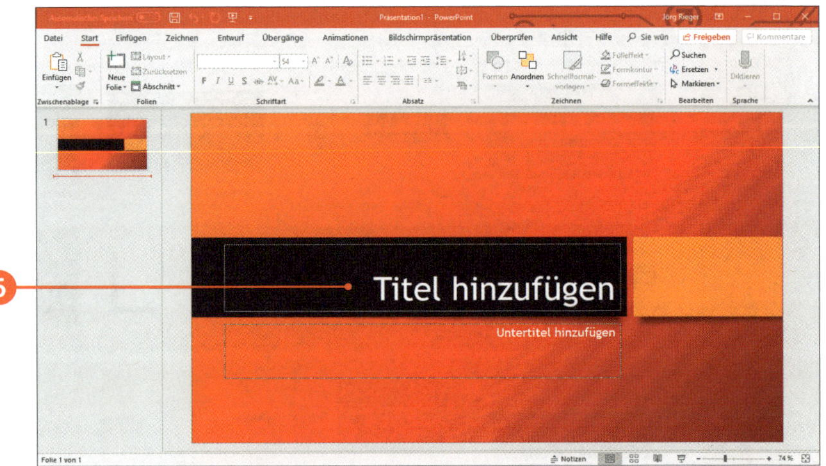

5. Jetzt ändern wir noch Schriftgröße und Schriftart. Auch hier funktioniert das ganz so, wie Sie es von Word kennen. Markieren Sie mit gedrückter linker Maustaste den gesamten Text, und lassen Sie dann die Taste los. Es erscheint auch hier direkt am Text die sog. *Minisymbolleiste* mit den wichtigsten Einstellungsmöglichkeiten (7).

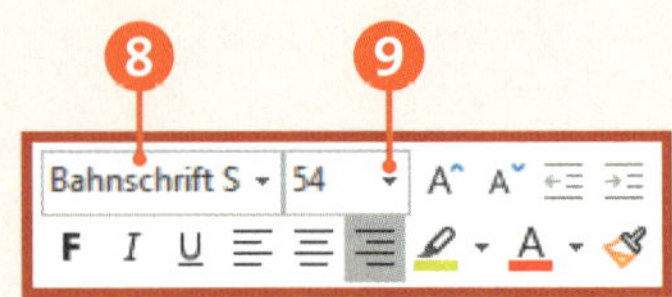

6. Suchen Sie aus der Schriftauswahl Ihre Wunschschrift (8) aus, und passen Sie die Schriftgröße (9) ebenfalls an. Das Menü hat es aber in sich und verschwindet recht schnell. Dann haben Sie immer noch die Möglichkeit, die

Formatierung über die entsprechenden Schaltflächen im Menüband unter dem Register **Start** vorzunehmen.

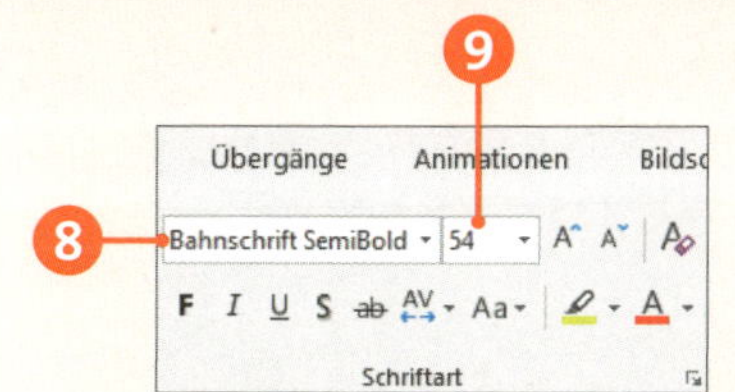

7. Passen Sie den Text in der Unterzeile genau so an, wie in Schritt 4 bis 6 beschrieben.

Damit wäre die Titelfolie bereits fertig. Nun geht es an die weiteren Folien.

1. Zunächst fügen wir eine erste neue Folgefolie ein. Dazu klicken Sie im Menüband auf die Schaltfläche **Neue Folie** ①. Es erscheint eine Auswahl mit verschiedenen bereits vorgefertigten Unterseiten.

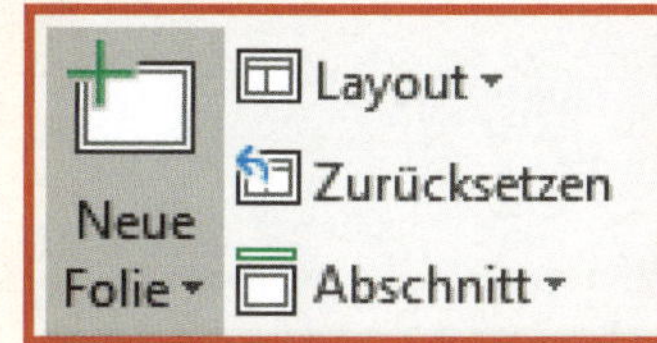

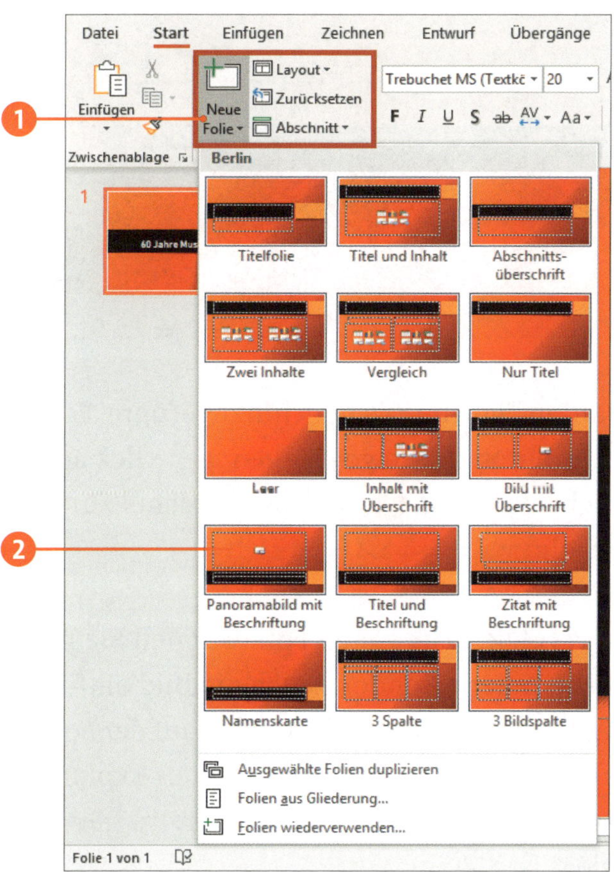

Hier wählen Sie, je nachdem, welchen Inhalt Sie einfügen möchten, eine Vorlage aus. Wir entscheiden uns hier für **Panoramabild mit Beschriftung** 2 – per Doppelklick darauf wird diese Seite Ihrem PowerPoint-Dokument hinzugefügt 3.

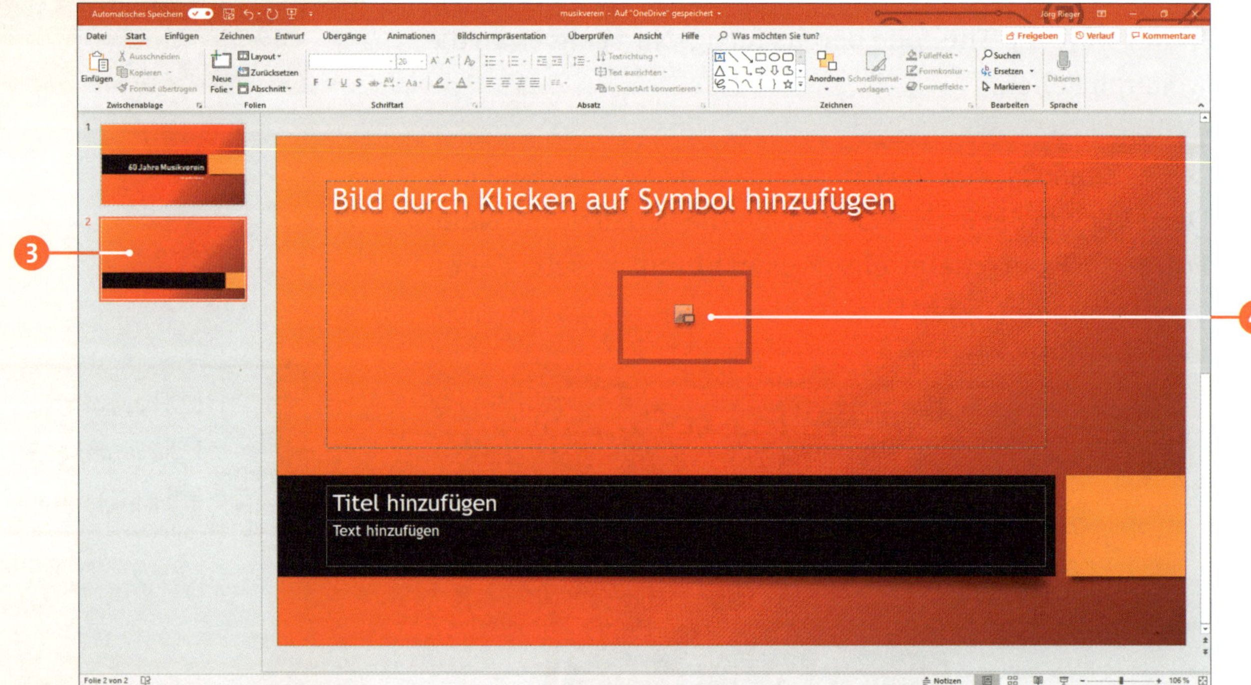

2. Wählen Sie die soeben hinzugefügte Folie, falls nicht bereits automatisch geschehen, per Klick auf die Folienübersicht links aus 3, sodass sie rechts zur Bearbeitung angezeigt wird.

3. Im Vergleich zur ersten Folie können Sie hier nicht nur den Text ändern, sondern auch ein Bild einfügen. Klicken Sie auf das entsprechende Symbol auf der Folie 4. Es öffnet sich das bekannte Dialogfenster des Explorers. Hier navigieren Sie zu jenem Ordner, in dem Ihr gewünschtes Bild abgelegt ist.

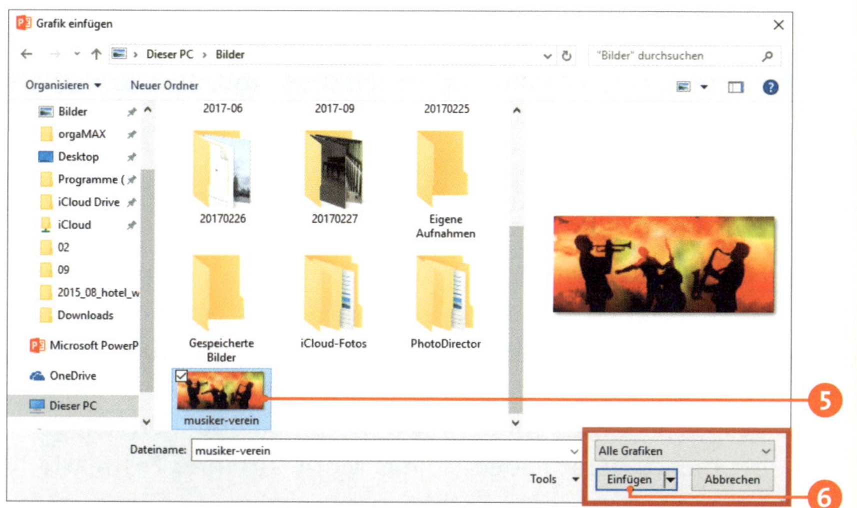

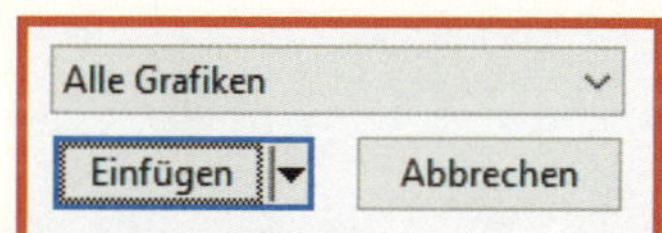

4. Aktivieren Sie das Bild per Mausklick **5**, und klicken Sie im Anschluss auf die Schaltfläche **Einfügen** **6** und anschließend noch einmal auf **Einfügen**, um das Bild auf die Folie zu laden. Beachten Sie dazu bitte auch den folgenden Kasten »Einfügen in PowerPoint« auf Seite 302.

5. Das Bild wird nun platziert – in unserem Fall haben wir das Motiv schon querformatig ausgewählt, damit es passt. Ab Seite 273 zeigen wir Ihnen, wie Sie ein Motiv unkompliziert in der Größe anpassen können. An dieser Stelle ändern Sie nun noch, wie vorangehend beschrieben, den Text ab, und fertig ist die zweite Folie.

Foto: AdobeStock

ACHTUNG!

Vergessen Sie nicht, Ihr Dokument immer wieder zwischenzuspeichern!

Nach diesem Prinzip fügen Sie einfach nach und nach Ihre weiteren Folien hinzu und füllen diese mit Bild- und Textinhalten.

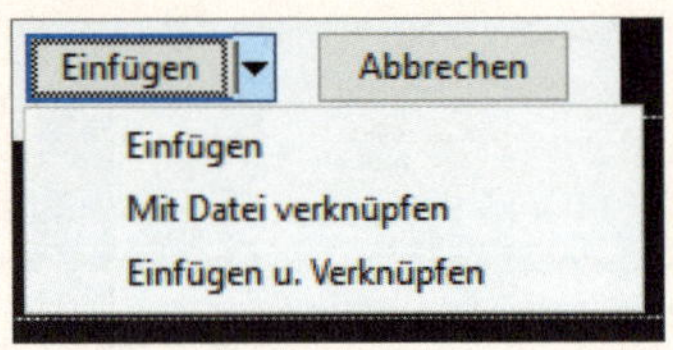

Einfügen in PowerPoint

Hinter der Schaltfläche **Einfügen** verbergen sich noch weitere Optionen. **Mit Datei verknüpfen** sollten Sie für Ihre Aufgaben aber keinesfalls aktivieren. Das bedeutet nämlich, dass das Motiv nicht zusammen mit dem Dokument gespeichert wird, sondern sich PowerPoint nur den Ablageort merkt. Verschieben Sie das Motiv auf Ihrer Festplatte, ist es in PowerPoint nicht mehr sichtbar. **Einfügen und Verknüpfen** ist das »Doppelte Lottchen« – hier wird zum einen das Motiv in die PowerPoint-Datei eingebettet, zum anderen aber auch zusätzlich verknüpft. Steht die Verknüpfung nicht zur Verfügung, wird das eingebettete Motiv als Alternative angezeigt.

Diagramme und Multimediadateien einfügen

Im vorangehenden Abschnitt haben wir gemeinsam eine erste kleine PowerPoint-Präsentation erstellt und die grundlegenden Bedienelemente sowie Präsentationsvorlagen mit verschiedenen Folienlayouts kennengelernt. Natürlich kann man eine Fotoshow oder Jubiläumspräsentation noch deutlich aufregender gestalten. Zunächst geht es nun also darum, ein schickes Diagramm mit Mitgliederzahlen der vergangenen 60 Jahre darzustellen.

1. Als Ausgangsbasis nutzen wir die im vorherigen Abschnitt angelegte Präsentation. Öffnen Sie diese in PowerPoint.

2. Jetzt fügen wir eine weitere Folie hinzu. Gehen Sie hierzu wieder auf die Schaltfläche **Neue Folie** im Menüband und wählen die Vorlage **Titel und Inhalt** aus. Denn hiermit können Sie nicht nur ein Bild, sondern eine Vielzahl an Elementen einbauen.

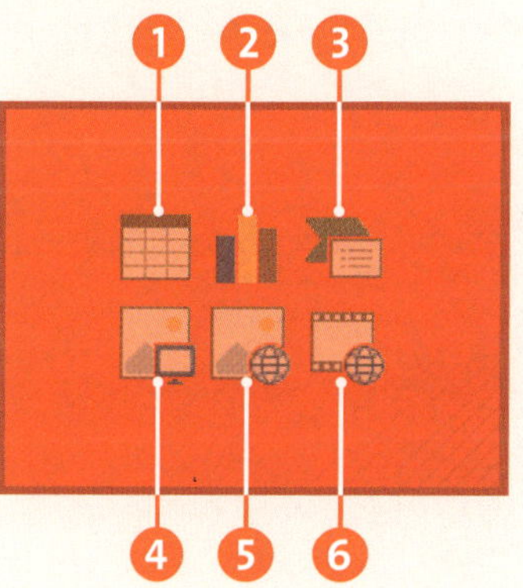

Die Folie zeigt nach dem Hinzufügen gleich sechs Symbole und damit sechs Optionen zum Einfügen von Objekten bzw. Dateien in ihrer Mitte:

- (1) Tabellen
- (2) Diagramme
- (3) SmartArt-Grafiken
- (4) Bilder
- (5) Onlinebilder
- (6) Videos

3. Klicken Sie auf das Symbol zum Einfügen von Diagrammen (2), ein neues Fenster wird geöffnet.

4. Hier wählen Sie auf der linken Seite **Fläche** (7) aus, klicken auf die dann eingeblendete Tabellengrafik für **3D-Fläche** (8) und schließlich auf **OK** (9).

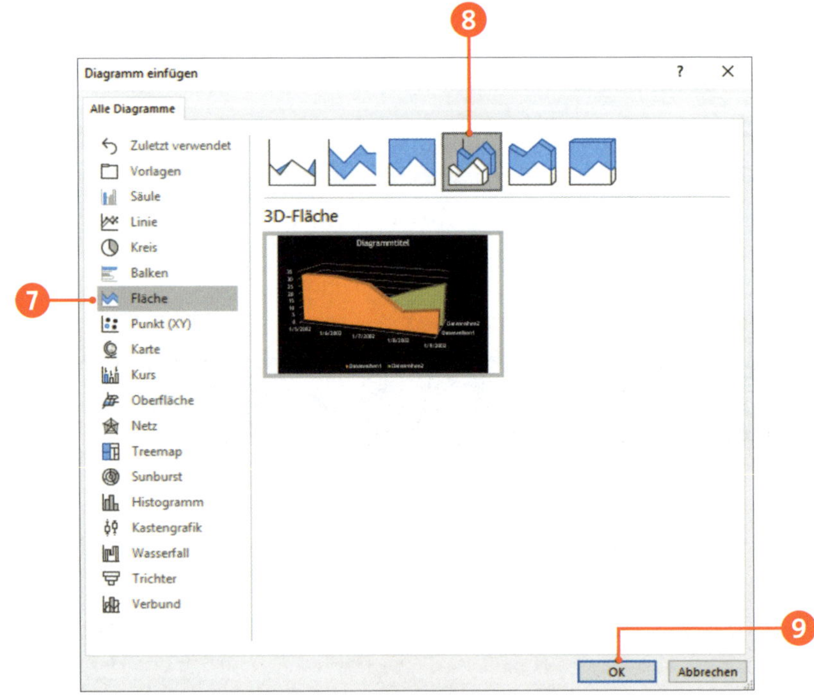

Hier sieht es nun ganz nach Excel aus. Im oberen Bereich steht eine Tabelle mit eingetragenen Beispielwerten bereit, weiter unten sehen Sie das schicke 3D-Chart.

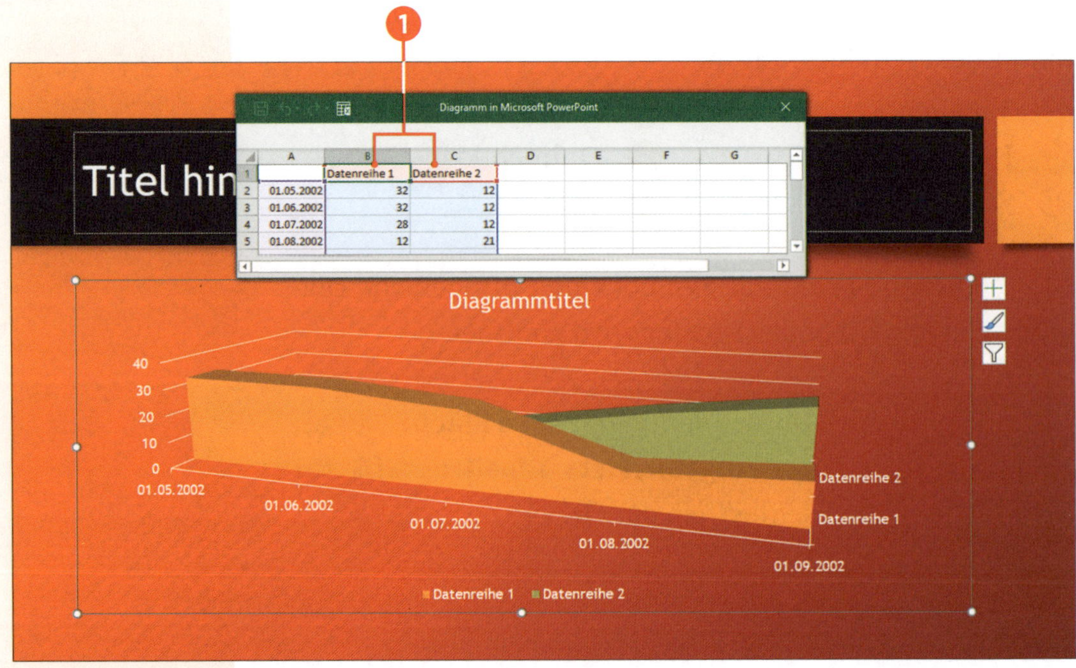

In der eingeblendeten Mustertabelle ändern Sie nun zunächst die Titel der Datenreihen ab.

1. Doppelklicken Sie einfach auf die entsprechenden Tabellenüberschriften (1), und geben Sie neue Bezeichnungen ein. In unserem Fall haben wir »Mitglieder Blaskapelle« und »Musikverein gesamt« gewählt.

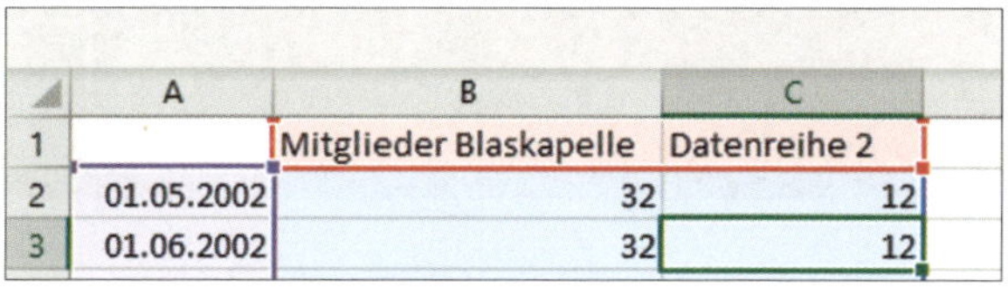

	A	B	C
1		Mitglieder Blaskapelle	Datenreihe 2
2	01.05.2002	32	12
3	01.06.2002	32	12

2. Jetzt ändern Sie links noch die Datumsfelder (2) ab. Wir wollen hier im 10-Jahres-Abstand Werte eingeben, angefangen beim 01.01.1969 – die Tabelle sollte dann so aussehen, wie im Folgenden gezeigt. Die Mitgliederzahlen können Sie für dieses Übungsbeispiel natürlich frei erfinden. Auch diese Werte ändern Sie jeweils nach einem Doppelklick in die entsprechenden Felder (3).

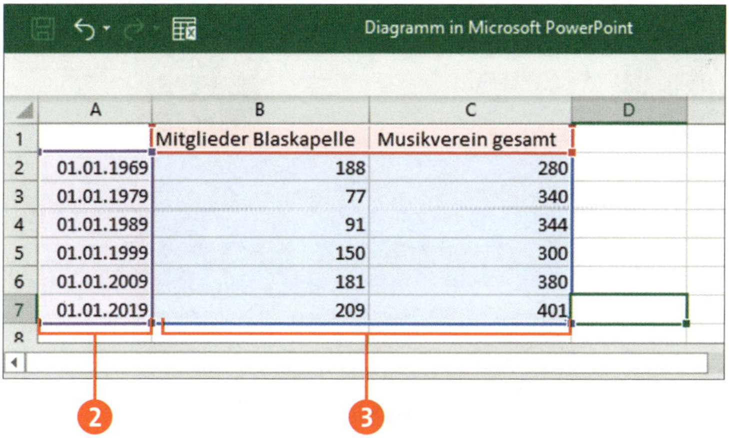

Diagramm in Microsoft PowerPoint

	A	B	C	D
1		Mitglieder Blaskapelle	Musikverein gesamt	
2	01.01.1969	188	280	
3	01.01.1979	77	340	
4	01.01.1989	91	344	
5	01.01.1999	150	300	
6	01.01.2009	181	380	
7	01.01.2019	209	401	
8				

(2) (3)

Das darunter abgebildete Diagramm hat sich nun automatisch an die eingegebenen Werte angepasst, sieht aber aktuell nicht wirklich schön aus. Denn hier hat PowerPoint

WAS TUN?

Um eine Tabellenspalte in der Breite anzupassen, verfahren Sie so, wie zu Excel auf Seite 215 beschrieben. Sie halten den Mauszeiger auf den Trennstrich zwischen den Buchstaben, die die Spalten bezeichnen, und klicken doppelt, sobald der Doppelpfeil erscheint.

automatisch eine Unterteilung nach Jahren gemacht, das ist für die gewünschte Darstellung aber viel zu viel.

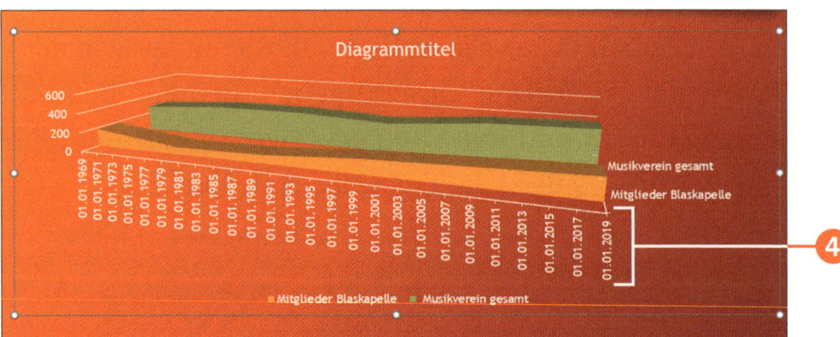

3. Um die Darstellung des Diagramms zu ändern, markieren Sie die Zeitachse **4** mit einem einfachen linken Mausklick.

4. Rechts im Bildschirm öffnet sich nun der Bereich **Achse formatieren**. Wählen Sie hier die Schaltfläche mit dem Diagrammsymbol **5** aus. Es erscheinen daraufhin zahlreiche Einstellungsmöglichkeiten für das Diagramm.

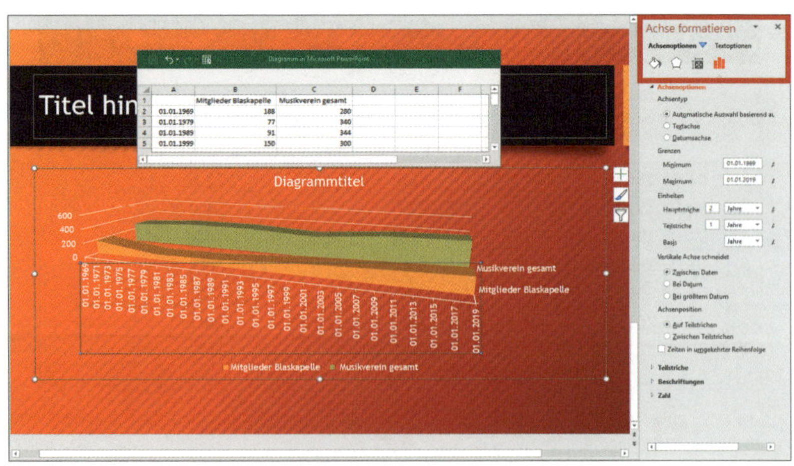

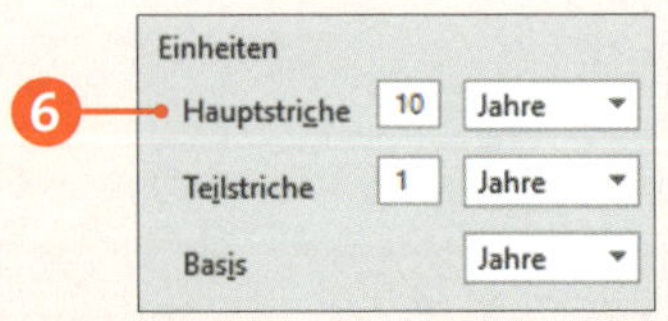

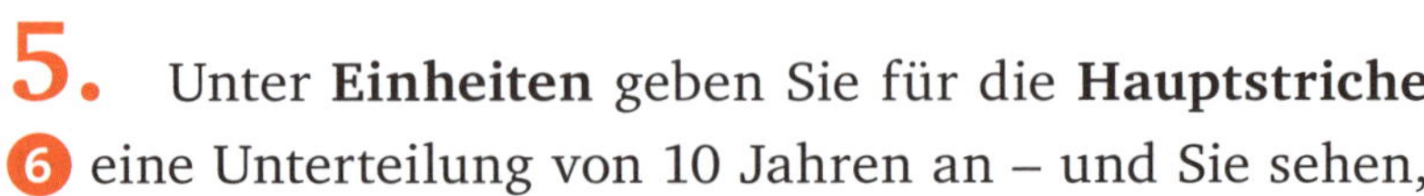

5. Unter **Einheiten** geben Sie für die **Hauptstriche** **6** eine Unterteilung von 10 Jahren an – und Sie sehen, dass das Diagramm sofort viel besser aussieht. Um die Bearbeitung am Diagramm zu beenden, klicken Sie auf das **X**-Symbol rechts oben am grünen Tabellenfenster.

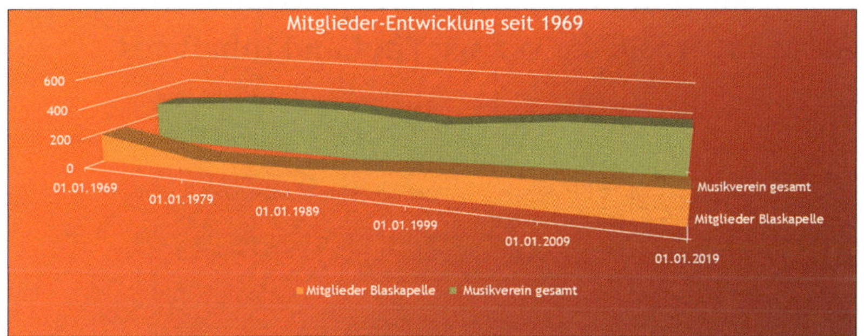

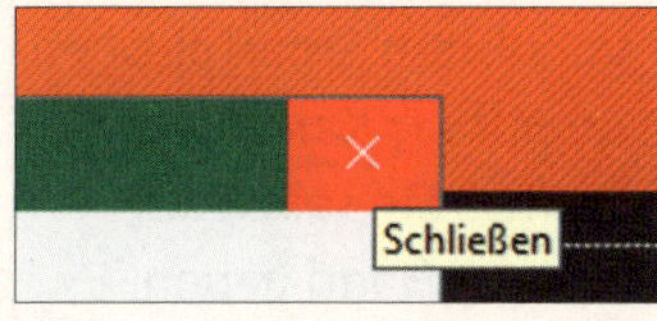

Wenn Sie die Tabelle schließen, ist auch Ihr Diagramm fertig erstellt.

Diagrammdaten nachträglich bearbeiten

Um Zugriff auf die Daten in Ihrem Diagramm zu erhalten, z. B. um nachträglich Änderungen vorzunehmen, klicken Sie das Diagramm an, gehen auf den Reiter **Entwurf** und klicken im Menüband auf die Schaltfläche **Daten bearbeiten** 7. Schon erscheint die Tabelle wieder, die daraufhin mit neuen Daten gefüllt werden kann.

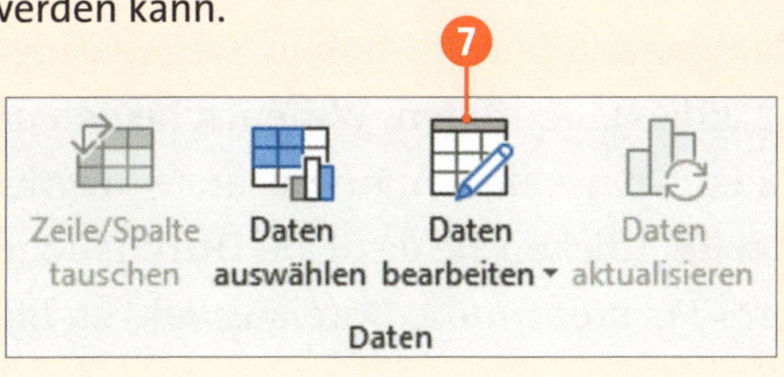

Videos einfügen

Videos von Smartphone oder Kamera sind heutzutage allgegenwärtig. Klar, dass man diese auch in PowerPoint einbauen kann. Sogar Videos von Online-Quellen wie YouTube sind ruckzuck per Mausklick in Ihre Präsentation eingebunden. Bewegte Bilder machen jede Vorführung lebendiger und lassen sich ganz einfach integrieren.

WAS TUN?

Voraussetzung für diese Anleitung ist idealerweise ein kleines Video von Ihrem Smartphone oder Ihrer Kamera. Sollten Sie selbst keines zur Hand haben, es aber gerne ausprobieren wollen, fragen Sie einfach Verwandte oder Freunde. Hier hilft man Ihnen sicher gerne weiter.

1. Fügen Sie in unsere bestehende PowerPoint-Datei eine weitere Folie aus den Vorlagen hinzu. Gehen Sie hierfür wieder auf die Schaltfläche **Neue Folie** im Menüband, und wählen Sie wie schon beim Diagramm im vorigen Abschnitt erneut die Vorlage **Titel und Inhalt** aus.

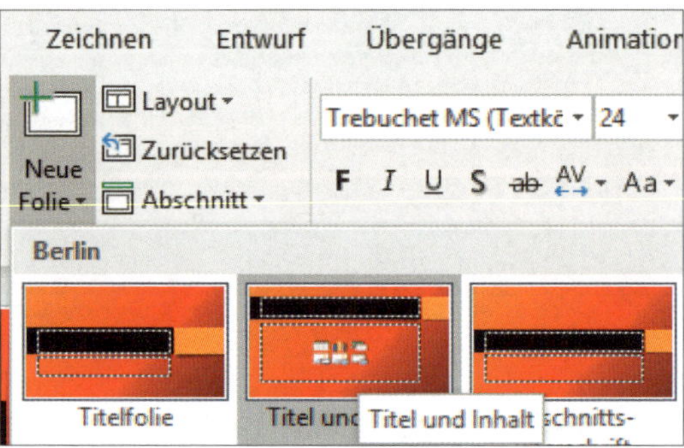

2. Von den auf der Folienmitte angezeigten Symbolen wählen Sie nun dasjenige für Videos (siehe dazu 6 auf Seite 303) mit einem Mausklick aus.

3. Im folgenden Fenster haben Sie mehrere Möglichkeiten, Ihr Video einzufügen. Wir entscheiden uns, da wir eine Videodatei parat haben, für die erste Möglichkeit **Aus einer Datei** 1. Klicken Sie dazu auf **Durchsuchen** 2, um das Explorer-Fenster für die Dateiauswahl zu öffnen.

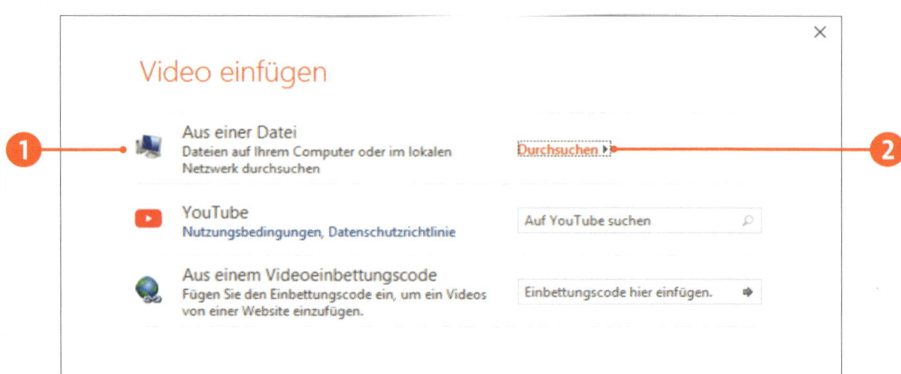

4. Im Explorer wählen Sie Ihre Videodatei aus **3** und klicken auf **Einfügen** **4**.

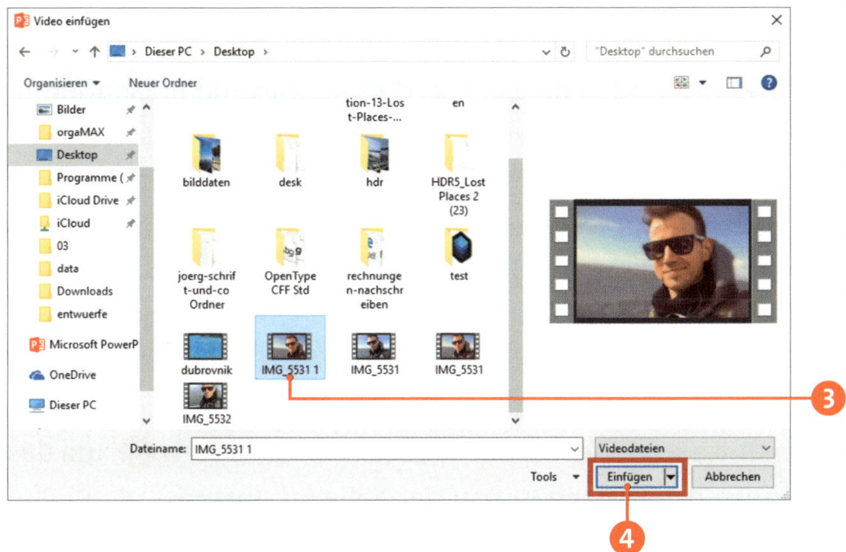

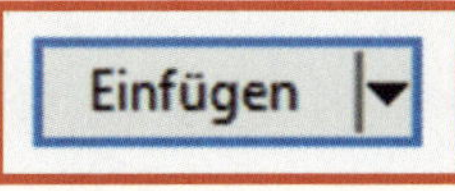

5. Das Video wird sofort mit einem Vorschaubild auf Ihrer Folie integriert. Mit der Schaltfläche zum Abspielen **5** unten links können Sie das Video auch gleich starten und anschauen.

WAS TUN?

Wie Sie Ihre Folien als Bildschirmpräsentation direkt am PC starten, können Sie im Abschnitt »Eine einfache Fotoshow erstellen« ab Seite 277 nachlesen.

6. Mit den Positionspunkten 6 rund um das Video besteht zudem die Möglichkeit, das Video mit gedrückter linker Maustaste in der Größe zu skalieren.

7. Wenn Sie die Folie in diesem Zustand präsentieren, wird das Video mit einem zusätzlichen Klick gestartet. Sie haben in der PowerPoint-Folie, wie Sie soeben in Schritt 5 erfahren haben, ebenfalls eine Schaltfläche zur Wiedergabe. Möchten Sie das Video so einstellen, dass es direkt beim Aufruf der Folie startet, klicken Sie das Video mit der rechten Maustaste an. Es erscheint ein kleines Menü, aus dem Sie die Schaltfläche **Starten** 7 wählen. Im Untermenü aktivieren Sie auf Wunsch **Automatisch** 8, um das Video direkt nach Aufruf der Folie zu starten.

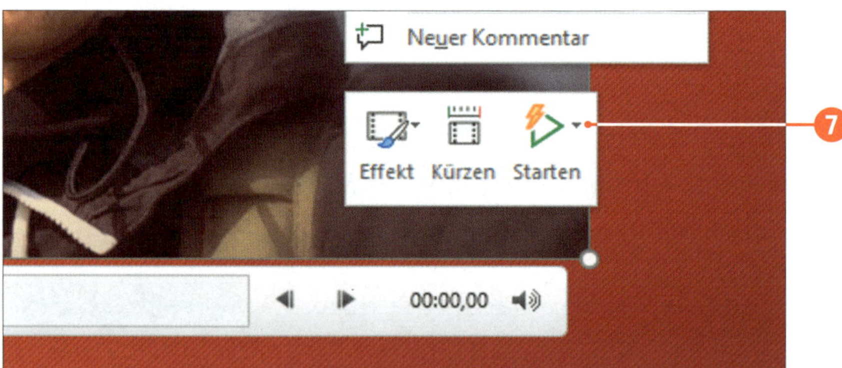

Während einer Präsentation bleiben die Steuerelemente vorhanden, auch wenn Sie das automatische Abspielen aktiviert haben. Das Video halten Sie einfach mit einem Mausklick an.

Prinzipiell lässt sich jedes YouTube-Video in eine PowerPoint-Präsentation einbauen.

Sie haben vielleicht bei Schritt 3 auf Seite 308 bemerkt, dass Sie ein Video auch noch auf anderem Wege einfügen können, nämlich von *YouTube*. Wir raten davon aber aus folgenden Gründen ab:

- Unklare Rechte – wenn Sie beispielsweise ein offizielles Musikvideo einbetten und die Präsentation öffentlich, eben beispielsweise bei einem Vereinsjubiläum, zeigen, müssten Sie dafür GEMA-Gebühren bezahlen. Privat spielt es keine Rolle, da dürfen Sie alles in Ihre Präsentation einbauen.
- Ein YouTube-Video wird nicht eingebettet, d. h., dass ein solches Online-Video in PowerPoint nur per Link zugänglich ist, es liegt also auf einem Internetserver und ist nicht auf Ihrer Festplatte oder gar in Ihrem Dokument selbst gesichert. Das bedeutet, dass Sie zum Abspielen immer eine Internetverbindung benötigen. Und darauf sollte man sich bei einer Vorführung lieber nicht verlassen. Außerdem können Links auch einmal ins Leere laufen, wenn ein Video vom Server entfernt oder aktuell eine Internetseite überarbeitet wird.

Sollten Sie dennoch unbedingt ein YouTube-Video einbauen wollen, hier unser Geheimtipp: Die Firma Abelssoft hat mit dem *YouTube Song Downloader* ein kleines Programm entwickelt, mit dem Sie beliebige Videos dieser Plattform einfach als normales Video auf Ihre Festplatte sichern und dann, wie vorangehend beschrieben, auch in PowerPoint einsetzen können.

Unter *https://www.abelssoft.de/de/windows/Multimedia/YouTube-Song-Downloader* können Sie die Software für 10 € erwerben. Nach erfolgter Installation können Sie über die Benutzeroberfläche Ihr YouTube-Video suchen (1) und einfach **Als Video herunterladen** (2) und im Anschluss auf Ihrem Computer sichern.

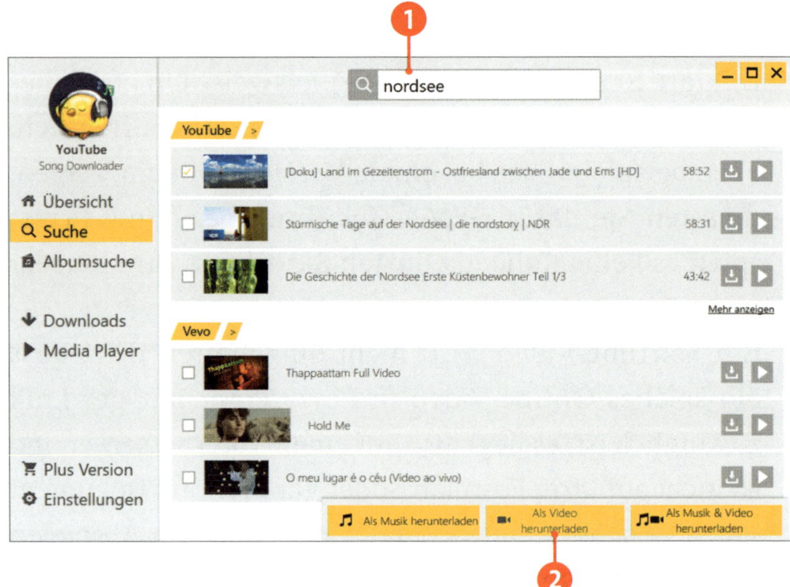

MERKE

Layouts sind Vorlagen in einer PowerPoint-Präsentation, die als Basis für neue Folien dienen.

ACHTUNG!

Jede Änderung, die Sie am Folienmaster vornehmen, wirkt sich direkt auf jene Folien aus, die Sie damit angelegt haben. Verschieben Sie auf dem Master z. B. die Position eines Logos, wird diese auch auf allen damit angelegten Folien verändert!

Selbst kreativ werden – PowerPoint-Vorlagen bearbeiten

Sie haben gestalterische Ambitionen? Dann können Sie jede beliebige PowerPoint-Vorlage nach Wunsch verändern. So eine Vorlage wird *Folienmaster* genannt. Der große Vorteil: Ändern Sie etwas auf diesem Muster ab, werden sämtliche von Ihnen angelegten Folien direkt mit geändert. Also Farben, Schriften und vieles mehr. Sie sparen sich dadurch jede Menge Arbeit. Beispielsweise müssen Sie die Hintergrundfarbe nur einmal im Master ändern, um die Änderung anschließend auf allen Folien zu sehen.

Wir bearbeiten daher in diesem Abschnitt unseren Folienmaster und ändern Farben, Schrift und Hintergrund.

Und so funktioniert es:

1. Wenn Sie möchten, nehmen Sie unsere bisher erstellte PowerPoint-Präsentation zur Grundlage und öff-

nen diese. Ansonsten können Sie auch neu mit einer beliebigen Vorlage aus dem Angebot von PowerPoint starten.

2. Unter dem Reiter **Ansicht** ① klicken Sie auf **Folienmaster** ②, um zu Ihren Layoutvorlagen zu wechseln.

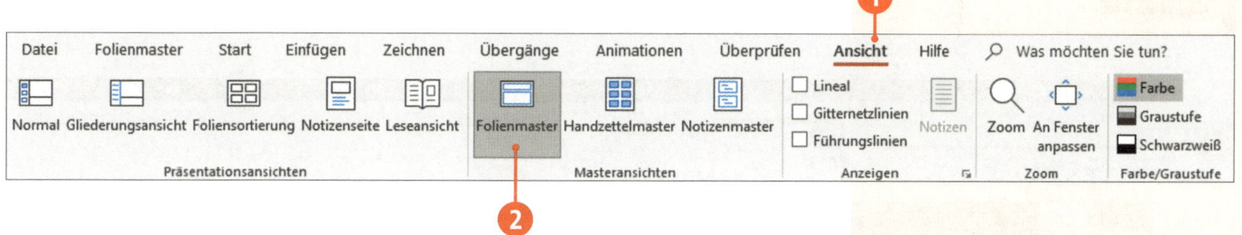

Auf der linken Seite öffnen sich nun sämtliche Seitenlayouts, die in dem gerade geöffneten PowerPoint-Dokument zur Verfügung stehen. Und Sie sehen, dass das eine ganze Menge sind. Aber keine Sorge, in der Regel werden Sie für eine Präsentation davon wohl nur einige wenige Layouts verwenden. Sie müssen daher auch nicht alle Folien bis ins Detail anpassen. Falls noch nicht geschehen, aktivieren Sie dort den **Folienmaster** per Mausklick ③.

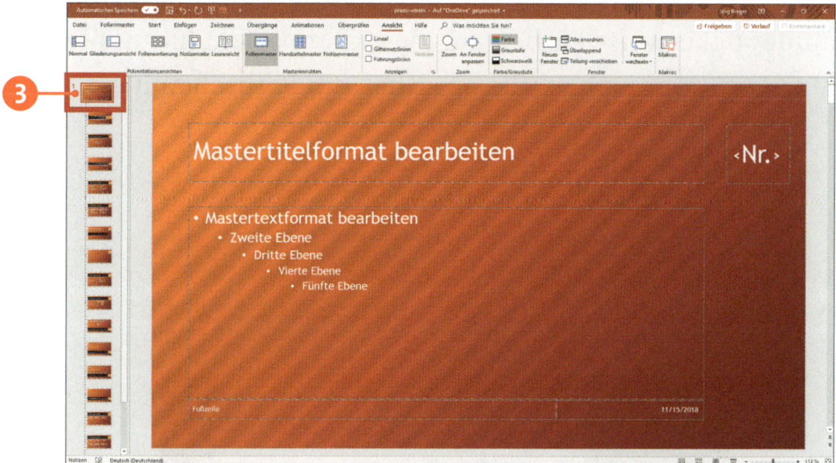

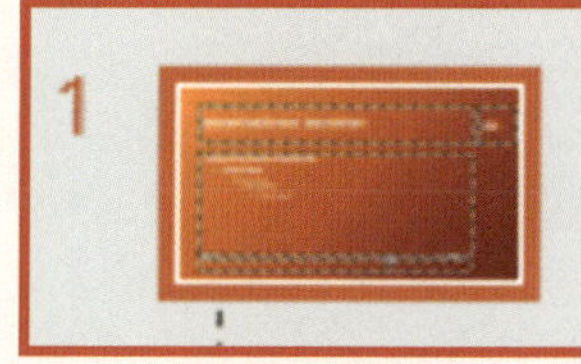

Der Folienmaster erscheint oberhalb der Übersicht und sieht selbst wie eine der vielen Folien (damit sind die einzelnen Layouts gemeint) aus. Er ist aber im Unterschied dazu die Grundlage für alle anderen Folien bzw. Layouts.

3. Auf der ersten Folie legen Sie die Grundlagen, also Schriftarten, Farben, Hintergrund usw., für alle weite-

ren Folien fest. Klicken Sie zunächst auf die Schaltfläche **Designs** 4. Hier finden Sie unzählige verschiedene Designs für jeden Geschmack. Wählen Sie nach Wunsch aus, Sie sehen die Vorschau anschließend sofort auf der großen Masterfolie. Wir haben uns für ein nachtblaues Design entschieden.

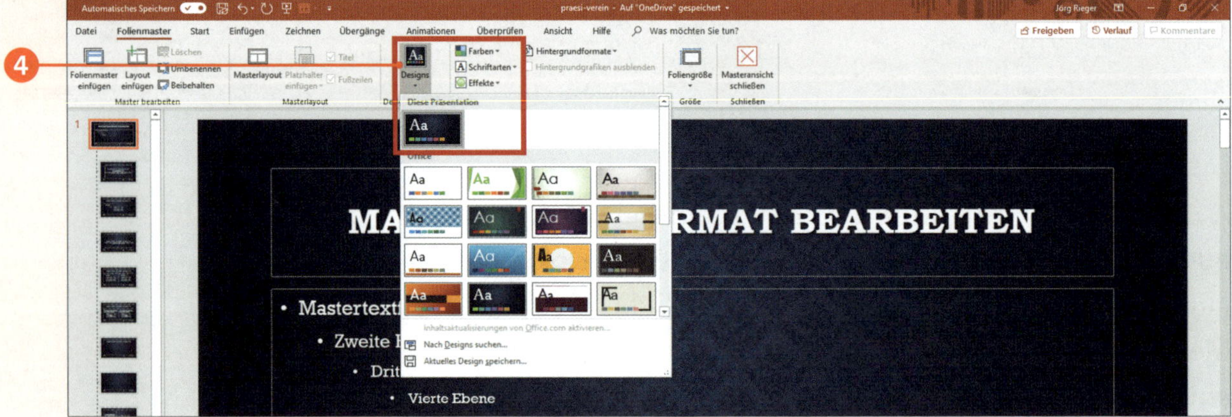

4. Im Menüband sehen Sie direkt neben **Designs** weitere Schaltflächen. Klicken Sie auf **Farben** 5, um verschiedene Farbschemata zu sehen. PowerPoint bietet hier immer paketweise Farben an, die später perfekt harmonieren. Auch hier wählen Sie per Klick ein Farbschema aus.

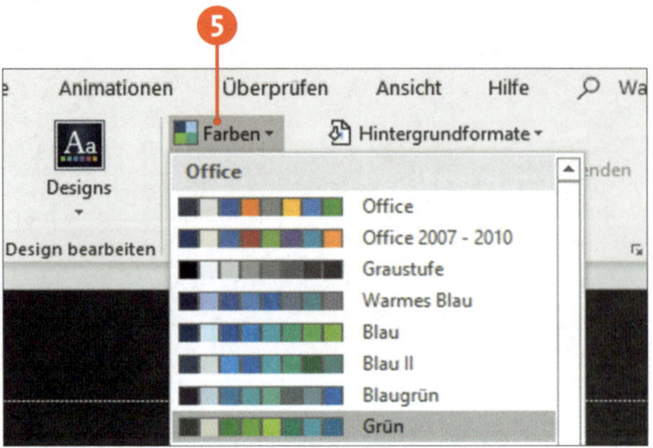

5. Identisch ist die Vorgehensweise bei den Schriftarten **6**. Auch hier stellt PowerPoint viele passende Fonts zur Auswahl. Und nun unsere große Bitte: Es ist gut, dass PowerPoint hier nur wenige Schriften mischt – auch wenn die Auswahl im Schriftmenü verführerisch ist, beschränken Sie sich lieber auf ein paar wenige Fonts, das wirkt auf jeden Fall professioneller!

6. Abschließend klicken Sie noch auf **Hintergrundformate** **7**. Auch hier werden einige Vorschläge angezeigt, die Sie per Klick aktivieren können. Für Profis besteht die Möglichkeit, unter **Hintergrund formatieren** **8** sogar eigene Motive einzubauen. Da müssen wir aber ganz klar sagen: Das würde den Rahmen unseres Buchs sprengen, aber probieren Sie es gerne selbst einmal aus.

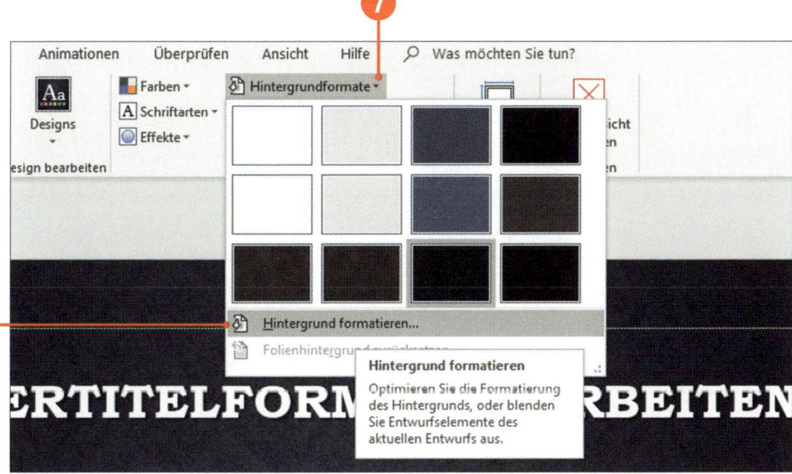

Damit haben Sie nun Ihren eigenen Folienmaster erstellt. Die Layouts darunter haben sich bereits automatisch angepasst, sie entnehmen die Grundgestaltungselemente, wie schon gesagt, vom Folienmaster, der auf der ersten Folie festgelegt wird.

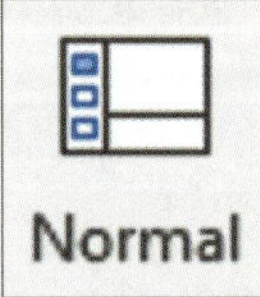

Um Ihre eigentliche Präsentation wieder einzublenden, klicken Sie auf den Reiter **Ansicht** und die Schaltfläche **Normal**. Und voilà, Ihre gesamte Präsentation erstrahlt nun im neuen Design, egal, wie viele Folien Sie bereits vor dieser Anleitung im »alten Look« gestaltet hatten!

KAPITEL 10

E-Mails schreiben mit Microsoft Outlook

Die E-Mail ist nach wie vor ein wichtiges Kommunikationsmittel, auch wenn SMS und vor allem WhatsApp hier inzwischen eine starke Konkurrenz darstellen. Trotz alledem, eine E-Mail ist für den schnellen Kontakt, zum Versenden von Bildern und Dokumenten und nicht zuletzt für offizielle Kontakte unabdingbar. Sie haben sicherlich schon einen E-Mail-Account und gehen vielleicht immer auf die entsprechende Webseite des Anbieters? Das geht deutlich komfortabler, denn *Microsoft Outlook* ist hier Ihre vollständige Kommunikationszentrale direkt in Windows 10. Diese verfügt über deutlich mehr Möglichkeiten, um Mails zu verfassen, zu empfangen oder nach bestimmten Mails zu suchen. Profis verwalten in dieser Software sogar beliebig viele E-Mail-Adressen, unabhängig vom Anbieter. Auch wenn Sie vielleicht bereits schon das kleine E-Mail-Programm *Windows Mail* nutzen, lohnt ein Versuch mit Outlook. In diesem Kapitel lernen Sie die Grundlagen – also wie Sie Outlook korrekt einrichten, Mails verschicken und empfangen, Bilder verschicken und sich effektiv gegen digitalen Werbemüll, die sog. *Spammails*, wehren.

WAS TUN?

Sie haben kein Microsoft-Konto oder sind unsicher, was das ist? Schlagen Sie kurz im Abschnitt »Ein Microsoft-Konto anlegen« ab Seite 32 nach, da erläutern wir ausführlich, was es damit auf sich hat und wie man sich anmeldet.

Das E-Mail-Konto unter Windows einrichten

Wir gehen in dieser Anleitung davon aus, dass Sie sich bereits bei Windows bzw. Ihrem Office mit einem Microsoft-Konto angemeldet haben. Sie erkennen das beispielsweise in Word daran, dass im Programmfenster rechts oben Ihr Name ❶ zu sehen ist.

Die hier gezeigte Vorgehensweise klappt mit der E-Mail-Adresse jedes Anbieters. Wir zeigen Ihnen hier bewusst die manuelle Einrichtung. Denn auf diese Weise funktioniert es immer reibungslos.

IMAP-Zugangsdaten erforderlich

Sie benötigen, um Outlook mit Ihrer E-Mail-Adresse verbinden zu können, unbedingt die IMAP-Zugangsdaten Ihres Mailanbieters. Diese lauten beispielsweise *imap.Mailanbieter.de* oder *mail.Mailanbieter.de* – fragen Sie einfach beim Anbieter nach. Oftmals gibt es in der Hilfe Ihres Mailanbieters eigene Informationen für die Anbindung an Outlook, und dort finden Sie auch in der Regel die Angaben zu dem sog. *Posteingangsserver* und *Postausgangsserver*.

1. Starten Sie Outlook wie gewohnt mit einem Klick auf das Symbol für das Startmenü ⊞ – Sie finden die App im Bereich der alphabetischen Sortierung unter **O**.

2. Outlook startet das erste Mal direkt mit einer Eingabemaske für Ihre E-Mail-Adresse. Sind Sie bereits in Office mit einem Microsoft-Konto angemeldet, dann ist hier schon eine E-Mail-Adresse eingetragen. Ansonsten tragen Sie hier Ihre gewünschte Mailadresse ein. Klicken Sie nun unbedingt auf **Erweiterte Optionen** 2 und im Anschluss in das Kästchen vor **Ich möchte mein Konto manuell einrichten** 3. Abschließend klicken Sie auf **Verbinden** 4.

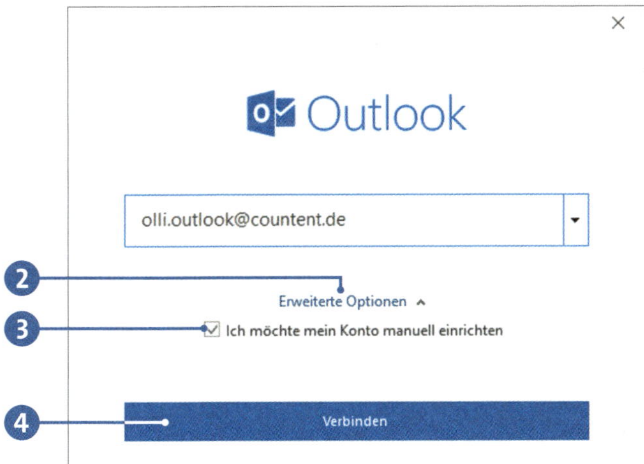

3. Im folgenden Dialogfenster ist **Office 365** 5 schon markiert, das ist aber falsch. Wir klicken stattdessen auf **IMAP** 6. Das nächste Dialogfenster wird automatisch geladen.

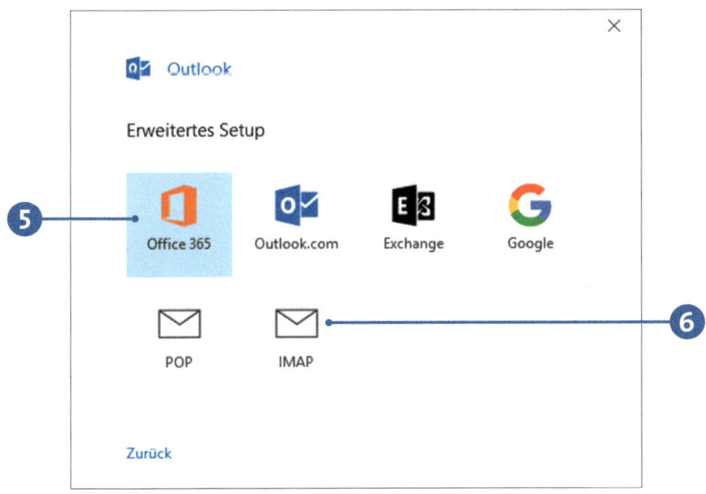

MERKE

Das @-Zeichen erzeugen Sie über die Tastenkombination AltGr + Q.

ACHTUNG!

Keinesfalls sofort auf **Verbinden** klicken, sondern die manuelle Einrichtung vorher aktivieren. Sonst wird das Konto falsch eingerichtet.

Bei einem IMAP-Konto ruft Outlook Ihre Mails vom E-Mail-Server ab, belässt sie aber dort. Auf Ihrem Computer wird nur eine Kopie gesichert. So haben Sie beispielsweise auch auf Ihrem Smartphone weiterhin Zugriff auf all Ihre E-Mails.

WAS TUN?

Mit **Eingehende E-Mail** und **Ausgehende E-Mail** meint Outlook den *IMAP-Posteingangsserver* und den *IMAP-Postausgangsserver*. So werden diese üblicherweise bezeichnet. Tragen Sie daher hier die entsprechenden Daten, die Sie von Ihrem Anbieter zu diesen Begriffen in Erfahrung gebracht haben, ein.

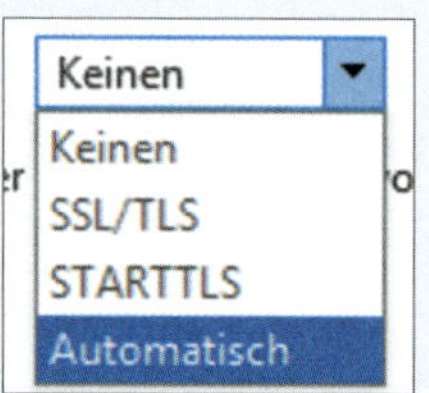

4. Hier sind nun einige wenige Angaben notwendig. Zunächst tippen Sie bei **Eingehende E-Mail** 7 und **Ausgehende E-Mail** 8 die Daten des Mailservers Ihres Anbieters ein. Die **Verschlüsselungsmethode** sollten Sie bei beiden Feldern auf **Automatisch** 9 stellen – damit wird, sofern vorhanden, immer eine sichere Datenübertragung gewährleistet. Das gilt auch bei **Anmeldung mithilfe der gesicherten Kennwortauthentifizierung (SPA) erforderlich** 10 –dort sollten Sie ein Häkchen setzen.

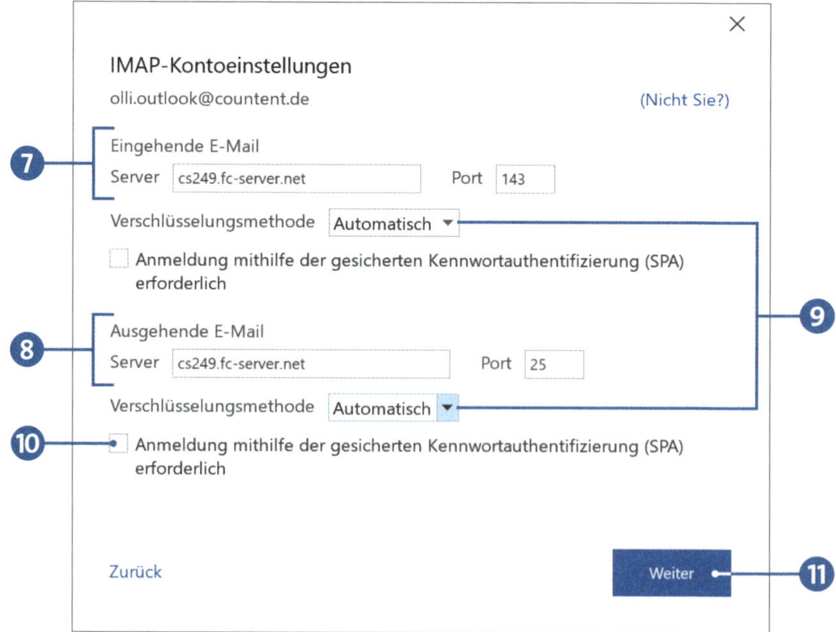

5. Nach einem Klick auf **Weiter** 11 wird kurz geprüft, ob Ihre Einstellungen korrekt sind.

6. Outlook findet nun alle notwendigen Einstellungen vollautomatisch und zeigt Ihnen den Erfolg in einem neuen Fenster an.

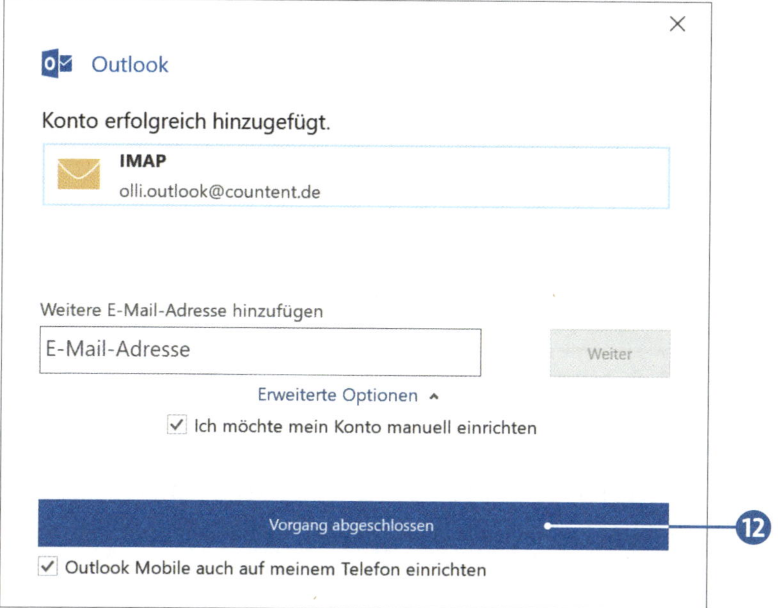

7. Mit einem Klick auf **Vorgang abgeschlossen** (12) wird Outlook dann für den ersten Start vorbereitet.

8. Die Einrichtung von Outlook kann einige Augenblicke dauern. Sollten Sie zudem in Ihrem Mail-Account schon viele E-Mails gehortet haben, kann die Übertragung in Outlook, je nach Internetverbindung, auch deutlich länger als eine Kaffeepause dauern.

Anmeldung beim E-Mail-Server schiefgelaufen?

Sollte nach Schritt 7 das im Folgenden abgebildete Fenster angezeigt werden, hat die Verbindung zum Mailserver nicht funktioniert. Das ist kein Grund zur Panik. In der Regel wurde das Passwort oder der Mailserver mit einem Tippfehler eingetragen. Klicken Sie einfach auf **Kontoeinstellungen ändern** (13), dann gelangen Sie in das Dialogfenster von Schritt 4 auf Seite 320 und können alle Eingaben nochmals prüfen. Sollte eventuell Ihre E-Mail-Adresse einen Fehler beinhalten, dann klicken Sie auf **Nicht <Ihre Mailadresse>?** (14) und starten die Einrichtung nochmals von vorne.

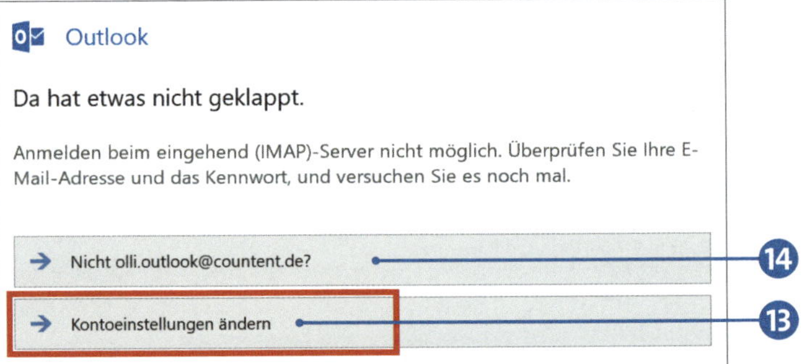

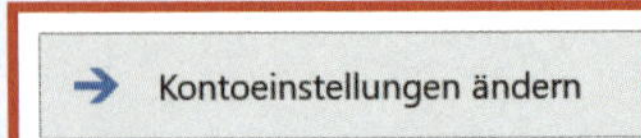

9. Nun hat sicher alles funktioniert, und Outlook steht nun bereit, um von Ihnen genutzt zu werden.

Kleiner Überblick über die Oberfläche

Auf den ersten Blick scheint Outlook den Computernutzer mit einer Unmenge schmuckloser Schaltflächen, Aufteilungen und Fenstern zu erschlagen. Doch eigentlich ist es gar nicht so kompliziert, denn das Programm hält sich ziemlich exakt an das aus Word, Excel und PowerPoint gewohnte Bedienschema. Dennoch geben wir Ihnen hier erneut einen kurzen Überblick, damit Sie sich in dem Programmfenster gleich gut zurechtfinden.

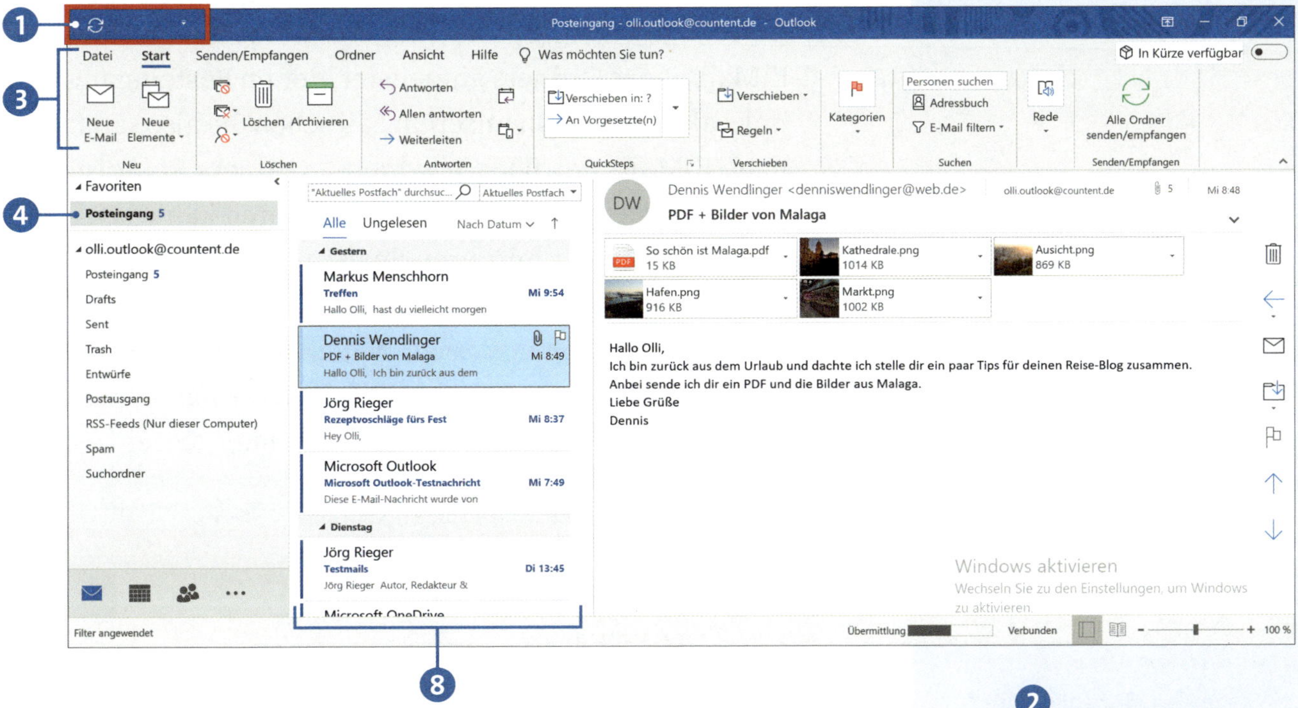

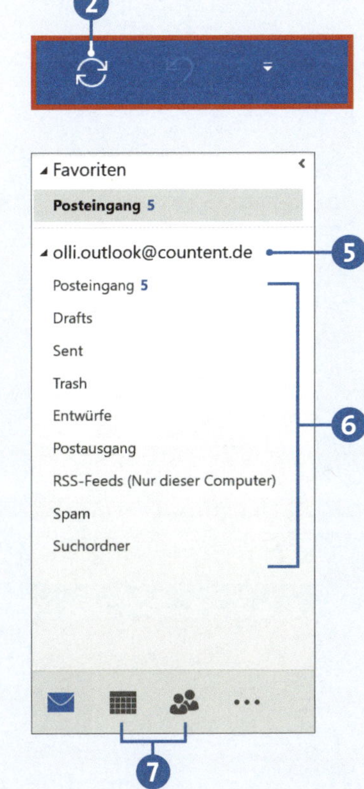

1. Oben finden Sie die Leiste für den Schnellzugriff – im Gegensatz zu Word oder Excel ist es hier ziemlich leer. Die wichtigste Schaltfläche ist jene, über die der Posteingang aktualisiert wird und neue Mails abgerufen werden können (2).
3. Darunter befinden sich die Reiter und das jeweils zugehörige Menüband. Was auf den ersten Blick sehr unübersichtlich aussieht, ist eigentlich ganz einfach. Wir zeigen auf den folgenden Seiten, welche der Funktionen im Alltag wichtig sind.
4. Links finden Sie Ihren **Posteingang** und das dazugehörende Mailkonto (5). Hier kommen alle E-Mails an, außerdem können Sie in den einzelnen Ordnern darunter (6) gezielt nach empfangenen und gesendeten E-Mails schauen.
7. Weiter unten besteht Zugriff auf den Outlook-Kalender sowie auf Ihre Kontakte. Auch dazu später mehr.

8 In der folgenden Spalte (siehe Seite 323) sind alle E-Mails jenes Ordners aufgelistet, der im Posteingang links aktiviert ist. In unserem Fall sehen Sie also sämtliche E-Mails des übergeordneten Ordners **Posteingang**. Damit man sich schnell orientieren kann, wird in der Liste in der mittleren Spalte jeweils der Absender der Nachricht 9, der Betreff 10 und der Beginn der Nachricht 11 angezeigt. Neue, noch nicht angesehene Nachrichten haben links einen blauen Balken, bei bereits angesehenen Nachrichten fehlt dieser.

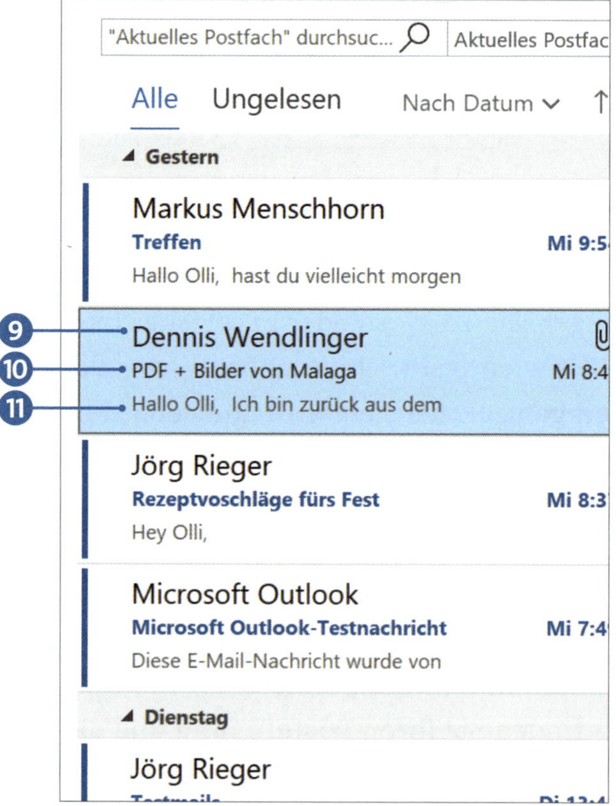

Wenn Sie in der mittleren Spalte eine Nachricht anklicken, dann wird sie rechts groß und mit dem gesamten Inhalt angezeigt.

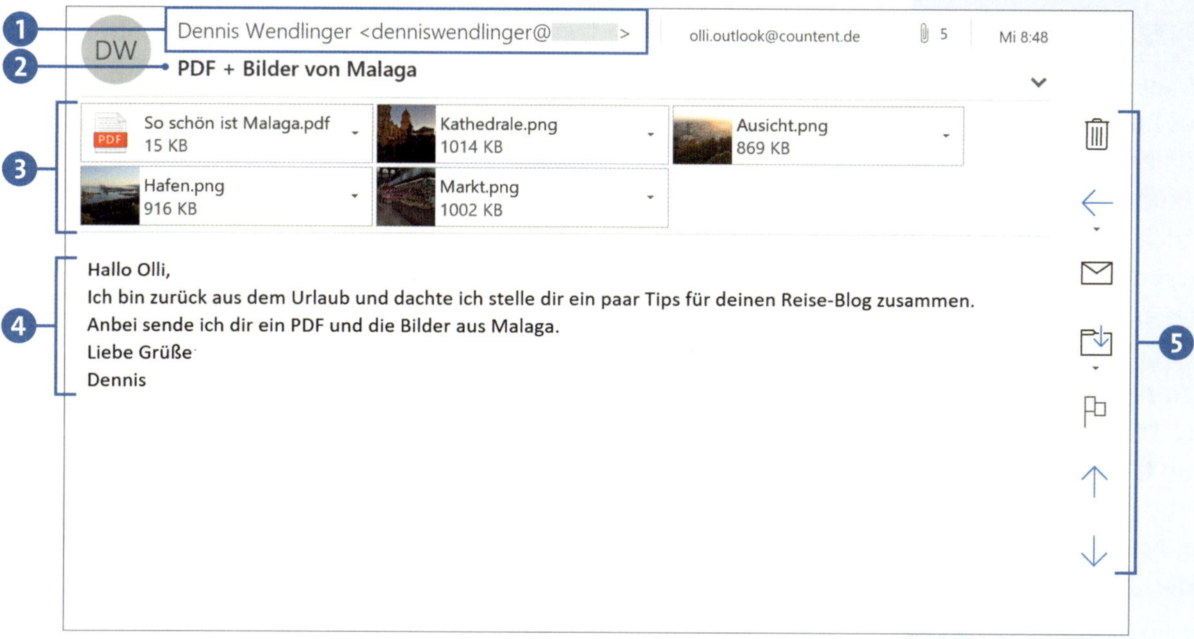

Sie sehen im oberen Bereich, Profis sprechen hier auch vom *Header*, von wem die E-Mail kommt ① und den Betreff der E-Mail ②. Darunter befinden sich in unserem Fall Dateianhänge, ein PDF und mehrere Bilder ③. Darauf folgt dann der eigentliche Nachrichtentext ④. Rechts ⑤ oder auch oberhalb der E-Mail (Letzteres gilt für ältere Office-Versionen) befinden sich noch einige Symbole, um die Nachricht u. a. zu beantworten, zu löschen oder zur nächsten E-Mail zu blättern.

E-Mails versenden und eine erste Nachricht schreiben

Nun schreiben wir unsere erste E-Mail-Nachricht. Praktischerweise haben Sie vielleicht eine Freundin, einen Freund oder Bekannten informiert, dass Sie auf dessen E-Mail-Adresse einige Testnachrichten senden möchten, und Ihnen wird dann zu Übungszwecken auch geantwortet. Die Mailadresse ist wie eine Adressangabe auf einem Brief zu verstehen, nur deutlich verkürzt, und sie muss zu 100 Prozent stimmen, sonst wird sie nicht zugestellt.

MERKE

Eine E-Mail-Adresse kann aus Buchstaben sowie Ziffern und Punkt, Binde- oder Unterstrich bestehen. Zudem ist der E-Mail-Name im ersten Teil von dem E-Mail-Anbieter im zweiten Teil der Adresse immer durch ein @-Zeichen getrennt. Auch eine Endung, beispielsweise *.com* oder *.de*, muss vorhanden sein. Nur so weiß Outlook, wohin die Mail geschickt werden muss. Das ist zu vergleichen mit der Empfängeradresse auf einem Brief.

Aber genug der Vorrede, los geht es mit der ersten Mail!

1. Starten Sie Outlook wie gewohnt aus Ihrem Startmenü.

2. Klicken Sie auf den Reiter **Start** (1) und im Anschluss auf die Schaltfläche **Neue E-Mail** (2) im Menüband.

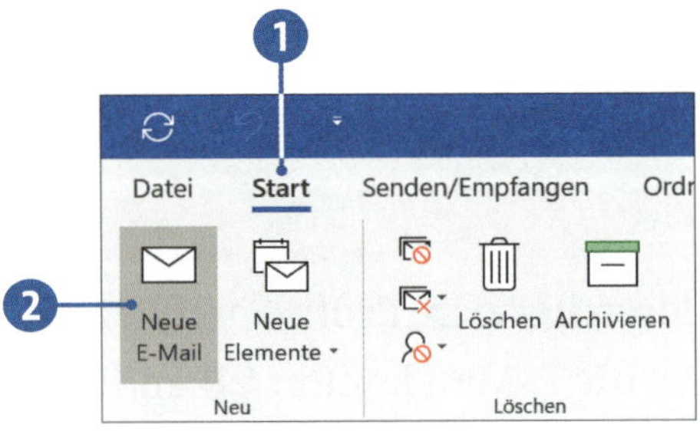

Es öffnet sich direkt ein neues Fenster – eine noch leere Mailnachricht.

An... anna.blaumann@meinemail.de

3. Für unsere erste Nachricht definieren wir zuerst den Empfänger. Klicken Sie in das leere Feld neben **An** (3), und tippen Sie hier die Empfängeradresse ein, z. B. »anna.blaumann@meinmail.de«.

MERKE

Sie können eine Mail auch gleich an mehrere Empfänger gleichzeitig versenden. Wie das funktioniert, zeigen wir Ihnen im Abschnitt »Einen Kontakt in Outlook anlegen« auf Seite 362.

@-Zeichen richtig schreiben

Das @-Zeichen, häufig *Klammeraffe*, offiziell allerdings *At-Zeichen* (engl. für *bei*) genannt, schreiben Sie auf Ihrer Computertastatur wie gesagt mit der Tastenkombination AltGr + Q. Je nach Gerät hat Ihre Tastatur am Smartphone sogar eine eigene Taste dafür parat.

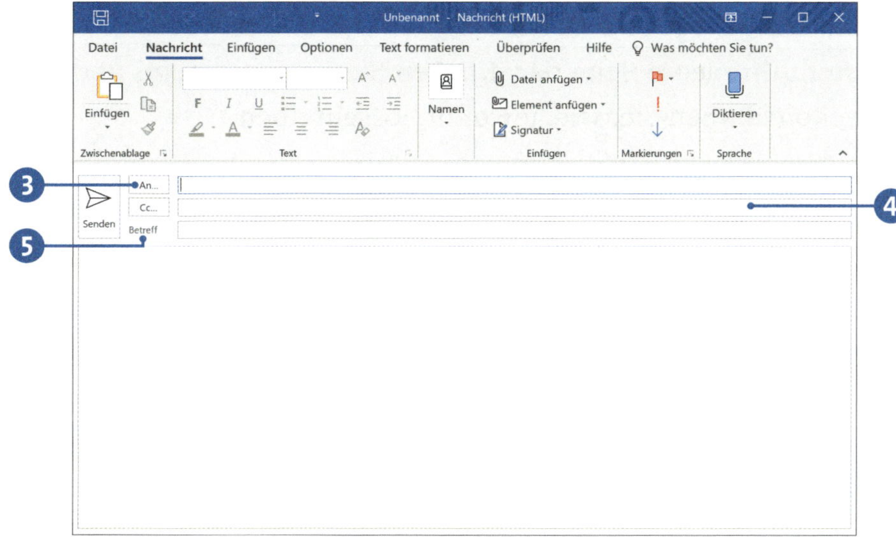

4. Im darunterliegenden Bereich **Cc** (4) können Sie ebenfalls eine E-Mail-Adresse eintragen. **Cc** signalisiert dem Empfänger allerdings, dass er die Nachricht nur zur Kenntnisnahme erhält und nicht der direkte Empfänger ist. Wenn Sie testweise eine zweite E-Mail-Adresse zum Ausprobieren zur Verfügung haben, tippen Sie sie gerne ein. Ansonsten lassen Sie das Feld leer.

5. Bei **Betreff** (5) klicken Sie ebenfalls in die weiße Fläche dahinter und tippen eine griffige Zeile ein. Sie erinnern sich, das ist jene Zeile, die Outlook sehr prominent bei einer eintreffenden Nachricht anzeigt (siehe Seite 324). Daher bitte eindeutig und klar informieren!

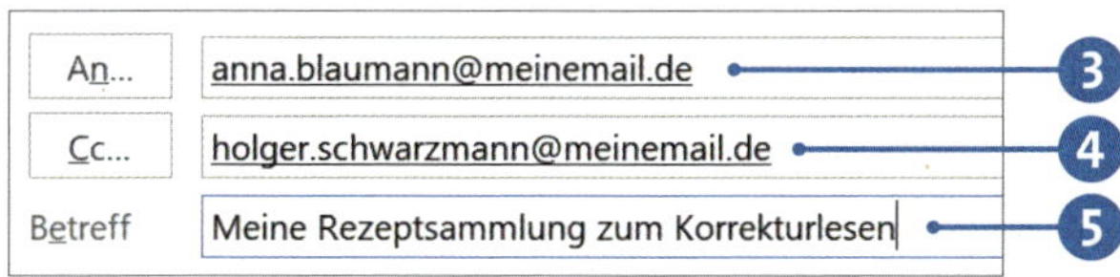

6. So, jetzt geht es an den E-Mail-Text. Wenn Sie schon unsere Kapitel mit Word durchgearbeitet haben, wird die

MERKE

Cc bedeutet ausgeschrieben *Carbon copy*, frei ins Deutsche übersetzt wäre das »Durchschlag«. Auch wenn es – anders als auf der Schreibmaschine früher üblich– bei einer E-Mail natürlich keinen Kohlepapier-Durchschlag gibt, erklärt der Begriff doch anschaulich, wofür dieses Feld steht.

ACHTUNG!

Der eigentliche Empfänger der E-Mail-Nachricht kann direkt sehen, wer eine Kopie davon erhalten hat. Das ist also nicht geheim!

Texteingabe jetzt zum Kinderspiel. Das untere weiße Feld stellt Ihre leere Seite dar. Klicken Sie einmal hinein, und schon können Sie, wie gewohnt, losschreiben.

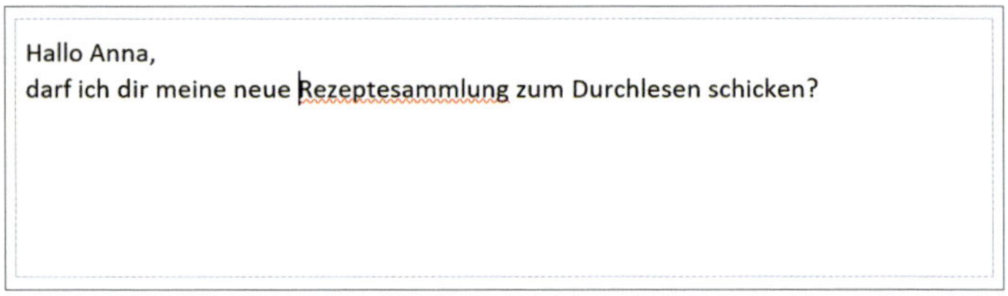

Hallo Anna,
darf ich dir meine neue Rezeptesammlung zum Durchlesen schicken?

ACHTUNG!

Je nach Mailprogramm wird Ihre Gestaltung anders interpretiert und dargestellt. Das kann mitunter richtig wild werden. Seien Sie daher besonders bei der Verwendung verschiedener Schriftarten sparsam.

WAS TUN?

Sie wollen wissen, wie man Text gestaltet und formatiert? Dieses Wissen vermitteln wir Ihnen in den Kapiteln zu Word ab Seite 69. Das dort Gelernte können Sie auch in Outlook 1:1 verwenden.

7. Auf Wunsch können Sie Ihren Text, ganz wie in Word, auch formatieren und aufhübschen. Das passende Menüband mit dem Bereich **Text** (6) unter dem Reiter **Nachricht** (7) ist automatisch eingeblendet. Zudem wird, sowie Sie eine Textstelle markieren, direkt beim Text die sog. *Minisymbolleiste* eingeblendet (8), die Sie auch schon bei den anderen Office-Programmen kennengelernt haben. Wir haben hier ein Wort fett formatiert und eine kleine Liste erstellt. Seien Sie hier kreativ!

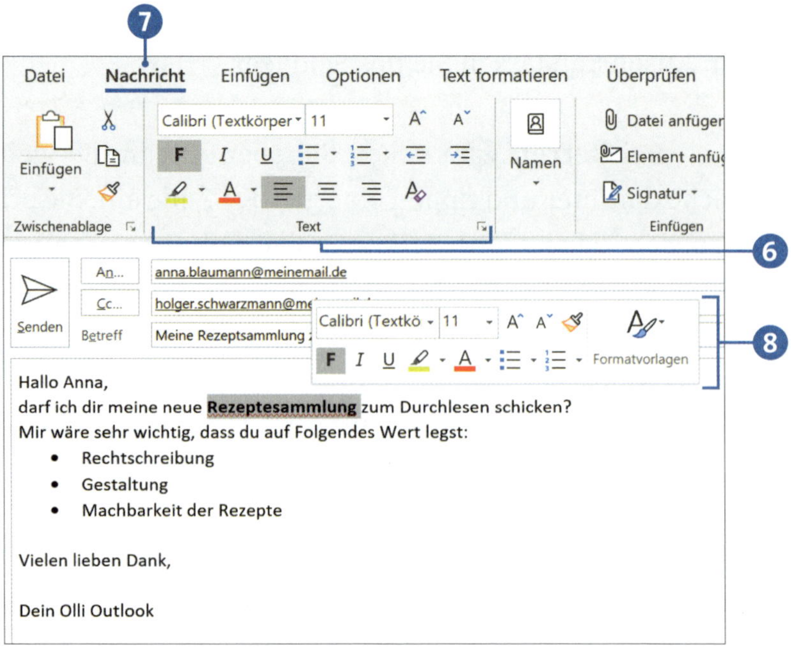

7
Datei | Nachricht | Einfügen | Optionen | Text formatieren | Überprüfen
Einfügen | Zwischenablage
Calibri (Textkörper | 11 | Text
Namen
Datei anfügen | Element anfügen | Signatur | Einfügen
6
Senden | An... anna.blaumann@meinemail.de | Cc... holger.schwarzmann@me... | Betreff Meine Rezeptsammlung
Calibri (Textkö | 11 | Formatvorlagen
8

Hallo Anna,
darf ich dir meine neue **Rezeptesammlung** zum Durchlesen schicken?
Mir wäre sehr wichtig, dass du auf Folgendes Wert legst:

- Rechtschreibung
- Gestaltung
- Machbarkeit der Rezepte

Vielen lieben Dank,

Dein Olli Outlook

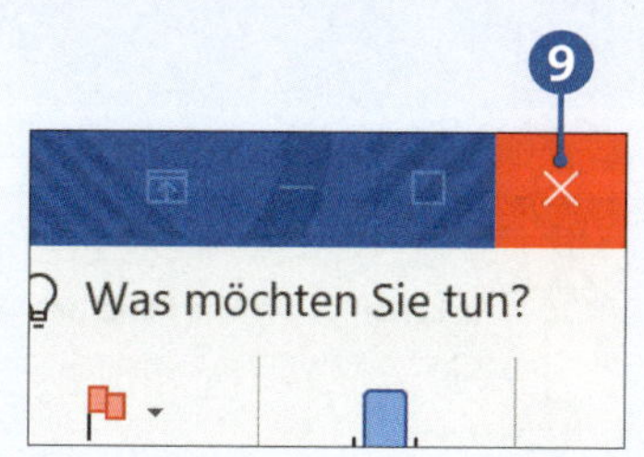

8. Eine E-Mail wird von Outlook immer automatisch gespeichert. Sollten Sie die Nachricht später weiterschreiben wollen, dann können Sie diese einfach über das **X** (9) oben rechts schließen. Sobald Sie mit der Maus darauf zeigen, färbt es sich rot. Das probieren wir nun einfach einmal aus. Es erscheint folgende Nachricht:

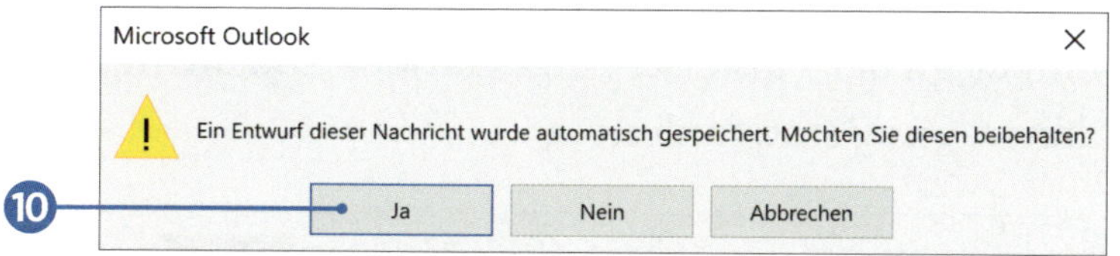

9. Klicken Sie auf **Ja** (10), um die Nachricht zu behalten. Sie wird nun aber zunächst geschlossen, und der bekannte Bildschirm von Outlook mit dem Posteingang erscheint.

10. Links in der Ordnerleiste ist in unserem Beispiel nun bei **Drafts** (engl. für *Entwürfe*) eine **1** aufgetaucht (11). Klicken Sie auf den Ordner, sehen Sie Ihre gerade geschriebene Mail in der Kurzfassung (12) und als Vorschau des vollständigen Nachrichtenfensters (13). Per Doppelklick auf die Kurzfassung wird das Fenster zur Nachrichtenerstellung bzw. -bearbeitung wieder geöffnet.

ACHTUNG!

Wie der Ordner für Entwürfe heißt, hängt von Ihrem Mailanbieter ab. *Drafts* oder *Entwürfe* sind aber die zwei gängigsten Bezeichnungen.

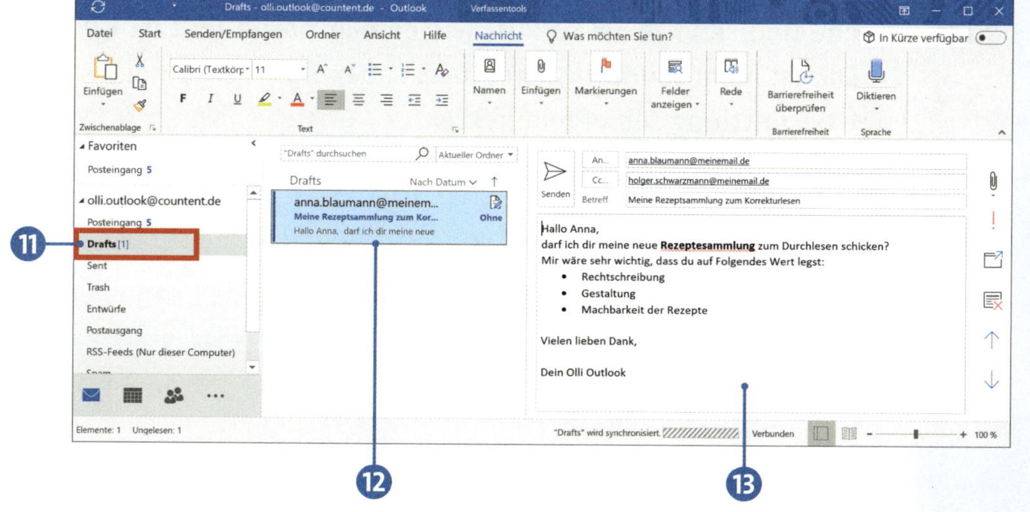

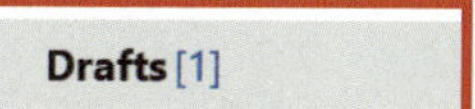

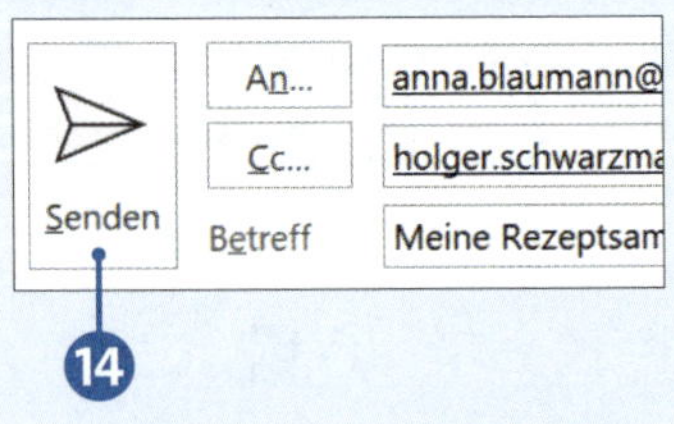

ACHTUNG!

Ist eine E-Mail erst einmal verschickt, kann sie (eigentlich) nicht mehr zurückgeholt oder geändert werden. (Siehe dazu aber auch den Kasten »Völligen Unfug verschickt? – Nachricht zurückrufen« auf Seite 333.)

11. Um Ihre soeben erstellte E-Mail zu versenden, klicken Sie nun mutig auf die Schaltfläche **Senden** (14) neben der Empfängeradresse.

12. Die Nachricht wird umgehend verschickt und ist in aller Regel in wenigen Sekunden, bei umfangreicheren Dateianhängen spätestens nach einigen Minuten beim Empfänger. In der Fußleiste zeigt Outlook zudem an, dass die Übertragung stattfindet.

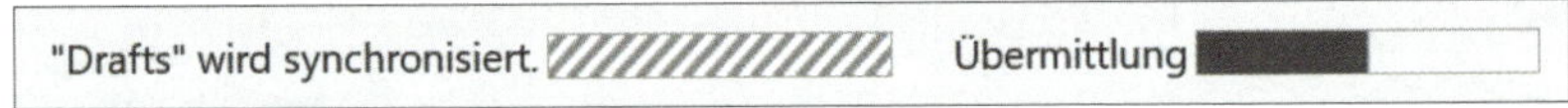

Und damit haben Sie es geschafft, Ihre erste Mailnachricht ist versandt!

Was tun bei einer falschen E-Mail-Adresse?

Outlook und Ihr Mailanbieter sind extrem zuverlässige digitale Postboten. Doch was passiert eigentlich, wenn Sie sich bei der E-Mail-Adresse vertippt haben? Dann kommt die E-Mail-Nachricht nach kurzer Zeit einfach als unzustellbar zurück. Die Meldung ist immer in englischer Sprache und sieht meist so aus, wie es hier dargestellt ist (1). Das ist nicht schlimm, signalisiert aber, dass etwas bei der Übermittlung schiefgelaufen ist.

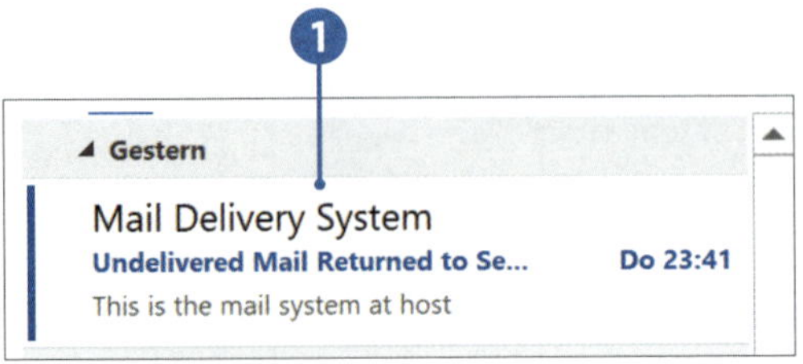

Kommt eine E-Mail nicht an, dann kann es auch sein, dass der Empfänger sein Postfach nicht geleert hat und der Speicherplatz voll ist. Es passt sozusagen nichts mehr in den Briefkasten hinein. Selbst mit guten englischen Sprachkenntnissen kann man aus der Meldung (siehe 1 auf Seite 330) nicht genau herauslesen, woran es gelegen hat. Unser Tipp: erst einmal die E-Mail-Adresse überprüfen, das ist die häufigste Ursache für eine solche Fehlermeldung, und dann – sofern sie eine Abweichung festgestellt haben, die Nachricht einfach mit korrigierter E-Mail-Adresse erneut verschicken. Und so einfach klappt das im Alltag:

ACHTUNG!

Haben Sie sich bei der E-Mail-Adresse vertippt, aber die Adresse existiert trotzdem, wird sie auch an den falschen Empfänger zugestellt, und Sie erhalten keine Fehlermeldung. Das könnte beispielsweise passieren, wenn Sie *paul.mayer* statt *paul.meier* schreiben.

1. Zunächst müssen wir eine bereits gesendete Nachricht suchen. Diese finden Sie in Outlook links in der Ordnerliste. Dieser Ordner ist, je nach Mailanbieter, mit **Sent** 1, **Gesendet** oder **Gesendete Objekte** bezeichnet. Haben Sie den Ordner entdeckt, klicken Sie ihn an, um die darin abgelegten Nachrichten prüfen zu können 2.

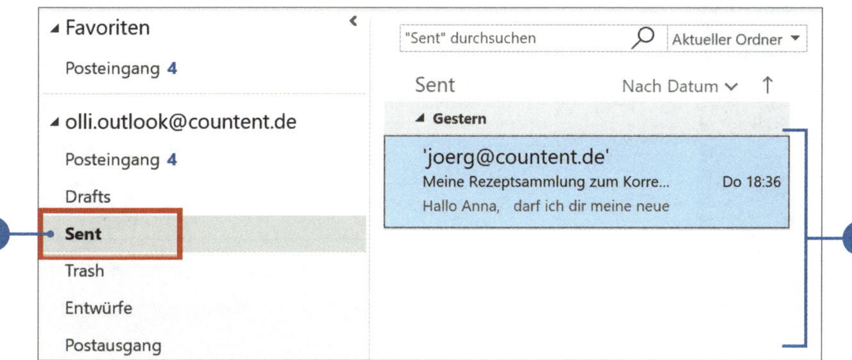

2. Wählen Sie hier mit einem Doppelklick eine gesendete Nachricht aus, die möglicherweise eine falsche E-Mail-Adresse beinhaltet. Sie wird in einem eigenen Fenster geladen.

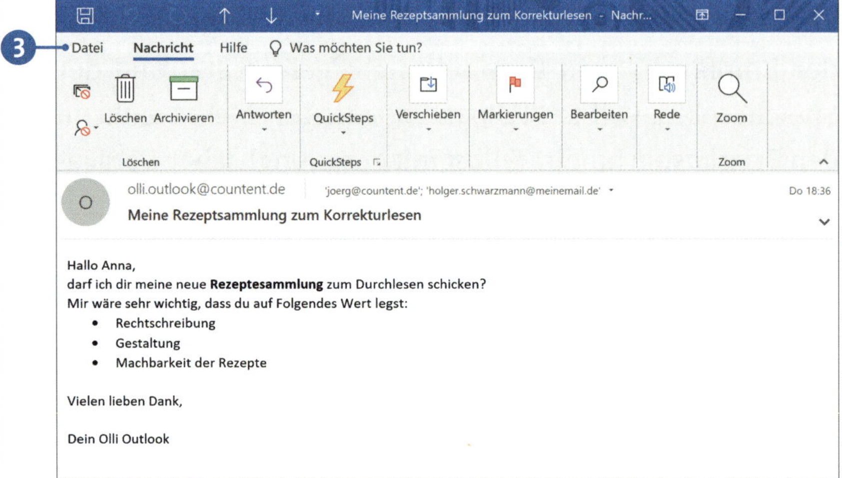

3. Klicken Sie nun auf den Reiter **Datei** 3, und wählen Sie im sich daraufhin öffnenden Menü **Informationen** 4 aus.

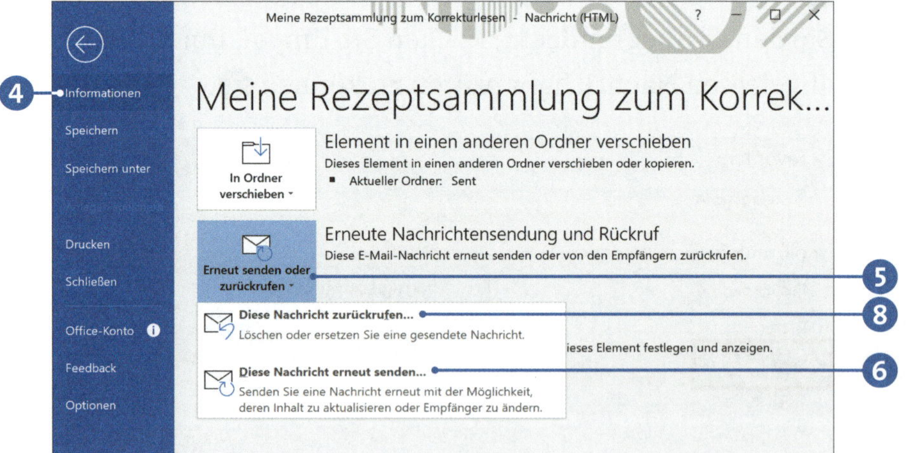

4. Klicken Sie auf die Schaltfläche **Erneut senden oder zurückrufen** 5, und wählen Sie die Option **Diese Nachricht erneut senden** 6 aus.

5. Es öffnet sich die schon einmal gesendete Mail als neue Nachricht. Hier können Sie nun, ganz wie zuvor beim Erstellen einer neuen Nachricht, den Empfänger und Inhalt der E-Mail prüfen sowie ändern und die Nachricht mit einem Klick auf **Senden** 7 nochmals auf die Reise schicken.

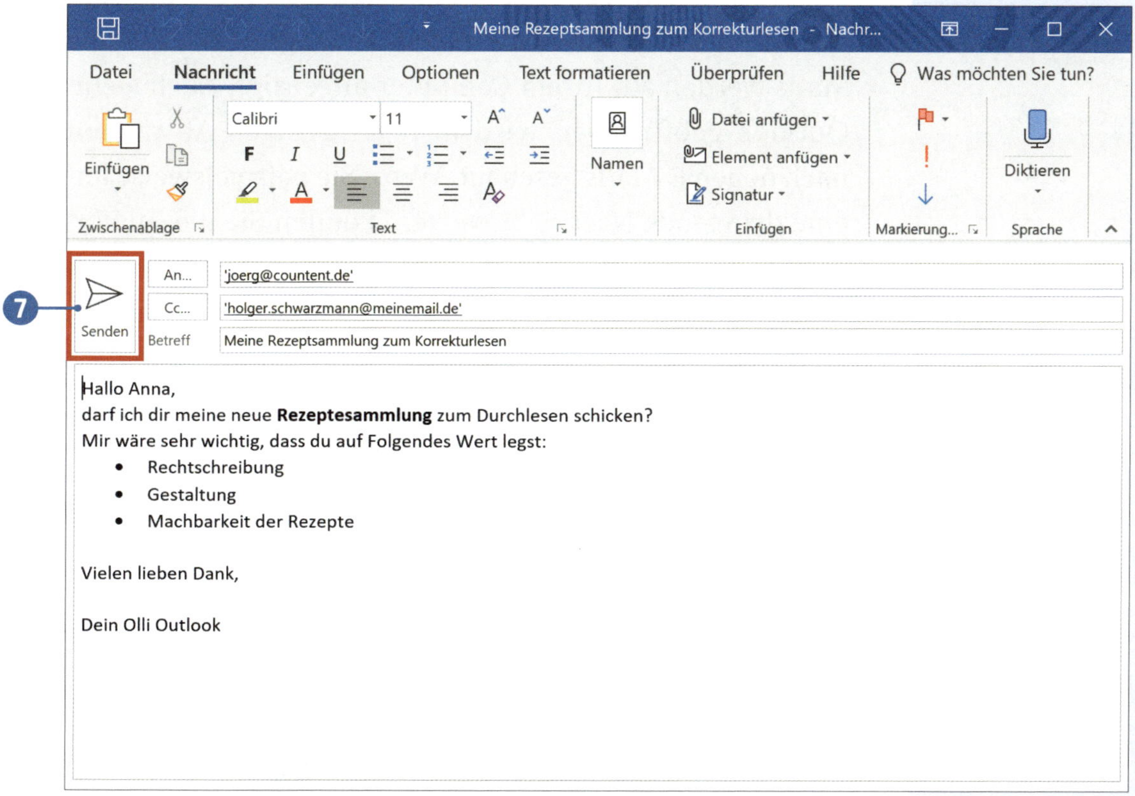

Meine Rezeptsammlung zum Korrekturlesen - Nachr...

Datei | Nachricht | Einfügen | Optionen | Text formatieren | Überprüfen | Hilfe | Was möchten Sie tun?

Einfügen | Calibri | 11 | Namen | Datei anfügen | Element anfügen | Signatur | Diktieren

Zwischenablage | Text | Einfügen | Markierung... | Sprache

7 Senden

An... 'joerg@countent.de'

Cc... 'holger.schwarzmann@meinemail.de'

Betreff Meine Rezeptsammlung zum Korrekturlesen

Hallo Anna,

darf ich dir meine neue **Rezeptesammlung** zum Durchlesen schicken?

Mir wäre sehr wichtig, dass du auf Folgendes Wert legst:

- Rechtschreibung
- Gestaltung
- Machbarkeit der Rezepte

Vielen lieben Dank,

Dein Olli Outlook

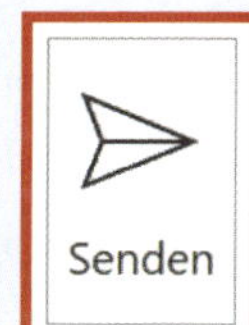

Völligen Unfug verschickt? – Nachricht zurückrufen

Outlook bietet auch im Falle, dass Sie zwar die richtigen Empfänger adressiert, aber falsche Inhalte geschickt haben, eine Rückrufmöglichkeit an. In Schritt 3 auf Seite 332 wählen Sie **Diese Nachricht zurückrufen** 8 aus. Das funktioniert aber nur, wenn Ihre E-Mail vom E-Mail-Server noch nicht bearbeitet wurde. Ansonsten erhält der jeweilige Empfänger eine zweite E-Mail mit dem Hinweis, dass er die erste E-Mail ignorieren soll. Besser als nichts ...

E-Mails empfangen, lesen und beantworten

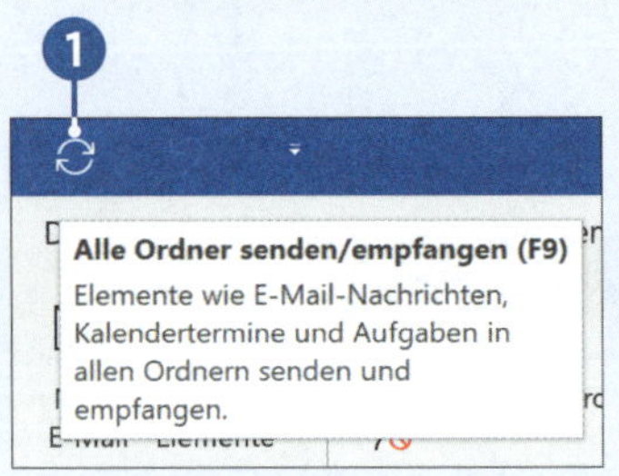

Wie kommen nun Mails überhaupt in Outlook an? Das klappt in der Regel vollautomatisch, sowie Sie die App starten. Ihr Mailanbieter wird direkt »angezapft«, und die Mails werden auf Ihrem Computer angezeigt. Auch wenn Outlook geöffnet ist, wird in regelmäßigen Abständen nach neuen E-Mails geschaut. Wenn Sie beispielsweise auf eine dringende Nachricht warten, können Sie diesen Vorgang in der *Schnellstartleiste* aber auch manuell, mit einem Klick auf die Schaltfläche zum Senden und Empfangen 1, forcieren.

Eingegangene Nachrichten landen im Posteingang, und Windows 10 zeigt Ihnen den Eingang direkt in einem kleinen Benachrichtigungsfenster mit den wichtigsten Details an. Auch wenn Sie gerade in Word einen Brief schreiben, verpassen Sie garantiert keine Nachricht. Klicken Sie darauf, gelangen Sie direkt zu Outlook.

In Outlook selbst finden Sie auf der linken Seite den Ordner **Posteingang**, der zum einen in den **Favoriten** 2 und noch einmal unter Ihrem eigentlichen Mailkonto 3 abgelegt ist. Die Ziffer dahinter bezeichnet die Anzahl der neuen, noch ungelesenen Nachrichten. In der Spalte der Nachrichtenliste 4 erkennen Sie ungelesene neue E-Mails wie gesagt am blauen Balken links.

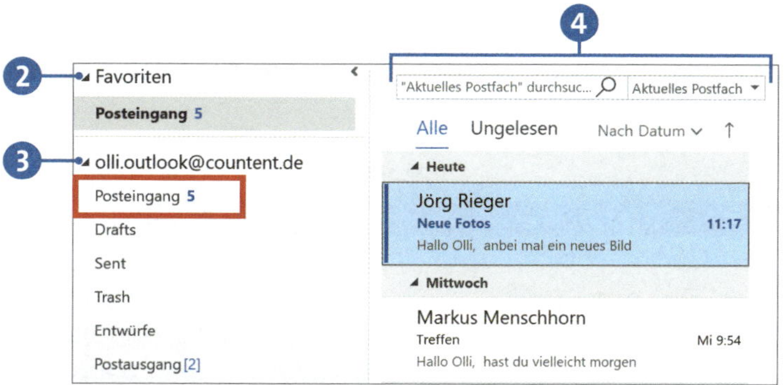

Posteingang **5**

Nun wollen wir eine Nachricht lesen, ausdrucken und dem Absender direkt antworten:

1. Klicken Sie eine ungelesene Nachricht einmal an, erscheint diese rechts vollständig **1**. Per Doppelklick wird die Nachricht übersichtlich in einem neuen Fenster darüber geöffnet **2**. Führen Sie also bitte nun einen Doppelklick auf eine Nachricht in der mittleren Spalte aus, um die folgenden Schritte nachzuvollziehen.

WAS TUN?

Im Abschnitt »Den Brief ausdrucken« ab Seite 116 erläutern wir den Druckvorgang am Beispiel von Word ausführlich. Schlagen Sie gerne dort nach, das Wissen können Sie für Outlook 1:1 übernehmen.

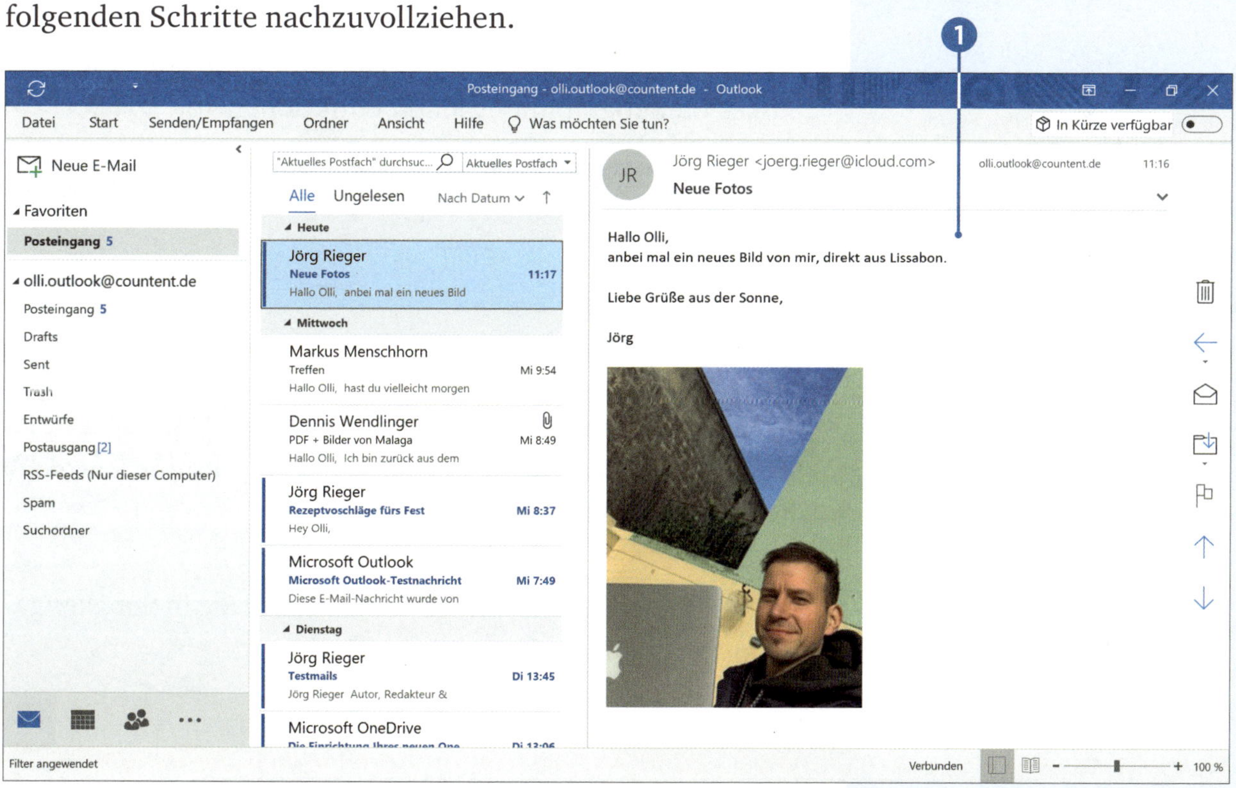

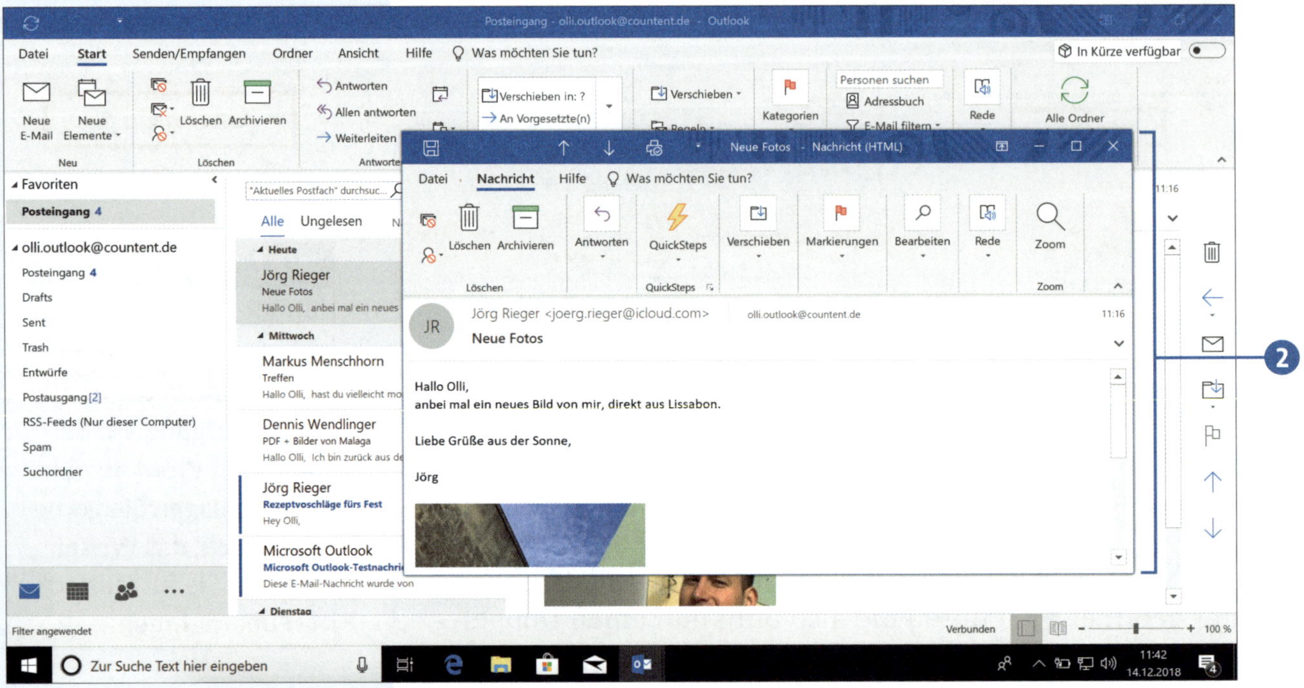

2. In dem Nachrichtenfenster finden Sie ein vollständiges Menüband mit etlichen Funktionen vor.

3. Möchten Sie die Nachricht gerne ausdrucken, ist diese Funktion wie gewohnt unter dem Reiter **Datei** 3 versteckt. Klicken Sie diesen einmal an.

4. Im eingeblendeten Dialog klicken Sie in der Navigationsleiste links auf **Drucken** 4.

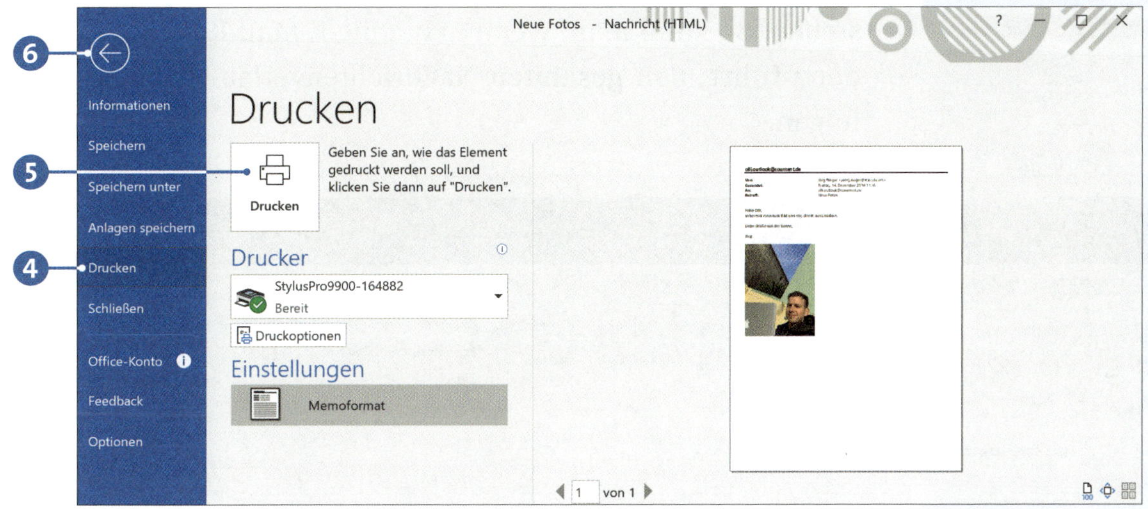

5. Wie in Word erhalten Sie in der Spalte rechts davon die Möglichkeit, Ihren Drucker einzustellen, und ganz rechts sehen Sie eine Seitenvorschau. Ein Klick auf die Schaltfläche **Drucken** 5 gibt die Seite direkt in Papierform aus.

6. Wollen Sie den Druckvorgang doch lieber abbrechen, dann klicken Sie einfach auf den Zurück-Pfeil links oben 6, um zur Nachricht zurückzugelangen. Das passiert nach einem Ausdruck übrigens automatisch.

Nun ist es aber an der Zeit, dem Empfänger auf seine Nachricht zu antworten. Im Menüband finden Sie bereits die passende Schaltfläche.

Ein Klick auf **Antworten** 1 öffnet ein neues Fenster mit der empfangenen Nachricht als Inhalt 2 und der Möglichkeit, oberhalb dieses Bereichs eine Antwort zu verfassen 3. Beim Antworten lässt man tatsächlich in aller Regel auch den Inhalt der ursprünglichen Nachricht darunter

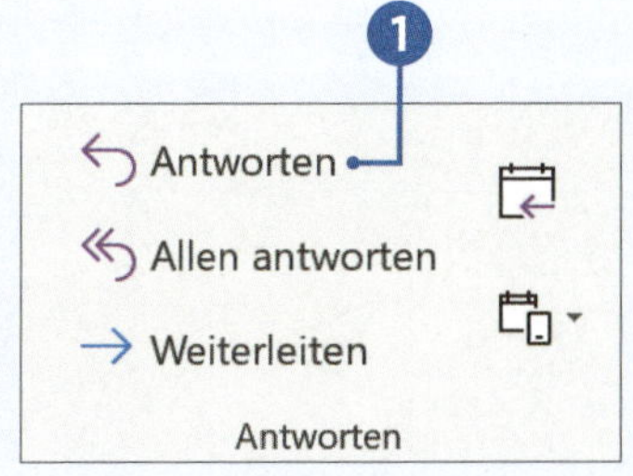

stehen. So kann man, wenn man eine E-Mail-Korrespondenz führt, den gesamten Nachrichtenverlauf nachverfolgen.

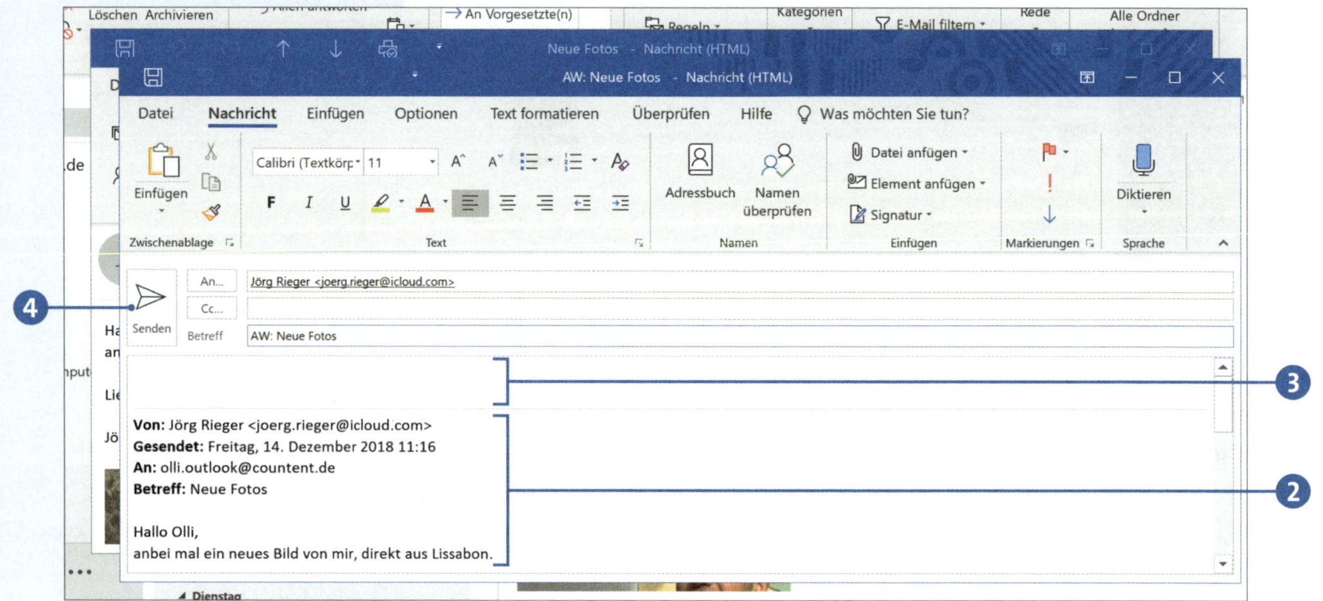

Außerdem werden hier oberhalb der eigentlichen Nachricht der Absender und das Datum der E-Mail mit aufgelistet, das ist unter Umständen, beispielsweise bei offiziellen E-Mails, ein wichtiger Nachweis.

Von: Jörg Rieger <joerg.rieger@[illegible]>
Gesendet: Freitag, 14. Dezember 2018 11:16
An: olli.outlook@countent.de
Betreff: Neue Fotos

Hallo Olli,
anbei mal ein neues Bild von mir, direkt aus Lissabon.

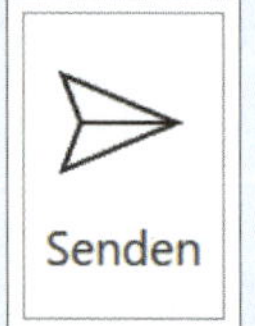

Schreiben Sie nun, wie bei einer ganz neuen E-Mail, einfach Ihren gewünschten Text, und klicken Sie anschließend auf **Senden** 4. Die Nachricht wird automatisch geschlossen und versendet. Im Hintergrund kommt die ursprünglich empfangene Mail zum Vorschein. Auch diese können Sie nun über das **X** rechts oben einfach schließen.

Und ob Sie es glauben oder nicht, damit haben Sie die Grundfunktionen von Outlook bereits perfekt gemeistert.

Anhänge versenden, empfangen und speichern

Wie Sie auf der einen oder anderen Abbildung der vorangehenden Anleitungen gesehen haben, wurden in unseren Beispielen bereits fleißig Bilder oder andere Dateien in einer Mail verschickt. Praktischerweise kann man mit einer Nachricht nicht nur Text, sondern jegliche Art von Dateien versenden. Einschränkungen gibt es hier nur im Umfang – viele E-Mail-Anbieter haben hier ein Limit eingebaut, sodass Sie nicht mehr als 20 Megabyte Daten versenden können. Das ganze Fotoalbum mit 2.000 Bildern vom letzten Urlaub können Sie auf diesem Wege nicht versenden. Wie Sie prüfen, wie groß eine Mailnachricht wird, zeigen wir Ihnen gleich.

MERKE

Die Größe einer E-Mail ist limitiert, meist ist bei 20 Megabyte Schluss. Das entspricht ungefähr fünf Digitalfotos in hoher Auflösung.

Aber nun wollen wir zunächst eine Nachricht mit einem Anhang erstellen.

1. Klicken Sie im Menüband unter **Start** auf die Schaltfläche **Neue E-Mail**. Es öffnet sich das bekannte leere Nachrichtenfenster. Fügen Sie einen Empfänger hinzu, schreiben Sie einen Betreff und eine kurze Nachricht dazu.

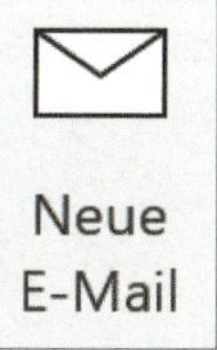

2. Einen Anhang fügen Sie nun über die Schaltfläche **Datei anfügen** ❶ unter dem Reiter **Nachricht** ❷ ein.

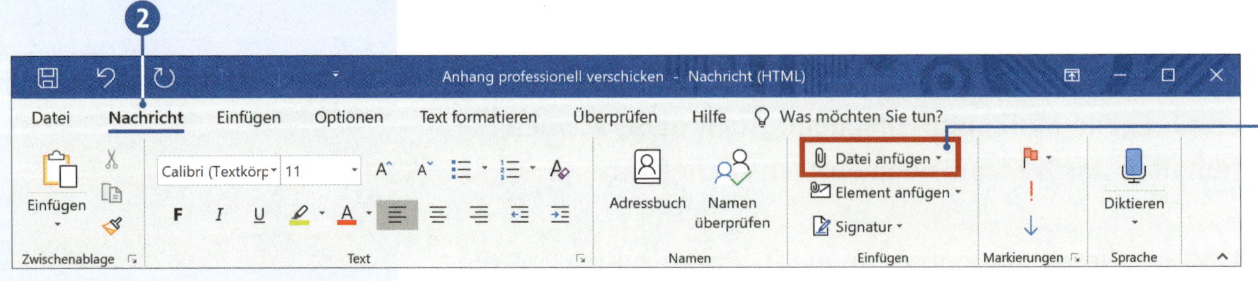

Datei anfügen

Es öffnet sich daraufhin ein Auswahlmenü. Je nach Computer kann das unterschiedlich aussehen. Denn zunächst zeigt Ihnen Outlook, recht unübersichtlich, eine Liste mit zuletzt verwendeten Dateien 3. Wir schauen aber ganz nach unten und sehen dort zwei Möglichkeiten. Sie können Anhänge entweder aus OneDrive, Microsoft nennt es etwas kompliziert *Webspeicherorte* 4, oder direkt von Ihrem PC, d. h. von Ihrer Festplatte 5, einfügen. Wir entscheiden uns für letztere Variante und klicken darauf.

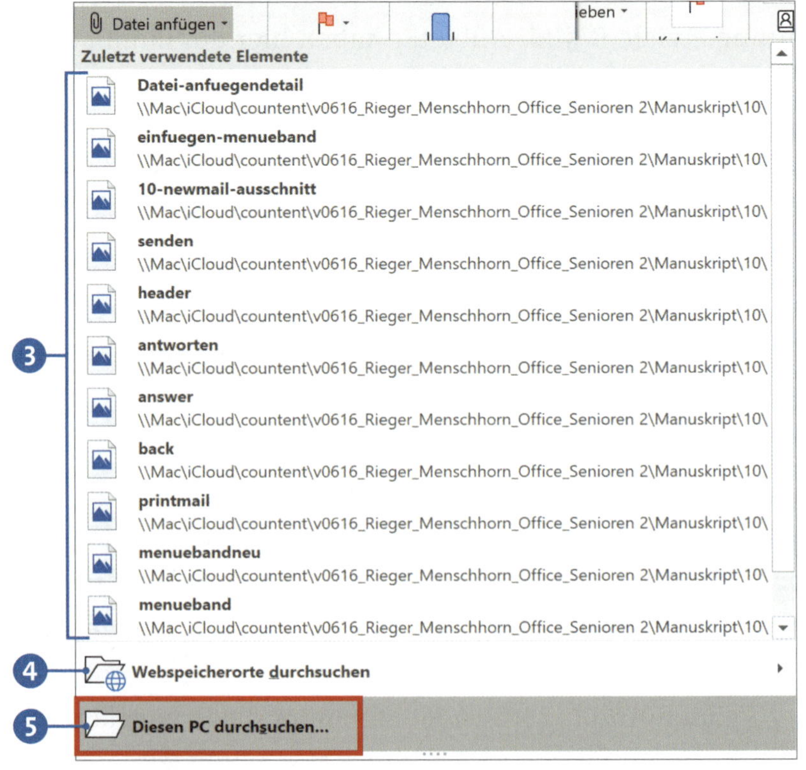

Diesen PC durchsuchen...

3. Es öffnet sich das allseits bekannte Explorer-Fenster. Wählen Sie jenen Ordner aus, in dem beispielsweise Ihre Fotos liegen. Dort markieren Sie die gewünschten Motive, die der Mail als Anhang beigefügt werden sollen. Sie können auch mehrere Bilder oder Dokumente auf einmal markieren.

MERKE

Mehrere Dateien »auf einmal« auswählen:  -Taste gedrückt halten und per linkem Mausklick beliebig viele Dateien nacheinander anwählen.

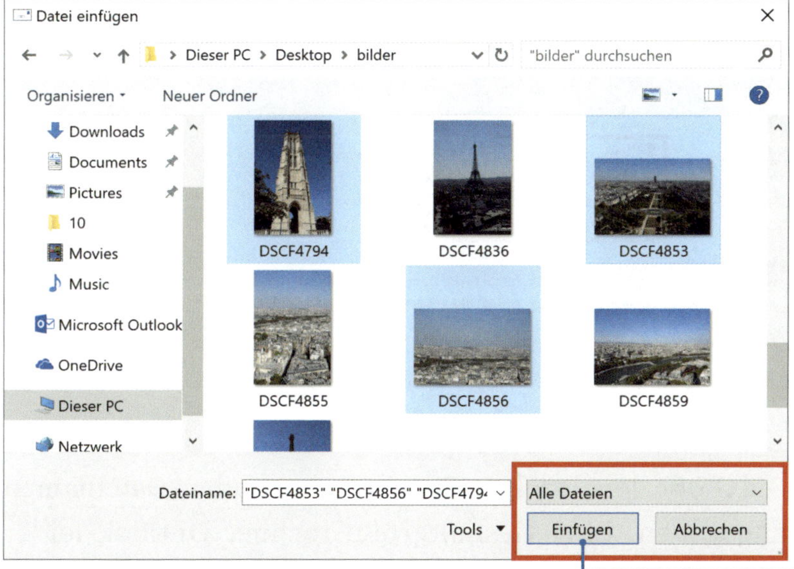

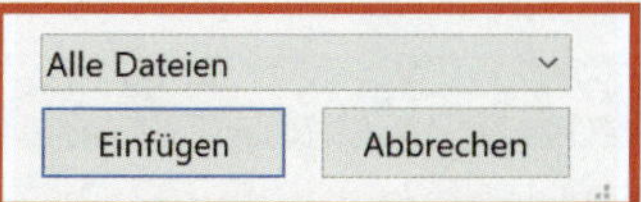

4. Klicken Sie nun auf **Einfügen** 6, um die Bilder oder Dateien Ihrer E-Mail hinzuzufügen. Sind die Dateien zu groß für den Versand, erhalten Sie übrigens direkt eine Meldung von Outlook.

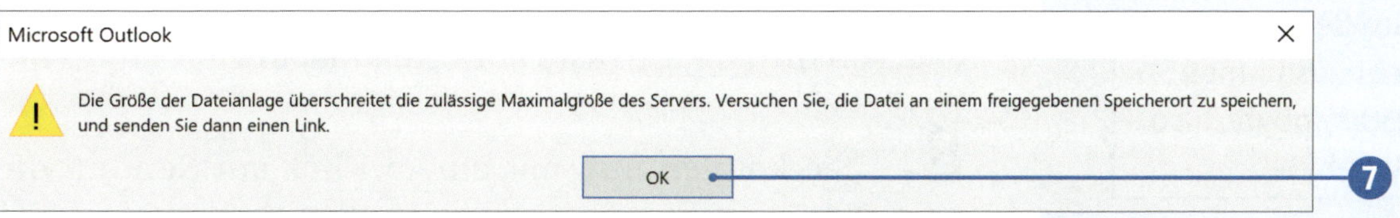

5. In diesem Fall müssen Sie also weniger Dateien auswählen. Ein Klick auf **OK** 7 bringt Sie direkt zur Mailnachricht zurück, und Sie können nochmals mit dem Einfügen starten.

6. Im Idealfall hat aber alles direkt geklappt, dann sehen Sie in Ihrer E-Mail oberhalb des Nachrichtentextes die angefügten Dateien 8.

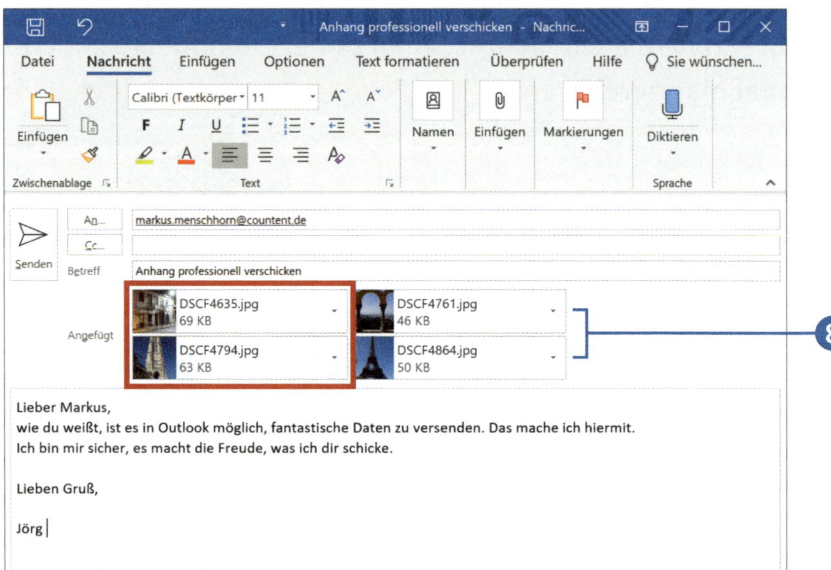

Die Größe der einzelnen Dateien ist unter dem Dateinamen angegeben. Eine Gesamtgröße rechnet Outlook leider nicht zusammen. Wie gesagt, unser Tipp ist es, insgesamt unter 20 Megabyte zu bleiben.

WAS TUN?

Megabye, Kilobyte? Die Größe einer Datei wird mit diesen Angaben bezeichnet. Ganz grob und wirklich »Pi mal Daumen«: 1 Megabyte sind 1.000 Kilobyte. In unserem Beispiel haben die Bilder zusammen rund 230 Kilobyte, also 0,23 Megabyte.

7. Möchten Sie weitere Dateien hinzufügen, dann folgen Sie erneut den Schritten 2 bis 6. Um einen Anhang zu entfernen, klicken Sie die entsprechende Datei an und drücken die `Entf`-Taste auf Ihrer Tastatur.

8. Sie können nun mit einem Klick auf **Senden** die Nachricht mitsamt Anhang verschicken.

So, und nun die Frage, wie man mit einer E-Mail mit Anhängen umgeht, die man selbst erhält. Um diese Übung praktisch durchzuführen, benötigen Sie natürlich eine solche E-Mail in Ihrem Posteingang. Entweder bitten Sie Freunde oder Bekannte, Ihnen eine entsprechende Nachricht zu senden, oder Sie schicken sich selbst eine Mail, wie wir es gerade trainiert haben. Denn tatsächlich funktioniert es, wenn Sie sich selbst als Empfänger eintragen. Im Folgenden gehen wir davon aus, dass Sie eine Mail mit Anhang erhalten haben.

1. Klicken Sie in Ihrem Posteingang eine beliebige Nachricht mit Anhang doppelt an, sodass sich diese in einem eigenen Fenster öffnet.

2. Um eine angefügte Datei direkt zu öffnen, doppelklicken Sie auf diese. Outlook wird Sie hier noch warnen, dass Sie nur Anlagen von Absendern öffnen sollen, denen Sie vertrauen (1).

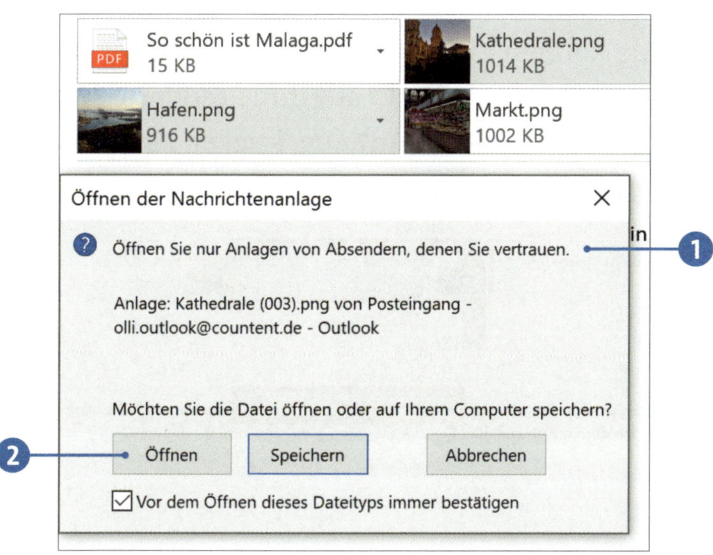

3. Mit einem Klick auf **Öffnen** (2) wird die Datei direkt im zugeordneten Programm geladen und angezeigt. Bei uns ist das die Fotos-App.

ACHTUNG!

Sie sollten Anhänge in Mails nur dann direkt öffnen, wenn Sie sich 100%ig sicher sind, von wem die Mail stammt. Leider werden auch Viren und Trojaner heimlich ohne Wissen des Absenders versandt, die Ihre persönlichen Daten ausspähen können. Bilder und Dokumente sind unproblematisch, öffnen Sie aber keinesfalls Dateien mit der Endung *.exe*! Das sind ausführbare Dateien, die bösartige Software installieren können. Im Zweifelsfall gilt: ab in den Papierkorb!

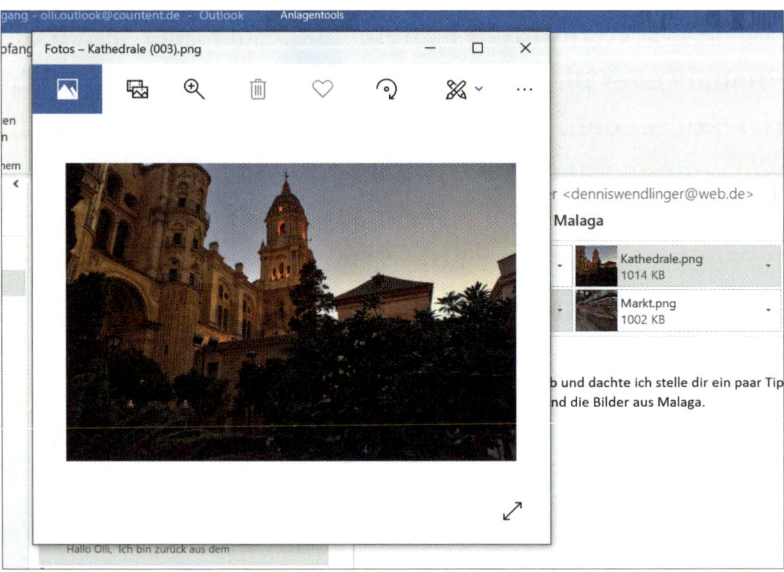

4. Verlassen Sie das Anzeigeprogramm, und kehren Sie wieder zurück zum Mailprogramm, indem Sie in der Taskleiste auf das Outlook-Symbol klicken.

5. Sie können die angefügten Dateien aber nicht nur öffnen, sondern auch direkt auf Ihre Festplatte speichern. Zurück in der E-Mail mit Anhang, klicken Sie auf den kleinen Pfeil neben dem Dateianhang **3**.

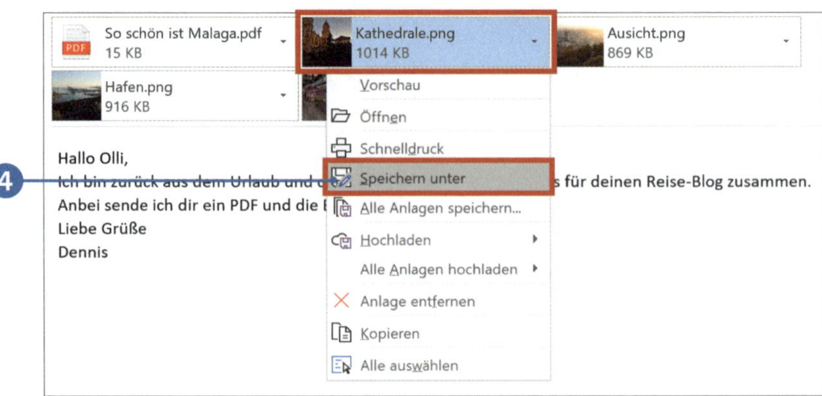

6. In dem sich daraufhin öffnenden Auswahlmenü klicken Sie nun auf **Speichern unter** **4**. Es öffnet sich das

Explorer-Fenster. Wählen Sie einen Ordner aus, in dem Sie die per Mail gesendete Datei ablegen möchten **5**, und klicken Sie abschließend auf **Speichern** **6**.

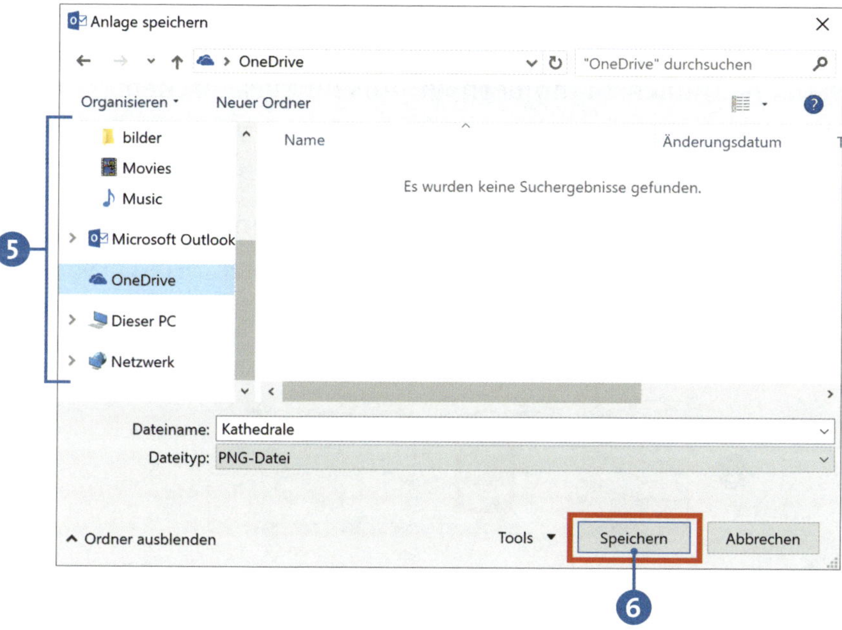

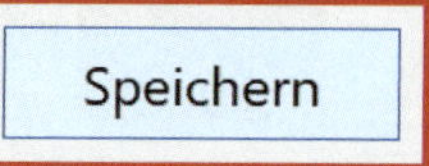

Sie gelangen automatisch zu Ihrer E-Mail-Nachricht zurück.

7. Wenn Sie mehrere Anhänge erhalten und diese alle auf Ihrem Computer ablegen möchten, geht das auch in einem Rutsch. Klicken Sie erneut einen beliebigen Anhang an, wählen Sie im Auswahlmenü nun aber **Alle Anlagen speichern** aus, und fahren Sie dann genau so wie bei einem einzelnen Bild fort.

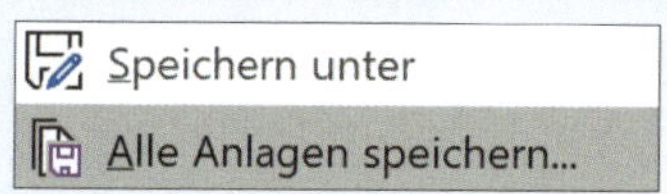

E-Mails sortieren und finden

Lassen Sie uns noch einen kurzen Blick darauf werfen, wie man, bei vielen E-Mails, den Überblick in Outlook behält.

Sie können …

- … nicht benötigte E-Mails löschen
- … Ordner anlegen und dort E-Mails einsortieren

Schauen wir uns diese Möglichkeiten nun einmal gemeinsam an. Zunächst kümmern wir uns um das Löschen.

1. Klicken Sie dazu eine nicht mehr benötigte E-Mail-Nachricht in Outlook an. Im Menüband unter **Start** ❶ sehen Sie bereits recht auffällig das Papierkorbsymbol ❷. Klicken Sie es einmal an.

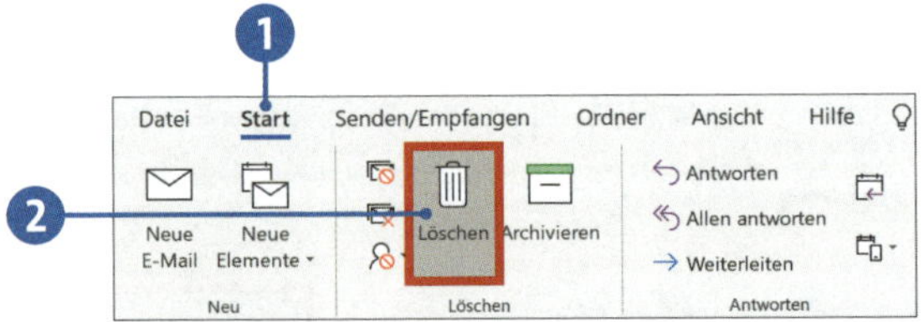

2. Die Nachricht verschwindet umgehend. Aber keine Sorge, Sie können diesen Vorgang direkt über die Schnellstartleiste widerrufen, wenn es die falsche Nachricht erwischt hat. Wenn Sie den Rückgängig-Pfeil ❸ einmal anklicken, kommt die Nachricht zurück in den **Posteingang**.

MERKE

Die Ordnerbezeichnungen für Standards wie den Papierkorb oder die gesendeten Mails werden in der Regel vom E-Mail-Anbieter vergeben und sind daher technisch bedingt teilweise in englischer Sprache.

3. Zudem bleiben gelöschte Nachrichten im Ordner *Papierkorb* oder **Trash** ❹ (die Bezeichnung ist je nach E-Mail-Anbieter unterschiedlich) noch vorsichtshalber für zumeist 30 Tage gespeichert.

4. Um eine Nachricht, auch noch nach Tagen, wieder aus dem Papierkorb zurückzuholen, klicken Sie den Ordner einmal an und suchen entweder durch Scrollen oder durch Eingabe eines Stichwortes in die Suchmaske ❺ zunächst die versehentlich gelöschte Nachricht.

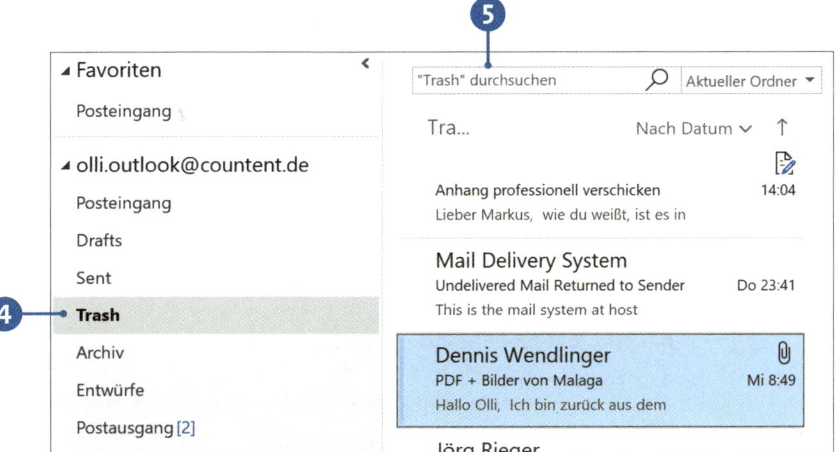

5. Markieren Sie die betreffende Mail mit einem linken Mausklick, und ziehen Sie sie mit gedrückter linker Maustaste zurück in den Ordner **Posteingang**. Lassen Sie dann die Maustaste los.

Gelöschte Nachricht im Papierkorb finden

mit gedrückter linker Maustaste zurück in den **Posteingang** ziehen

6. Mit einem Klick in den **Posteingang** werden Sie feststellen, dass die Nachricht wieder vorhanden ist. Achtung – logischerweise ist sie nicht als neue Nachricht oder ganz oben zu finden, sondern innerhalb des Verlaufs im Bereich des entsprechenden Empfangsdatums.

Nun zur zweiten Möglichkeit, Ordnung in Outlook zu bringen. Sie haben in diesem Mailprogramm die Möglichkeit, eigene Ordner anzulegen. Vielleicht haben Sie Ihre Dokumente im Explorer von Windows auch mit einer solchen Struktur, beispielsweise mit Ordnern für private und offizielle Schreiben, abgelegt. Das klappt auch in Outlook und ist ab einer gewissen E-Mail-Anzahl sehr sinnvoll. Wir legen nun einfach einen neuen Ordner in Outlook an.

1. Starten Sie Outlook wie gewohnt. Im linken Bereich sehen Sie Ihre E-Mail-Adresse **1** sowie darunter die bereits im Programm von Hause aus angelegten Ordner

MERKE

Um bei vielen E-Mails den Überblick zu bewahren, ist es nicht nötig, die Nachrichten – mit womöglich doch noch relevantem Inhalt – permanent zu löschen. Wenn Sie Ihre Mails in entsprechenden Ordnern einsortieren, können Sie diese digital archivieren.

wie den **Posteingang**. Klicken Sie mit der rechten Maustaste einmal auf Ihre E-Mail-Adresse, und es öffnet sich ein Kontextmenü.

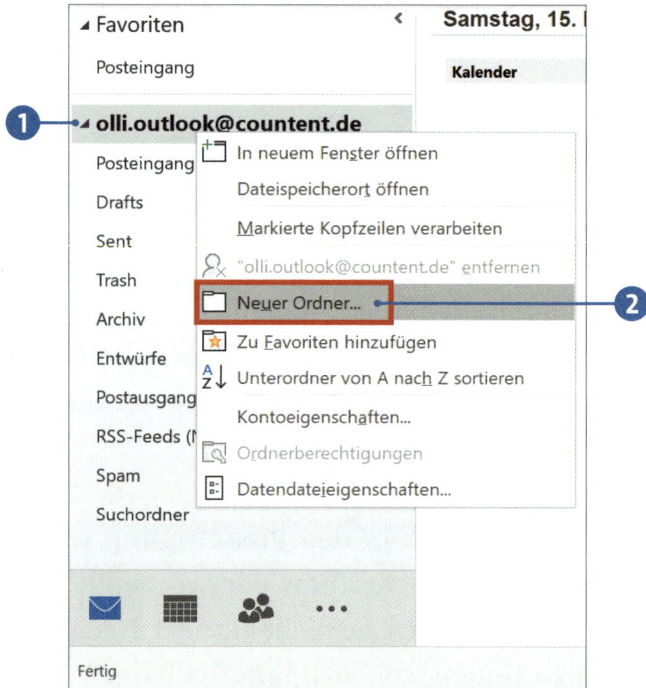

2. Wählen Sie hier nun mit einem linken Mausklick **Neuer Ordner** 2 aus.

3. Sofort öffnet sich ein leeres Feld, in das Sie den gewünschten Namen des neuen Ordners eingeben können 3. Bestätigen Sie mit der ↵-Taste, um den Ordner anzulegen.

4. Dieser Ordner (in unserem Fall *private Nachrichten*) erscheint nun ebenfalls in der linken Spalte 4. Möchten Sie ihn an einer anderen Position einsortieren, dann markieren Sie ihn und ziehen ihn mit gedrückter linker Maustaste an die gewünschte Position 5.

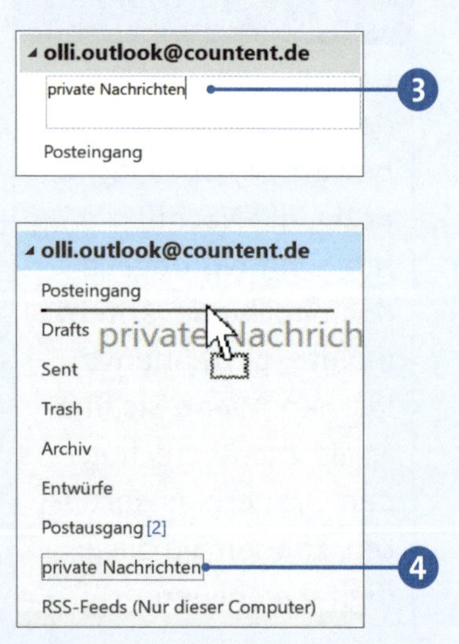

5. Um nun eine E-Mail in diesen Ordner zu verschieben, aktivieren Sie den **Posteingang**. Suchen Sie eine Nachricht aus, und ziehen Sie diese mit gedrückter linker Maustaste in den gerade angelegten Ordner.

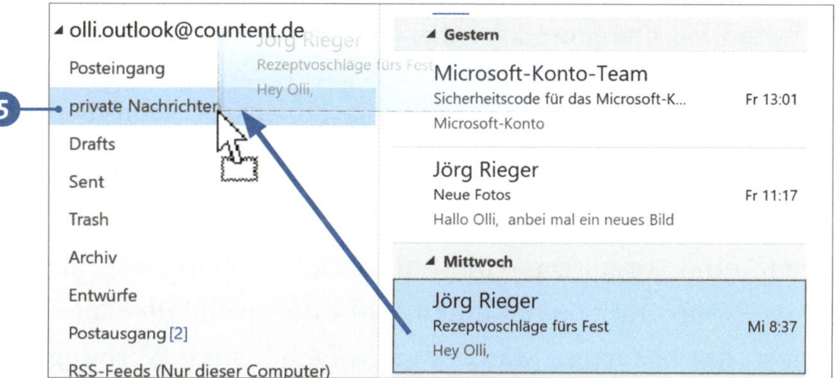

Nach diesem Prinzip können Sie beliebig viele Ordner anlegen und Ihre Mails übersichtlich sortieren.

Werbemails und Spam effektiv verhindern

Abschließend geht es hier in diesem Grundlagenkapitel noch um das Thema Werbemails, also um die eingangs bereits erwähnten *Spammails*. Das kann Werbung für die verrücktesten Produkte oder Medikamente sein, ein angeblicher Prinz, der Ihnen mehrere Millionen Euro vererben will, es können aber auch tatsächlich bösartige Viren und Trojaner sein, die Ihren Computer ausspähen wollen. Auch sog. *Phishingmails*, die im wahrsten Sinne des Wortes Ihre Anmeldedaten bei Amazon und Co. »fischen« wollen, können als unerwünschte Nachrichten in Ihrem Posteingang landen. Warum gerade Sie? Nun, das kann letztlich jeden einmal betreffen, denn viele Mails werden per Zufallsprinzip verschickt oder auch durch infizierte Computer, in deren Mailverteiler Sie eingetragen waren.

MERKE

Werbemails und mit Viren versehene Mails sind lästig, stellen aber mit den richtigen Hilfsmitteln und ein wenig Vorsicht auch keine Gefahr dar.

ACHTUNG!

Schweigen ist GOLD: Antworten Sie keinesfalls auf unerwünschte Werbemails mit der Bitte, weitere Zusendungen zu unterlassen. Denn damit erreichen Sie genau das Gegenteil – der Spamversender sieht dadurch nämlich, dass Ihre E-Mail-Adresse funktioniert, und wird Sie künftig mit noch mehr Werbung belästigen.

Vertrauen ist gut, aber Kontrolle ...

Auch wenn Sie alle Sicherheitsmaßnahmen auf Ihem Computer aktiviert haben – sollte Ihnen eine Mail seltsam vorkommen, dann heißt es aufgepasst. Keine Bank wird Ihre PIN-Eingabe per Mail verlangen, Amazon will niemals Ihren Account überprüfen, und ein afrikanischer Prinz wird Ihnen auch kaum zehn Millionen Euro schenken. Daher gilt: im Zweifelsfall einfach die E-Mail löschen, keine Anhänge öffnen und schon gar nicht darauf antworten!

Aber keine Sorge! Das klingt alles viel dramatischer, als es ist. Denn Outlook hat einen sehr effektiven Filter integriert, der bösartige Mails oder einfach lästige Werbung direkt aussortiert. Nur müssen Sie diesen fleißigen Helfer erst einmal aktivieren.

1. Starten Sie Outlook wie immer über das Startmenü.

2. Im Menüband unter dem Reiter **Start** finden Sie ein kleines Symbol für Werbemails ❶, in Outlook auch *Junk-E-Mail* genannt. Klicken Sie darauf, um das zugehörige Auswahlmenü aufzuklappen.

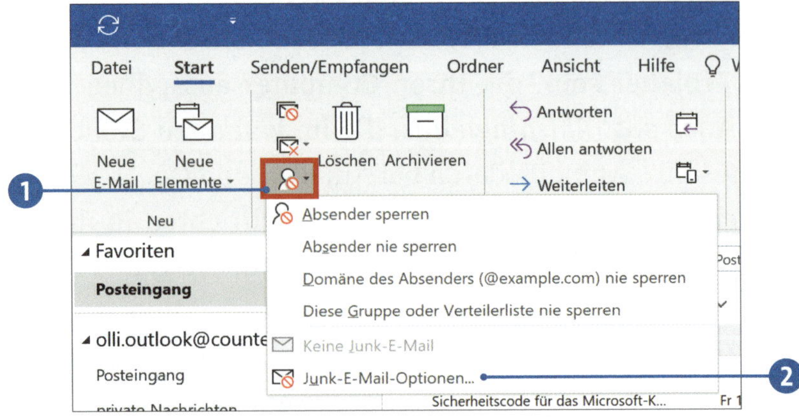

3. Wählen Sie hier **Junk-E-Mail-Optionen** ❷ aus. Es öffnet sich ein Dialog mit zahlreichen Einstellungsmöglichkeiten.

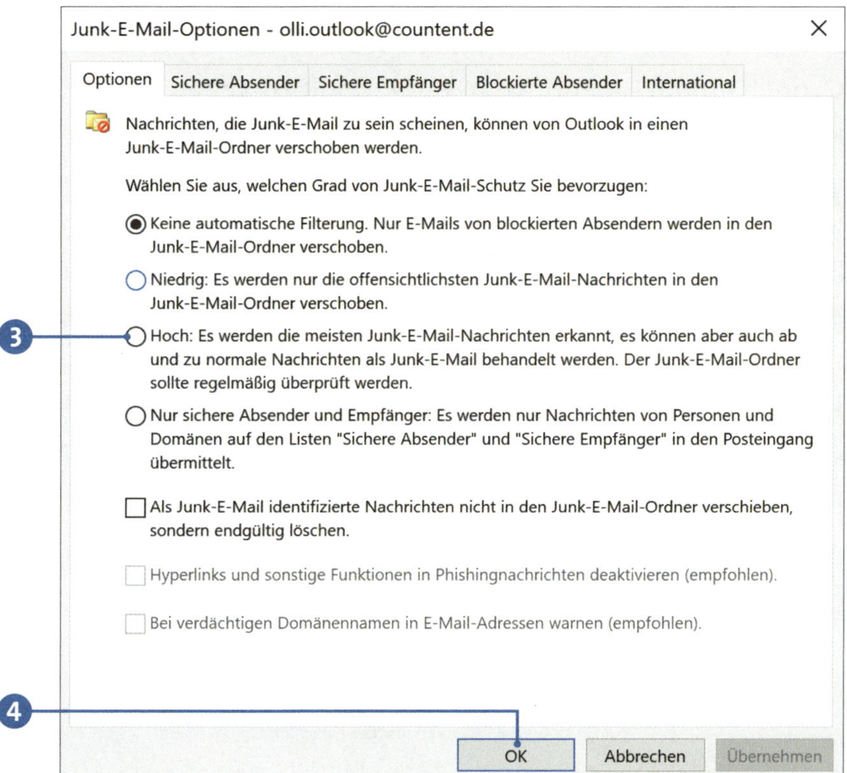

4. Praktischerweise genügt ein einziger Klick auf **Hoch** ❸. Damit werden die meisten Werbemails erkannt.

❸ Hoch: Es werden die meisten Junk-E-Mail-Nachrichten erkannt, es können aber auch ab und zu normale Nachrichten als Junk-E-Mail behandelt werden. Der Junk-E-Mail-Ordner sollte regelmäßig überprüft werden.

5. Bestätigen Sie mit einem Klick auf **OK** ❹, um zur Outlook-Benutzeroberfläche zurückzukehren.

Spam [1]

6. Künftig wird Outlook verdächtige Mails direkt beim Empfang aussortieren und in einen separaten Ordner in der linken Ordnerleiste ablegen. Dieser kann entweder *Spam* oder *Junk* heißen, auch das ist wieder von Ihrem E-Mail-Anbieter abhängig. Schauen Sie ab und zu in diesen Ordner hinein – denn wenn es Outlook zu genau nimmt, kann es auch mal den Falschen erwischen.

Absender nie sperren

7. Ist eine Mail fälschlicherweise als Werbung im Spamordner einsortiert worden, markieren Sie diese mit einem linken Mausklick und wählen erneut im Menüband unter **Start** das Symbol für die Junk-E-Mails 5 aus. Im Auswahlmenü aktivieren Sie nun **Absender nie sperren** 6. Damit weiß Outlook, dass künftig diese Mails nicht mehr im Spamordner landen sollen.

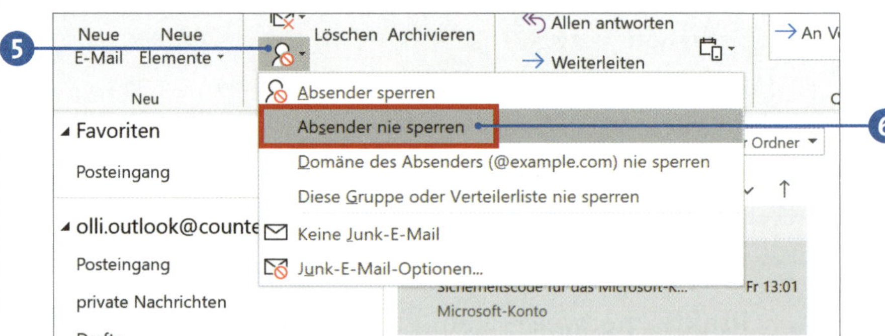

8. Trotzdem müssen Sie die Mail nun noch »von Hand« aus dem Junk- oder Spamordner mit gedrückter linker Maustaste in den **Posteingang** verschieben.

Mit diesen wenigen Klicks haben Sie nun also weitgehend Einfluss darauf, welche E-Mails Sie empfangen und welche nicht.

KAPITEL 11

Outlook als Adressbuch

Outlook kann noch mehr, als nur E-Mails versenden. Schauen wir uns die praktische Funktion an, das E-Mail-Programm auch als perfektes Adressbuch einsetzen zu können. Das ist praktisch und spart besonders bei der Eingabe von E-Mail-Adressen unglaublich viel Zeit.

Einen Kontakt in Outlook anlegen

Zunächst aber müssen wir unser digitales Adressbuch erst einmal füllen.

1. Starten Sie Outlook wie gewohnt über das Startmenü von Windows, und klicken Sie links unten in Outlook auf die **Kontakte**-Schaltfläche (1).

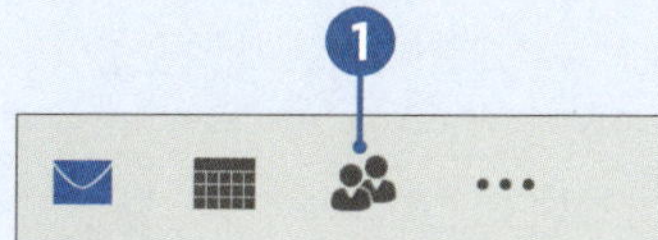

Es öffnet sich ein komplett leeres Fenster, ohne jegliche Einträge. Der Aufbau ähnelt durchaus dem gewohnten Adressregister in der klassischen Papierform oder auch dem Adressbuch auf dem Smartphone. In der mittleren Spalte finden Sie eine alphabetische Liste (2), aus der Sie später einen Eintrag wählen. Doch dazu müssen wir erst einmal einen anlegen.

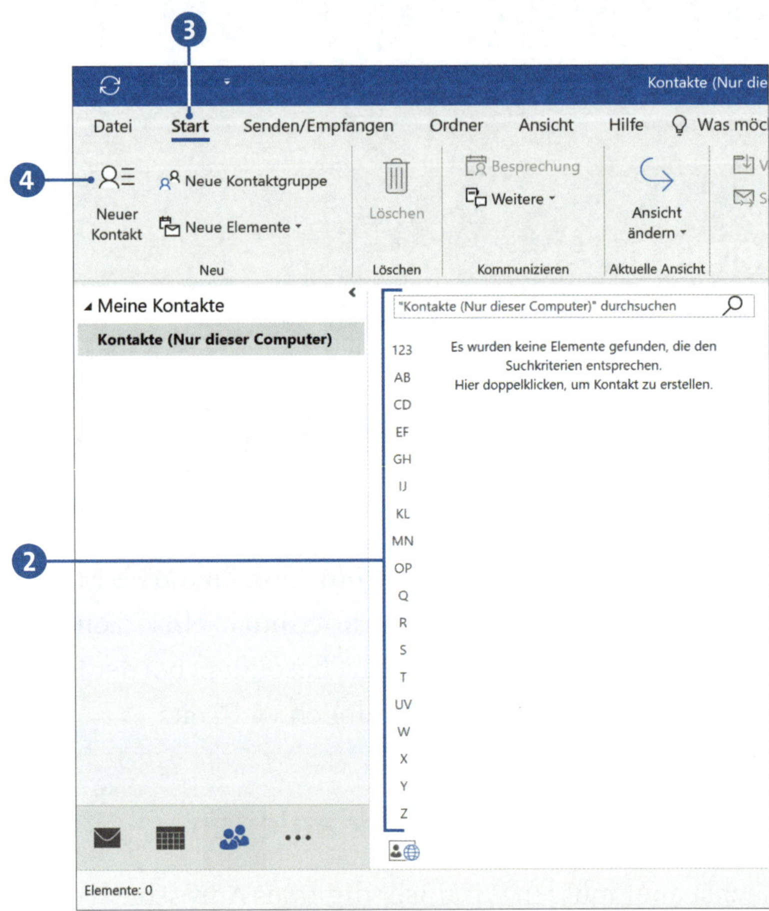

2. Der Reiter **Start** 3 ist bereits aktiviert, aufgrund unserer Auswahl des Adressbuchs sind hier nun allerdings ganz andere Funktionen als im Bereich der E-Mails aufgelistet. Wir benötigen **Neuer Kontakt** 4 ganz links außen. Klicken Sie die Schaltfläche einmal an.

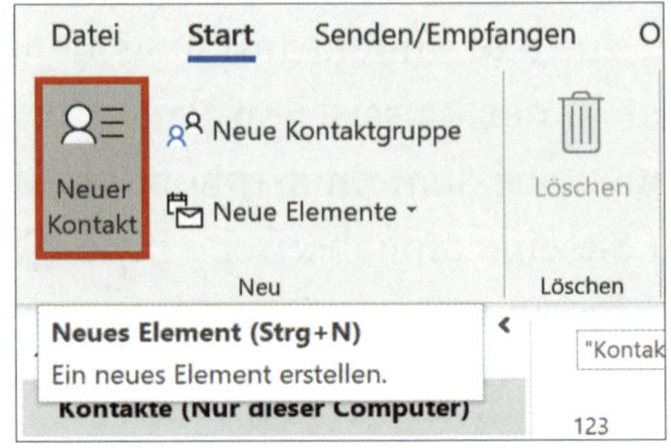

Es öffnet sich ein neues Fenster, nennen wir es einfach einmal *Karteikarte*. Diese Karteikarte hat aber derjenigen in Papierform eine Menge voraus.

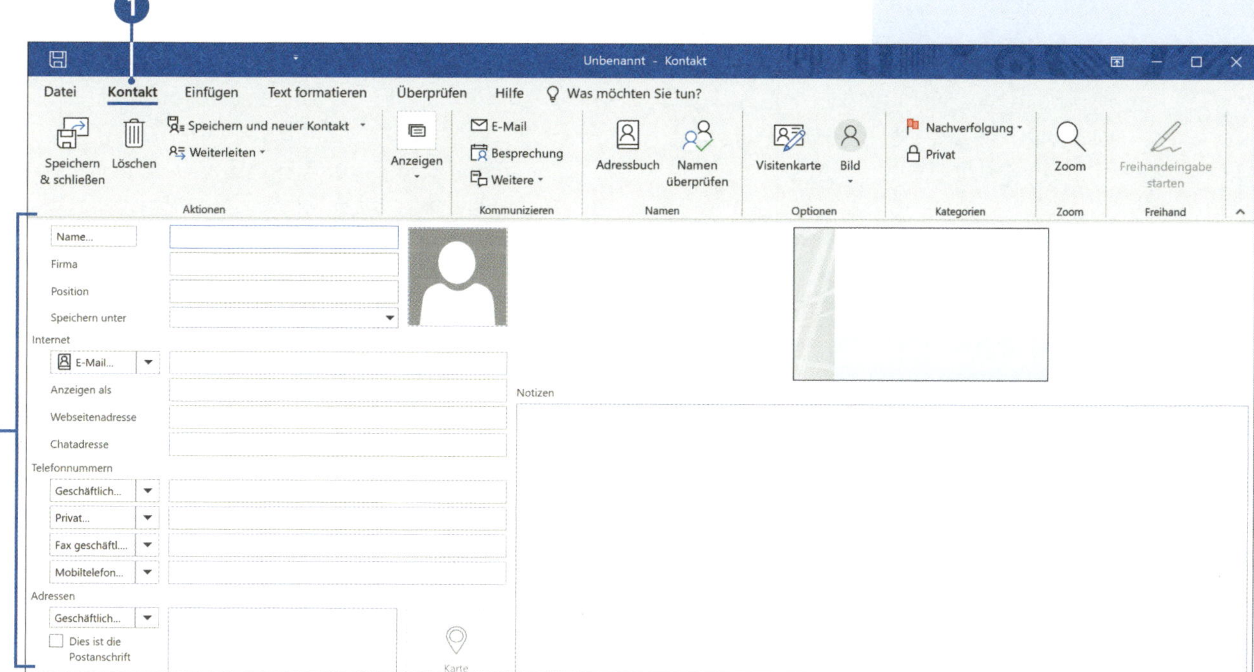

Im Menüband unter dem Reiter **Kontakt** 1 befinden sich alle Funktionen, um einen Kontakt richtig anzulegen. Vieles davon sind aber auch absolute Profifunktionen, die Sie im Alltag nicht benötigen werden.

Im linken Bereich 2 finden Sie sämtliche Felder, um die gewünschten Daten zu einem Kontakt zu erfassen. Alle Felder sind bereits nach den üblichen Basisdaten, aber auch in Bezug auf den Internetkontakt strukturiert und bieten Platz für verschiedene Adressen und Telefonnummern.

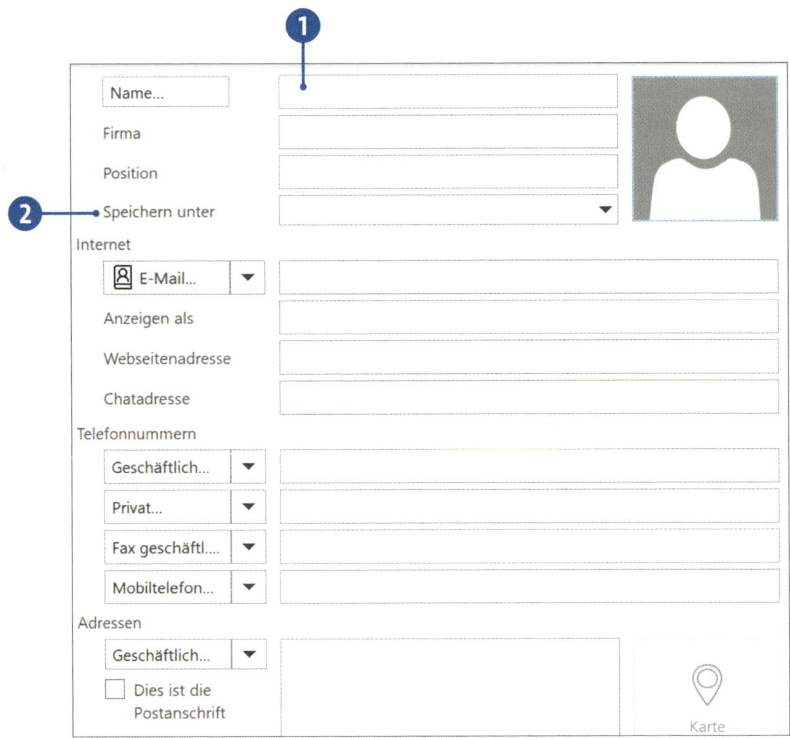

Nun füllen wir die Karteikarte Schritt für Schritt aus.

1. Klicken Sie in das Feld **Name** (1), und tippen Sie den vollständigen Namen des anzulegenden Adressaten ein. Outlook gibt diesen Namen, gemäß der Standardsortierung (Nachname, Name), automatisch bei **Speichern unter** (2) an. Der Sinn dieser beiden Felder ist – Sie müssen Ihren Partner zwar mit dem richtigen Namen im Kontaktfeld oben eintragen, könnten ihn aber unter »Spatzl« speichern. Wir belassen es bei der automatischen und nüchternen Bezeichnung (3), **Firma** und **Position** lassen wir einfach einmal leer.

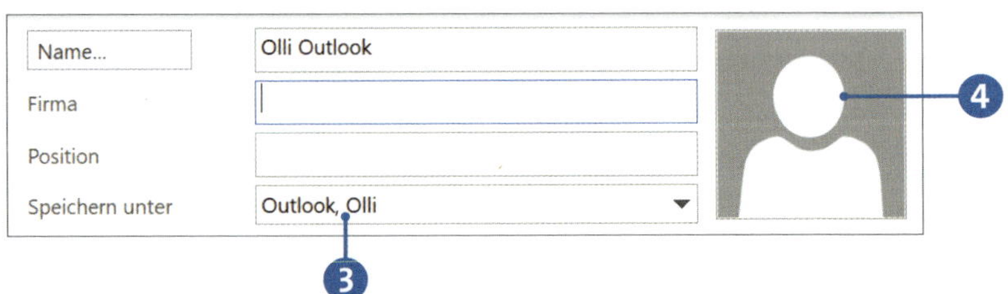

2. Klicken Sie nun auf das etwas trostlose Personensymbol **4**, um ein Foto des Kontaktes hinzuzufügen. Es erscheint das bekannte Explorer-Fenster – wählen Sie hier im Idealfall ein Porträtbild aus **5**, und bestätigen Sie mit **OK** **6**. Und schon ist das Foto hinzugefügt **7**. Sieht doch gleich viel besser aus, oder?

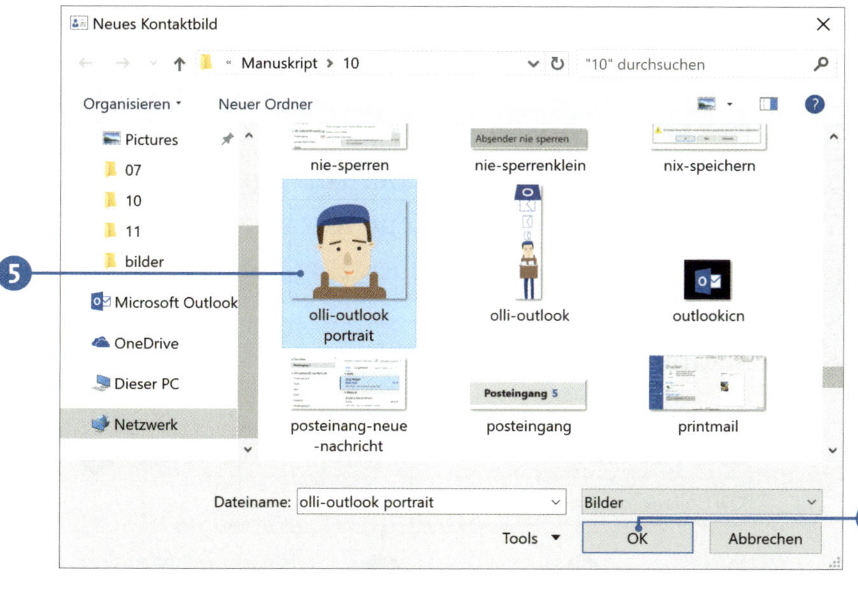

Und weiter geht es mit den Kontaktdaten rund um E-Mail und Internet. Auch hier gilt – was Sie zurzeit nicht parat haben, lassen Sie einfach leer. Sie können diese Daten jederzeit später noch ergänzen.

1. Im Feld **E-Mail** **1** tragen Sie die E-Mail-Adresse vollständig ein **2**. Sie können, sollte ein Adressat mehrere Mailadressen haben, in diesem Fall auf den kleinen

WAS TUN?

Haben Sie kein Bild der Person zur Hand, lassen Sie diesen Schritt einfach aus.

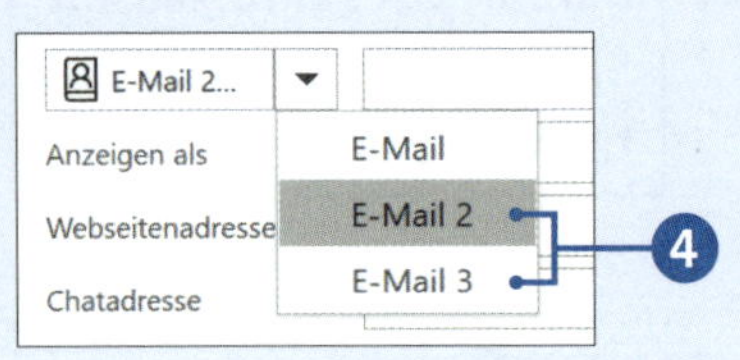

Pfeil klicken **3** und bis zu zwei weitere E-Mail-Adressen **4** hinterlegen.

2. Das Feld **Anzeigen als** **5** wird von Outlook automatisch ausgefüllt **6**. Das ist der Anzeigename, wenn Sie diese Mailadresse in eine neue E-Mail einfügen, und lediglich ein Hinweis für Sie selbst. Hier könnten Sie z. B. »ARBEIT« **7** hinzufügen, wenn es sich um die geschäftliche Mailadresse handelt.

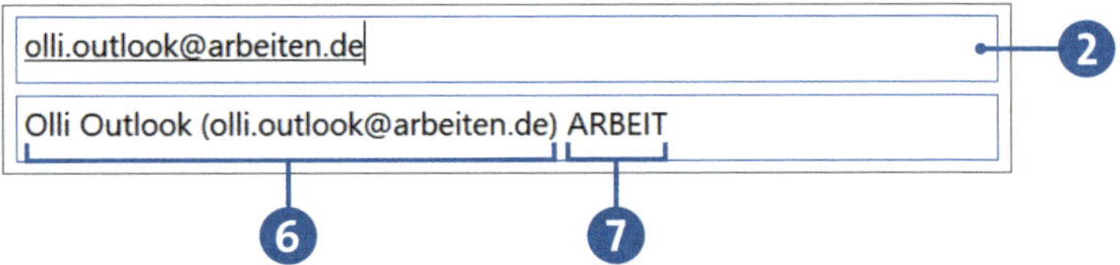

3. Des Weiteren können Sie noch eine **Webseitenadresse** **8** und sogar eine **Chatadresse** **9** eintragen.

Nun dreht sich alles um die **Telefonnummern** **1**.

1. Sie sehen, dass jedes Feld einen kleinen Ausklapppfeil **2** besitzt – per Mausklick darauf öffnet sich eine riesige Liste mit alternativen Benennungsmöglichkeiten. Wenn Ihnen etwa der Vorschlag **Geschäftlich** **3** nicht zusagt, können Sie diese Bezeichnung mithilfe eines Mausklicks auf einen der Menüeinträge z. B. einfach in **Firma** **4** umbenennen.

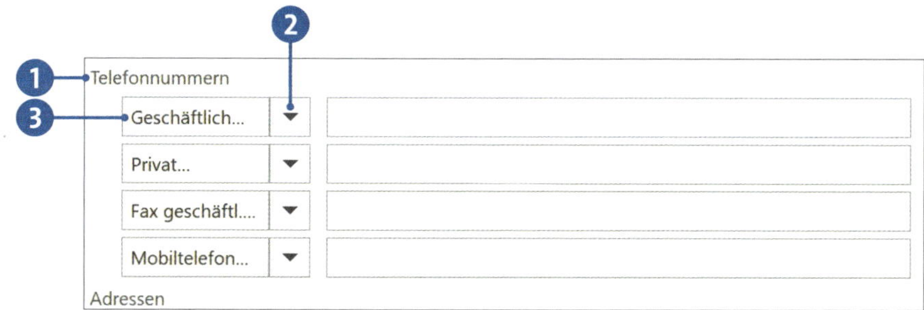

2. Tragen Sie dann die Telefonnummern Ihres Kontaktes in die jeweiligen Felder ein. Die Eingabe muss nicht bestätigt werden, Sie klicken mit der Maus einfach ins nächste Feld.

Firma... +49 7233 1231231 123131

Privat... +49 8888 121323 1213123123

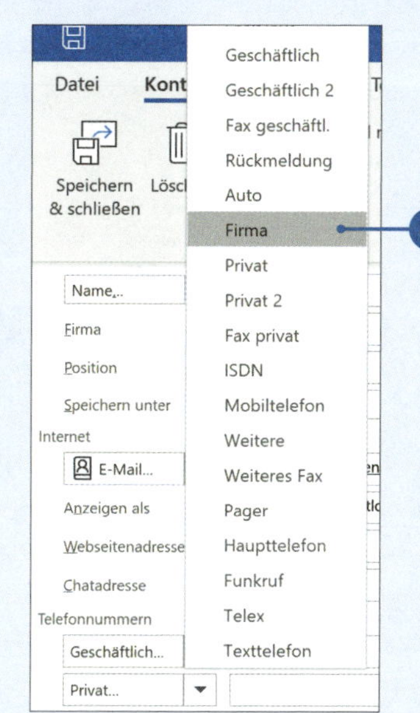

Länderkennung berücksichtigen

Tragen Sie die Rufnummern immer mit der Landeskennung ein. Also +49 für Deutschland, +43 für Österreich und +41 für die Schweiz. Danach folgt die Vorwahl OHNE 0 und dann die normale Rufnummer. Das hat den Hintergrund, dass die Nummern somit »überall« funktionieren. Denn damit weiß jede App, auch am Smartphone, zu welchem Land die Rufnummer gehört. Übrigens wählt man am Telefon selbst immer 0049 (für Deutschland) oder 0043 (für Österreich) bzw. 0041 (für die Schweiz), das + steht lediglich als Platzhalter für diese beiden Nullen.

Weiter geht es mit der Anschrift.

1. Unter **Adressen** wechseln Sie, wieder per Klick auf das Pfeilsymbol, die Bezeichnung zunächst einmal auf **Privat** (1). Tippen Sie dann die Adresse ein (2), nach der

Straße führen Sie einfach einen Zeilenumbruch mit der ↵-Taste aus.

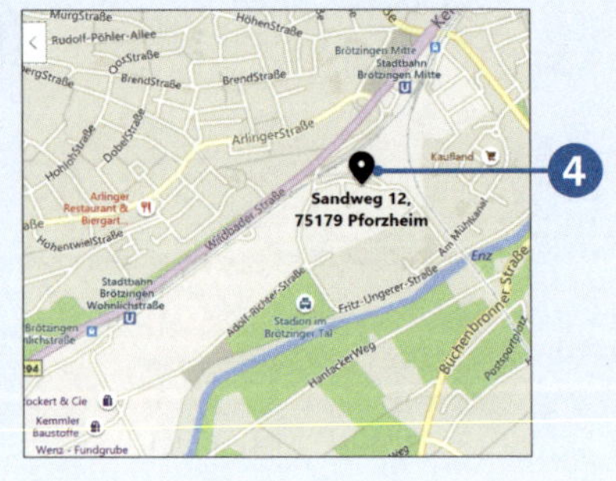

Nettes Extra: Ein Klick auf die **Karte**-Schaltfläche ❸ öffnet im Browser Edge eine virtuelle Landkarte und zeigt den Standort des Adressaten an ❹.

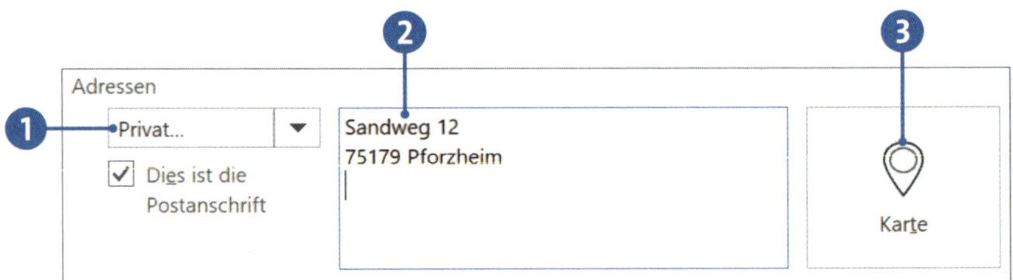

2. Das große Feld für die **Notizen** rechts neben den Adressdaten kann von Ihnen nach Bedarf befüllt werden. Oberhalb davon hat Outlook zudem für Sie eine virtuelle »Visitenkarte« mit den wichtigsten Kontaktdaten erstellt.

Damit wären die wichtigsten Daten erfasst. Sie können nun die Visiten- bzw. Karteikarte zum Kontakt über das Menüband mit einem Klick auf die gleichnamige Schaltfläche speichern und schließen.

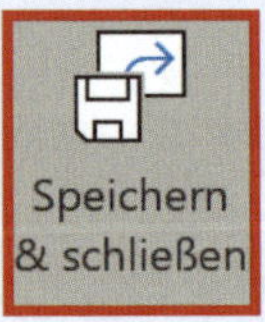

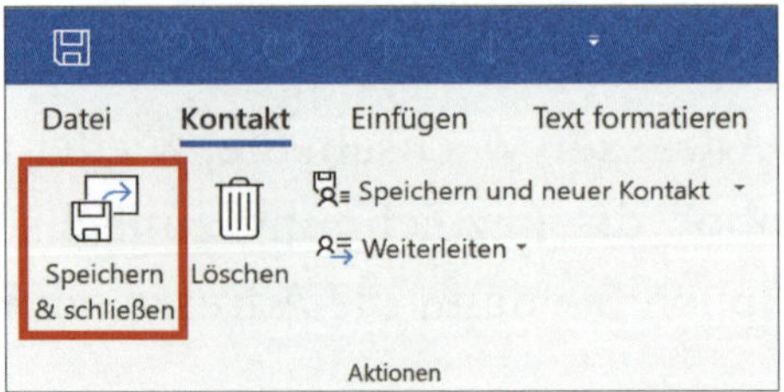

Sie gelangen zurück zur Outlook-Oberfläche im Bereich **Kontakte** und sehen nun in Ihrem Adressbuch den ersten Eintrag in der Liste. Großartig, oder?

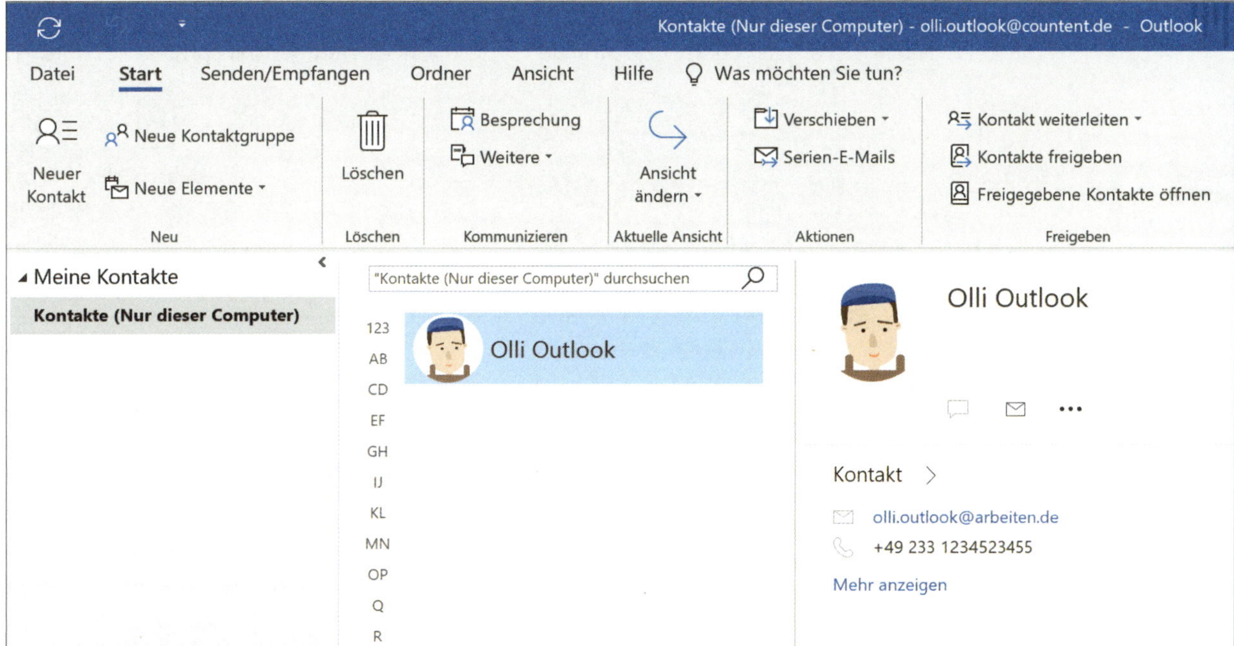

Im Folgenden zeigen wir Ihnen, wie Sie Ihr Adressbuch nun beim Schreiben von E-Mails einsetzen.

1. Wechseln Sie links unten per Klick auf die **Mail**-Schaltfläche 1 zurück zum E-Mail-Bereich in Outlook.

2. Wie im vorherigen Kapitel beschrieben, erstellen Sie nun eine neue Nachricht. Im Empfängerfeld **An** 2 tippen Sie nun die Anfangsbuchstaben des Kontaktes ein, den Sie gerade angelegt haben, bei uns ist das »Olli«. Sie werden sehen, dass Outlook sofort den Kontakt findet und – in unserem Fall – sogar direkt zwei hinterlegte E-Mail-Adressen zur Auswahl anzeigt 3. Statt des lästigen Eintippens

MERKE

Das Adressbuch kann nicht nur in Outlook, sondern übergreifend von allen Office-Programmen verwendet werden, beispielsweise für Serienbriefe oder Ähnliches. Das ist dann aber tatsächlich etwas für Fortgeschrittene.

der E-Mail-Adresse wählen Sie diese nun künftig einfach per Mausklick aus – Tippfehler ausgeschlossen!

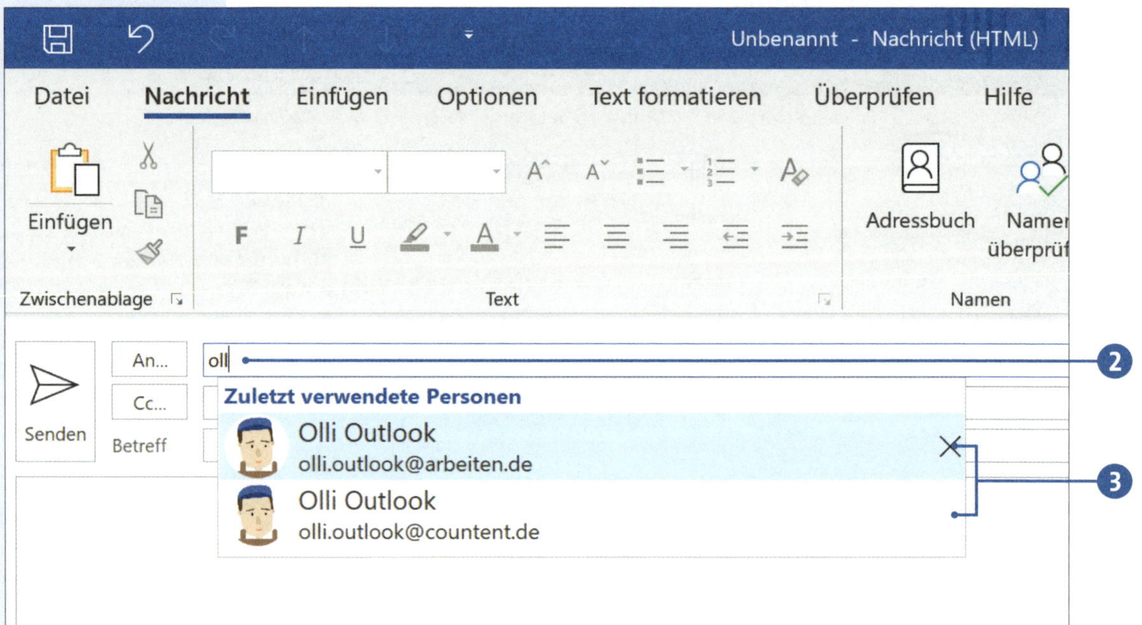

3. Möchten Sie eine Mail an mehrere Empfänger versenden, fügen Sie einfach hinter dem ersten Kontakt den nächsten hinzu. Entweder auch über die automatische Ergänzung aus dem Adressbuch (per Mausklick) oder per Eingabe über die Tastatur. Mehrere Mailadressen werden per Semikolon (;) getrennt.

Olli Outlook; wilma@fredfeuerstein.de;

Gehen Sie beim anschließenden Schreiben und Versenden Ihrer E-Mail dann so vor, wie es im vorangehenden Kapitel beschrieben wurde.

MERKE

Sie können im **An**- oder **Cc**-Feld mehrere E-Mail-Adressen eintragen – Sie müssen diese lediglich durch das Semikolon-Zeichen (;) trennen.

Geburtstage beim Kontakt ergänzen

Tatsächlich ist der Geburtstag der liebsten Menschen doch eine wichtige Sache. Sie können diesen in Outlook, in den Kontakten, hinterlegen, und im folgenden Kapitel erstellen wir daraus einen Geburtstagskalender. Auf diese Weise üben wir nebenbei auch, wie man einen Kontakt im Nachhinein ändert bzw. wie man Daten ergänzt.

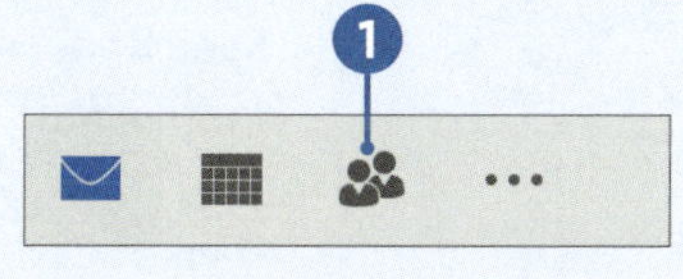

1. Wir befinden uns aktuell im Bereich **Mail** von Outlook. Wechseln Sie also zunächst über die Symbolleiste links unten zurück in den **Kontakte**-Bereich 1.

2. Nun suchen Sie Ihren gerade angelegten Kontakt in der alphabetischen Liste und öffnen ihn per Doppelklick. Er erscheint wieder in einem separaten Fenster.

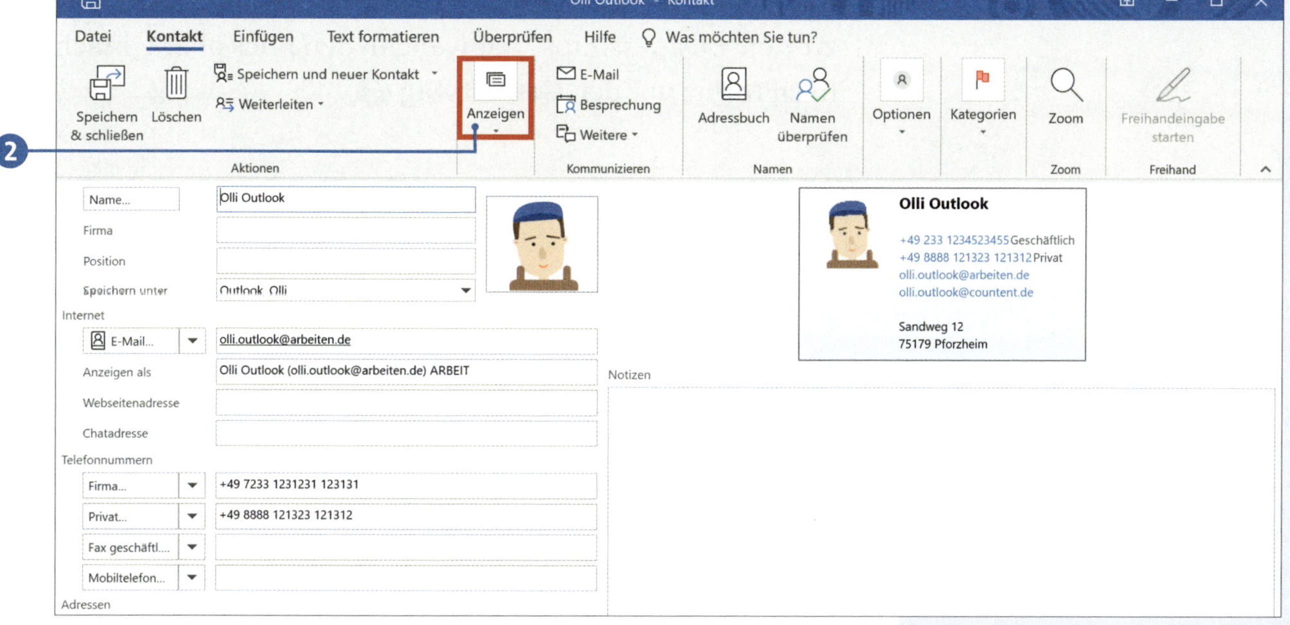

3. Das Feld für den Geburtstag ist gut versteckt. Im Menüband unter **Kontakt** klicken Sie auf die Schaltfläche **Anzeigen** ❷ und wählen im Aufklappmenü **Details** ❸ aus.

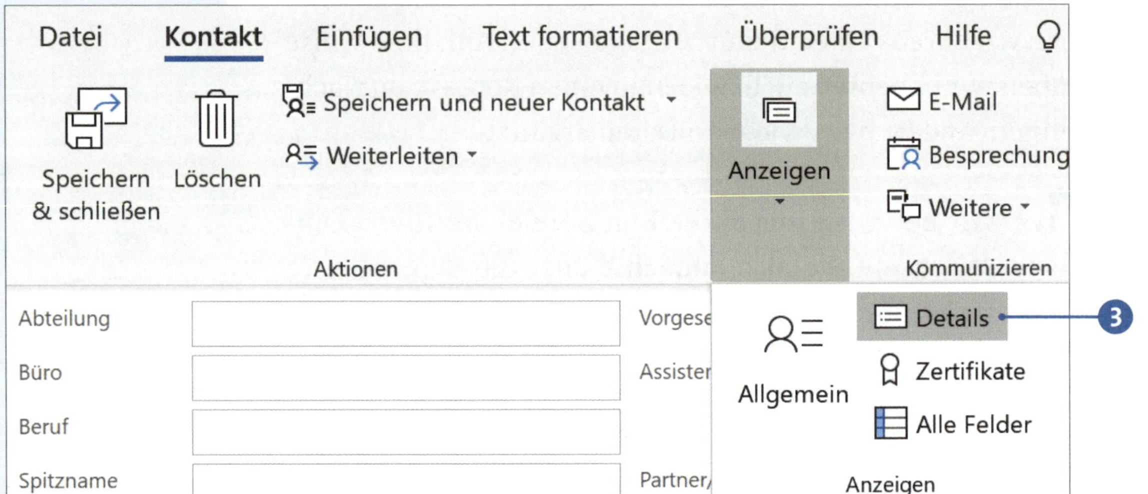

4. Im folgenden Dialogfenster gibt es schon wieder viel zu viele Businessinfos. Wir wenden den Blick aber einfach nach rechts auf den **Geburtstag** ❹.

Abteilung
Vorgesetzte(r)
Büro
Assistent(in)
Beruf
Spitzname
Partner/in
Anrede
Geburtstag
Ohne
Namenszusatz
Jahrestag
Ohne
Internet Frei/Gebucht
Adresse
4

5. Sie können direkt in das leere Feld neben der Bezeichnung klicken und den Geburtstag mithilfe der Tastatur eintippen.

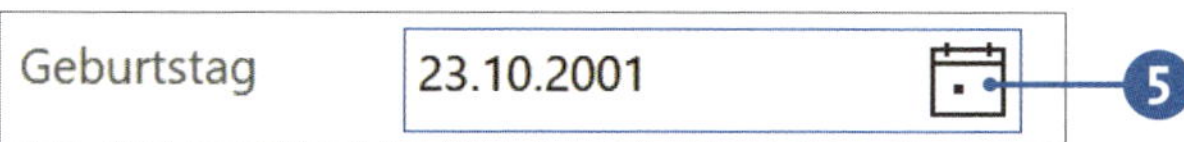

6. Alternativ klicken Sie auf das Kalendersymbol **5** und wählen den Geburtstag über den daraufhin eingeblendeten Kalender **6** aus. Da man hier aber nicht mehrere Jahre überspringen, sondern Monat für Monat blättern muss, wird das spätestens bei einer Person mit einem Alter von mehr als drei Jahren sehr lästig.

7. Ist der Geburtstag eingetragen, wechseln Sie im Menüband über **Anzeigen** **7** wieder zurück auf **Allgemein** **8** zur gewohnten Kontaktansicht. Speichern und schließen Sie Ihre Ergänzung zum Kontakt über die gleichnamige Schaltfläche im Menüband.

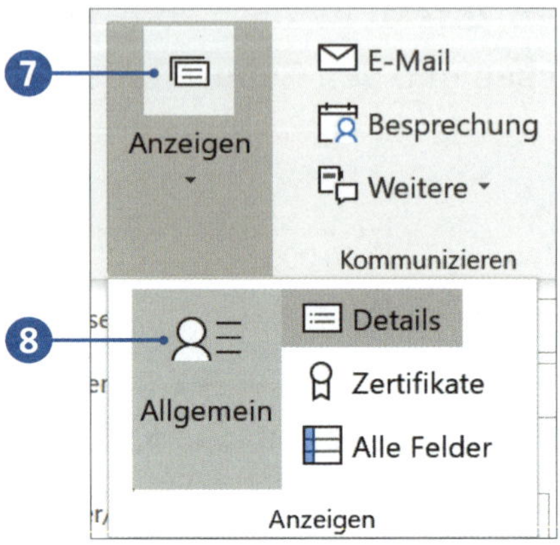

Wie Sie den Geburtstagskalender verwenden, zeigen wir Ihnen im nun folgenden Kapitel.

KAPITEL 12

Outlook und der Kalender – nichts mehr vergessen

Was man nicht im Kopf hat, hat man entweder in den Beinen oder auf Dutzenden Notizzetteln bzw. auch in verschiedenen Kalendern eingetragen. Mit dem integrierten Kalender in Outlook schaffen Sie ganz schnell Ordnung in Ihren Terminen, werden daran automatisch erinnert, und auch Geburtstage werden künftig rechtzeitig angekündigt. Lernen Sie in diesem Kapitel die Grundlagen, um Outlook zu Ihrem ganz persönlichen Sekretär zu machen.

Der Kalenderbereich im Überblick

Im ersten Schritt schauen wir uns den Kalenderbereich im Überblick an, den wir nach dem Start von Outlook über das zweite Symbol in der Seitenleiste (1) aufrufen.

Das Menüband wird mit dem Reiter Start (2) geöffnet. Hier finden Sie wie immer verschiedene Schaltflächen und damit verbundene Funktionen.

Links sehen Sie zum einen einen kleinen Kalender (3), der den aktuellen Tag anzeigt, und zum anderen einen Ordner unterhalb von **Meine Kalender** (4).

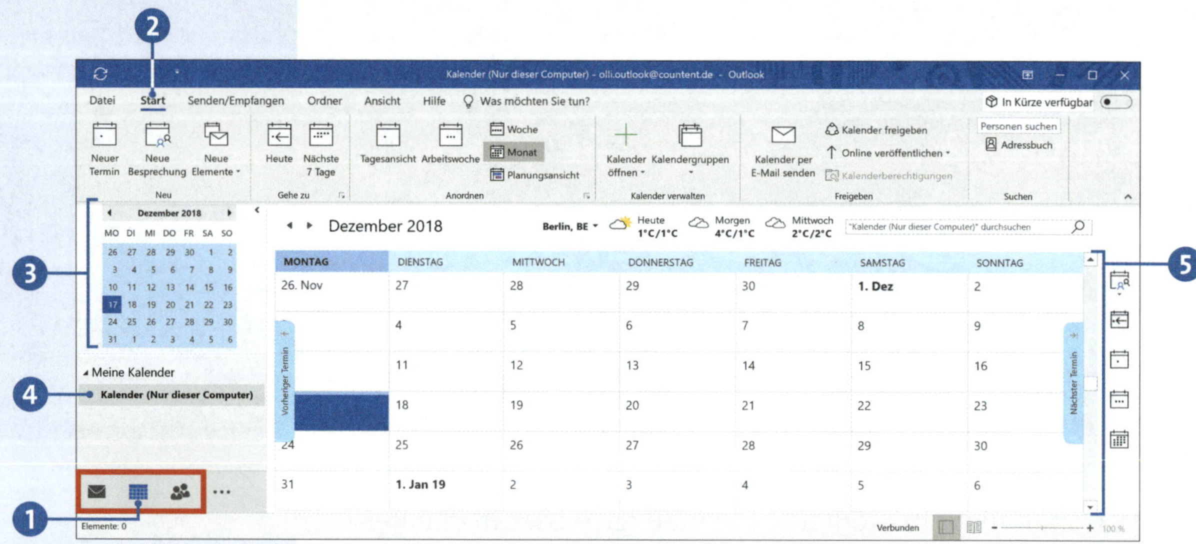

Hier könnten auch weitere Kalender aufgeführt sein, etwa von anderen Personen, die in einem Unternehmen auf dasselbe Netzwerk zugreifen. Das ist für unsere Belange also nicht relevant, uns interessiert hier nur der Kalender, der sich auf Ihrem persönlichen Computer befindet.

Der eigentliche Kalender rechts 5 ist großzügig angelegt und zeigt standardmäßig mindestens einen Monat an. Der aktuelle Tag, der auch im kleinen Kalender links mit einer Markierung versehen ist, wird dort mit einer blauen Leiste gekennzeichnet 6.

MERKE

Outlook ist ein Profiprogramm und kann in Firmen dazu verwendet werden, viele verschiedene Kalender, beispielsweise unterschiedlicher Abteilungen, miteinander zu verbinden.

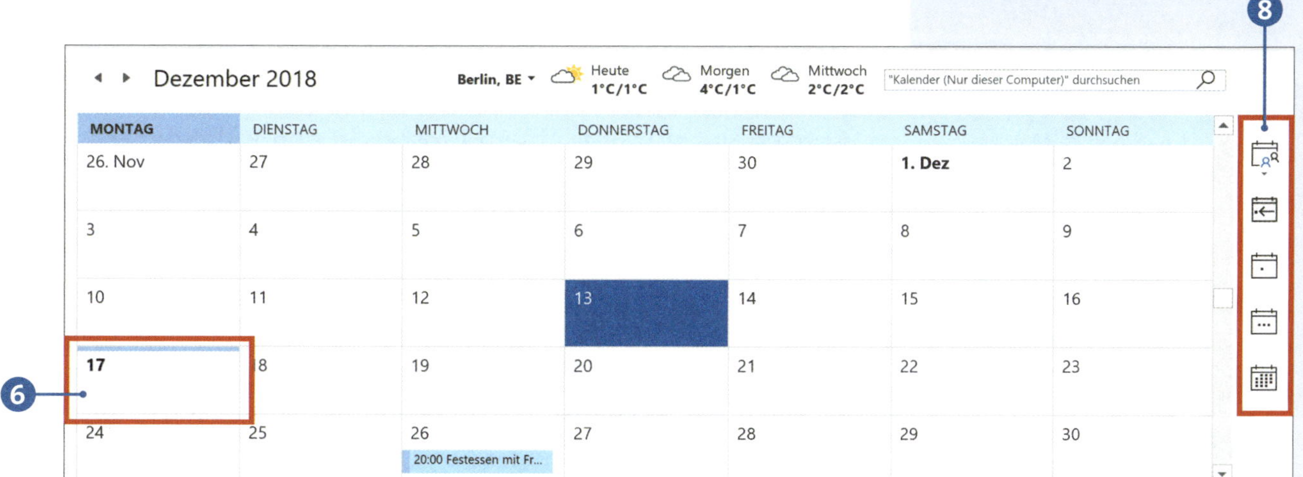

Einen Tag, an dem Sie ein Ereignis hinterlegt, also einen Termin eingetragen haben, erkennen Sie an dem kleinen grauen Pfeil 7. Hat sich Outlook aktualisiert, wird das Ereignis konkret mit Uhrzeit angezeigt.

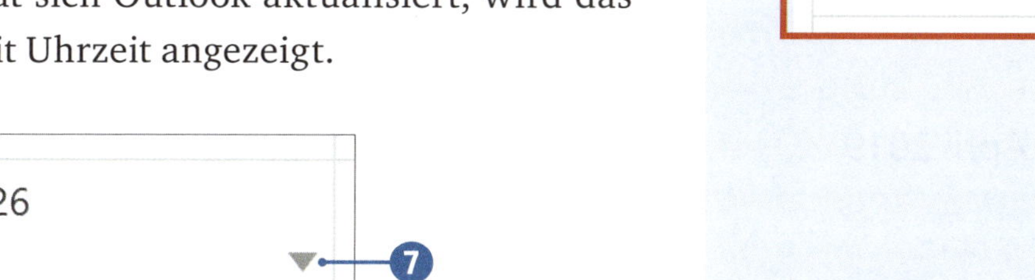

Ganz rechts außen finden Sie noch mehrere Schaltflächen 8 – hier schalten Sie die Ansicht des Kalenders auf die Tages-, Wochen- oder Monatsdarstellung um oder erstellen einen neuen Eintrag. Achtung, in älteren Office-Versionen finden Sie diese Optionen nur im Menüband oben.

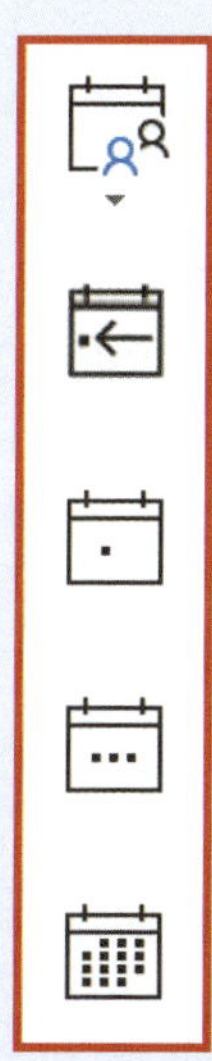

Nach diesem kurzen Überblick gehen wir direkt dazu über, einen neuen Eintrag, Outlook nennt das auch *Ereignis*, zu erstellen.

Einen Kalendereintrag vornehmen

Starten wir nun mit einem Eintrag in den Kalender. Lassen Sie sich anschließend überraschen, auf welche Weise Ihnen Outlook beim Erinnern helfen wird.

1. Wir befinden uns nach wie vor im Kalenderbereich von Outlook, den Sie über das Symbol unten links aktivieren. Das passende Datum wählen Sie zunächst über den Kalender aus. Klicken Sie dazu mit der Maus entweder im kleinen Kalender in der Seitenleiste links auf die Pfeile rechts und links neben dem angezeigten Monat ❶ oder auf die Pfeile im großen Kalender rechts ❷, um zum gewünschten Monat zu gelangen.

2. Im großen Kalender klicken Sie nun den gewünschten Tag an. Dieser ändert sich direkt in ein Eingabefeld um ❸, in das Sie Ihren Termin hineintippen können. Bestätigen Sie Ihre Eingabe mit der Taste ↵.

ACHTUNG!

Bitte hier als Beispiel keinen Geburtstag eintragen. Das lassen wir Outlook später viel komfortabler erledigen. Und zwar vollautomatisch!

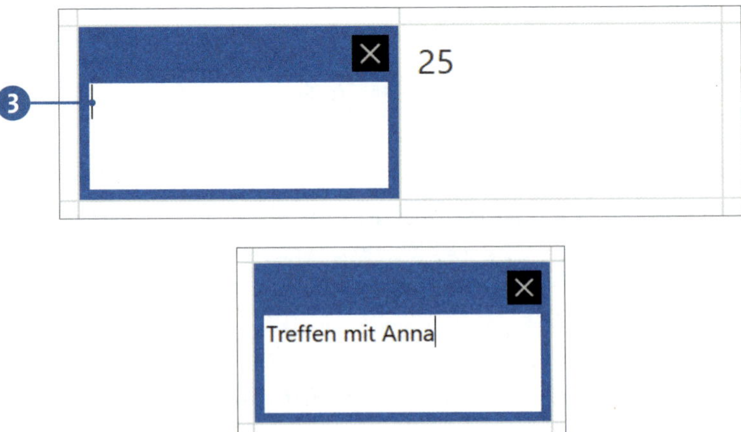

3. Es öffnet sich ein weiteres Fenster mit einem Vorschlag für die Start- und Endzeit sowie einer Standardeinstellung für die Erinnerung ❹ an diesen Termin.

ACHTUNG!

Sollte das Fenster mit den Termindetails verschwinden, fahren Sie mit dem Mauszeiger einfach auf den eingetippten Text, um es wieder einzublenden.

4. Wir passen diese Daten nun aber individuell an – doppelklicken Sie auf den eingetragenen Text, öffnet Outlook den Termin in einem separaten Fenster. Und ja, es sieht ganz ähnlich aus wie jenes Fenster, das Sie bereits von der Erstellung einer E-Mail her kennen.

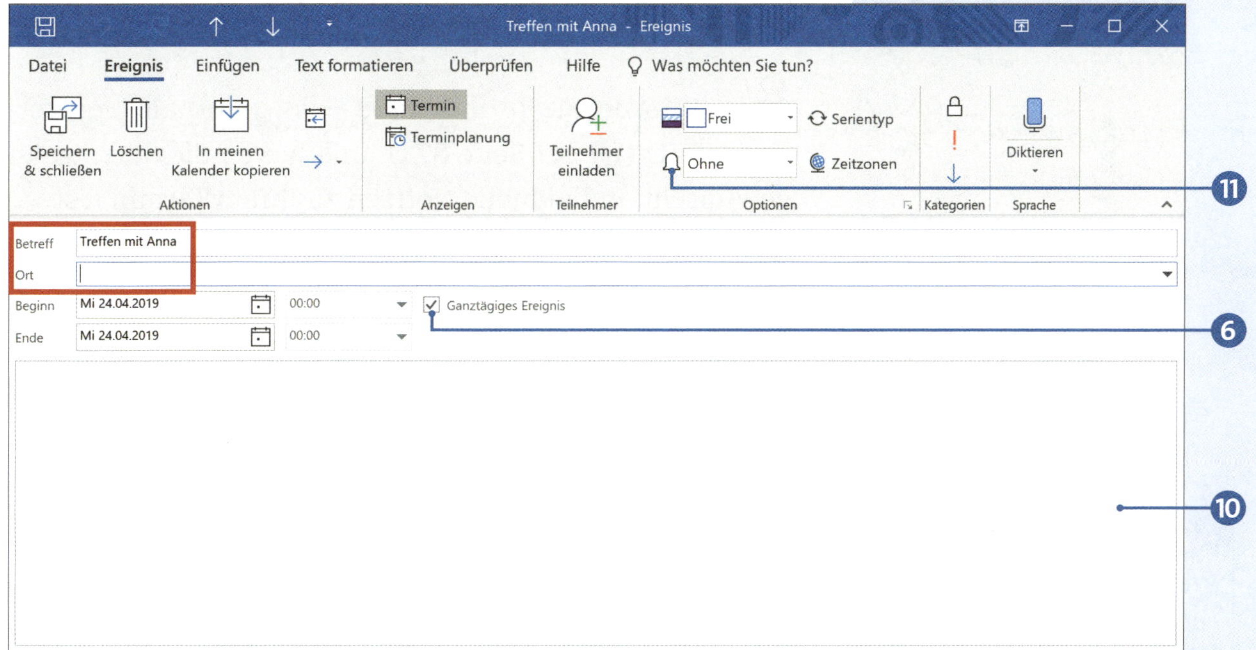

5. Der **Betreff** ist bereits ausgefüllt, er entspricht der Eingabe aus Schritt 2. Im Feld darunter können Sie nun auch einen **Ort** 5 für den Termin eintragen.

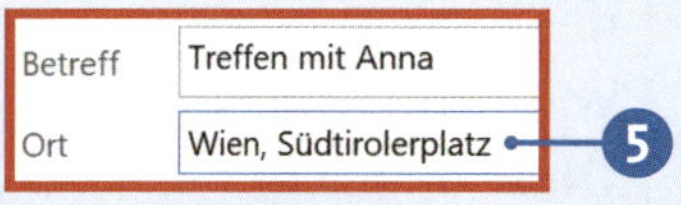

6. Nun geht es um das eigentliche Datum. Entfernen Sie zunächst das Häkchen bei **Ganztägiges Ereignis** ⑥, wenn der Termin nur über einen gewissen Zeitraum gehen soll. Dann werden automatisch auch die Felder für die Eingabe einer Uhrzeit bei **Beginn** und **Ende** ⑦ aktiviert.

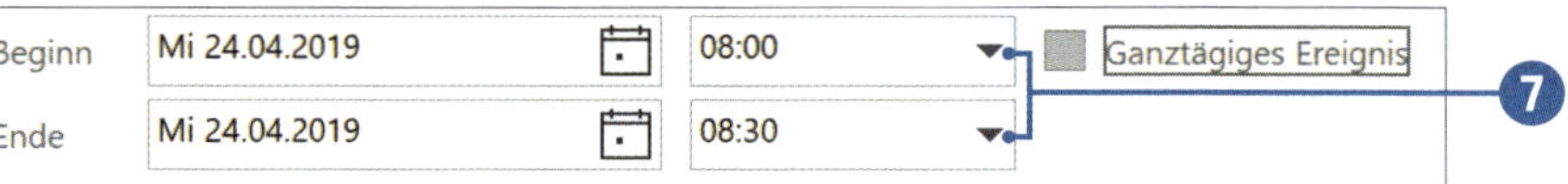

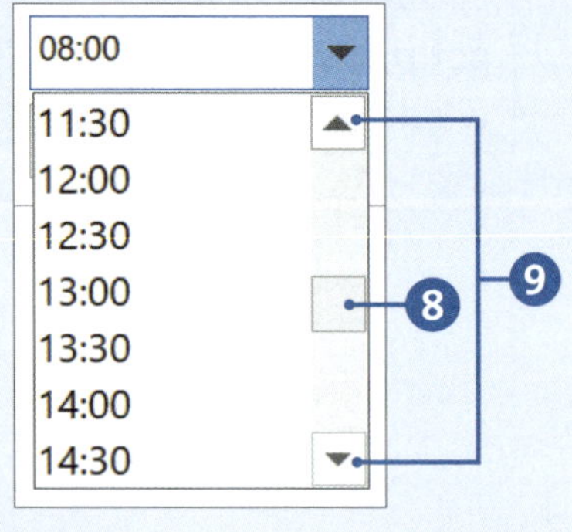

7. Die Uhrzeit ändern Sie, indem Sie jeweils auf den kleinen grauen Pfeil klicken und mit einem linken Mausklick die passende Uhrzeit aus der Liste auswählen. Um zu der gewünschten Uhrzeit zu gelangen, müssen Sie ggf. die Bildlaufleiste ⑧ oder auch die Pfeile am Anfang und Ende des Scrollbalkens ⑨ nutzen.

8. Klicken Sie in das leere Feld unterhalb der Termindetails (⑩ auf Seite 371), und halten Sie dort, wenn gewünscht, individuelle Notizen zu Ihrem Termin fest.

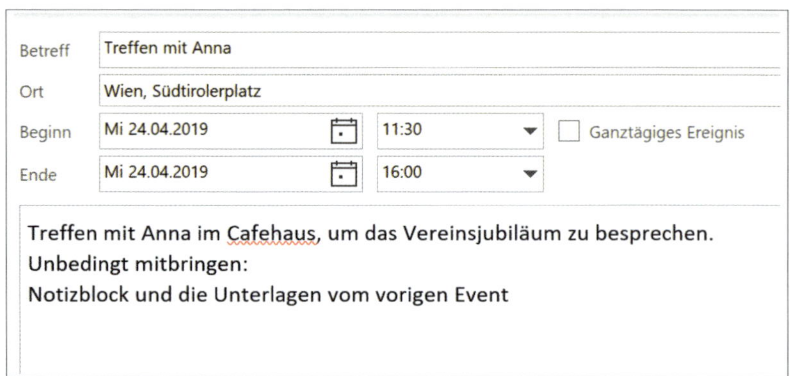

ACHTUNG!

Wenn Sie eine Erinnerung an einen Termin wünschen, müssen Sie dies Outlook mitteilen, denn standardmäßig wird ein Termin immer **Ohne** angelegt.

9. Ganz wichtig ist das kleine Glockensymbol (⑪ auf Seite 371) oben im Terminfenster. Standardmäßig erinnert Outlook an keinen Termin, aber genau das wäre ja wünschenswert. Klicken Sie daher auf den Pfeil beim Auswahlfeld zum Glockensymbol, und wählen Sie per linkem Mausklick aus, mit welcher Vorlaufzeit vor dem Termin Sie daran erinnert werden möchten.

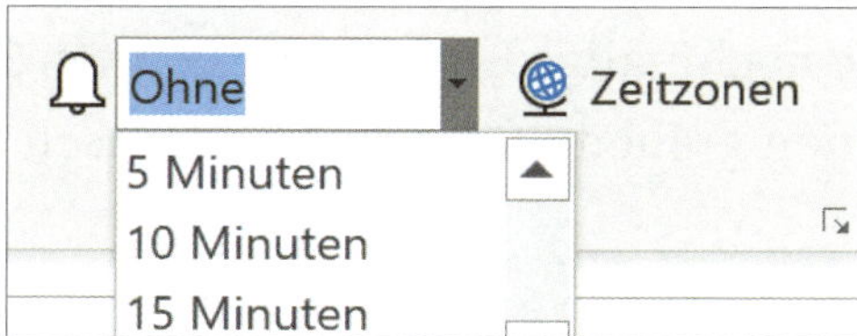

10. Mit einem Klick auf die Schaltfläche **Speichern & schließen** oben links im Terminfenster ist der erste Termin im Kalender eingetragen. Hier wird nun nach den zuvor gemachten Angaben zusätzlich die Anfangszeit des Termins angezeigt.

11. Outlook blendet eine Erinnerung (hier von einem anderen Termin) am Computer ein, sobald ein Termin fällig ist.

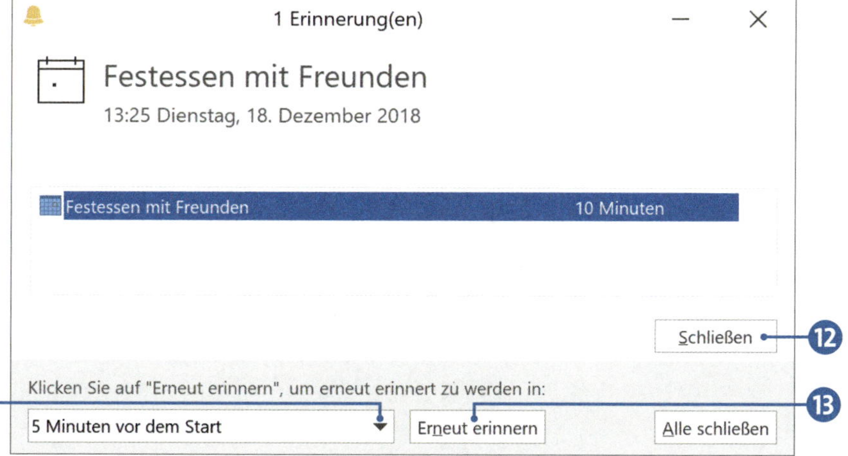

12. Sie können die Erinnerung dann entweder über die gleichnamige Schaltfläche schließen ⑫ oder sich mit einem Klick auf die Schaltfläche **Erneut erinnern** ⑬ nochmals darauf aufmerksam machen lassen. Den Zeitpunkt für die nochmalige Erinnerung können Sie per Klick auf den kleinen grauen Pfeil ⑭ nach Wunsch festlegen.

Auf diese Weise können Sie beliebig viele Termine eintragen und Ihren Alltag wunderbar organisieren.

Outlook hält natürlich noch eine Reihe von Kalenderfunktionen für den beruflichen Alltag bereit. Diese alle im Detail zu erklären würde aber schon mehrere Kapitel füllen. Wir wollen uns nun aber noch den Geburtstagskalender vornehmen, der für die meisten von uns sehr nützliche Dienste leistet.

Den Geburtstagskalender verwenden

Outlook kann Sie Jahr für Jahr an die Geburtstage Ihrer Liebsten erinnern, und das sogar vollautomatisch. Ein wenig Vorarbeit ist erforderlich, aber der einmalige Zeitaufwand lohnt sich. So wird der Ehrentag nie mehr vergessen, und auch der Geschenkekauf wird ganz entspannt nicht mehr auf den letzten Drücker erledigt, da Outlook nun rechtzeitig daran erinnert.

Zur Vorbereitung sollten Sie bereits mehrere Kontakte inklusive Geburtstag in Outlook angelegt haben, so wie im vorherigen Kapitel beschrieben, sonst funktioniert diese Anleitung nicht!

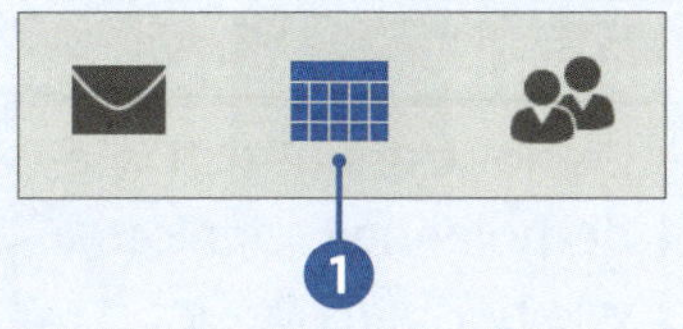

1. Starten Sie Outlook wie gewohnt, und klicken Sie auf den **Kalender**-Bereich ①. Wechseln Sie mithilfe der Pfeile beim kleinen Kalender links bzw. beim großen Hauptkalender zu einem Monat, in dem einer Ihrer im Adressbuch erfassten Kontakte Geburtstag hat. Sie sehen dann direkt, dass Outlook den Geburtstag erkannt und bereits in Ihrem Kalender eingetragen hat.

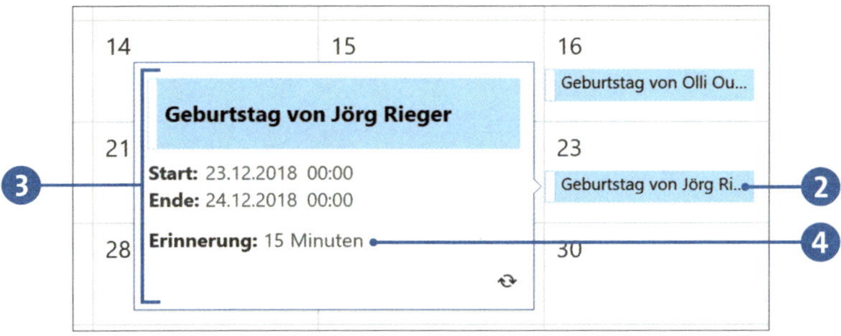

2. Fahren Sie mit der Maus auf den Eintrag ②, dann werden in einem kleinen Fenster Details dazu eingeblendet ③. Die eingestellte Erinnerung mit **15 Minuten** vor dem Ereignis ④ ist aber deutlich zu knapp bemessen.

3. Öffnen Sie den Eintrag daher mit einem Doppelklick auf den Eintrag im Kalender ②. Es folgt nun eine Abfrage, welche die Wiederholung des Termins betrifft, was Outlook als *Terminserie* bezeichnet.

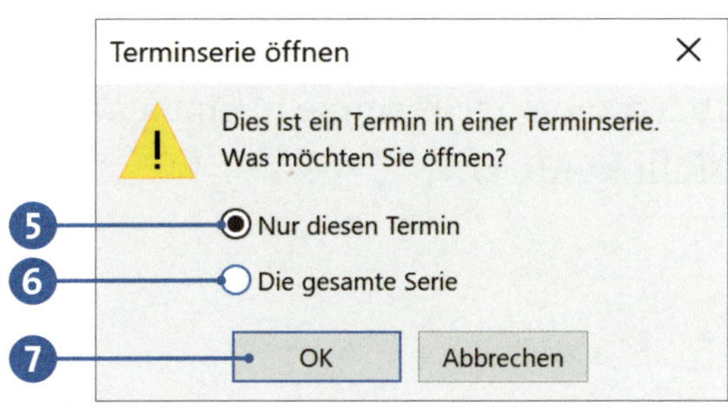

MERKE

Outlook nennt sich wiederholende Ereignisse wie beispielsweise einen Geburtstag *Serie*.

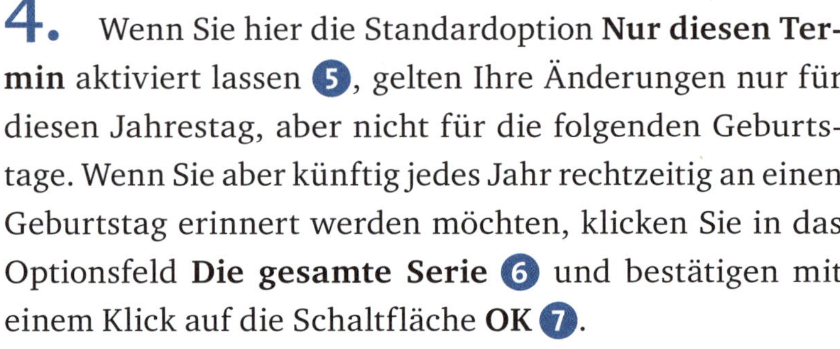

4. Wenn Sie hier die Standardoption **Nur diesen Termin** aktiviert lassen (5), gelten Ihre Änderungen nur für diesen Jahrestag, aber nicht für die folgenden Geburtstage. Wenn Sie aber künftig jedes Jahr rechtzeitig an einen Geburtstag erinnert werden möchten, klicken Sie in das Optionsfeld **Die gesamte Serie** (6) und bestätigen mit einem Klick auf die Schaltfläche **OK** (7).

5. Es öffnet sich das bereits bekannte Terminfenster mit den verschiedenen Einstellungsmöglichkeiten. Outlook zeigt Ihnen hier zusätzlich an, dass es sich um einen Serientermin handelt (8).

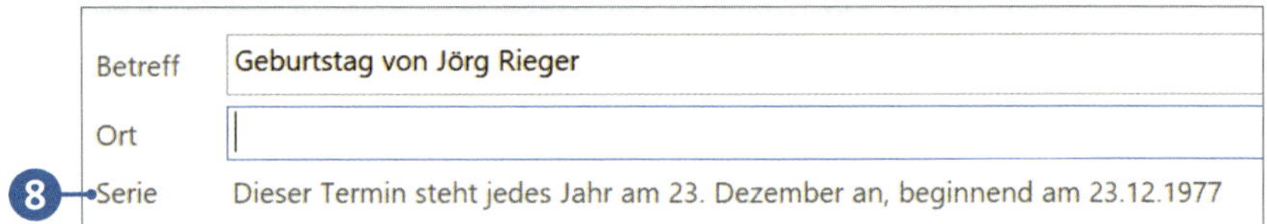

6. Uns interessiert aber die Erinnerung – mit einem Klick auf den Pfeil beim Auswahlfeld neben dem Glockensymbol oben im Menüband des Terminfensters stellen Sie den gewünschten Zeitraum ein. Mit einem Klick auf die Schaltfläche **Speichern & schließen** wird die Änderung für diesen Geburtstag übernommen. Dies müssen Sie nun allerdings noch bei allen anderen Geburtstagen Ihrer Kontakte jeweils durchführen.

ACHTUNG!

Sie müssen die Erinnerungsfunktion bei jedem Kontakt einzeln ändern.

Und damit ist der Geburtstagskalender perfekt, und das mühselige Übertragen der Termine in einen neuen Papierkalender entfällt künftig.

KAPITEL 13

Die Office-Programme im Teamwork

In diesem letzten Kapitel wollen wir Ihnen noch einen kurzen Überblick darüber geben, wie die Office-Programme zusammenarbeiten und wie Sie gemeinsam mit Freunden und Bekannten an Projekten arbeiten können. Zudem schauen wir uns an, wie Sie Ihre Dokumente auch auf dem Smartphone oder Tablet aufrufen können.

Wir gehen in diesem Kapitel davon aus, dass Sie das Buch schon fleißig durchgearbeitet haben, hier setzen wir tatsächlich schon einiges an Wissen voraus. Aber keine Sorge, das klappt schon. Legen wir nun also einfach los!

Office für die Familie

Haben Sie *Office 365 Home* (oder *Personal*) im Abo gekauft (siehe dazu ab Seite 43), dann können Sie bis zu fünf weitere Menschen in Ihrem Umfeld daran teilhaben lassen. Sprich, fünf weitere Menschen können die Office-Programme ganz ohne Einschränkung und weitere Kosten auf ihrem eigenen Computer nutzen. Microsoft nennt das offiziell *Familienmitglieder*, aber Sie können natürlich beliebige Freunde und Bekannte mit einem Zugang erfreuen, diese müssen nicht mit Ihnen unter einem Dach leben.

ACHTUNG!

Sie können nur die Version *Office 365* im Abonnement mit Familienmitgliedern oder mit Freunden und Bekannten teilen.

Dokumente sind privat!

Ganz wichtig: Natürlich sind Ihre mit einer »geteilten« Office-Version erstellten Dokumente, Tabellen und Präsentationen dennoch für Sie alleine sichtbar und privat, es hat hier sonst niemand Zugriff darauf. Außer, Sie erlauben es ausdrücklich, dann können Sie auch im Team arbeiten. Wie das funktioniert, zeigen wir Ihnen im folgenden Abschnitt dieses Kapitels ab Seite 383.

Und so teilen Sie Ihre Microsoft-Office-Lizenz mit anderen:

1. Öffnen Sie Ihren Internetbrowser, beispielsweise *Edge* von Microsoft, und geben Sie in die Adresszeile »www.office365.com« (1) ein. Betätigen Sie dann die Taste [↵].

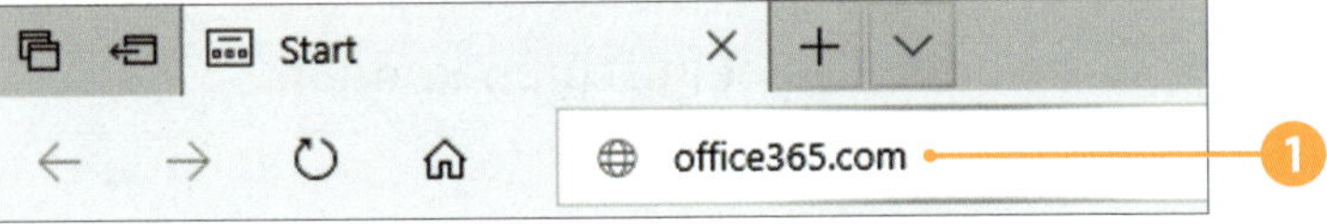

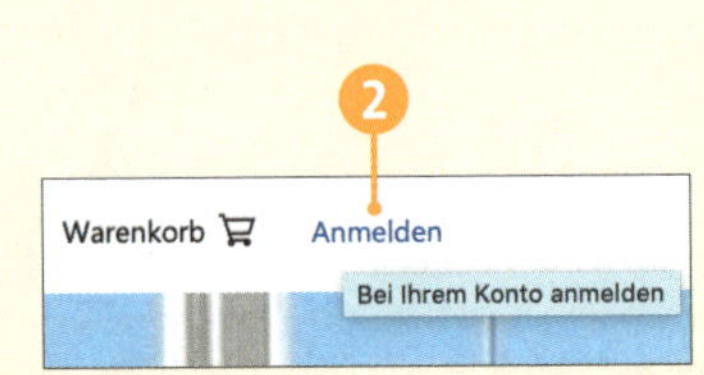

2. Rechts oben auf der Microsoft-Webseite klicken Sie auf **Anmelden** (2)

3. Geben Sie im folgenden Fenster die E-Mail-Adresse Ihres *Microsoft-Kontos* (3) ein. Bestätigen Sie mit einem Klick auf **Weiter** (4).

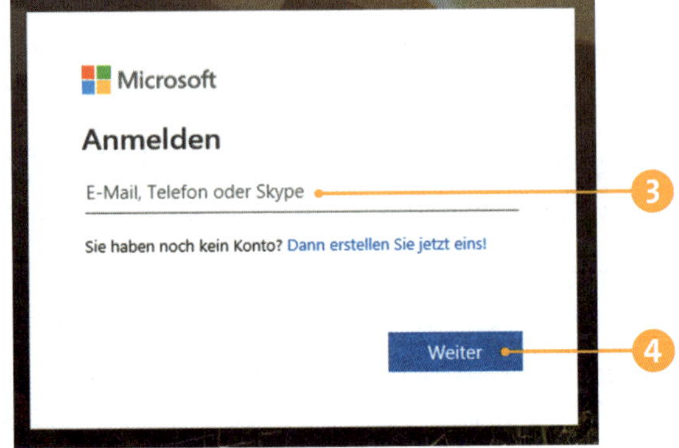

MERKE

Alles rund um die verschiedenen Office-Versionen können Sie ab Seite 43 nachlesen. Und zum Thema Microsoft-Konto erfahren Sie alle wichtigen Details ab Seite 32.

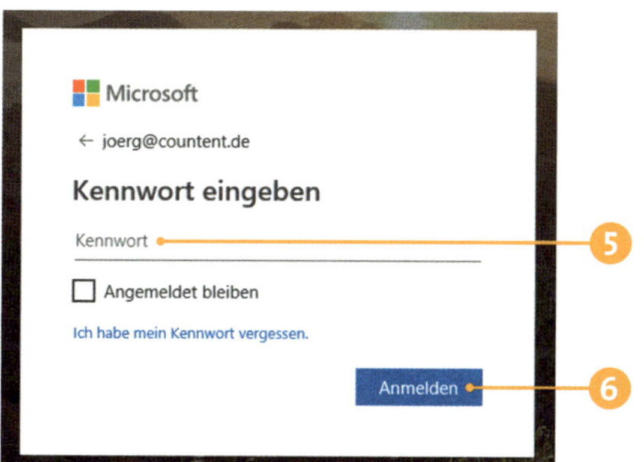

WAS TUN?

Wie Sie den Online-Speicher OneDrive nutzen, können Sie ab Seite 39 nachlesen.

4. Danach folgt die Abfrage Ihres Kennworts. Tippen Sie es in das entsprechende Feld 5 ein, und bestätigen Sie die Eingabe mit einem Klick auf **Anmelden** 6. Sie gelangen damit in Ihren persönlichen Office-Bereich, hier werden Ihnen sogar die zuletzt verwendeten Dokumente angezeigt 7, wenn diese im Online-Speicher *OneDrive* abgelegt wurden.

Mein Konto →

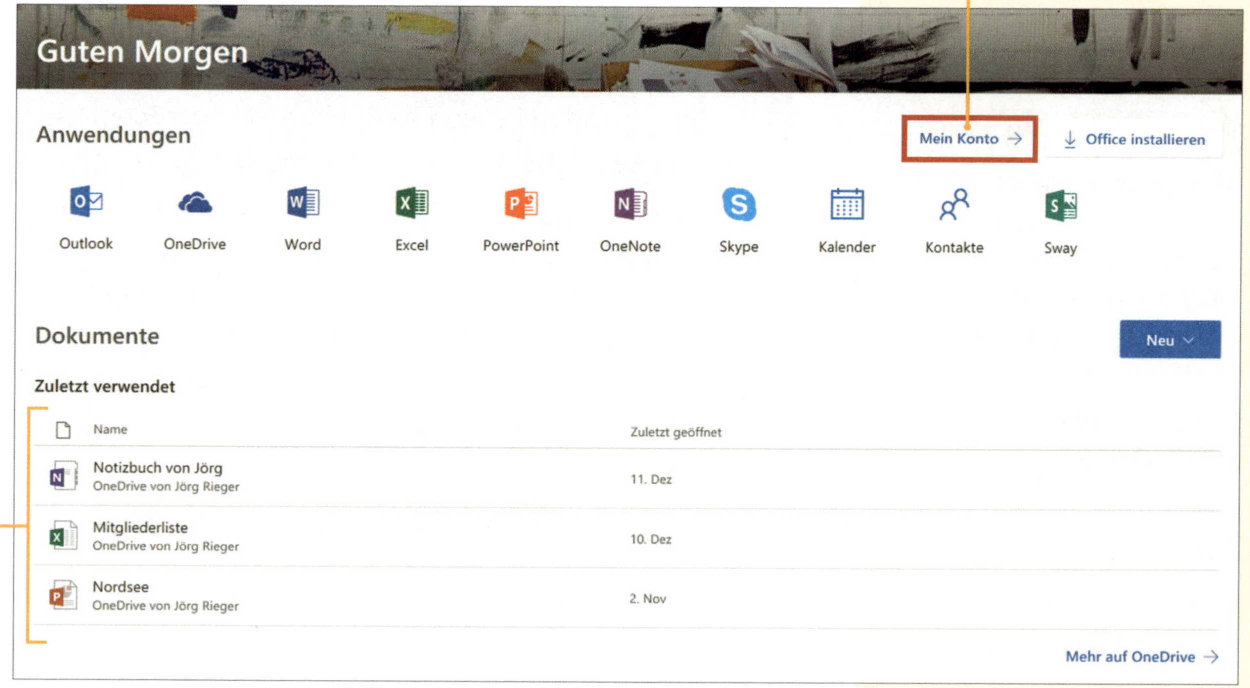

5. Wir klicken aber nun auf **Mein Konto** 8, ein neues Fenster wird geladen. Hier interessiert uns der Bereich **Familie** – dort klicken Sie auf **Mitglied hinzufügen** 9.

Mitglied hinzufügen >

6. Im folgenden Fenster aktivieren Sie mit einem Klick die Optionsschaltfläche vor **Erwachsener** 10 und geben im Feld darunter 11 die E-Mail-Adresse Ihres Kontakts ein. Auch den angezeigten Sicherheitscode (das sog. *Captcha*) 12 müssen Sie im Feld darunter 13 eingeben. Leider ist diese verzerrte Darstellung von Buchstaben und Ziffern nicht immer ganz einfach zu identifizieren. Im Zweifelsfall klicken Sie auf **Neu** 14, um einen neuen Code zu laden, der dann hoffentlich besser zu lesen ist. Ansonsten können Sie sich das Captcha auch per Schaltfläche **Audio** 15 vorlesen lassen.

ACHTUNG!

Der neue Teilhaber an Ihrem Microsoft Office muss über ein Microsoft-Konto verfügen, das wie immer kostenlos unter *www.microsoft.com* angelegt werden kann.

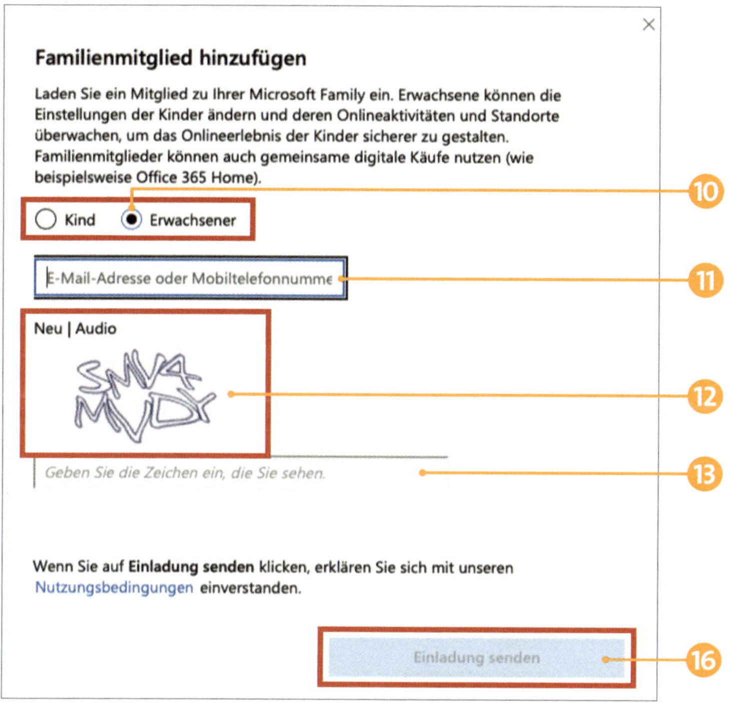

7. Ist alles perfekt ausgefüllt, wird auch die Schaltfläche **Einladung senden** 16 aktiv, d. h., Sie können Sie nun anklicken. Der Eingeladene erhält daraufhin eine E-Mail, in der er über Ihr Angebot, Office zu nutzen, informiert wird.

8. Bei Ihnen wird eine Erfolgsmeldung eingeblendet. Bestätigen Sie diese mit einem Klick auf **Fertig** 17.

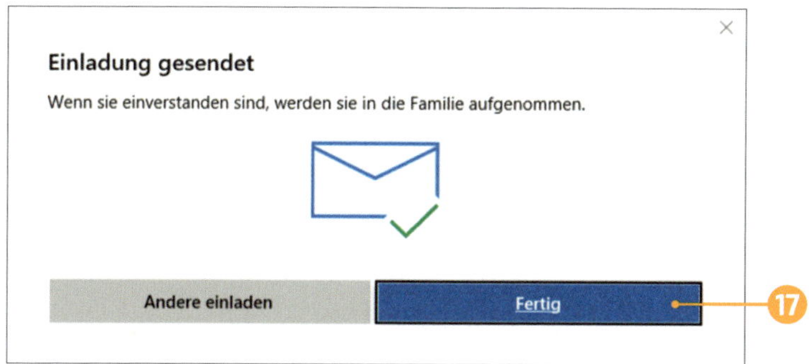

Der eingeladene Kontakt muss Ihrer Einladung aber auch noch zustimmen – das geschieht über die Schaltfläche **Beitreten** (1) – und sich anschließend mit einem eigenen Microsoft-Konto im Internet anmelden. Dann kann Ihr Kontakt Office direkt von dort installieren und nutzen. Das funktioniert dann für diesen Teilnehmer ganz so, wie Sie es in Kapitel 2, »Erste Schritte für die Arbeit mit Microsoft Office«, ab Seite 45 kennengelernt haben.

In Ihrem Familienbereich sehen Sie dann in der Übersicht sämtliche Teilnehmer, die Sie hinzugefügt haben.

Aus Familie entfernen

Möchten Sie jemandem die Office-Lizenz wieder entziehen, dann klicken Sie beim entsprechenden Mitglied einfach auf **Aus Familie entfernen** (2).

So einfach können Sie mehrere Familienmitglieder, Freunde oder Bekannte an Ihrer Office-Lizenz teilhaben lassen. Klasse, oder?

Dokumente gemeinsam nutzen

Mit Microsoft Office besteht die Möglichkeit, gemeinsam an Dokumenten zu arbeiten. Das ist immer dann interessant, wenn Sie an einem Projekt zusammen mit einer anderen oder mit mehreren Personen beteiligt sind. Statt das Dokument umständlich per E-Mail zu versenden, arbeiten Sie mit der praktischen Freigabefunktion von Office einfach zusammen am gleichen Schriftstück. Das lästige Einarbeiten von Änderungen und ein drohendes Versionschaos entfallen.

Grundvoraussetzung für die Teamarbeit ist:

- Alle Teilnehmer verfügen über Office 365 und ein Microsoft-Konto.
- Sie müssen in Ihren Office-Apps in jedem Fall angemeldet sein (siehe dazu ab Seite 378).
- Das zu teilende Dokument ist auf *OneDrive* gespeichert (das macht Office aber automatisch, wie wir Ihnen gleich zeigen werden).

MERKE

Ihr Dokument muss in jedem Fall online abgelegt werden, nur so kann man gemeinsam daran arbeiten.

Legen wir nun einfach los!

1. Öffnen Sie ein beliebiges Dokument in Word. Wir haben uns hier für das Übungsbeispiel aus Kapitel 5,

»Rezeptbuch in Word – schnell und schick mit Formatvorlagen«, ab Seite 163 entschieden. Es spielt aber für diesen Workshop keine Rolle, welches Dokument Sie verwenden.

2. Nun klicken Sie rechts oben auf den Reiter **Freigeben** 1. Liegt das Dokument noch nicht auf OneDrive, erscheint das folgende Fenster. Klicken Sie hier auf die Schaltfläche **OneDrive** 2, um das Dokument online zu speichern.

3. Im daraufhin geöffneten Fenster **Freigeben** klicken Sie im Bereich **Personen einladen** auf das kleine Symbol 3 rechts außen. Das globale Adressbuch 4 wird geladen. Haben Sie in Kapitel 11, »Outlook als Adressbuch«, ab Seite 353 schon fleißig Kontakte angelegt, sind diese hier auch aufgelistet. Falls nicht, erstellen Sie über die Schaltfläche **Neuer Kontakt** 5 einfach einen neuen Eintrag. Ansonsten wählen Sie einen vorhandenen Kontakt aus 6 und klicken auf die Schaltfläche **An** 7. Der Kontakt wandert dann in das Feld **Nachrichtenempfänger** 8.

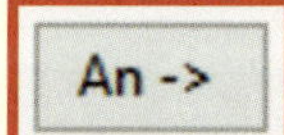

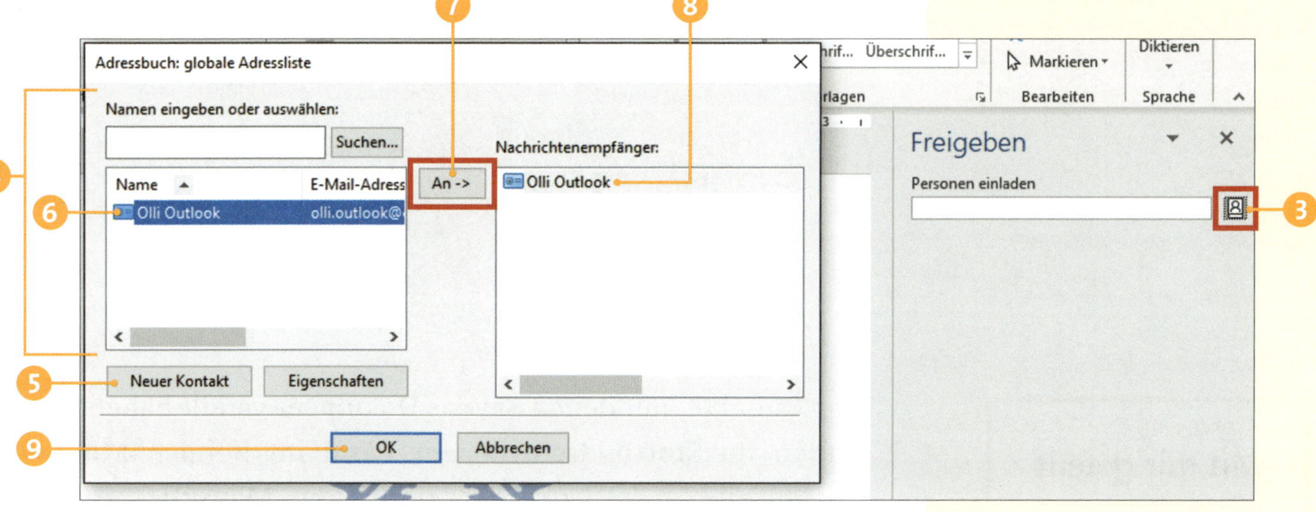

4. Bestätigen Sie mit einem Klick auf **OK** 9.

5. In der Spalte **Freigeben** nehmen Sie nun noch abschließende Einstellungen vor. In der Voreinstellung kann der neue Teilnehmer das Dokument bearbeiten. Soll dieser es nur betrachten können, klicken Sie auf den kleinen Pfeil 10 und wählen **Kann anzeigen** 11 aus. Bestätigen Sie mit einem Klick auf **Freigeben** 12.

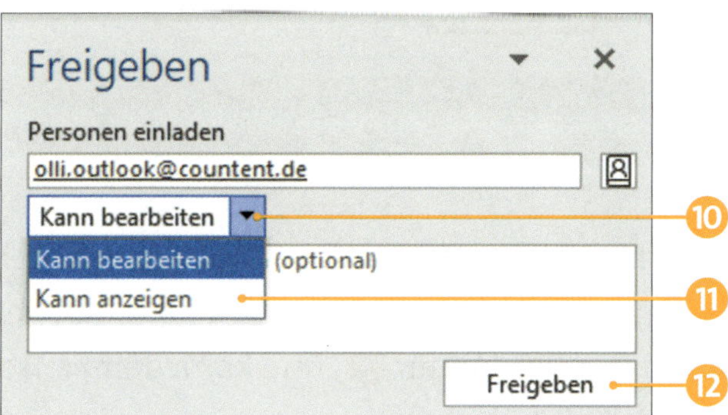

Im Anschluss sehen Sie, wer alles mitarbeiten darf.

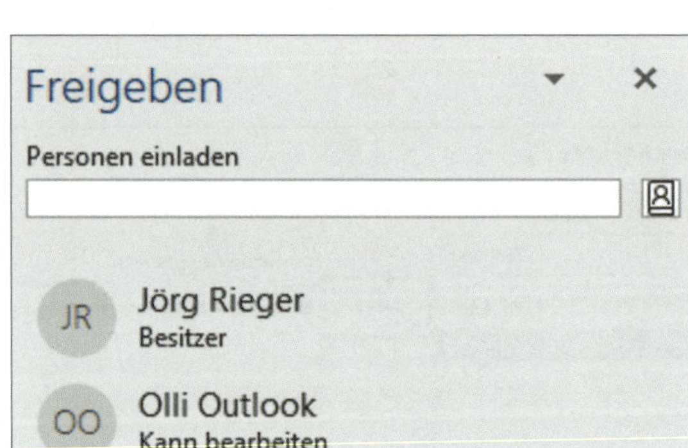

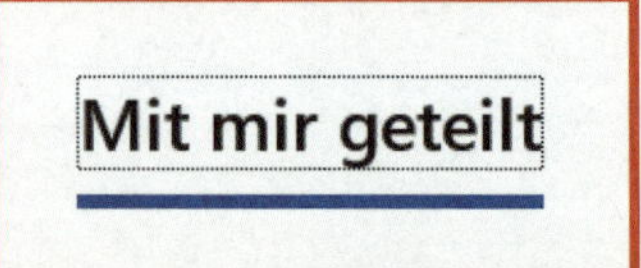

Die Kontakte, mit denen Sie das Dokument geteilt haben, öffnen im Startbildschirm von Word im Bereich **Mit mir geteilt** 1 das Dokument per linkem Mausklick. Es erscheint dort automatisch 2.

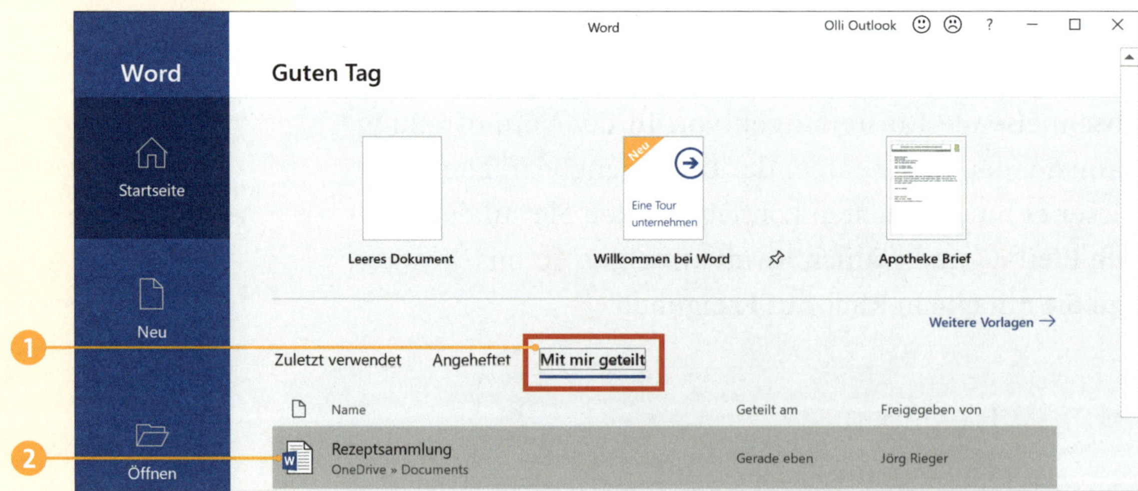

Beim ersten Öffnen muss der neue Teilnehmer bei sich noch bestätigen, dass das Dokument aus einer vertrauenswürdigen Quelle stammt 3, und kann dann anschließend mit dem Arbeiten loslegen.

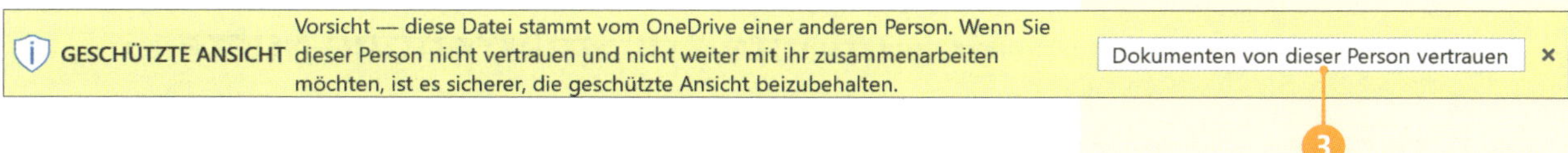

Zurück zu Ihnen und dem freigegebenen Dokument: Wenn, wie in unserem Beispiel, Olli Outlook nun an Ihrem Dokument arbeitet, sehen Sie dies an zwei Stellen. Zum einen erscheint im Menüband neben **Freigeben** das Namenskürzel 1 – fahren Sie mit der Maus darauf, sehen Sie zudem die Möglichkeit, an jene Stelle im Dokument zu springen, an der die andere Person gerade arbeitet 2.

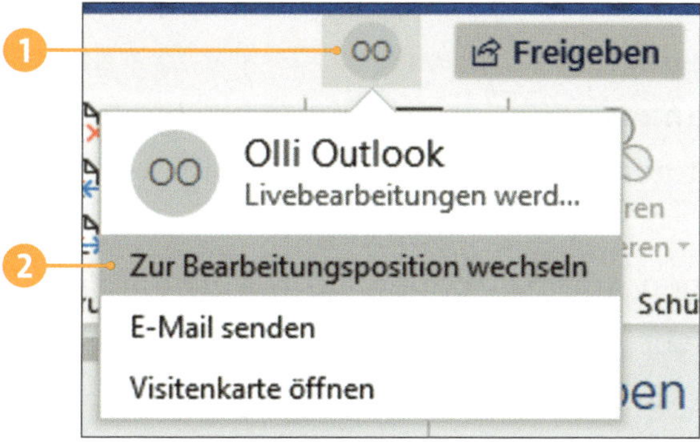

Im Dokument selbst erkennen Sie anhand eines roten Fähnchens 3, an welchen Stellen der andere Teilnehmer Änderungen vorgenommen hat.

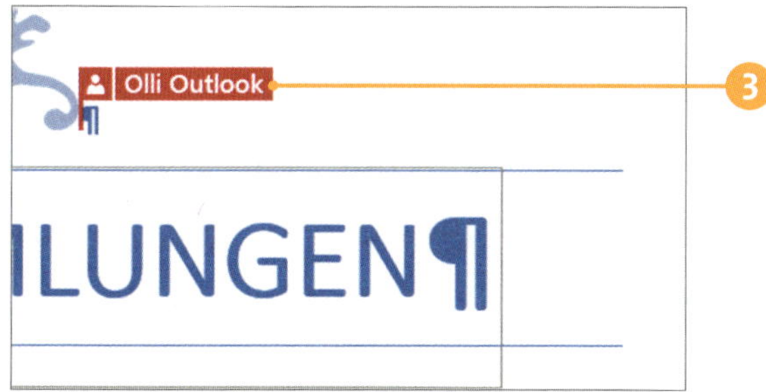

Sie sehen, wie Office das gemeinsame Arbeiten erleichtert! War doch gar nicht schwer, oder?

Dokumente am Smartphone nutzen

Wir haben Ihnen zu Beginn des Buchs kurz gezeigt, wie Sie Office auch am Smartphone, egal, ob iPhone oder Android-Gerät, installieren (siehe dazu Kapitel 2, »Erste Schritte für die Arbeit mit Microsoft Office«, ab Seite 55). Sie können auch mit diesen Apps wie auf Ihrem Computer problemlos Dokumente erstellen und öffnen. Voraussetzungen für ein reibungsloses Zusammenspiel zwischen den Office-Dokumenten auf dem PC und der mobilen Nutzung sind:

- Sie müssen Office 365 abonniert haben, egal, ob Home oder Personal.
- Die Dokumente sollten auf OneDrive abgelegt sein.
- Sie benötigen eine Internetverbindung.

Und so öffnen und bearbeiten Sie mit Ihrem Smartphone ein Dokument, das Sie bereits am Desktop-Computer oder Notebook erstellt haben.

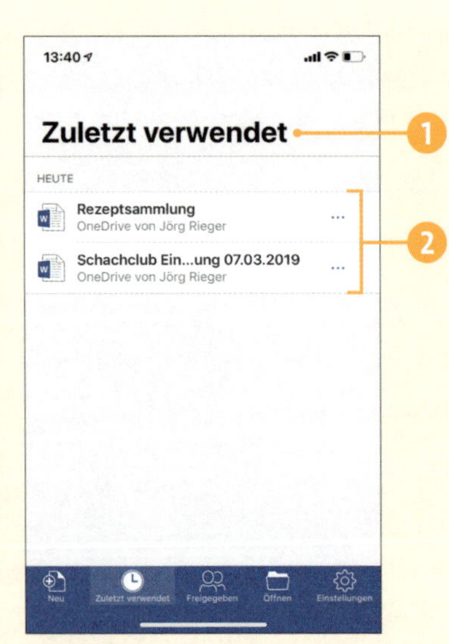

1. Öffnen Sie die Word-App an Ihrem Smartphone. Auf dem Startbildschirm haben Sie direkt Zugriff auf **Zuletzt verwendet** (1). Tippen Sie einmal darauf, und Sie erhalten eine Liste der zuletzt von Ihnen bearbeiteten Dokumente (2), und zwar unabhängig davon, ob Sie diese an einem PC, Smartphone oder Tablet erstellt und bearbeitet haben. Alternativ können Sie in der Menüleiste unten auch die **Öffnen**-Funktion (3) nutzen, wenn Sie ein Dokument öffnen möchten, das Sie in letzter Zeit nicht verwendet haben.

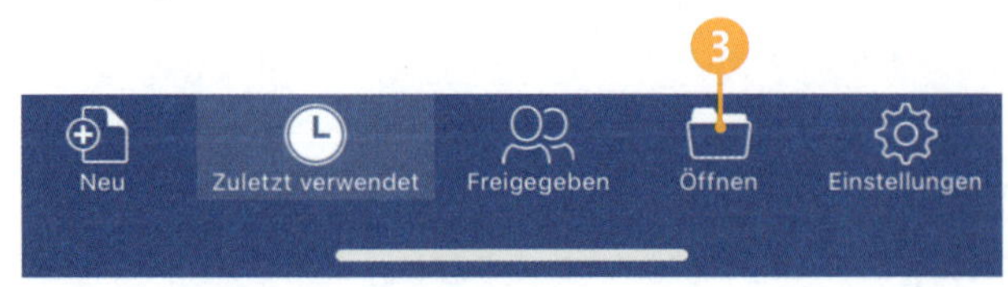

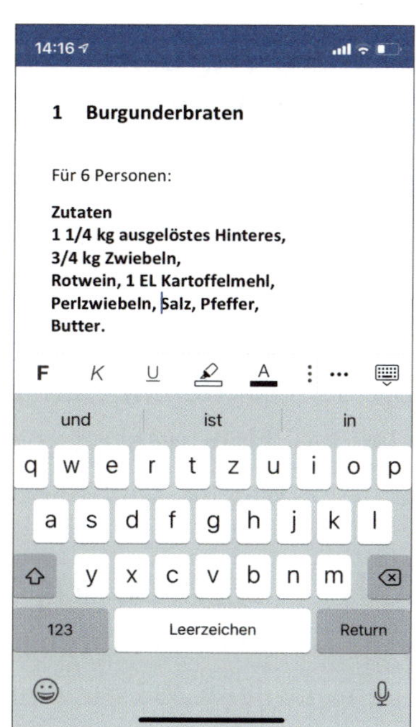

2. Mit einem Fingertipp auf das entsprechende Dokument wird es direkt geladen. Sie können es hier nun bearbeiten und Änderungen vornehmen. Diese Version steht daraufhin auch wieder am PC und auf allen anderen Geräten zur Verfügung, bei denen Sie mit Ihrem Microsoft-Konto angemeldet sind.

3. Ein separates Abspeichern ist am Smartphone in der Regel nicht erforderlich, die App hat eine automatische Sicherung eingeschaltet. Sie können dies aber leicht mit einem Fingertipp auf die drei Punkte 4 in der Menüleiste am oberen Bildschirmrand überprüfen.

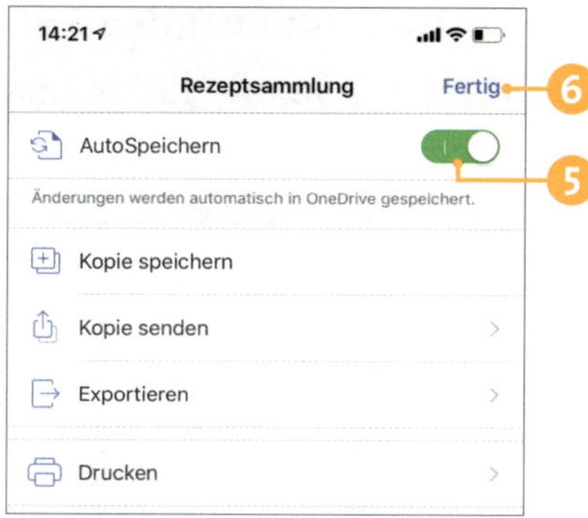

4. Im folgenden Bildschirm sollte der Schieberegler bei **AutoSpeichern** 5 auf Grün stehen – dann ist alles prima. Falls nicht, streichen Sie den Regler unbedingt nach rechts. Tippen Sie auf **Fertig** 6, um zum Dokument zurückzukehren.

Serienbriefumschläge mit Excel-Arbeitsmappe

Die Office-Programme arbeiten untereinander in vielfältiger Weise zusammen. Vieles davon sind Funktionen, die man privat wahrscheinlich nie benötigt. Trotzdem wollen wir Ihnen abschließend einen kleinen Ausblick geben, wie Sie die Programme miteinander arbeiten lassen können. Und vielleicht wecken wir damit bei Ihnen auch die Lust, selbst etwas auszuprobieren und neue Schritte zu wagen.

Sicher erinnern Sie sich, dass wir in Kapitel 6, »Mit Excel eine Kontaktliste führen und erste Berechnungen vornehmen«, ab Seite 203 zur Übung mit Excel eine Mitgliederliste angelegt haben. Diese lässt sich als perfekte Grundlage verwenden, um über Word automatisch Briefumschläge zu beschriften.

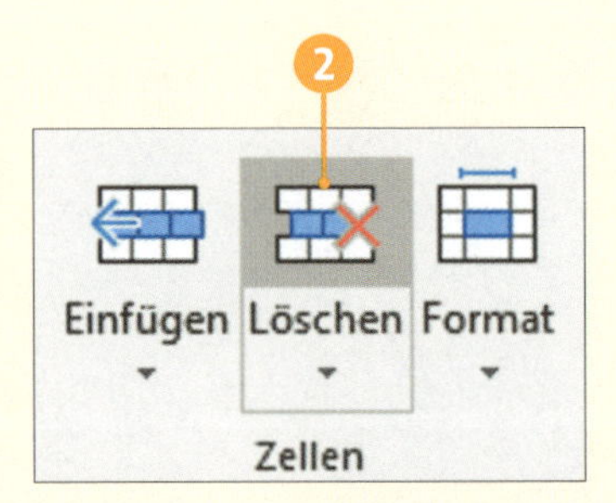

1. Zur Vorbereitung öffnen Sie diese auf Ihrem Computer abgespeicherte Excel-Mitgliederliste und löschen die erste Zeile komplett. Der Hintergrund ist: Um Serienbriefe oder individuelle Umschläge zu erstellen, ist es am einfachsten, wenn die Spaltenbeschriftungen in Zeile 1 stehen. Markieren Sie also die erste Zeile mit einem Klick auf die **1** (1), und wählen Sie im Menüband unter dem Reiter **Start** die Schaltfläche **Löschen** (2) aus.

	A	B	C	D	E	F
(1) 1	**Vereinsmitglieder**					
2	**Vorname**	**Nachname**	**Straße**	**Ort**	**Eintritt**	**Beitrag**
3	Maria	Allmann	Ledergasse 4	Fieberbrunn	14.05.2015	€ 40,00
4	Bertram	Bradditz	Bahnviertel 5	Wien	01.03.2019	€ 36,00
5	Karl	Celion	Am Seitenruder 51	Franzensbad	01.02.2014	€ 36,00

2. Speichern Sie die Tabelle am besten über den Reiter **Datei** mit **Speichern unter** unter einem separaten Namen ab, damit Sie das Original inklusive der Überschrift weiterhin als Version in petto haben.

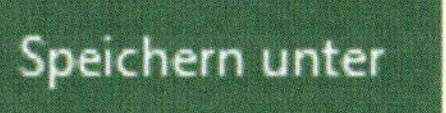

3. Wechseln Sie nun in Word – hier starten wir mit einem leeren Dokument und öffnen mit einem Mausklick das Menüband unter dem Reiter **Sendungen** 3. Hier klicken Sie auf **Seriendruck starten** 4.

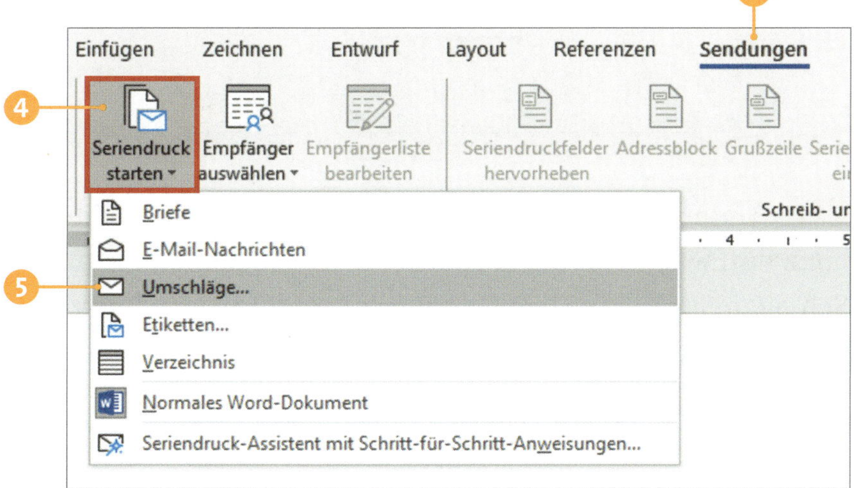

4. Es öffnet sich ein Auswahlmenü. Hier klicken Sie **Umschläge** 5 an.

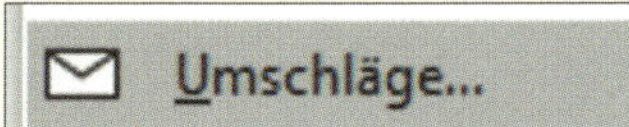

5. Im nächsten Dialog können Sie das Umschlagformat festlegen. Standard für normale Briefe ist **DL** 6 (DIN lang). In dieses Format passt ein DIN-A4-Papier mit zwei Falzungen. Für Empfänger und Absender definieren Sie auf Wunsch per Klick auf die entsprechenden Schaltflächen noch eine individuelle Schriftart 7.

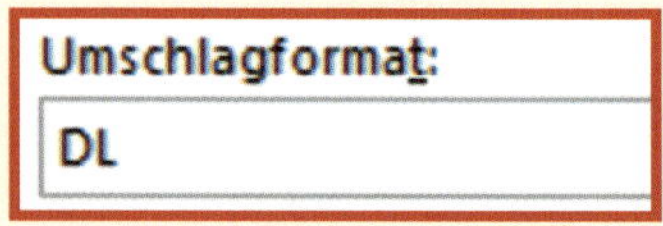

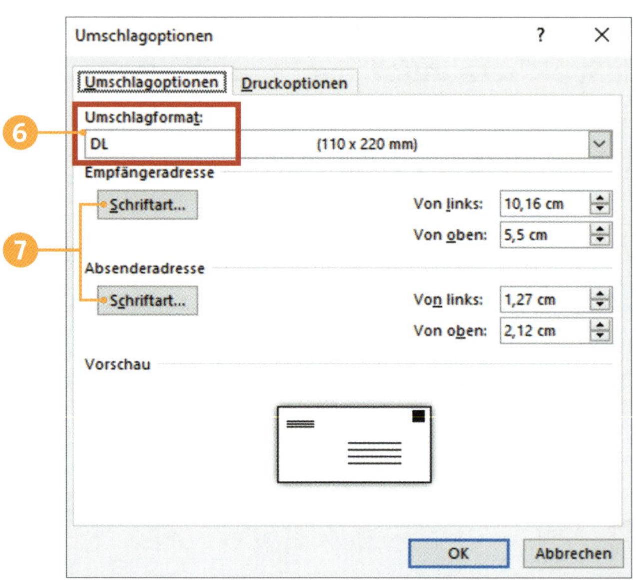

6. Unter dem Reiter **Druckoptionen** 8 stellen Sie noch ein, wie Ihr Drucker später den Umschlag einzieht. Schlagen Sie hier ggf. im Handbuch Ihres Druckers nach. Wenn Sie sich unsicher sind, belassen Sie die Standardeinstellung 9.

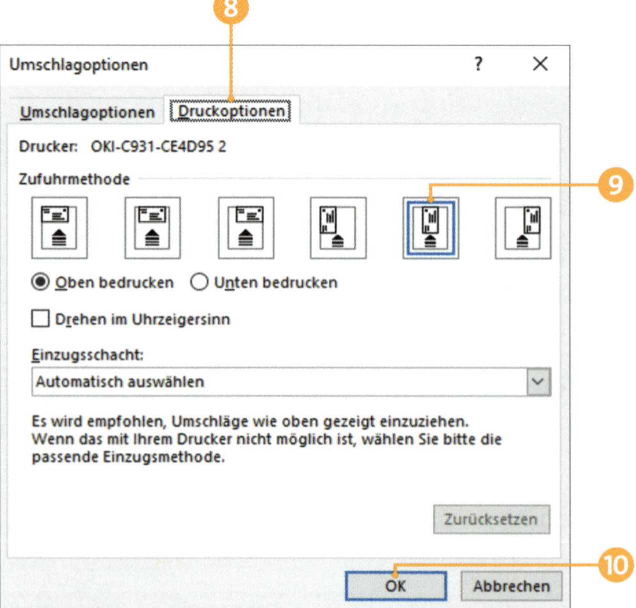

7. Bestätigen Sie nun mit einem linken Mausklick auf **OK** ⑩. Es öffnet sich das noch leere Umschlagsdokument, in dem das Feld für den Absender aktiviert ist. Hier tippen Sie Ihre Adresse ein ⑪.

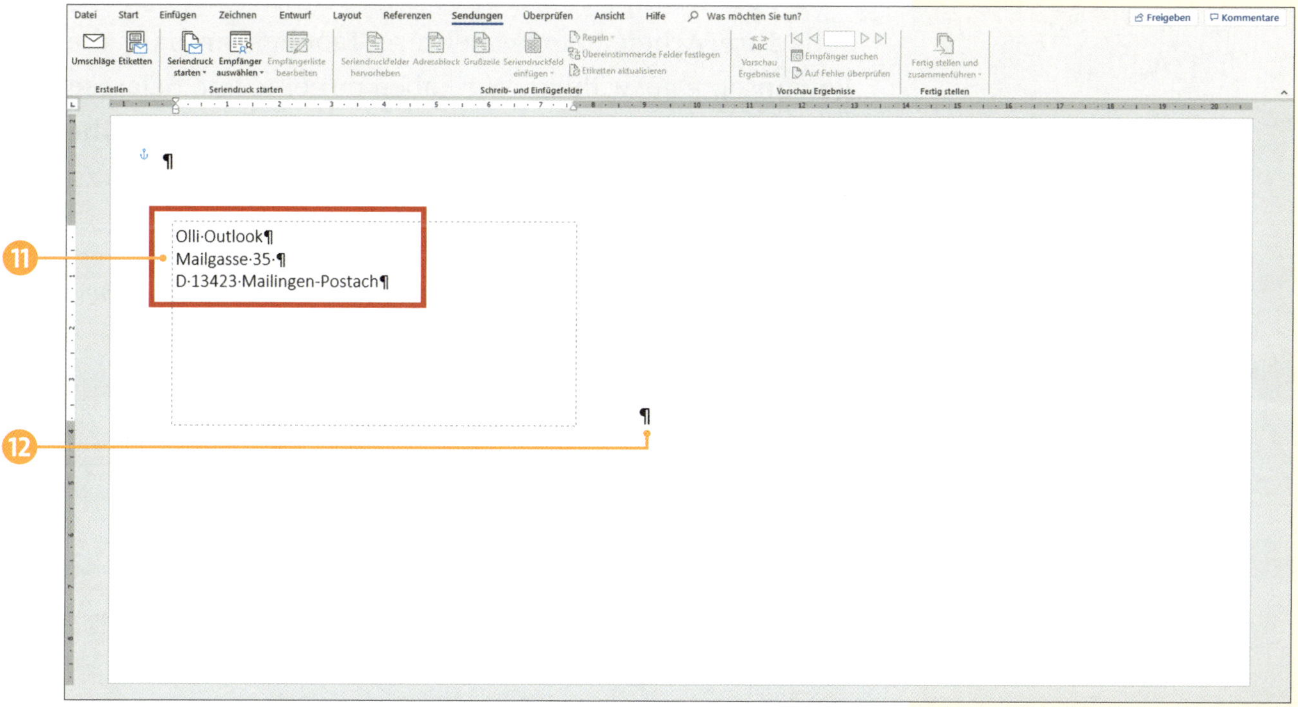

Olli·Outlook¶
Mailgasse·35·¶
D·13423·Mailingen-Postach¶

Datei Start Einfügen Zeichnen Entwurf Layout Referenzen Sendungen Überprüfen Ansicht Hilfe Was möchten Sie tun?

⑪ Olli·Outlook¶
Mailgasse·35·¶
D·13423·Mailingen-Postach¶

⑫ ¶

8. Klicken Sie nun mit der linken Maustaste in den rechten Bereich des Dokuments mit dem Absatzzeichen ⑫. Das ist der Bereich für die Empfänger. Im Menüband klicken Sie jetzt auf die Schaltfläche **Empfänger auswählen** ⑬ und im Ausklappmenü auf **Vorhandene Liste verwenden** ⑭.

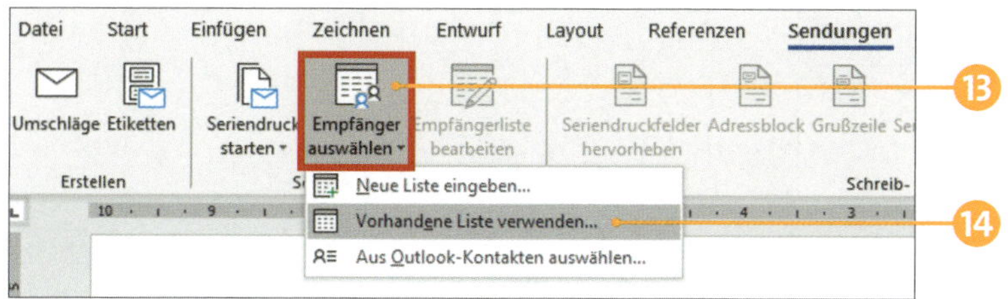

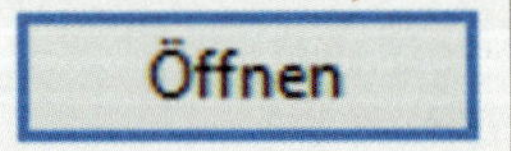

9. Es öffnet sich das bekannte Explorer-Fenster. Hier suchen Sie die vorhin geänderte Excel-Liste und klicken auf **Öffnen**.

10. Es erscheint ein neues Fenster. Hier können Sie, falls Ihre Arbeitsmappe mehrere Tabellen enthält, die gewünschte auswählen. Wir haben nur eine und belassen die Auswahl daher 15. Das Häkchen bei **Erste Datenreihe enthält Spaltenüberschriften** 16 lassen wir auch gesetzt. Bestätigen Sie mit **OK** 17.

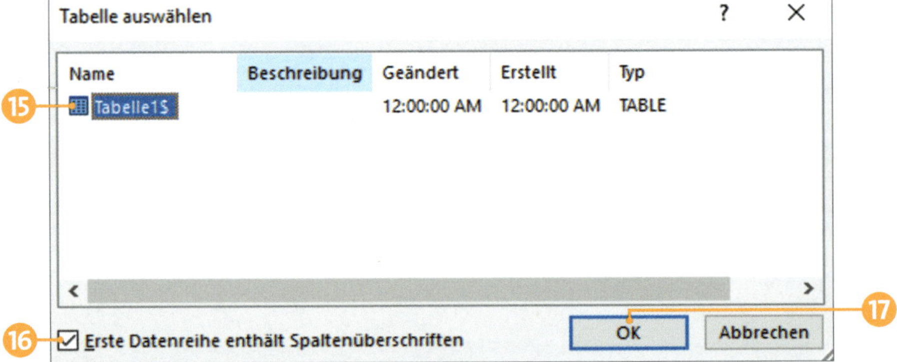

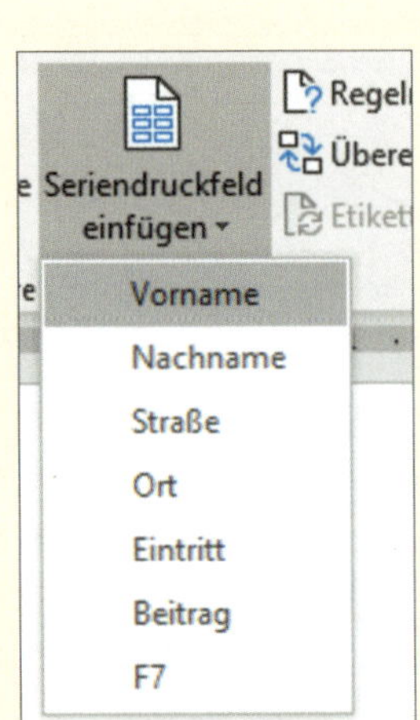

11. Nun wählen Sie im Menüband **Seriendruckfeld einfügen**. Darunter sehen Sie Ihre Spaltenüberschriften. Klicken Sie diese in der gewünschten Reihenfolge an. Sie erscheinen nun als Platzhalter im Textfeld 18.

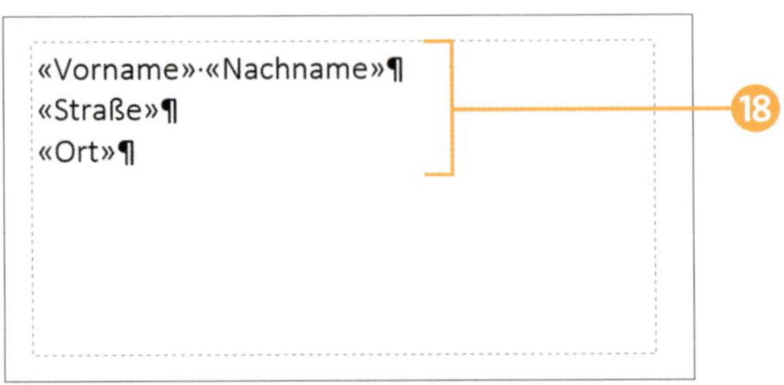

12. Nutzen Sie die Schaltfläche **Vorschau Ergebnisse** im Menüband, um zu sehen, ob auch alles geklappt hat. Wie von Zauberhand sind nun die Namen und die Adressen eingetragen. Mit den kleinen Steuerpfeilen (19) bewegen Sie sich zur Kontrolle durch alle Datensätze.

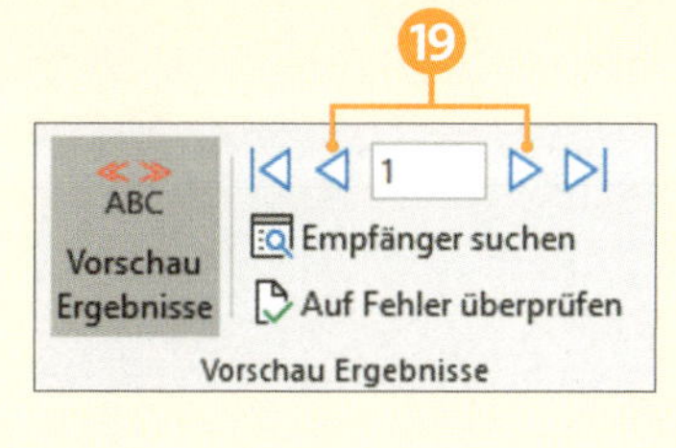

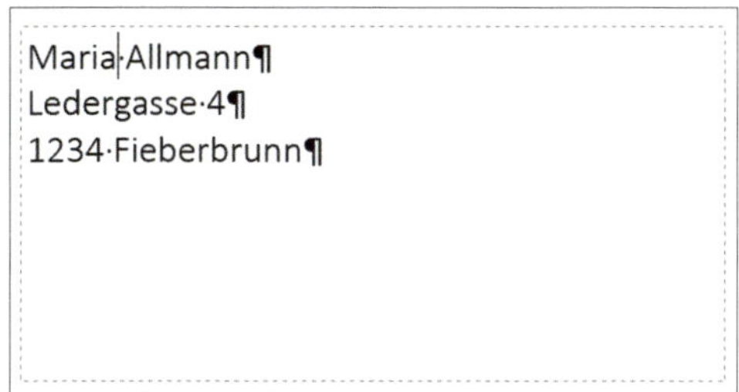

13. Um den Ausdruck zu starten, klicken Sie im Menüband auf die Schaltfläche **Fertig stellen und zusammenführen** und wählen im Ausklappmenü **Dokumente drucken** (20).

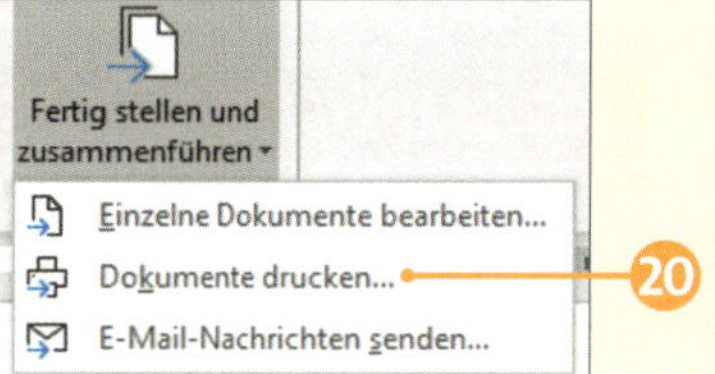

14. Abschließend können Sie noch festlegen, ob Sie alle oder nur ausgewählte Umschläge drucken möchten. Passt alles, klicken Sie auf **OK** (21).

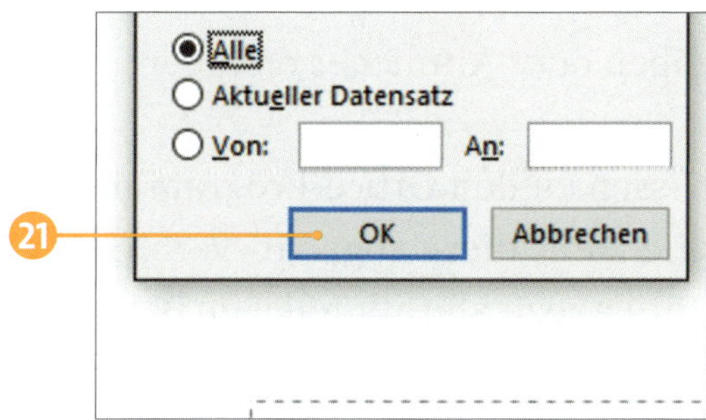

15. Im **Drucken**-Menü wählen Sie wie üblich zunächst Ihren Drucker aus, falls er nicht ohnehin dort eingetragen ist. Achten Sie darauf, in den Einstellungen zu Ihrem Drucker (bei unserem Druckermodell über die Schaltfläche **Eigenschaften** zu erreichen) anzugeben, dass Sie Umschläge bedrucken möchten. Mit einem Klick auf **OK** startet dann der eigentliche Druck.

Eigenschaften

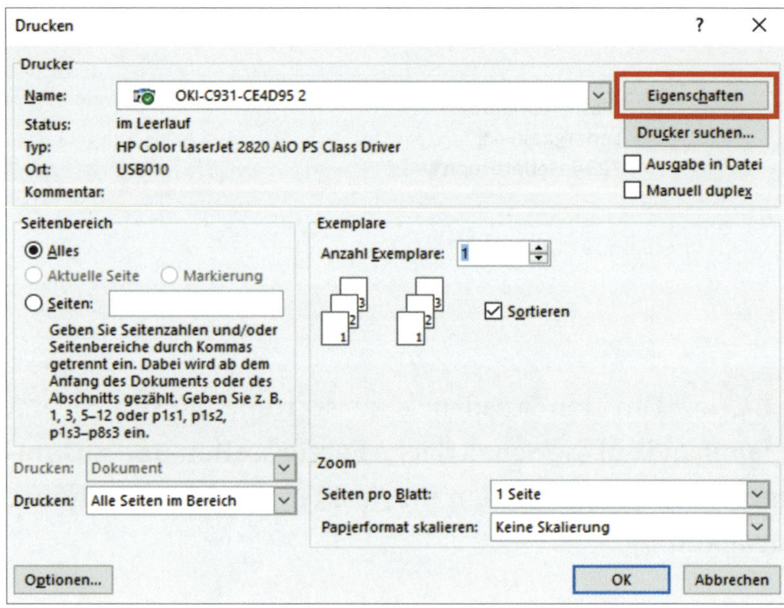

ACHTUNG!

Sie müssen in den Einstellungen zu Ihrem Drucker unbedingt angeben, dass Umschläge gedruckt werden. Zudem kann es sein, dass Sie die Umschläge, je nach Druckermodell, in den Einzelblatteinzug einlegen müssen!

So – und damit haben Sie mit wenigen Handgriffen vollautomatisch beliebig viele Briefumschläge personalisiert, ganz ohne Handarbeit. Nach diesem Prinzip können Sie auch Anschreiben oder Ähnliches erstellen.

Mit diesem Wissen zu den Office-Programmen insgesamt und der Möglichkeit, diese sogar in Verbindung zu nutzen, sind Sie für nahezu alle alltäglichen Belange gerüstet. Wenn Sie nun die zahlreichen Optionen erkunden möchten, welche die Programme Ihnen darüber hinaus bieten, können Sie auf das Gelernte zurückgreifen, denn im Prinzip funktionieren die Einstellungen häufig nach demselben Muster. Wir wünschen Ihnen weiterhin viel Erfolg mit Office!

Stichwortverzeichnis

@-Zeichen 326

A

Absatz 78
  rechtsbündig 93
  zentriert 102
Absatzmarken anzeigen 77
Absatzzeichen 87, 147
Addieren mit Excel 221
  Autosumme 221
  Summenformel durch Markieren 246
  Summenformel in Bearbeitungsleiste 225
Adressbuch 353
Adressetikett 122
Anhang öffnen 343
Anhang speichern 345
Anzeigegröße ändern 77
Arbeitsmappe 205
  ausdrucken 268
Aufzählungen in Texten vornehmen 100
Ausrichtung
  Querformat und Hochformat 128
Auswählen 22
Automatisches Verzeichnis 190
A-Z-Sortierung 188

B

Backstage-Bereich 80
Bearbeitungsleiste 205
Benachrichtigungen 13
Bild
  Größe anpassen 137, 273
  Hinter den Text 135
  in PowerPoint einfügen 271
  in Präsentation einfügen 303
  in Word einfügen 131
  neu platzieren 274
  Textumbruch 177
  Textumfluss 135
  verschieben 274
  verschieben und skalieren 136
Bildlaufleiste 22
Bildschirmpräsentation
  beenden 279
  starten 277
  Übergänge 279
Bildtools/Format 134
Blättern 21
Brief schreiben mit Word 69
Buchhaltungszahlenformat 212, 236
Buchprojekt gestalten 163
Buchstaben großschreiben 85

C

Cloud-Speicher 39
Computermaus → Maus
Cortana 13
Cursor 17

D

Dateiverknüpfungen in den Office-Programmen 302
Deckblatt
  anlegen 194
  Bild 196
  Titel 195
Desktop 12
Desktop-PC 12
Diagramm
  in PowerPoint erstellen 305
  in Präsentation einfügen 302
Diashow erstellen 270
DIN A4 127
Dokument
  aus Dokumentvorlage erzeugen 199
  ausdrucken 116
  öffnen 145, 181
  schließen 144
Dokumente gemeinsam nutzen 383

Dokumente teilen 383
Dokumentvorlagen 199
Doppelklick
auf dem Touchpad 19
Doppelklickgeschwindigkeit 18
Drucken
beidseitiger Druck 161
Excel-Arbeitsmappe 268
E-Mail 337
mehrere Exemplare 162
mehrere Seiten pro Blatt 119
Papiersorte wählen 158
Druckereigenschaften
Papiersorte wählen 160
Qualität wählen 160

E

Einladungskarte
ausdrucken 158
DIN A4 127
Innenseite gestalten 145
Layout festlegen 128
mit Word erstellen 127
E-Mail
Adressbuch nutzen 361
Anhang öffnen 343
Anhang speichern 345
Anhang versenden 339
Antworten 337
Cc 327
drucken 336
formatieren 328
gelöschte aus dem Papierkorb zurückholen 346
IMAP-Konto 318
in Outlook einrichten 318
Junk 349
Kopie versenden 327
lesen 334
löschen 345
mehrere Empfänger 362
öffnen 334
Postausgangsserver 320
Posteingangsserver 320
schreiben 325
sichern 329
sortieren 345
Spam 349
Tippfehler 330
Versand klappt nicht 330
verschieben 349
versenden 317
Werbemails 349
@-Zeichen 326
zurückrufen 333
E-Mail-Adresse
Formatierung entfernen 152
E-Mail-Konto 318
E-Mails
Werbung automatisch aussortieren 350
Ereignis
in Outlook erstellen 369
Erinnerungsfunktion
Outlook 372
Erneut erinnern 374
Etiketten drucken 123
Excel 203
addieren 237
alphabetisch sortieren 219
Arbeitsmappe 205
Arbeitsmappe ausdrucken 268
Arbeitsmappe kopieren 265
Ausrichtung 232
Bearbeitungsleiste 205
Buchhaltungszahlenformat 212
Datumsformat und Datumstyp festlegen 211
Differenz berechnen 254
erste Schritte 203
Format übertragen 240, 243
Formel eingeben 251
gesamtes Blatt kopieren 265
gesamte Zeile markieren 208
Haushaltsbuch 229
Hintergrundfarbe 242
Hintergrundfarbe für Zellen 233
Liste ergänzen 224
Liste sortieren 219
Meldung ##### 258
Mitgliederliste anlegen 207
Namenfeld 206
neues Dokument anlegen 204
PDF aus Tabelle erstellen 227
Rauten 258
Regeln zum Hervorheben von Zellen 257
Schriftart formatieren 209
Schriftstil und Schriftgröße anpassen 219

Seriendruck 390
Spalte kopieren 262
Spaltenbreite anpassen 215, 235, 244
starten 65
subtrahieren 252
Summen bilden 221
Summenfunktion 246
Summensymbol 222, 237
Tabelle drucken 226, 268
Tabellenreiter umbenennen 268
Text in Zelle zentrieren 263
Zahl als Datumsformat 211
Zahl als Währungsformat 236
Zahlenformat 209
Zeile einfügen 216
Zellbereich für Summenbildung festlegen 222
Zelle 206
Zellen auswählen 206
Zellen formatieren 210
Zellen verbinden 218, 232
Zellinhalte löschen 240

F

Folie 271
Folienlayouts für eine Präsentation nutzen 299
Folienmaster 312
Folienübersicht
Reihenfolge ändern 276
Formatierungsmöglichkeiten in Word 77
Formatierungssymbole im Dokument ein- und ausblenden 77
Formatierungszeichen 87, 147
Absatz 87
Word 76
Format löschen
E-Mail-Adresse 152
Format übertragen
Word 97, 141
Formatvorlagen 164
abändern 166
anwenden 175, 184
einer fertigen Dokumentvorlage nutzen 199
in Word 79, 163
umbenennen 168
Formel in Excel eingeben 254
Foto
in Word einfügen 131
Fotoshow 270

G

Ganztägiges Ereignis 372
Geburtstage 363
Geburtstagskalender 374
Grammatikkorrektur ignorieren 154
Größe eines Programmfensters ändern 30
Großschreibung
aktivieren 85
dauerhaft 85
Gruppenarbeit an Dokumenten 383

H

Hängender Einzug 104
Haushaltsbuch 229
Hintergrundfarbe
Zellen 233
Hyperlink entfernen 152

I

IMAP-Zugangsdaten 318
Infobereich 13
Info-Center 13
Inhaltsverzeichnis
aktualisieren 192
anlegen 189
automatisch anlegen 185
Installation
Office 365 45
Office-Apps für Android 61
Office-Apps fürs iPhone 56
Office Home & Student 2019 52
iPhone
Dokument öffnen 388

J

Junkmails 350

K

Kachel eines Programms im Startmenü erzeugen 71
Kalender
Outlook 367
Kalendereintrag 370
anpassen 371

Kontakt
anlegen in Outlook 353
Bild hinzufügen 357
mehrere Mailadressen hinterlegen 357
speichern 360
Kontakte
Detailansicht wechseln 364
Geburtstage eintragen 363
Kontextmenü 19
aufrufen 71
Kopfzeile 186
aktivieren/deaktivieren 187

L

Laufwerk
OneDrive 40
Leeres Dokument 74
Link entfernen 153
Linker Einzug 104
Linksklick 19
Liste
in Excel ergänzen 224
in Word erstellen 171
Listenbibliothek 170
Live-Kachel 34
Lizenz
für andere freigeben 377

M

Mail → E-Mail
Markieren 22
Absatz 23
einzelnes Wort 22
ganze Zeile 23
verschiedene Techniken 94
Maus 16, 17
Bedienung 16
Doppelklickgeschwindigkeit 18
Fenstergröße ändern 31
linker Mausklick 17
rechter Mausklick 19
scrollen 22
Tasten 17
Mauszeiger 19
Menüband
Outlook 323
Word 75
Microsoft Excel → Excel
Microsoft Office
Dokumente gemeinsam nutzen 383
Microsoft Office 365 installieren 45
Microsoft Office Home & Student 2019 installieren 52
Microsoft-Konto 32
anlegen 32
iPhone 59
PIN 36
Microsoft OneDrive → OneDrive
Microsoft Outlook → Outlook
Microsoft PowerPoint → PowerPoint
Microsoft Word → Word-
Minisymbolleiste
PowerPoint 298
Mitgliederliste 207
alphabetisch sortieren 219
zusätzliche Einträge 224
Mitglied hinzufügen 380

N

Nachricht 325
Namenfeld 206
Nummerierung 103
anpassen 104
automatische von Überschriften 170
Reihenfolge ändern 105

O

Office
für Familie 377
installieren 45
programmübergreifend nutzen 390
teilen 377
Office 365
am Smartphone 55
Funktionen 45
Installation 45
kaufen 45
Office 365 Home 43
Office 365 Personal 44
Office-Apps 55, 388
starten 65
Office freischalten
Mitglied hinzufügen 380
Office Home & Student 44
Office-Versionen 43
OneDrive 13, 39, 44
Dokumente teilen 383
Ordner
in Outlook erstellen 347

Outlook 317
- *Adressbuch* 353
- *Anhang Dateigröße* 342
- *Anhang öffnen* 343
- *Anhang speichern* 345
- *Anhang versenden* 339
- *antworten* 337
- *Detailansicht wechseln* 364
- *E-Mail einrichten* 318
- *E-Mail schreiben* 325
- *E-Mail speichern* 329
- *Ereignis erstellen* 369
- *erneut erinnern* 374
- *ganztägiges Ereignis* 372
- *Geburtstage eintragen* 363
- *Geburtstagskalender* 374
- *Junkmail* 349
- *Kalender* 367
- *Kalendereintrag anpassen* 371
- *Kontakt mit Bild ergänzen* 357
- *Konto einrichten* 318
- *Mails empfangen* 334
- *Mails löschen* 345
- *Mailversand klappt nicht* 330
- *mehrere Empfänger* 362
- *Nachricht zurückrufen* 333
- *Ordner erstellen* 345
- *Posteingang* 323
- *Spam* 349
- *Überblick* 322
- *Werbemails automatisch aussortieren* 350
- *wiederholter Termin* 376

P

PDF-Dokument 120

PDF erstellen
- *Word-Dokument* 155
- *Excel-Tabelle* 227

Phishing 349

Postausgangsserver 318

Posteingang
- *Outlook* 323

Posteingangsserver 318, 320

PowerPoint 269
- *Animationen* 281
- *Animationspfade* 284
- *Bildformatvorlagen* 274
- *Bild in eine Folie einfügen* 271
- *Bild in ein Folienlayout einfügen* 300
- *Bildschirmpräsentation* 277
- *Diagramme einfügen* 302
- *Diashow erstellen* 270
- *eine weitere Folie ergänzen* 274
- *Einfügen* 271
- *Folie* 271
- *Folien einfügen* 299
- *Folienmaster* 312
- *Folienübersicht* 276
- *Layout für Vorlagen anpassen* 298
- *Leere Folie* 274
  - *Leere Präsentation starten* 270
- *mehrere Bilder auf einer Folie einfügen* 275
- *mit Datei verknüpfen* 302
- *Platzhalter löschen* 271
- *Programm starten* 270
- *starten* 65
- *Text eingeben* 298
- *Text formatieren* 298
- *Titelfolie bearbeiten* 298
- *Video einfügen* 307
- *Vorlagen verwenden* 296

Präsentation
- *als Bildschirmpräsentation* 277
- *als Video exportieren* 293
- *am Fernseher oder Beamer* 290
- *beenden* 279
- *Geräte und Medien* 288
- *mit Animationen* 281
- *Multimediadateien einfügen* 302
- *Reihenfolge der Folien ändern* 276
- *Übergänge einfügen* 279

Programm
- *als Kachel im Startmenü* 71
- *beenden* 25
- *in der Taskleiste ablegen* 72
- *starten* 25

Programmfenster
- *anpassen* 28
- *Größe ändern* 30
- *maximieren* 30
- *minimieren* 28
- *verkleinern* 29
- *wechseln* 182

Q

Querformat
in Word einstellen 128

R

Rechtsbündig 93
Rechtschreibung 98
Rechtsklick 19
Regeln zum Hervorheben von Zellen 257
Registerkarten in Word 75
Reiter in Excel-Tabelle umbenennen 268
Rezeptbuch 163
Bilder einfügen 175
Rezepttexte eingeben und formatieren 172
Rückgängig machen 75

S

Schriftart
in Word ändern 78, 91
Schriftgröße 92
in Word ändern 92
Scrollbalken 146
Scrollen
auf dem Bildschirm 21
in einer Excel-Arbeitsmappe 252
per Bildlaufleiste 22
Seitenausrichtung
Hochformat und Querformat 83
Seitennummerierung 185
automatisch anlegen 185
einrichten 185
Seitenränder in Word 82
Seiten sortieren 188
Seitenumbruch 100
einfügen 129, 180
Serienbriefumschläge 390
Seriendruck 390
Seriendruckfeld 394
Seriendruck starten 391
Silbentrennung 98
SmartArt-Grafik
in Präsentation einfügen 303
Smartphone
Dokument öffnen 388
Smartphone-App 55
Sortieren A-Z 188
Spalte
Breite in Excel anpassen 215
Formeln und Formate kopieren 260
in Word-Tabelle einfügen 112
Spalten in einem Word-Dokument einrichten 128
Spaltengröße
in Word-Tabelle anpassen 111
Spaltenumbruch 147
Speichern
Word-Dokument 79, 130
Startmenü 12
Office starten 65
Word 70
Statusleiste 77
Subtraktion 252
Summe
Autosumme bilden 221
per Formel in Excel 246
Summensymbol 222, 237, 250
Symbolleiste für den Schnellzugriff 74

T

Tabelle
anlegen in Word 107
ausfüllen 109
auswählen 112
in Präsentation einfügen 303
markieren 112
Markierung aufheben 112
Schattierung 110
sortieren 114
Spalte einfügen 112
Spaltenbreite anpassen 111
Zeile einfügen 114
Tablet
Bedienung per Finger 20
Tabletmodus 16
Tablet-PC
Mausklicks 20
Tabulator
manuell setzen 95
mittels Taste einfügen 88
Taskansicht 13
Taskleiste 13
Telefonnummern eines Kontakts erfassen 359

Termin
eintragen in Outlook 367
Erinnerungsfunktion 372
erneut erinnern 374
Terminserie 375, 376
Text
auswählen 22
einrücken 88, 151
Einzug 104
Formatierung 141
in Zelle ausrichten 263
kopieren und einfügen 181
korrigieren 99
markieren, verschiedene Möglichkeiten 94
mittels Tabulatoren einrücken 95
verschieben 105
Texteffekte und Typografie 150
Textformatierung 91
Format übertragen 97
Textgestaltung
WordArt 138
Textumbruch 177
Bild 135
Titelblatt gestalten 194
Titelfolie in PowerPoint bearbeiten 298
Titelleiste 131
Tooltip 110, 173
Touchdisplay
Textstelle markieren 24
Touchpad 19
Bedienung 19
Doppelklick 19
Fenstergröße ändern 31
Linksklick 19
Maustasten 19
Rechtsklick 19
Touchscreen
Bedienung 16
doppelter Mausklick 20
Fenstergröße ändern 31

U

Überschriften
nummeriert 170
Umbruch
Spalte 147
Umschläge bedrucken 391

V

Video
in eine Präsentation einfügen 303 ,307
Visitenkarte
Outlook 360

W

Werbemails 349
Windows 10
Desktop 12
Grundlagen 11
Info-Center 13
Startmenü 12
Tabletmodus 14
Taskleiste 13
Windows-Zubehör 26
Word 69, 127
Absatz formatieren 78
Absatz rechtsbündig 93
Adressetikett anlegen 122
als Kachel im Startmenü anheften 71
Aufzählungspunkte ergänzen 104
Automatisches Verzeichnis 190
Brief schreiben 69, 84
Deckblatt anlegen 194
Dokument ausdrucken 158
Dokument öffnen 145
Dokument speichern 79
Drucken 116
Einladung erstellen 127
Etikett erstellen 123
Formatvorlagen 163
Foto einfügen 131, 175
Gestaltungsvorlagen 199
Grundeinstellungen 73
Hochformat 83
Inhaltsverzeichnis 185
Inhaltsverzeichnis anlegen 189
in Taskleiste ablegen 72
Leeres Dokument 74
Menüband 75
Menüleiste 75
nummerierte Listen einfügen 100
PDF-Dokument erstellen (Brief) 120
PDF-Dokument erstellen (Einladungskarte) 155
Rechtschreibung 98
Registerkarte 75
Rezeptbuch gestalten 163

Rückgängig machen 75
Schnellspeicherung 75
speichern 82
Schriftart ändern 78, 91
Schriftgröße ändern 92
Seitennummerierung 185
Seitenränder einstellen 82
Seiten sortieren 188
Seitenumbruch 129
Seriendruck 390
Spalten einrichten 128
starten 65, 70
Statusleiste 77
Tabelle anlegen 107
Tabelle ausfüllen 109
Tabelle bearbeiten 112
Tabelle färben 110
Tabelle sortieren 114
Tabulatoren 95
Text einrücken 151
Text ergänzen 89
Text erstellen 84
Textformatierung übertragen 141
Text kopieren und einfügen 181
Text verschieben 105
Titelleiste 131
Zeilenabstand 106
zweite Seite einfügen 100
WordArt 138
WordPad 27
Wortabstand per Tabulator 95

Y

YouTube-Video
in Präsentation einfügen 310

Z

Zeichenformatierung 94
Zeile
in Excel-Tabelle einfügen 216
in Word-Tabelle einfügen 113
markieren 208
Zeilenabstand 106
Zeilenlineal
in Word aktivieren 76
Zeilenumbruch
manuell 86
weicher Zeilenumbruch 86
Zelle 206
Bedingte Formatierung 257
formatieren 211
Hintergrundfarbe 241
in Excel formatieren 210
Inhalt löschen 240
Text in Zelle ausrichten 218
Zellen verbinden 218, 232
Zoomen
Word 77
Zuletzt verwendet 388